国家重点档案专项资金资助项目

抗日战争档案汇编

湘潭县抗战动员档案汇编 2

破路御敌

湘潭县档案馆 编

中華書局

图书在版编目（CIP）数据

湘潭县抗战动员档案汇编 2，破路御敌 / 湘潭县档案馆编. －北京：中华书局，2023.12
（抗日战争档案汇编）
ISBN 978-7-101-16278-3

Ⅰ. ①湘… Ⅱ. ①湘… Ⅲ. ①抗日战争－政治动员－历史档案－汇编－湘潭 Ⅳ. ①K265.06

中国国家版本馆CIP数据核字(2023)第126157号

书　　名	湘潭县抗战动员档案汇编 2 破路御敌
丛 书 名	抗日战争档案汇编
编　　者	湘潭县档案馆
策划编辑	许旭虹
责任编辑	李晓燕　刘胜利
装帧设计	许丽娟
责任印制	管　斌
出版发行	中华书局 （北京市丰台区太平桥西里38号　100073） http://www.zhbc.com.cn E-mail:zhbc@zhbc.com.cn
图文制版	北京禾风雅艺文化发展有限公司
印　　刷	天津艺嘉印刷科技有限公司
版　　次	2023年12月第1版 2023年12月第1次印刷
规　　格	开本889×1194毫米　1/16 印张30¼
国际书号	ISBN 978-7-101-16278-3
定　　价	480.00元

抗日战争档案汇编编纂出版工作组织机构

编纂出版工作领导小组

组　长　陆国强

副组长　王绍忠　付　华　魏洪涛　刘鲤生

编纂委员会

主　任　陆国强

副主任　王绍忠

顾　问　杨冬权　李明华

成　员（按姓氏笔画为序排列）

于学蕴　于晓南　于晶霞　马忠魁　马俊凡　马振犊

王　放　王文铸　王建军　卢琼华　田洪文　田富祥

史晨鸣　代年云　白明标　白晓军　吉洪武　刘　钊

刘玉峰　刘灿河　刘忠平　刘新华　汤俊峰　孙　敏

苏东亮　杜　梅　李宁波　李宗春　吴卫东　何素君

张　军　张明决　陈念芫　陈艳霞　卓兆水　岳文莉

郑惠姿　赵有宁　查全洁　施亚雄　祝　云　徐春阳

郭树峰　唐仁勇　唐润明　黄凤平　黄远良　黄菊艳

梅　佳　龚建海　常建宏　韩　林　程潜龙　焦东华

童　鹿　蔡纪万　谭荣鹏　黎富文

编纂出版工作领导小组办公室

主　任　常建宏

副主任　孙秋浦　石　勇

成　员（按姓氏笔画为序排列）

李　宁　沈　岚　贾　坤

湖南省抗日战争档案汇编编纂出版工作组织机构

编纂出版工作领导小组

组　长　施亚雄

副组长　叶建军

编纂出版工作领导小组办公室

主　任　何左得平

副主任　吴珮嘉

成　员　李　勇　陈　菲　王清洁

编纂委员会

主　任　施亚雄

副主任　彭碧辉

成　员　何左得平　彭　玉　梁　毅　吴珮嘉

《湘潭县抗战动员档案汇编》编辑组

主　任　林怀北

副主编　黎方祥　梁沂清　梁日政　莫婕英

执行编辑　盘海波　马子平　杨伟明　郭天贺

欧彩霞　徐祥富　伍少艳　罗云飞

莫小萍

总序

为深入贯彻落实习近平总书记「让历史说话，用史实发言，深入开展中国人民抗日战争研究」的重要指示精神，国家档案局根据《全国档案事业发展「十三五」规划纲要》和《「十三五」时期国家重点档案保护与开发工作总体规划》的有关安排，决定全面系统地整理全国各级综合档案馆馆藏抗战档案，编纂出版《抗日战争档案汇编》（以下简称《汇编》）。

中国人民抗日战争是近代以来中国反抗外敌入侵第一次取得完全胜利的民族解放战争，开辟了中华民族伟大复兴的光明前景。这一伟大胜利，也是中国人民为世界反法西斯战争胜利、维护世界和平作出的重大贡献。加强中国人民抗日战争研究，具有重要的历史意义和现实意义。

全国各级档案馆保存的抗战档案，数量众多，内容丰富，全面记录了中国人民抗日战争的艰辛历程，是研究抗战历史的珍贵史料。一直以来，全国各级档案馆十分重视抗战档案的开发利用，陆续出版公布了一大批抗战档案，对揭露日本帝国主义侵华罪行，讴歌中华儿女勠力同心、不屈不挠抗击侵略的伟大壮举，弘扬伟大的抗战精神，引导正确的历史认知，发挥了积极作用。特别是国家档案局组织有关方面共同努力和积极推动，「南京大屠杀档案」被联合国教科文组织评选为「世界记忆遗产」，列入《世界记忆名录》，捍卫了历史真相，在国际上产生了广泛而深远的影响。

全国各级档案馆馆藏抗战档案开发利用工作虽然取得了一定的成果，但是，在档案信息资源开发的系统性和深入性方面仍显不足。正如习近平总书记所指出的：「同中国人民抗日战争的历史地位和历史意义相比，同这场战争对中华民族和世界的影响相比，我们的抗战研究还远远不够，要继续进行深入系统的研究。」「抗战研究要深入，就要更多通过档案、资料、事实、当事人证词等各种人证、物证来说话。要加强资料收集和整理这一基础性工作，全面整理我国各地抗战档案、照片、资料、实物等……」

国家档案局组织编纂《汇编》，对全国各级档案馆馆藏抗战档案进行深入系统地开发，是档案部门贯彻落实习近平总书记重要指示精神，推动深入开展中国人民抗日战争研究的一项重要举措。本书的编纂力图准确把握中国人民抗日战争的历史进程、主流和本质，用详实的档案全面反映一九三一年九一八事变后十四年抗战的全过程，反映中国共产党在抗日战争中的中流砥柱作用以及中国人民抗日战争在世界反法西斯战争中的重要地位，反映国共两党「兄弟阋于墙，外御其侮」进行合作抗战、共同捍卫民族尊严的历史，反映各民族、各阶层及海外华侨共同参与抗战的壮举，展现中国人民抗日战争的伟大意义，以历史档案揭露日本侵华暴行，揭示日本军国主义反人类、反和平的实质。

编纂《汇编》是一项浩繁而艰巨的系统工程。为保证这项工作的有序推进，国家档案局制订了总体规划和详细的实施方案，明确了指导思想、工作步骤和编纂要求。为保证编纂成果的科学性、准确性和严肃性，国家档案局组织专家对选题进行全面论证，对编纂成果进行严格审核。

各级档案馆高度重视并积极参与到《汇编》工作之中，通过全面清理馆藏抗战档案，将政治、军事、外交、经济、文化、宣传、教育等多个领域涉及抗战的内容列入选材范围。入选档案包括公文、电报、传单、文告、日记、照片、图表等多种类型。在编纂过程中，坚持实事求是的原则和科学严谨的态度，对所收录的每一件档案都仔细鉴定、甄别与考证，维护档案文献的真实性，彰显档案文献的权威性。同时，以《汇编》编纂工作为契机，以项目谋发展，用实干育人才，带动国家重点档案保护与开发，夯实档案馆基础业务，提高档案人员的业务水平，促进档案馆各项事业的发展。

守护历史，传承文明，是档案部门的重要责任。我们相信，编纂出版《汇编》，对于记录抗战历史，弘扬抗战精神，发挥档案留史存鉴、资政育人的作用，更好地服务于新时代中国特色社会主义文化建设，都具有极其重要的意义。

抗日战争档案汇编编纂委员会

编辑说明

二十世纪三四十年代，日本军国主义发动的侵华战争给中国人民带来了深重苦难。抗日战争全面爆发后，湘潭人民与全国人民一同投身于轰轰烈烈的抗日斗争中，积极开展抗战宣传，组织民众训练，推动民众积极参战，踊跃捐输支援前线，查禁日货打击日本经济，优待救济出征抗敌军人及其家属，激励出征将士奋勇杀敌，为抗战胜利付出了牺牲和代价。

湘潭县档案馆甄选馆藏抗战档案，编纂出版多卷本《湘潭县抗战动员档案汇编》，较为全面反映了抗战时期湘潭县政府成立湘潭县动员委员会，积极开展战时宣传动员、管制物价、防空疏散、破路御敌、优抚救济等主要工作情况。全书所选档案按照「主题—时间」的体例编排，均据湘潭县档案馆馆藏档案原件全文影印，如有缺页情况，为档案自身不全。本书为《湘潭县抗战动员档案汇编》第二卷，收录档案二百余件，主要内容为「破路御敌」，反映了湘潭县为防止敌人利用，奉命动员民工破坏长潭下公路、长潭下新公路、湘潭县以北十八条主要前方通敌道路，以及战势稍缓后重新修复道路的有关情况。所选档案起于一九四〇年四月，止于一九四二年三月，按照形成时间排序。

档案中原标题完整或基本符合要求的使用原标题；对原标题有明显缺陷的进行了修改或重拟；无标题的加拟标题。标题中机构名称使用机构全称或规范简称，历史地名沿用当时地名。档案所载时间不完整或不准确的，作了补充或订正。形成时间只有年份、月份而没有日期的档案，排在该月末；只有年份的档案，排在该年末。

本书使用规范的简化字，对标题中人名、历史地名、机构名称中出现的繁体字、错别字等，予以径改。限于篇幅，不作注释。

由于时间紧，档案公布量大，编者水平有限，在编辑过程中可能存在疏漏之处，欢迎斧正。

湘潭县档案馆

二〇一九年十一月二十五日

目录

总序

编辑说明

湘潭县政府关于本县继续破路民工给养缓不济急请准在第二预备金项下动支致湖南省政府的电报（一九四〇年四月十三日）……〇〇一

湖南省政府关于继续破坏公路驿道所需经费若干仰迅估计电复致湘潭县政府的电报及县政府的批（一九四〇年四月二十五日、五月一日）……〇〇三

湘潭县霞城乡公所关于破坏长潭公路保甲长伙食应如何开支致县政府的呈及县政府的指令（一九四〇年五月七日、十日）……〇〇五

湘潭县政府关于估计破坏公驿路所需经费为二万元请准在预备金项下动支致湖南省政府的电报（一九四〇年五月八日）……〇〇七

湘潭县株洲镇公所关于破路镇长保长伙食旅费办公等费无法开支恳予核示致县政府的报告及县政府的指令（一九四〇年五月十四日、二十二日）……〇〇九

湘潭县白关乡公所为破路伙食不敷甚巨恳一面提前发足给养一面准由各保筹垫并恳严惩队兵贺迪辉等致县政府的报告及县政府的指令（一九四〇年五月三十一日、六月十一日）……〇一一

附：保警贺迪辉、刘海春收条……〇一三

湘潭县政府关于估计破路需费为二万元拟由第二预备金动支致湖南省政府的电报（一九四〇年六月三日）……〇一四

湘潭县黄龙乡公所关于呈报第二次乡务会议议案破路给养购领食盐分配办法致县政府的呈（一九四〇年六月八日）……〇一六

湘潭县东平镇公所关于据情转请验收东第十三、第八、第十一等段继续破坏长潭公路土方并发给验方证致县政府的呈及县政府的指令（一九四〇年六月十二日、十五日）……〇一八

湘潭县白关乡公所关于破路民夫给养无着工作停止续恳详明批示致县政府的呈及县政府的指令（一九四〇年六月十二日、十八日）……〇二〇

湖南省政府关于准由第二预备金项下开支一万元致湘潭县政府的电报及县政府的批示（一九四〇年六月十五日、十八日）……〇二三

湘潭县政府关于破路经费尚差七千余元仰恳核准在第二预备金项下动支致湖南省政府的代电（一九四〇年六月十八日）……〇二五

湘潭县东平镇公所关于请援霞城乡例发给保长监工津贴致县政府的代电及县政府的指令（一九四〇年六月十九日、二十一日）……〇二七

湘潭县政府破坏潭浏、长潭两驿路督催委员颜泽培为请核发旅费及队兵伙食致县政府的报告及县政府的指令（一九四〇年六月二十四日、二十七日）……〇二九

湘潭县政府破坏驿路督催委员齐庆棠关于破路完竣请发给薪资致县政府的报告（一九四〇年六月二十五日）……〇三一

附一：湘潭县政府发给齐庆棠的破坏驿路委员布质佩符……〇三二

附二：湘潭县黄龙乡乡警姜舜修领到破路津贴伙食费的领条……〇三三

附三：湘潭县黄龙乡乡警莫菊初领到破路津贴伙食费的领条……〇三四

附四：湘潭县仙女乡乡警彭彰领到破路津贴伙食费的领条……〇三五

湘潭县政府破坏长潭公路督催员周桐初关于恳请补发旅费致县政府的报告及县政府的指令（一九四〇年六月二十七日、二十九日）……〇三六

湘潭县政府破坏长潭公路督办委员邹觉民，督催员胡钧、陈济华等关于奉令调回呈报督办督催工作结束情形致县政府的报告及县政府的指令（一九四〇年六月二十七日、三十日）……〇三八

湘潭县政府继续破坏长潭公路督催员陈济华关于恳请发给督催员旅费致县政府的报告及县政府的指令（一九四〇年六月二十八日、三十日）……〇四三

湘潭县政府继续破坏长潭公路督催员王祥勋关于恳请发给督催员旅费致县政府的报告及县政府的指令（一九四〇年六月二十八日）…………〇四五

湘潭县政府继续破坏长潭公路督催员胡钧关于恳请发给督催员旅费致县政府的报告及县政府的指令（一九四〇年六月二十八日）…………〇四七

湘潭县政府关于准予补发薪金旅费四十一元二角仰即来府具领致县政府破坏驿路督催委员齐庆棠的指令（一九四〇年六月二十九日）…………〇四九

湘潭县东平镇公所关于赍呈监工伙食津贴计算单据请赐核发致县政府的呈及县政府的指令（一九四〇年七月四日、五日）…………〇五一

湘潭县政府、株洲镇公所关于长潭公路完成破坏及发放民工津贴的来往文书（一九四〇年七月十三日至二十二日）…………〇五三

株洲镇公所致县政府的报告（一九四〇年七月十三日）…………〇五三

湘潭县政府致株洲镇公所的指令（一九四〇年七月二十二日）…………〇五四

湘潭县民工给养稽核委员会监放委员张奇勋为监放霞城乡公所破路民工给养费致县政府的呈及县政府的指令（一九四〇年七月十五日、二十三日）…………〇五五

湘潭县政府科员袁建关于报告破坏长潭公路告竣情形及恳批发队兵旅费致县政府的报告及县政府的指令（一九四〇年七月十六日、二十一日）…………〇五七

湘潭县政府关于立即发动民众赶破下摄司段公路致湘潭县文华、雨湖、壶山、东平、霞城、易俗等六个乡镇公所的紧急命令（一九四〇年七月十七日）…………〇六〇

湘潭县政府关于动工加强破坏下摄司段公路致第九战区司令长官司令部的电报（一九四〇年七月十七日）…………〇六三

湘潭县政府关于继续破坏下摄司段公路民工给养请核准在第二预备金项下动支致湖南省政府的电报（一九四〇年七月十七日）…………〇六五

湘潭县政府破坏长潭公路督催员周桐初关于督催黄龙、白关、昭阳、株洲、东平、壶山等六个乡镇破路工作结束致县政府的报告（一九四〇年七月十八日）…………〇六七

湖南省政府关于本省破路员兵给养费标准致湘潭县政府的快邮代电（一九四〇年七月十八日）……………〇六九

湘潭县政府破坏长潭公路督催员周桐初关于具报到差日期致县政府的报告（一九四〇年七月十九日）……………〇七〇

湘潭县政府、文华镇公所关于发放破路民工工资费用及霍香丸等事的一组文书（一九四〇年七月十九日至二十三日）……………〇七二

文华镇公所致湘潭县政府的紧急报告及县政府的指令（一九四〇年七月十九日、二十二日）……………〇七二

湘潭县政府致县救济院的训令（一九四〇年七月二十三日）……………〇七四

湘潭县政府破路督催员周桐初关于恳请发给旅费致县政府的报告及县政府的指令（一九四〇年七月十九日、二十三日）……………〇七六

湘潭县昭阳乡公所关于发给本所破坏长潭公路另派监工六名及本人津贴伙食费致县政府的呈及县政府的指令（一九四〇年七月二十日、二十四日）……………〇七八

湘潭县昭阳乡公所关于自长沙至湘潭、由湘潭至浏阳各驿路均已破坏完竣致县政府的呈及县政府的指令（一九四〇年七月二十日、二十四日）……………〇八〇

第九战区司令长官司令部关于遵照前颁交通破坏办法切实破坏县境公路致湘潭县政府的电报（一九四〇年七月二十一日）……………〇八二

第九战区司令长官司令部关于限期破坏湘潭县境十八条主要道路致湘潭县政府的电报及县政府的批（一九四〇年七月二十一日、二十五日）……………〇八五

湘潭县政府破坏长潭公路督催员周桐初关于破路工作呈请分别奖惩文华、易俗两镇长致县政府的报告及县政府的指令（一九四〇年七月二十二日、二十五日）……………〇八九

湘潭县政府、第九战区司令长官司令部关于县境以北之长潭下公路、潭下新公路是否仍须继续加强彻底破坏的往来电报（一九四〇年七月二十四日至二十七日）……………〇九二

湘潭县政府致第九战区司令长官司令部的电报（一九四〇年七月二十四日）……………〇九二

第九战区司令长官司令部致湘潭县政府的快邮代电（一九四〇年七月二十七日）……………〇九四

湘潭县政府关于加派民夫限期破坏下摄司段公路致易俗镇公所的紧急命令（一九四〇年七月二十五日）……………〇九五

湘潭县政府关于限八月五日将境内各道路一律削窄至一市尺完成具报致株洲等十一个乡镇公所及破坏道路督催员的紧急代电（一九四〇年七月二十五日）……………〇九七

湘潭县政府关于已发动民众动工破坏湘潭县道路致第九战区司令长官司令部电（一九四〇年七月二十五日）……一〇〇
湖南省建设厅、民政厅、财政厅等关于破路民工给养改用土方计算致湘潭县政府的指令（一九四〇年七月二十五日）……一〇二
湘潭县政府破坏道路验收工程员王昌溥关于长潭公路负责乡镇破坏情形并恳派员收验土方致县政府的报告及县政府的指令（一九四〇年七月二十六日、三十一日）……一〇四
湘潭县正心乡公所关于破路工作民夫给养无着恳予核示致县政府的报告及县政府的指令（一九四〇年七月二十六日、三十一日）……一〇七
湘潭县政府破坏长潭公路督催员周桐初关于文华、壶山、雨湖等六个乡镇破坏工作进度情形致县政府的报告（一九四〇年七月二十六日）……一一〇
湘潭县政府破坏驿路督催员胡开运关于呈报到达日期发动民众及督催情形致县政府的呈及县政府的指令（一九四〇年七月二十八日、八月四日）……一一二
湘潭县政府建设科关于呈报视察黄龙等乡破路工作并拟具破路改进办法致县政府的报告及县政府的指令（一九四〇年七月二十八日、二十九日）……一一四
湘潭县政府关于建设科报告视察破路情形暨拟具破路改进办法仰即切实遵办致霞城、昭阳、白关等十一个乡镇公所和湘潭县政府破路督催委员等的紧急代电（一九四〇年七月二十九日）……一一九
湘潭县政府关于拟定破路监工员兵伙食旅费恳请核准致湖南省政府的代电（一九四〇年七月二十九日）……一二一
湖南省政府关于破路经费准再由第二预备金项下拨发八千元致湘潭县政府的电报及县政府的批示（一九四〇年七月二十九日、三十一日）……一二三
湖南省政府关于破路经费准再由第二预备金项下加拨二千元致湘潭县政府的电报及县政府的批示（一九四〇年七月三十日、三十一日）……一二五
湘潭县正心乡公所关于恳请给发民夫药费以利工作而重民命致县政府的报告及县政府的指令（一九四〇年七月三十日、八月三日）……一二七
湘潭县昭阳乡破坏驿路工作分配表（一九四〇年七月）……一三〇

湘潭县政府破路督催员关于银田乡应破坏之路线工程浩大请予指示致县政府的呈及县政府的指令
（一九四〇年八月一日、八日）……一三一
湘潭县霞城乡公所关于呈请核发破坏潭下线民夫给养致县政府的呈及县政府的指令（一九四〇年八月一日、八日）……一三四
湘潭县政府关于规定续破长潭下公路民夫给养经费领发造报办法致文华、雨湖、壶山等十个乡镇公所的训令
（一九四〇年八月一日）……一三六
湘潭县政府关于着即前往潭下新公路估勘土方具报致县政府估计土方工程员王昌溥的紧急命令（一九四〇年八月二日）……一三八
湘潭县政府、叶润泉等关于第十一保负责破坏之路段拒未动工及限期破坏完竣事的一组文书
（一九四〇年八月三日至六日）……一四〇
叶润泉致湘潭县政府的报告（一九四〇年八月三日）……一四〇
昭阳乡第十一保保长周静思致叶润泉的函（一九四〇年八月四日）……一四一
湘潭县政府县县长廖佩之致县警察队分队长胡柏坪的手令（一九四〇年八月五日）……一四三
昭阳乡公所干事宋保生出具的县长手令收条（一九四〇年八月五日）……一四四
昭阳乡公所干事宋保生出具的限期保证书（一九四〇年八月六日）……一四五
湘潭县政府关于监发继续破坏长潭下段公路民夫给养规定及办法的布告（一九四〇年八月三日）……一四六
湘潭县东平镇公所关于请发破路监工人员伙食津贴致县政府的呈及县政府的指令（一九四〇年八月三日、十日）……一四八
湘潭县政府关于令即星夜发动民众遵照规定赶破道路完成致霞城、昭阳、白关等十一个乡镇公所和湘潭县
政府破路督催委员督催员的紧急代电（一九四〇年八月四日）……一五一
湘潭县政府估计土方工程员王昌溥关于呈赍破坏潭下新公路土方分配表致县政府的报告（一九四〇年八月五日）……一五六
湘潭县政府关于立即发动民众赶破潭下新公路致壶山、正心、涟南等五个乡镇公所等的紧急命令
（一九四〇年八月六日）……一五八
湘潭县政府关于潭下段新公路业已估勘定于九日动工加强破坏致第九战区司令长官司令部的电报
（一九四〇年八月六日）……一六一

湘潭县政府破路督催员胡开运关于呈报银田、清溪两乡破路工作情形致县政府的呈（一九四〇年八月六日）…… 一六三
湘潭县政府破坏长潭公路督催员周桐初关于发给督催工作旅费致县政府的报告及县政府的指令（一九四〇年八月六日、十二日）…… 一六五
湘潭县涟南乡公所关于破坏潭下新公路恳请给发民夫给养致县政府的报告（一九四〇年八月七日）…… 一六八
湘潭县黄龙乡公所关于呈报第三次乡务会议议决案奉令破坏长潭及潭宁路统限八月十日一律完成致县政府的呈（一九四〇年八月七日）…… 一七〇
湘潭县县政府、姜畲乡公所关于姜畲以东之丁字路口以北经白石坳灵官庙一段驿路属地问题及发动民众赶破的一组文书（一九四〇年八月七日至十二日）…… 一七一
　姜畲乡公所致湘潭县政府的呈（一九四〇年八月七日）…… 一七一
　湘潭县政府致姜畲乡公所的指令（一九四〇年八月十二日）…… 一七三
　湘潭县政府致破路督催员刘志成、胡开运的训令（一九四〇年八月十二日）…… 一七四
湘潭县姜畲乡公所关于第二保保长刘群呈报七里铺至白石坳地段不归该保破坏致县政府的呈及县政府的指令（一九四〇年八月七日、二十一日）…… 一七六
湘潭县忠信乡公所关于派忠信乡乡队附陈济华前来领取破坏潭下公路及机场伙食费致县政府的报告（一九四〇年八月八日）…… 一七九
湘潭县政府破坏长潭公路督催员周桐初关于破坏任务完毕恳请解除督催员职责另派工作致县政府的报告及县政府的指令（一九四〇年八月九日）…… 一八一
湘潭县正心乡公所关于呈报破路情形致县政府的报告及县政府的指令（一九四〇年八月九日、十四日）…… 一八四
湘潭县昭阳乡公所关于会同湘潭县政府杨监发委员发给继续破坏长潭下公路民夫给养完竣致县政府的呈（一九四〇年八月十日）…… 一八七
湘潭县警察局姜畲警察所关于呈贲姜畲乡第二保保长刘霖生限期完成破路切结书致县政府的报告及县政府的指令（一九四〇年八月十日、二十日）…… 一八九

附一：曾椿寿、陈德祥为刘霖生因破路不力着警票拘究办实因其父亡故请求暂准交保料理丧事后听候惩办的保结书 …… 一九〇

附二：刘霖生关于所破道路业已如限完竣请从宽免究的切结书 …… 一九一

扶有余关于姜畲乡第四保保长李纯甫因破路不力具结请开释致湘潭县政府的保结书及准予保释的批示（一九四〇年八月十日、十二日） …… 一九三

湘潭县政府破路督催员刘志成关于破路完竣致县政府的报告（一九四〇年八月十一日） …… 一九七

湘潭县白关乡公所和湘潭县政府破路督催员陈祥关于破坏驿路如期完成致县政府的呈及县政府的指令（一九四〇年八月十一日、二十一日） …… 一九八

湘潭县政府破路督催员陈祥关于株洲、白关两个乡破坏道路情形致县政府的报告（一九四〇年八月十二日） …… 二〇一

附一：白关乡路线图 …… 二〇三

附二：白关乡各保保长保队附保证本保所担任破坏长株各民路一律限八月五日以前完成的切结书七份 …… 二〇四

湘潭县株洲、白关督催员陈祥关于奉命督催破路完成恳请发给旅费伙食等费致县政府的报告及县政府的指令（一九四〇年八月十二日、二十一日） …… 二一三

湘潭县清溪乡公所关于呈报清溪乡破路工作情形致县政府的报告及县政府的指令（一九四〇年八月十二日、三十日） …… 二一五

湘潭县政府关于奉令破坏县境主要道路业已次第完成请派员莅县勘验指导致第九战区司令长官司令部的代电（一九四〇年八月十二日） …… 二一八

附：破坏县境主要道路略图 …… 二二〇

湘潭县政府破路督催员叶润泉及昭阳乡公所关于呈报督催破路情形致县政府的报告及县政府的指令（一九四〇年八月十三日、二十一日） …… 二二一

湘潭县忠信乡公所关于奉令破坏潭下公路工作将竣恳予发给伙食致县政府的报告及县政府的指令（一九四〇年八月十四日、二十二日） …… 二二三

湘潭县政府破路督催员胡开运关于银田、清溪乡公所所破道路地段于八月十三日完成致县政府的报告（一九四〇年八月十四日） …… 二二六

湘潭县政府破路督催员黄国安关于督催黄龙、仙女二乡乡公所破坏道路情形致县政府的报告（一九四〇年八月十四日）……二二七

湘潭县政府、县破路督催委员颜泽培等关于勘验破坏道路情形及赶速破坏完竣事的一组文书
（一九四〇年八月十四日至十八日）……二二九

颜泽培致湘潭县政府的报告及县政府的指令（一九四〇年八月十四日、十八日）……二二九

湘潭县政府致正心、仙女、姜畲三乡乡公所的训令（一九四〇年八月十八日）……二三二

湘潭县白关乡卸任乡长周颐关于奉令破坏长潭公路工作完竣补呈督工员兵应领伙食清册及领据恳请发给致县政府的报告及县政府的指令（一九四〇年八月十五日、二十六日）……二三四

湘潭县姜畲乡公所关于呈报接办破路情形致县政府的呈及县政府的指令（一九四〇年八月十五日、二十二日）……二三六

湘潭县政府、县破路验收工程员王昌溥、督催员周桐初关于潭下新公路破坏情形及限期完竣事的一组文书
（一九四〇年八月十六日至十七日）……二三八

王昌溥、周桐初致湘潭县政府的报告及县政府的指令（一九四〇年八月十六日）……二三八

湘潭县政府致正心、仙女、姜畲三乡乡公所的训令（一九四〇年八月十七日）……二四〇

湘潭县政府破路督催员胡开运为患重病难以前往恳请另派员前往姜畲督催破路致县政府的呈（一九四〇年八月十六日）……二四二

湘潭县政府督催员胡开运关于奉令破路工作完毕恳核发旅费致县政府的报告（一九四〇年八月十六日）……二四四

湘潭县政府、县破路督催员叶润泉关于督催霞城乡公所从速遵照规定办竣破坏驿路事的一组文书
（一九四〇年八月十六日至二十三日）……二四五

叶润泉致湘潭县政府的报告（一九四〇年八月十六日）……二四五

湘潭县政府致霞城乡公所的训令（一九四〇年八月二十三日）……二四六

湘潭县政府关于破路经费计算之送审是否仍送由民工稽核委员会审核或送审计处审核致湖南省政府的代电
（一九四〇年八月十六日）……二四八

湘潭县政府关于派员勘验破坏驿路情形致昭阳、霞城、正心等乡镇公所的训令（一九四〇年八月十七日）……二五〇

湘潭县政府关于勘验昭阳、白关、霞城等乡镇驿路破坏情形随时具报致县政府破路督催委员颜泽培、谢雨田等的训令（一九四〇年八月十七日）……二五二

湘潭县政府关于立即前往长潭下公路复验工程是否符合交通破坏办法致技士唐鼎峙的训令（一九四〇年八月十九日）……二五四

第九战区司令长官司令部、湘潭县政府关于将派员查验破路质量及仙女乡境内长岭铺至南庙段道路亦须遵照规定破坏事的一组文书（一九四〇年八月十九日至二十八日）……二五六

第九战区司令长官司令部致湘潭县政府的电报（一九四〇年八月十九日）……二五六

湘潭县政府致仙女乡公所的紧急代电（一九四〇年八月二十八日）……二五七

湘潭县政府关于株洲通长沙的干路约五十公尺仰即发动民众破坏具报致株洲镇公所的训令（一九四〇年八月二十一日）……二五九

湘潭县黄龙乡乡公所关于呈复破路情形并恳嘉奖努力从公之保队致县政府的呈及县政府的指令（一九四〇年八月二十一日、二十八日）……二六一

湘潭县政府、技士唐鼎峙关于长潭下公路部分地段破坏不合规定令行霞城乡公所赶速征派民夫限期加强破坏的一组文书（一九四〇年八月二十四日至二十八日）……二六三

唐鼎峙致湘潭县政府的呈（一九四〇年八月二十四日）……二六三

湘潭县政府致霞城乡公所的紧急代电（一九四〇年八月二十八日）……二六五

湘潭县昭阳乡公所及湘潭县政府破路督催委员谢雨田关于勘验昭阳乡破坏驿路情形致县政府的呈（一九四〇年八月二十五日）……二六七

湘潭县霞城乡公所关于破坏潭下公路民工给养费业已如数按名发讫致县政府的呈及县政府的指令（一九四〇年八月二十六日、三十一日）……二六九

湘潭县政府督催员叶润泉关于补发破路旅费致县政府的报告（一九四〇年八月二十六日）……二七一

湘潭县石潭乡公所关于破路工作完成致县政府的报告及县政府的指令（一九四〇年八月二十七日、九月三日）……二七三

湘潭县壶山镇公所关于继续破坏潭下段新公路已完竣致县政府的报告及县政府的指令（一九四〇年八月二十八日、九月六日）……二七七

湘潭县姜畲乡公所关于破路完成绘具略图请派员验收并嘉奖工作努力人员致县政府的呈及县政府的指令（一九四〇年八月二十八日、九月七日）……二七九

附：姜畲乡破路略图……二八一

湘潭县涟南乡公所关于奉令破坏潭下新公路用费除所领每方十一角五分外不敷甚钜恳指示筹措方法致县政府的报告及县政府的指令（一九四〇年八月二十八日、九月七日）……二八三

湘潭县霞城乡公所及县政府破路督催委员谢雨田关于勘验霞城乡破坏驿路情形致县政府的呈（一九四〇年八月二十九日）……二八五

湘潭县易俗镇公所关于破坏潭下新公路业已完竣致县政府的报告及县政府的指令（一九四〇年八月三十日、九月七日）……二八七

湘潭县政府、县破路督催委员颜泽培等关于勘验破坏道路情形等事的一组文书（一九四〇年八月三十日至九月六日）……二八九

颜泽培致湘潭县政府的报告（一九四〇年八月三十日）……二八九

湘潭县政府致颜泽培的指令（一九四〇年九月六日）……二九三

湘潭县政府致黄龙、仙女等乡公所的训令（一九四〇年九月六日）……二九四

湘潭县霞城乡公所关于呈复荷叶塘至菊花塘经苗圃抵白家塘地段非属乡所破致县政府的呈（一九四〇年八月三十一日）……二九六

湘潭县株洲镇公所及湘潭县政府勘查破路委员谢雨田关于破坏及勘查驿路情形致县政府的呈及县政府的指令（一九四〇年九月一日、十一日）……二九八

湘潭县易俗镇公所成斡良关于造送破坏长潭公路下线及潭下新公路民工伙食及监工伙食表册致县政府的报告及县政府的指令（一九四〇年九月二日、六日）……三〇一

湘潭县政府督催员周桐初关于恳请核准补发旅费致县政府的报告及县政府的指令（一九四〇年九月二日、十日）……三〇三

湘潭县政府破路督催员周桐初关于督催破坏潭下线新公路工作任务完成恳请解除职责致县政府的报告及县政府的指令（一九四〇年九月二日、十一日）……三〇六

第九战区司令长官司令部、湘潭县政府关于湘潭县境所破坏道路不合规定之处应严行督导更正具报的一组文书（一九四〇年九月三日至五日）……三〇八

第九战区司令长官司令部致湘潭县政府的电报（一九四〇年九月三日）……三〇八

湘潭县政府致壶山、雨湖等十八个乡镇公所等的紧急代电（一九四〇年九月五日）……………… 三一〇

湘潭县政府、监发员杨普生关于奉令监放文华镇民夫给养情形的来往文书（一九四〇年九月四日至十日）……………… 三一二

杨普生致湘潭县政府的报告（一九四〇年九月四日）……………… 三一二

湘潭县政府致杨普生的指令（一九四〇年九月十日）……………… 三一四

湘潭县政府关于电请派员下县查验破坏道路工程致第九战区司令长官司令部的电报（一九四〇年九月五日）……………… 三一五

湘潭县政府关于造赍监工员丁给养清册核与规定不符应予发还更造致文华镇公所的指令（一九四〇年九月五日）……………… 三一七

湘潭县政府关于本县主要道路业已遵照规定一律削为一市尺致湖南省第一区行政督察专员公署的代电（一九四〇年九月六日）……………… 三一九

湘潭县白关乡公所和湘潭县政府查勘驿路委员谢雨田关于勘验白关乡破坏驿路情形致县政府的报告及县政府的指令（一九四〇年九月六日、十一日）……………… 三二一

湘潭县政府查勘驿路委员谢雨田关于已查勘昭阳、白关、霞城、株洲等乡镇驿路破坏情形完毕尚合规定致县政府的呈及县政府的指令（一九四〇年九月七日、二十二日）……………… 三二四

湘潭县政府继续破坏长潭公路督办邹觉民关于奉令督催破坏长潭公路呈明误写起讫日期请核发旅费及垫购桩料费致县政府的报告及县政府的指令（一九四〇年九月八日、十四日）……………… 三二七

湘潭县政府技士唐鼎峙关于视察潭下新公路黄龙乡等乡公所破道路情况致县政府的报告及县政府的指令（一九四〇年九月九日、十七日）……………… 三二九

湘潭县涟南乡公所关于破坏潭下段新公路情形并造具单据领款等册恳予核发土方工资致县政府的报告及县政府的指令（一九四〇年九月十一日、十六日）……………… 三三二

湘潭县政府、科员袁建等关于昭阳、白关、株洲三乡镇驿路破坏情形及派唐鼎峙克日前往长潭公路不合规路段预估土方等事的一组文书（一九四〇年九月十二日至十七日）……………… 三三五

袁建致湘潭县政府的报告（一九四〇年九月十二日）……………… 三三五

湘潭县政府致袁健的指令（一九四〇年九月十七日）……………… 三三七

湘潭县政府致唐鼎峙的训令（一九四〇年九月十七日）……三三八
湘潭县政府勘验破路委员谢雨田关于勘验破路旅费不敷恳祈补发致县政府的呈及县政府的指令
（一九四〇年九月十二日、十八日）……三四〇
湘潭县政府关于该乡破坏长潭公路监工津贴伙食清册及单据核与规定不符原件发还更造致昭阳乡
的指令（一九四〇年九月十四日）……三四三
湘潭县政府、技士唐鼎峙等关于各乡镇破坏道路情况及预勘土方等事的一组文书（一九四〇年九月二十一日至二十九日）……三四四
唐鼎峙致湘潭县政府的报告（一九四〇年九月二十一日）……三四四
湘潭县政府致唐鼎峙的指令（一九四〇年九月二十八日）……三四六
湘潭县政府致各乡镇公所的训令（一九四〇年九月二十九日）……三四七
湘潭县白关乡前任乡长周颐关于破坏长潭公路督工员兵伙食津贴清册已更正恳请发给致县政府的报告
及县政府的指令（一九四〇年九月二十一日、二十三日）……三四九
湘潭县政府关于检发卸任乡长周颐经手破坏长潭公路监工津贴清册及单据簿仰遵照监放致白关乡
的训令（一九四〇年九月二十四日）……三五二
湘潭县昭阳乡公所关于呈报昭阳乡驿路业已遵照规定破坏完竣致县政府的呈及县政府的指令
（一九四〇年九月二十五日、十月一日）……三五四
湘潭县政府技士唐鼎峙关于长潭公路昭阳、黄龙、白关三乡应还田部分估测土方列表具报致县政府
的报告及县政府的指令（一九四〇年九月二十六日、十月一日）……三五七
湖南省政府、湘潭县政府等关于中湘公司通南北塘之运道暂免破坏惟仍须作战时负责破坏之准备的一组文书
（一九四〇年九月二十七日至十月七日）……三六二
湖南省政府致湘潭县政府的训令（一九四〇年九月二十七日）……三六二
湘潭县政府致涟南姜畲乡公所的训令（一九四〇年十月七日）……三六四

湘潭县政府关于长潭公路应还田部分限期完成致湘潭县白关、昭阳、黄龙乡公所的紧急代电（一九四〇年十月一日）……三六六

湘潭县政府监放委员胡开运及忠信乡乡长杨华庭关于会同监放民工给养业已完毕致县政府的报告及县政府指令（一九四〇年十月六日、八日）……三六八

湘潭县政府关于电请核准本府拟定监工员兵伙食旅费致湖南省政府的代电（一九四〇年十月七日）……三七〇

湘潭县政府民工给养监放委员胡开运及湘潭县涟南乡公所关于会同监放民工给养完毕致县政府的报告（一九四〇年十月十四日）……三七二

湘潭县政府、县民工给养稽核委员会等关于正心乡继续破坏潭下新公路各项土方册据意见的一组文书（一九四〇年十一月二日至十三日）……三七四

湘潭县民工给养稽核委员会致县政府的报告（一九四〇年十一月二日）……三七四

湘潭县政府致县民工给养稽核委员会的指令（一九四〇年十一月十三日）……三七六

湘潭县政府致正心乡公所的训令（一九四〇年十一月十三日）……三七七

湘潭县政府、县民工给养稽核委员会关于昭阳乡继续破坏长潭公路土方册据审查意见的一组文书（一九四〇年十一月二日至七日）……三七九

湘潭县民工给养稽核委员会致县政府的报告（一九四〇年十一月二日）……三七九

湘潭县政府致县民工给养稽核委员会的指令（一九四〇年十一月七日）……三八一

湘潭县政府致昭阳乡公所的训令（一九四〇年十一月七日）……三八二

湘潭县政府、县民工给养稽核委员会关于文华乡继续破坏长潭公路潭下线土方册据审查意见的一组文书（一九四〇年十一月三日至十三日）……三八四

湘潭县民工给养稽核委员会致县政府的报告（一九四〇年十一月三日）……三八四

湘潭县政府致县民工给养稽核委员会的指令（一九四〇年十一月十三日）……三八六

湘潭县政府致文华镇公所的训令（一九四〇年十一月十三日）……三八七

湘潭县黄龙乡公所关于恳请派员验收土方以便具领给养致县政府的报告及县政府的指令（一九四〇年十一月四日、十二日）……三八九
湘潭县政府关于请签发破路经费核准动支凭证致湖南省政府的呈（一九四〇年十一月四日）……三九一
湘潭县白关乡公所及湘潭县政府民工给养监放委员胡开运关于清册未齐民工给养须俟期发放致县政府的报告（一九四〇年十一月二十三日）……三九三
湘潭县霞城乡公所关于请核发加破潭下线民工给养致县政府的呈及县政府的指令（一九四〇年十二月五日、二十三日）……三九五
湘潭县政府关于令即前往潭下线验收霞城乡破坏工程致技士唐鼎峙的训令（一九四〇年十二月二十三日）……三九八
湘潭县霞城乡公所关于补造上年加强破坏潭下公路民工清册并取验收单一并呈赍恳察核派员监发给养致县政府的报告（一九四一年四月八日）……四〇〇
附一：验收霞城乡公所继续破坏潭下公路菊花塘、荷叶塘两段土方的收条……四〇二
附二：湘潭县霞城乡公所所派各保各甲破坏菊荷段公路统计表……四〇三
附三：湘潭县霞城乡第五保破坏潭下路菊荷段民工清册……四〇四
附四：湘潭县霞城乡第七保破坏潭下路菊荷段民工清册……四一二
附五：湘潭县霞城乡第九保破坏潭下路菊荷段民工清册……四二〇
附六：湘潭县霞城乡第十一保破坏潭下路菊荷段民工清册……四二八
湘潭县龙华乡卸任乡长李文凯妻尹淑池关于恳予令饬龙华乡现任乡长转饬前经办破路工作各保长负责归还多报仓谷致县政府的呈（一九四一年八月三十日）……四三六
湘潭县政府关于责成前经办破路工作各保长负责归还未经核销仓谷致龙华乡公所的训令及致尹淑池的批示（一九四一年九月十一日）……四四二
审计部湖南省审计处关于湘潭县政府一九四〇年六至九月破坏长潭新公两路经费应行查询补送事项致湘潭县政府的审核通知（一九四二年三月七日）……四四四

湘潭县政府关于一九四〇年六至九月破坏长潭新公两路经费查询补送等事项并呈赍民夫给养清册致审计部湖南省审计处的呈（一九四二年三月二十日）……………………………………四四六

后　记

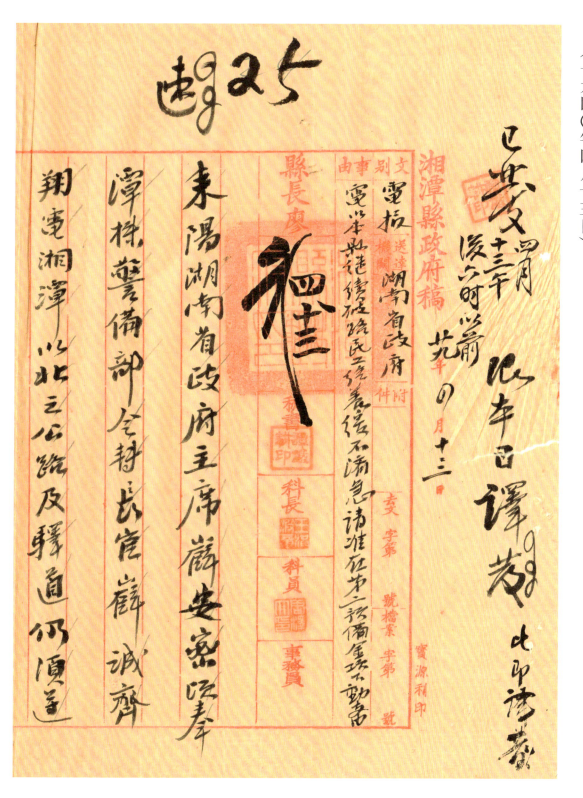

湘潭县政府关于本县继续破路民工给养缓不济急请准在第二预备金项下动支文致湖南省政府的电报（一九四〇年四月十三日）

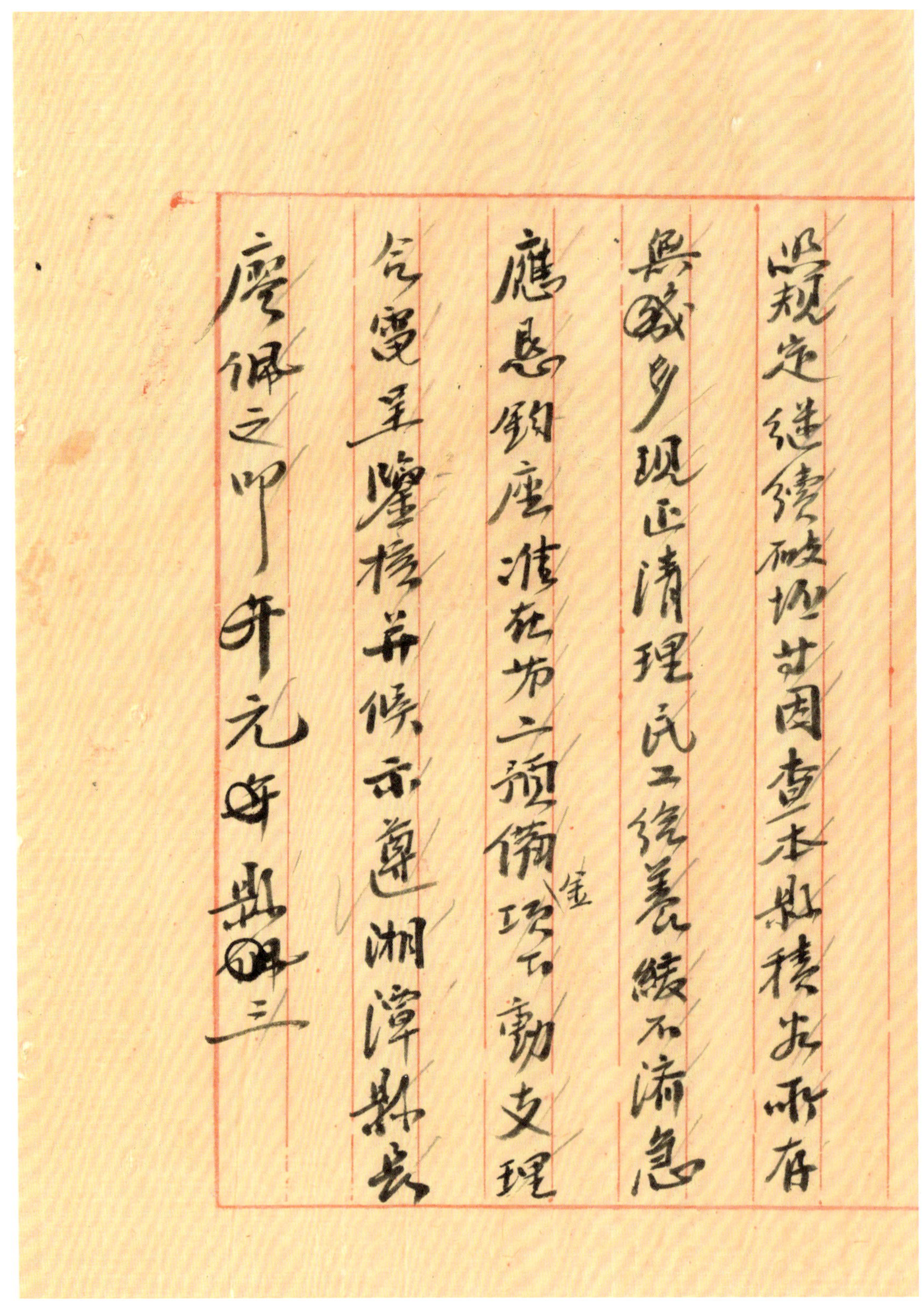

以規定繼續破壞，並因查本縣積欠所存
與戰鄉現正清理民工給養，續不濟急，
懇鈞座准在第二預備金項下動支，理
合電呈鑒核，并候示遵。湘潭縣長
廖佩之叩。午元府縣印三

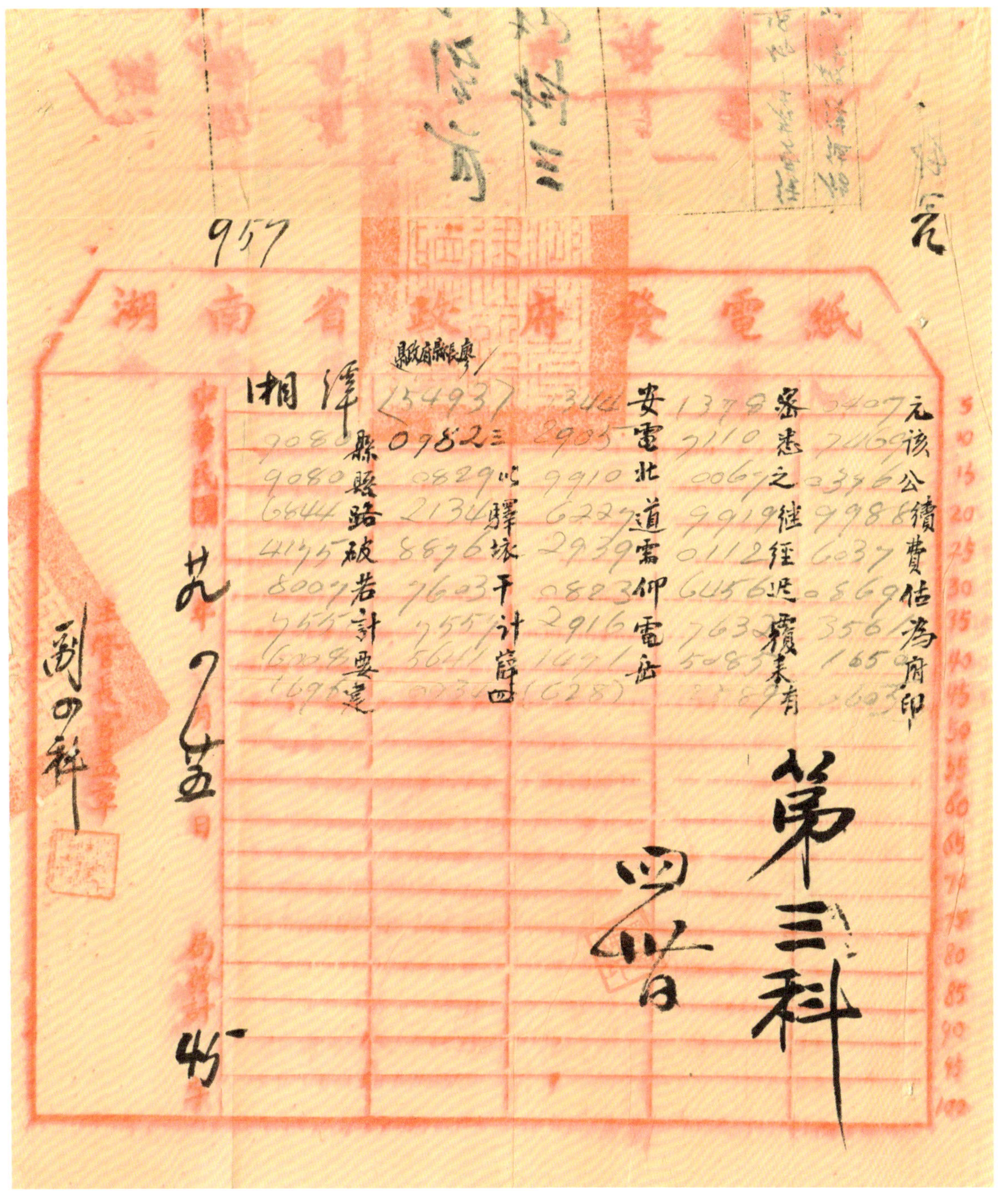

湖南省政府發電紙

第三科

湖南省政府关于继续破坏公路驿道所需经费若干仰迅估计电复致湘潭县政府的电报及县政府的批（一九四〇年四月二十五日、五月一日）

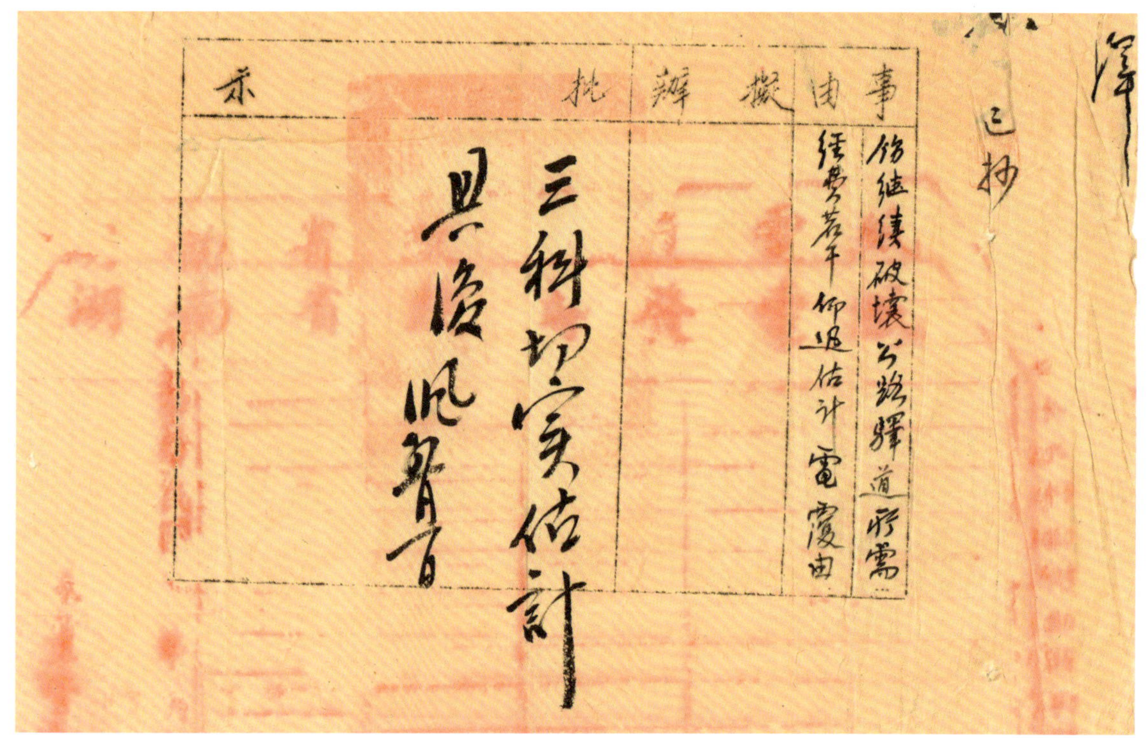
已抄

事由	饬继续破坏公路驿道所需经费若干仰速估计电覆由
拟办	
批示	三科切实估计具复 佩箴

湘潭县霞城乡公所关于破坏长潭公路保甲长伙食应如何开支致县政府的呈及县政府的指令（一九四〇年五月七日、十日）

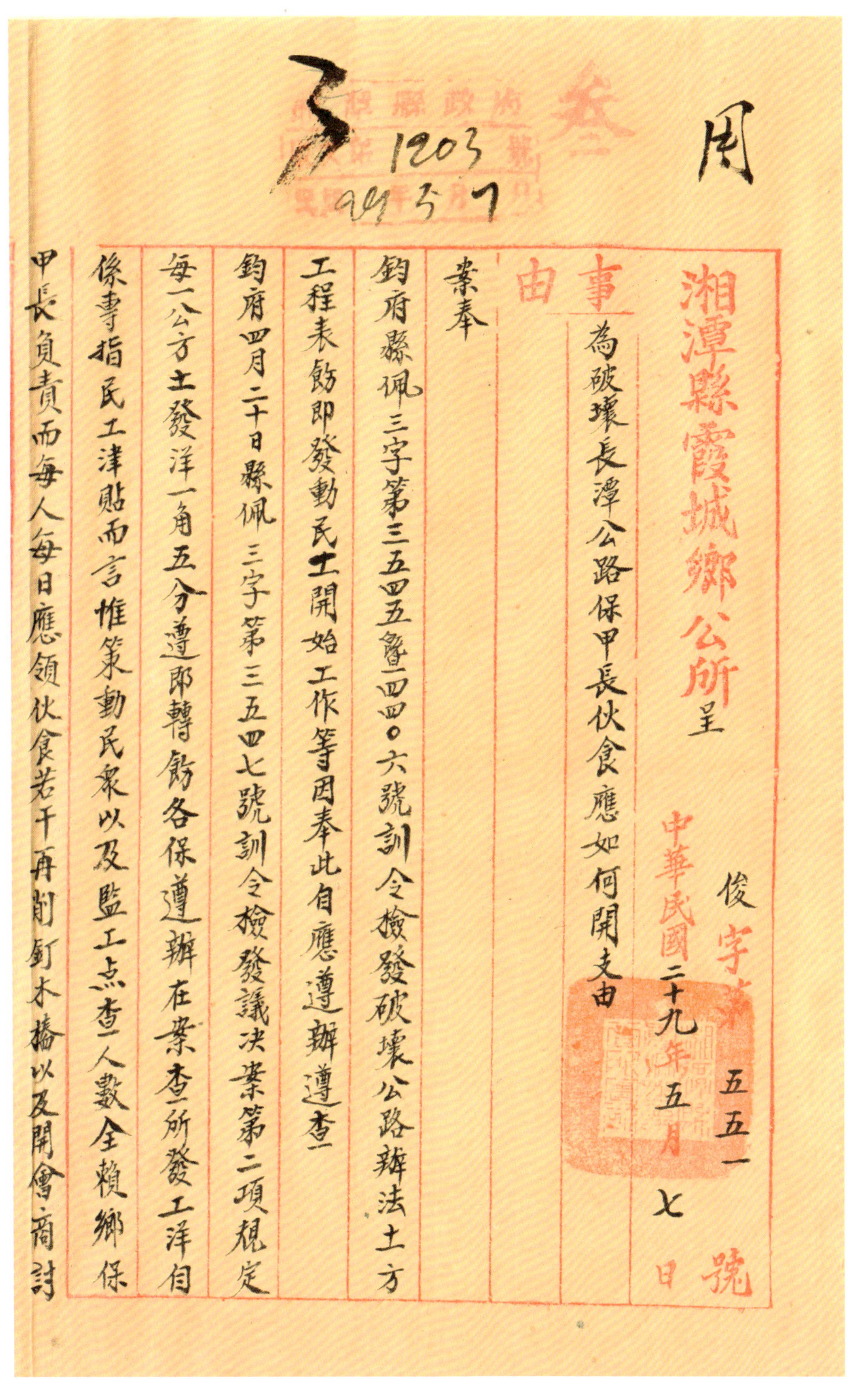
閱

湘潭縣霞城鄉公所呈　俊字第五五一號

中華民國二十九年五月七日

事由　為破壞長潭公路保甲長伙食應如何開支由

案奉

鈞府縣佩三字第三五四五暨四四〇六號訓令檢發破壞公路辦法土方工程表飭即發動民工開始工作等因奉此自應遵辦遵查鈞府四月二十日縣佩三字第三五四七號訓令檢發議決案第二項規定每一公方土發洋一角五分遵即轉飭各保遵辦在案查所發工洋自係專指民工津貼而言惟策動民衆以及監工点查人數全賴鄉保甲長負責而每人每日應領伙食若干再削釘木橋以及開會商討

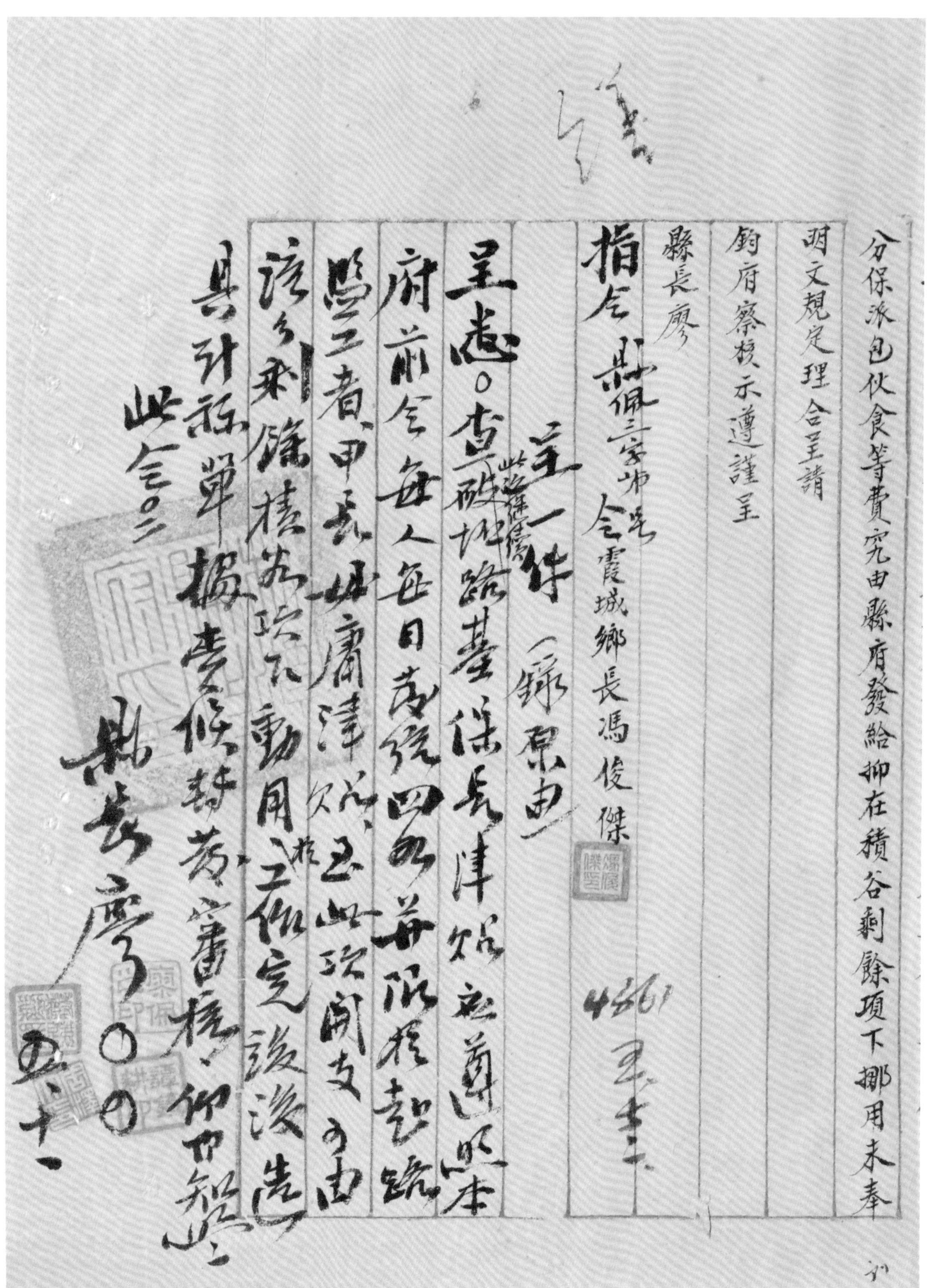
分保派包伙食等费究由县府发给抑在积谷剩余项下挪用未奉
明文规定理合呈请
钧府察核示遵谨呈
县长廖
指令 县保三字第 号
令霞城乡长冯俊杰
呈一件（录原由）
呈悉。查破坏路基保长津贴应照本
府前令每人每日发给四角，并限程起讫
路工者，甲长亦酌给津贴。此项开支可由
该乡剩余积谷项下动用，工竣后造具
具计算单据，由该保转呈审核。仰即知照。此
此令。
县长廖〇〇
五、十一

湘潭县政府关于估计破坏公驿路所需经费为二万元请准在预备金项下动支致湖南省政府的电报（一九四〇年五月八日）

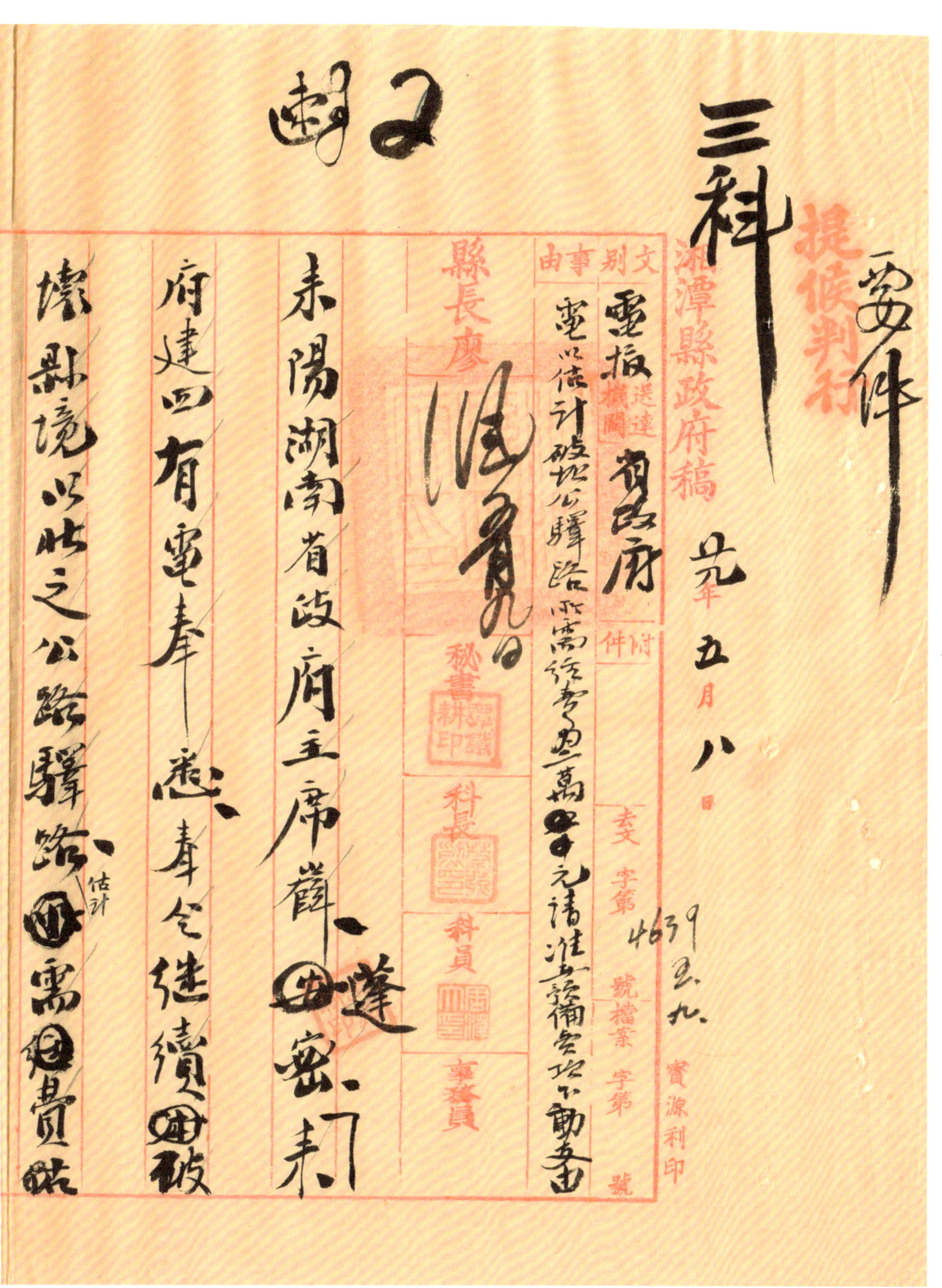
湘潭縣政府稿

文别：電報

送達機關：省政府

事由：電以估計破壞公驛路所需經費為貳萬元請准在預備金項下動支由

廿九年五月八日

縣長廖

耒陽湖南省政府主席薛鈞鑒：密。府建四有電奉悉。奉令繼續破壞縣境以北之公路驛路，估計需費

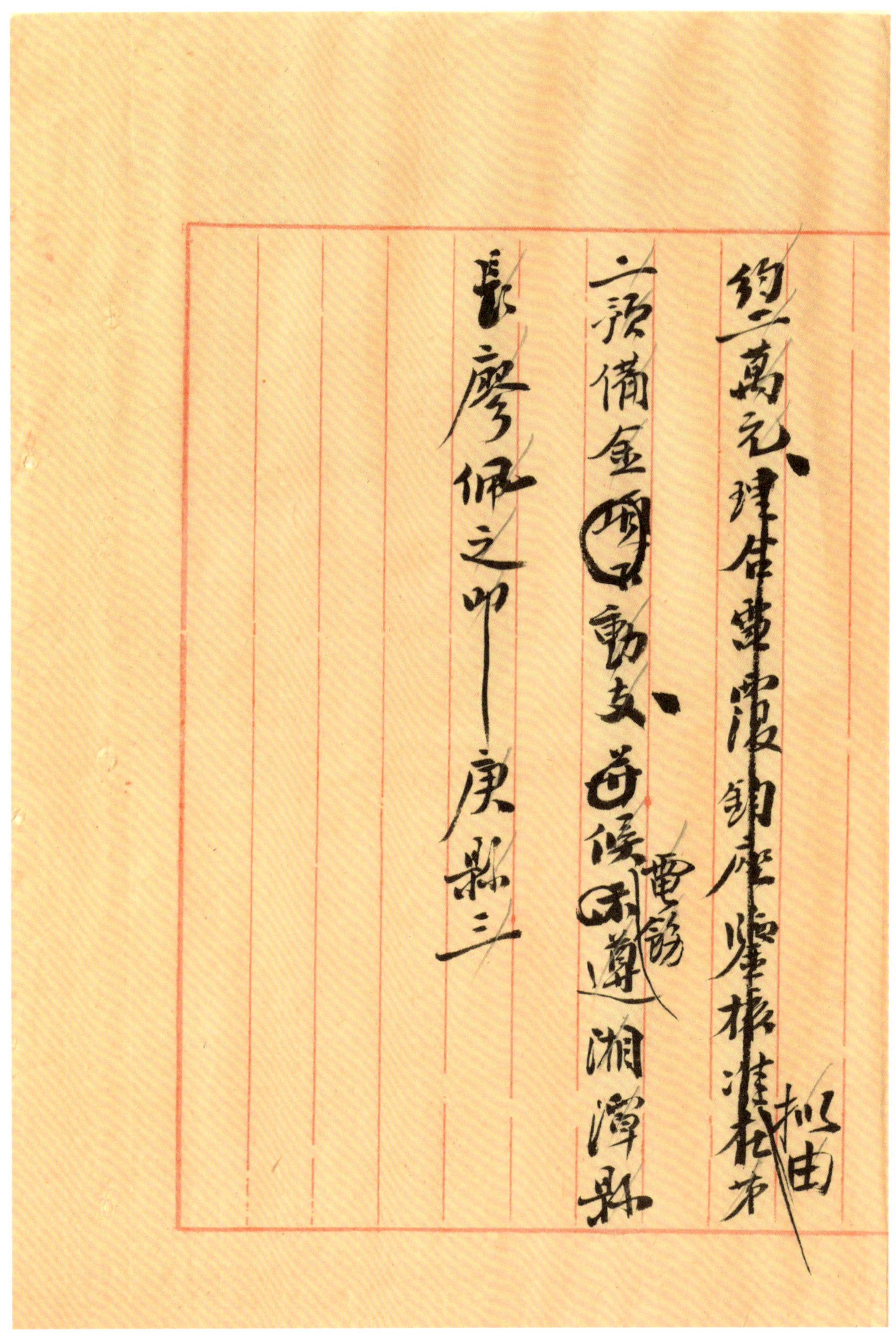
約二萬元、擬由
二預備金項下動支、並候電飭遵。湘潭縣
長廖佩之叩。庚。縣三

湘潭县株洲镇公所关于破路镇长保长伙食旅费办公等费无法开支恳予核示致县政府的报告及县政府的指令（一九四〇年五月十四日、二十二日）

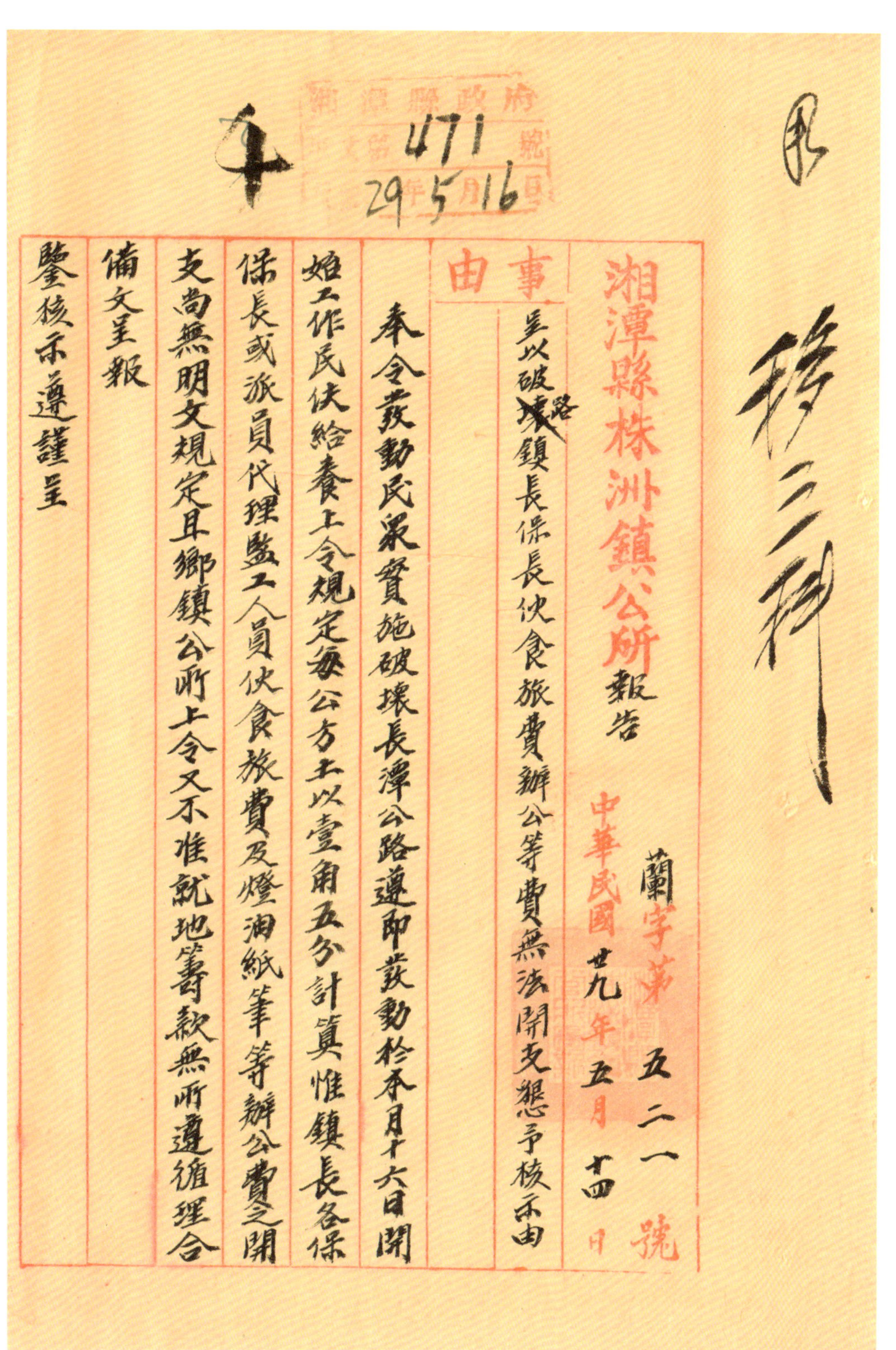
湘潭縣政府 收文第 號 29年5月16日 471
移三科
湘潭縣株洲鎮公所報告
蘭字第五二一號
中華民國廿九年五月十四日
事由：呈以破路鎮長保長伙食旅費辦公等費無法開支懇予核示由
奉令發動民眾實施破壞長潭公路，遵即發動，於本月十六日開始工作，民伕給養上令規定每公方土以壹角五分計算，惟鎮長各保保長或派員代理監工人員伙食旅費及燈油紙筆等辦公費之開支尚無明文規定，且鄉鎮公所上令又不准就地籌款，無所遵循，理合備文呈報
鑒核示遵。謹呈

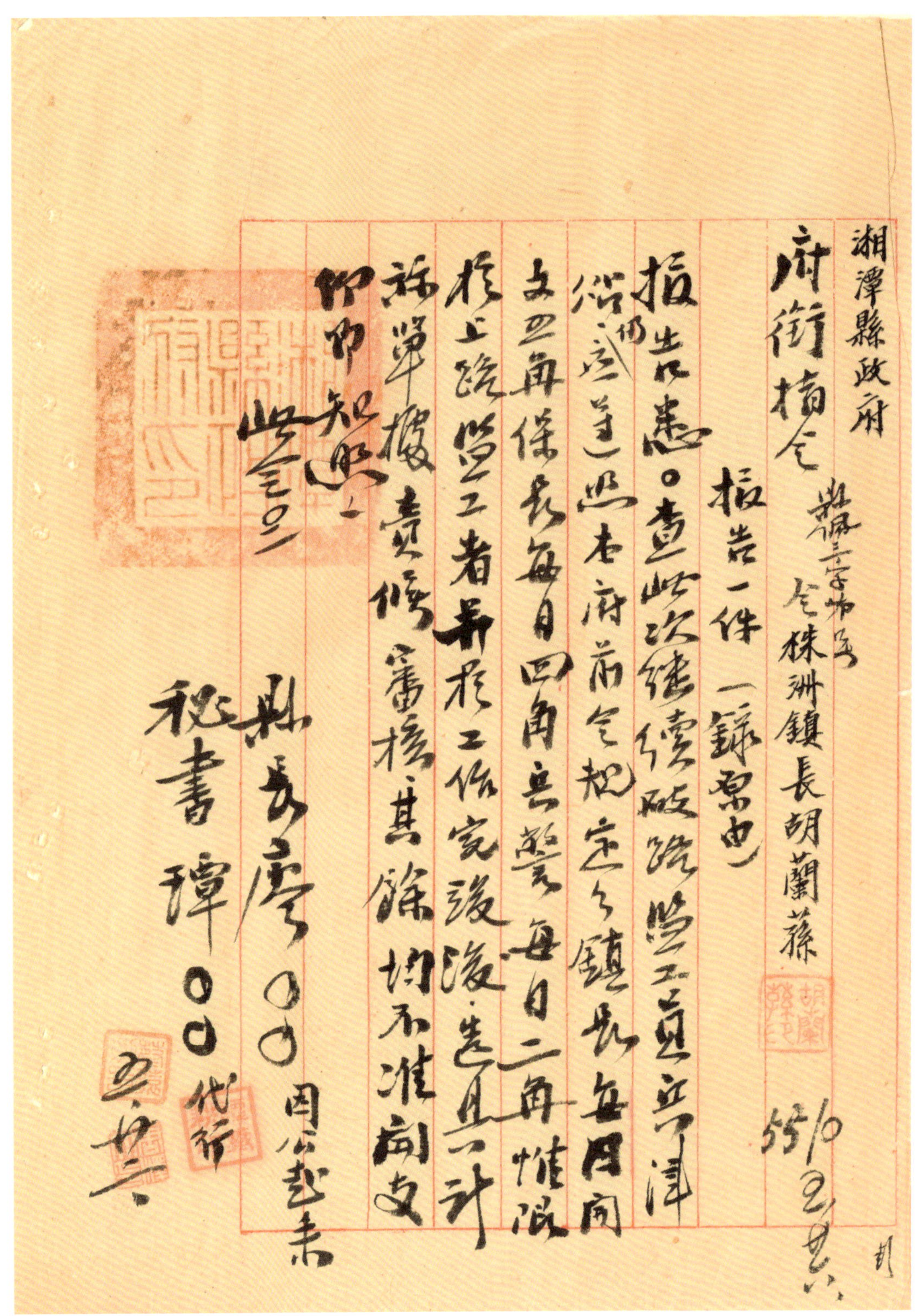

湘潭縣政府

府衔指令　縣三字第　號

令株洲鎮長胡蘭蓀

報告一件（錄案由）

報告悉。查此次繼續破路，監工員應予津貼，業經本府前令規定，鎮長每月尚支四角，保長每日四角，兵警每日二角，惟限於上路監工者，并於工作完竣後，造具計算單據，呈候審核，其餘均不准濫支，仰即知照。此令。

縣長　廖〇〇　因公赴未

秘書　譚〇〇代行

五、廿八

5510　五、廿六

湘潭县白关乡公所为破路伙食不敷甚巨恳一面提前发足给养一面准由各保筹垫并恳严惩队兵贺迪辉等致县政府的报告及县政府的指令（一九四〇年五月三十一日、六月十一日）

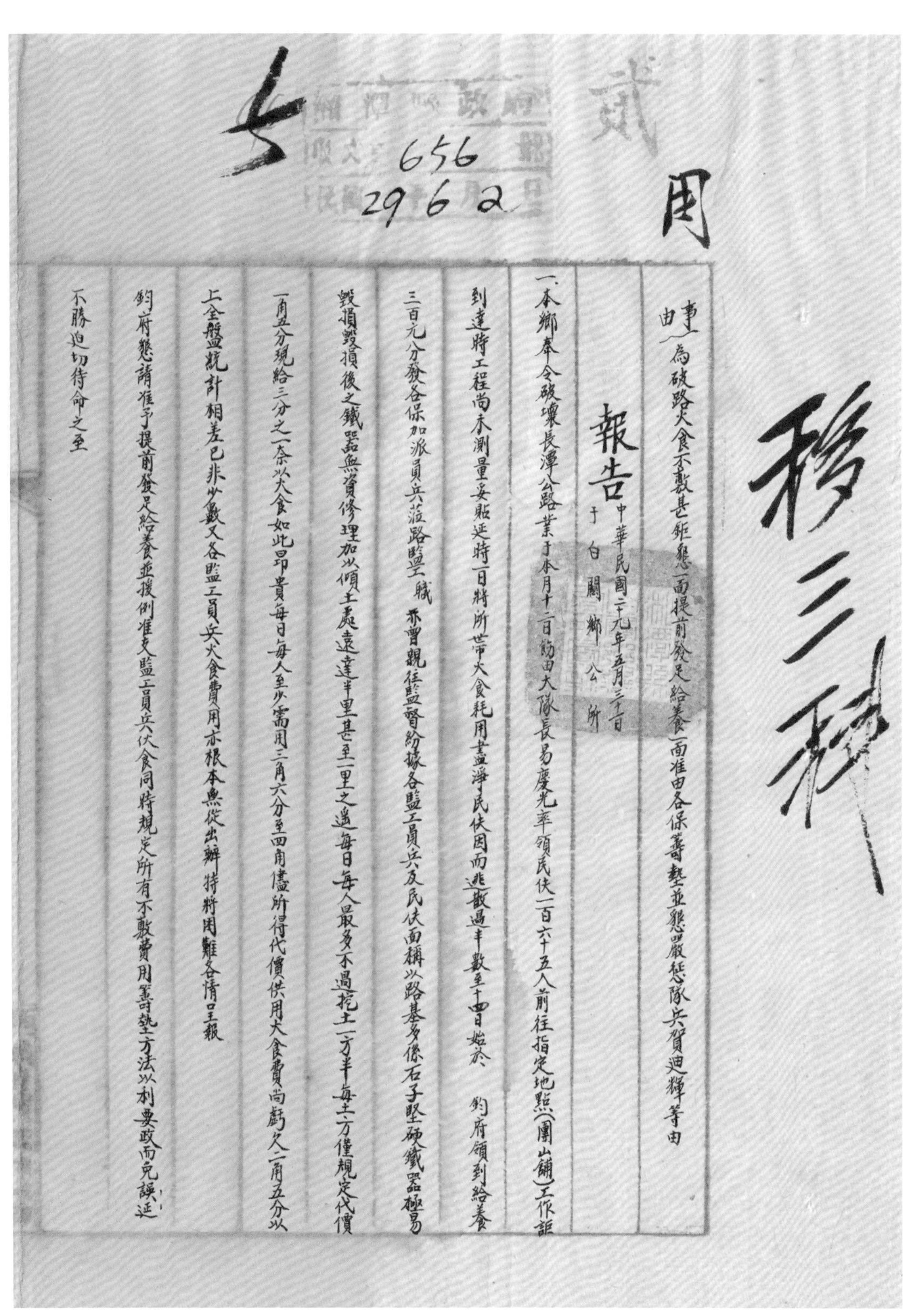

事由：為破路伙食不敷甚鉅懇一面提前發足給養一面准由各保籌墊並懇嚴懲隊兵賀迪輝等由

報告　中華民國二十九年五月三十日　于白關鄉公所

一、本鄉奉令破壞長潭公路業于本月十二日飭由大隊長易慶光率領民伕一百六十五人前往指定地點（團山舖）工作詎到達時工程尚未測量妥貼延時一日將所帶伙食耗用盡淨民伕因而逃散過半數至十四日始於　鈞府領到給養三百元八分發各保加派員兵蒞路監工職　亦曾親往監督紛據各監工員兵及民伕面稱以路基多係石子堅硬鐵器極易毀損毀損後之鐵器無資修理加以傾土處遠達半里甚至一里之遙每日每人最多不過挖土一方半每土一方僅規定代價一角五分現給三分之一奈以伙食如此昂貴每日每人至少需用三角六分至四角儘所得代價供用伙食費尚虧欠二角五分以上全盤統計相差已非少數又各監工員兵伙食費用亦根本無從出辦特將困難各情口呈報
鈞府懇請准予提前發足給養並援例准支監工員兵伕食同時規定所有不敷費用籌墊方法以利要政而免誤延不勝迫切待命之至

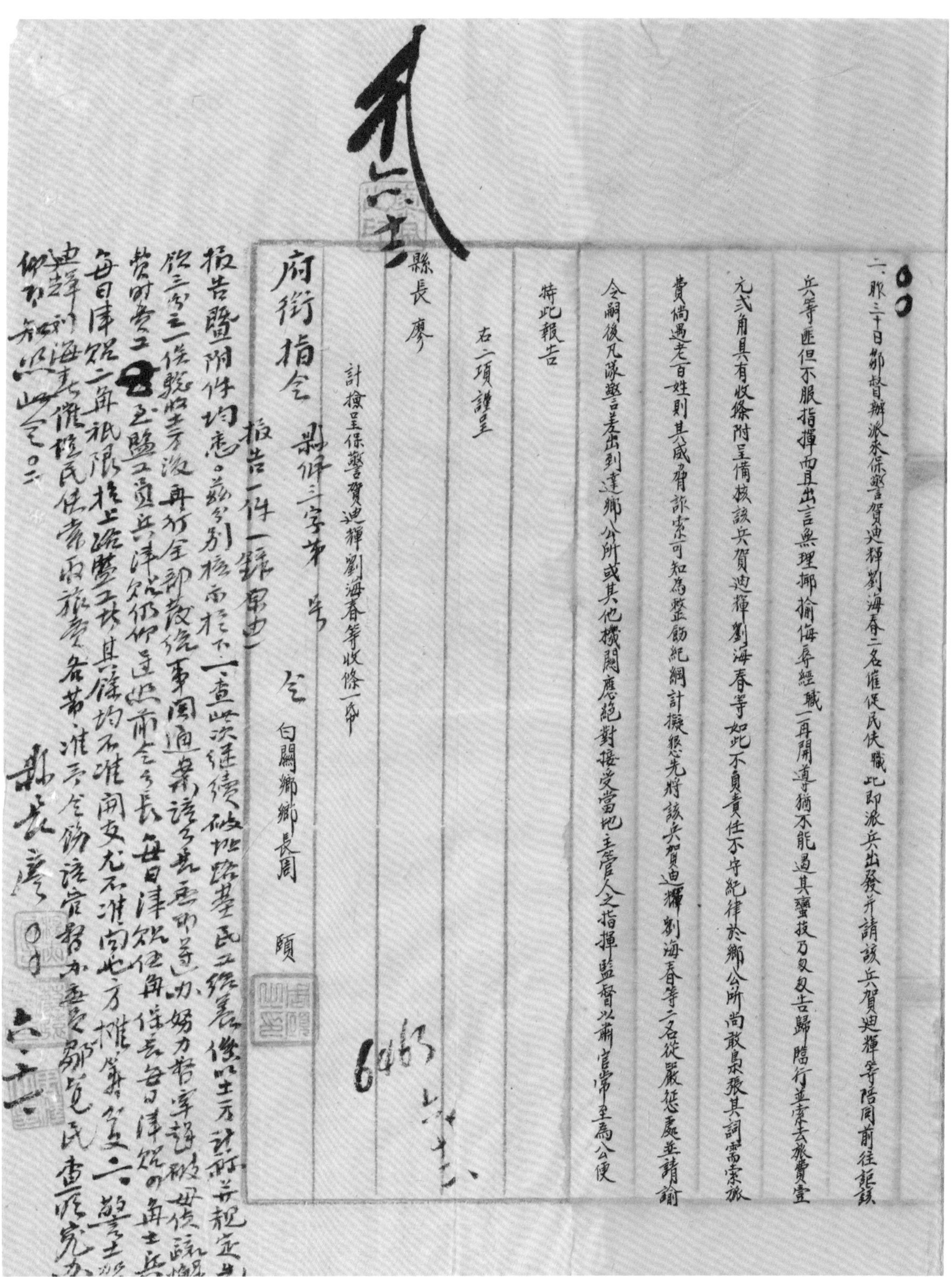

二、昨三十日鄒督辦派來保警賀迪輝、劉海春二名催促民伕，職比即派兵出發，并請該兵賀迪輝等陪同前往，距該兵等匪但不服指揮，而且出言無理，揶揄侮辱，經職一再開導，猶不能遏其蠻技，乃又吿歸，臨行並索去旅費壹元弍角，具有收條附呈備核。該兵賀迪輝、劉海春等如此不負責任，不守紀律，於鄉公所尚敢梟張其詞需索旅費，倘遇老百姓，則其威脅詐索可知。為整飭紀綱計，擬懇先將該兵賀迪輝、劉海春等二名從嚴懲處，並請諭令嗣後凡派警差出到達鄉公所或其他機關，應絕對接受當地主管人之指揮監督，以肅官常，至為公便。

特此報告

右二項謹呈

縣長廖

計檢呈保警賀迪輝、劉海春等收條一紙

白關鄉鄉長周頤

府衙指令　縣府三字第　號

令白關鄉鄉長周頤

報告一件一錄案由

報告暨附件均悉。茲分別核示於下：一、查此次繼續破壞路基民工經費，係以土方計算，并規定出[illegible]三分之一，係照土方[illegible]後再行全部發給，事關通案，該鄉長應即遵辦，努力督率[illegible]，毋使疏懈[illegible]費時費工。[illegible]至監工員兵津貼，前令該鄉長每日津貼伍角，保長每日津貼四角，士兵每日津貼二角，祇限於上路監工時，其餘均不准開支，尤不准向地方攤派[illegible]。[illegible]迪輝、劉海春[illegible]擾民[illegible]各節，准予令飭該管督辦[illegible]查明究辦[illegible]。仰即知照。此令。〇六

縣長廖

附：保警贺迪辉、刘海春收条

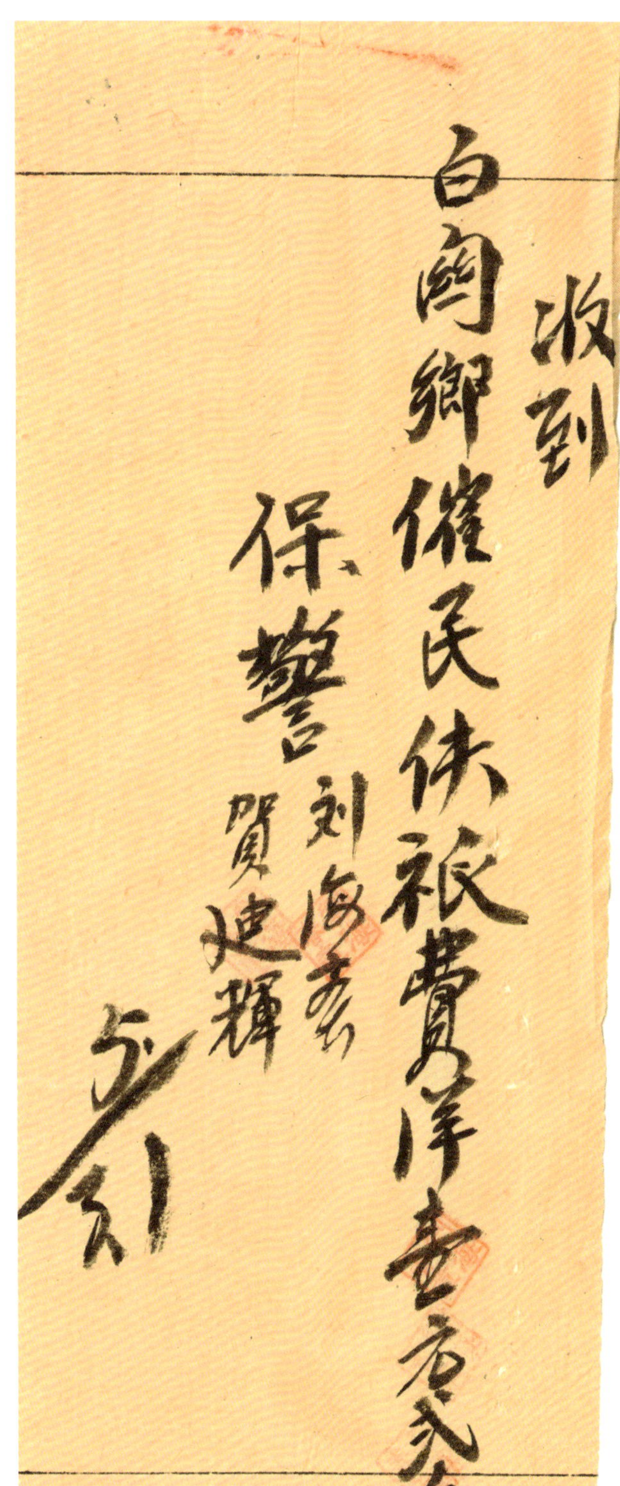

收到

白岡鄉催民伕衣費洋壹元弍角

保警 刘海春 賀迪輝

湘潭县政府关于估计破路需费为二万元拟由第二预备金动支致湖南省政府的电报（一九四〇年六月三日）

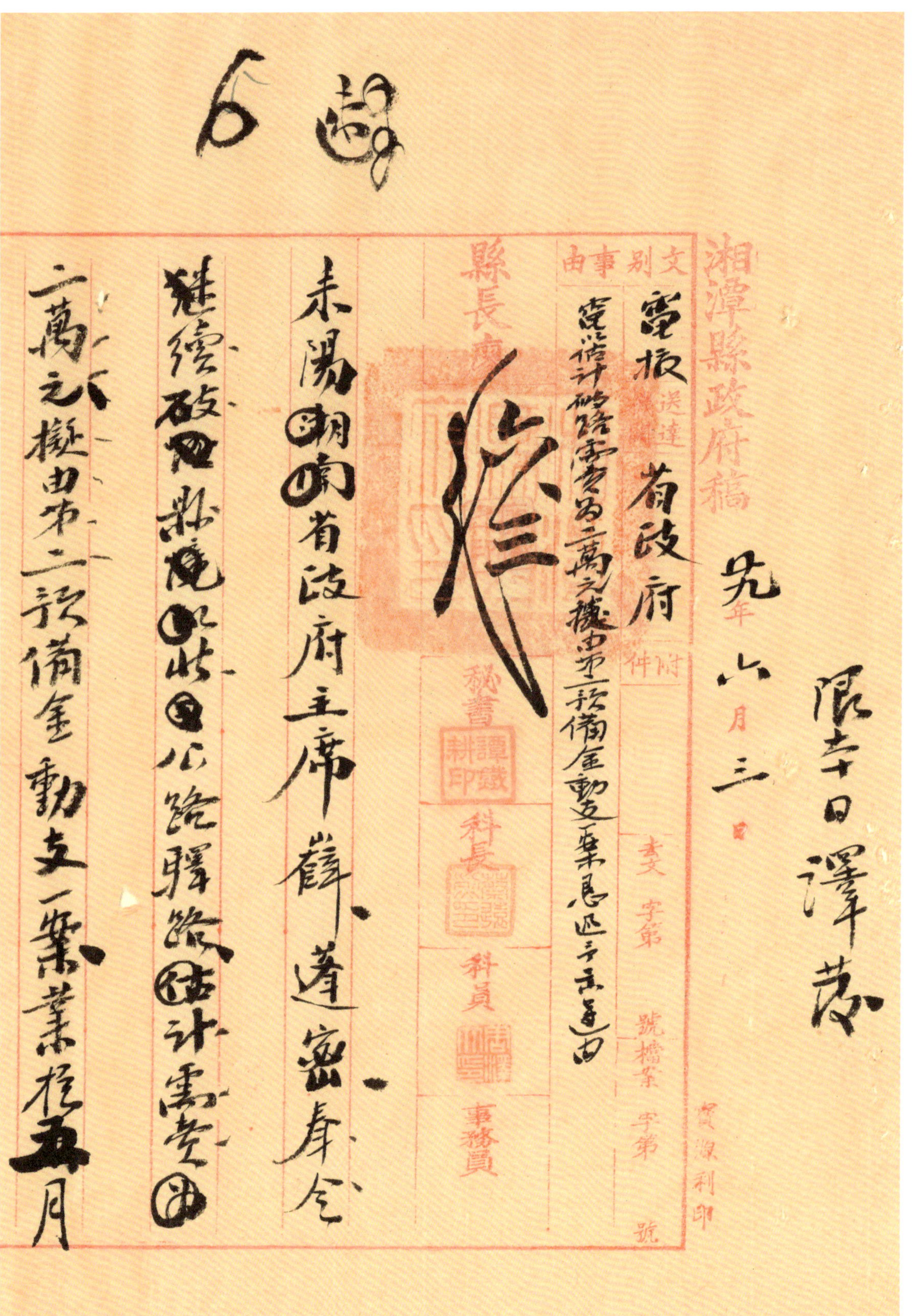

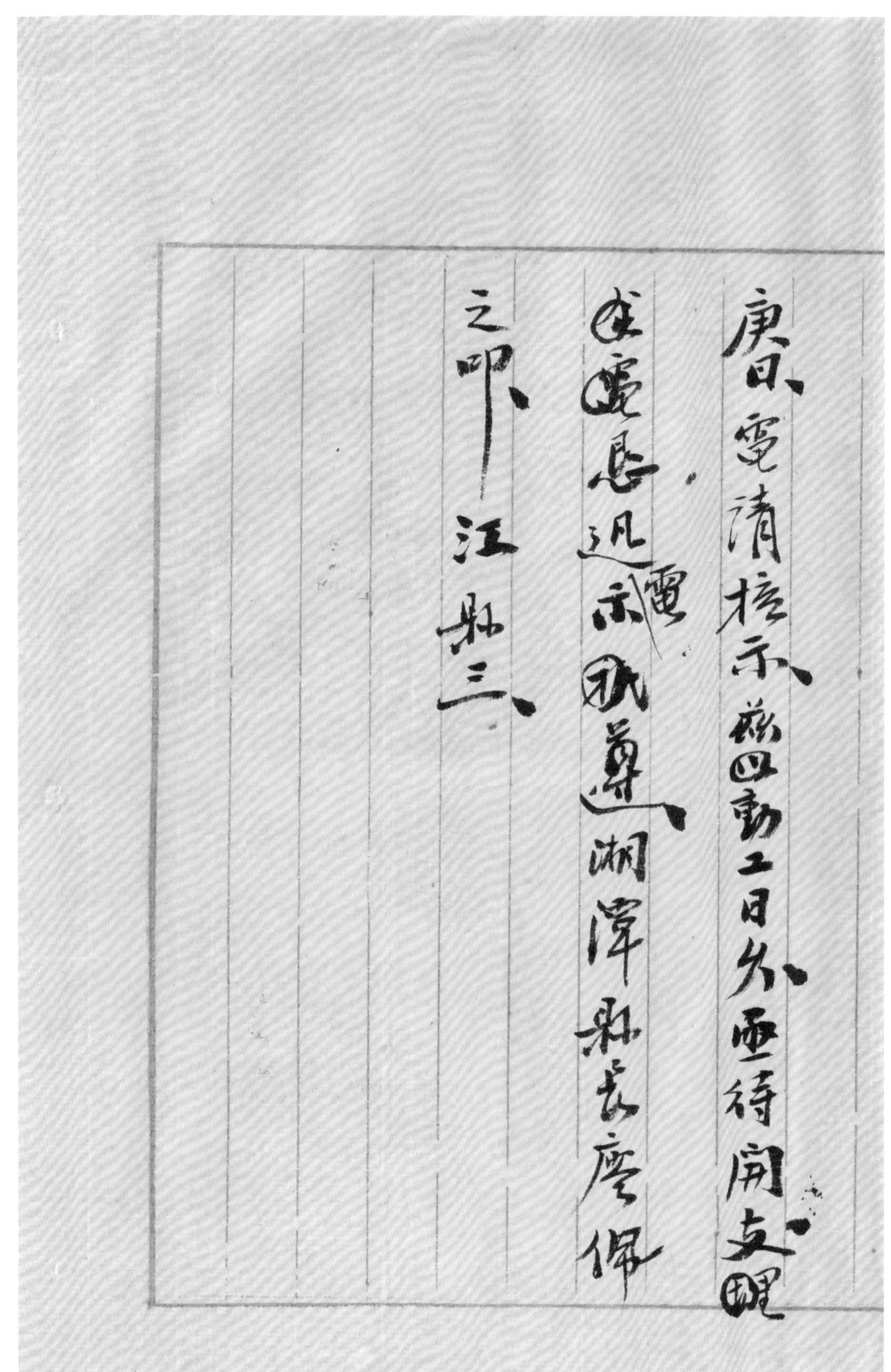
庚日電請核示，茲以動工日久，亟待開支，匯款電懇迅電示，俾遵。湘潭縣長廖偉之叩。江縣三。

湘潭县黄龙乡公所关于呈报第二次乡务会议议案破路给养购领食盐分配办法致县政府的呈（一九四〇年六月八日）

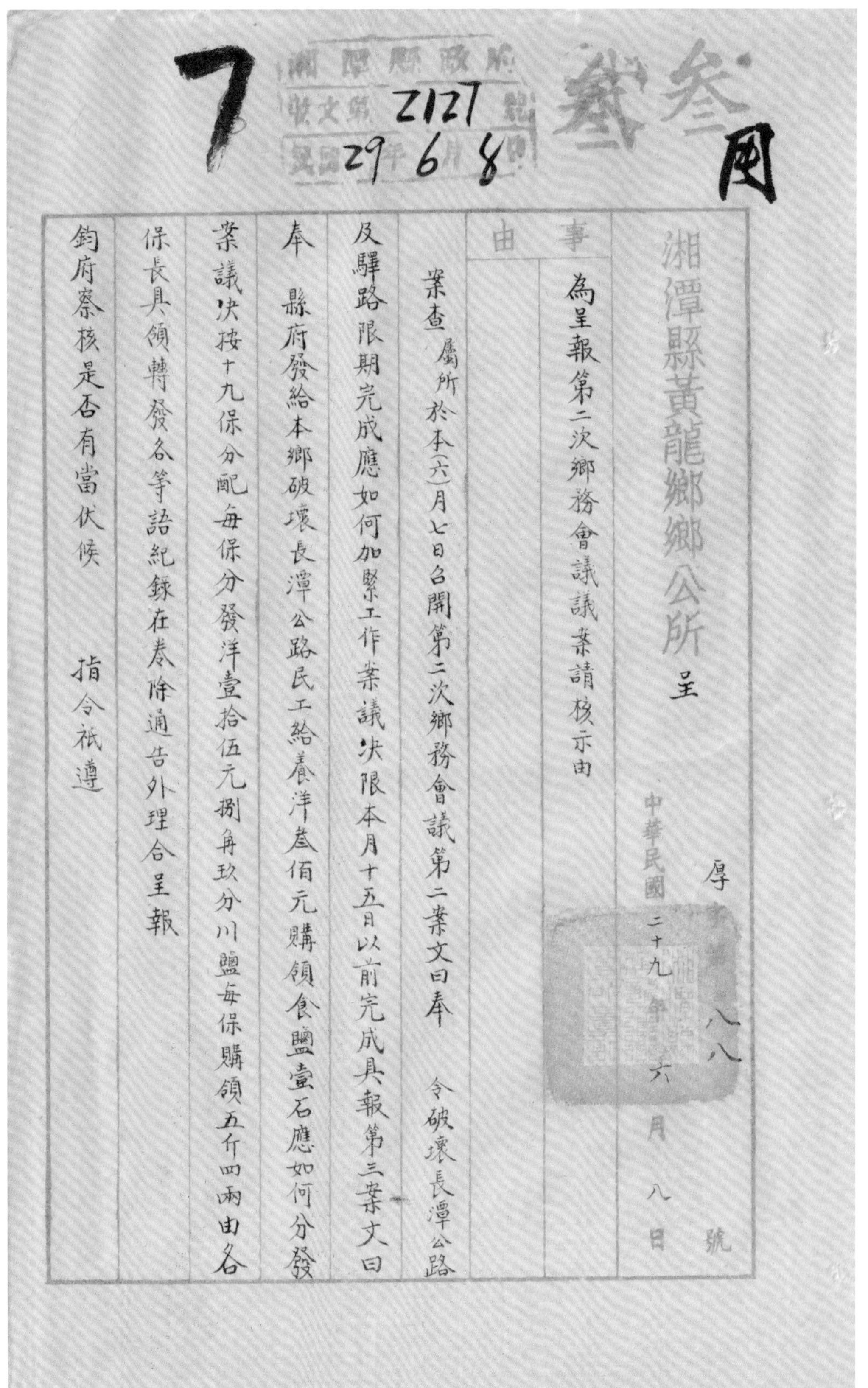

湘潭縣政府收文第2121號 29年6月8日

湘潭縣黃龍鄉公所 呈　厚字第八八號

中華民國二十九年六月八日

事由：為呈報第二次鄉務會議議案請核示由

案查屬所於本（六）月七日召開第二次鄉務會議第二案文曰奉令破壞長潭公路
及驛路限期完成應如何加緊工作案議決限本月十五日以前完成具報第三案文曰
奉縣府發給本鄉破壞長潭公路民工給養洋叁佰元購領食鹽壹石應如何分發
案議決按十九保分配每保分發洋壹拾伍元捌角玖分川鹽每保購領五斤四兩由各
保長具領轉發各等語紀錄在卷除通告外理合呈報
鈞府察核是否有當伏候指令祇遵

謹呈

湘潭縣縣長廖

黄龍鄉鄉長周厚嶸

周厚嶸印

湘潭县东平镇公所关于据情转请验收东第十三、第八、第十一等段继续破坏长潭公路土方并发给验方证致县政府的呈及县政府的指令（一九四〇年六月十二日、十五日）

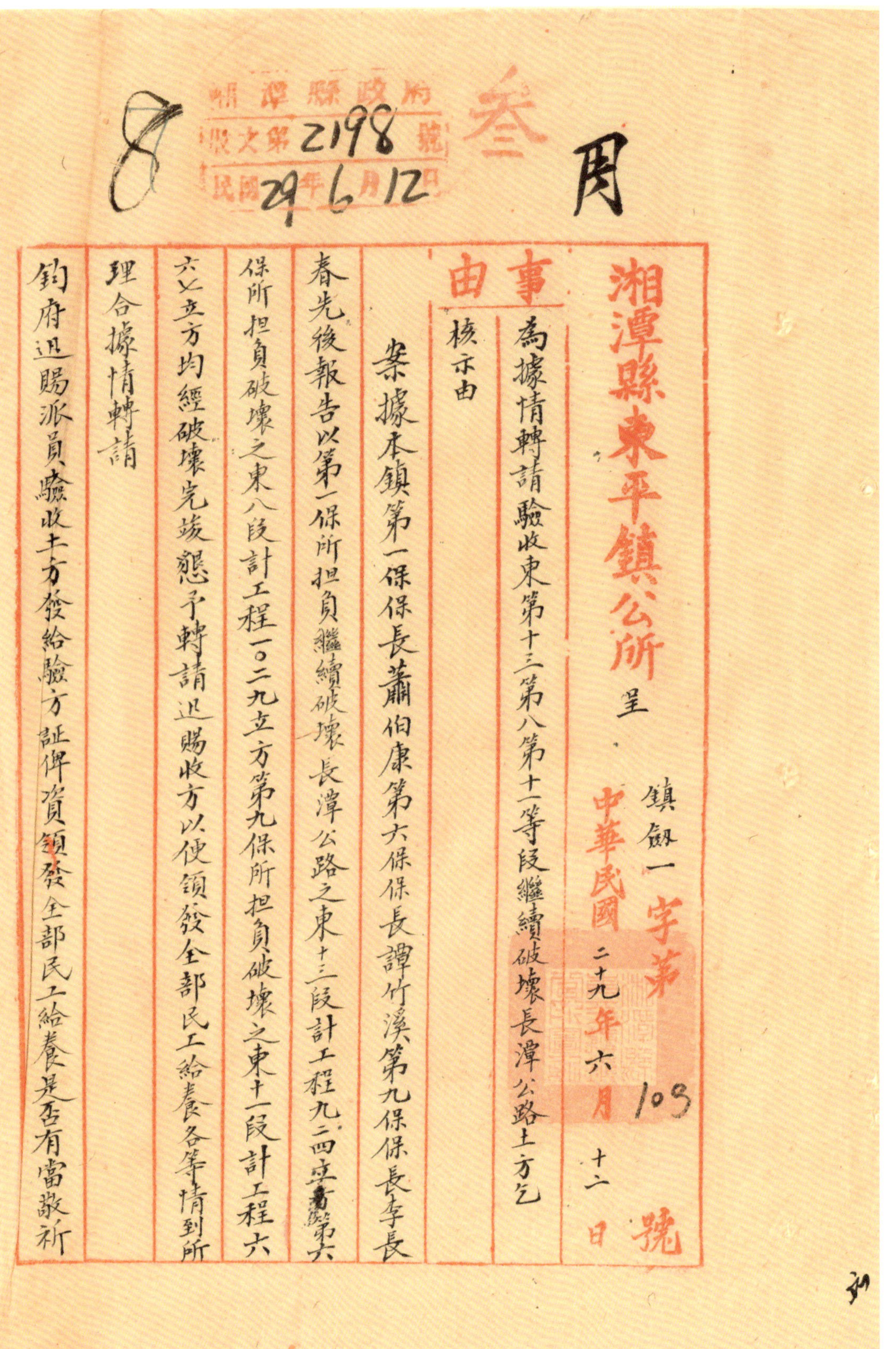

8 叁 閲

湘潭縣政府收文第2198號 民國29年6月12日

湘潭縣東平鎮公所 呈 鎮斂一字第109號 中華民國二十九年六月十二日

事由：為據情轉請驗收東第十三第八第十一等段繼續破壞長潭公路土方乞核示由

案據本鎮第一保保長蕭伯康第六保保長譚竹溪第九保保長李長春先後報告以第一保所担負繼續破壞長潭公路之東十三段計工程九二四立方第六保所担負破壞之東八段計工程一〇二九立方第九保所担負破壞之東十一段計工程六六六立方均經破壞完竣懇予轉請迅賜收方以便領發全部民工給養各等情到所理合據情轉請

鈞府迅賜派員驗收土方發給驗方証俾資領發全部民工給養是否有當敬祈

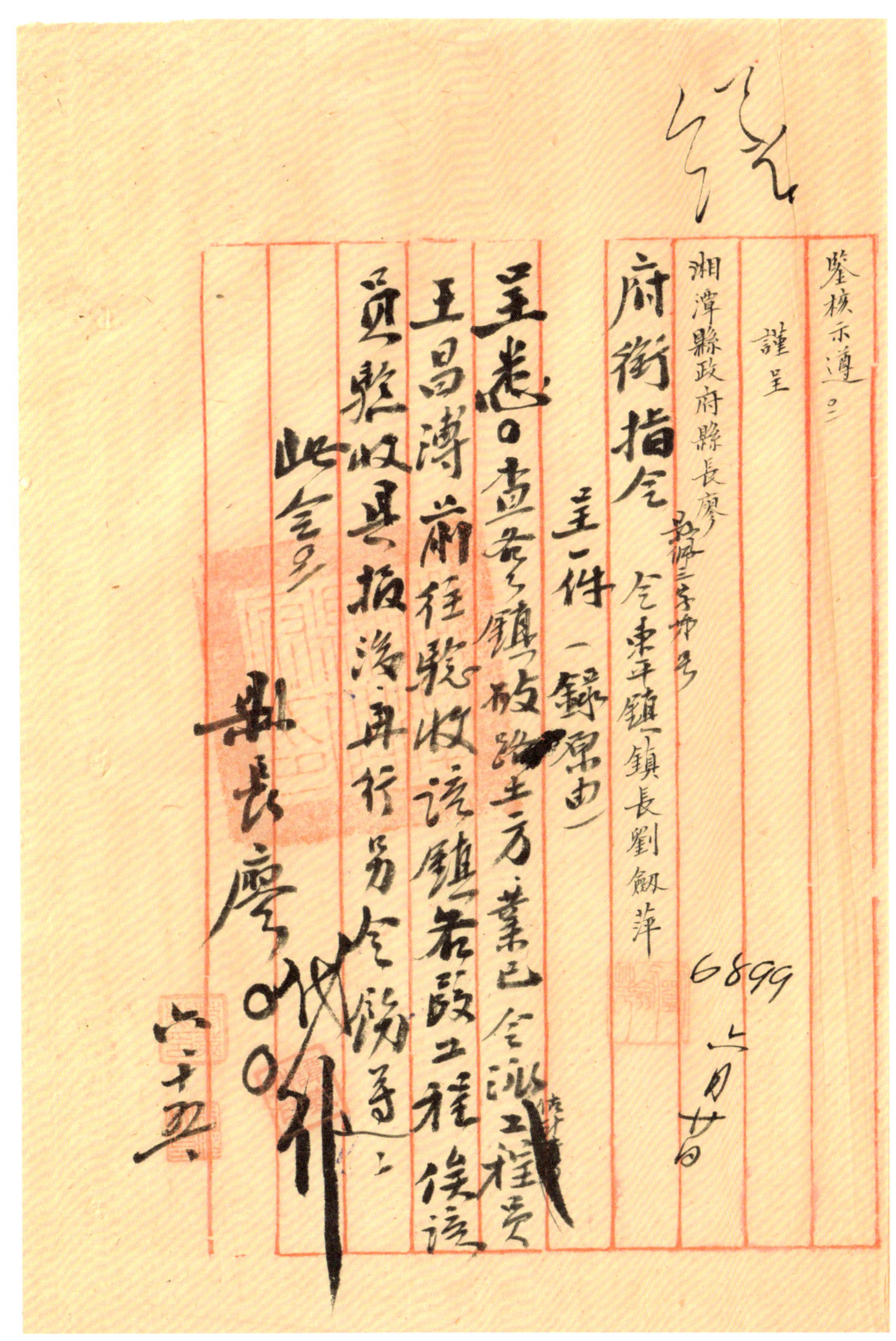

鑒核示遵。二

謹呈

湘潭縣政府縣長廖

秘字三字第　號

府銜指令　令東平鎮鎮長劉劍萍

呈一件（録原由）

呈悉。查該鎮破路土方業已令派工程員王昌濤前往驗收，該鎮若竣工程，俟該員驗收具報後再行另令飭遵。此令。

縣長廖○○

6899

六月廿四日

六、廿五

湘潭县白关乡公所关于破路民夫给养无着工作停止续恳详明批示致县政府的呈及县政府的指令（一九四〇年六月十二日、十八日）

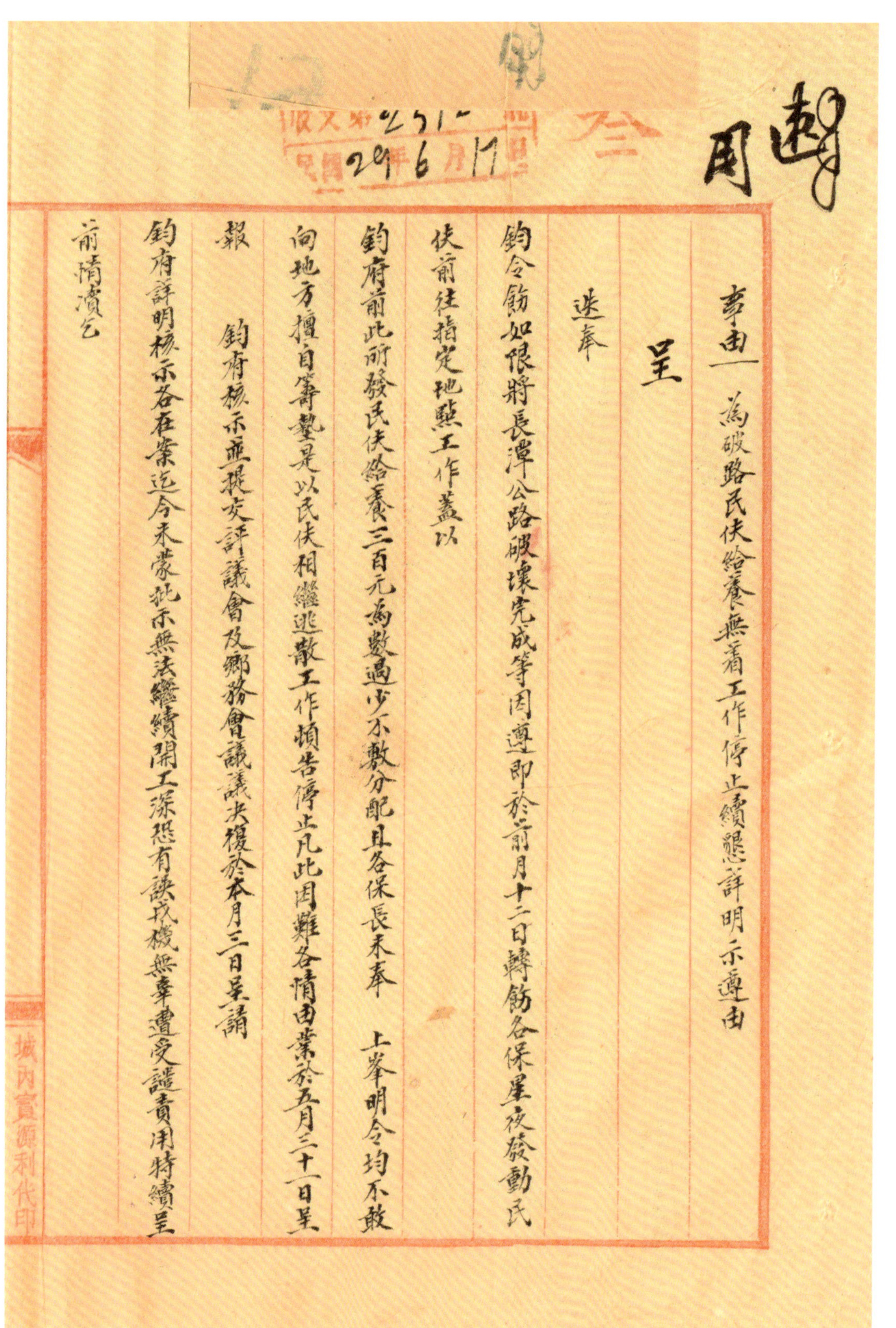
收文第2312號
民國29年6月17日

事由：為破路民伕給養無着工作停止續懇詳明示遵由

呈

逕奉

鈞令飭如限將長潭公路破壞完成等因遵即於前月十二日轉飭各保星夜發動民伕前往指定地點工作蓋以

鈞府前此所發民伕給養三百元為數過少不敷分配且各保長未奉 上峯明令均不敢向地方擅自籌墊是以民伕相繼逃散工作頓告停止凡此困難各情由業於五月三十一日呈報

鈞府核示並提交評議會及鄉務會議議決復於本月二日呈請

鈞府詳明核示各在案迄今未蒙批示無法繼續開工深恐有誤戎機無辜遭受譴責用特續呈前情懇乞

城內實源利代印

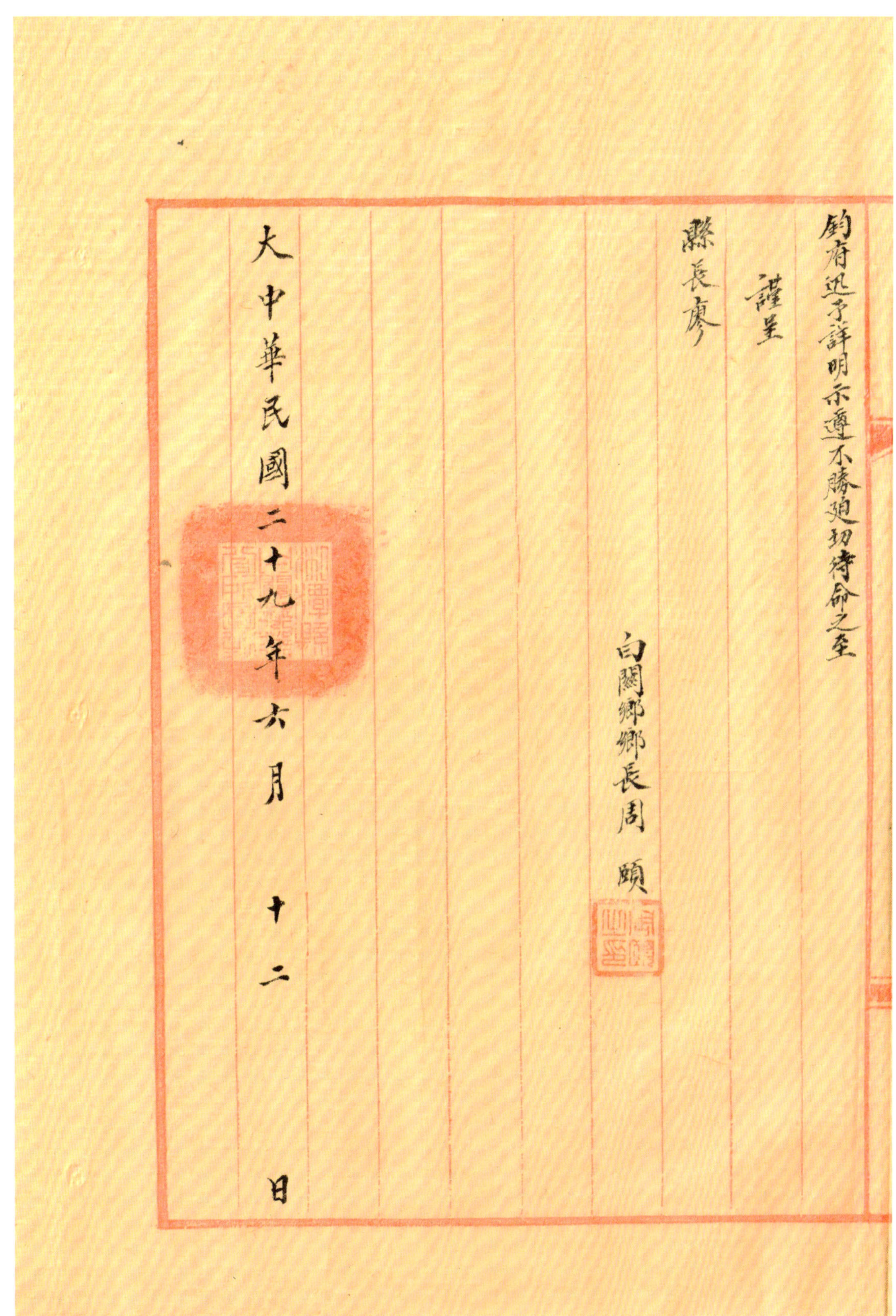

鈞府迅予詳明示遵不勝迫切待命之至

謹呈

縣長廖

白關鄉鄉長周　頤

大中華民國二十九年六月十二日

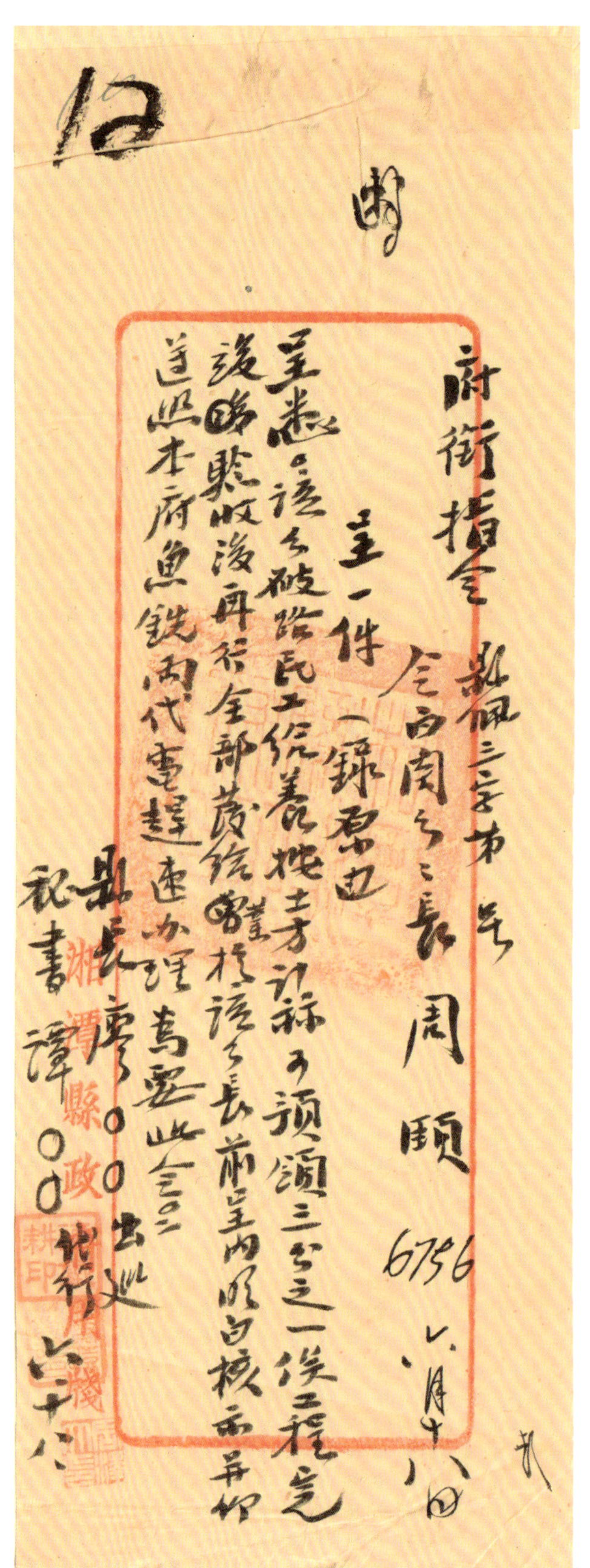

12

府衔指令　縣秘三字第　號

令白閔鄉鄉長周頤　6756　六月十八日

呈一件　為録呈由

呈悉。該鄉破路民工給養，按土方計祘，可預領三分之一，俟工程完竣後再行全部發給，業據該鄉長前呈內叙明，自核示并抄遵照本府魚銑兩代電，遵速辦理為要。此令。

縣長　廖〇〇　出巡

秘書　譚〇〇　代行

六、十八

湖南省政府关于准由第二预备金项下开支一万元致湘潭县政府的电报及县政府的批示（一九四〇年六月十五日、十八日）

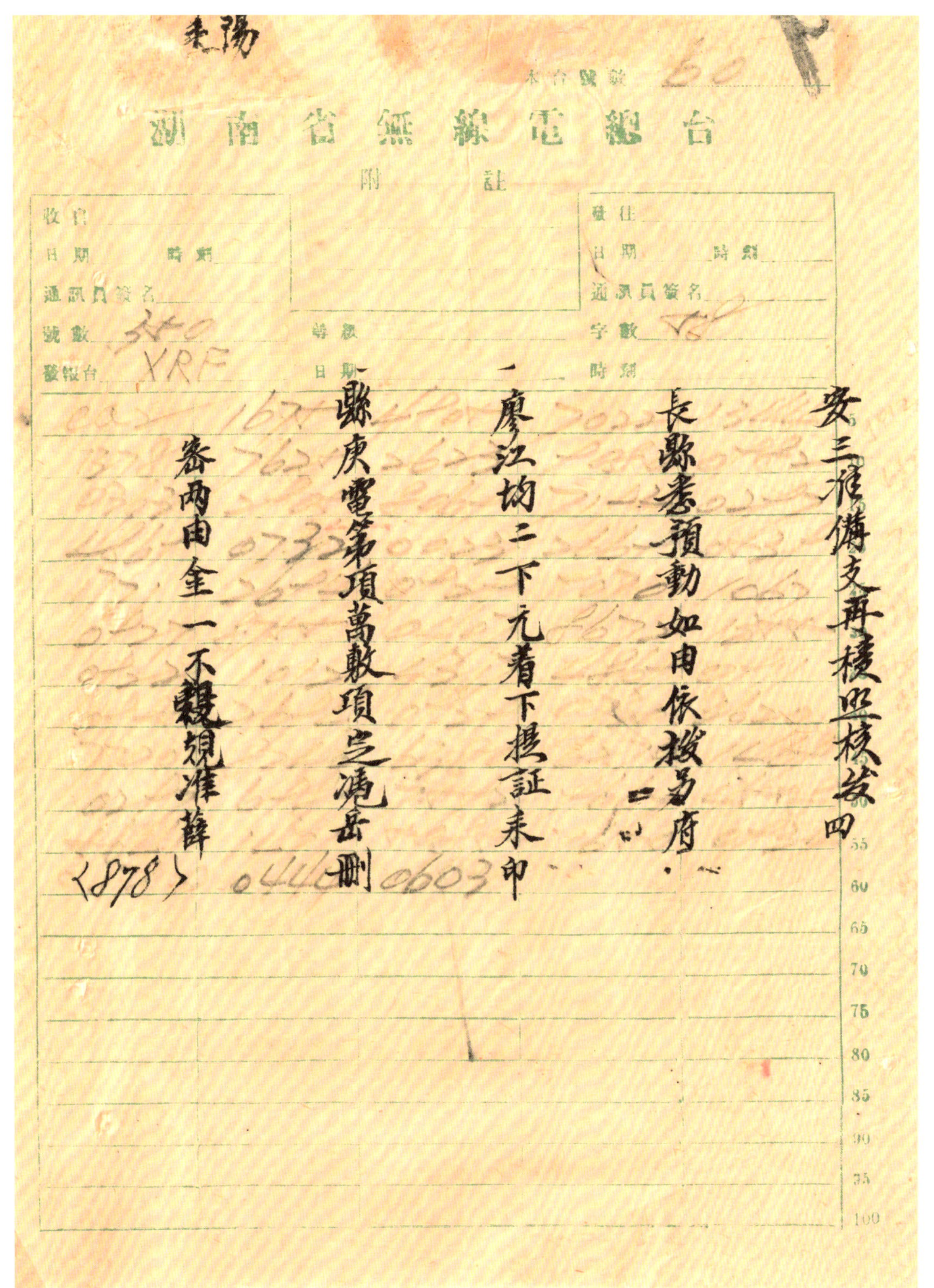

耒陽

本台號數 60

湖南省無線電總台

附註

收自
日期 時刻
通訊員簽名

發往
日期 時刻
通訊員簽名

號數 540 等級 字數 58
發報台 YRF 日期 時刻

安三准備支再核照核發四
長縣悉預動如由依核另府·
一廖江均二下元着下提証來印
一縣庚電第項萬敷項迄清岳刪
齋兩由金一不覆規准薛

〈878〉 0440 0603

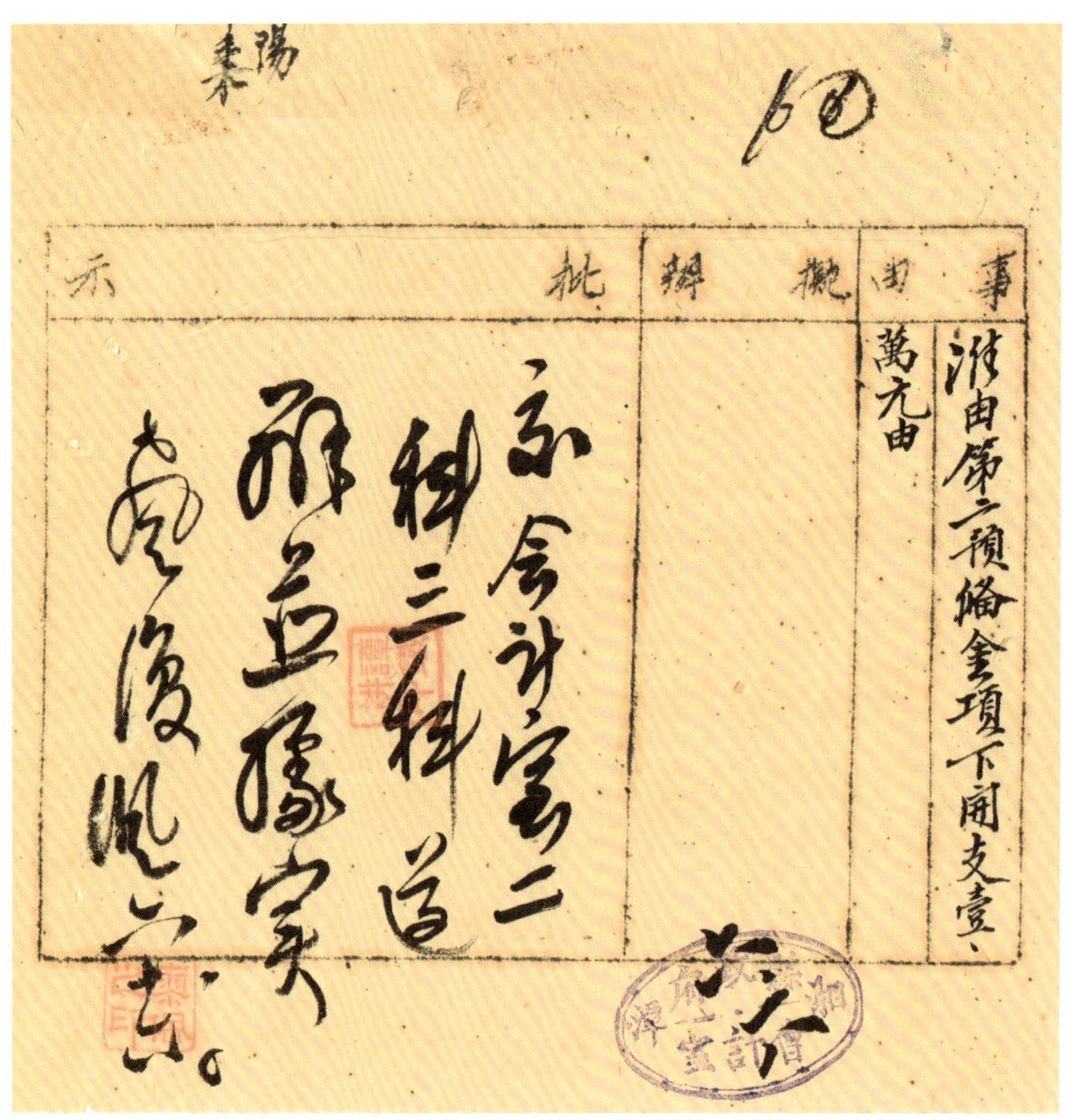

陽 春

60

事由	擬辦	批示
准由第二預備金項下開支壹、萬元由		交會計室二科三科遵辦並據實支應後[illegible]。

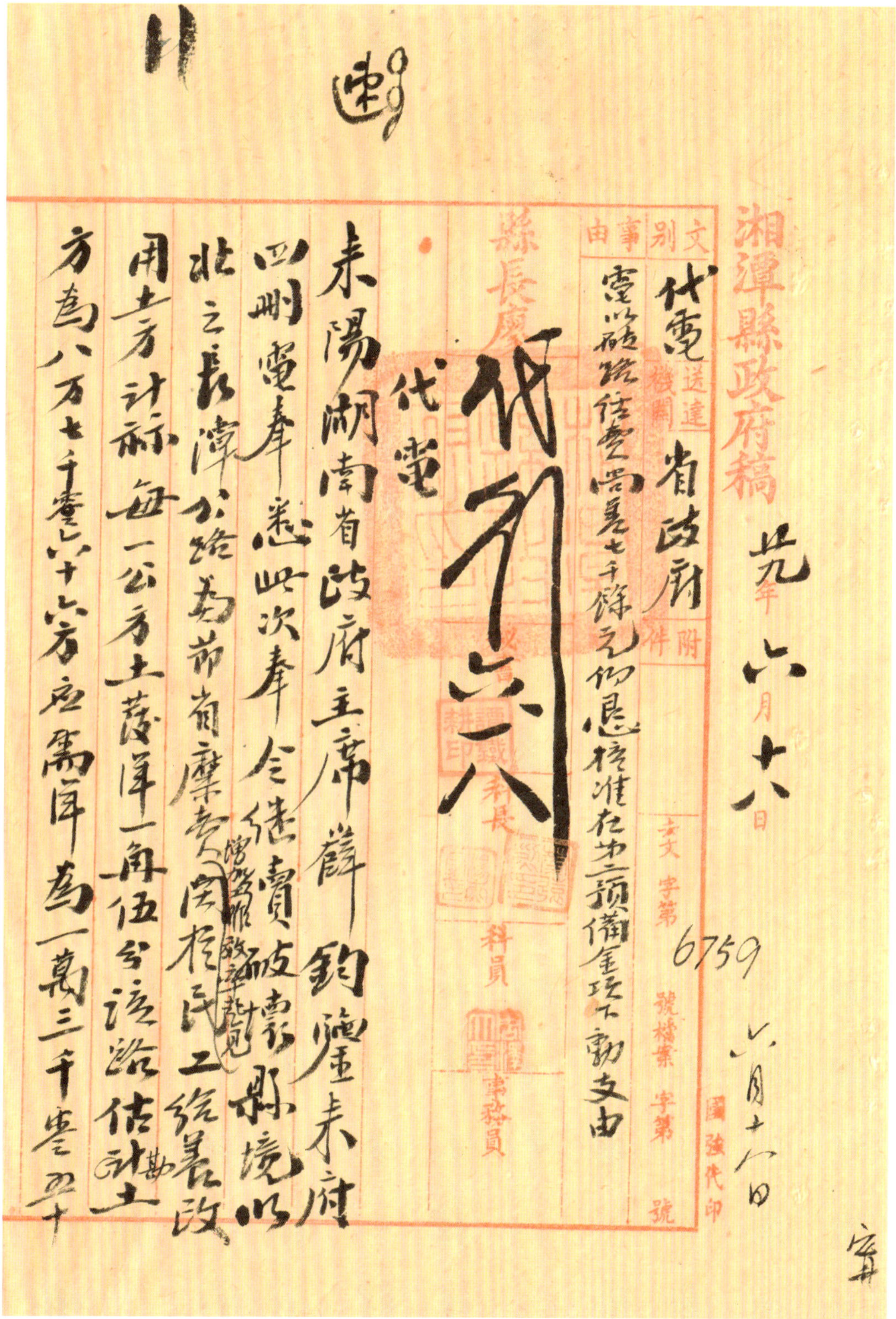

湘潭县政府关于破路经费尚差七千余元仰恳核准在第二预备金项下动支致湖南省政府的代电（一九四〇年六月十八日）

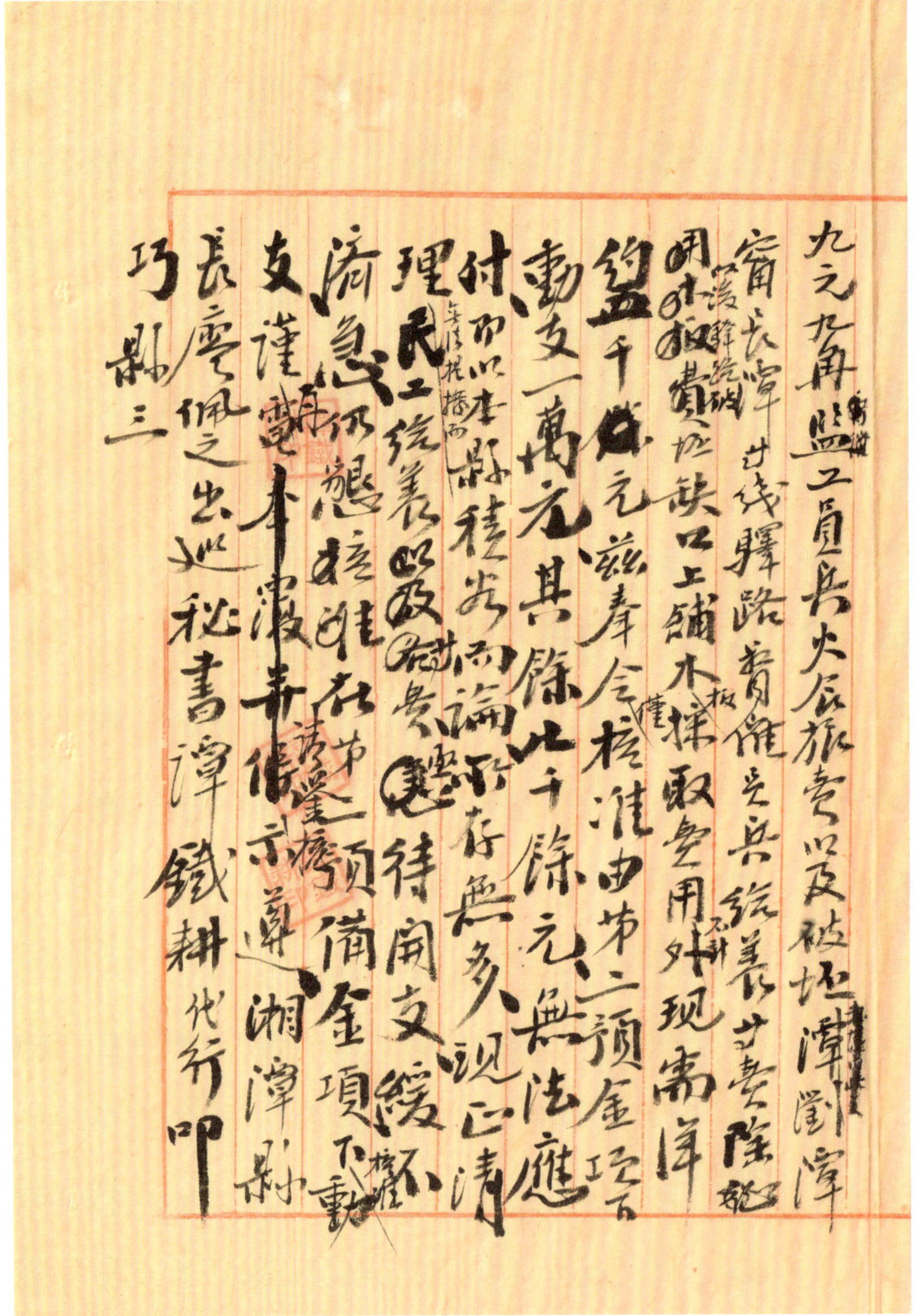
九元九角，監工員兵夫民旅費以及破壞湘潭、劉潭
寧長潭廿線驛路費，雖兵士給養廿五元除
用木板費，坑缺口上鋪木採取急用外，現需洋
貳千伍百元，茲奉令核准由第二預備金項下
動支一萬元，其餘八千餘元無法應
付，即以本縣積欠而論，所存無多，現正清
理民工給養以及各費，亟待開支，續
濟急，仍懇核准在第二預備金項下動
支，謹電覆。湘潭縣
長唐佩之出巡，秘書譚鐵耕代行叩

湘潭县东平镇公所关于请援霞城乡例发给保长监工津贴致县政府的代电及县政府的指令（一九四〇年六月十九日、二十一日）

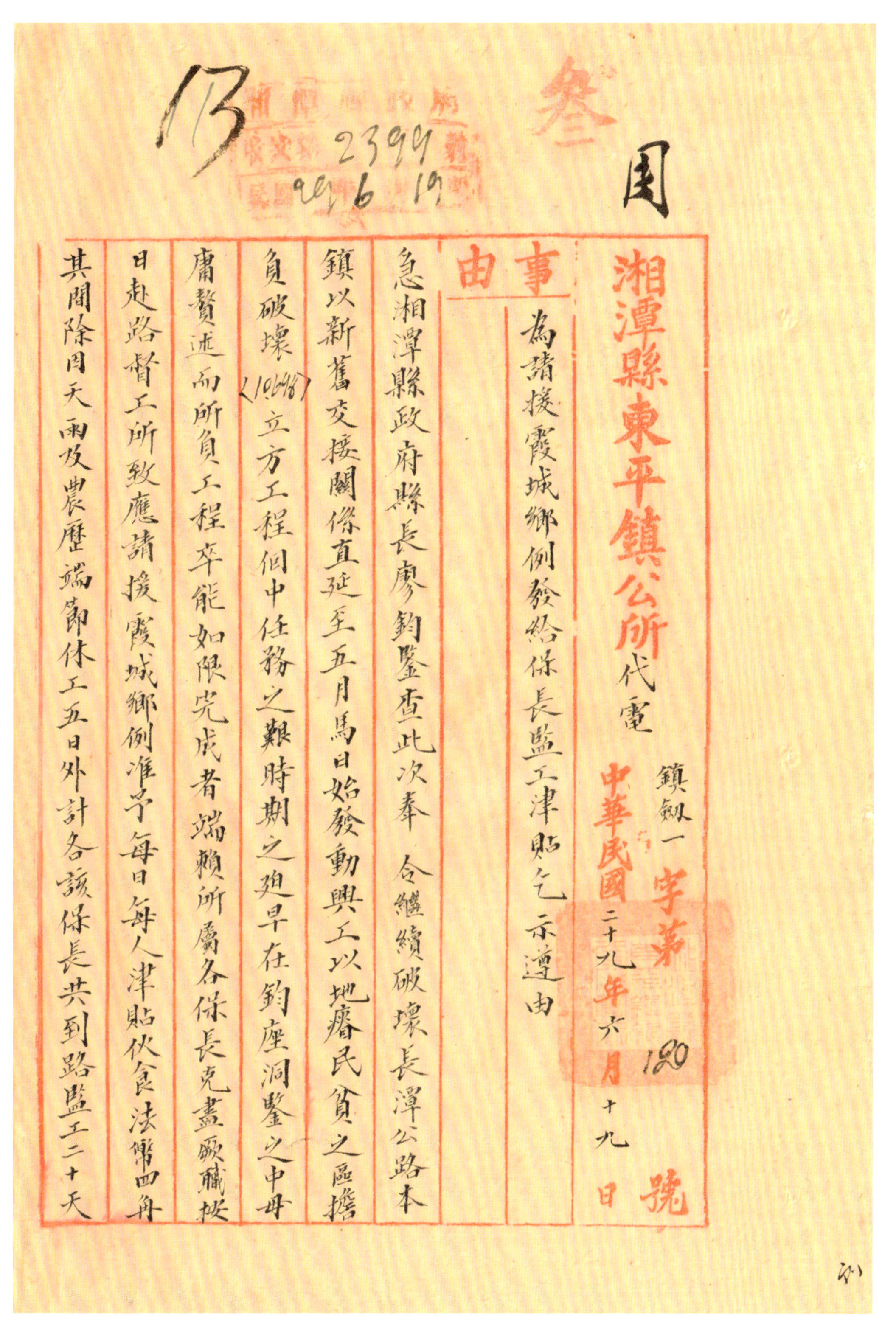

湘潭縣東平鎮公所代電

鎮敘一字第120號

中華民國二十九年六月十九日

事由：為請援霞城鄉例發給保長監工津貼乞示遵由

急。湘潭縣政府縣長廖鈞鑒：查此次奉令繼續破壞長潭公路，本鎮以新舊交接關係，直延至五月馬日始發動興工，以地瘠民貧之區，擔負破壞（10698）立方工程，個中任務之艱，時期之廹，早在鈞座洞鑒之中，毋庸贅述，而所負工程卒能如限完成者，端賴所屬各保長克盡厥職，按日赴路督工所致，應請援霞城鄉例，准予每日每人津貼伙食法幣四角，其間除因天雨及農歷端節休工五日外，計各該保長共到路監工二十天

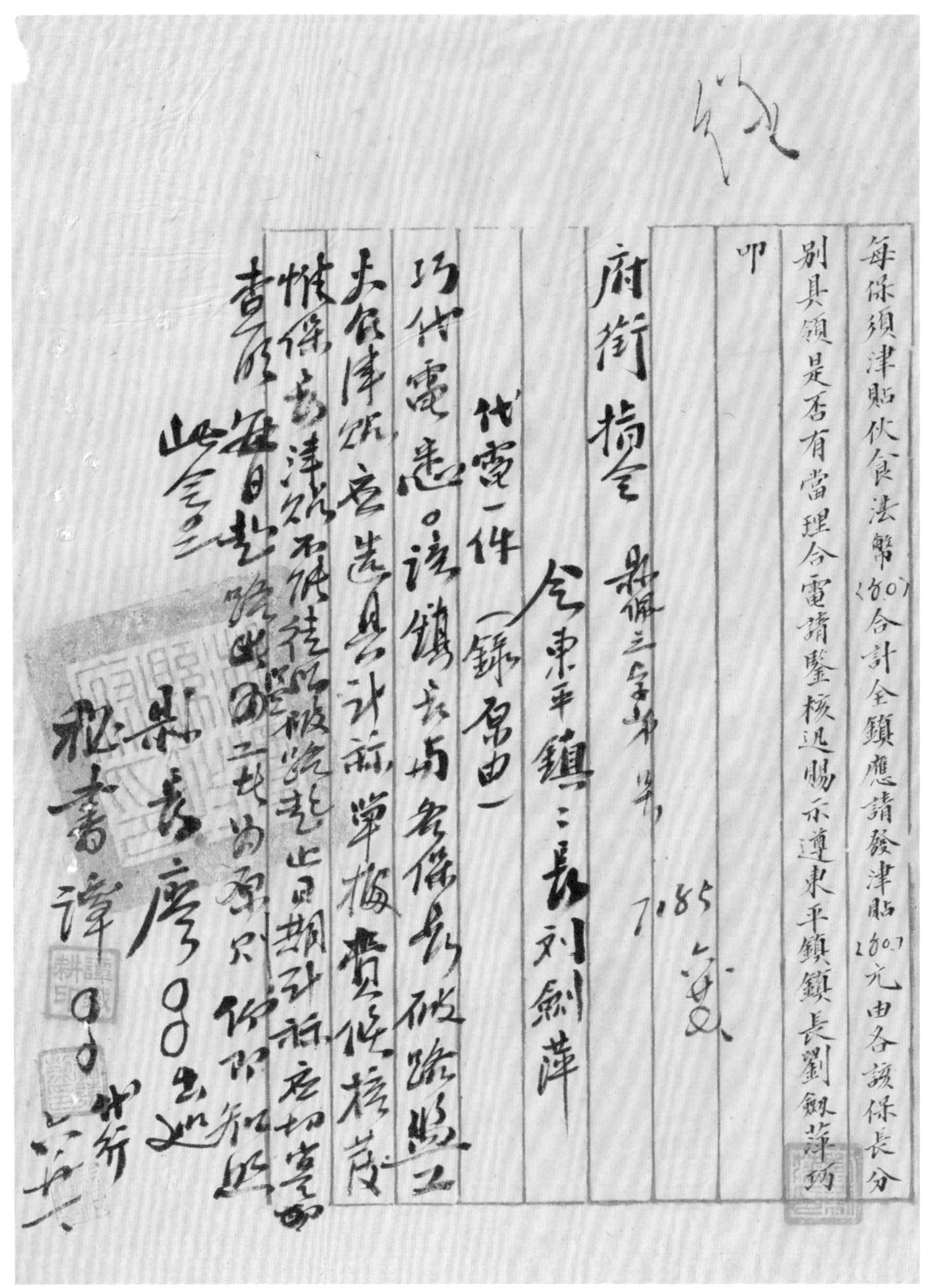

每保須津貼伙食法幣(80)合計全鎮應請發津貼(800)元由各該保長分別具領是否有當理合電請鑒核迅賜示遵東平鎮鎮長劉劍萍叩

府銜指令　　縣保三字第　號

令東平鎮鎮長劉劍萍

代電一件（錄原由）

巧代電悉。該鎮長所呈各保長破路照工夫伙食津貼，應由縣府計薪單據呈候核發，惟保長津貼不能依照破路起止日期計薪，應切實查明每日起路工數，仰即知照。此令。

縣長 廖 88

秘書 譚

卅年六月

湘潭县政府破坏潭浏、长潭两驿路督催委员颜泽培为请核发旅费及队兵伙食致县政府的报告及县政府的指令（一九四〇年六月二十四日、二十七日）

閱

湘潭縣政府 收文第2475號 29 6 24

報告 二十九年六月二十四日

奉令續報懇予核發旅費及隊兵伙食由

案奉

鈞府指令畧開至該員旅費及隊兵伙食應將起止日期已

領若干另案具詳報再行核發仰即知照此令等因奉

此竊職遵令破壞潭瀏長潭兩驛工作期間計自四月十四日

起至六月十八日止共計工作六十六天已領旅費五十元至隨同隊兵

楊志奎自四月二十三日起至五月二十四日止二次派同隊趙春祥侯

秀春林周玉林楊合志等四人自五月三十一日起至六月八日止三

次派同隊兵趙春祥谷致和楊致奎羅炳生等四人自六月

十一日起至六月十八日止統計隊兵工作九十六天大食多數當

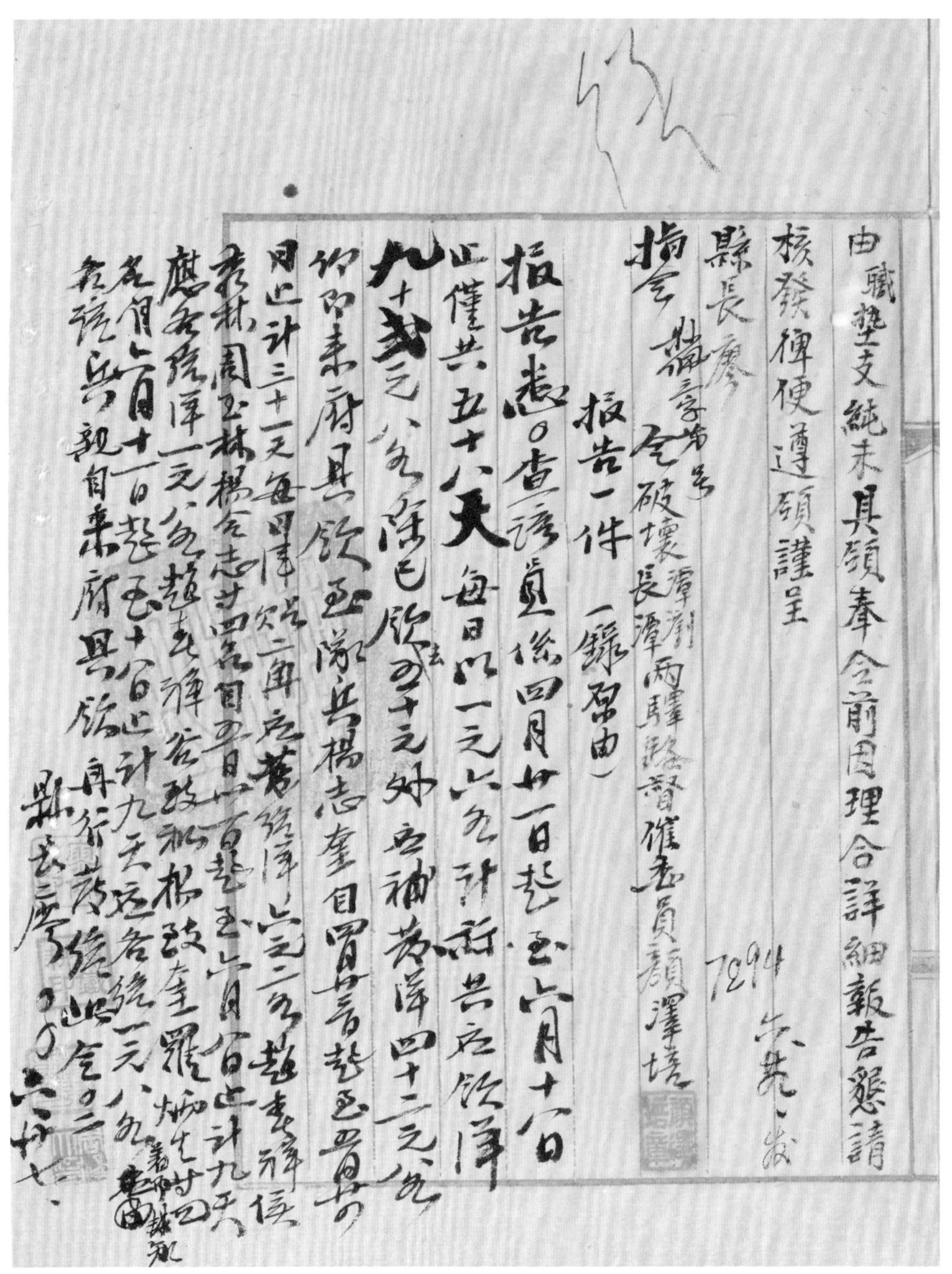

由職埜支絀未具領奉令前因理合詳細報告懇請
核發俾便遵領謹呈
縣長廖
指令 令破壞長潭兩驛路督催委員顏澤培
報告一件（錄留由）
報告悉。查該員係四月廿一日起至六月十八日
止，僅共五十八天，每日以一元六角計算，共應領洋
九十二元八角，除已領法幣五十元外，應補發洋四十二元八角，
仰即來府具領。

湘潭县政府破坏驿路督催委员齐庆棠关于破路完竣请发给薪资致县政府的报告（一九四〇年六月二十五日）

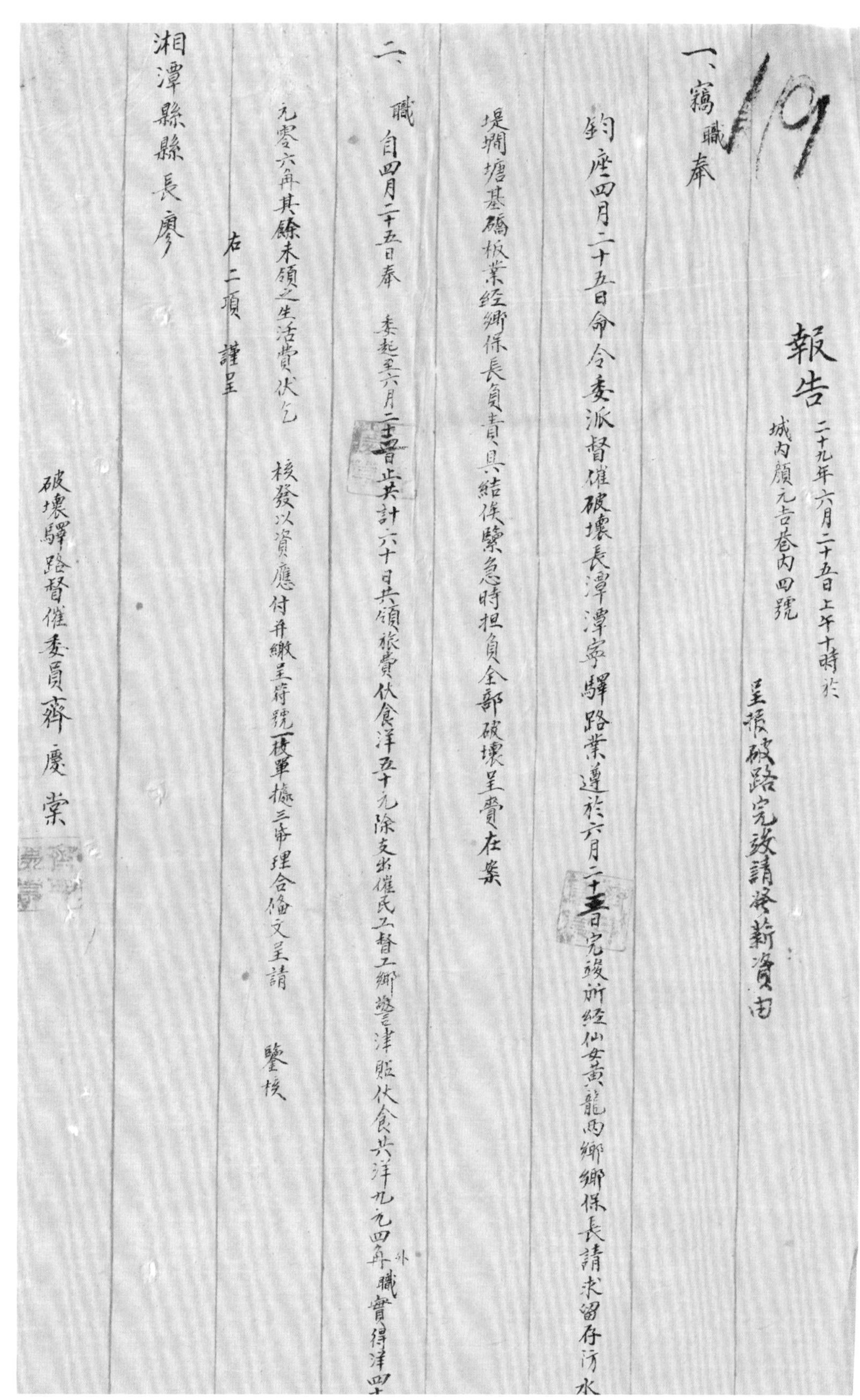

报告 二十九年六月二十五日上午十时於城内颜元吉巷内四号

呈报破路完竣请发薪资由

一、窃职奉

钧座四月二十五日命令委派督催破坏长潭潭宝驿路，业遵於六月二十五日完竣，所经仙女、黄龙两乡乡保长请求留存防水堤埂塘基桥板，业经乡保长负责具结俟紧急时担负全部破坏，呈赍在案。

二、职自四月二十五日奉委起至六月二十五日止，共计六十日，共领旅费伙食洋五十元，除支出催民工、督工、乡邀津贴伙食共洋九元四角外，职实得洋四十元零六角，其余未领之生活费伏乞核发，以资应付，并缴呈府号一枚单据三张，理合备文呈请鉴核。

右二项谨呈

湘潭县县长廖

破坏驿路督催委员齐庆棠

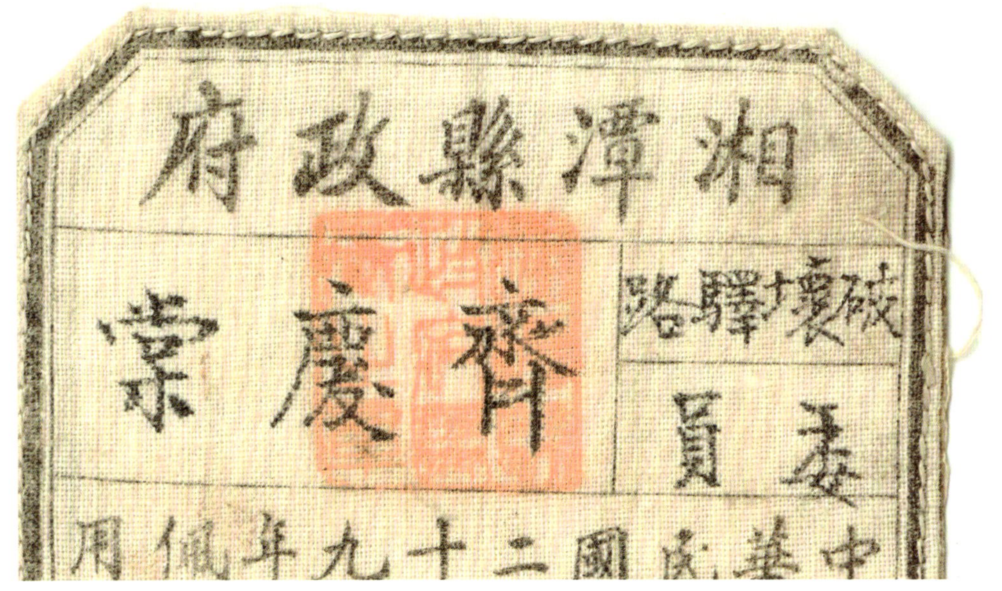
湘潭縣政府

破壞驛路委員

齊慶棠

中華民國二十九年佩用

附一：湘潭县政府发给齐庆棠的破坏驿路委员布质佩符

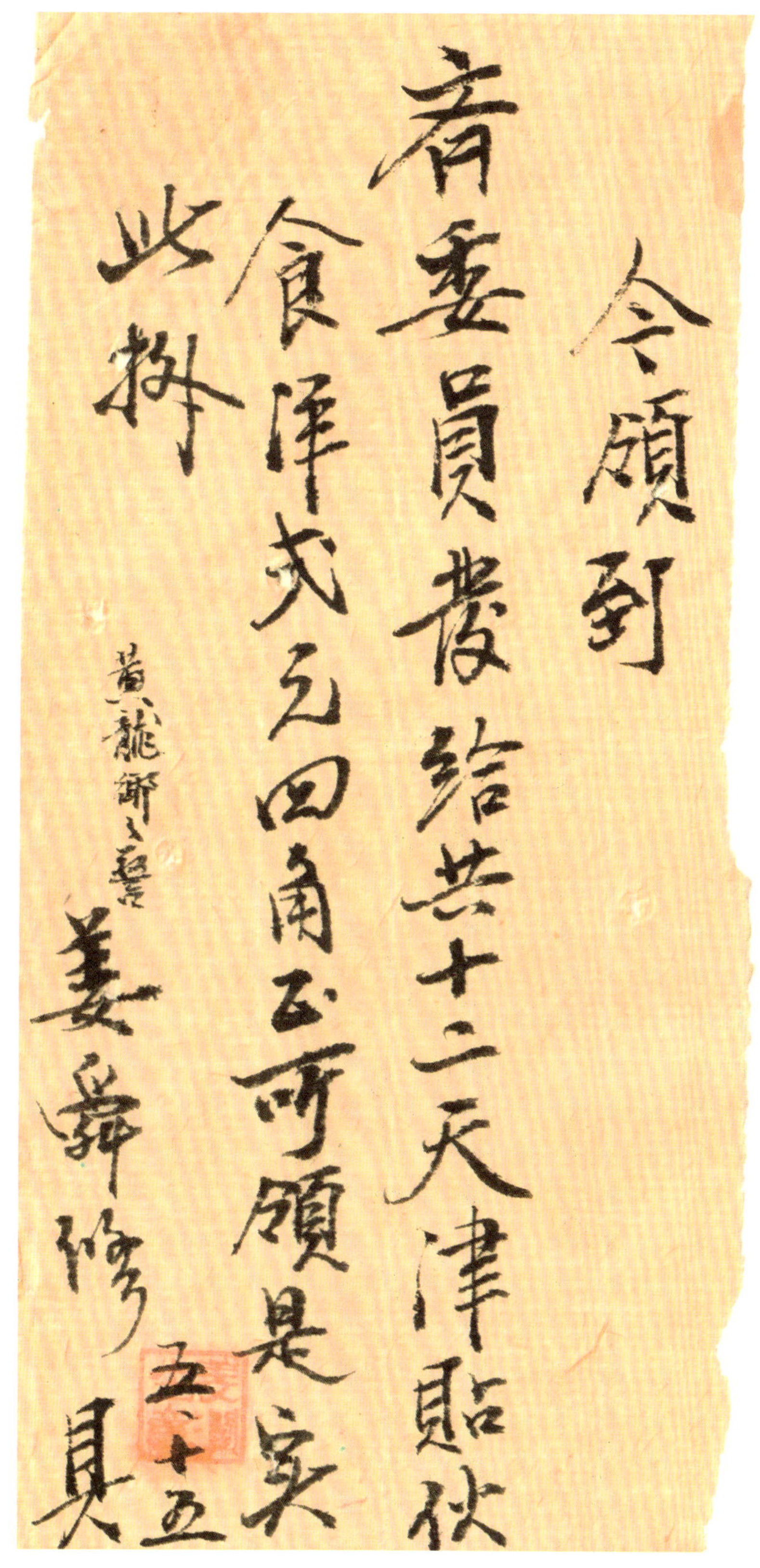
今領到

府委員發給共十二天津貼伙

食洋弍元四角正所領是實

此據

黃龍鄉乡警

姜舜修具

五、十五

附二：湘潭县黄龙乡乡警姜舜修领到破路津贴伙食费的领条

附三：湘潭县黄龙乡乡警莫菊初领到破路津贴伙食费的领条

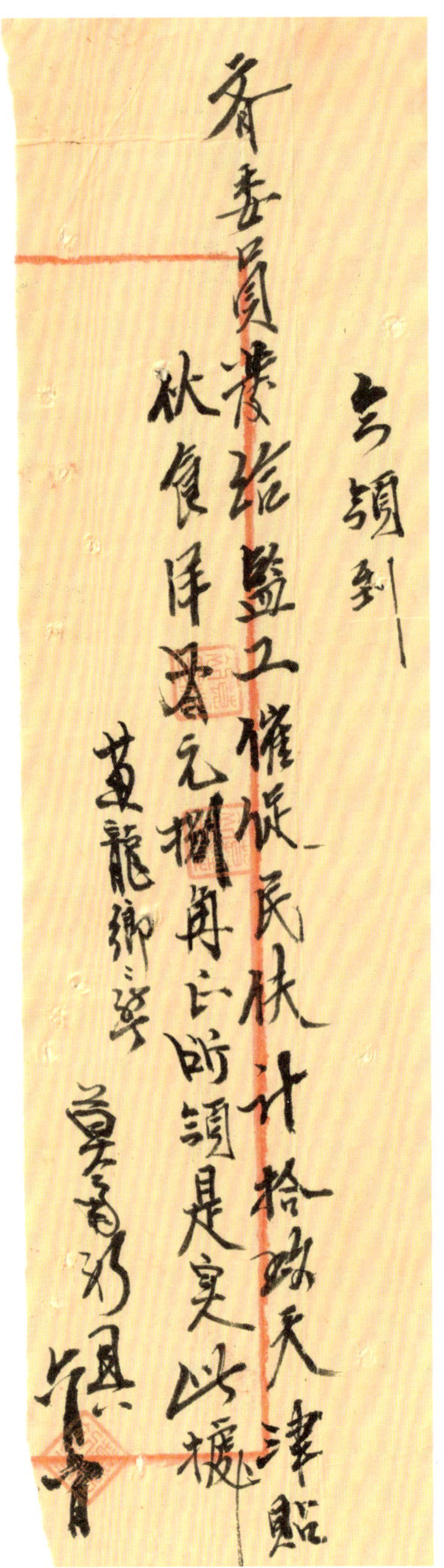

今領到
貴委員發給監工催促民伕計拾玖天津貼
伙食洋叁元捌角正所領是實此據
黃龍鄉鄉警
莫菊初領

附四：湘潭县仙女乡乡警彭彰领到破路津贴伙食费的领条

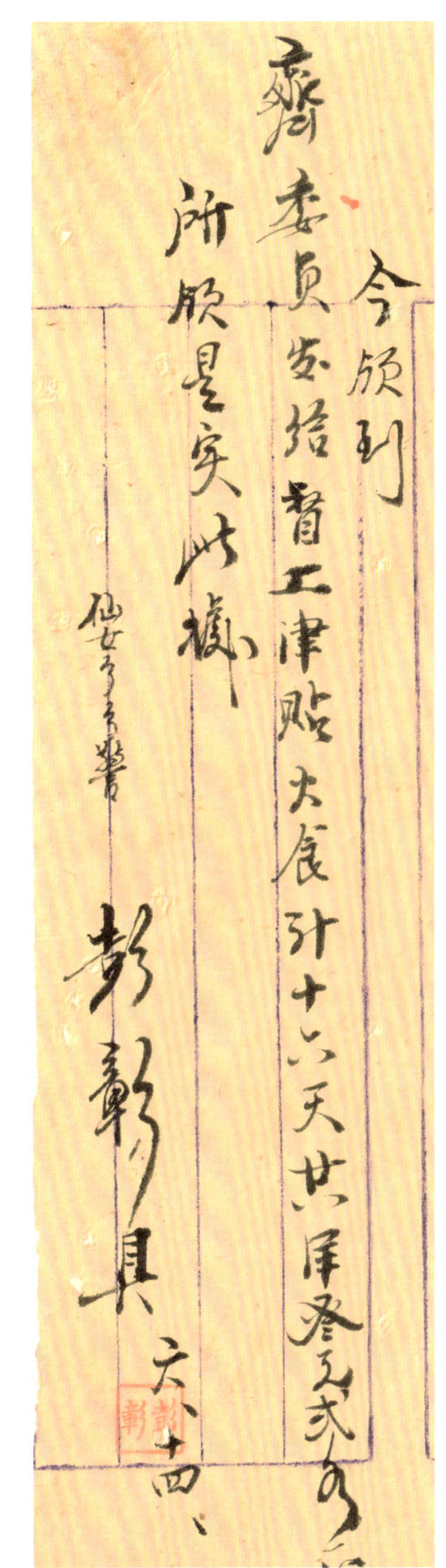
今領到
齋委員發給督工津貼火食計十六天共洋叁元弍角
所領是實此據
仙女乡乡警
彭彰具
六、十四、

湘潭县政府破坏长潭公路督催员周桐初关于恳请补发旅费致县政府的报告及县政府的指令（一九四〇年六月二十七日、二十九日）

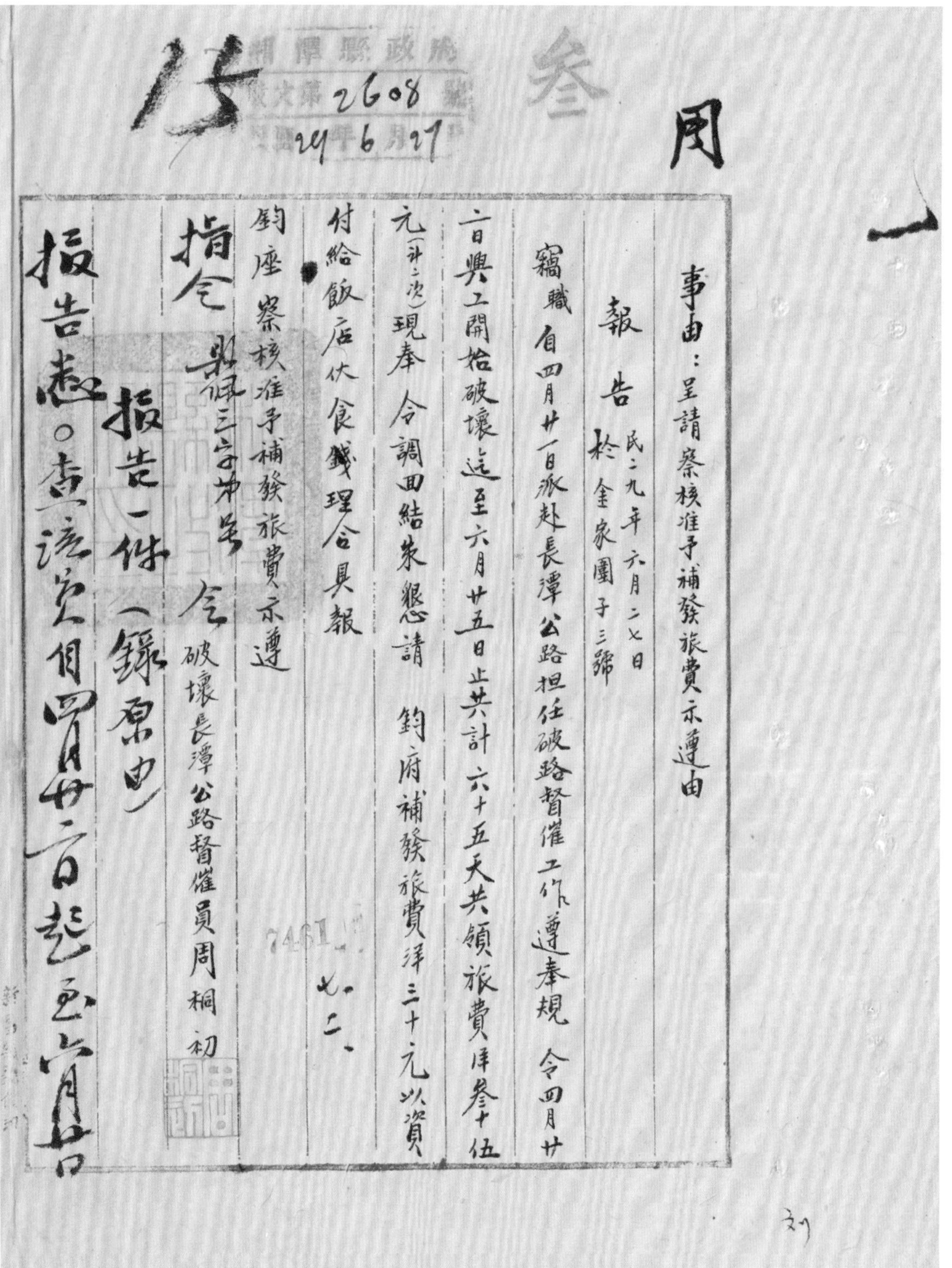

事由：呈請察核准予補發旅費示遵由

報告　民二九年六月二七日　於金家園子三鄉

竊職自四月廿一日旅赴長潭公路担任破路督催工作，遵奉規令四月廿一日興工開始破壞，迄至六月廿五日止，共計六十五天，共領旅費洋叁十伍元（計二次）。現奉令調回結束，懇請鈞府補發旅費洋三十元，以資付給飯店伙食錢，理合具報

鈞座察核准予補發旅費示遵

破壞長潭公路督催員周桐初

指令

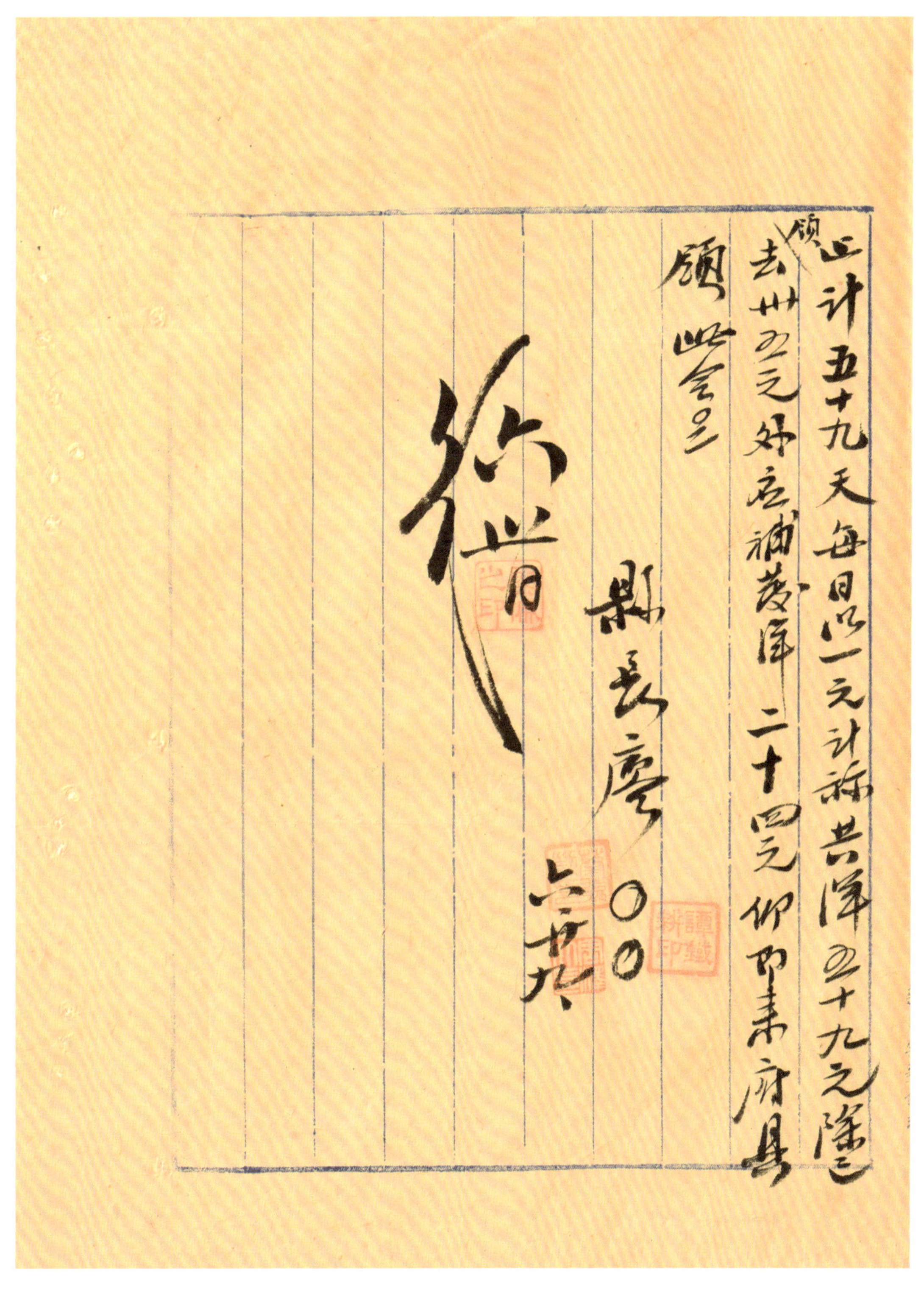
領
正計五十九天每日洋一元計該共洋五十九元隆志卅五元外應補發洋二十四元仰即來府具
領此令三

縣長廖〇〇

六、十六

湘潭县政府破坏长潭公路督办委员邹觉民，督催员胡钧、陈济华等关于奉令调回呈报督办督催工作结束情形致县政府的报告及县政府的指令（一九四〇年六月二十七日、三十日）

事由
爲奉令調回督辦督催結束情形請核辦由

報告　六月二十七日
于長潭公路

職等奉令督辦督催破壞長潭公路自四月十八日起至本月二十日止共計時間兩月餘所有破壞情形均已先後報告鈞府備查茲奉　鈞府675〤號命令開所有督辦督催均限二十日一律調回並從是日起停止發放旅費等因遵於本月二十六日如命停止工作在路六鄉鎮擔任工程除霞城東平株洲三鄉鎮先後經　鈞府工程員王昌溥驗收外其餘黃龍鄉尚只破至百分之七十昭陽鄉已破百分之九十

湘潭縣株洲鎮公所用箋

22

五其未竣工者亦在不日可以完成惟白關鄉仍只破百分之一二壺山鎮則全未動工

三、昭陽鄉實到督路保長共工伍百二十黃龍鄉實到督路保長共工二百四十東平鎮實到督路保長共工二百四十個霞城鄉實到督路保長共工四百個株洲鎮實到督路保長共工二百六十個又代理鎮長督工共工二十個白關鄉僅到督路保長共工二十一個理合報呈備查

四、全路已破地段內計昭陽鄉有已露形跡之園山舖橋樑鋼軌一根又東平鎮荷

湘潭縣株洲鎮公所用牋

23

叶桥暴露钢轨五根及昭阳乡凤形山黄家湖桥梁两座内有钢轨数根
迩后恐被人窃取应恳
钧府转饬各所在乡镇妥为保护
右四项谨呈
县长廖

破坏长潭公路督办委员邹觉民
督催员胡钧

湘潭县株洲镇公所用笺

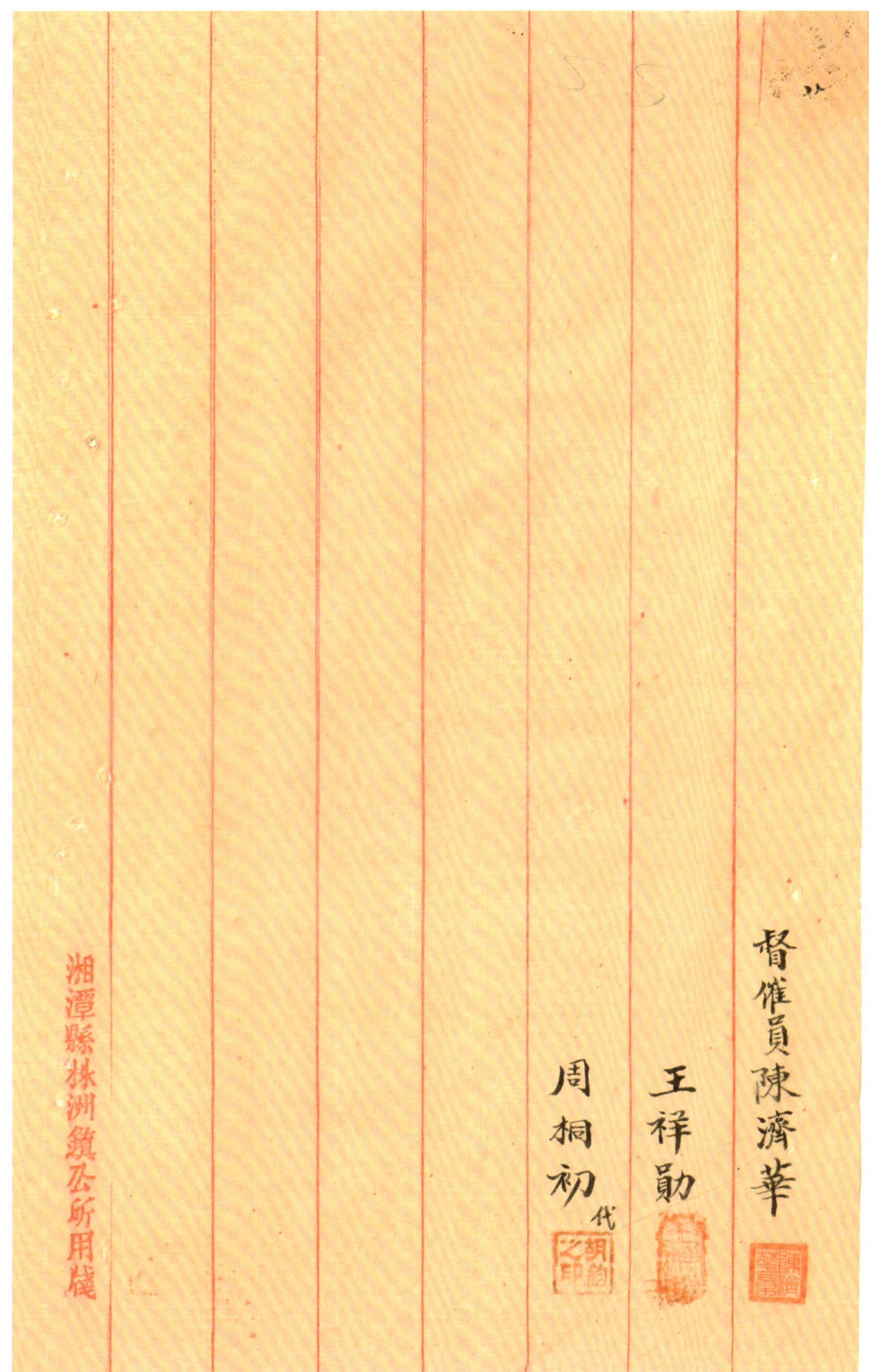

督催員陳濟華

王祥勛

周桐初

代

湘潭縣株洲鎮公所用箋

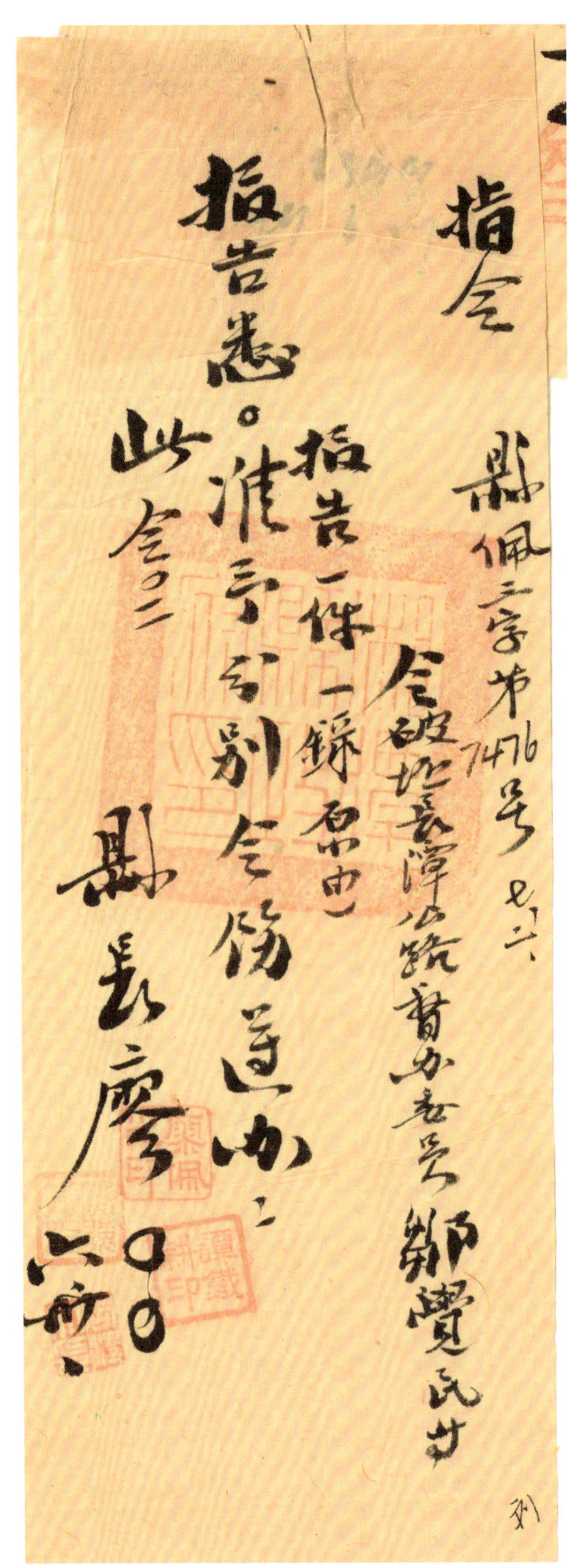

指令

縣佩二字第7476号 七·二

令破壞湘潭公路督分專員鄧覺民

呈一件—錄原由

呈悉。准予分別令飭遵照。此令。

縣長廖〇〇 六·卅

湘潭县政府继续破坏长潭公路督催员陈济华关于恳请发给督催员旅费致县政府的报告及县政府的指令
（一九四〇年六月二十八日、三十日）

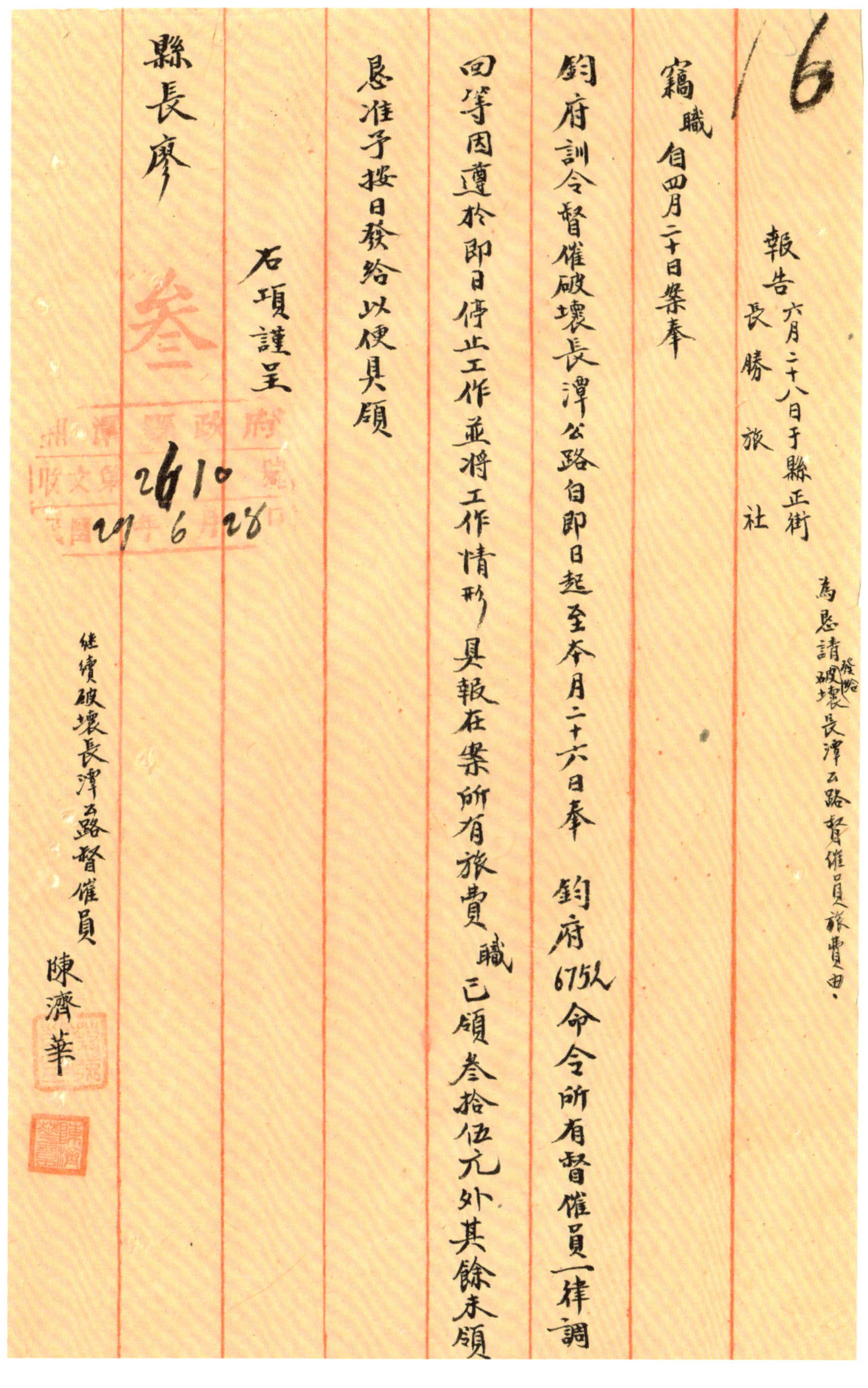
16

報告 六月二十八日于縣正街長勝旅社

為懇請發給破壞長潭公路督催員旅費由

竊職自四月二十日案奉

鈞府訓令督催破壞長潭公路自即日起至本月二十六日奉

鈞府675號命令所有督催員一律調回等因遵於即日停止工作並將工作情形具報在案所有旅費職已領叁拾伍元外其餘未領懇准予按日發給以便具領

右項謹呈

縣長廖

繼續破壞長潭公路督催員

陳濟華

叁

湘潭縣政府收文第2610號

民國29年6月28日

府衔指令　县佩三字第　号

令破路督催员陈满华

报告一件（录案由）

报告悉。查破路督导督催各员统限六月廿日一律调回停薪在案，业经函饬在卷。该员自四月廿一日起至六月廿日止，计六十天，每日以一元计，共洋六十元，除已领去洋叁拾伍元外，应补发洋廿四元，仰即来府具领。此令。

县长　廖

七、二

湘潭县政府继续破坏长潭公路督催员王祥勋关于恳请发给督催员旅费致县政府的报告及县政府的指令

（一九四〇年六月二十八日）

17

報告　六月二十八日于党部街大吉祥旅社

為懇請發給破壞長潭公路督催員旅費由。

竊職自四月二十日案奉

鈞府訓令督催破壞長潭公路自即日起至本月二十六日奉

鈞府6752命令所有督催員一律調回等因遵於即日停止工作並將工作情形具報在案所有旅費職已領叁拾伍元外其餘未領懇准予按日發給以便具領

右項謹呈

縣長廖

繼續破壞長潭公路督催員　王祥勛

湘潭縣政府　文第2609號　民國29年6月28日

叁

府銜指令　縣佩三字第　號　七、一

令破路督辦催員王祥勛

報告一件（一錄案由）

報告悉。查破路督辦督催各員，經限六月廿日一律調回停薪，[illegible]費業經函飭在卷。該員自四月廿日起至六月廿日止，計六十天，[illegible]日以一元計算，共洋六十元，除已領去洋卅五元外，應補發洋廿[illegible]五元，仰即來府具領。此令。

縣長　廖〇〇　六、廿八

湘潭县政府继续破坏长潭公路督催员胡钧关于恳请发给督催员旅费致县政府的报告及县政府的指令（一九四〇年六月二十八日）

18

報告　六月二十八日於黨部街大吉祥旅社

為懇請發給破壞長潭公路督催員旅費由

竊職自四月二十日案奉

鈞府訓令督催破壞長潭公路自即日起至本月二十六日奉　鈞府6752命令所有督催員

一律調回等因遵於即日停止工作並將工作情形具報在案所有旅費職已領壹拾伍元

外其餘未領懇准予按日發給以便具領

右項謹呈

縣長廖

叁

湘潭縣政府 收文第2611號 29年6月28日

繼續破壞長潭公路督催員　胡鈞

胡鈞之印

阅

府衔指令　县保三字第　号　七、六　7376

令破路督催员胡钧

报告一件　一录原由

报告悉。查破路督办督催各员经限六月廿日一律调回停发

旅费。该员遵令遣饬在先，该员自四月廿日起至六月廿日止计六十一天，

每日以一元计，补共洋六十元，除领去十五元外，应补发洋

四十五元，仰即来府具领。此令。二

县长○○

六、二

湘潭县政府关于准予补发薪金旅费四十一元二角仰即来府具领致县政府破坏驿路督催委员齐庆棠的指令（一九四〇年六月二十九日）

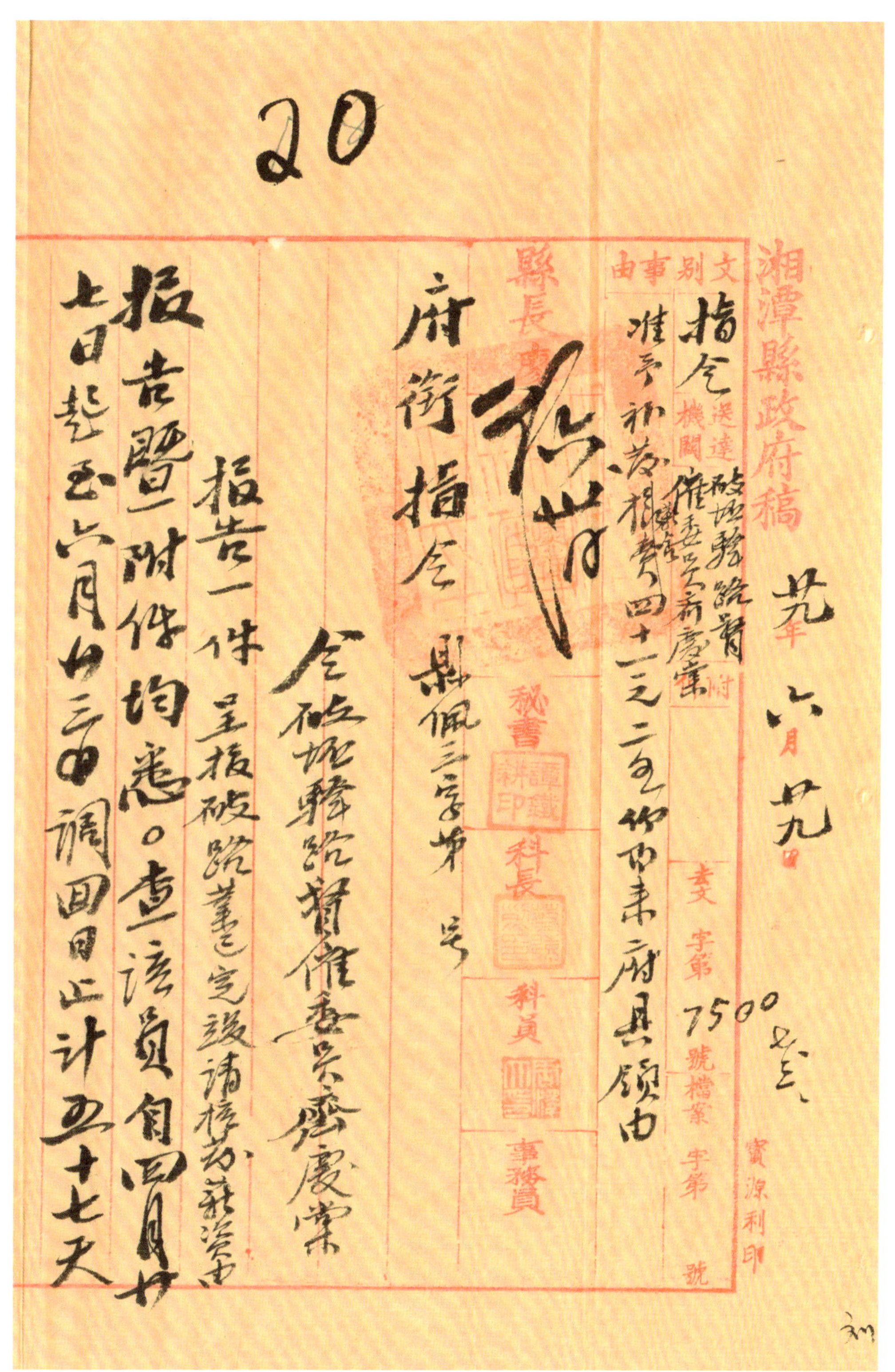
20

湘潭縣政府稿 廿九年六月廿九日

文别：指令
送達機關：破坏驿路督催委員齊慶棠
事由：准予补发薪旅费四十一元二角仰即来府具领由

縣長

秘書
科長
科員
事務員

去文 字第7500號

府衔指令 县佩三字第 号

令破坏驿路督催委员齐庆棠

报告一件，呈报破路業已完竣，请核发薪资由。

报告暨附件均悉。查该员自四月廿七日起至六月廿三日调回日止，计五十七天

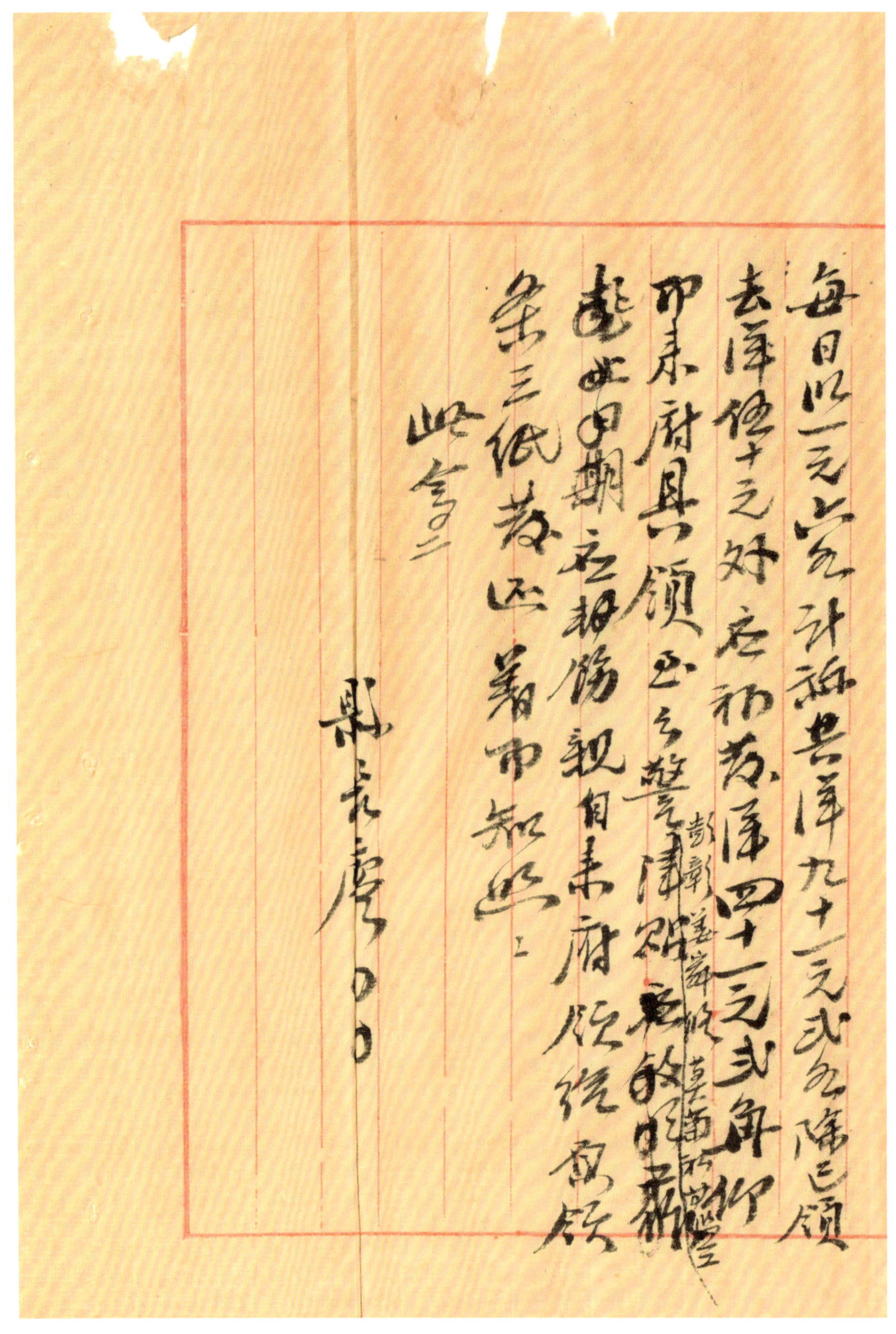

每日以一元六角计共洋九十一元贰角除已领
去洋伍十元外应补发洋四十一元贰角仰
即来府具领至乡警津贴应发之
款此日期应根据饬亲自来府照领领
呈三纸发还着即知照此令

县长唐○○

湘潭县东平镇公所关于赍呈监工伙食津贴计算单据请赐核发致县政府的呈及县政府的指令
（一九四〇年七月四日、五日）

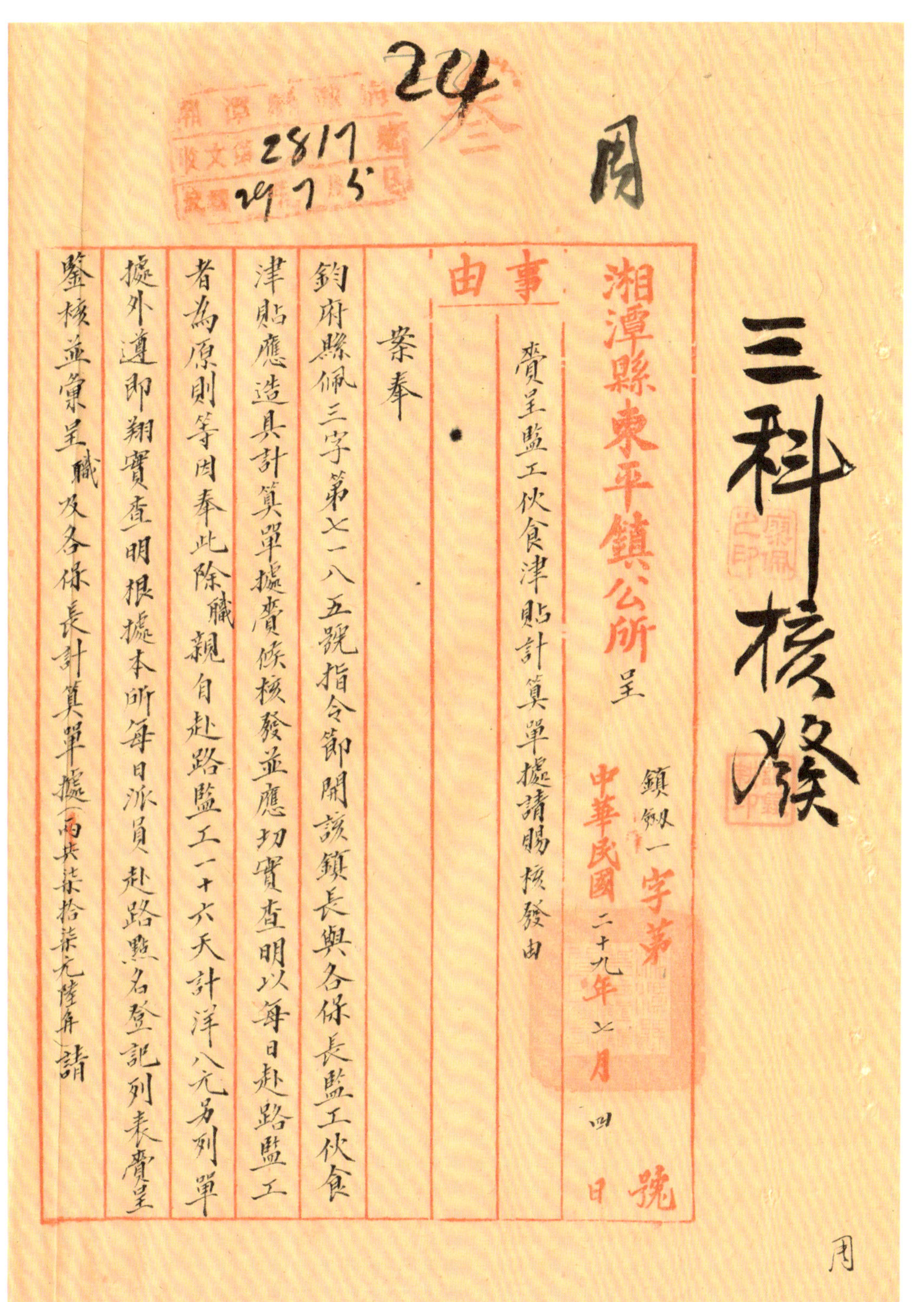

三科核發

周

湘潭縣東平鎮公所呈

鎮叙一字第　號

中華民國二十九年七月四日

事由：賫呈監工伙食津貼計算單據請賜核發由

案奉

鈞府縣佩三字第七一八五號指令飭開：該鎮長與各保長監工伙食津貼應造具計算單據，賫候核發，並應切實查明，以每日赴路監工者為原則等因。奉此，除職親自赴路監工一十六天，計洋八元，另列單據外，遵即翔實查明，根據本所每日派員赴路點名登記，列表賫呈鑒核，並彙呈職及各保長計算單據（兩共叁拾柒元陸角），請

周

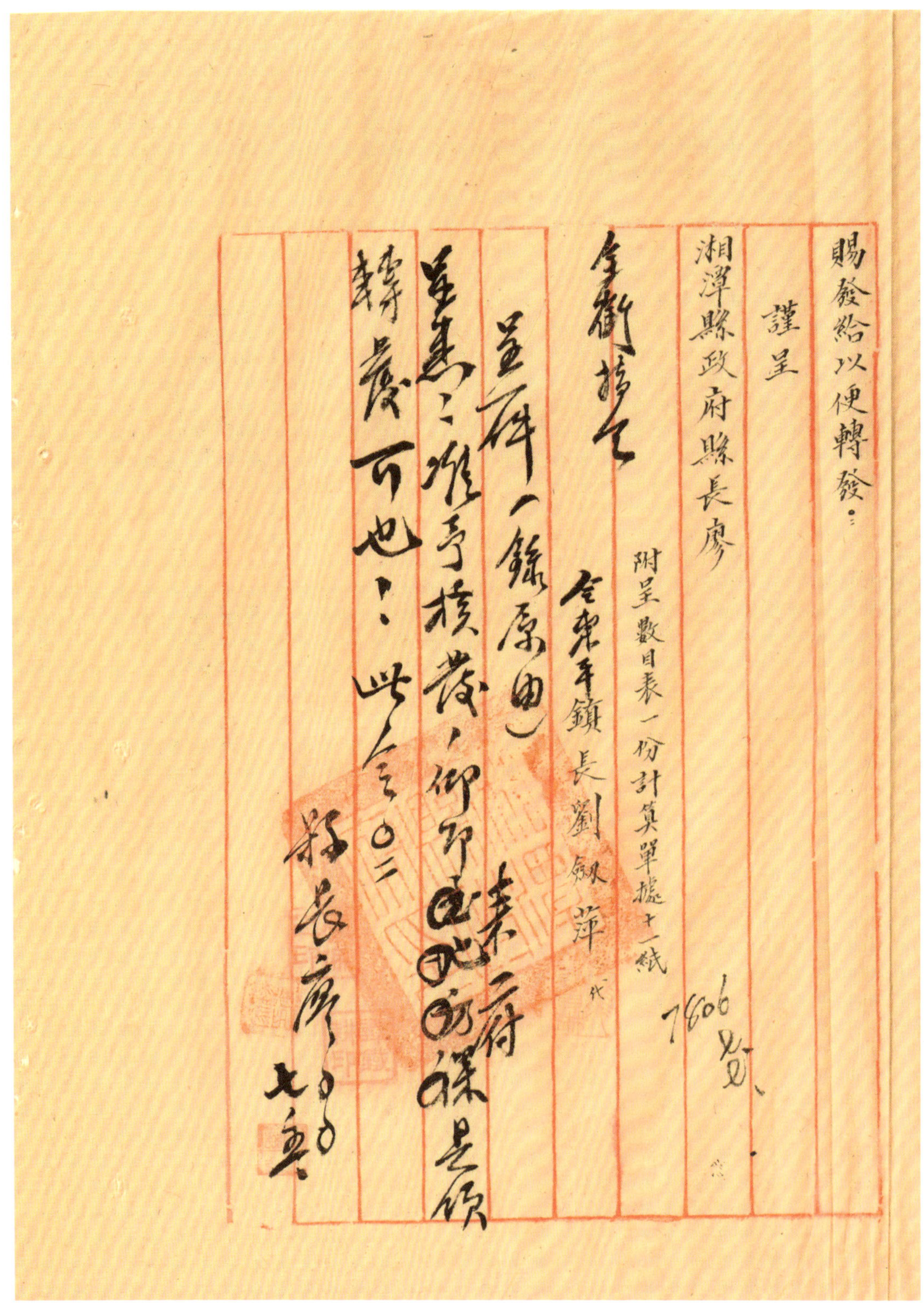

賜發給以便轉發。

謹呈

湘潭縣政府縣長廖

附呈數目表一份計算單據十一紙

全銜指令

令東平鎮鎮長劉斂萍 代

7806號

呈件（一）錄原（由）

呈悉。准予核發，仰即由[illegible]保長來府具領轉發可也。此令。○二

縣長廖○○

七五

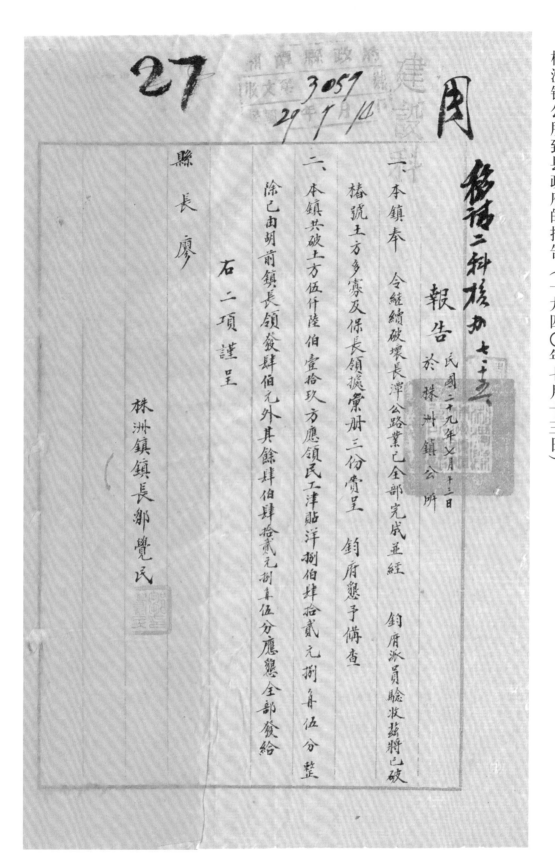

湘潭县政府、株洲镇公所关于长潭公路完成破坏及发放民工津贴的来往文书（一九四〇年七月十三日至二十二日）

株洲镇公所致县政府的报告（一九四〇年七月十三日）

27

湘潭縣政府 收文第3057號 29年7月14

建設科

閱

移請二科核办 七·十五

報告 於株洲鎮公所 民國二十九年七月十三日

一、本鎮奉 令繼續破壞長潭公路業已全部完成並經 鈞府派員驗收茲將已破椿號土方多寡及保長領據彙册三份賫呈 鈞府懇予備查

二、本鎮共破土方伍仟陸伯壹拾玖方應領民工津貼洋捌伯肆拾貳元捌角伍分整除已由胡前鎮長領發肆伯元外其餘肆伯肆拾貳元捌角伍分應懇全部發給

右二項謹呈

縣長廖

株洲鎮鎮長鄒覺民

湘潭县政府致株洲镇公所的指令（一九四〇年七月二十二日）

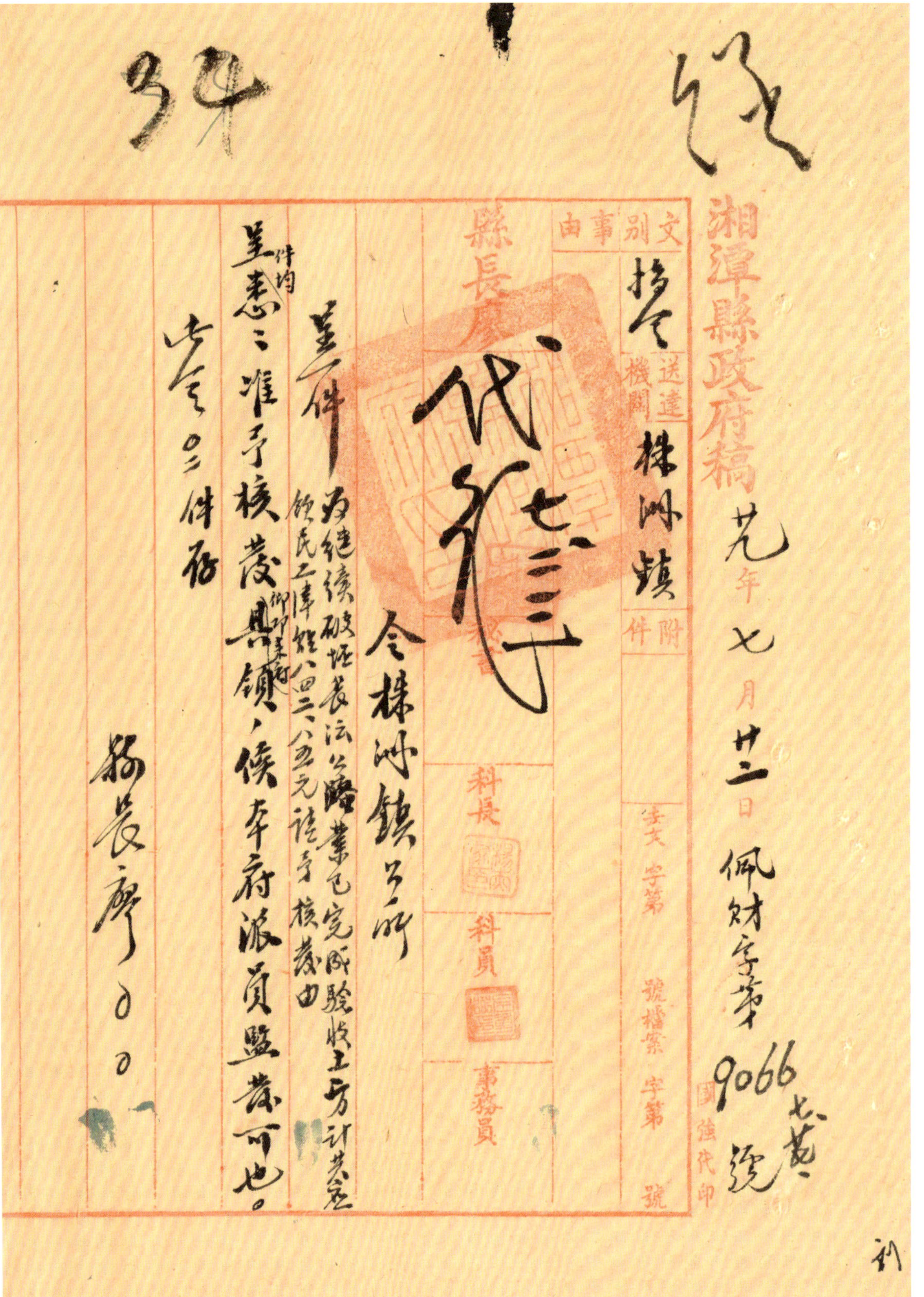
湘潭縣政府稿
文別：指令
送達機關：株洲鎮
廿九年七月廿二日
佩財字第9066號
呈件均悉。准予核發。

湘潭县民工给养稽核委员会监放委员张奇勋为监放霞城乡公所破路民工给养费致县政府的呈及县政府的指令

（一九四〇年七月十五日、二十三日）

周

呈報　七月十五日於霞城鄉鄉公所

呈報奉諭監放霞城鄉鄉公所破路民工給養費由

職於七月十一日奉

鈞座條諭派張委員奇勛往霞城鄉監放該鄉公所破路民工給養費等因遵即馳赴霞城鄉鄉公所據該鄉長馮俊傑報告因各保破路民工向各保長追索該項給養費勢甚迫切未便稍緩自由

鈞府領到破路民工給養總額二千三百三十二元五角五分退所時即按照各保民工分配交由各保保長具領照發業將發放情形連同各保長領條備文呈賫

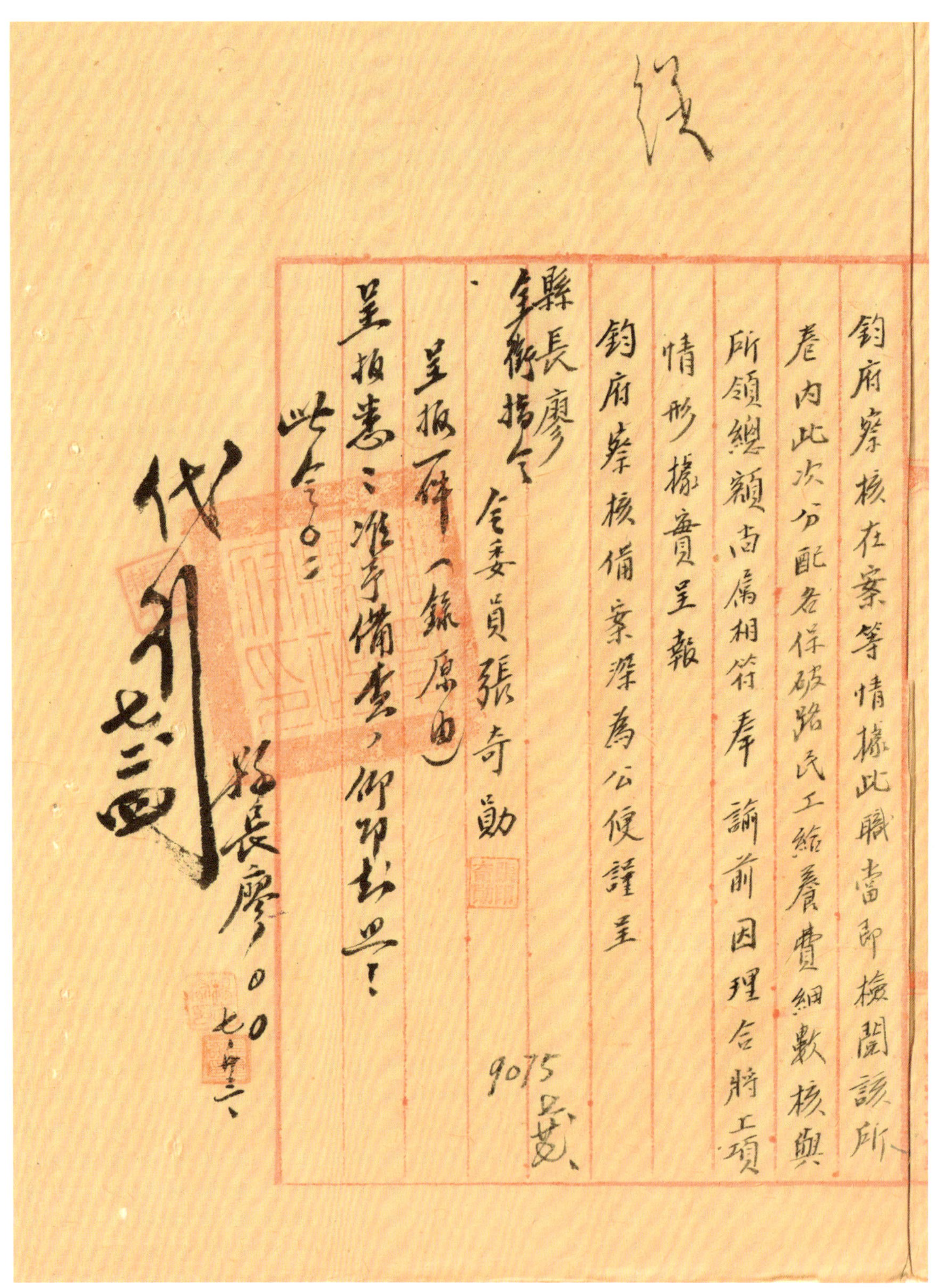

鈞府察核在案等情據此職當即檢閱該所卷内此次分配各保破路民工給養費細數核與所領總額尚屬相符奉諭前因理合將工項情形據實呈報
鈞府察核備案深為公便謹呈
縣長廖

全銜指令　令委員張奇勛
呈報一件（録原由）
呈報悉，准予備查，仰即知照！
此令。〇二
縣長廖〇〇
七、廿二
代判
七、二四
9075

湘潭县政府科员袁建关于报告破坏长潭公路告竣情形及恳批发队兵旅费致县政府的报告及县政府的指令（一九四〇年七月十六日、二十一日）

閱

報告破壞長潭公路告竣情形及懇批發隊兵
旅費由

報告 二十九年七月十六日於本府

（一）奉
命派赴長潭公路督催黄龍壺山白關昭陽等鄉鎮未
完破路工作使之漏夜趕工完成計自本月六日起至
十五日止均先後破壞告竣

（二）奉 派隊兵八名隨同職 赴各鄉鎮督催民夫計
劉俊卿習紫源侯文廸馬國祥四名於本月八日起
至十五日止共八天（在白關鄉）廖 杰李雲華二名於
本月六日起至十五日止共十天（在黄龍鄉）張漢梅劉
有道二名一天（在壺山鎮）每日每名應領旅費二角

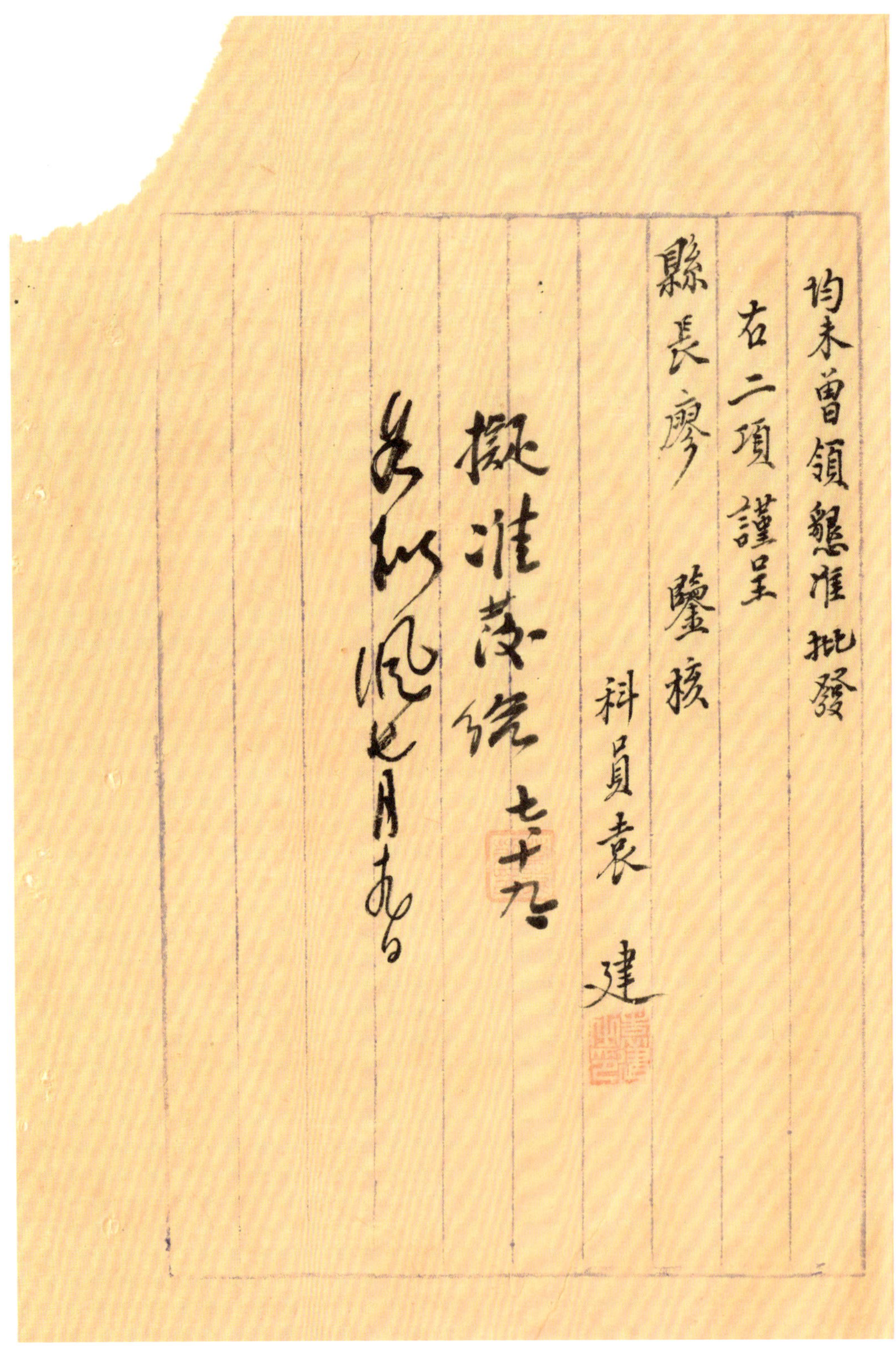
均未曾領 懇准 批發

右二項 謹呈

縣長廖 鑒核

科員袁 建

擬准 [illegible] 七月十九

[illegible] 七月 [illegible]

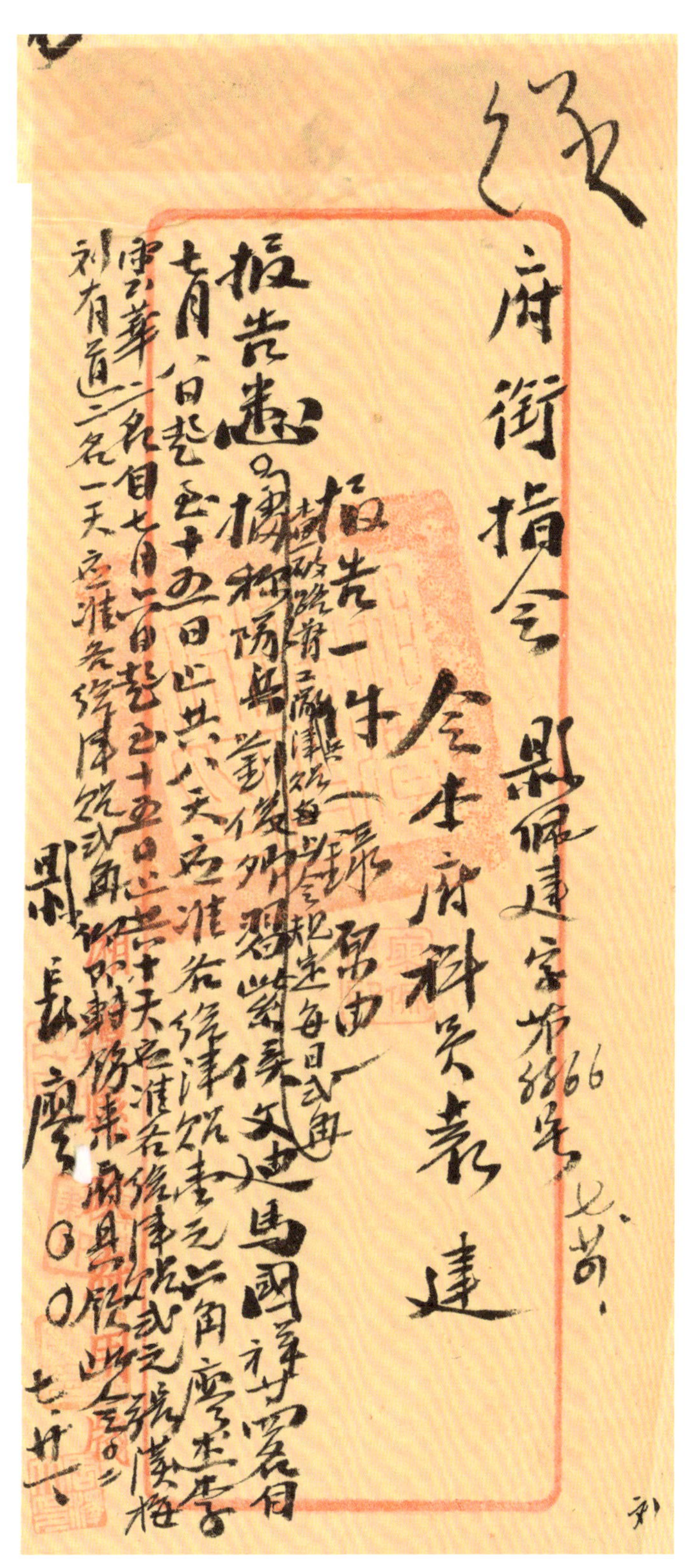

湘潭县政府关于立即发动民众赶破下摄司段公路致湘潭县文华、雨湖、壶山、东平、霞城、易俗等六个乡镇公所的紧急命令（一九四〇年七月十七日）

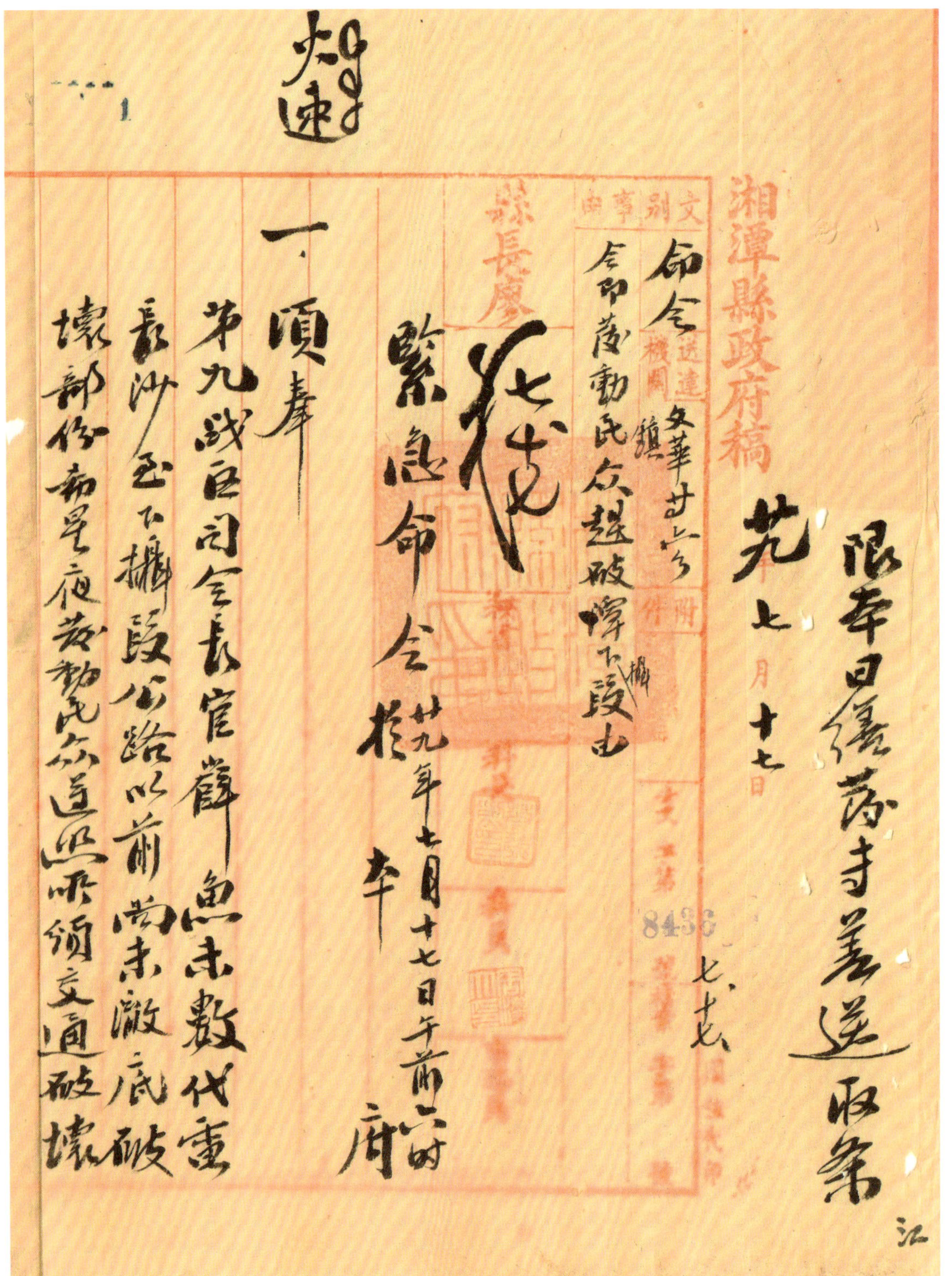

限本日隨時差送取條

湘潭縣政府稿

文別：命令

送達機關：文華、雨湖、壺山、東平、霞城、易俗等六鄉鎮

事由：令即發動民眾趕破下攝司段由

縣長廖

緊急命令 廿九年七月十七日午前二時發 府

一、頃奉第九戰區司令長官薛魚未數代電，長沙至下攝段公路以前尚未徹底破壞部份，希星夜發動民眾迅速……所須交通破壞

辦法飭示繼續加強破壞具報等因。

二、查長潭公路自九曲黄河起至荷葉塘止業已動工繼續加強破壞，惟俟收坵完竣後由荷葉塘起至下攝司一段亟待繼續破壞。

三、該段破壞土方業已派員查勘估測，豎立樁號，並應歸責成文華、雨湖、靈山、東平、霞城、易俗等六鎮負責趕破，並限本月十八日動工，廿五日完竣具報。

四、著派周桐初前往該段督催員

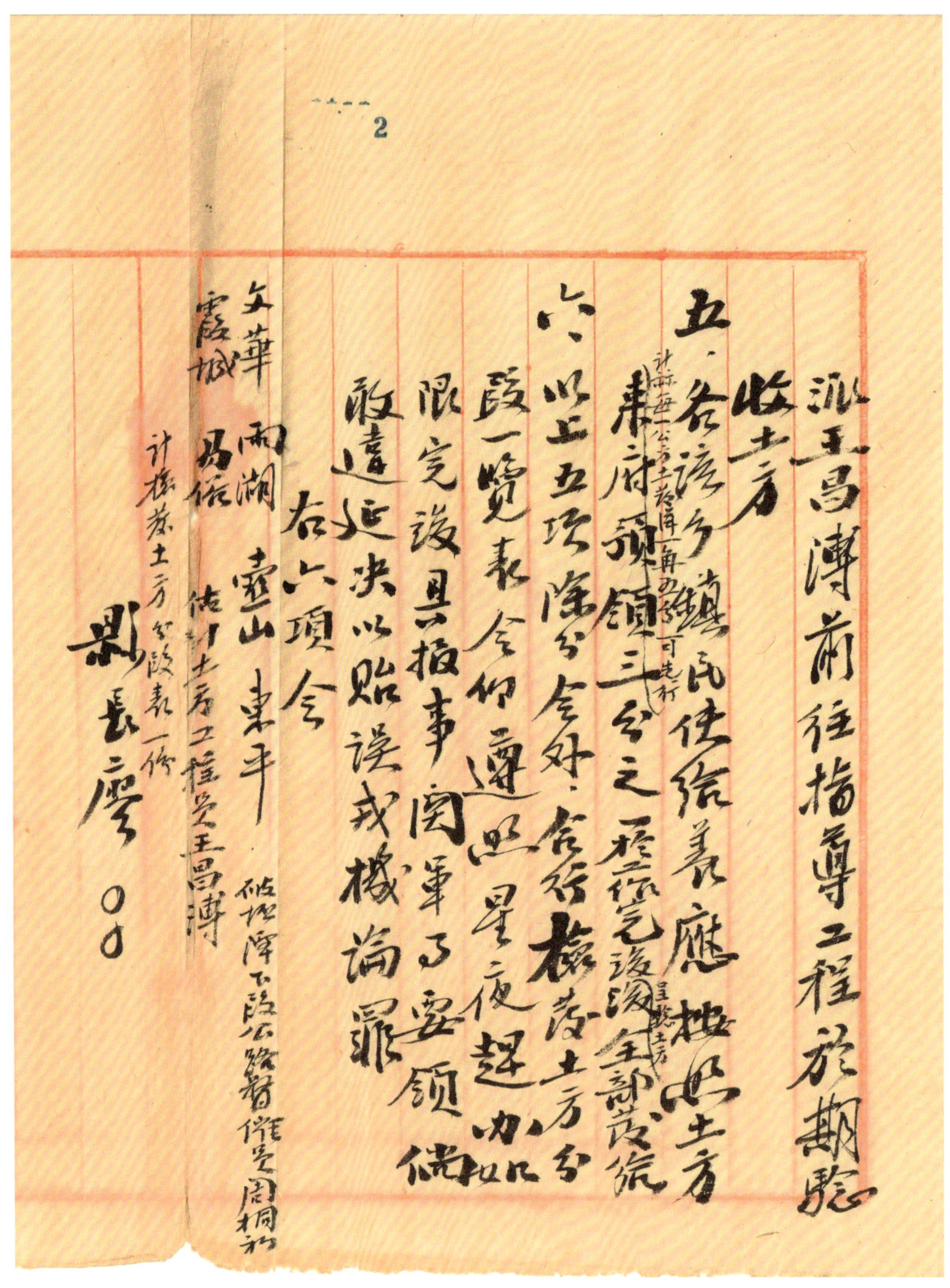
2

派王昌溥前往指導工程於期驗收土方

五、各該鄉鎮民伕係義民，應按照土方（計每一公方土發津貼一角五分，可先行）來府預領三分之一，工程完竣後（呈驗土方）全部發給。

六、以上五項，除分令外，合行檢發土方分段一覽表，令仰遵照，星夜趕辦，如限完竣後具報。按事關軍事要領，倘敢違延，決以貽誤戎機論罪。

右六項令

文華、雨湖、壺山、東平

霞城、易俗

破壞潭下路公路督催員周桐社

估計土方工程員王昌溥

計檢發土方分段表一份

縣長 廖〇〇

湘潭县政府关于动工加强破坏下摄司段公路致第九战区司令长官司令部的电报（一九四〇年七月十七日）

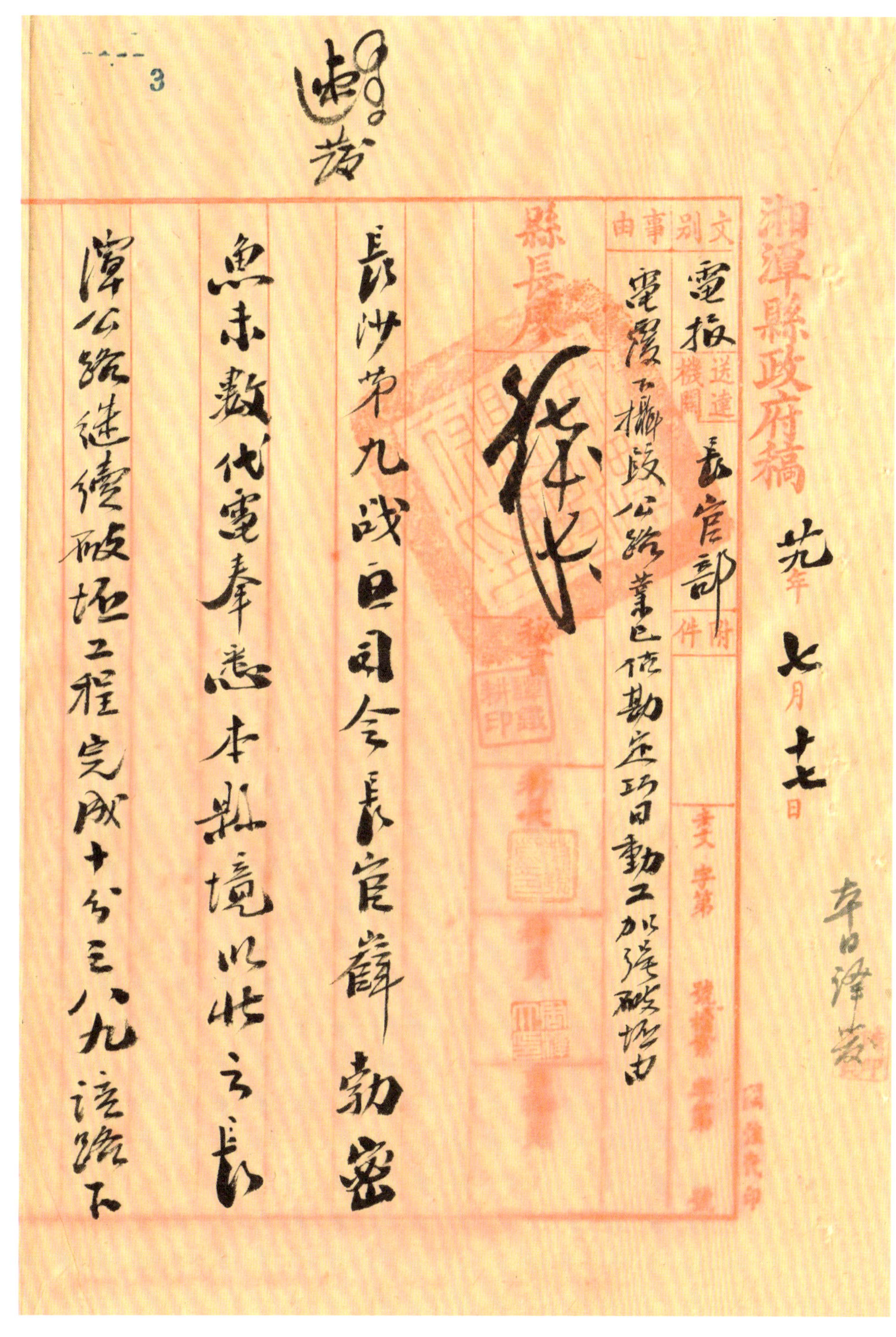

湘潭縣政府稿

文別：電报

送達機關：長官部

事由：電覆下攝段公路業已依勘定巧日動工加强破壞由

縣長

廿九年 七月 十七日

長沙第九戰區司令長官薛 勛鑒：魚未數代電奉悉。本縣境以北之長潭公路繼續破壞工程完成十分之八九，該路下

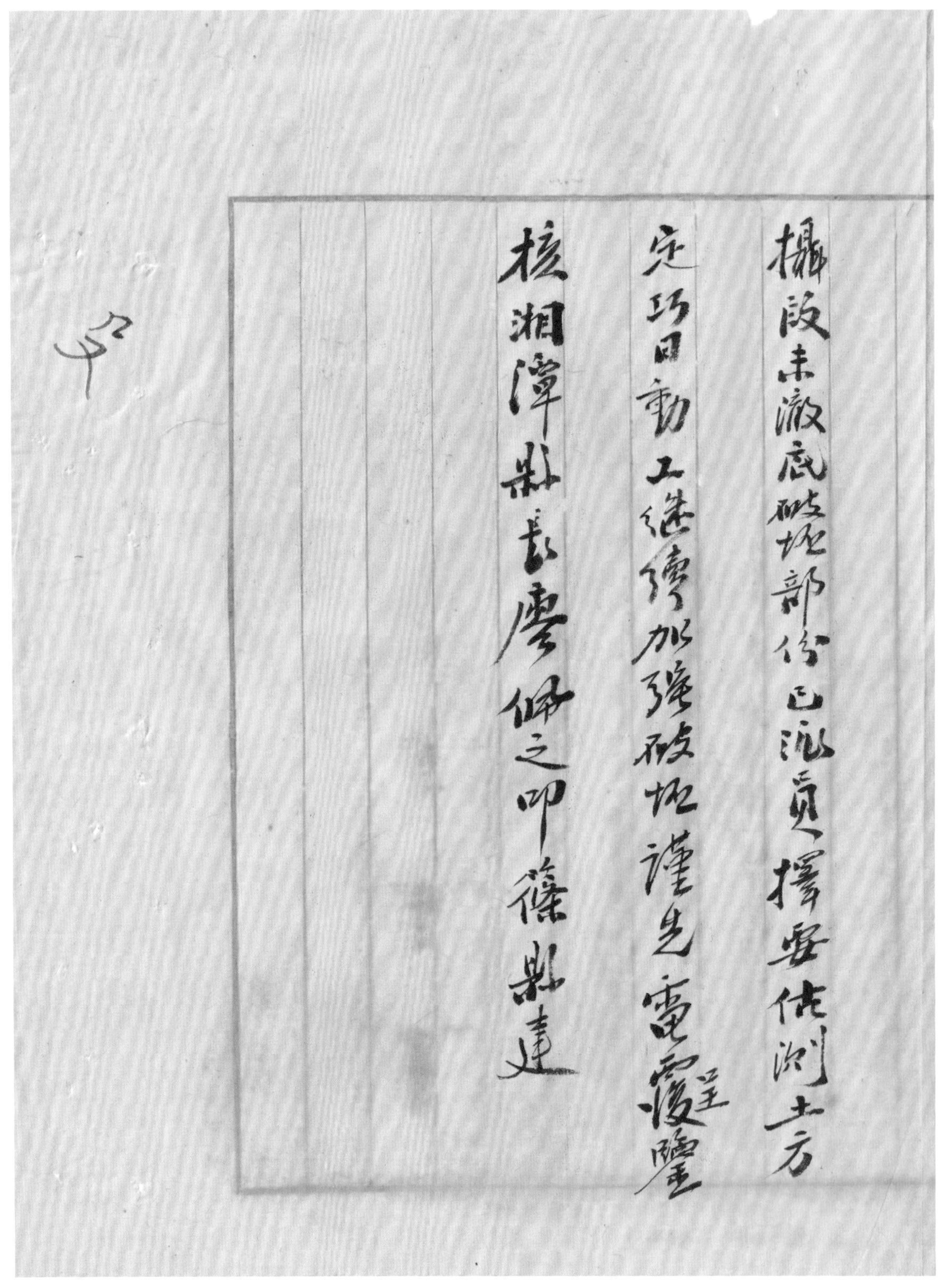
擬設未徹底破壞部份已派員擇要依測土方
定巧日動工繼續加强破壞謹先電呈覆鑒
核湘潭縣長廖佛之叩篠縣建

湘潭县政府关于继续破坏下摄司段公路民工给养请核准在第二预备金项下动支致湖南省政府的电报
（一九四〇年七月十七日）

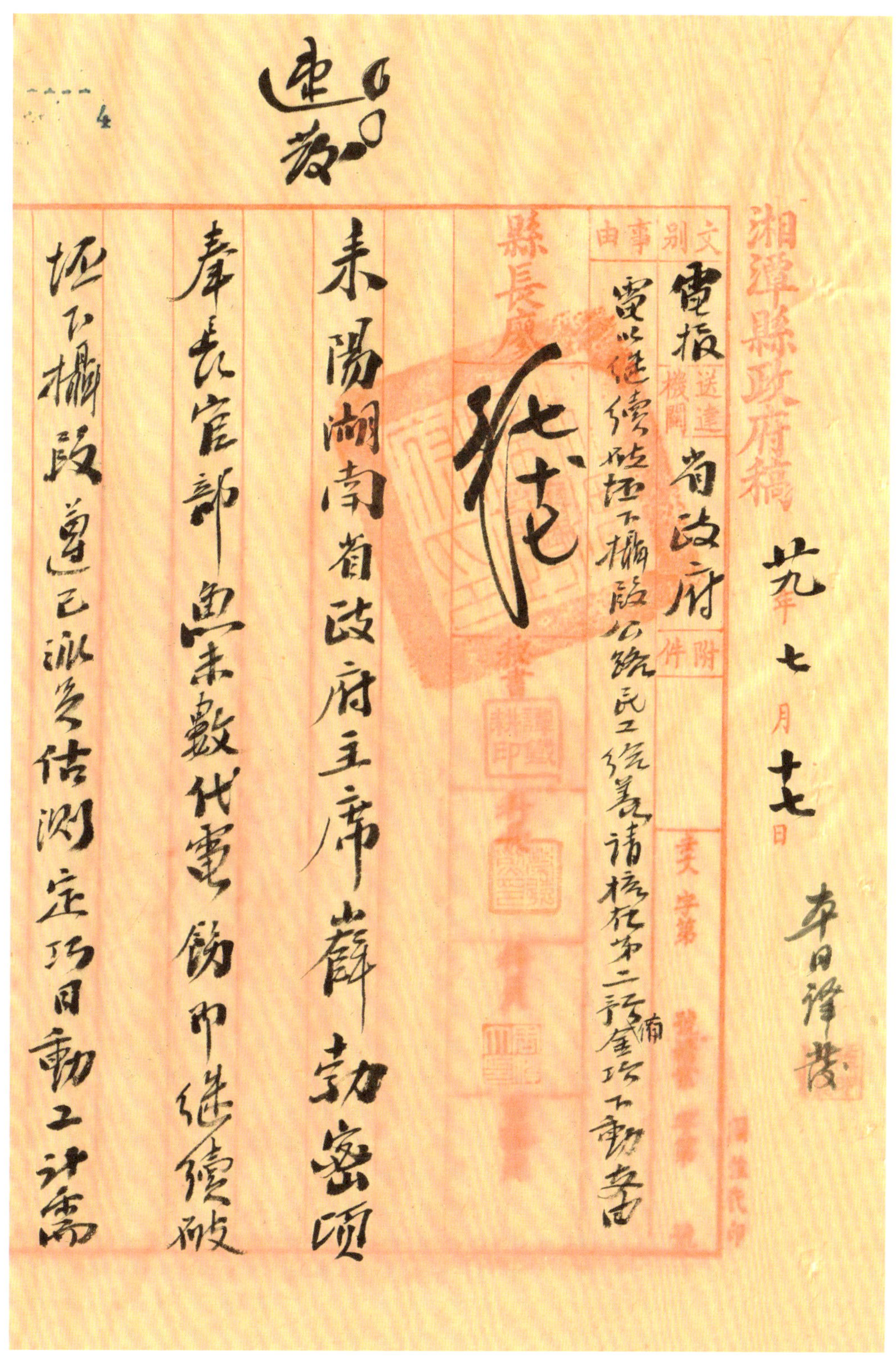

湘潭縣政府稿

文別：電報
送達機關：省政府
事由：為以繼續破壞下攝路公路民工給養請核在第二預備金項下動支由

廿九年七月十七日

耒陽湖南省政府主席薛勛密頃
奉長官部[illegible]代電飭即繼續破
壞下攝段道已派員估測定限日動工計需

費約二千數百元前次破坏長潭路尚差領費七千餘元先後共需九千餘元擬懇於第二預備金項下核准動支以資應付謹此電呈鑒核示遵　湘潭縣長廖佩之叩篠　縣建

湘潭县政府破坏长潭公路督催员周桐初关于督催黄龙、白关、昭阳、株洲、东平、壶山等六个乡镇破路工作结束致县政府的报告（一九四〇年七月十八日）

建設科

湘潭縣政府 收文第3156號 民國29年7月19日

閱

5

事由：破路工作結束祈核由

報告 民國二九年七月一八日 於對河團山鋪

竊奉 令督催黃龍白關昭陽株州東平壺山等六鄉鎮破路工作星夜趕破業于本月一七日會同王佑計員昌溥驗收土方發給收據全部准予結束竣工將各保民工遣散回籍理合具報

鈞座 察核

謹呈

縣長 廖

破壞長潭公路督催員 周桐初

擬予存查 七廿八

[illegible]七月[illegible]

湖南省政府关于本省破路员兵给养费标准致湘潭县政府的快邮代电（一九四〇年七月十八日）

40

据实再呈。七七、

降

湘潭縣政府

收文第3389號

民國29年7月26日

建設科

湖南省政府快郵代電

建府民二字第13645號

湘潭縣政府：二十九年四月二十二日縣佩三字第三六六八號馬午代電悉。查本省破路員兵給養一項，早有規定，每員日給三角，每兵二角，應遵照規定辦理。所請撥給督辦員兵等津貼暨由第二項預備金開支一節，應毋庸議。湖南省政府未府財建民二巧印

中華民國二十九年七月十八日

擬據實再呈。七廿七

如擬。鳳 七月卅日

校對

監印

湘潭县政府破坏长潭公路督催员周桐初关于具报到差日期致县政府的报告（一九四〇年七月十九日）

10

湘潭縣政府收文第3150號 民國29年7月19日

建設科

周

事由：到差日期具報鑒核由

報告 民國二九年七月一九日於金家園子

竊職於七月一八日奉

鈞府七月一七日午前六時緊急命令派為破壞長潭公路荷葉塘起至下攝司段督催員，遵即前往指定地點工作，並發動民工開始破壞。理合將到差日期具報

鈞座鑒核

職周桐初

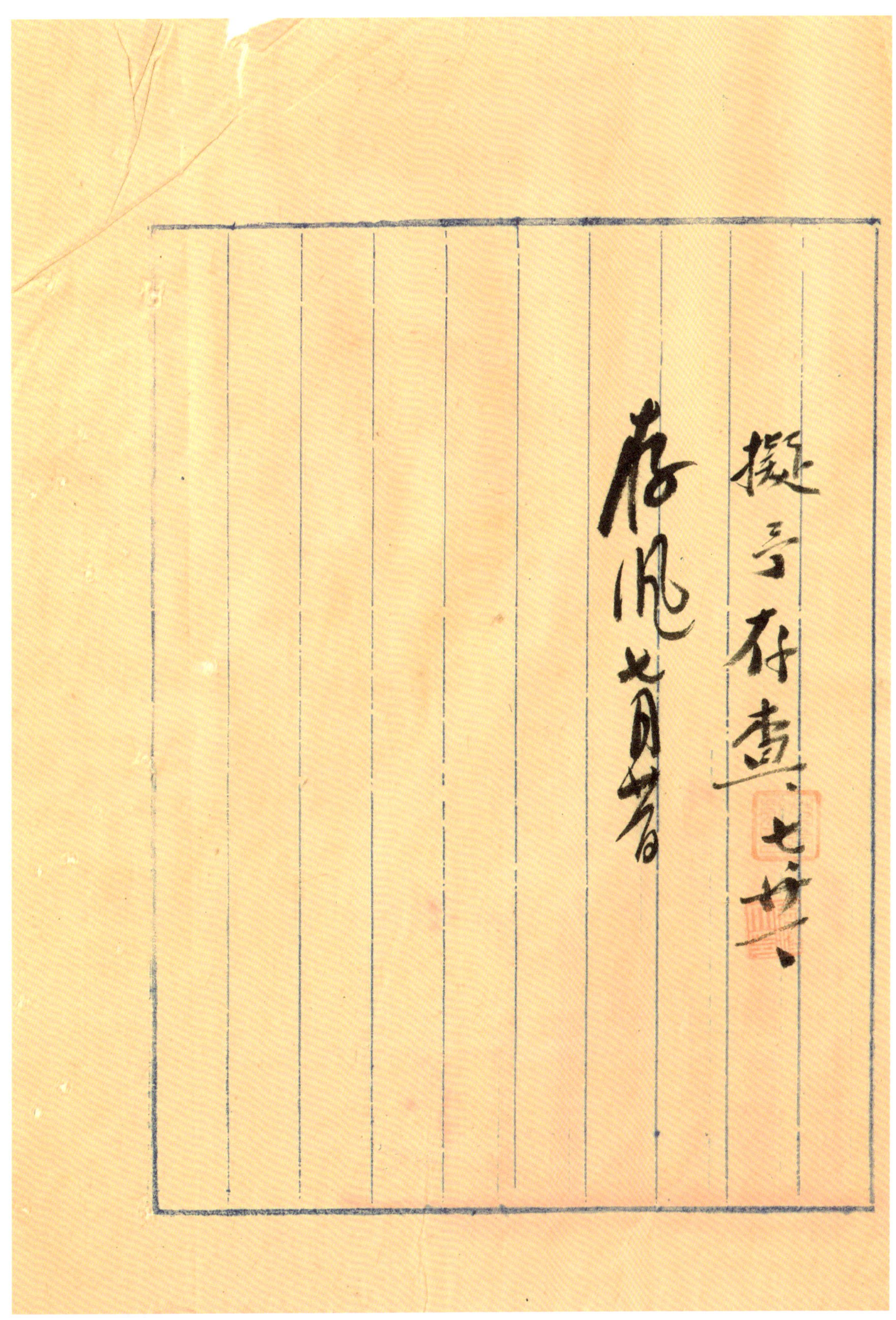

擬予存畫 七廿六

春風 七月廿日

湘潭县政府、文华镇公所关于发放破路民工工资费用及霍香丸等事的一组文书（一九四〇年七月十九日至二十三日）

文华镇公所致湘潭县政府的紧急报告及县政府的指令（一九四〇年七月十九日、二十二日）

38

湘潭縣政府 收文第3200號 29年7月20日

建設科

周

緊急報告 篤總字第345號 二十九年七月十九日

事由：為報告奉令加强破壞潭下綫公路各項困難迅懇察核示遵由

一、本所於本(七)月十七日午後六時奉　令加强破壞潭下綫公路，遵即召集各保保長開緊急會議，議定每保暫派民伕十名，共計發動一百七十名，於(十八)日午後三時各自携帶工具集合本所，業經職等率領前往指定地點開始工作。

二、奉　鈞府以本鎮分派之土方計算作為三分之一，發給工資費洋六十元，下所職作(十七)保分派，每保發洋三元五角三分，以此款轉給民伕維持一日伙食尚感缺之，如責成各保暫行籌墊，誠恐無法領還，且恐各保私自派款彌補，抑係有違法令，究應如何辦理，懇請　示遵。

三、為求工作迅速如期達成任務，除職隨時分身指揮監督外，特以本鎮各保分為四分隊，業經派定楚彬為一分隊負責人，黄述生為二分隊負責人，羅滌萑為第三分隊負責人，茹冬生為第四分隊負責人，并派

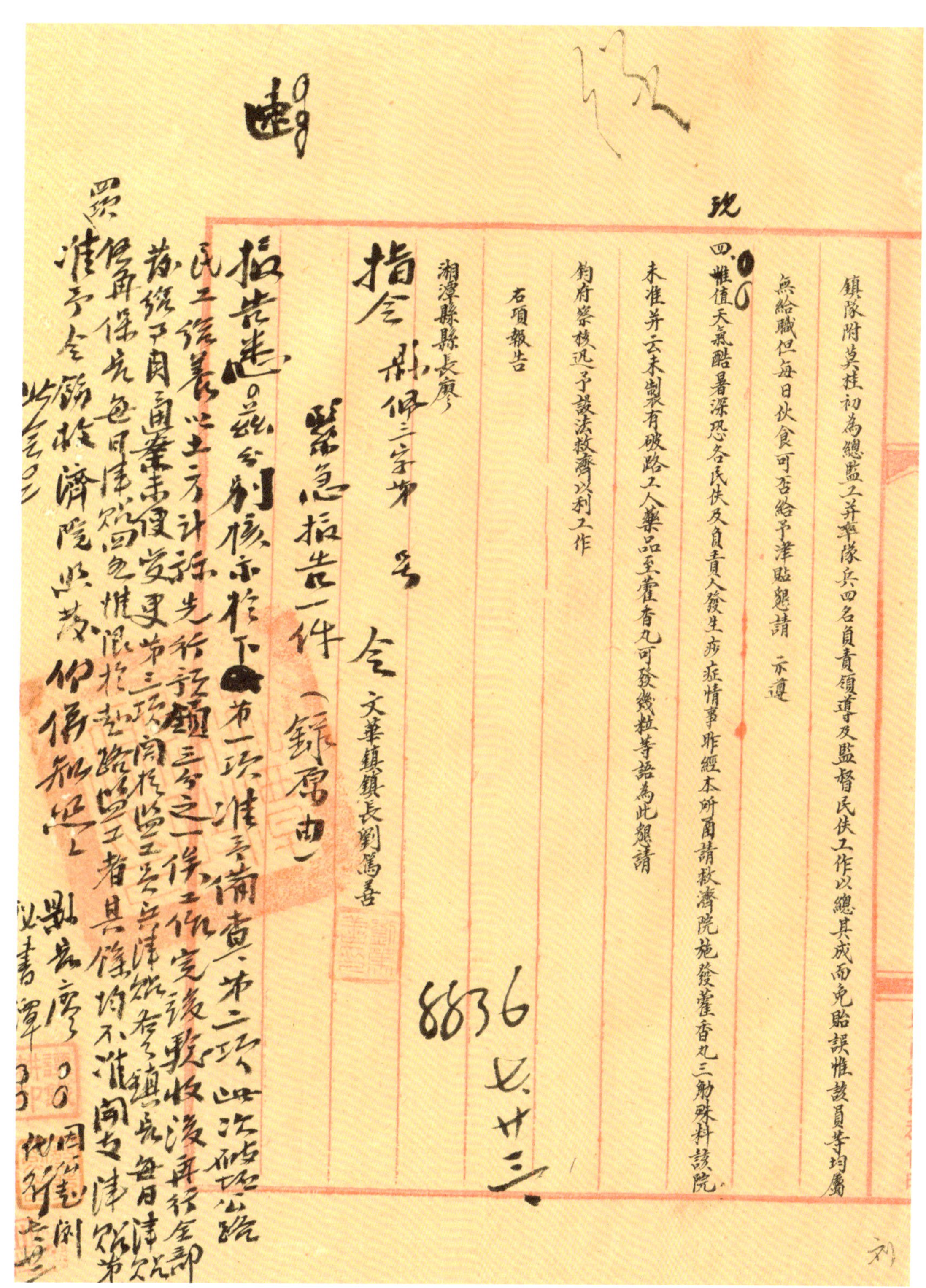
鎮隊附莫桂初為總監工并率隊兵四名負責領導及監督民伕工作以總其成而免貽誤惟該員等均屬無給職但每日伙食可否給予津貼懇請　示遵

四、惟值天氣酷暑深恐各民伕及負責人發生痧症情事昨經本所函請救濟院施發霍香丸三觔殊料該院未准并云未製有破路工人藥品至霍香丸可發幾粒等語為此懇請

鈞府察核迅予設法救濟以利工作

右項報告

湘潭縣縣長廖

文華鎮鎮長劉篤善

湘潭县政府致县救济院的训令（一九四〇年七月二十三日）

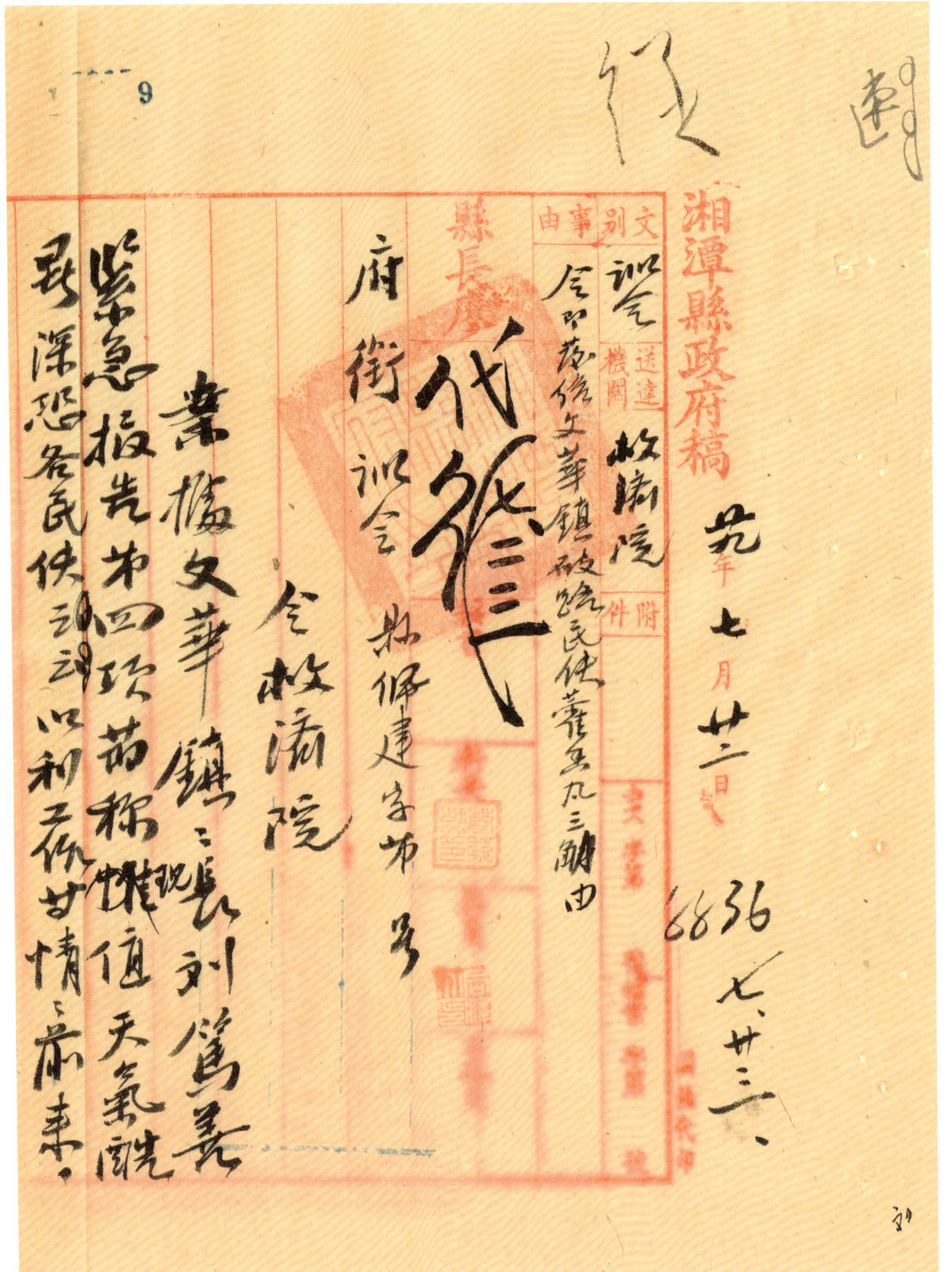

湘潭縣政府稿

文別：訓令

送達機關：救濟院

事由：令叩發給文華鎮破路民伕……由

附件

縣長

廿九年七月廿三日

府銜訓令 救保建字第 號

令救濟院

案據文華鎮鎮長劉篤義……

6836

七、廿三

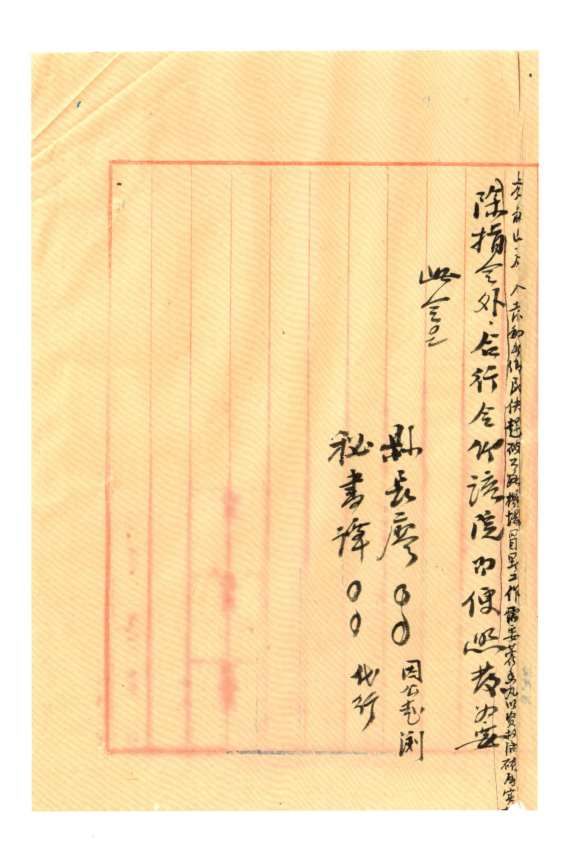

[illegible]

除指令外，合行令仰該院即便遵照為要。

此令。

縣長 廖〇〇 因[illegible]

秘書 譚〇〇 代行

湘潭县政府破路督催员周桐初关于恳请发给旅费致县政府的报告及县政府的指令（一九四〇年七月十九日、二十三日）

37

湘潭县政府收文第3148号 29.7.19

建设科

周

事由：恳请准予补发（给）旅费以资遒由

报告 民国二九年七月一九日 于金家园子三号

窃职奉令继续督催破坏长潭公路第二次工程，计自六月二十一日起（本月小至卅日十天）动工，至七月一七日止，已全部竣工结束，亦（报）经呈具在案，共计工作二十七天，每日督催员旅费遵规以壹元发给，计职应领洋二十七元，恳请如数发给，以清饮食，理合将上工作日期数目呈请

钧座核准发给旅费，以资遒。

右项谨呈

湘潭县县长廖

令破路督催员周桐初

指令 县建字第 号

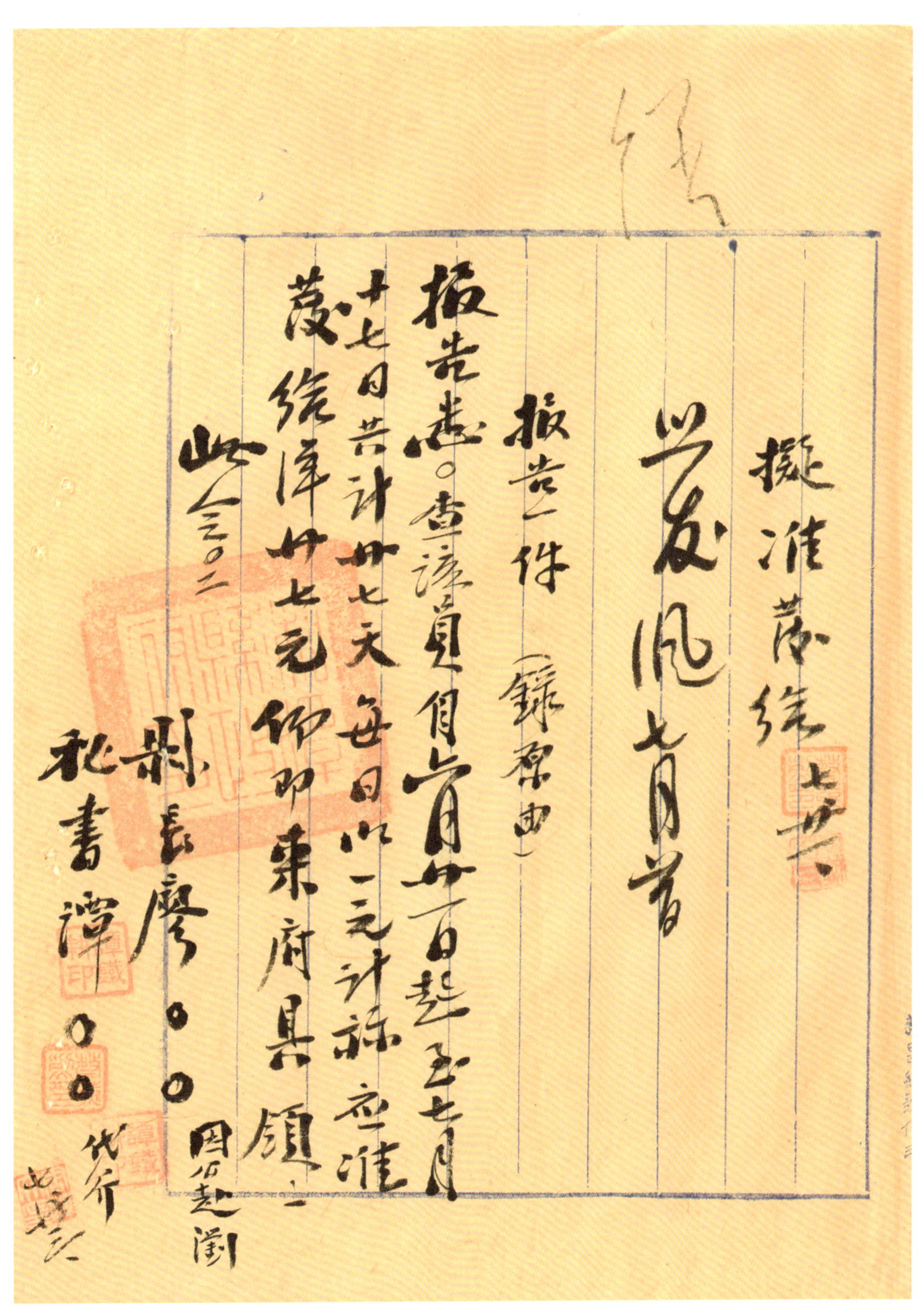

擬准薪給 七廿六

吳發佩七月份

報告一件（錄原由）

報告悉。查該員自六月廿一日起至七月十七日共計廿七天，每日以一元計，應准薪給洋廿七元，仰即來府具領。此令。三〇二

縣長 廖〇〇 因公赴瀏

秘書 譚〇〇 代行

七、廿六

湘潭县昭阳乡公所关于发给本所破坏长潭公路另派监工六名及本人津贴伙食费致县政府的呈及县政府的指令（一九四〇年七月二十日、二十四日）

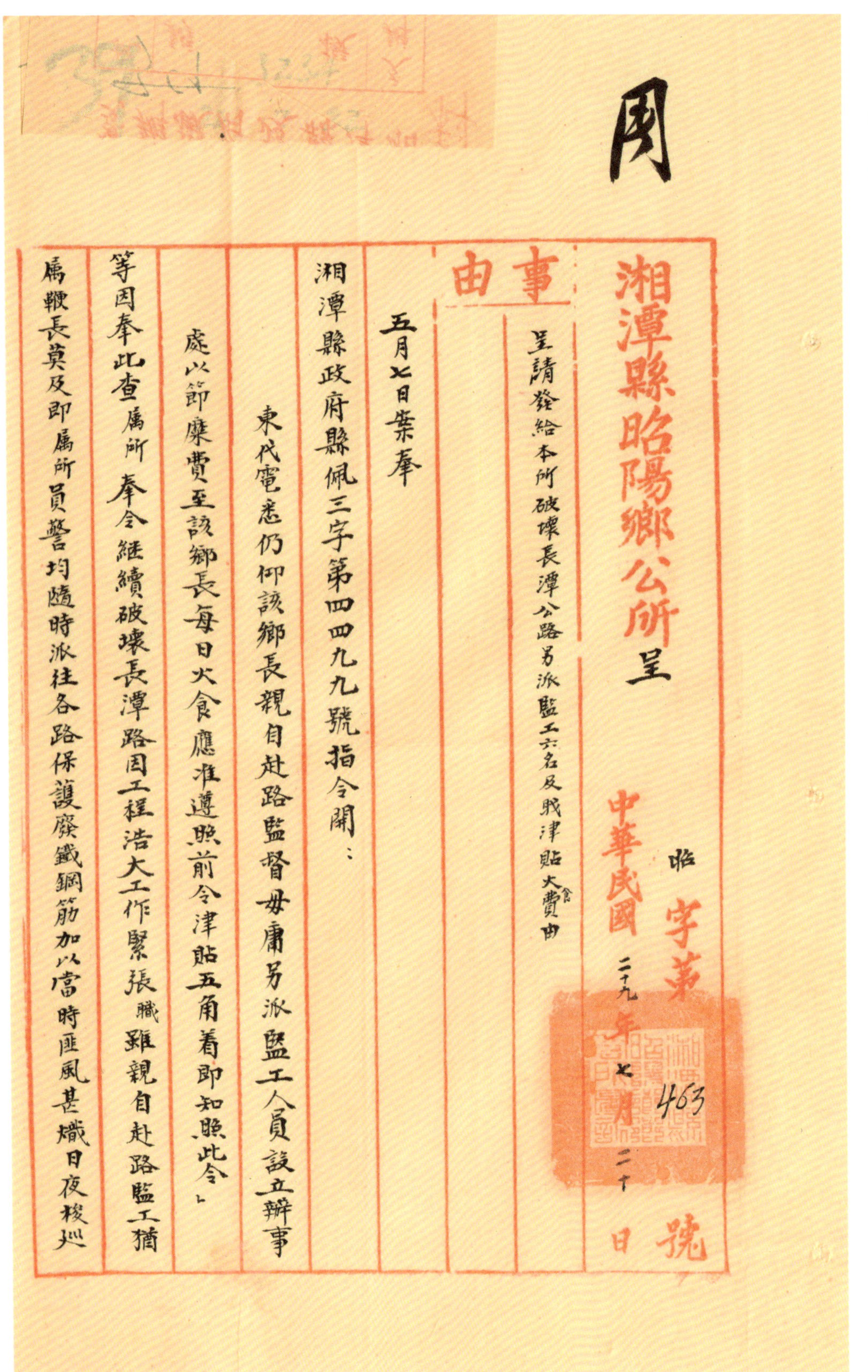

閱

湘潭縣昭陽鄉公所呈

昭字第　號

中華民國二十九年七月二十日

463

事由：呈請發給本所破壞長潭公路另派監工六名及職津貼火食費由

五月七日案奉

湘潭縣政府縣佩三字第四四九九號指令開：

東代電悉，仍仰該鄉長親自赴路監督，毋庸另派監工人員設立辦事處，以節糜費。至該鄉長每日火食，應准遵照前令津貼五角，着即知照。此令。

等因。奉此，查屬所奉令繼續破壞長潭路，因工程浩大，工作緊張，職雖親自赴路監工，猶屬鞭長莫及，即屬所員警均隨時派往各路保護廢鐵鋼筋，加以當時匪風甚熾，日夜梭巡

莫獲職暑故不得不增加臨時監工六名前已呈明在案隨奉指令擬遵即裁撤忽迭奉
鈞府緊急訓令催促尅日完成破路工作職遂督率臨時監工六名分途監督民伕完竣所增人員
故未裁撤計自四月二十三日起至六月二十三日止共六十天每日應得津貼洋伍角奉令前因理合聲
明備所增加破路監工原因備文呈請
鈞府俯賜詧核將職連同監工六名每人每日分別津貼伙食發給具領深為公便
謹呈
縣長 廖
昭陽鄉鄉長嚴桂芳

指令　縣府建字第　號
令昭陽鄉鄉長嚴桂芳
呈一件（錄原由）
呈悉。查破路監工人員津貼除鄉長保長外其餘均不得開支（准）
[illegible]廣勇派監工人員并於六月七日以縣佩三字第四四九號
呈田指令照准在案，茲該鄉長趕路監工查係四月廿三日
起至六月廿日止僅五十七天，每日以五角計，祇應准津
貼廿八元五角，仰即來府具領。此令。○二
縣長 廖○○
秘書 譚○○
○○ 仲行 七、十四、
因公赴[illegible]

湘潭县昭阳乡公所关于自长沙至湘潭、由湘潭至浏阳各驿路均已破坏完竣致县政府的呈及县政府的指令（一九四〇年七月二十日、二十四日）

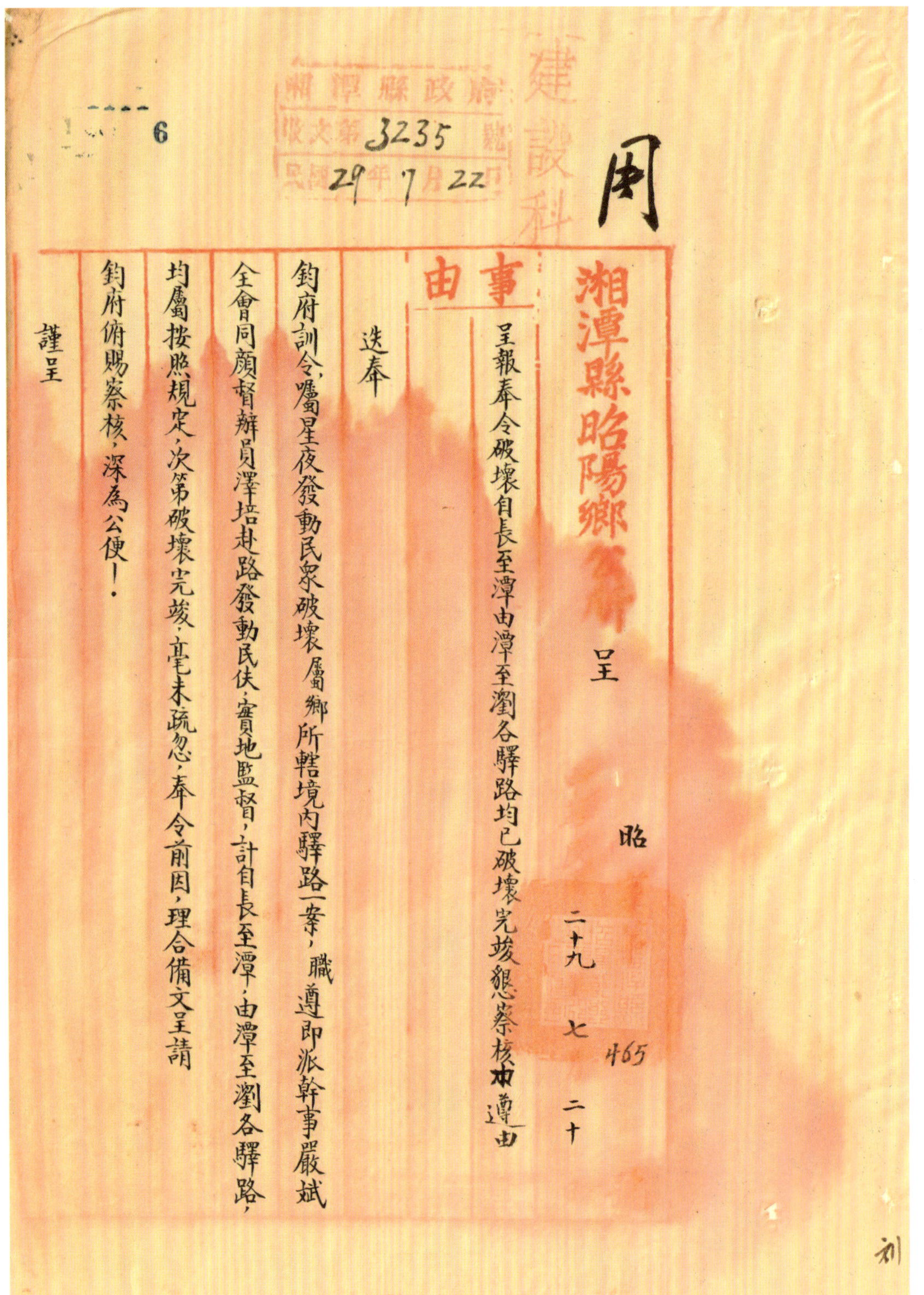

湘潭縣政府
收文第3235號
民國29年7月22日

建設科

閱

湘潭縣昭陽鄉公所 呈 昭 二十九 七 二十

465

事由：呈報奉令破壞自長至潭由潭至瀏各驛路均已破壞完竣懇恩察核示遵由

迭奉

鈞府訓令，囑星夜發動民衆破壞屬鄉所轄境内驛路一案，職遵即派幹事嚴斌全會同顧督辦員澤培赴路發動民伕，實地監督，計自長至潭，由潭至瀏各驛路，均屬按照規定，次第破壞完竣，毫未疏忽。奉令前因，理合備文呈請

鈞府俯賜察核，深爲公便！

謹呈

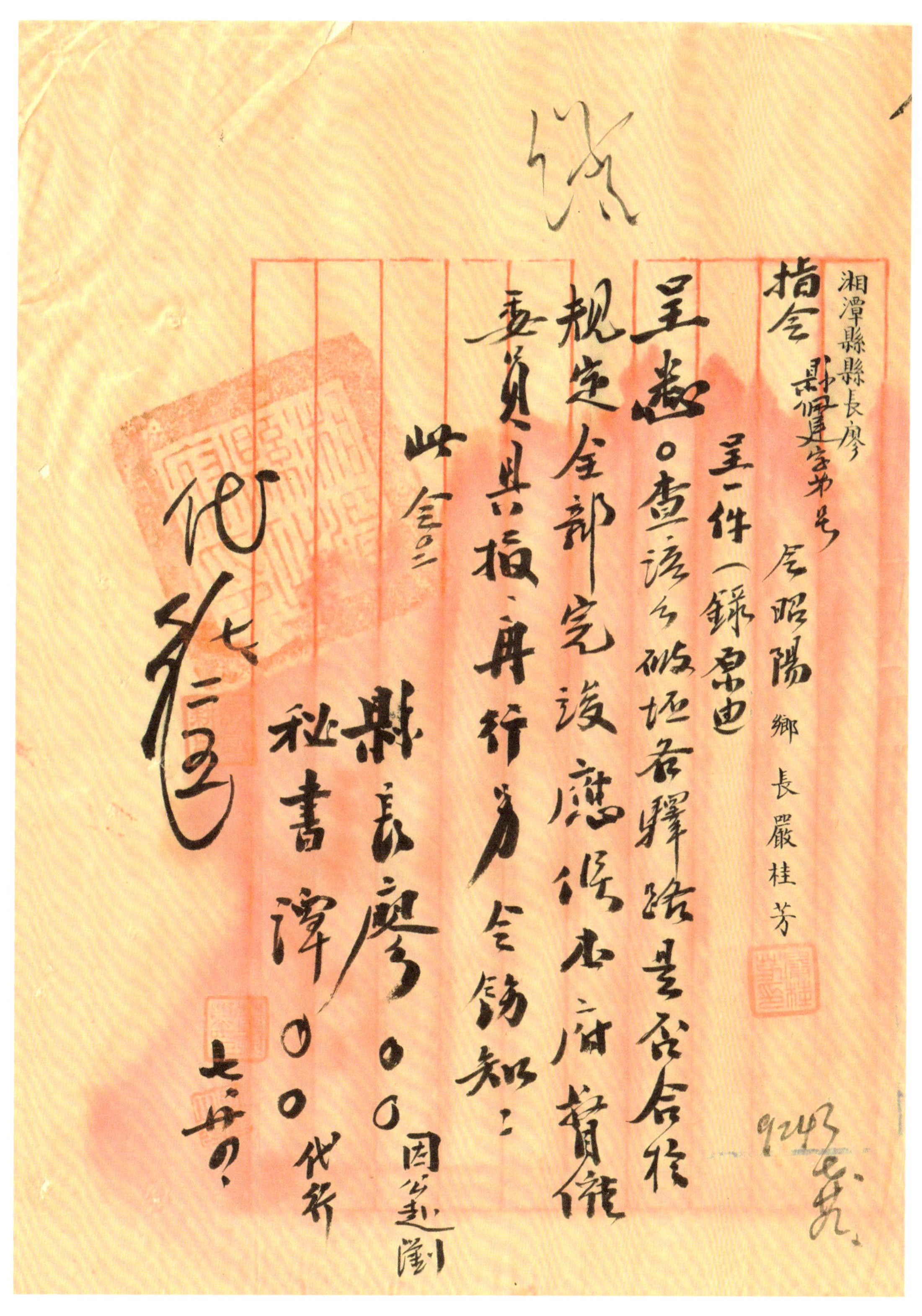

湘潭縣縣長廖

指令　縣秘建字第　号

令昭陽鄉長嚴桂芳

呈一件（録原由）

呈悉。查該鄉破垣各驛路是否合於

規定，全部完竣，應候本府督飭

委員具報，再行核辦。仰即知照。

此令。

縣長廖○○

秘書譚○○代行

第九战区司令长官司令部关于遵照前颁交通破坏办法切实破坏县境公路致湘潭县政府的电报

（一九四〇年七月二十一日）

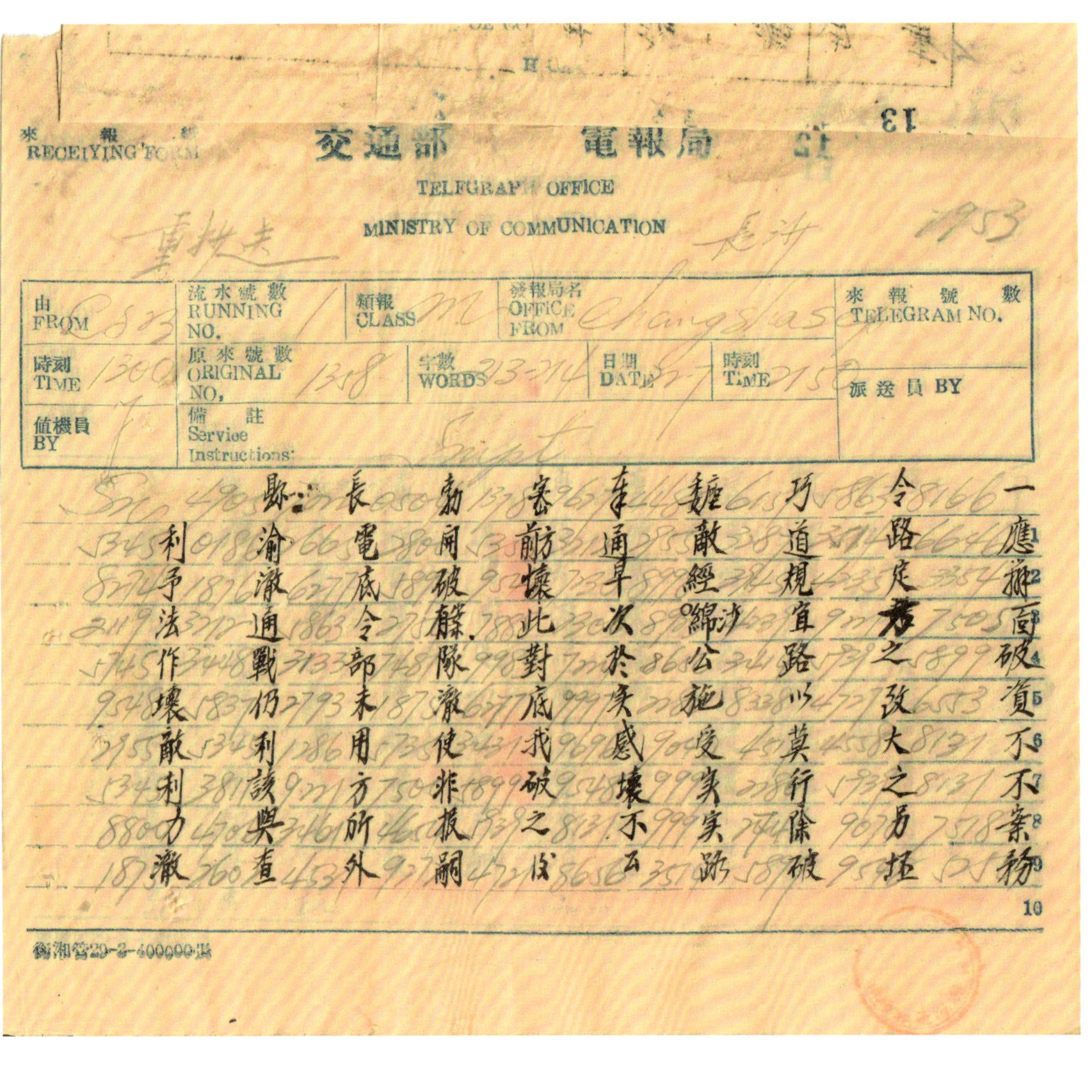

來報紙 RECEIVING FORM

交通部 電報局

TELEGRAPH OFFICE

MINISTRY OF COMMUNICATION

由 FROM	流水號數 RUNNING NO.	類報 CLASS	發報局名 OFFICE FROM	來報號數 TELEGRAM NO.
時刻 TIME	原來號數 ORIGINAL NO.	字數 WORDS	日期 DATE	時刻 TIME
值機員 BY	備註 Service Instructions:			派送員 BY

衡湘管29-3-400000張

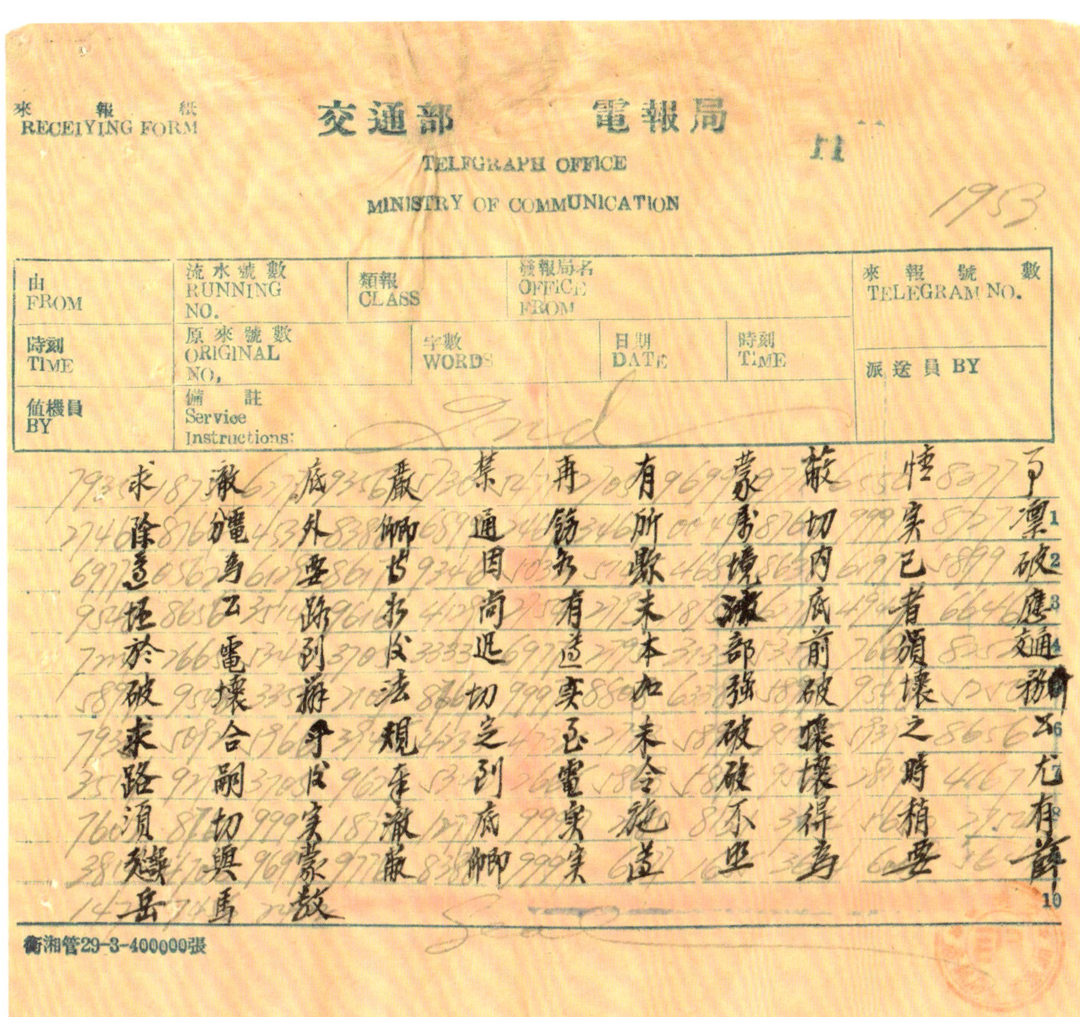

來報紙 RECEIVING FORM

交通部電報局

TELEGRAPH OFFICE

MINISTRY OF COMMUNICATION

1953

由 FROM	流水號數 RUNNING NO.	類報 CLASS	發報局名 OFFICE FROM		來報號數 TELEGRAM NO.
時刻 TIME	原來號數 ORIGINAL NO.	字數 WORDS	日期 DATE	時刻 TIME	派送員 BY
值機員 BY	備註 Service Instructions:				

衡湘管29-3-400000張

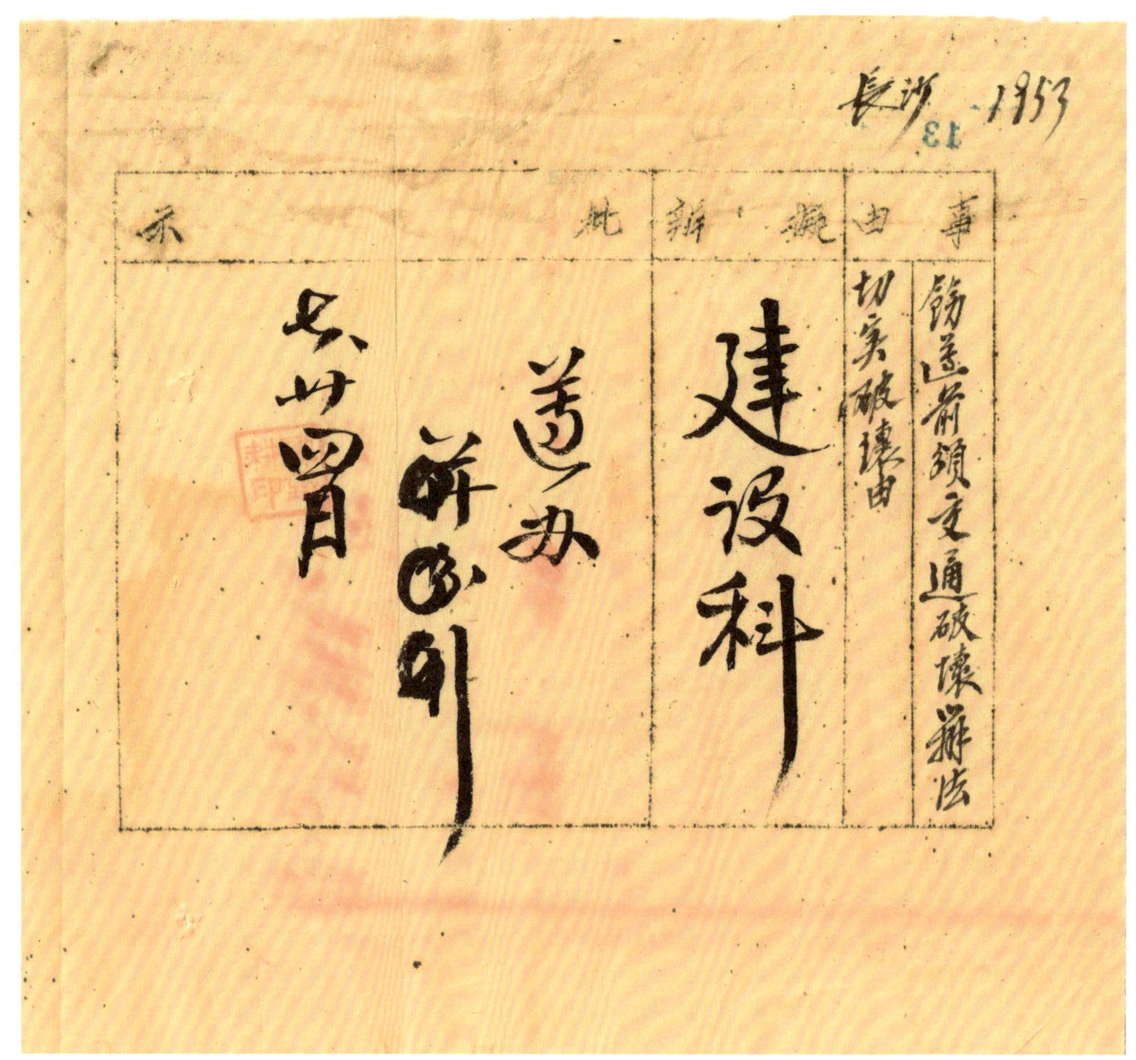
長沙-1353
13

事由	飭遂前頒交通破壞辦法切實破壞由
擬辦	建設科
批示	遵办 旡辦 胡利 廿四日

第九战区司令长官司令部关于限期破坏湘潭县境十八条主要道路致湘潭县政府的电报及县政府的批（一九四〇年七月二十一日、二十五日）

軍急火速办理

七廿五日午後四时二十分到

16

第九戰區司令長官司令部快郵代電

第一（共四頁）

孝政字第0505號 共 字

摘由 密不摘由

湘潭廖縣長密該縣對以下主要道路(一)由醴陵縣屬之打卦石東北邊界至石嘴頭段(二)由五里庙東南之三义路口起經五里庙至株州段(三)由株州東北經石嘴頭至長沙縣屬之龟頭舖以南邊界段(四)由株州之北至易家灣段(五)由長沙縣屬之龟頭舖以西邊界經吴家壠至丁字路口段(六)由湘水北岸

中華民國 年 月 日發

专差送到 名章

17

第九戰區司令長官司令部快郵代電

第二（共四頁）

字第　號共　字

摘由

至清水塘段（七）由清水塘之西經王家湾至柳塘舖東南之丁字路口段（八）由馬家河至柳塘舖段（九）由湘水北岸經柳塘舖團山舖易家湾至遊馬中段（十）由鐵牛埠以北經縣城湾橋子興隆橋至長沙邊界段（十一）由縣城東北經哨水埧楊柏塘至板橋段（十二）由縣城之東經三角塘益草亭至寧鄉邊界段（十三）由縣

中華民國　年　月　日　發

18

第九戰區司令長官司令部快郵代電

第三（共四頁）

字第　號共　字

摘由

城西南經烏魚亭姜畬七里鋪雲湘橋魯家塅玉湘鄉邊界段（十四）由烏魚亭之東北橋左起經滌家鋪玉三仙坳段（十五）由姜畬以東之丁字路口以北經白石坳靈官廟寧田寺如意亭玉湘鄉邊界段（十六）由七里鋪玉白石坳東南之三义路口段（十七）由靈官廟西北之三义路口以北玉三仙坳段（十八）由湘鄉縣属之小

中華民國　年　月　日發

19

第九戰區司令長官司令部快郵代電

字第　　號共　　字

摘由

第四(共四頁)

田冲東北邊界至寧田寺段均限電到十日内一律削窄至一市尺寬，并应嚴動民衆日夜趕辦。該縣長及主管科長與沿路鄉鎮保甲長均須親臨指導。對于破壞部份之除土務遠散，不得堆積路旁。如有違误，軍法從事。仰遵办具報。薛岳馬申敬

中華民國廿九年七月　日　發

監印方仁灝

校對徐嘉麟

湘潭县政府破坏长潭公路督催员周桐初关于破路工作呈请分别奖惩文华、易俗两镇长致县政府的报告及县政府的指令（一九四〇年七月二十二日、二十五日）

周

事由：呈請分別奬懲文華易俗兩鎮長負責破路工作示遵由

報告 民國二九年七月二二日 於金家園子 三號

一、竊職查文華鎮鎮長劉篤善此次奉 令繼續破壞長潭公路，發動民伕迅速，對於工作認真，鎮隊附莫桂初督率民伕努力，請優予嘉奬，以資鼓勵。

二、職於本月二一日會同王佐工員昌溥赴易俗鎮督催，陳鎮長縱遠發動民衆開工破壞，迄今數日未見民伕至路，未作，現限期將近，該鎮尚未動工，何日完成任務？且破路爲抗戰救國要旨，又值前方緊張，刻不容緩，似此情形，有悮戎機，若不嚴究，則群起效尤，而破路前途何堪設想，職

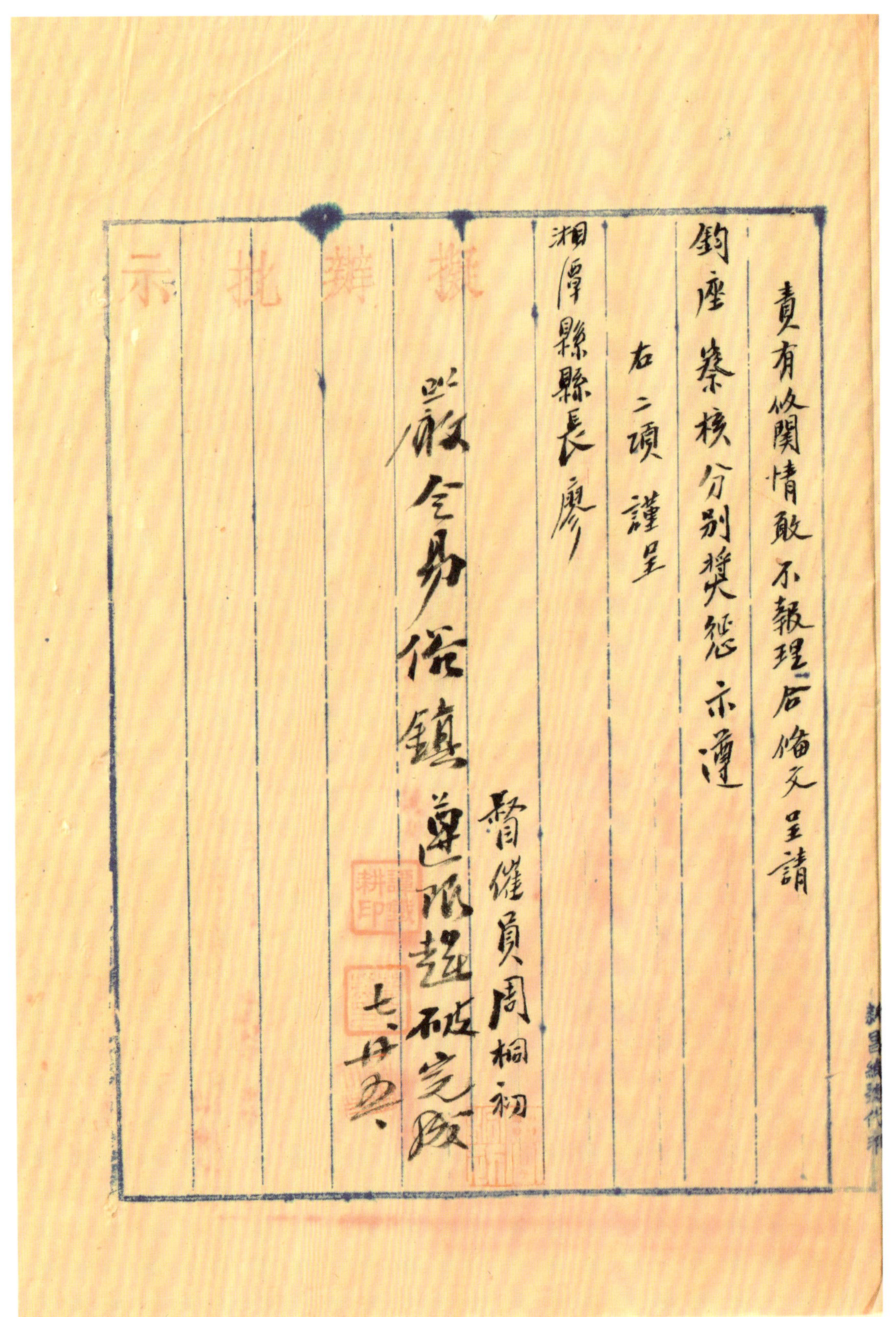

責有攸關情敢不報理合備文呈請

鈞座鑒核分别獎懲示遵

右二項 謹呈

湘潭縣縣長廖

督催員周桐初

擬辦

批示

嚴令易俗鎮遵限趕破完竣

譚耕印

七、廿五

指令　縣保建字第9216號　七、[illegible]

令破塘公路督催員周桐私

報告一件（錄案由）

報告悉。准予嚴限易俗鎮趕破完成，至

称文華鎮發動民伕迅速工作認真，一俟（各節）驗收竣

工後再行分別獎懲。此令。

縣長　廖○○

秘書　譚？？代行

周公彪　劉

七廿五

陳

湘潭县政府、第九战区司令长官司令部关于县境以北之长潭下公路、潭下新公路是否仍须继续加强彻底破坏的往来电报（一九四〇年七月二十四日至二十七日）

湘潭县政府致第九战区司令长官司令部的电报（一九四〇年七月二十四日）

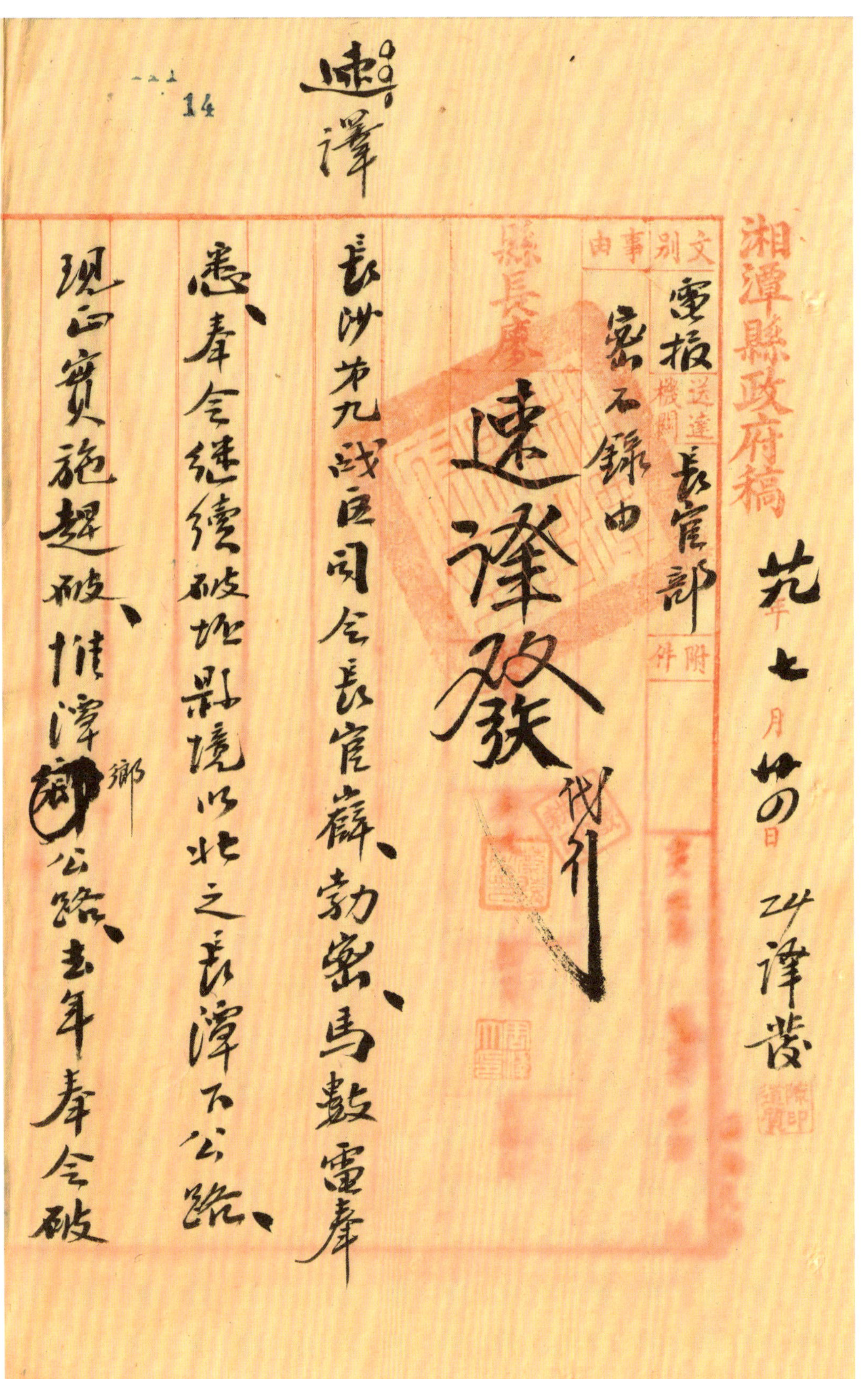
湘潭縣政府稿

文別：電報
送達機關：長官部
事由：密不錄由
附件

縣長廖

廿九年七月廿四日

速潭

長沙市九戰區司令長官薛、勃密、馬數電奉悉，奉令繼續破壞縣境以北之長潭下公路、現正實施趕破、惟潭鄉公路、去年奉令破

速潭發

代行

24潭發

壞、道路交通破壞辦法、其工程尚差十分之六、潭

下新公路、尚差十分之四、是否仍須繼續加

强徹底破壞、謹此電請鑒核、迅予

電示遵、湘潭縣長廖佩之叩敬

佩建

敬印

29.7.24.

第九战区司令长官司令部致湘潭县政府的快邮代电（一九四〇年七月二十七日）

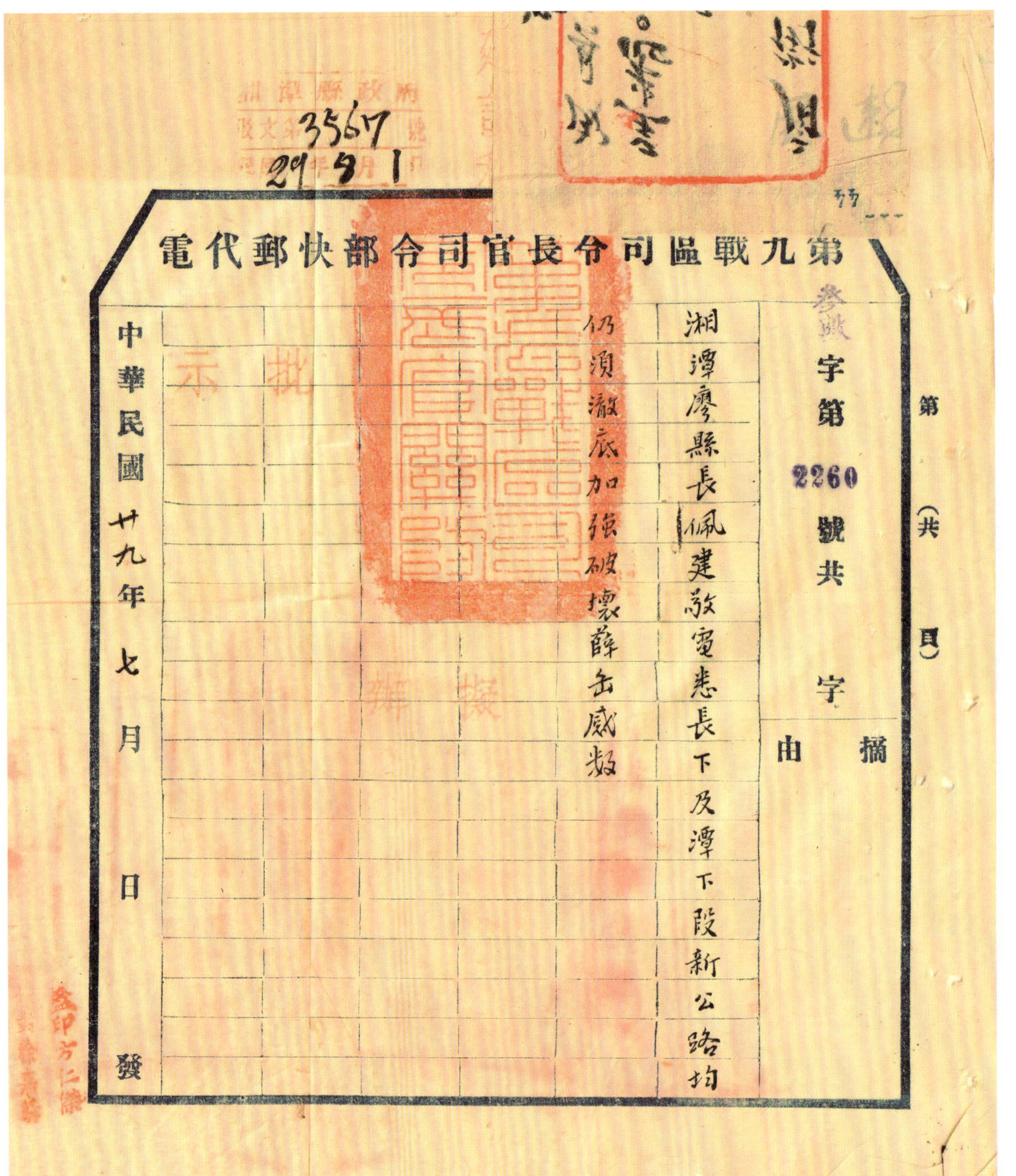
第九戰區司令長官司令部快郵代電

參戰字第2260號

湘潭廖縣長佩建敬電悉。長下及潭下段新公路均仍須澈底加強破壞。薛岳感叛

中華民國廿九年七月　日發

湘潭县政府关于加派民夫限期破坏下摄司段公路致易俗镇公所的紧急命令（一九四〇年七月二十五日）

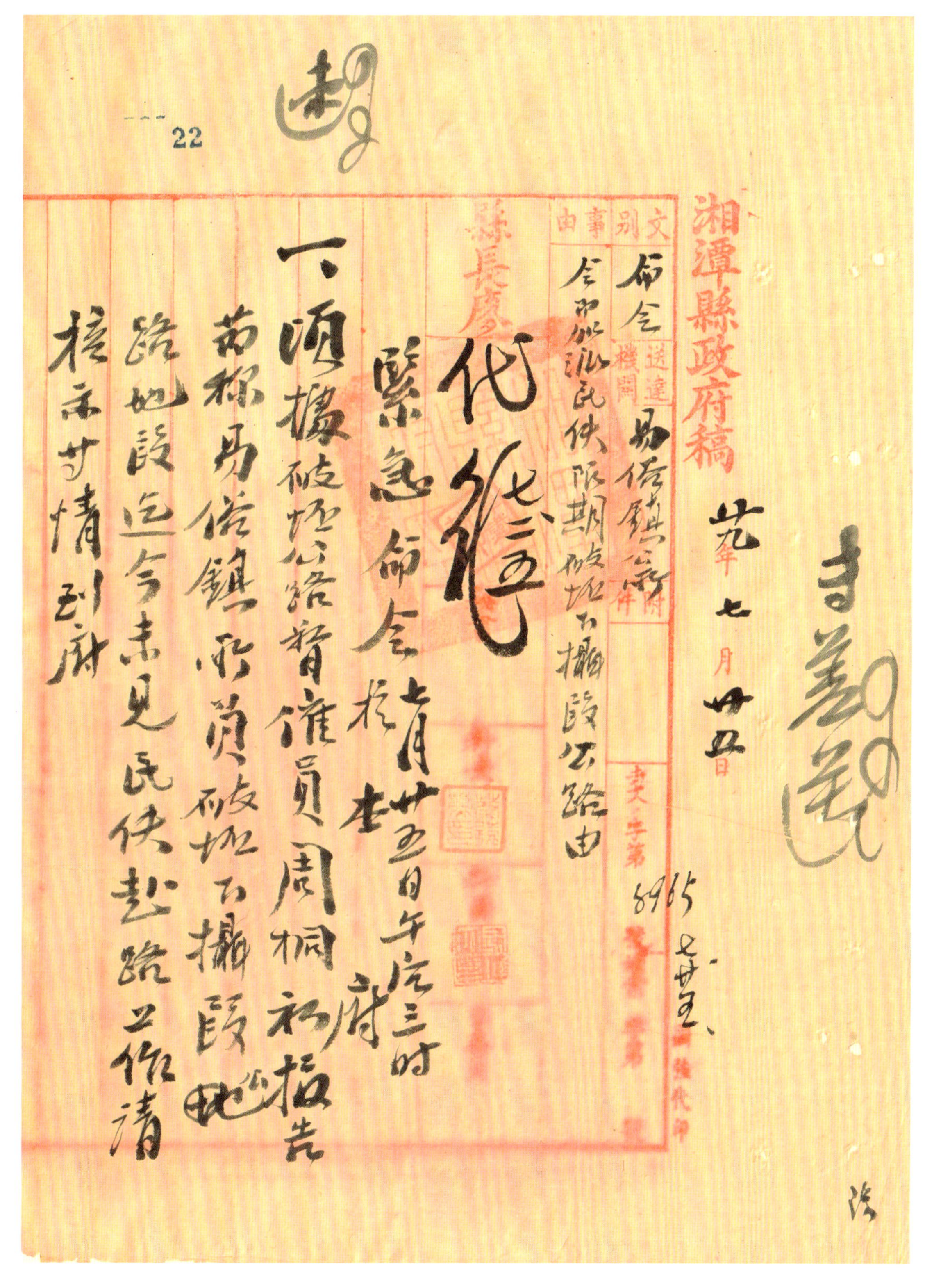

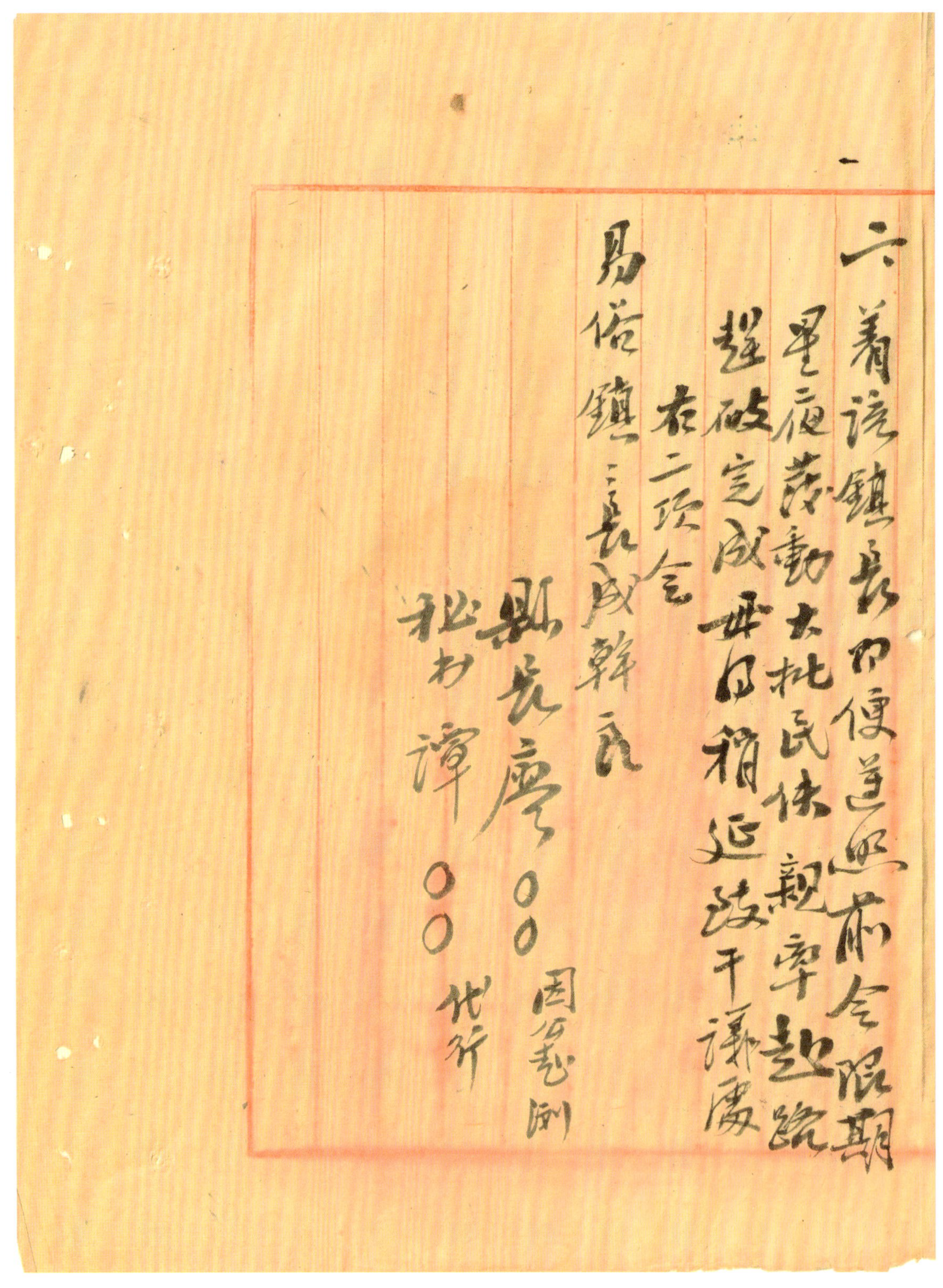

六、着該鎮長即便遵照前令限期星夜發動大批民伕親率赴路趕破完成毋得稍延致干議處

右二項令

易俗鎮鎮長成韓民

縣長廖〇〇 因公赴瀏

秘書譚〇〇 代行

湘潭县政府关于限八月五日将境内各道路一律削窄至一市尺完成具报致株洲等十一个乡镇公所及破坏道路督催员的紧急代电（一九四〇年七月二十五日）

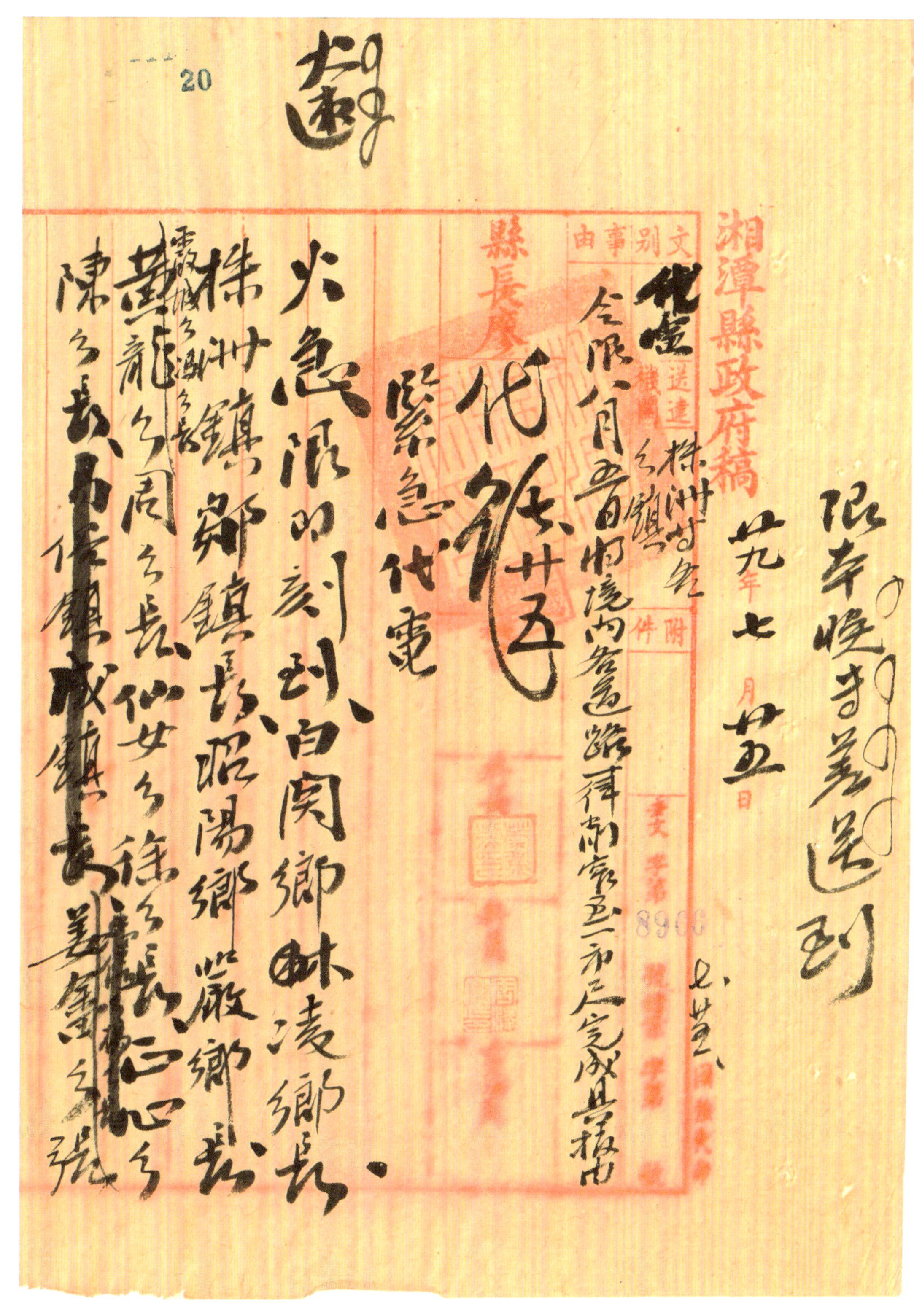

湘潭縣政府稿

文別　代電

事由　令限八月五日將境內各道路一律削窄至一市尺完成具報由

送達機關　株洲等各鄉鎮

縣長廖

廿九年七月廿五日

緊急代電

火急。限即刻到。白關鄉林逵鄉長、株洲鎮鄉鎮長、昭陽鄉嚴鄉長、雲湖鄉周鄉長、仙女鄉徐鄉長、黃龍鄉周鄉長、陳鄉長、白石鎮成鎮長、姜畬鄉張

限本晚封姜送到

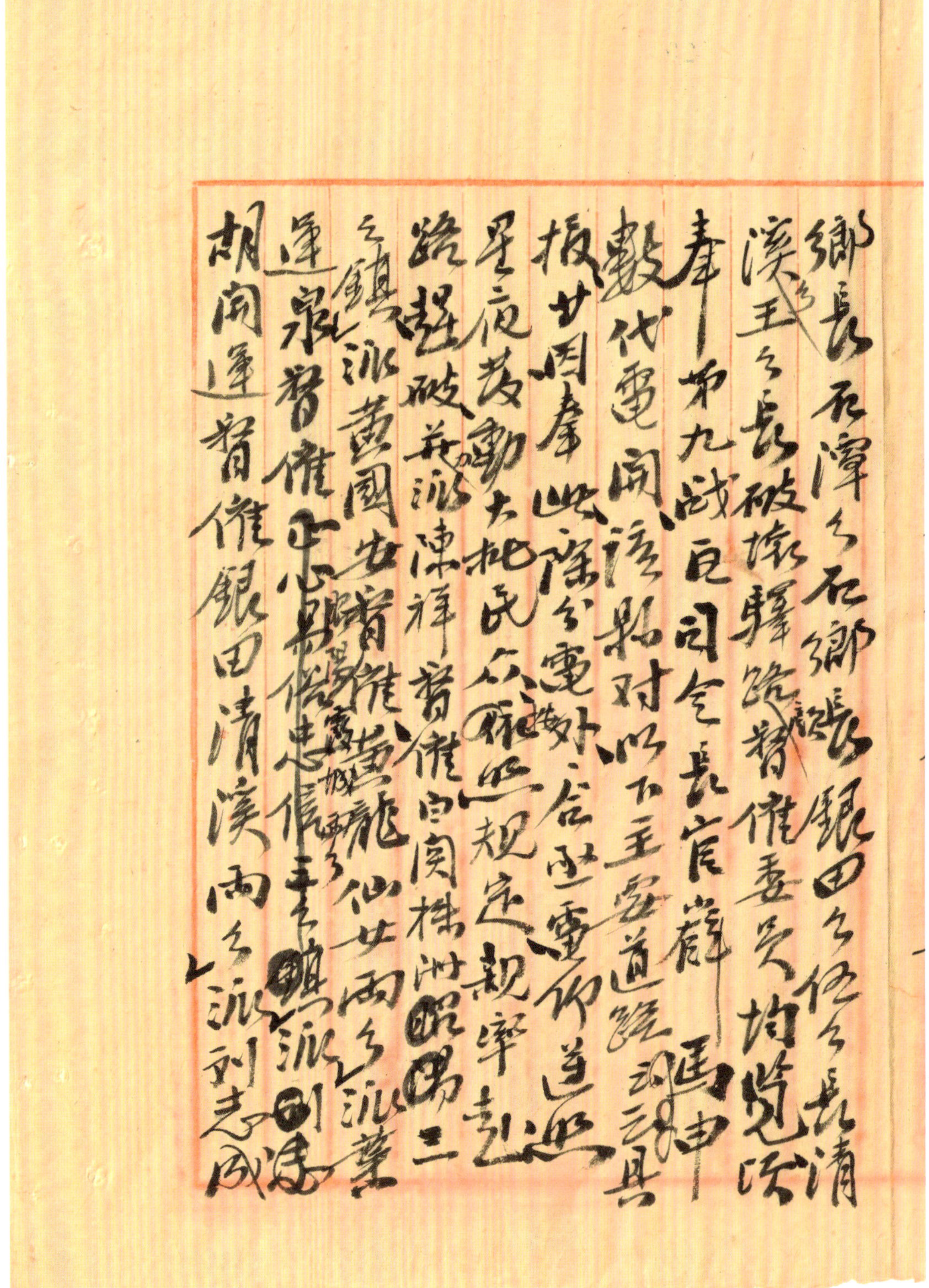
鄉長、石潭鄉石鄉鄉長、銀田鄉鄉長、清溪鄉鄉長、破壞驛路督催委員均覽：奉第九戰區司令長官薛[?]申[?]代電開：「該縣對以下主要道路[illegible]具報」等因。奉此，除分電外，合亟電仰遵照，星夜發動大批民工，確依照規定親率趕[?]路趕破，並派陳祥督催白関、株洲、昭陽三鄉鎮，派黃國安督催黃龍、仙女兩鄉，派葉運泉督催正心、易俗、忠信三鄉鎮，派劉清[?]、胡向運督催銀田、清溪兩鄉，派劉志成

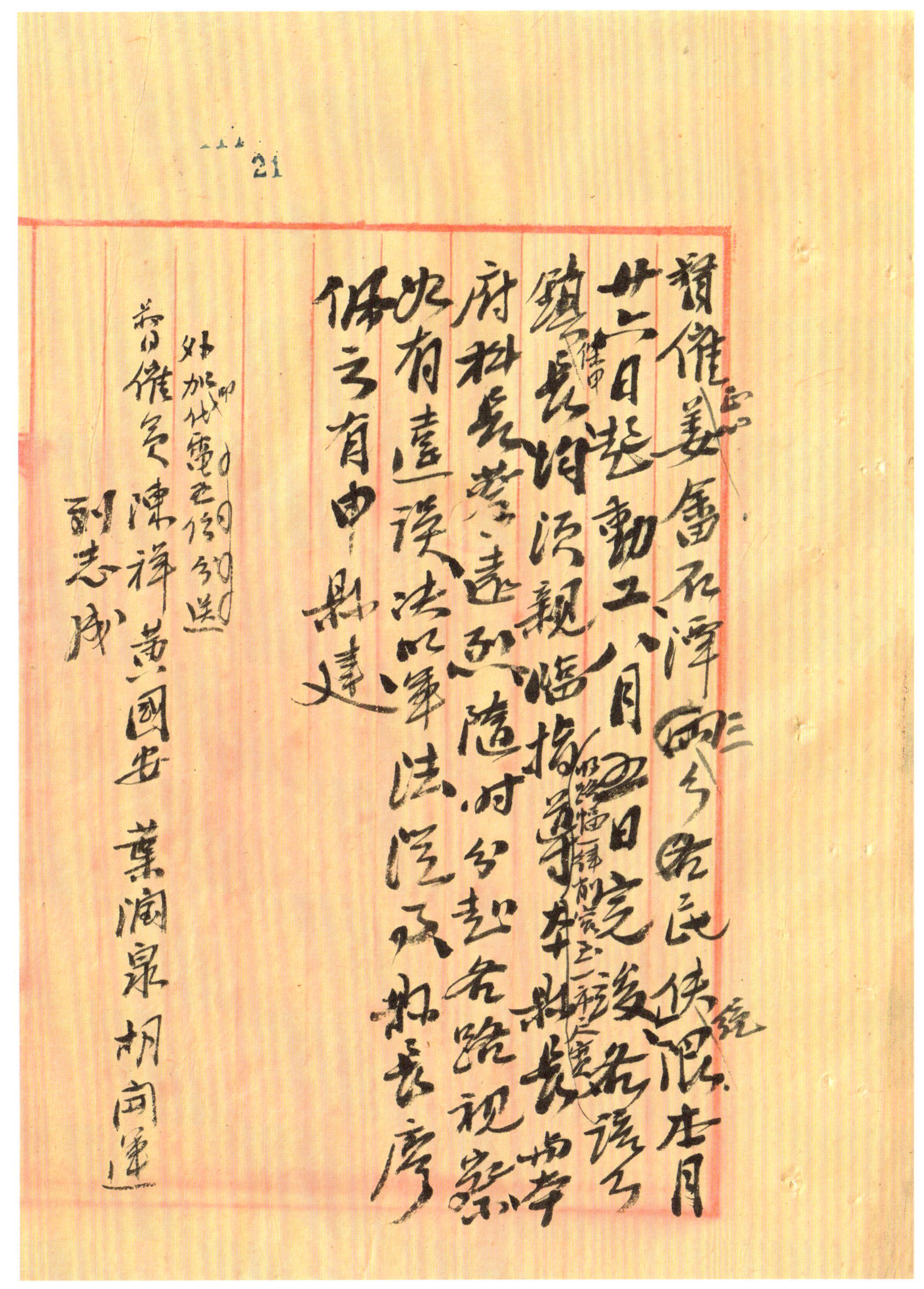

籌備委會在潭四鄉各民伕限本月
廿六日起動工八月四日完竣後希該鄉
鎮長保甲均須親臨指導本縣長尚率
府科長等逐段隨時分赴各路視察
如有違誤定以軍法從嚴懲處
俾之有由縣遵文

外加代電已分送

籌備委員陳祥 黃國安 葉潤泉 胡向渠
劉志成

湘潭县政府关于已发动民众动工破坏湘潭县道路致第九战区司令长官司令部电（一九四〇年七月二十五日）

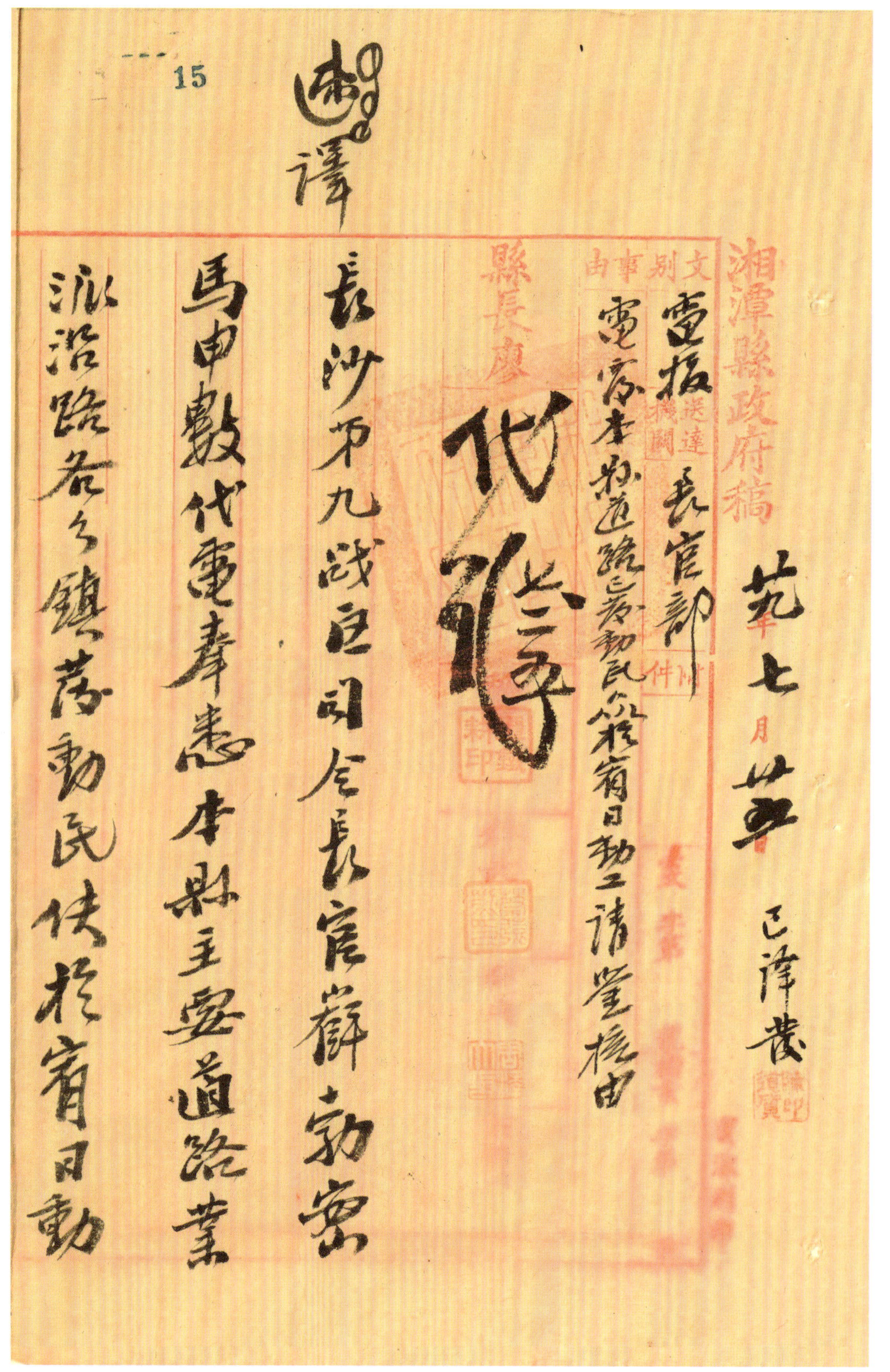
湘潭縣政府稿

文別：電

事由：電呈本縣道路已發動民眾於宥日動工請鑒核由

送達機關：長官部

縣長廖

代電

廿九年七月廿五日　已譯發

譯

長沙市九戰區司令長官薛勛鑒：馬申數代電奉悉。本縣主要道路業派沿路各鄉鎮發動民伕於宥日動

工破堤謹先電覆暨核湘潭縣長
廖佩之叩有申新建

湖南省建设厅、民政厅、财政厅等关于破路民工给养改用土方计算致湘潭县政府的指令（一九四〇年七月二十五日）

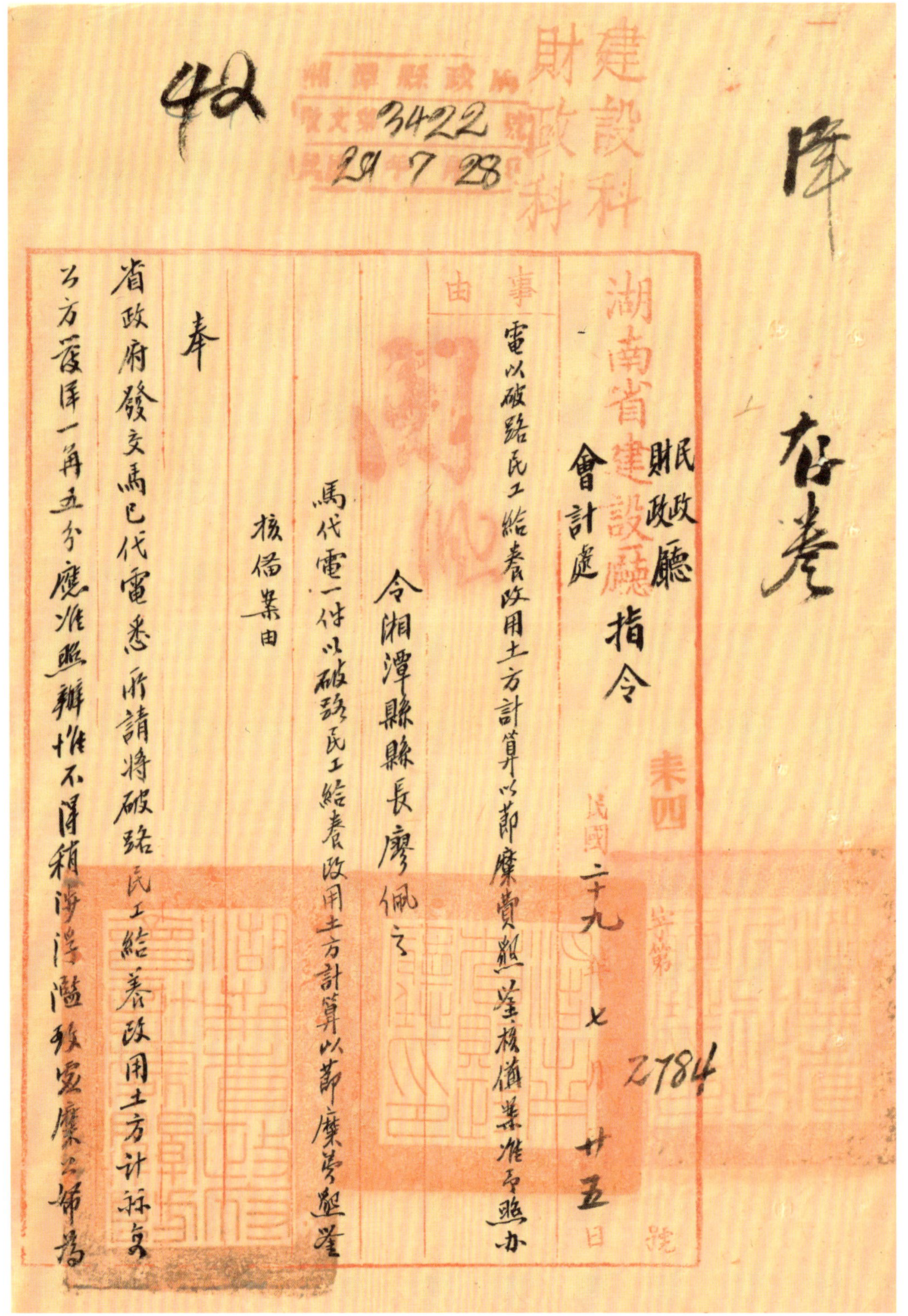
42

湘潭縣政府收文第3422號 民國29年7月28日

建設科 財政科

存卷

湖南省建設廳 民政廳 財政廳 會計處 指令

來四字第2784號

民國二十九年七月廿五日

事由：電以破路民工給養改用土方計算以節糜費懇鑒核備案准予照辦

令湘潭縣縣長廖佩之

馮代電一件以破路民工給養改用土方計算以節糜費懇鑒核備案由

奉

省政府發交馮巳代電悉所請將破路民工給養改用土方計算每公方發洋一角五分應准照辦惟不得稍涉浮濫致蹈糜費之弊為

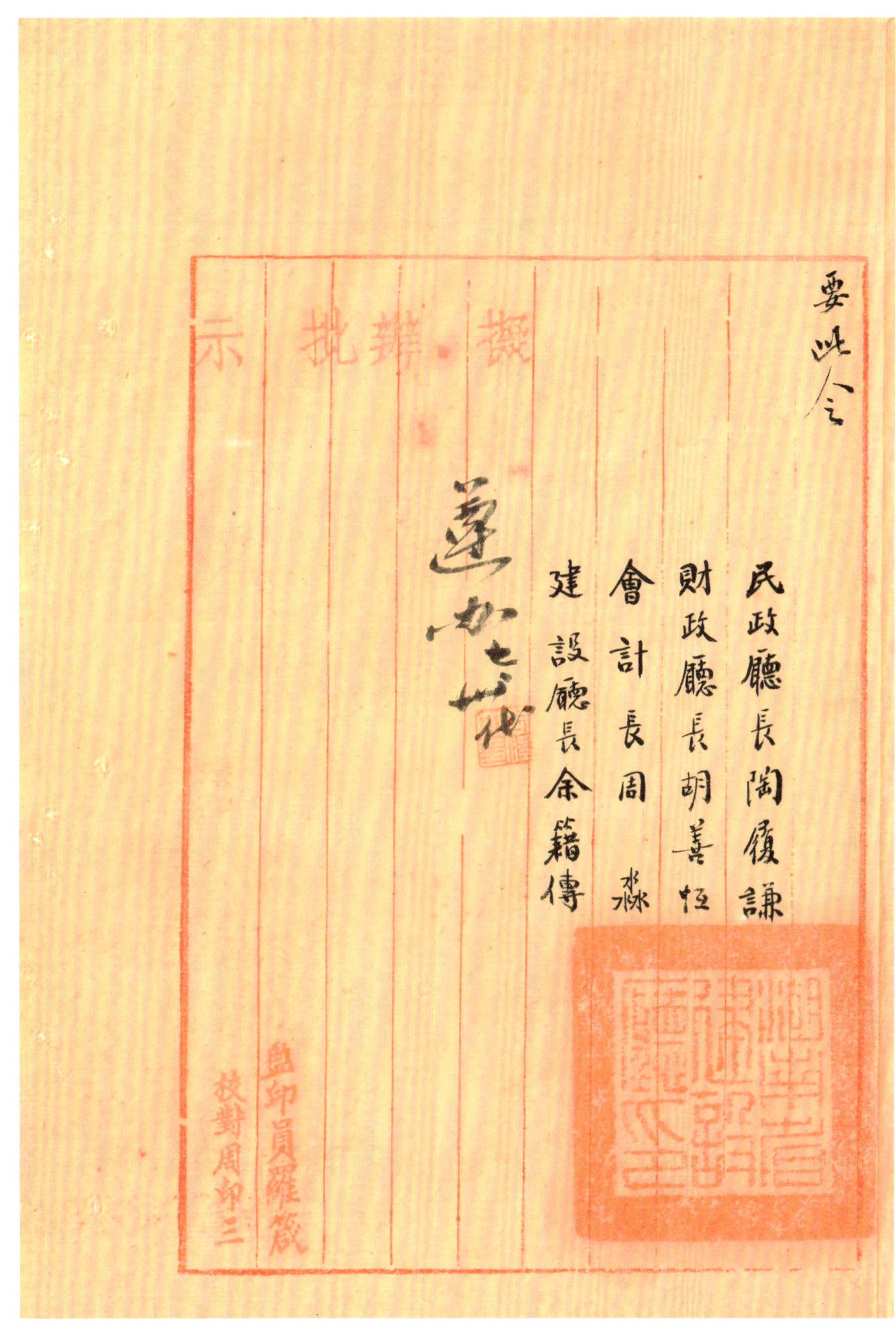
要此令

民政廳長陶履謙
財政廳長胡善恒
會計長周淼
建設廳長余籍傳

擬辦批示

遵如七世代

監印員羅箴
校對周印三

湘潭县政府破坏道路验收工程员王昌溥关于长潭公路负责乡镇破坏情形并恳派员收验土方致县政府的报告及县政府的指令（一九四〇年七月二十六日、三十一日）

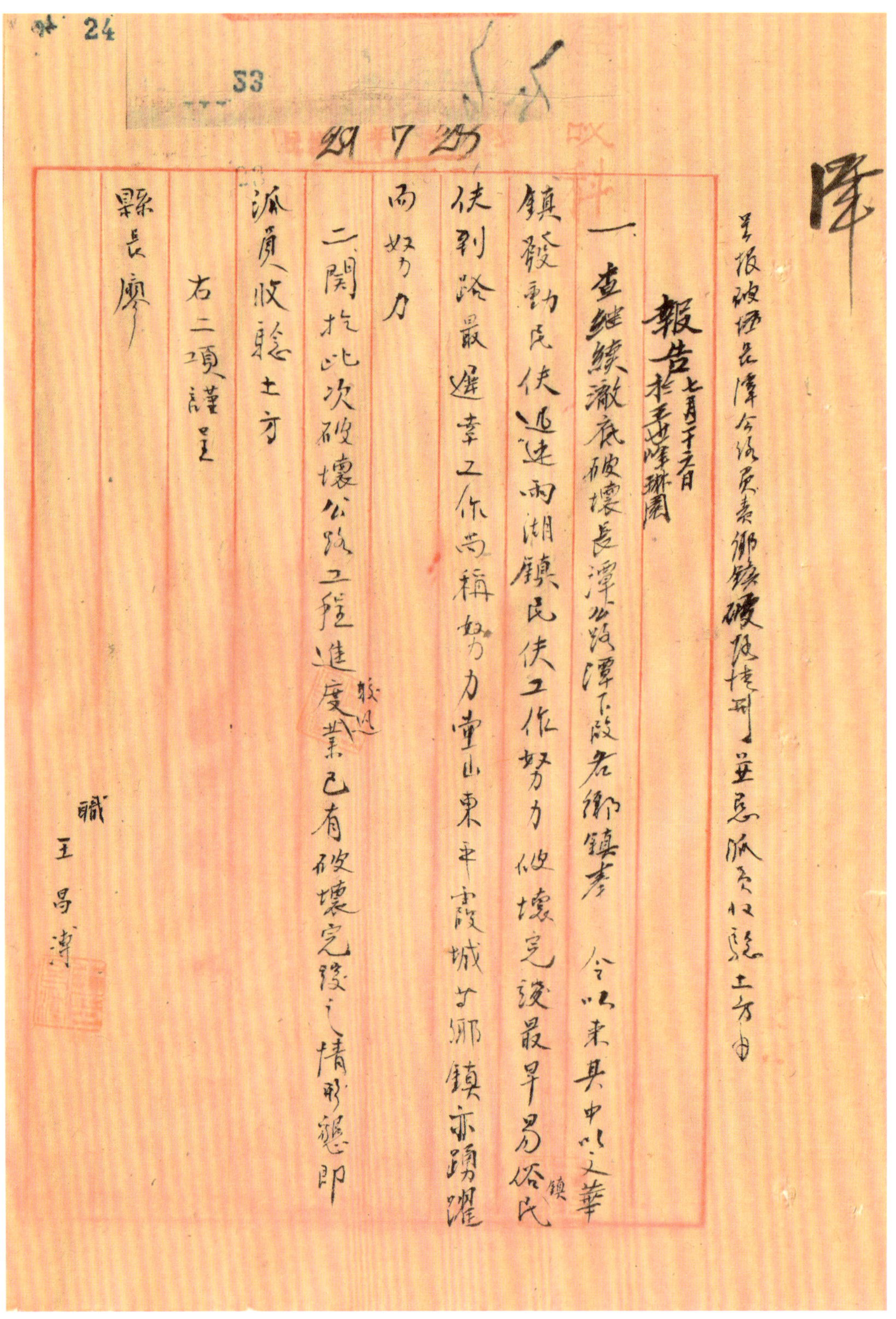

呈報破壞長潭公路負責鄉鎮破壞情形並懇派員收驗土方由

報告 七月二十六日 於易俗鎮峰琳園

一 查繼續澈底破壞長潭公路潭下段各鄉鎮，奉令以來，其中以文華鎮發動民伕迅速，而湖鎮民伕工作努力，破壞完竣最早，易俗鎮民伕到路最遲，幸工作尚稱努力，當此東平、霞城等鄉鎮亦踴躍而努力。

二 關於此次破壞公路工程進度，業已有破壞完竣之情形，懇即派員收驗土方。

右二項謹呈

縣長廖

職 王昌溥

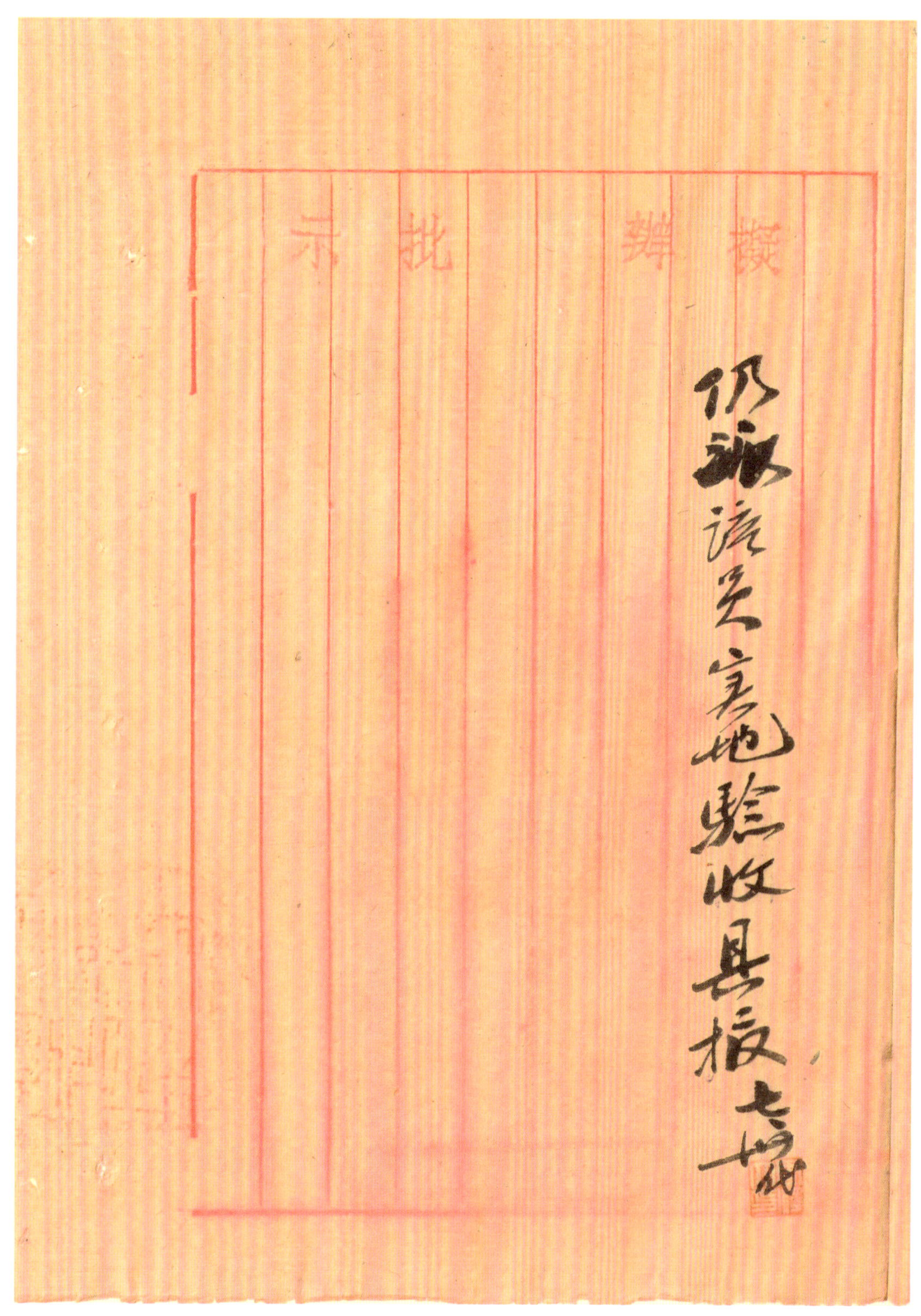
擬辦
批示
仍派該員實地驗收具報
七、廿

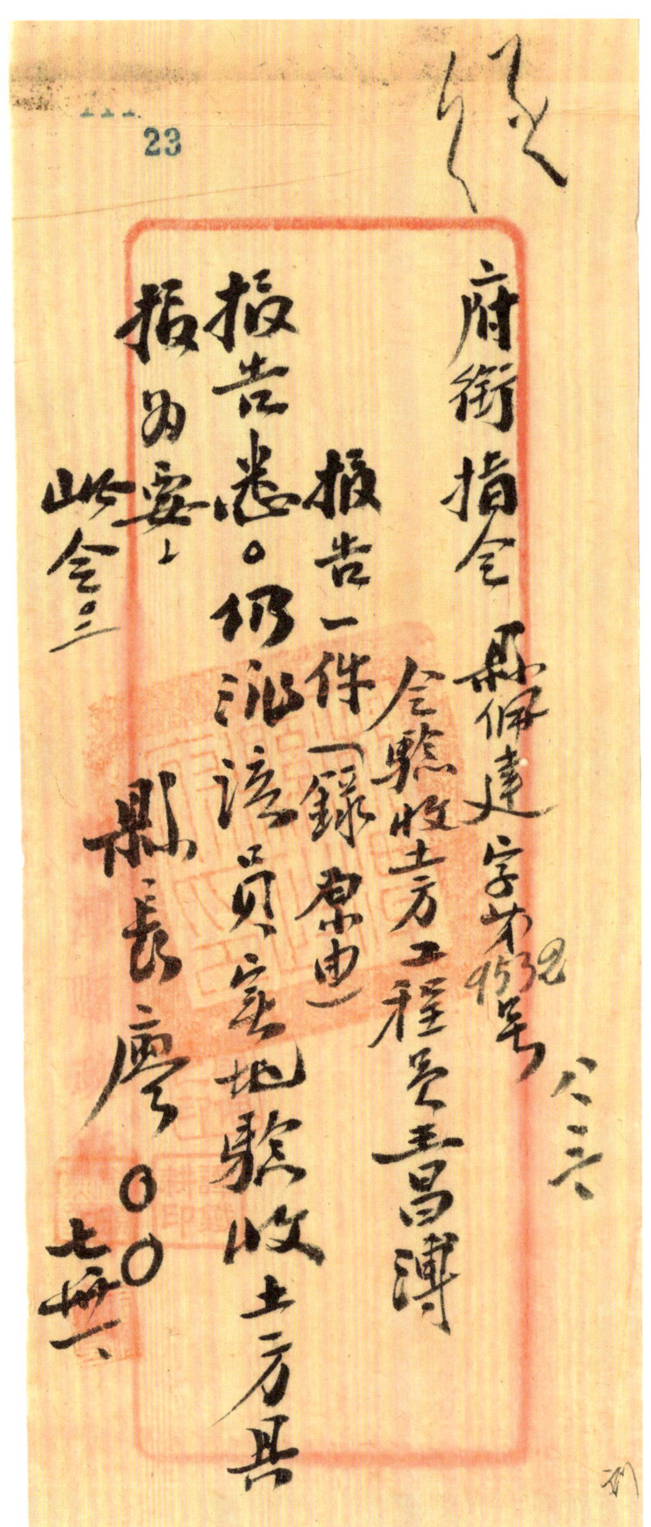

府銜指令　縣保建字第4532號　八二六

令縣收土方工程員黄昌溥

報告一件（錄案由）

報告悉。仰派該員實地驗收土方具報為要。此令。

縣長廖〇〇

七廿六

湘潭县正心乡公所关于破路工作民夫给养无着恳予核示致县政府的报告及县政府的指令

（一九四〇年七月二十六日、三十一日）

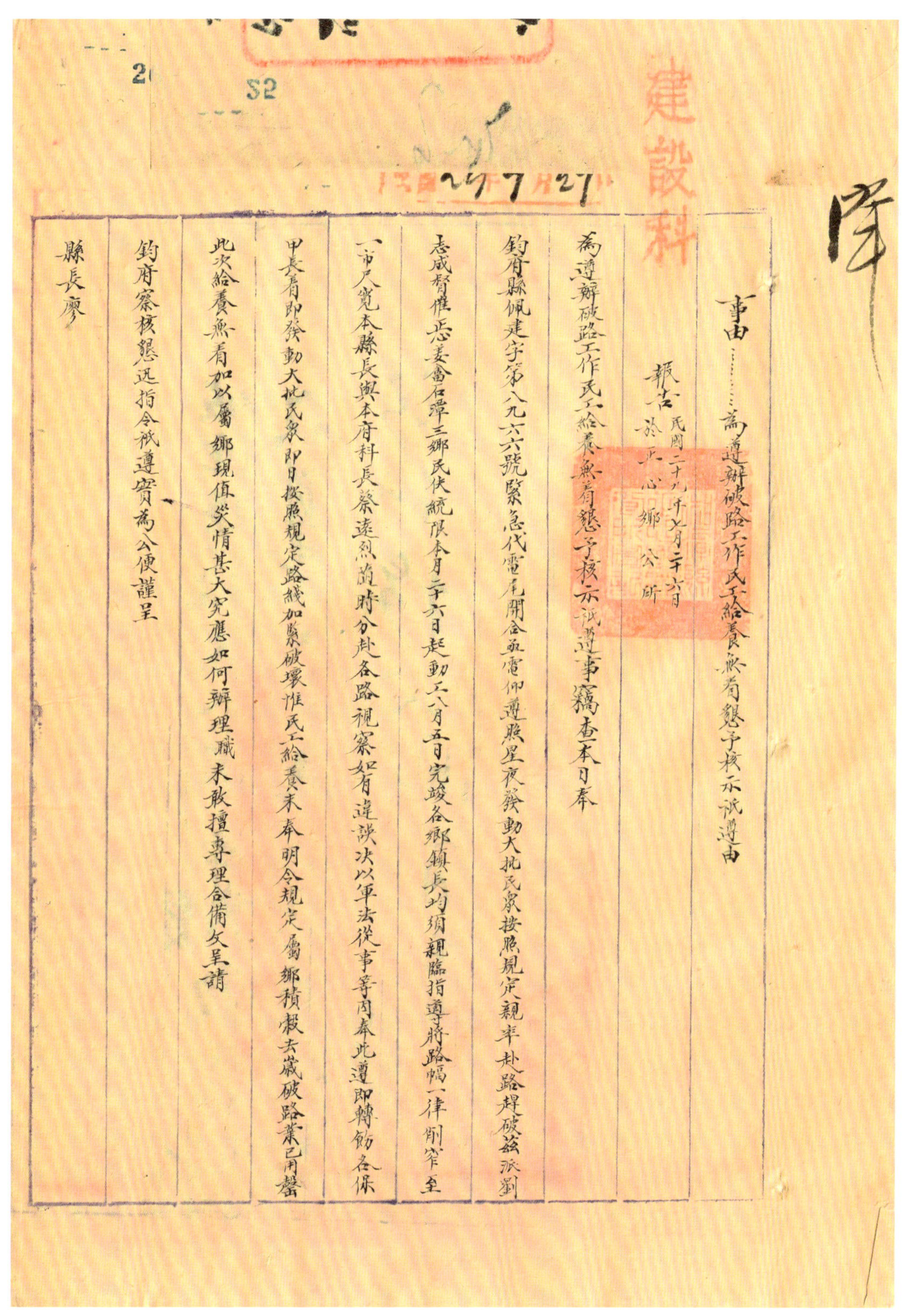

事由……為遵辦破路工作民工給養無着懇予核示祇遵由

報告 民國二十九年七月二十六日 於正心鄉公所

為遵辦破路工作民工給養無着懇予核示祇遵事竊查本月奉

鈞府縣佩建字第八九六六號緊急代電略開"合亟電仰遵照星夜發動大批民衆按照規定親率赴路趕破茲派劉志成督催忠姜番石潭三鄉民伕統限本月二十六日起動工八月五日完竣各鄉鎮長均須親臨指導將路幅一律削窄至一市尺寬本縣長與本府科長蔡達烈隨時分赴各路視察如有違誤決以軍法從事"等因奉此遵即轉飭各保甲長有即發動大批民衆即日按照規定路綫加緊破壞惟民工給養未奉明令規定屬鄉積欠去歲破路業已用罄此次給養無着加以屬鄉現值災情甚大究應如何辦理職未敢擅專理合備文呈請

鈞府察核懇迅指令祇遵實為公便謹呈

縣長廖

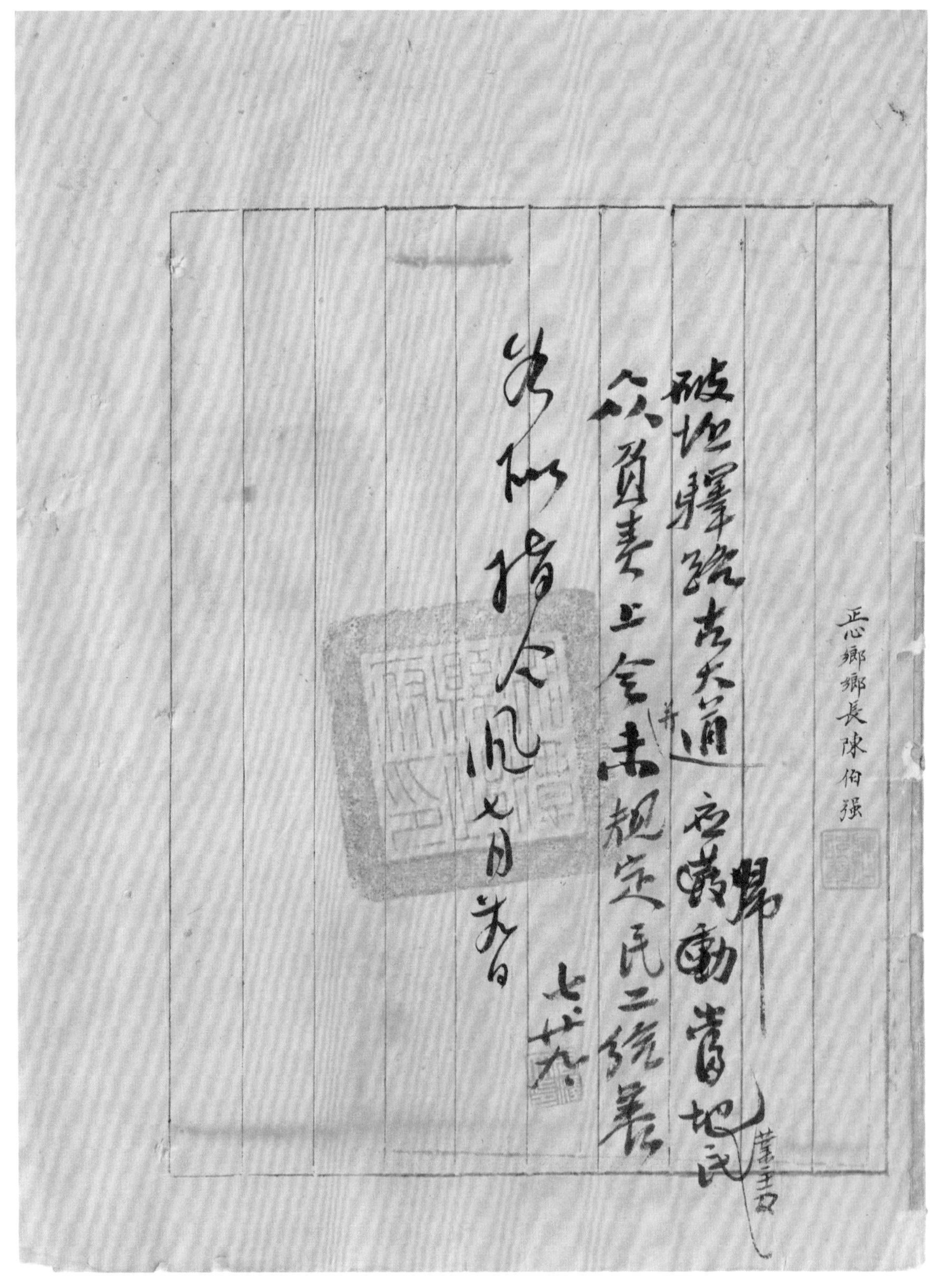

正心鄉鄉長陳伯强

破壞驛路古大道，並應歸發動當地民眾負責，上令未規定民工統籌，
先仰指令飭遵。
七月卅日
七廿九

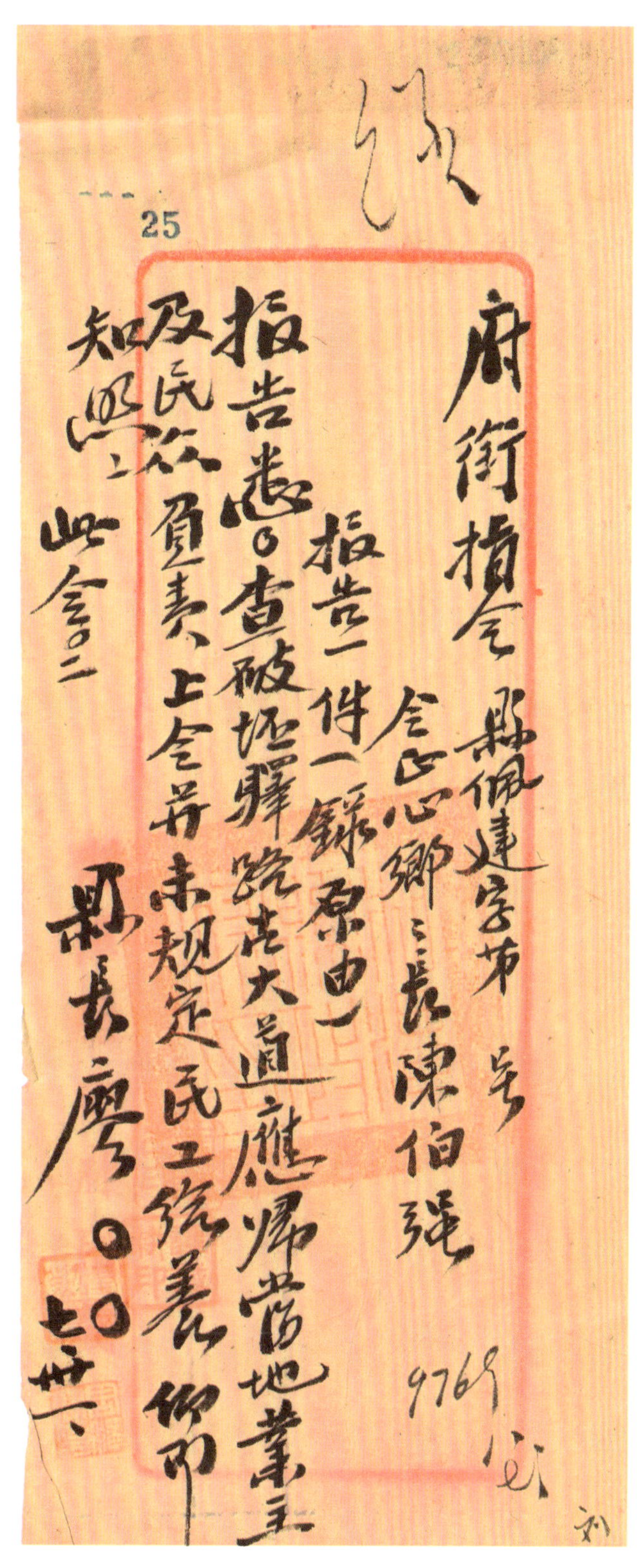

25

府衔指令　县保建字第　号

令正心乡乡长陈伯强

报告一件，（录原由）

报告悉。查破坏驿路老大道应归当地业主及民众负责，上令并未规定民工给养，仰即

知照。此令。

县长廖〇〇

七卅

9769

湘潭县政府破坏长潭公路督催员周桐初关于文华、壶山、雨湖等六个乡镇破坏工作进度情形致县政府的报告（一九四〇年七月二十六日）

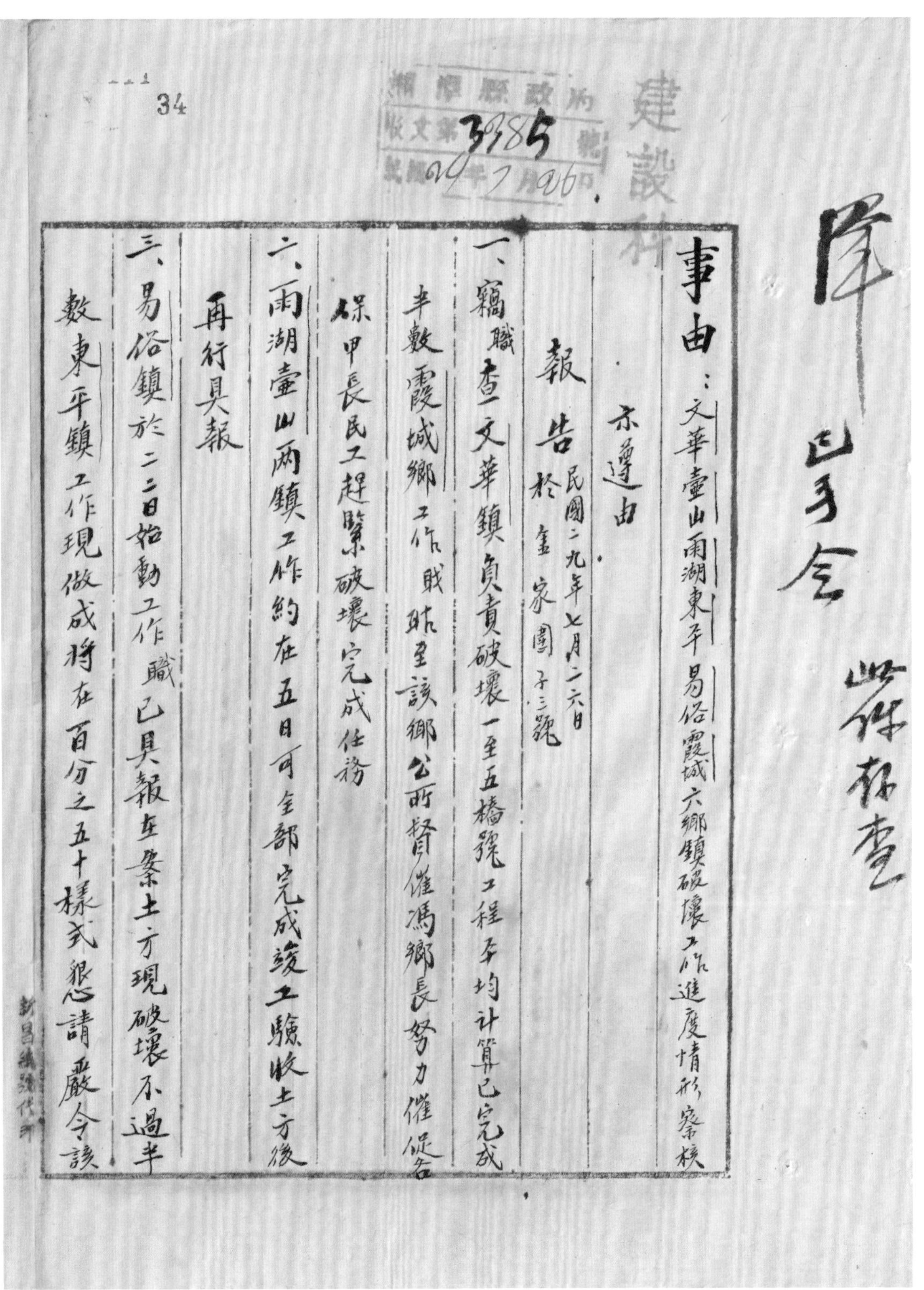
34

湘潭縣政府 收文第3385號 民國29年7月26日

建設科

事由：文華壺山雨湖東平易俗霞城六鄉鎮破壞工作進度情形祭核示遵由

報告 民國二九年七月二六日 於金家園子三號

一、竊職查文華鎮負責破壞一至五橋號工程平均計算已完成半數霞城鄉工作職昨至該鄉公所督催馮鄉長努力催促各保甲長民工趕緊破壞完成任務

二、雨湖壺山兩鎮工作約在五日可全部完成竣工驗收土方後再行具報

三、易俗鎮於二二日始動工作職已具報在案土方現破壞不過半數東平鎮工作現做成將在百分之五十樣式懇請嚴令該

兩鄉鎮長認真職責派員監督工作早日完成任務理合

將上工作進度情形具報

鈞座 察核示遵

右三項謹呈

湘潭縣縣長 廖

破壞長潭公路督催員周桐初

擬即飭令易俗東平兩鎮

趕破完竣具報 七廿七

如擬 凡 七月廿七

湘潭县政府破坏驿路督催员胡开运关于呈报到达日期发动民众及督催情形致县政府的呈及县政府的指令（一九四〇年七月二十八日、八月四日）

35

3534
29 8 1

閱

建設科

事由：呈報到達日期發動民衆及督催情形由

案奉

鈞府二十九年七月二十五日縣佩建字第八九六六號緊急代電開派職督催銀田清溪兩鄉破路工作限八月五日將各道路一律削窄至一市尺完成具報等因奉此遵即馳往二十六日到達銀田鄉公所比時督促伍鄉長轉令各保長星夜發動大批民衆工作二十七日早奔往清溪鄉公所王鄉長比即召集保長開會策動全鄉民衆破壞各段綫遵限完成該兩鄉鄉長均親往指導職亦星夜循環各鄉監督未遑寧息理合將到達日期發動民衆及督催情形備文呈報

鈞座察核備查謹呈

縣長廖

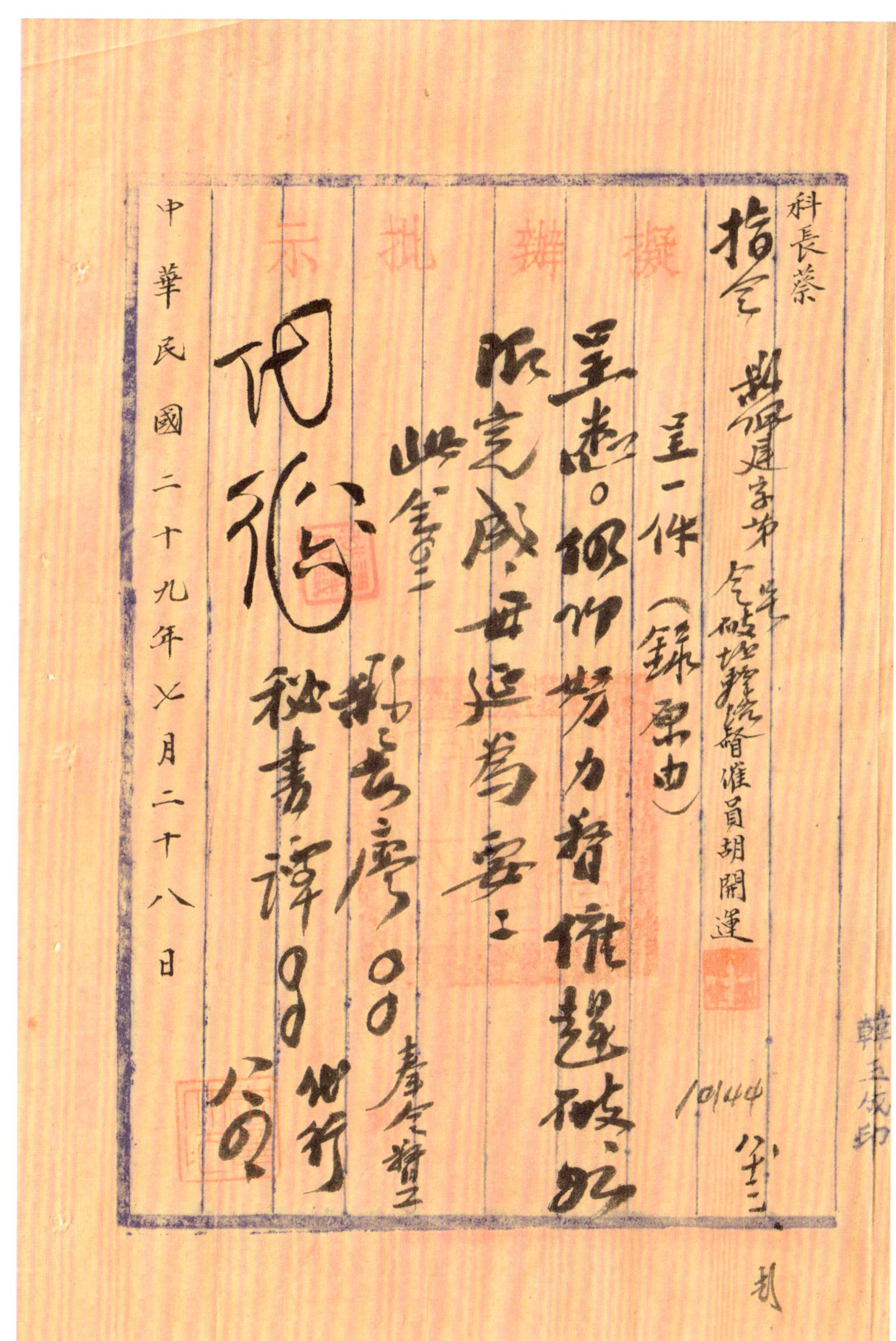

科長蔡

指令 鄉建字第 号

令破壩辦總督催員胡開運

呈一件（録原由）

呈悉。仰即努力督催趕破，如限完成，毋延爲要。

此令。

擬辦 批示

科長廖○○ 奉令辦

秘書譚○○ 代行

代拆

10144 八·卅二

中華民國二十九年七月二十八日

韓玉成印

湘潭县政府建设科关于呈报视察黄龙等乡破路工作并拟具破路改进办法致县政府的报告及县政府的指令（一九四〇年七月二十八日、二十九日）

37

呈报视察黄龙等乡破路工作并拟具办法请鉴核由

報告　二十九年七月二十八日
於昭陽鄉公所

一、奉　令派赴黃龍等鄉鎮督察破路工作等因遵於二十七日晨五時由本府出發首赴黃龍鄉公所適周鄉長已出發沿路指導工作職即親赴潭寧長潭驛路按保視察經湖頭嶺至響水壩傳集該鄉一二三四五六各保保長及該鄉破路督催員傅漢濤等指示機宜並將沿綫各保地段按保支配責令依照規定如限完成復由響水壩轉道至長潭驛路之湾礄子與周鄉長會晤亦責令將該路沿綫各保分段負責趕破通飭遵行是晚宿十六保罐子窑二十八日晨六時抵礄昭陽鄉公所適嚴鄉長已赴飛機場監視破壞工作即與該所各幹事詳商破路計劃分飭各保切實遵行擬於下午視察破路工作明日赴白關林洲此出發兩日之行程也

二、職經過之路綫認為前月各鄉保所破之路多未依照規定完成在鄉公所初無精細計劃大都視為普通文件祇求轉令到達各保了事而沿綫各保有因里程過長工程較大者祇得敷衍塞

責鄰近之保因未指定地段（不免放棄）故結果成績不佳倘不嚴予糾正將來恐不免遺誤軍機有干

咨責茲就管見所及擬具辦法如次

甲、凡省令指定應破之路綫各鄉公所應精密計劃將全鄉各保按里程地段詳加分配鄉公

所取具各保長切結如限完成鄉長則向縣府具結擔負以明責任

乙、如（沿）路綫之保里程過長工作較大者應分調鄰近之保指定地段使負專責務求普遍

發動勞逸平均

丙、切實做到削窄為一市尺寬餘土必須遠散附近山麓或餘坪並不能壅塞河港塘填

有妨水利

丁、經過山地之道路應於山脚兩端挖穴口一個寬約丈餘上搭木板至緊急時由當地保（甲）撤

除焚燬

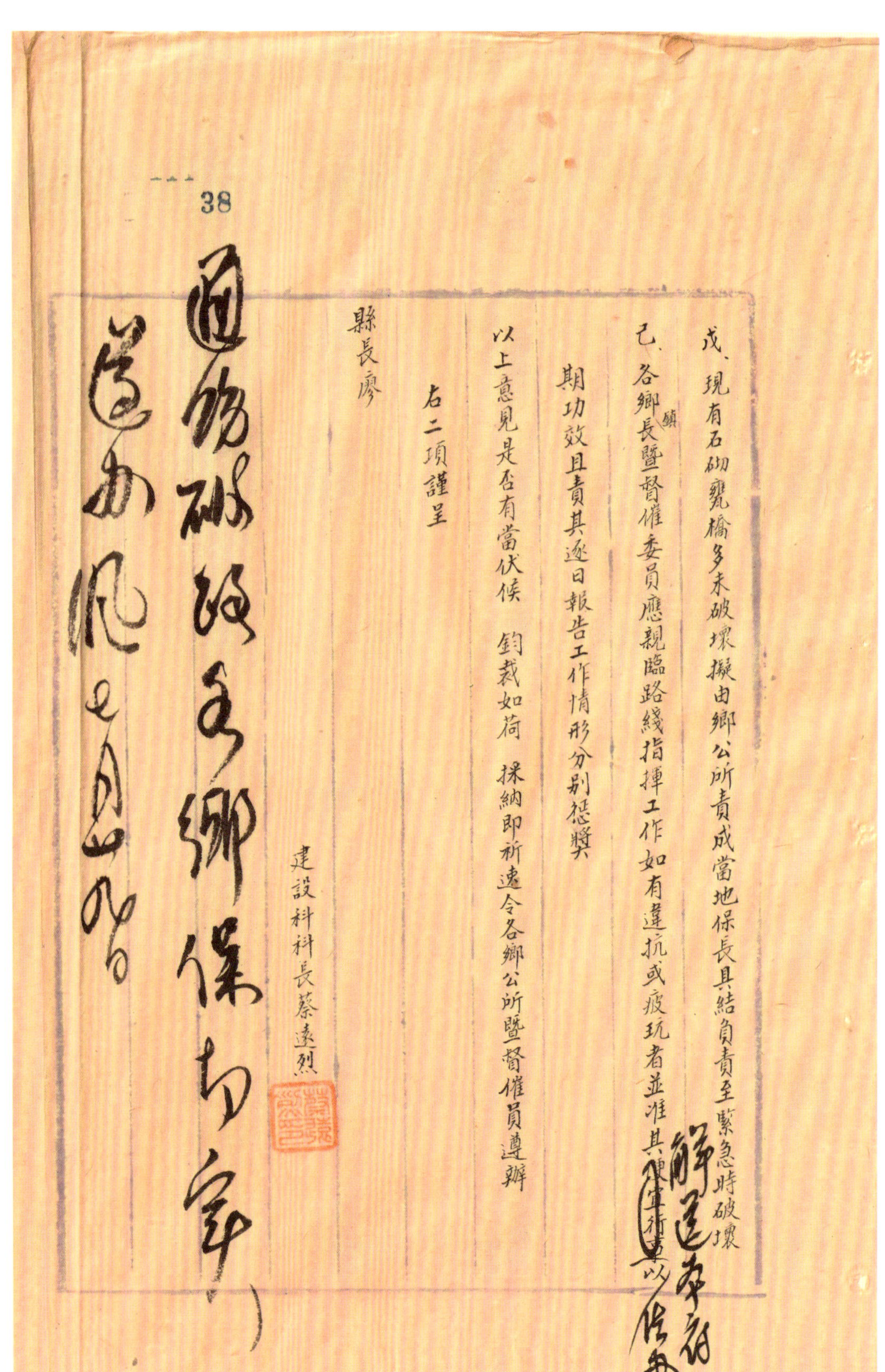

38

戊、現有石砌甕橋多未破壞擬由鄉公所責成當地保長具結負責至緊急時破壞

己、各鄉（鎮）長暨督催委員應親臨路線指揮工作如有違抗或疲玩者並准其解送本府以[illegible]期功效且責其逐日報告工作情形分別懲獎

以上意見是否有當伏候　鈞裁如荷　採納即祈速令各鄉公所暨督催員遵辦

右二項謹呈

縣長廖

建設科科長蔡遠烈

通飭破路各鄉保切實遵辦 [illegible] 七月[illegible]

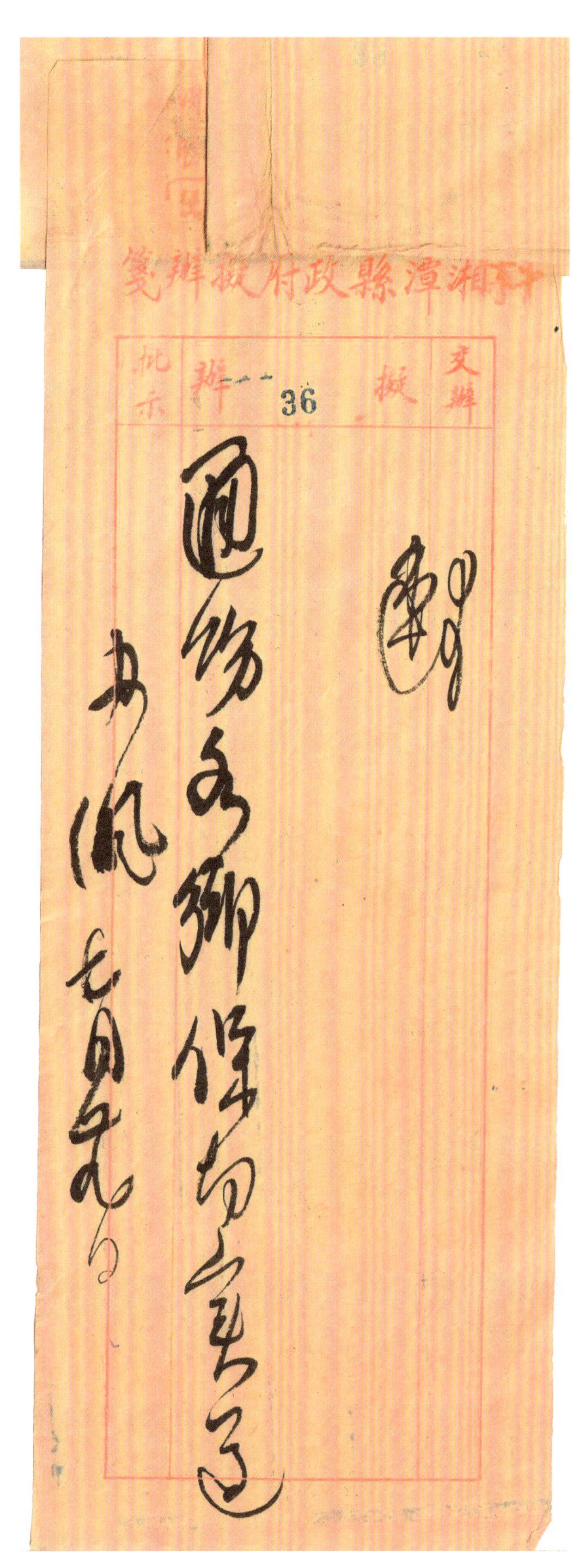
湘潭縣政府擬辦箋

批示	辦	36	擬	文辦

通飭各鄉保查照

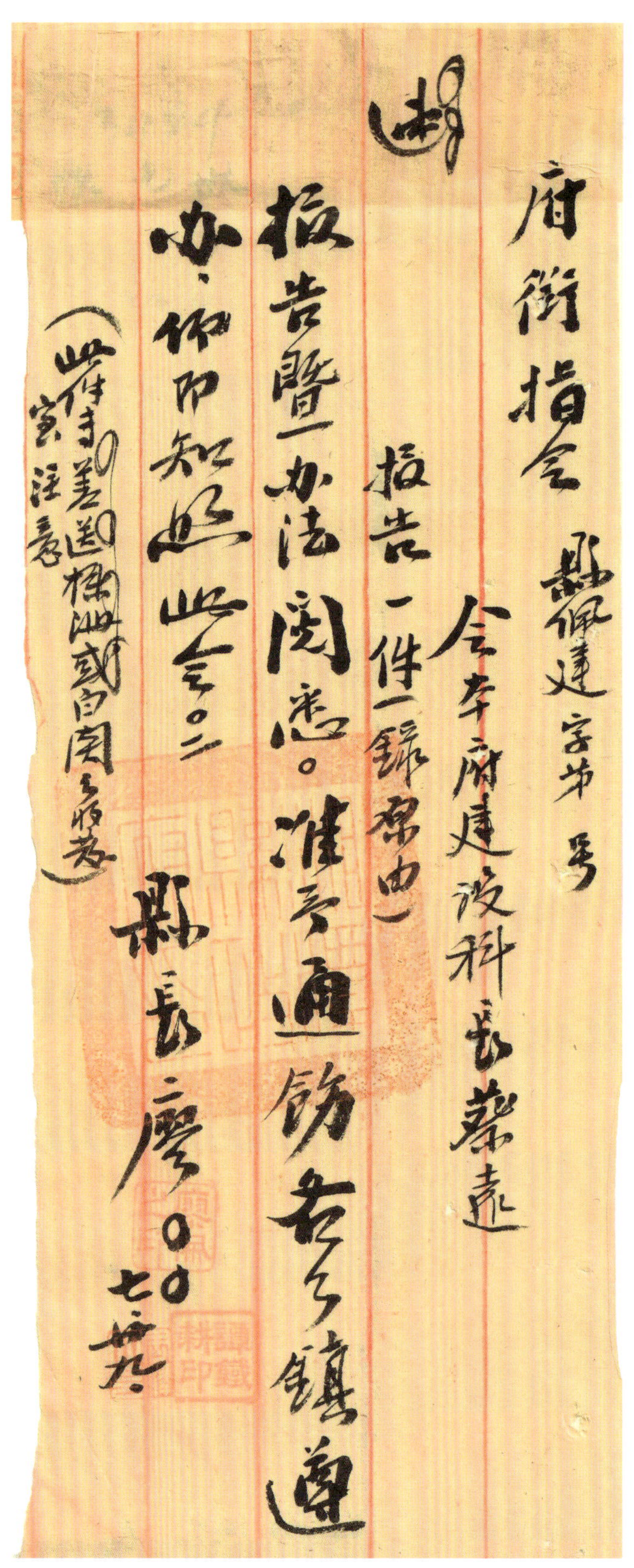

府衔指令　县佩建字第　号

令本府建设科长蔡远

报告一件（录案由）

报告暨办法阅悉。准予通饬各乡镇遵

照，仰即知照。此令。

县长　廖〇〇

七．廿九

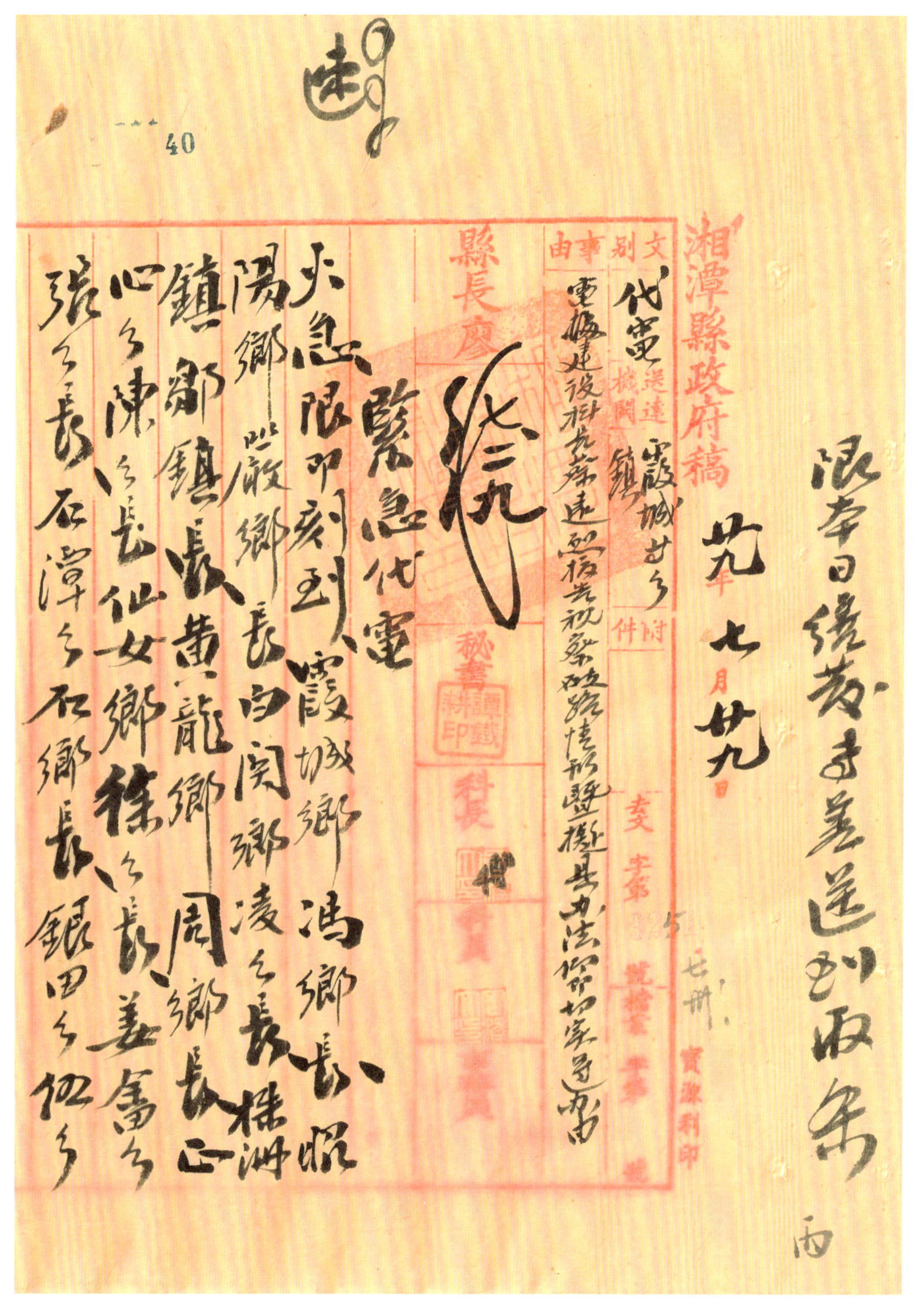

湘潭县政府关于建设科报告视察破路情形暨拟具破路改进办法仰即切实遵办致霞城、昭阳、白关等十一个乡镇公所和湘潭县政府破路督催委员等的紧急代电（一九四〇年七月二十九日）

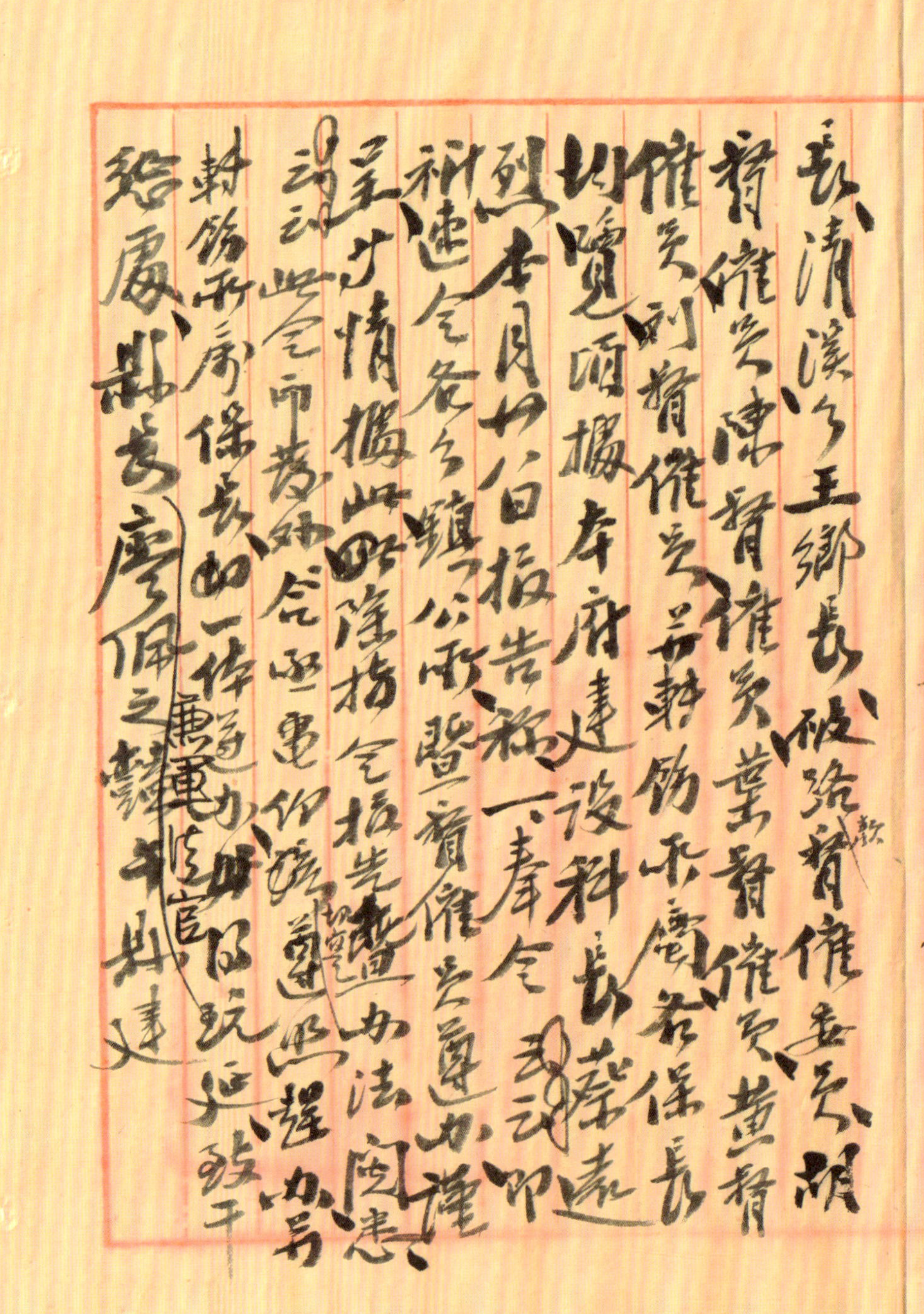

長、清溪鄉王鄉長、破路督催委員胡督催員、陳督催員、葉督催員、黄督催員、副督催員，並轉飭所屬各保長均鑒：頃據本府建設科長蔡遠烈本月廿六日報告稱：一、奉令[illegible]補述令各鄉鎮公所督催委員遵辦，謹呈下情。據此，除指令"報告暨辦法閲悉。此令"外，合亟電仰切實遵照辦理，並轉飭所屬保長，如一律遵辦，毋得玩延，致干究處。縣長兼軍法官廖佩之[illegible]印建文

湘潭县政府关于拟定破路监工员兵伙食旅费恳请核准致湖南省政府的代电（一九四〇年七月二十九日）

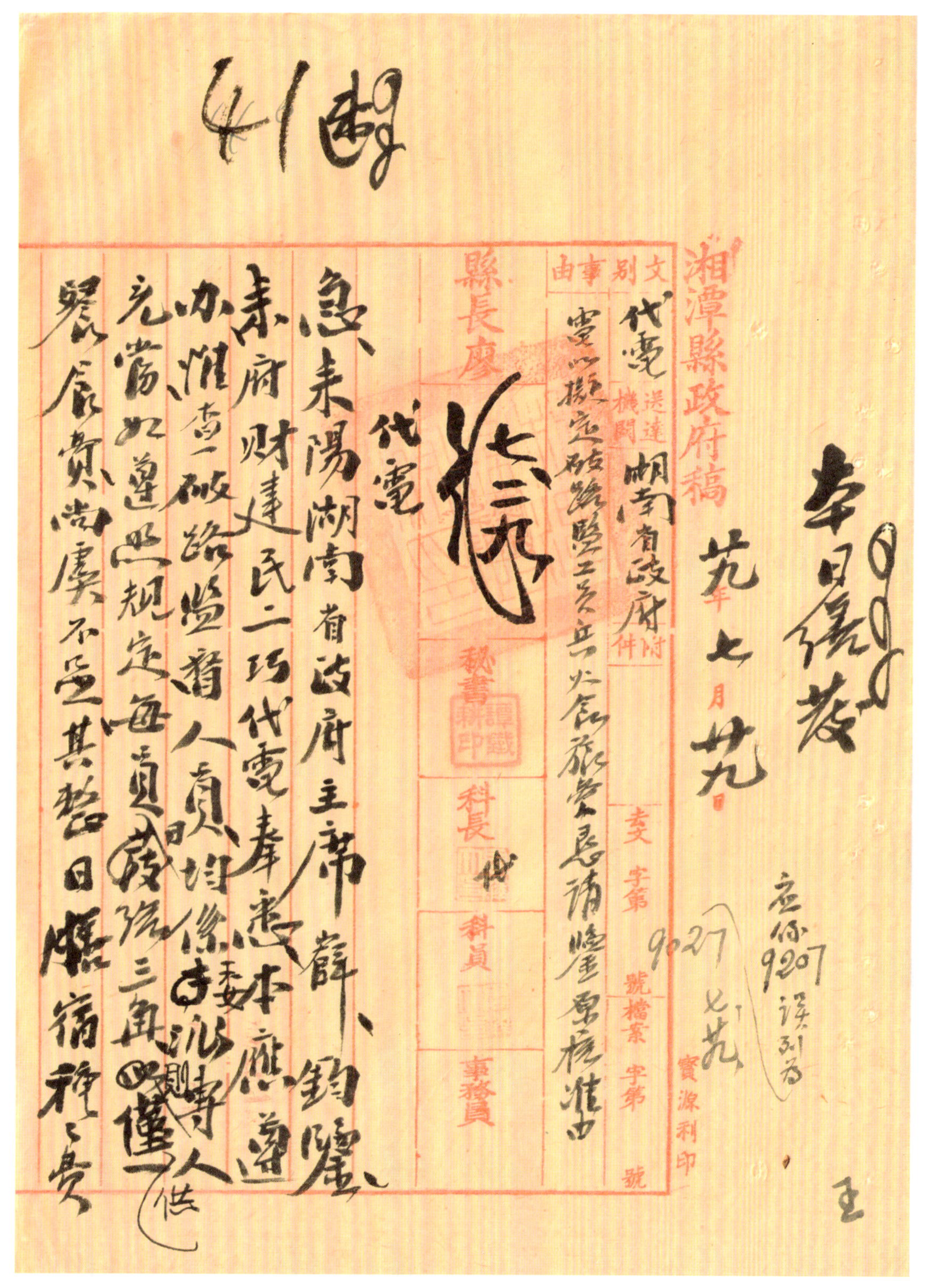

因，均須自墊，時日既久，誰願為之，事實困難，絕不可能。且各鄉鎮長、保長每月薪金低微，任務繁多，如破壞路基，有須向五路綫不或每路綫地段有至二三十華里以上者，每日須親自赴路監工，關於伙食、旅費及辦公費用，在在需錢，不能不酌予津貼。當經擬定督工委員每日伙食旅費以一元六角，督催員每日一元，鄉鎮長每日津貼五角，保長每日四角，士兵每日二角，根據事實上之需要，早已發給，應請鑒察核准，由第二預備金項下支付，謹此呈覆，敬候示遵。湘潭縣縣長廖佩鳳之印、鑑湖南省政府关于破路经费准再由第二预备金项下拨发八千元致湘潭县政府的电报及县政府的批示（一九四〇年七月二十九日、三十一日）

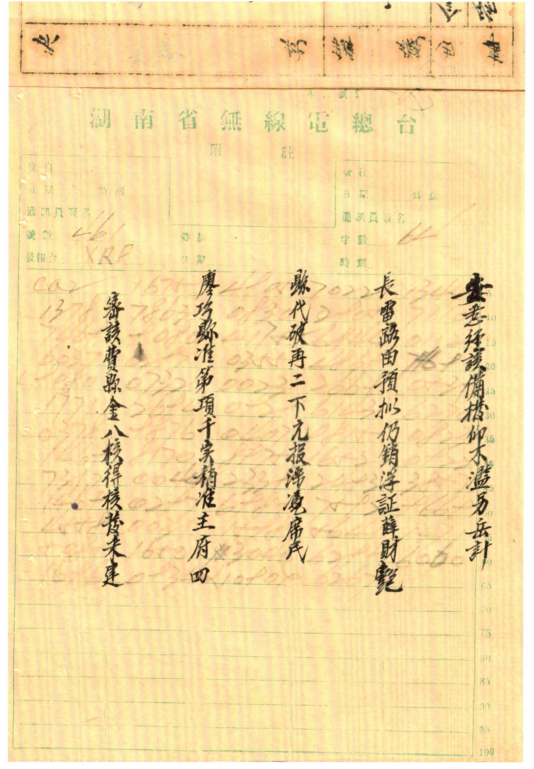

湖南省無線電總台

附註

收自
日期　時刻
通訊員簽名
號數 461
發報台 XRF

等級
日期

發往
日期　時刻
通訊員簽名
字數 64
時刻

主委拜該備撥仰太濫另岳計
長雷路由預扒仍銷浮証薛財甑
縣代破再二下元报泽凌席氏
廖巧縣准第項千案稍准主府四
審該費縣金八核得核發未建

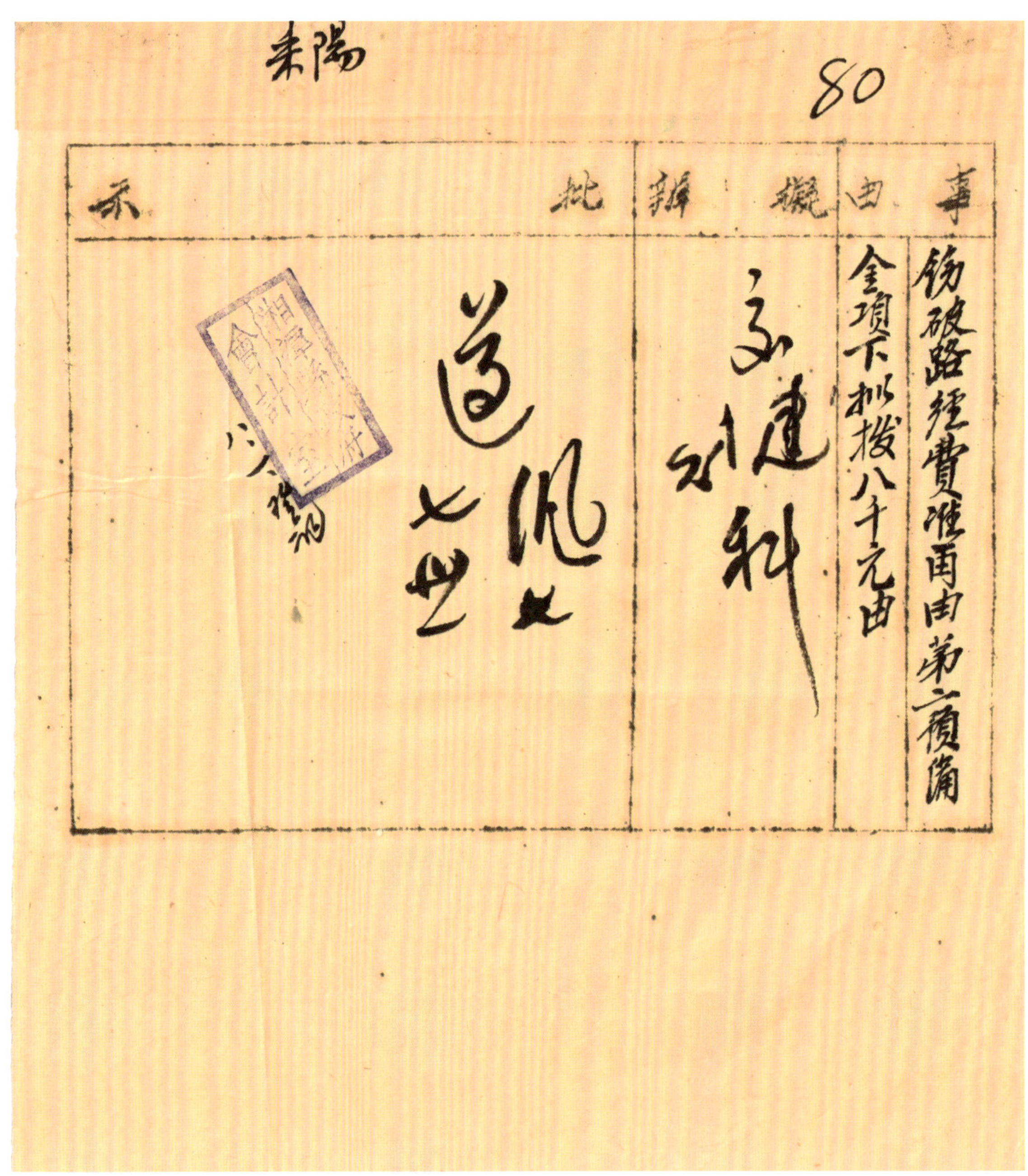

耒陽

80

事由	飭破路經費准由第二積備金項下挪撥八千元由
擬辦	交建科
批示	道佩 七卅

湖南省政府关于破路经费准再由第二预备金项下加拨二千元致湘潭县政府的电报及县政府的批示（一九四〇年七月三十日、三十一日）

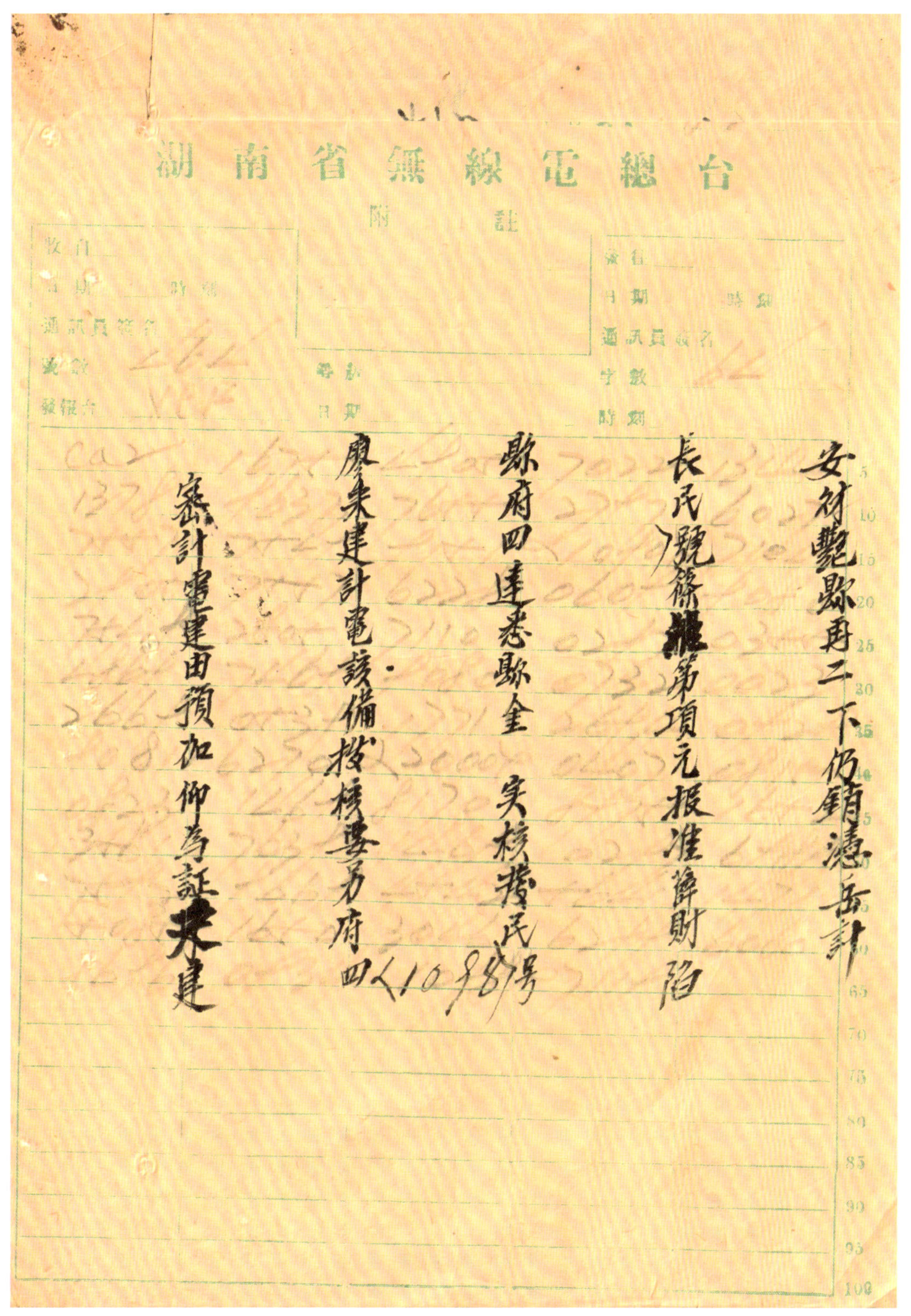

湖南省無線電總台

附註

收自　日期　時分　通訊員簽名　字數　發報台

號數　日期

發往　日期　時刻　通訊員簽名　字數　時刻

安財艷縣再二下仍銷德岳計
長民⼃號篠准第項元報准薛財陷
縣府四達悉縣全　实核撥民
廖來建計電該備撥核要另府　四人10887号
寨計電建由預加仰為証　朱建

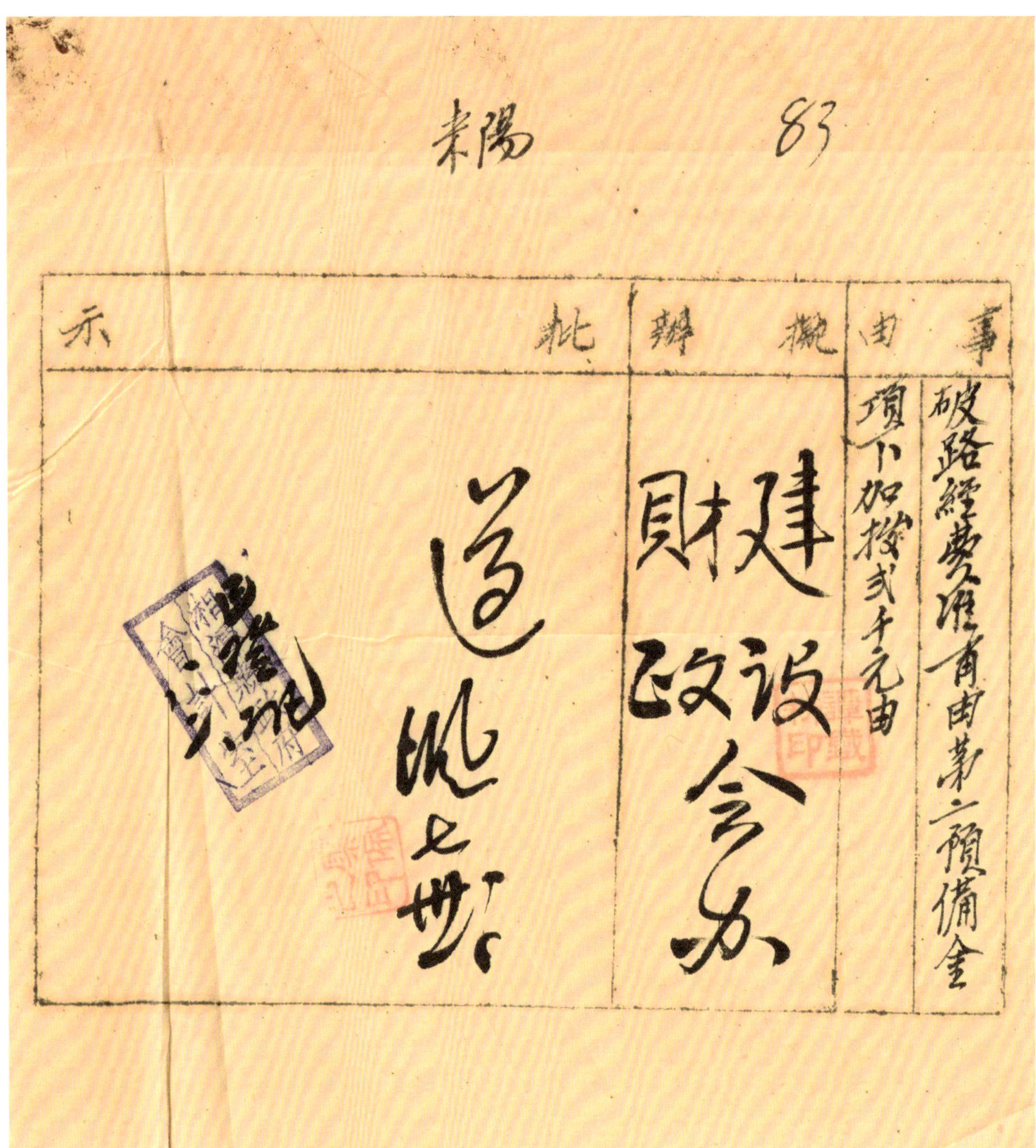
耒陽　83

事由	擬辦	批示
破路經費准On由第二預備金項下加撥式千元由	建設會　財政会办	道 飄七卅

湘潭县正心乡公所关于恳请给发民夫药费以利工作而重民命致县政府的报告及县政府的指令（一九四〇年七月三十日、八月三日）

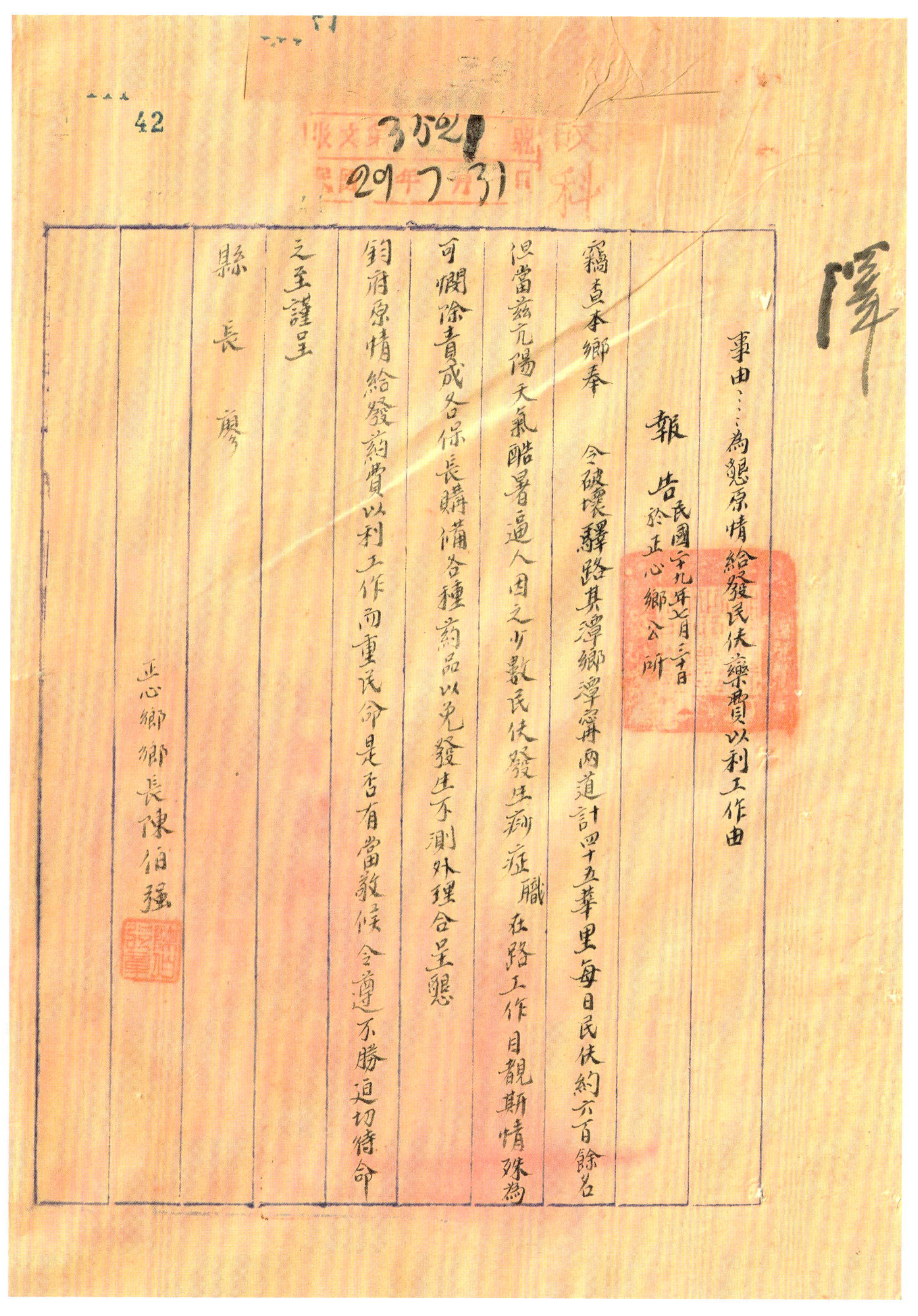
事由：：為懇原情給發民伕藥費以利工作由

報告 民國廿九年七月三十日 於正心鄉公所

竊查本鄉奉令破壞驛路其潭鄉潭甯兩道計四十五華里每日民伕約六百餘名但當茲亢陽天氣酷暑逼人因之少數民伕發生痢症職在路工作目覩斯情殊為可憫除責成各保長購備各種藥品以免發生不測外理合呈懇鈞府原情給發藥費以利工作而重民命是否有當敬候令遵不勝迫切待命之至謹呈

縣長 廖

正心鄉鄉長陳伯強

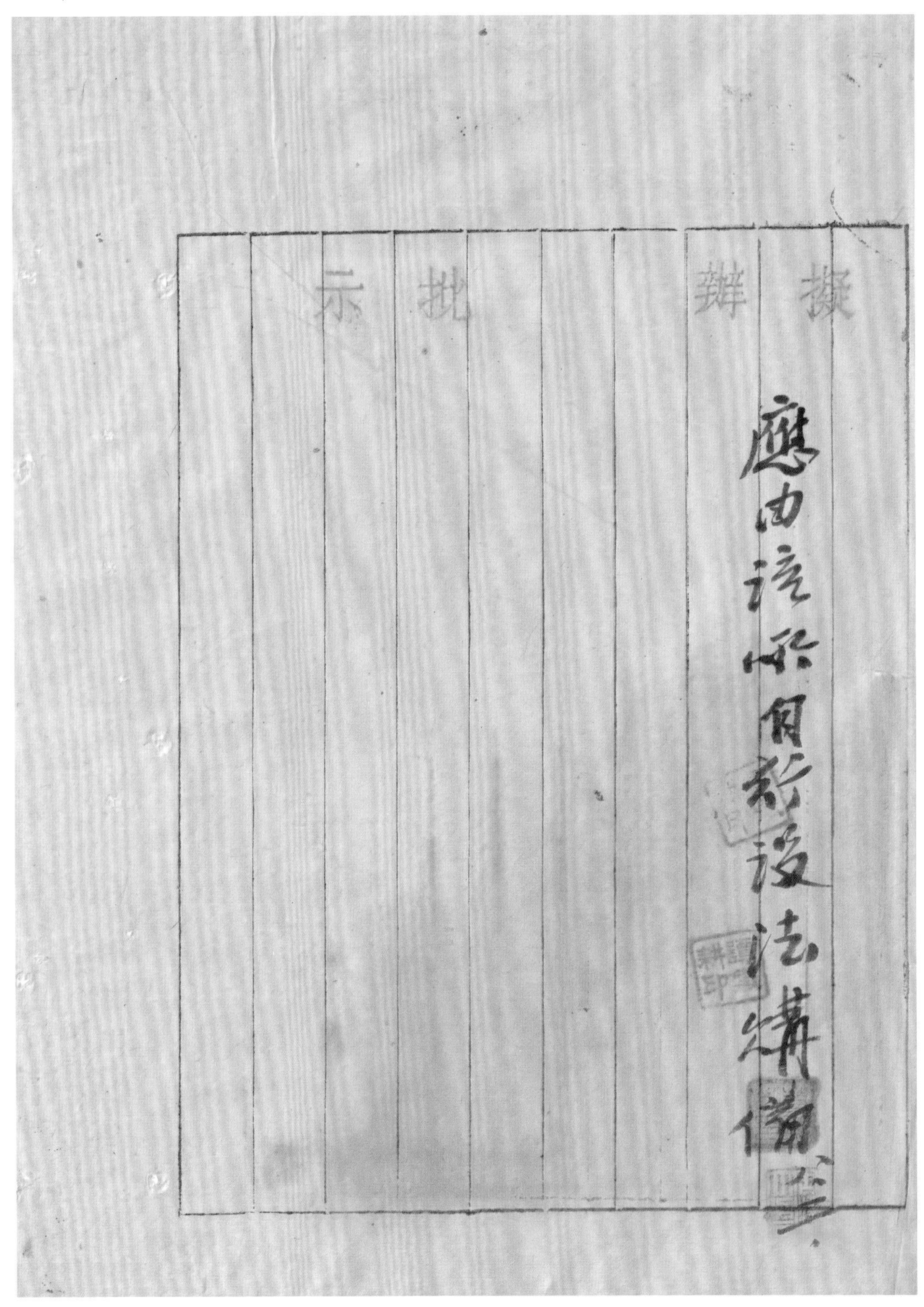

擬辦

應由該所自行設法購備

批示

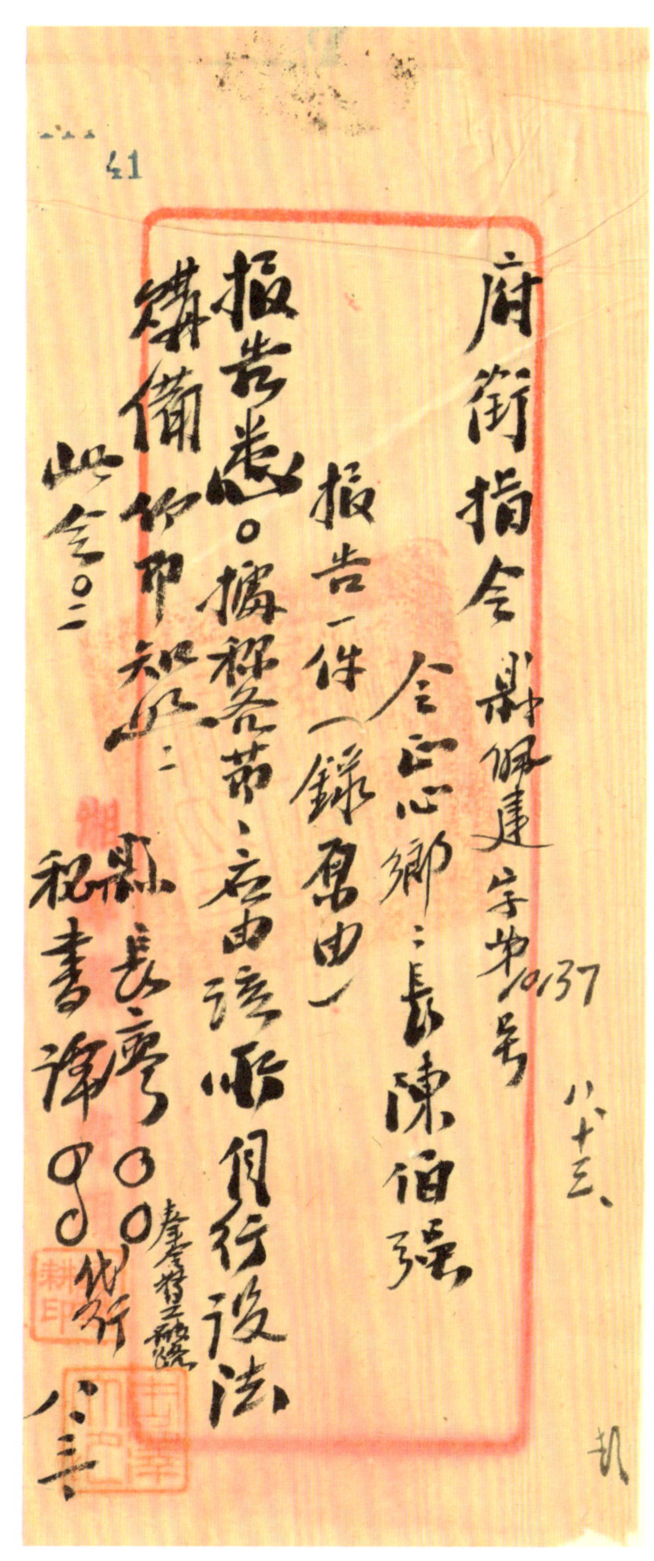

41

府衙指令　縣保建字第10137号

令○○鄉鄉長陳伯強

報告一件（錄原由）

報告悉。據稱各節，應由該鄉自行設法籌備，仰即知照。此令。

縣長齊○○

秘書譚○○代行

八、三

八十三、

湘潭县昭阳乡破坏驿路工作分配表（一九四〇年七月）

39

湘潭縣昭陽鄉破壞驛路工作分配表

保別	保長姓名	應破地段	
1	黎曙明	自白石港起至清水塘止	
2	言以義	自報亭子起至調坤尾止	
3	刘輔卿	自石壁口起至清水塘止	
4	龍[illegible]山	自清水塘起至十里長坤石门口止	
5	刘富生	自株樹舖起至下灣窑止	
6	袁述之	自十里長坤石门口起至文家店止	
7	楊正元	自[illegible]橋子起至石壁口止	
8	楊美環	自十二欄稿字塘起至譚家壩[illegible]橋子止 自瑞石嶺起至油麻坤尾止	
9	李鎮楚	自羅家坤尾起至白[illegible]村尾止	
10	黄自强	自龍王廟起至黄家湖公路止 自易家灣起至楓樹坳高橋坪止	
11	周静思	自易家灣起至萬坊舖止與十二保共同負責 自易家灣起至十二欄稿字塘止單獨負責	
12	黄澍霖	自易家灣起至萬坊舖止與十一保共同負責 自萬塘舖起至團山舖止單獨負責	
13	馮育才	自文家店起至黑石洪止 自謝家店起至龍王廟止	
14	唐桂松	自團山舖起至瑞竹坪止 自團山舖起至茶園山止	
15	自漢雲	自和尚嶺起至文家店止	
16	郭直君	自馬家河起至和尚嶺止	
17	周鎮藩	自板塘舖起至和尚嶺止	
18	羅中俊	自茶園山起至五里堆止	

注意：

1、將路幅削窄為一市尺寬，餘土務宜遠散。

2、山兩頭路幅除削窄為一市尺外，應挖穴口一丈長，搭木板。

3、与鄰縣進口路幅應遵照規定挖穴口一丈長，搭木板。

湘潭县政府破路督催员关于银田乡应破坏之路线工程浩大请予指示致县政府的呈及县政府的指令（一九四〇年八月一日、八日）

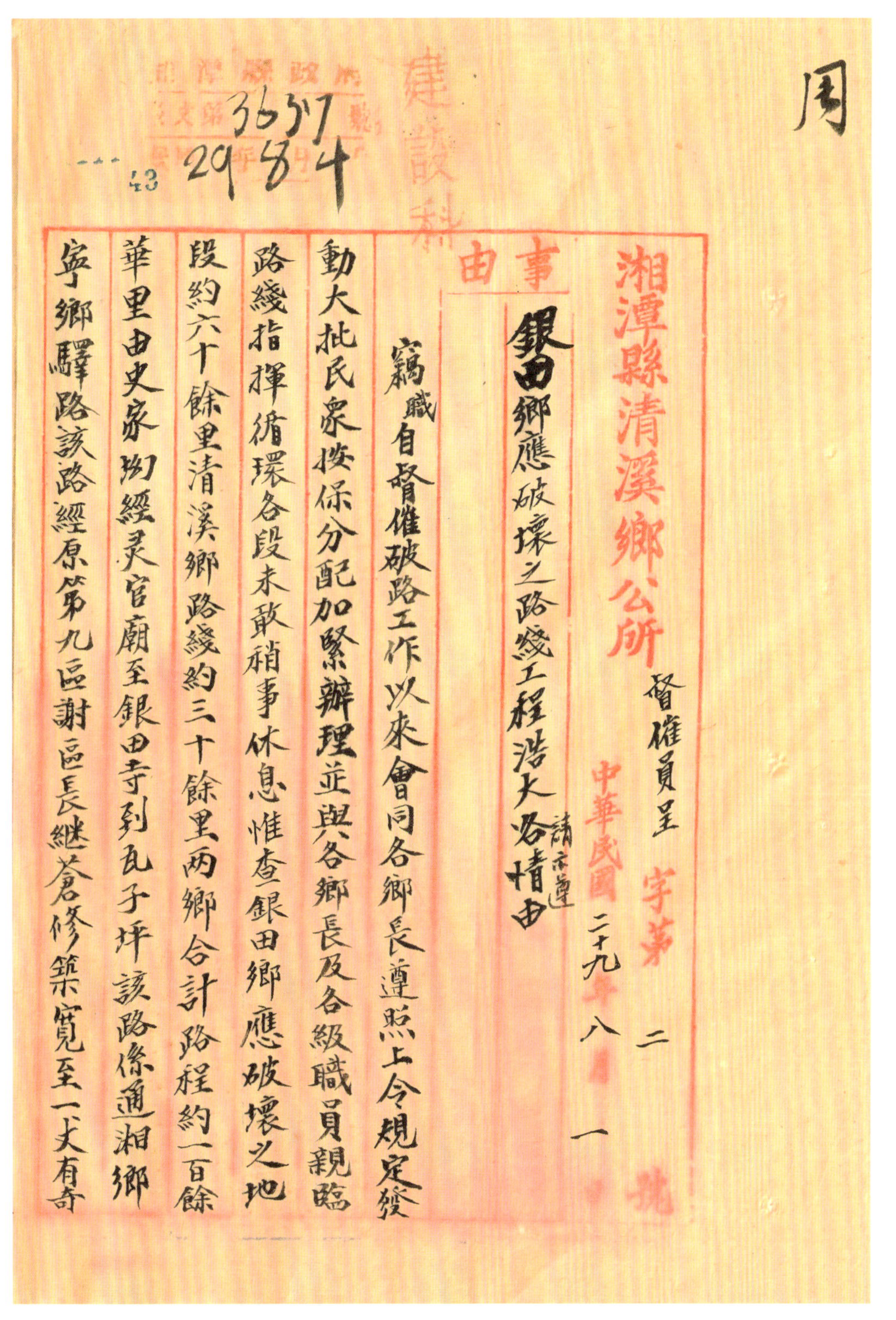

周

湘潭縣政府 收文第 36517 號 29 8 4

建設科

43

湘潭縣清溪鄉公所督催員呈 字第 二 號

中華民國二十九年八月一日

事由：銀田鄉應破壞之路綫工程浩大咨請示遵情由

竊職自督催破路工作以來，會同各鄉長遵照上令規定，發動大批民衆，按保分配，加緊辦理，並與各鄉長及各級職員親臨路綫指揮，循環各段，未敢稍事休息。惟查銀田鄉應破壞之地段約六十餘里，清溪鄉路綫約三十餘里，兩鄉合計路程約一百餘華里。由史家坳經灵官廟至銀田寺到瓦子坪，該路係通湘鄉寧鄉驛路，該路經原第九區謝區長繼蒼修築，寬至一丈有奇

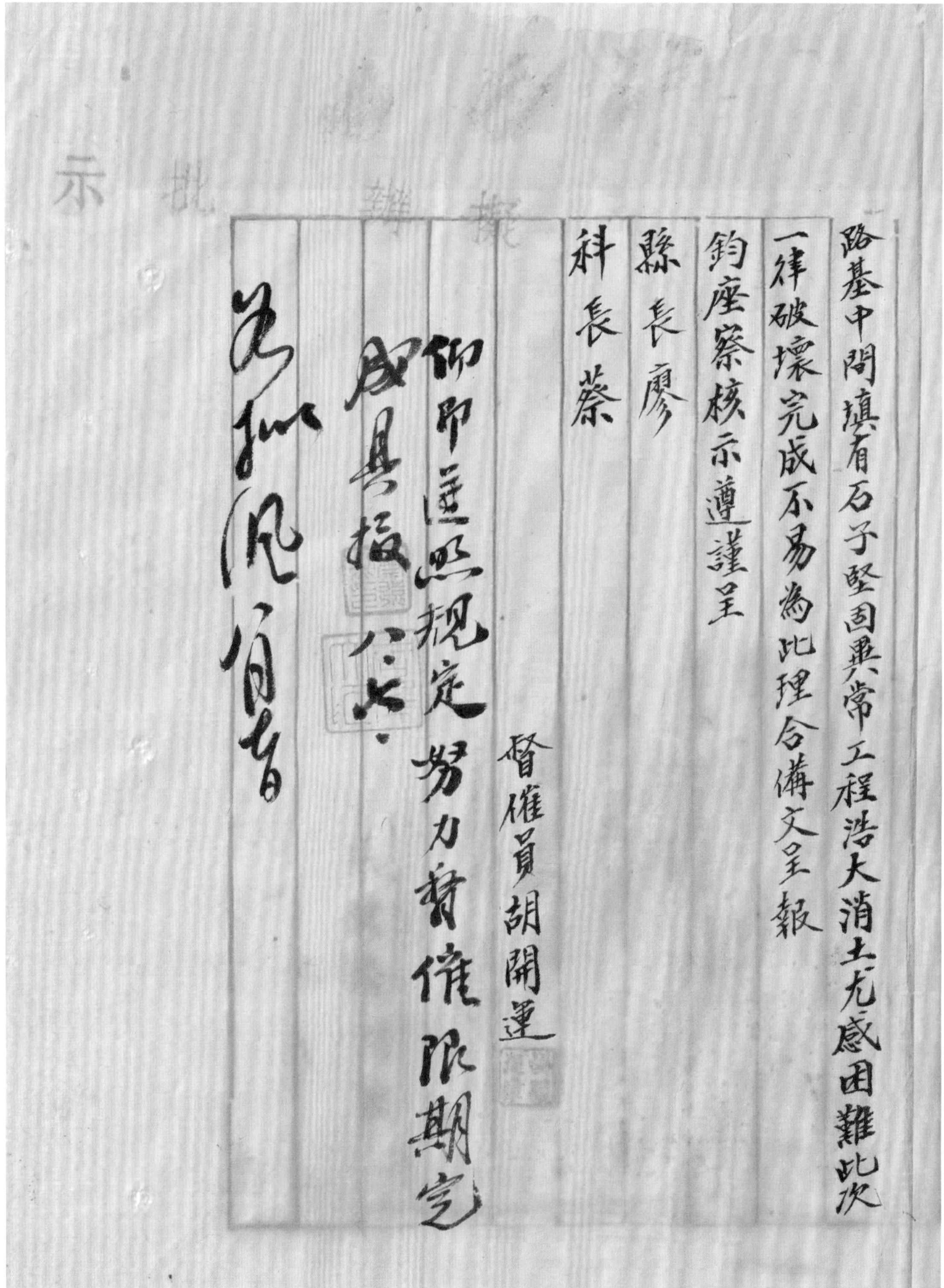

路基中間填有石子堅固異常工程浩大消土尤感困難此次一律破壞完成不易為此理合備文呈報

鈞座察核示遵謹呈

縣長廖

科長蔡

督催員胡開運

擬辦

批示

仰即遵照規定努力督催限期完成具報 八.六.

如擬　風　有旨

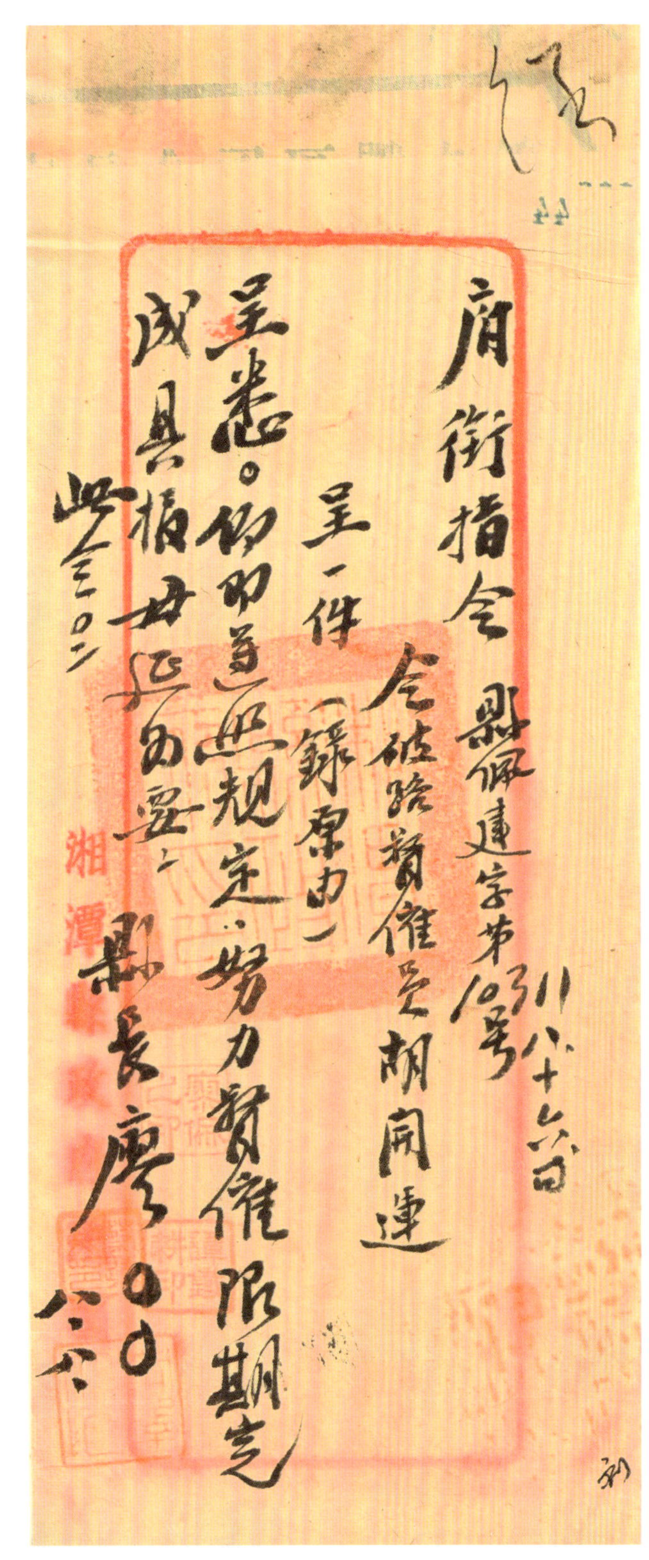
府衔指令
縣保建字第1031號
卅八十六日
令破路督催員胡開運
呈一件（録案由）
呈悉。仰即遵照規定，努力督催，限期完成具報毋延為要。
縣長廖〇〇
卅八、十一、八

湘潭县霞城乡公所关于呈请核发破坏潭下线民夫给养致县政府的呈及县政府的指令

（一九四〇年八月一日、八日）

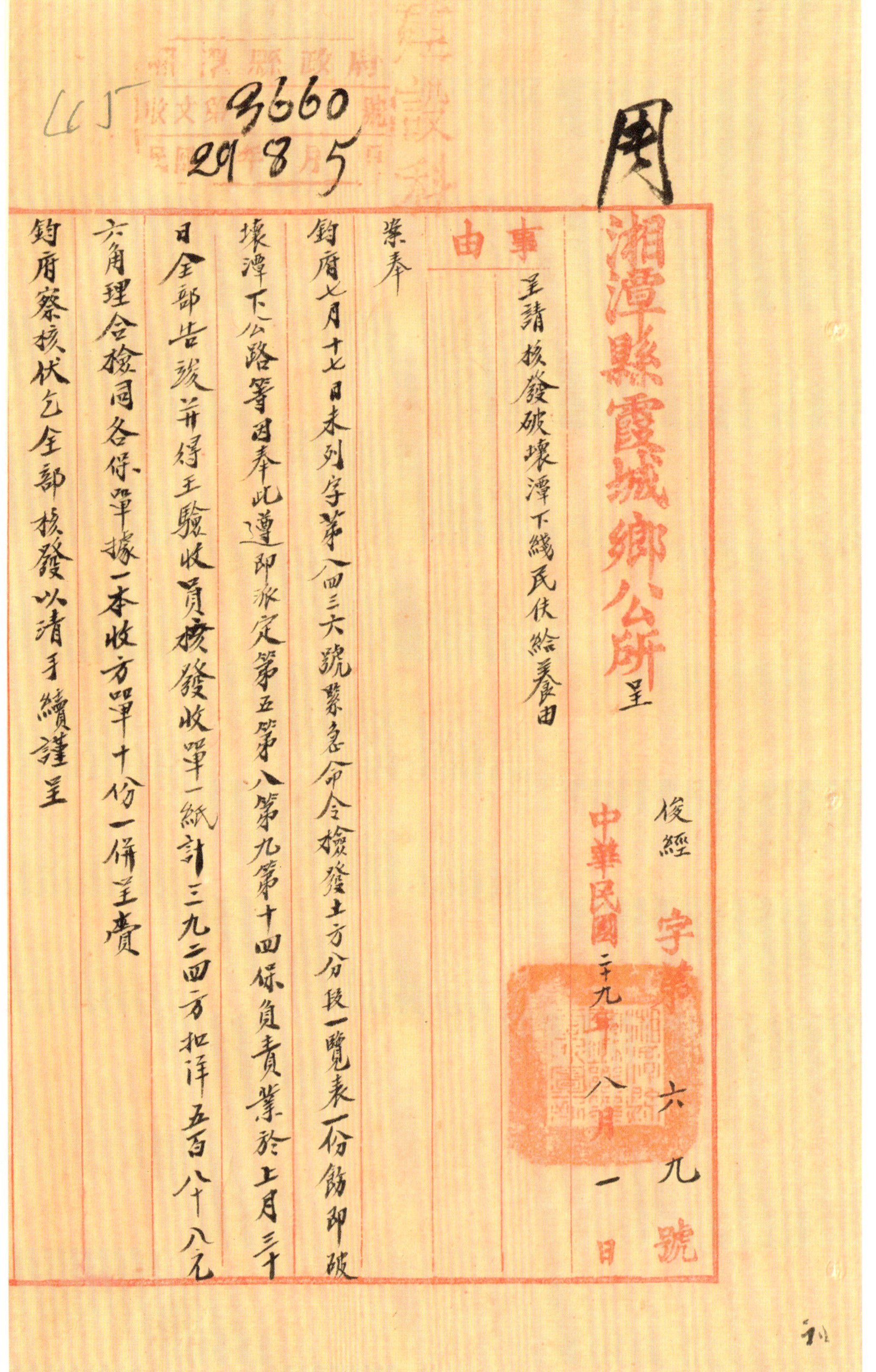

湘潭县霞城乡公所呈

俊经字第六九号

中华民国二十九年八月一日

事由：呈请核发破坏潭下线民伕给养由

案奉

钧府七月十七日未列字第八四三六号紧急命令：检发土方分段一览表一份，饬即破坏潭下公路等因。奉此，遵即派定第五第八第九第十四保负责，业于上月三十日全部告竣，并得王验收员核发收据一纸，计三九二四方，扣洋五百八十八元六角。理合检同各保单据一本、收方单十份，一并呈赍

钧府察核，伏乞全部核发，以清手续。谨呈

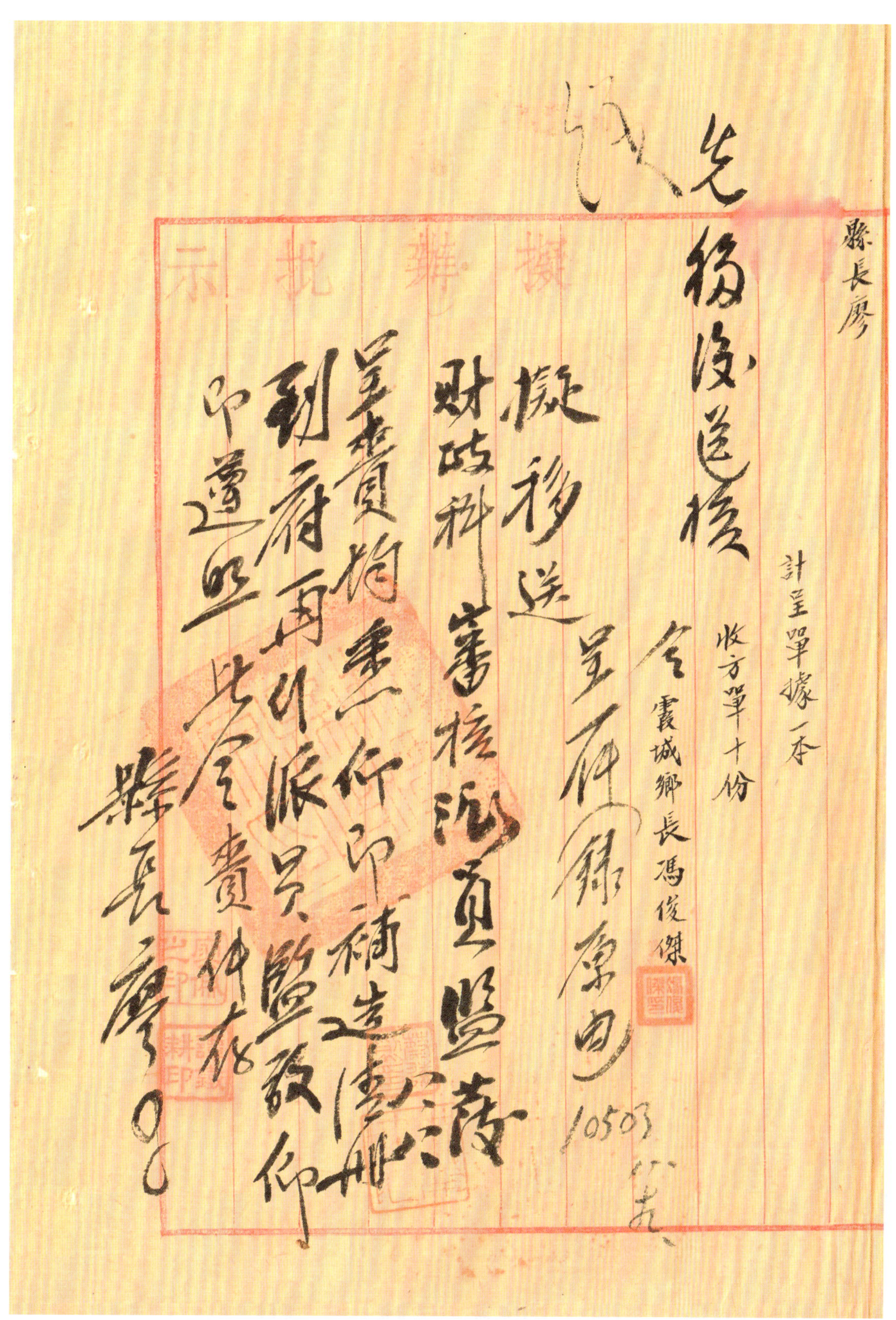

縣長廖

計呈單據一本

收方單十份

令霞城鄉長馮俊傑

呈件（錄原由）

擬移送財政科審核派員監發

先核後送核

呈表賞均悉。仰候移送財政科審核派員監發，仰即補造清冊到府再行派員監發。仰遵照。此令

縣長廖

湘潭县政府关于规定续破长潭下公路民夫给养经费领发造报办法致文华、雨湖、壶山等十个乡镇公所的训令

（一九四〇年八月一日）

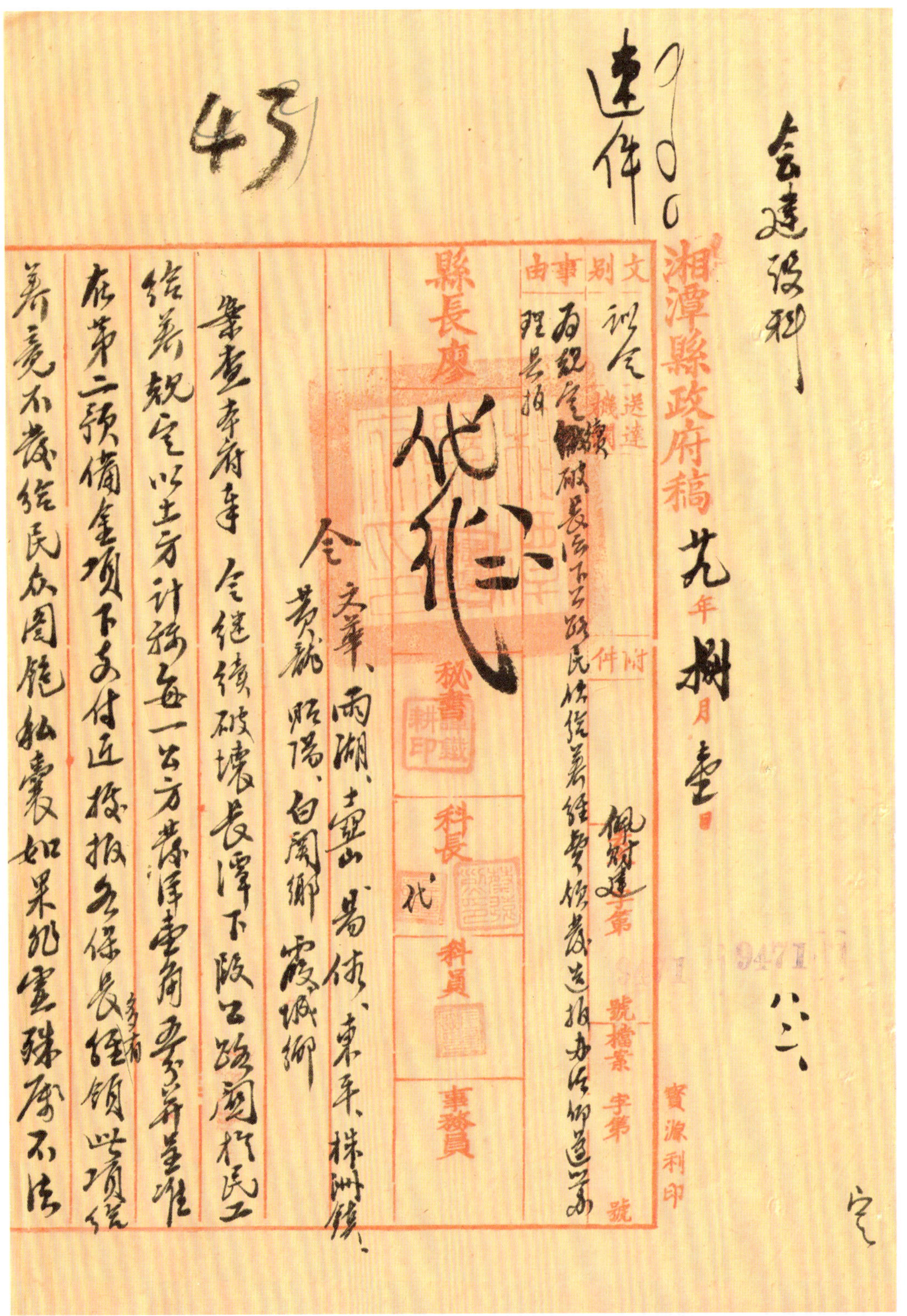

会建设科

速件

湘潭縣政府稿

文別：訓令

事由：爲規定續破長潭下公路民伕給養經費領發造報辦法仰遵照由

縣長廖

秘書

科長

科員

事務員

令文華、雨湖、壺山、易俗、東平、株洲鎮，黄龍、昭陽、白關鄉、霞城鄉

案查本府前令飭續破壞長潭下段公路，關於民工給養，規定以土方計算，每一公方發洋壹角五分，並准在第二預備金項下支付，近據報各保長經領此項給養，竟不發給民伕，因飽私囊，如果屬實，殊屬不法

除另案澈查究辦外，所有已領發全部經費之東平鎮、霞城鄉、白關鄉等，應由各該鄉鎮長責成所屬各保長立即造具民伕清冊，並取具各民工私章或指模呈賚本府，以憑派員抽查；其未領之各鄉鎮，應一面責成各保先行造具民伕清冊，取具民工私章或指模，一面取具各保領費條及工程負責驗收單一併賚呈過核，以便派員分赴各保發放，而期實惠及人民。除分令外，合行令仰遵照辦具報，毋延為要。

此令

縣長廖○○

湘潭县政府关于着即前往潭下新公路估勘土方具报致县政府估计土方工程员王昌溥的紧急命令（一九四〇年八月二日）

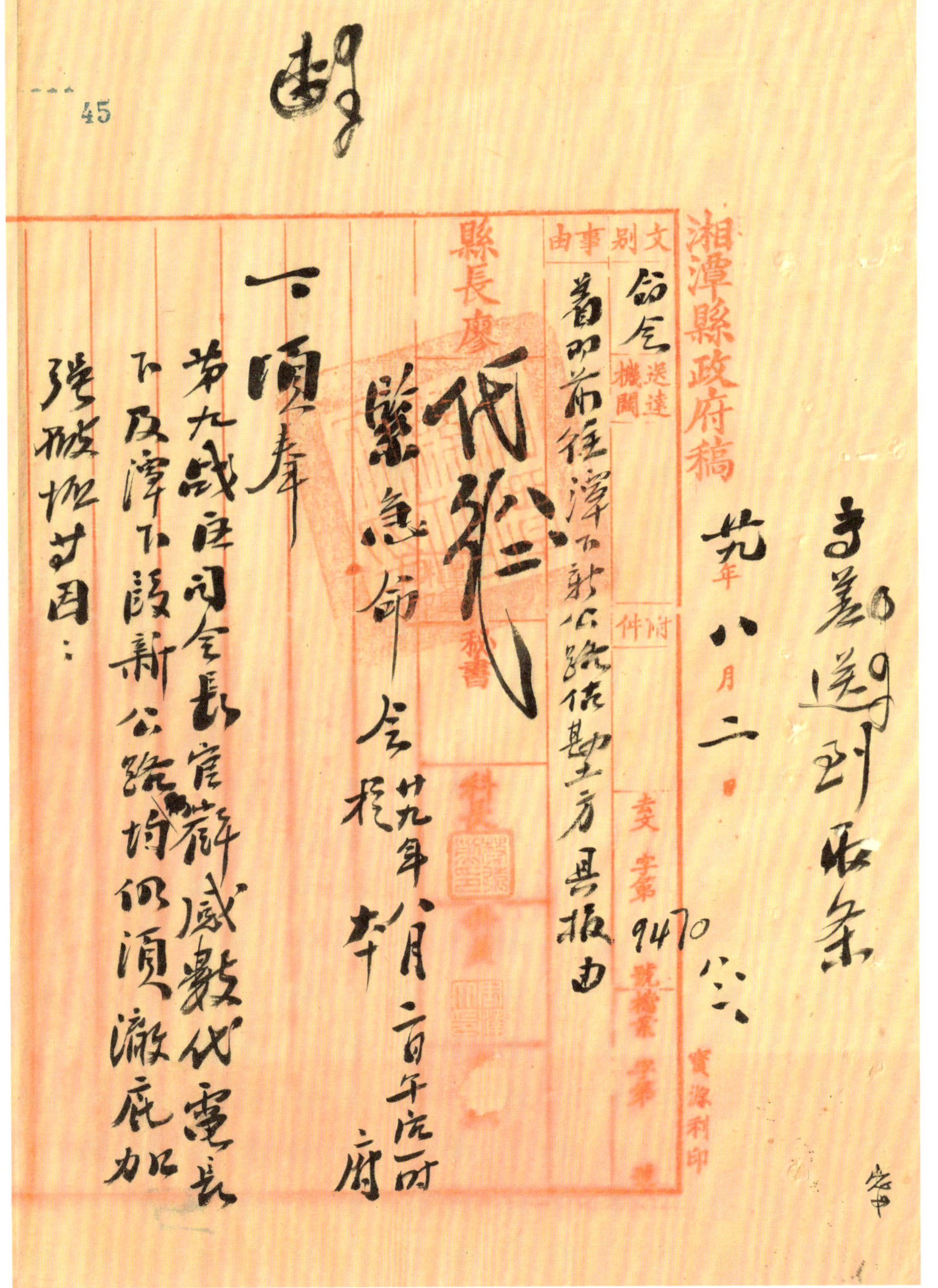
湘潭縣政府稿

文別：命令

事由：着即前往潭下新公路估勘土方具報由

縣長廖

代電 緊急命令

字第9470號

廿九年八月二日午后 時 府

下頃奉第九戰區司令長官薛感數代電：長下及潭下段新公路均須澈底加强破壞等因：

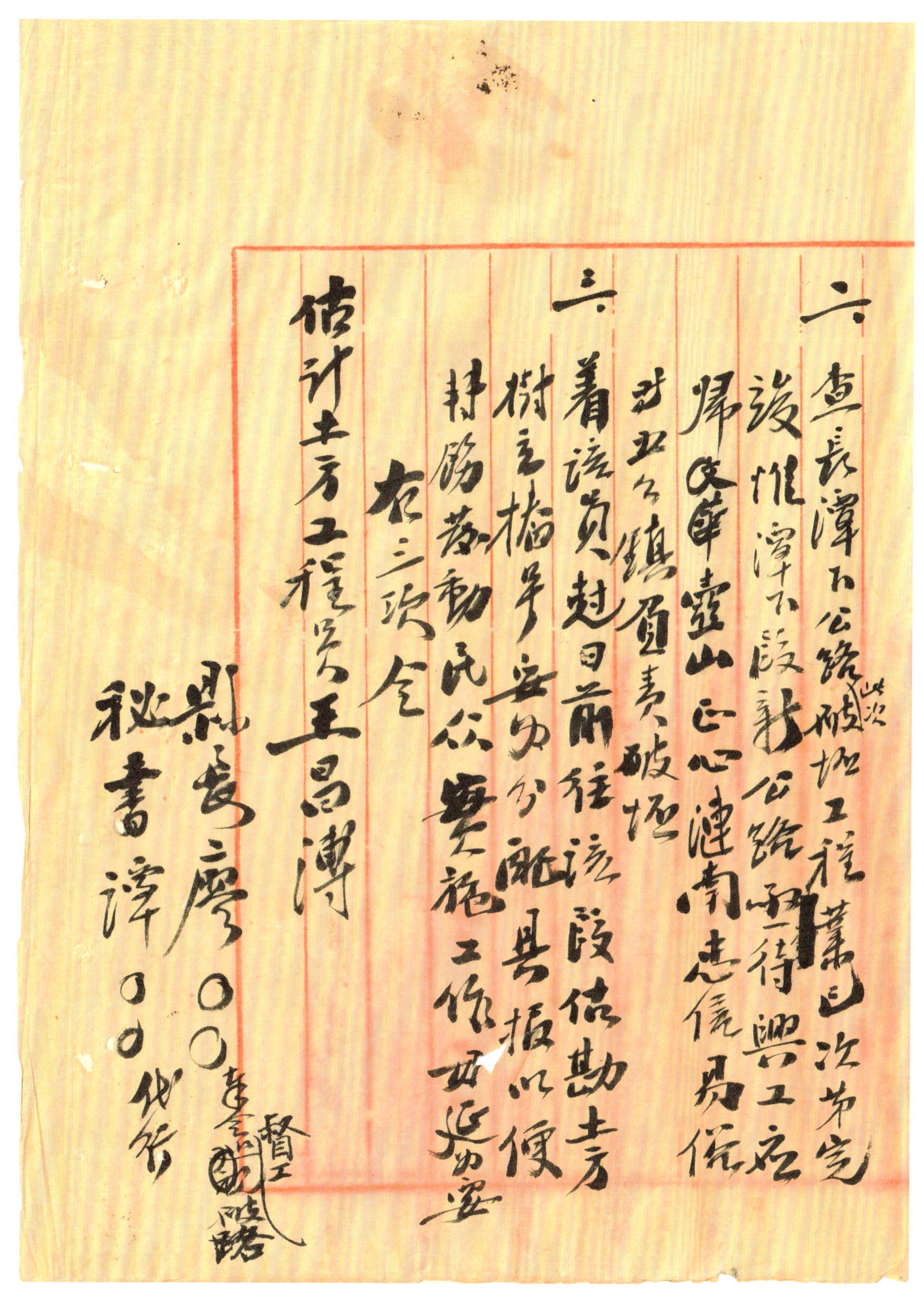
二、查長潭下公路此次破壞工程業已次第完竣，惟潭下段新公路亟待興工，應歸文華、靈山、正心、淮南、志儒、易偃、武丑各鎮負責破壞。

三、着該員趕日前往該段估勘土方，樹立樁子，妥為分配各鎮，以便轉飭發動民公，實施工作，毋延為要。

右三項令

估計土方工程員王昌溥

縣長廖○○

秘書譚○○代行

督工

湘潭县政府、叶润泉等关于第十一保负责破坏之路段拒未动工及限期破坏完竣事的一组文书（一九四〇年八月三日至六日）

叶润泉致湘潭县政府的报告（一九四〇年八月三日）

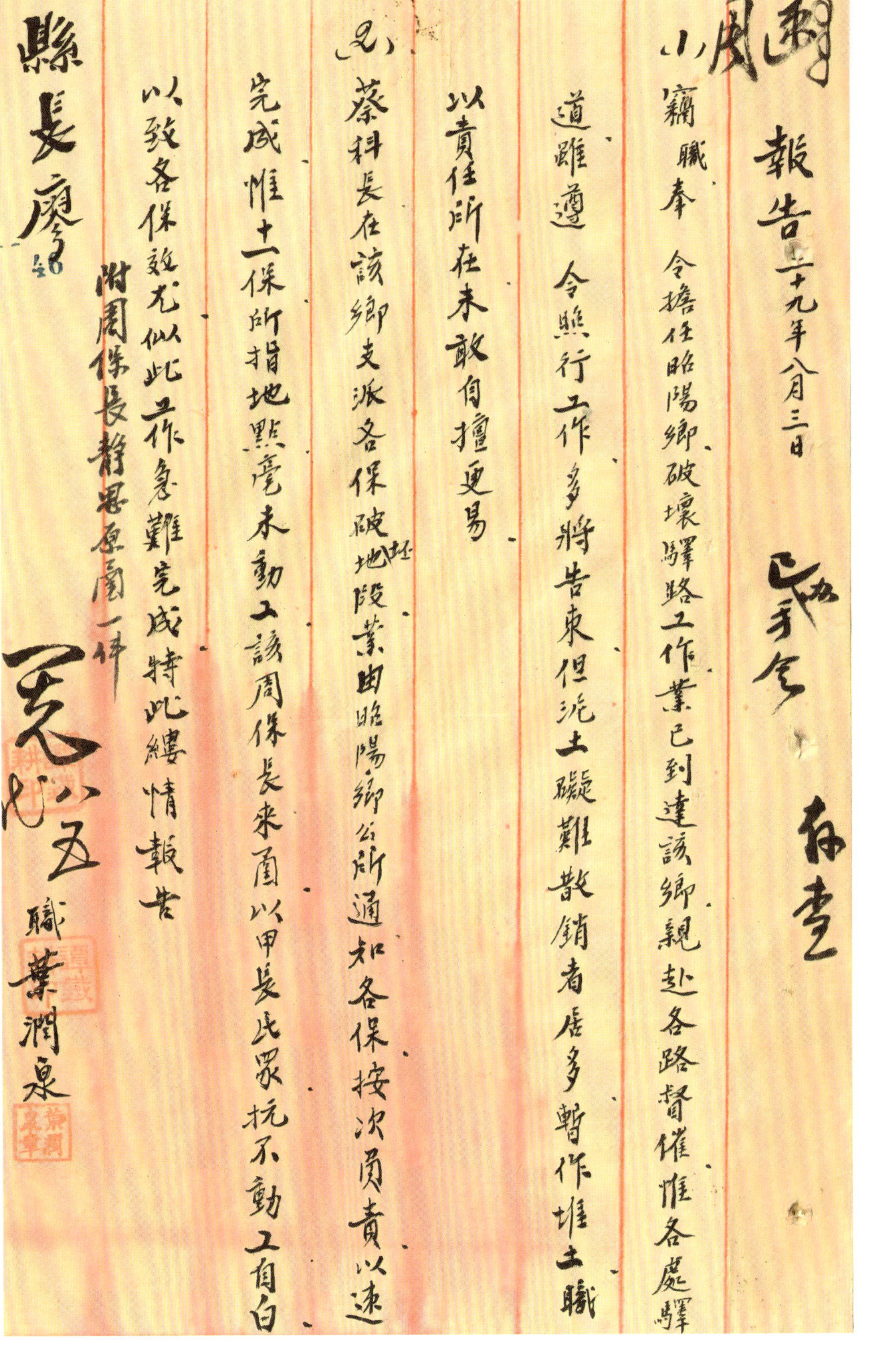

閱

報告 二十九年八月三日

已函令

存查

（一）竊職奉令擔任昭陽鄉破壞驛路工作，業已到達該鄉，親赴各路督催，惟各處驛道雖遵令照行工作，多將告成，但泥土堆難散銷者居多，暫作堆土。職以責任所在，未敢自擅更易。

（二）蔡科長在該鄉支派各保破壞地段，業由昭陽鄉公所通知各保按次負責，以速完成。惟十一保所指地點毫未動工，該周保長來函以甲長民衆抗不動工自白，以致各保效尤，似此工作急難完成，特此縷情報告。

附周保長稟原函一件

縣長廖

職葉潤泉

昭阳乡第十一保保长周静思致叶润泉的函（一九四〇年八月四日）

潤泉委員鈞鑒：前奉令破壞驛路
來后，速即發動民伕前往分配地點開始
工作。靜昨晚召開保務會議，經各甲長及當
地仕紳民众多數人等議決，以鄉保擔負奇重，
又過境部隊及任何事項均係敝保單獨負責，
去冬破城亦係我保工作，極大犧牲，縣府雖有指
令，日後遇任何破壞工作可將我保減少負担。今歲
繼續破壞公路及飛機場等，不但不減

等工作而我保工作較之保尚大，此次破壞驛路，政府早有明令，責成各保內業主自行破壞，而今又派我保發動民伕與他保作大多數人均不承允，渦（？）於此項工作并不與我保相干。又甲長及民伕等均以否認，卸（？）保回家，有任何差務亦不需他保協助。靜（？）以此等事實，何如乞代為設法調處為禱。此即頌
大安

第十一保保長周靜思
八、四

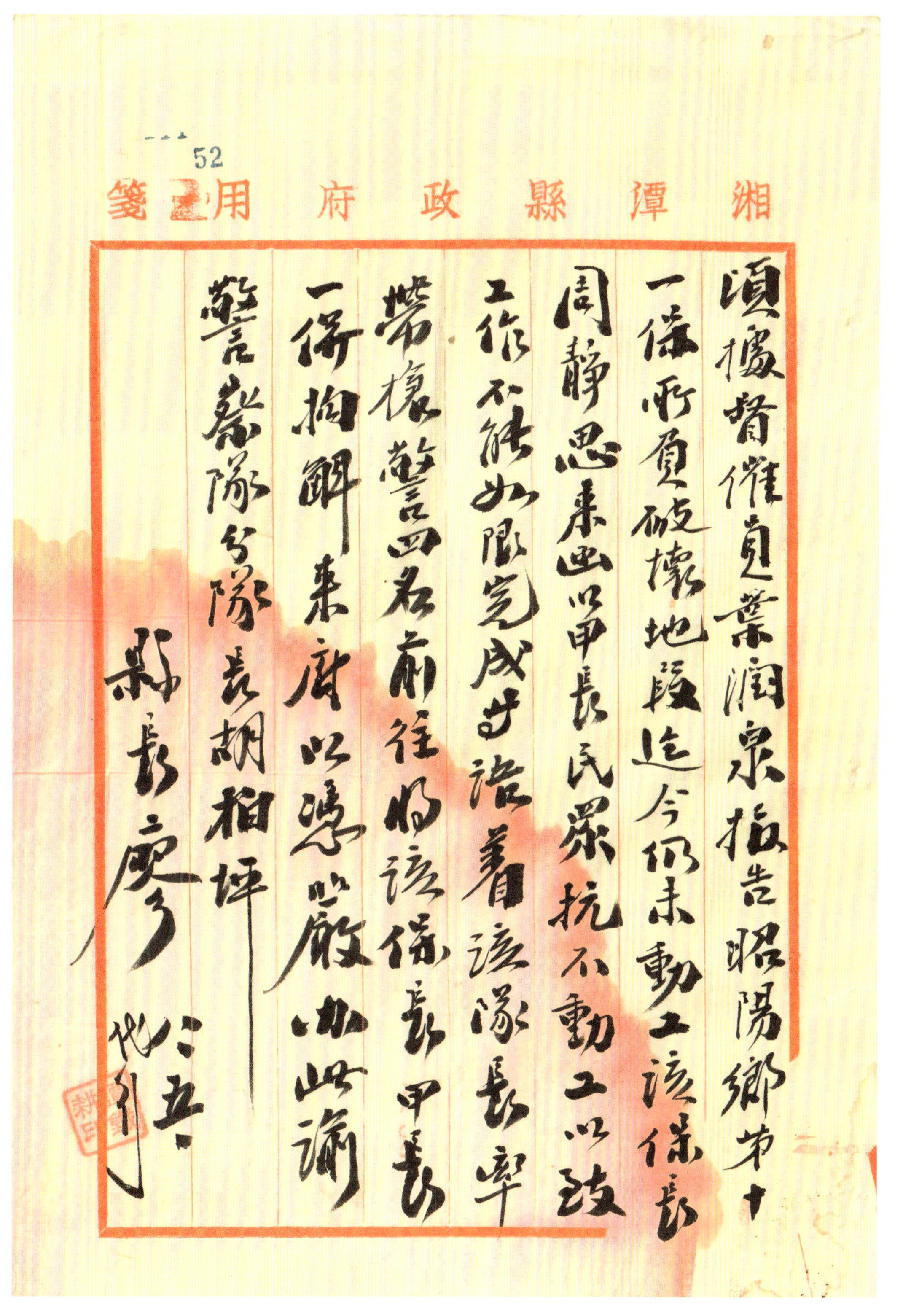

52

湘潭縣政府用箋

頃據督催員葉潤泉報告昭陽鄉第十一保所負破壞地段迄今仍未動工，該保長周静思未出，以甲長民衆抗不動工，以致工作不能如限完成，甚誤。着該隊長率帶樓警四名前往將該保長、甲長一併拘解來府，以憑嚴辦。此諭

警察隊分隊長胡柏坪

縣長廖 八、五 代行

湘潭县政府县县长廖佩之致县警察队分队长胡柏坪的手令（一九四〇年八月五日）

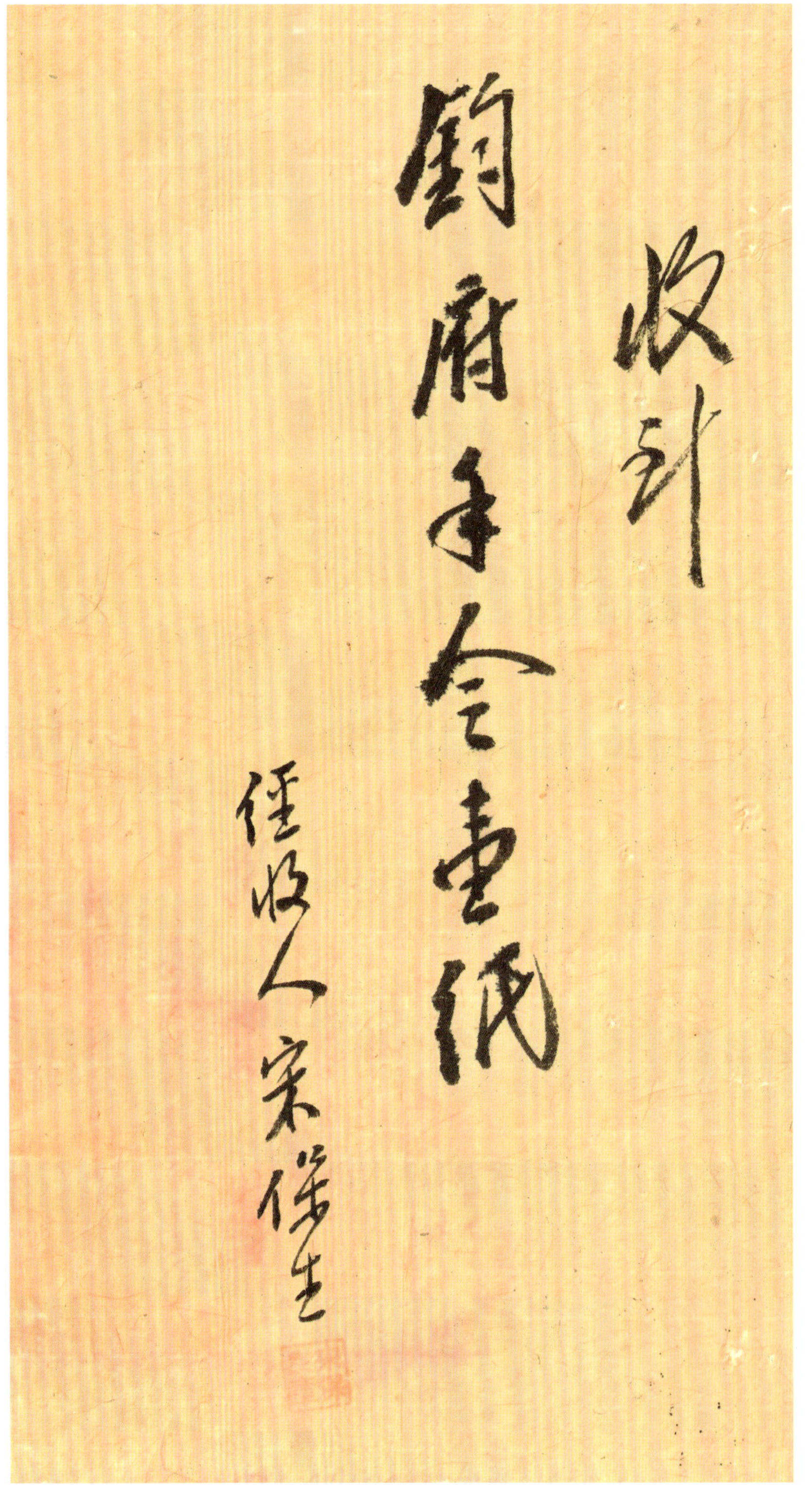

收到

县府手令壹纸

经收人宋保生

昭阳乡公所干事宋保生出具的县长手令收条（一九四〇年八月五日）

昭阳乡公所干事宋保生出具的限期保证书（一九四〇年八月六日）

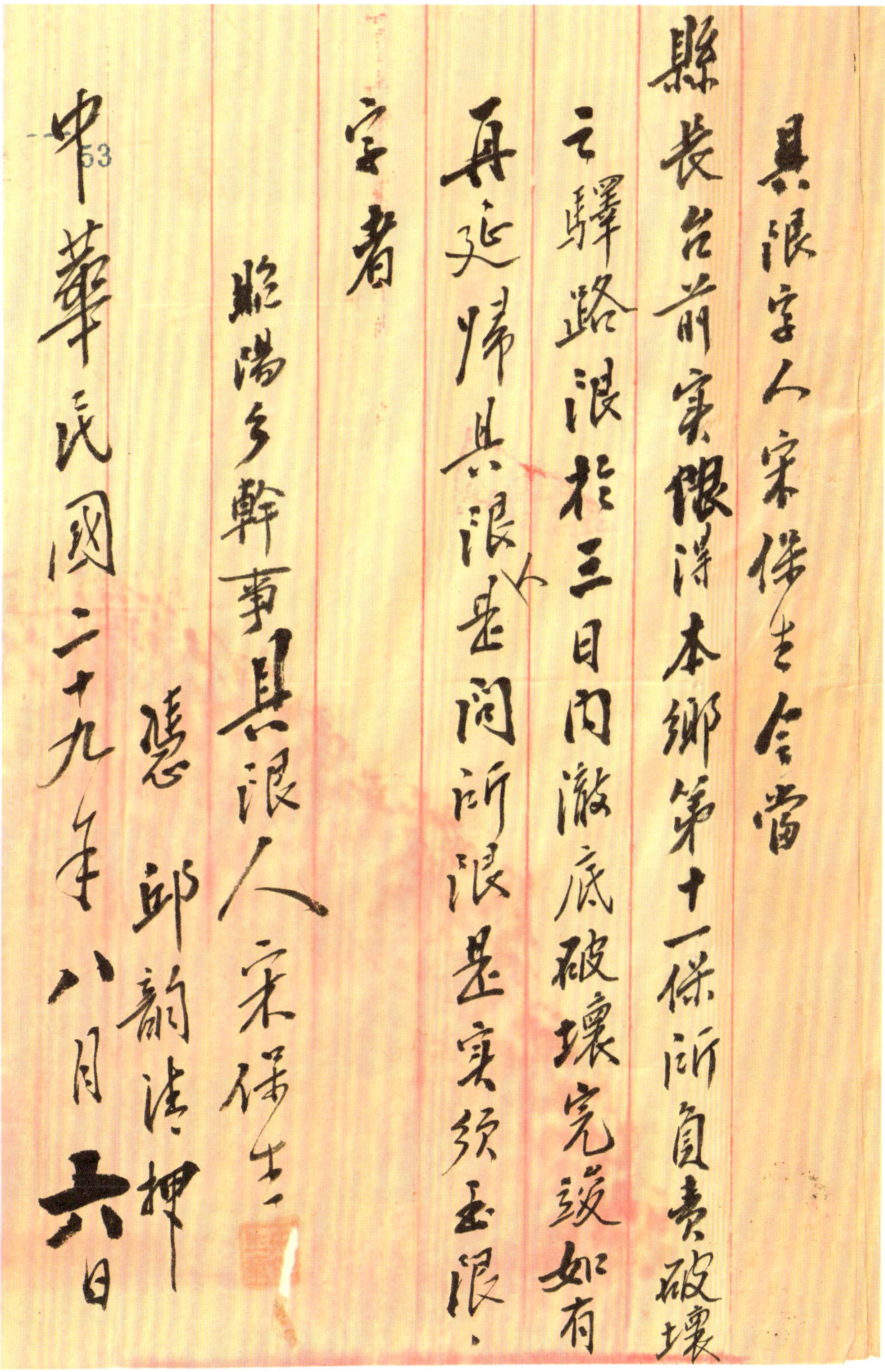

具限字人宋保生今當

縣長台前案限得本鄉第十一保所負責破壞

之驛路限於三日内澈底破壞完竣如有

再延惟具限人是問所限是實須至限、

字者

昭陽乡幹事具限人宋保生

憑郎韻清押

中華民國二十九年八月六日

湘潭县政府关于监发继续破坏长潭下段公路民夫给养规定及办法的布告（一九四〇年八月三日）

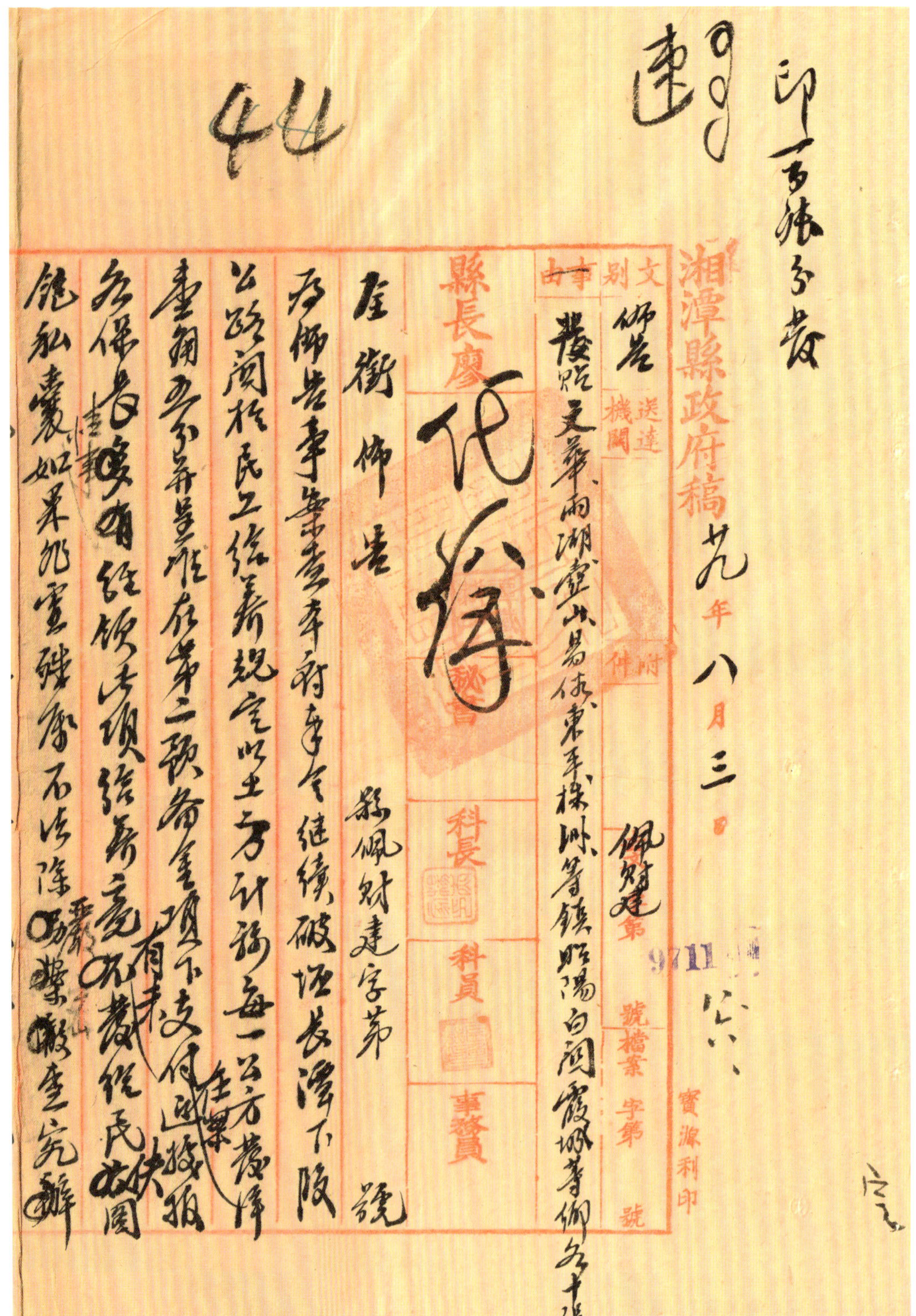
湘潭縣政府稿 廿九年八月三日

文别 佈告

事由

送達機關

附件

縣長

秘書

科長

科員

事務員

檔案 字第 號

縣佩財建字第 號

為佈告事：案奉省府令飭繼續破壞長潭下段公路

外所有已领发全部经费之东平镇、霞城、白关等乡
应由各该乡镇长立即造具民伕清册并取具各民
工私章或指摹呈责本府以凭派员抽查，其未领
之各乡镇应由责成各保长剋速造具民伕清册取（以上项规定）
具民工私章或指摹一面并取具各保长领条及工程
员验收单一并责呈凭核以便派员分赴各保照发
而期慎重，除民伕令饬各乡镇邮遵办具报外，合
行佈告周知，仰各破路民工等一体遵照。

此佈

县长 廖○○

湘潭县东平镇公所关于请发破路监工人员伙食津贴致县政府的呈及县政府的指令（一九四〇年八月三日、十日）

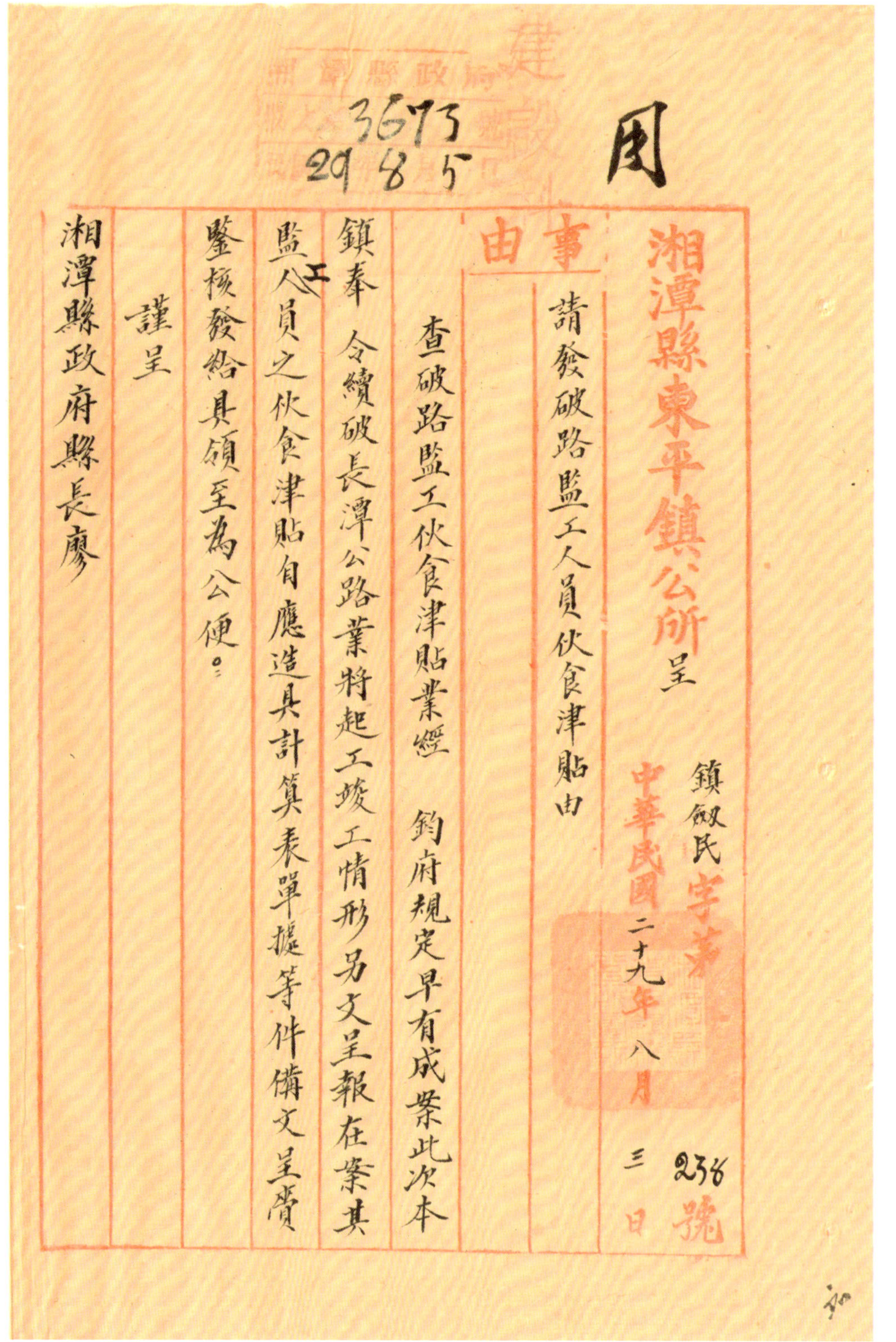

周

3673
29 8 5

湘潭縣東平鎮公所呈　鎮斂民字第238號

中華民國二十九年八月三日

事由：請發破路監工人員伙食津貼由

查破路監工伙食津貼業經　鈞府規定早有成案此次本鎮奉　令續破長潭公路業將趕工竣工情形另文呈報在案其監工人員之伙食津貼自應造具計算表單據等件備文呈賫　鑒核發給具領至為公便。

謹呈

湘潭縣政府縣長廖

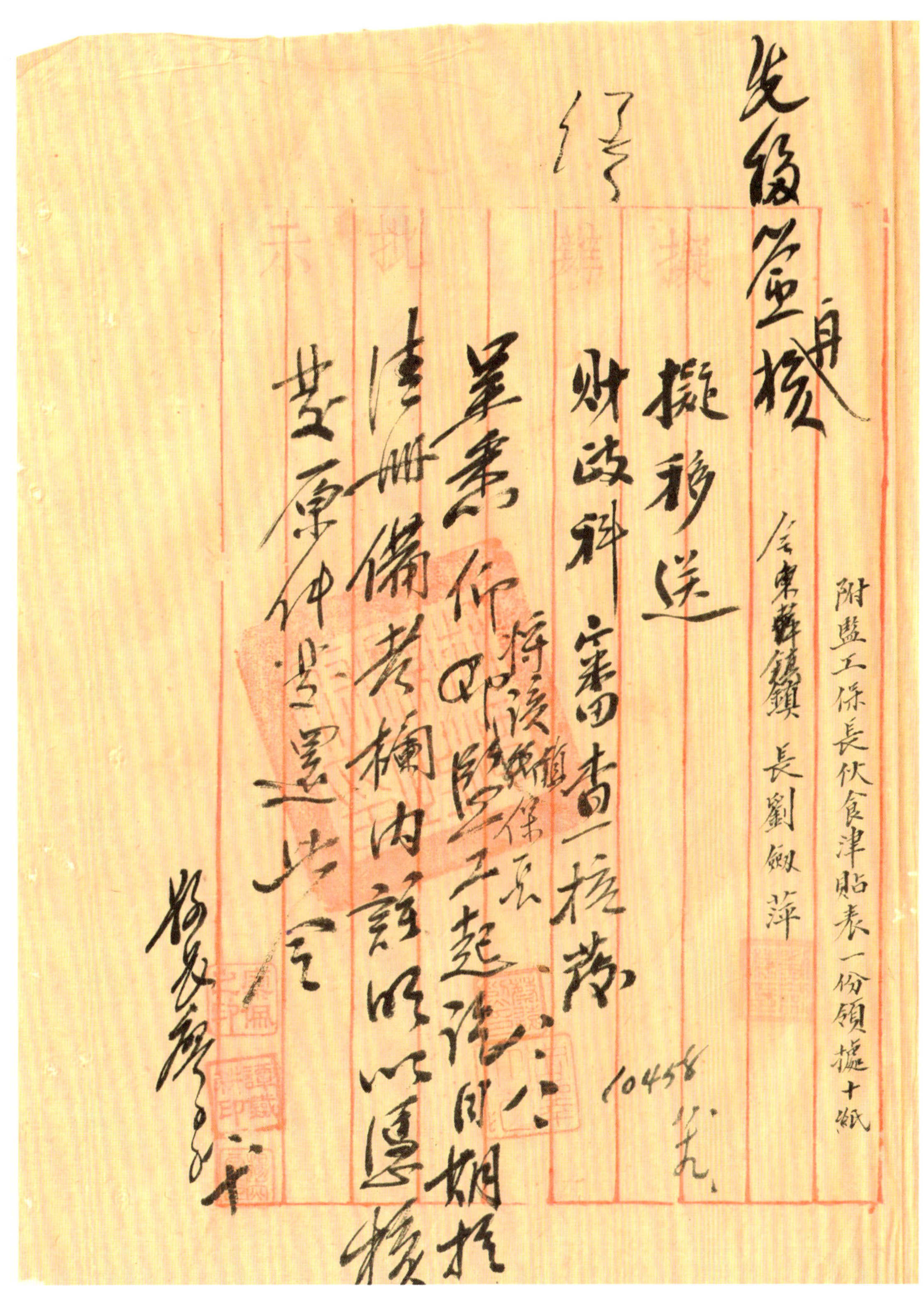

先後簽核 自

附鹽工保長伙食津貼表一份領據十紙

令東蘇鎮鎮長劉斂萍

擬移送

財政科審查一核辦

呈悉，仰將該鎮保長、鹽工起迄任職日期

清冊備考欄內詳明，以憑核

[illegible]原件[illegible]

縣長[illegible] 十

10458

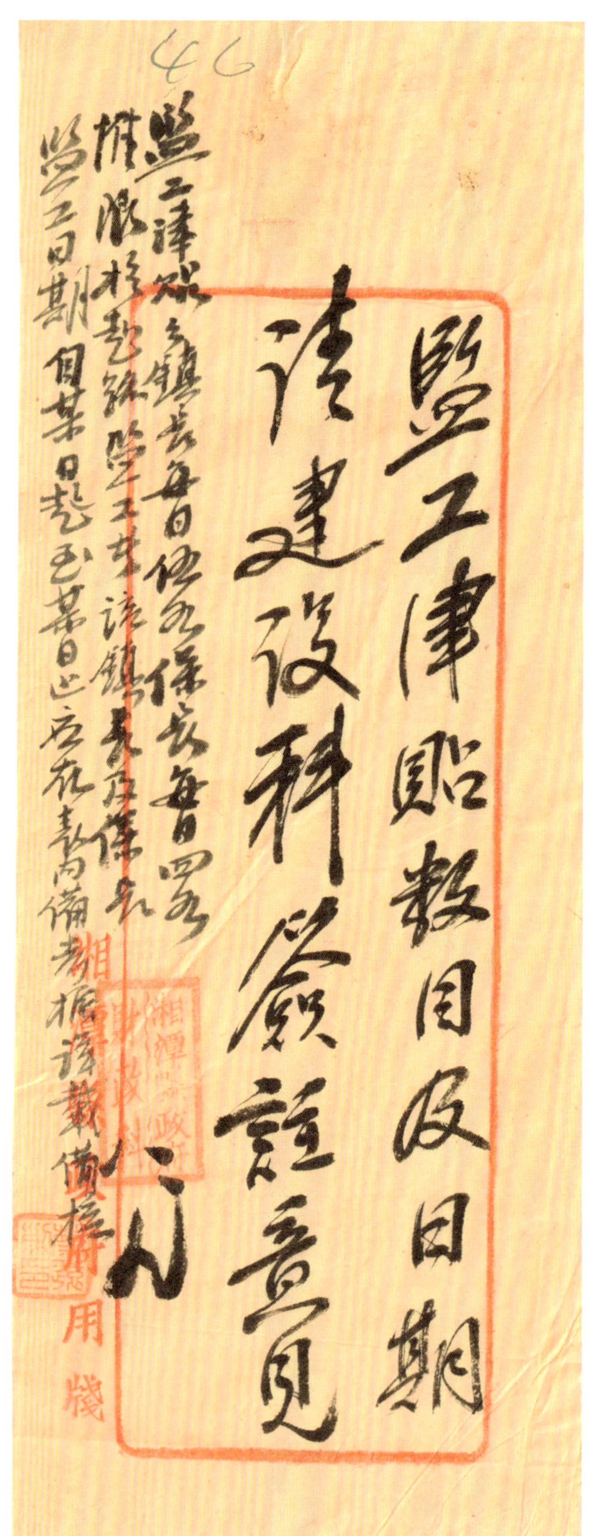

46

監工津貼數目及日期

請建設科簽註意見

監工津貼，鎮長每日伍元，保長每日四元。
擬按照路監工若該鎮長及保長
監工日期，自某日起至某日止，應在表內備考欄註載備查。

湘潭縣政府建設科

八

湘潭縣政府用牋

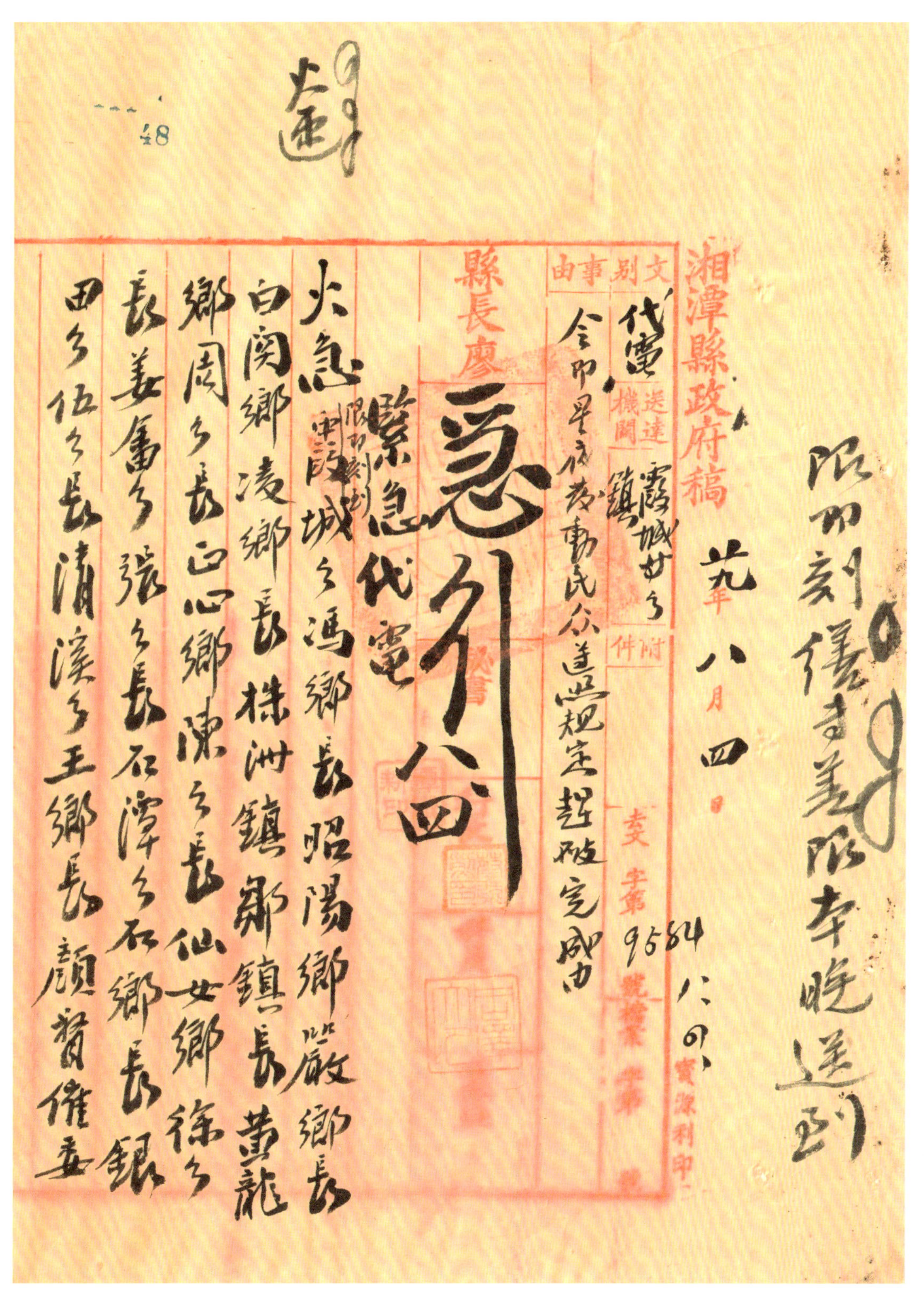
湘潭縣政府稿

文別：代電

送達機關：霞城廿乡鎮

事由：令即星夜發動民众遵照規定趕破完成由

廿九年八月四日

字第9584號

限即刻傳達並限本晚送到

縣長廖

急

緊急代電

火急。霞城乡馮鄉長、昭陽鄉嚴鄉長、白關鄉凌鄉長、株洲鎮鎮長黃龍、鄉周乡長、正心鄉陳乡長、仙女鄉徐乡長、姜畬乡張乡長、石潭乡石鄉長銀、四乡伍乡長、清溪乡王鄉長、顏賢、催委

湘潭县政府关于令即星夜发动民众遵照规定赶破道路完成致霞城、昭阳、白关等十一个乡镇公所和湘潭县政府破路督催委员督催员的紧急代电（一九四〇年八月四日）

員刘督催員胡督催員葉督催員
陳督催員黄督催員均鑒：此次奉
令破壞縣境主要大道路，業於七月有艷
兩代電飭星夜發動民众，遵照前頒交
通破壞辦法趕破，并限八月五日完成在卷。
茲以限期將屆，本縣長及建設科長蔡
遠烈巡視各段路面，多有尚留二三尺
以上者，餘土亦未遠散，堆積路旁，所挖
穴口太淺，甚至全未挖穴口者，不獨不合
規定，且工作遲滯，殊堪痛恨。特此並

廟以東之丁字路口以此往白石坳至大宮廟
當田一段迄今仍未發動民伕破壞該管各
保甲長應務業總處茲特重申前令
并分別指示於下（一）路幅如有二三尺未破
者應一律削成一市尺寬（二）穴口應遵照
規定以挖三尺深（三）每路面每隔十丈
暫留一丈長作待避車至緊急時
再破（四）路基地部份之餘土務遠散不可
堆積路旁和路面（五）橋樑壩基堤基
暫不破壞（六）山脇地兩端路口要截斷灌

水塔木板山中道路或堆障碍物或挖成陷阱或另辟小路均须相地势实施（七）各乡镇所辖公路附近之碑石应设法埋藏由当地保甲长妥为保管以免失散（八）各乡镇保甲长一律亲自赴路督工各督催员对于破坏方法应切实指导（九）姜畲以东之丁字路口以北经白石坳吴家庙一段限星夜发动民众赶破（十）各乡镇所负破坏地段一律应限本月十日完成以上十项除

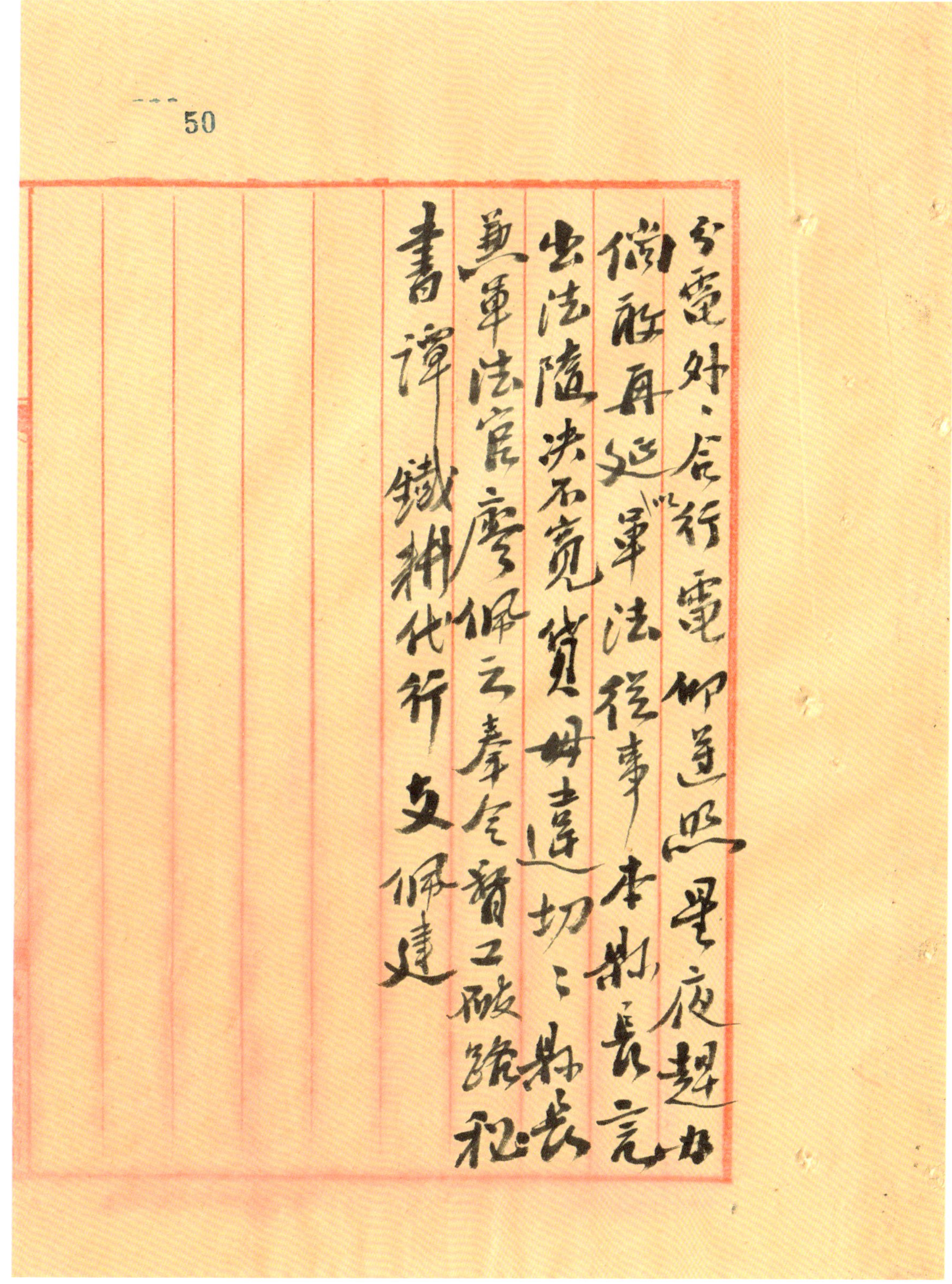
分電外，合行電仰遵照，星夜趕辦，
備，敢再延以軍法從事。本縣長言
出法隨，決不寬貸，毋違。切切。縣長
兼軍法官廖佩云奉令督工破路，秘
書譚鐵耕代行。支佩建

湘潭县政府估计土方工程员王昌溥关于呈赍破坏潭下新公路土方分配表致县政府的报告（一九四〇年八月五日）

51

3669
29 8 5

呈賫破壞潭下新公路土方分配表由

報告 八月五日 於琳園

一、案奉

鈞府八月二日午後一時命令派赴潭下段新公路估勘破壞土方樹立標識，遵即前往指定地點工作，當于本月四日午後五時將該段工程估勘完畢，樹立標誌，並以妥為分配雷山等鎮鄉負責破壞，理合檢同土方估計分配表賫呈

鑒核，並即飭各負責鄉鎮發動民伕擬破

二、查該段由易俗鎮渡船碼頭至下攝司段有路基業已由民伕自動破壞全部化成稻田

右兩項謹呈

縣長廖

附土方分配表一份

職王昌濤

擬辦

批示

湘潭县政府关于立即发动民众赶破潭下新公路致壶山、正心、涟南等五个乡镇公所等的紧急命令

（一九四〇年八月六日）

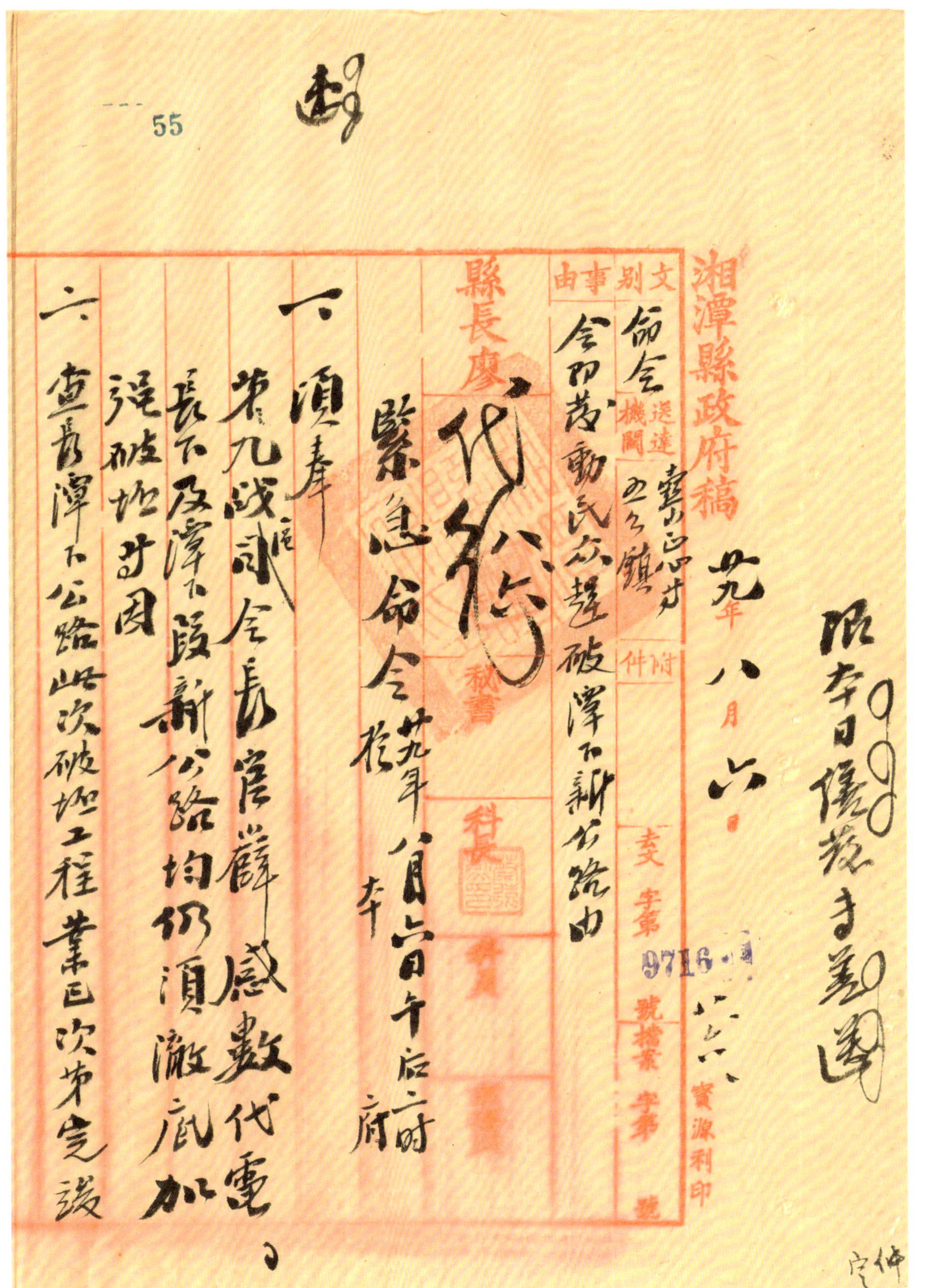

湘潭縣政府稿

文别：命令

送達機關：壺山正心等五鄉鎮

事由：令即發動民眾趕破潭下新公路由

廿九年八月六日

縣長廖 代行 秘書 科長

緊急命令 廿九年八月六日午后二時 於本府

一、頃奉第九戰區司令長官薛感戍代電：「長下及潭下段新公路均仍須澈底加强破壞」等因。

二、查長潭下公路此次破壞工程業已次第完竣

三、惟潭下段新公路亟待繼續破坯，該段破坯土方業已派員實地估測，監立橋旁應歸寶山、正心、建南、忠信、易俗、廿五鄉鎮負責趕破，并限本月九日動工，十五日完竣具報。

四、着派周桐初為該段督催員，派于富謙前往指導工程，按期驗收土方。

五、各該鄉鎮民伕給養，應按照土方計算，每一公方土發洋一角五分，可先行來府請領三分之一，於工作完竣後

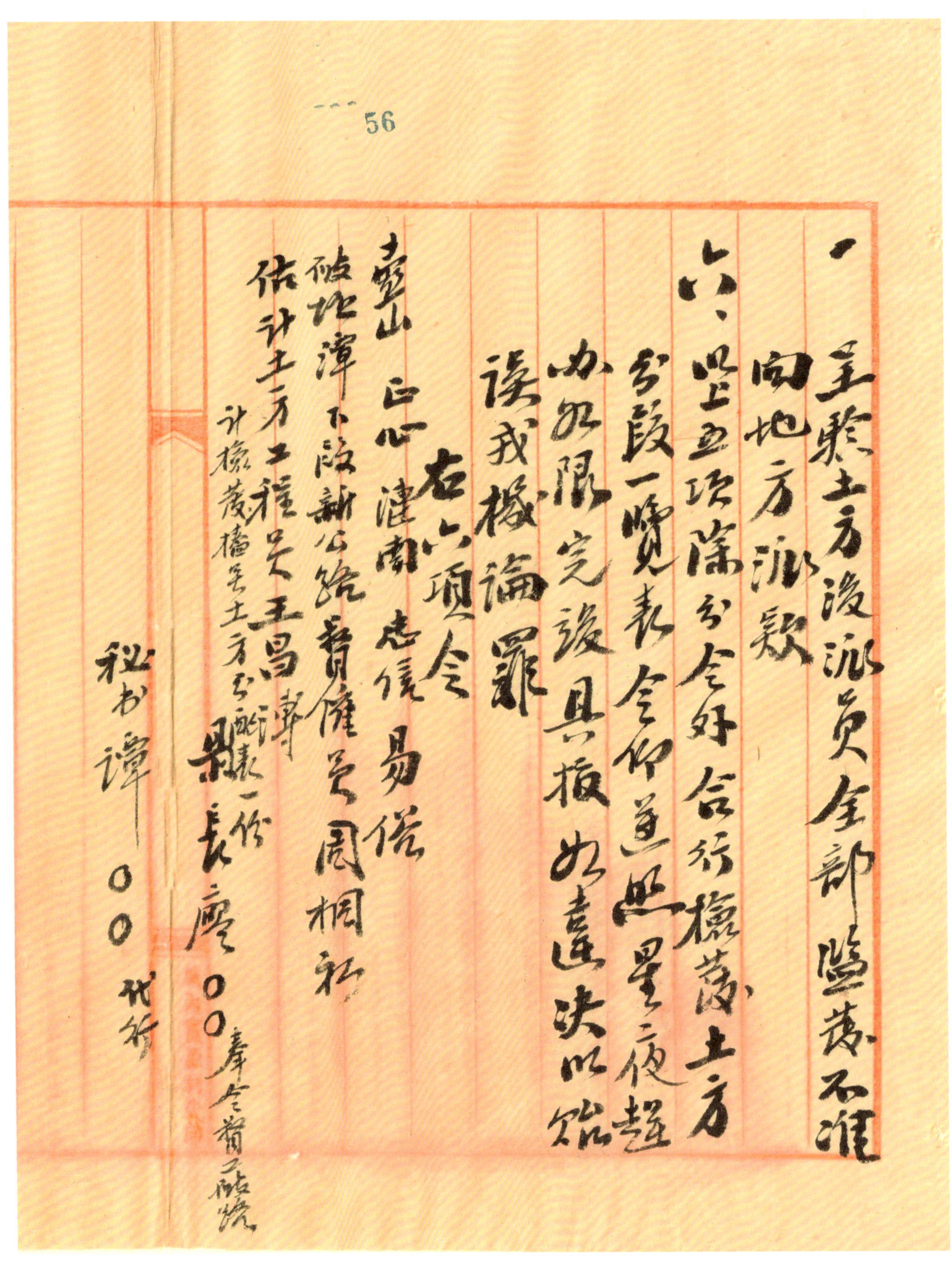
56

一、呈縣土方後派員全部監驗不准向地方派款

六、照上五項辦法令好合行檢發土方分段一覽表令仰遵照星夜趕辦如限完竣具報如違決以貽誤戎機論罪

右六項令

韶山 正心 漣南 忠信 易俗

破壞潭下段新公路費僱民周桐秋

估計土方工程民夫王昌譚

計檢發檢查土方分配表一份

縣長廖〇〇 奉令前往破壞

秘書譚〇〇代行

湘潭县政府关于潭下段新公路业已估勘定于九日动工加强破坏致第九战区司令长官司令部的电报（一九四〇年八月六日）

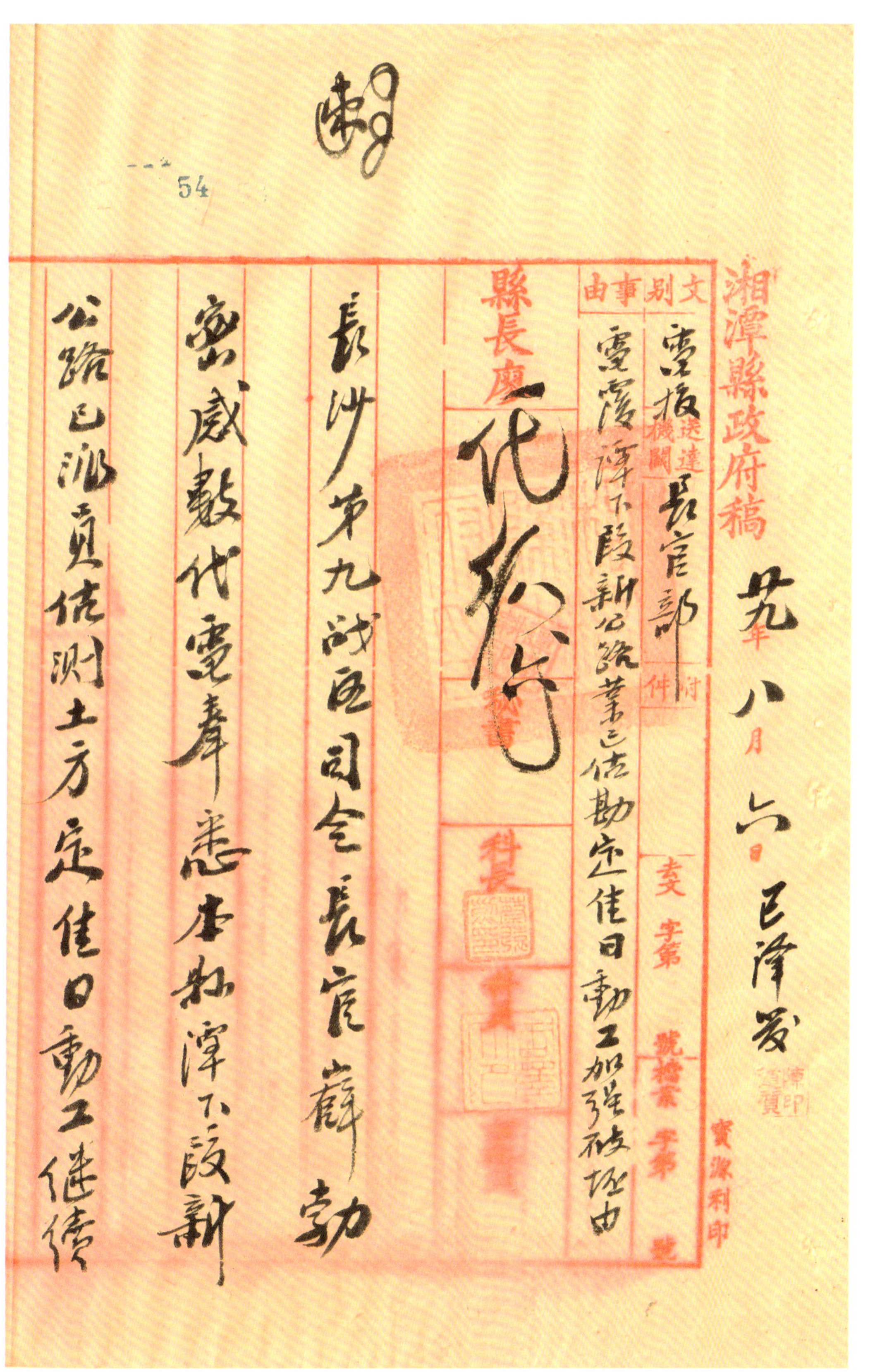
湘潭縣政府稿

文別：電報

送達機關：長官部

附件

事由：電覆潭下段新公路業已估勘定佳日動工加強破壞由

縣長廖　代行

科長

秘書

廿九年八月六日　已繕發

實源利印

54

長沙第九戰區司令長官薛勛鑒：感數代電奉悉。本縣潭下段新公路已派員估測土方，定佳日動工，繼續

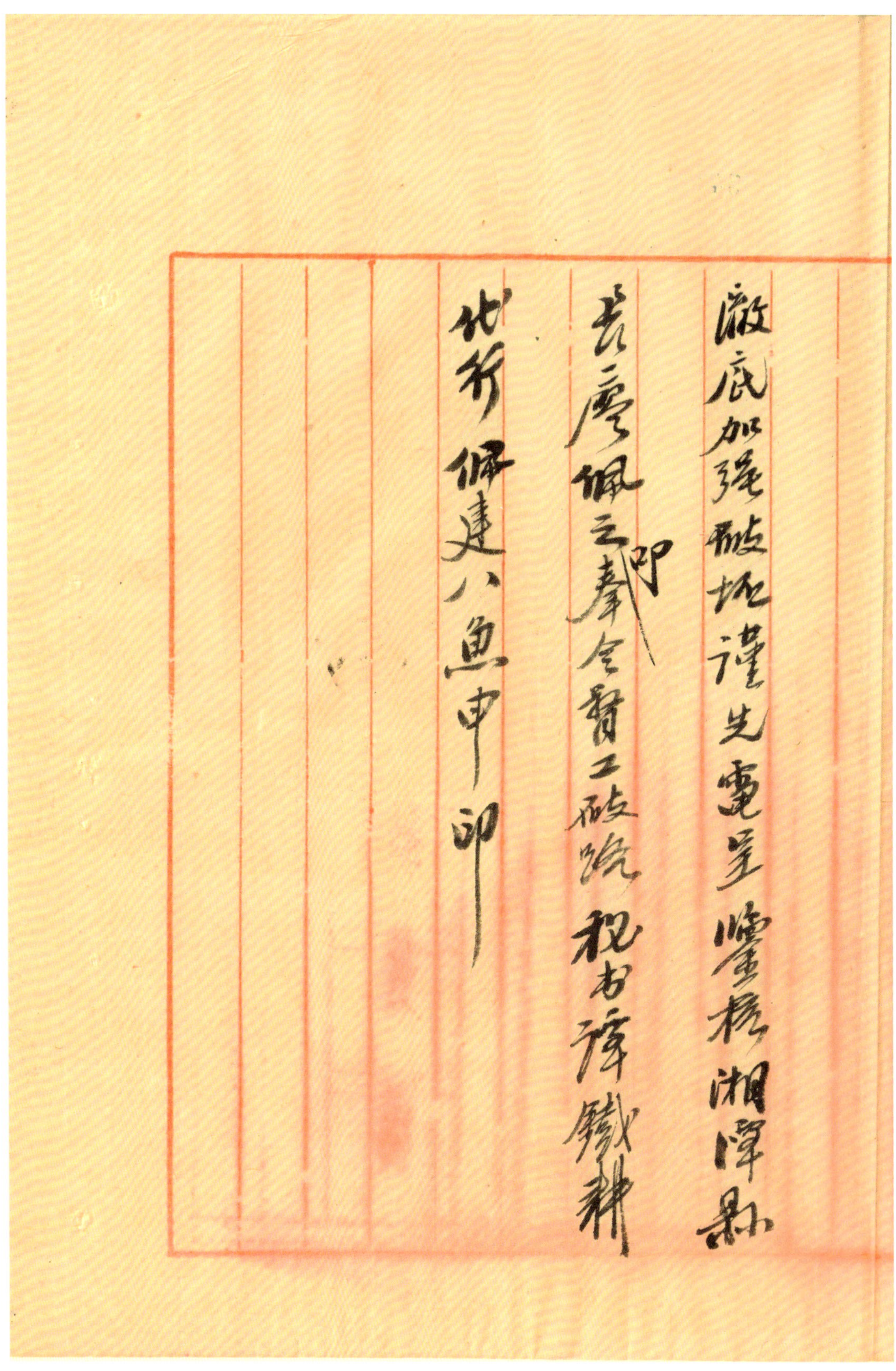
澈底加强破坏，谨先电呈鉴核。湘潭县长廖佩之奉令督工破路总指挥铁耕叩。

北祈佩建八鱼申印

湘潭县政府破路督催员胡开运关于呈报银田、清溪两乡破路工作情形致县政府的呈（一九四〇年八月六日）

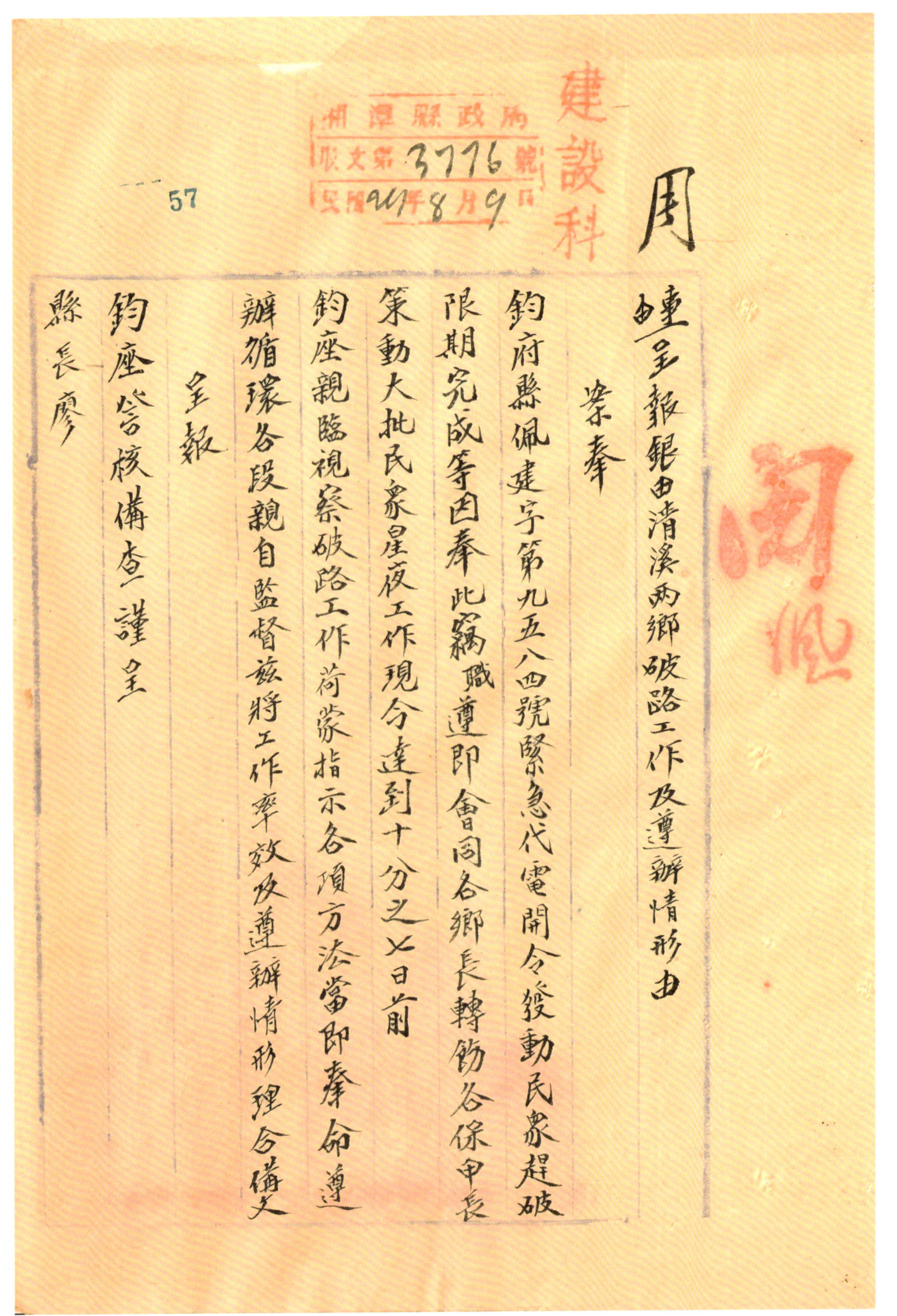

湘潭縣政府 收文第3776號 民国29年8月9日

建設科

周

57

事由 呈報銀田清溪兩鄉破路工作及遵辦情形由

案奉

鈞府縣佩建字第九五八四號緊急代電開令發動民衆趕破限期完成等因奉此竊職遵即會同各鄉長轉飭各保甲長策動大批民衆星夜工作現今達到十分之七日前

鈞座親臨視察破路工作荷蒙指示各項方法當即奉命遵辦循環各段親自監督茲將工作率效及遵辦情形理合備文

呈報

鈞座鑒核備查謹呈

縣長廖

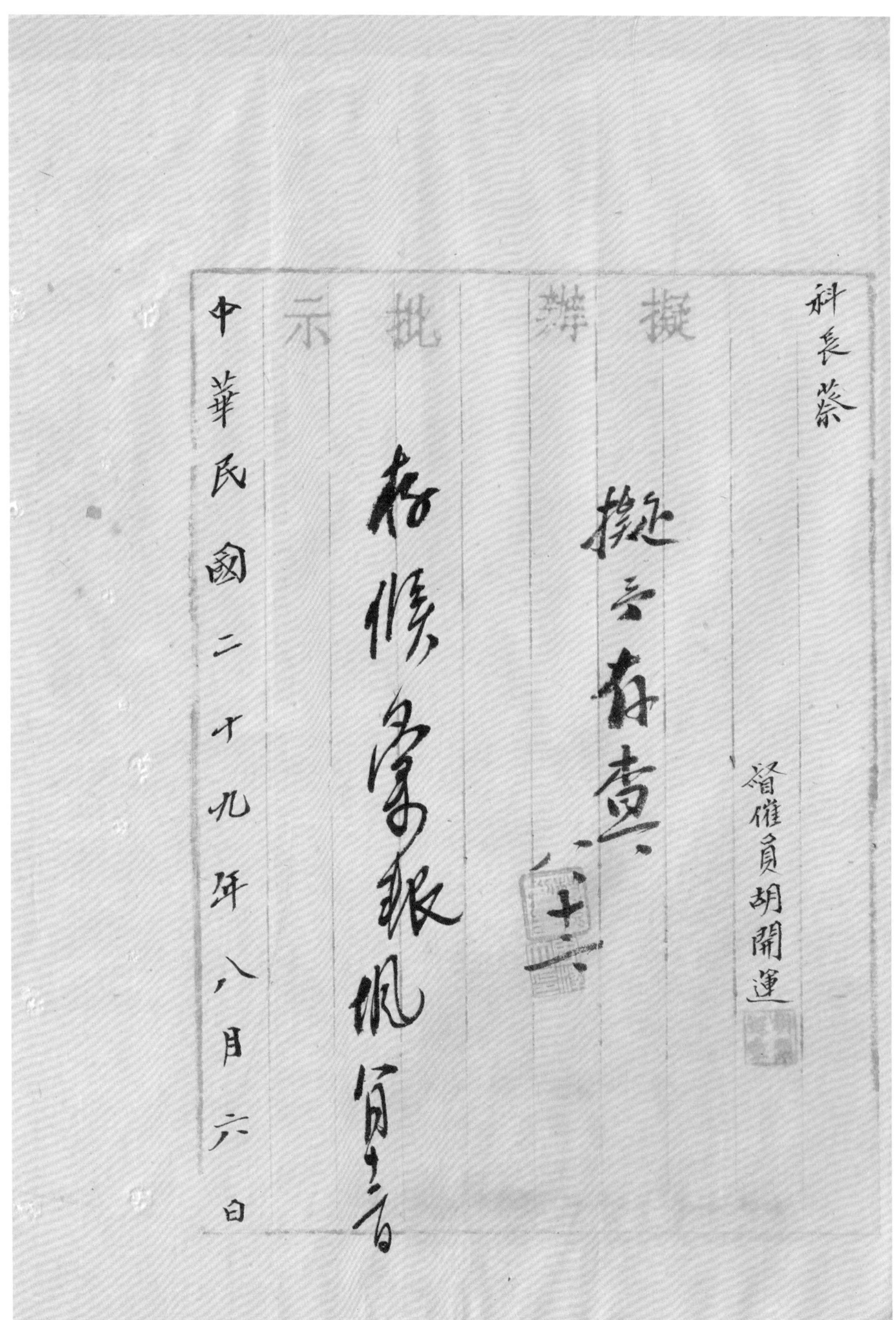
科長蔡

督催員胡開運

擬辦　擬予存查

批示　存候彙報　佩賢

中華民國二十九年八月六日

湘潭县政府破坏长潭公路督催员周桐初关于发给督催工作旅费致县政府的报告及县政府的指令（一九四〇年八月六日、十二日）

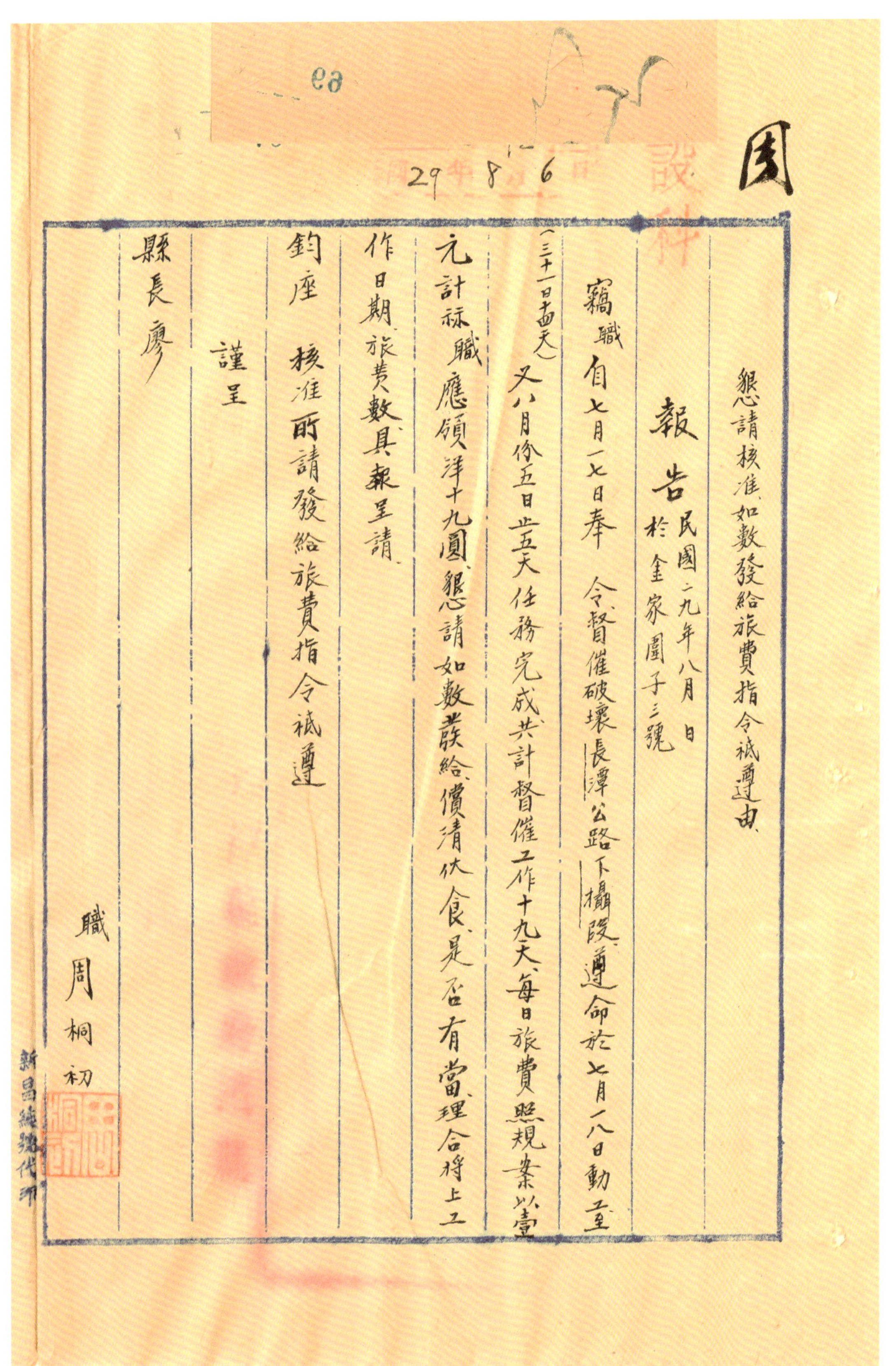

懇請核准、如數發給旅費指令祗遵由

報告　民國二九年八月　日
於金家園子三號

竊職自七月一七日奉　令督催破壞長潭公路下攝段，遵命於七月一八日動工至（三十一日十四天）又八月份五日止五天任務完成，共計督催工作十九天，每日旅費照規案以壹元計，職應領洋十九圓，懇請如數發給，償清伙食，是否有當，理合將上工作日期、旅費數具報呈請

鈞座　核准所請發給旅費指令祗遵

謹呈

縣長廖

職　周桐初

新昌純號代印

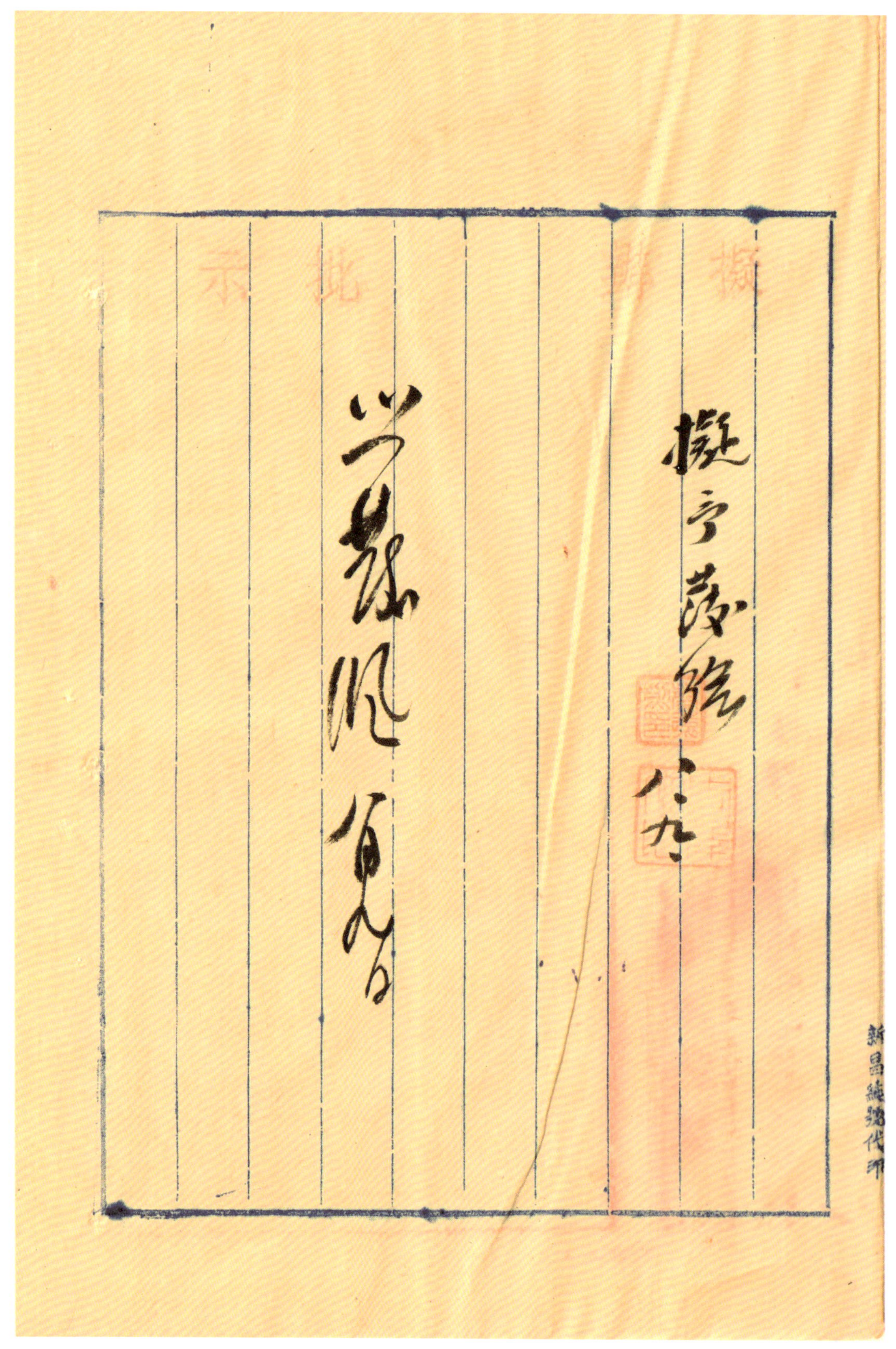
擬辦　　批示

新昌紙號代印

69

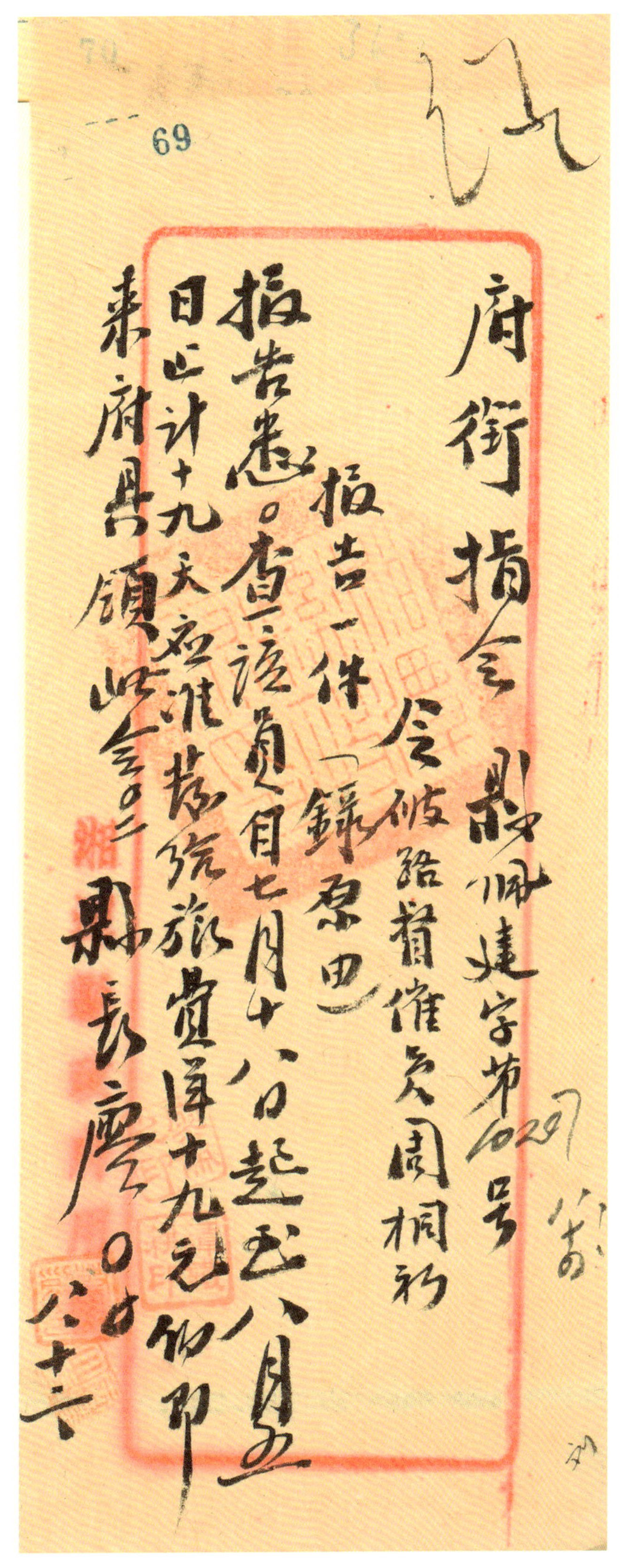

府衔指令　县湘建字第1029号

令修路督催员周桐初

报告一件（录原由）

报告悉。查该员自七月十八日起至八月五日止，计十九天，应准发给旅费洋十九元，仰即来府具领。此令。

县长　应〇〇

八、十六

湘潭县涟南乡公所关于破坏潭下新公路恳请给发民夫给养致县政府的报告（一九四〇年八月七日）

47

报告

二十九年八月七日午後四時

於漣南鄉公所

事由：為奉令破壞潭下新公路懇請給發民伕給養由

一、項奉

鈞府二十九年八月六日午后二時命令第五項開各該鄉鎮民伕給養應按照土方計祘每一公方土發洋一角五分可先行來府預領三分之一於工作完竣呈驗土方後派員全部監發不准向地方派欵等因奉此查屬鄉土方數目六〇一六〇照三分之一預領應請給發給養洋肆百元整理合備具印領前來報告

鈞府懇賜察核照給以便開始工作深為公便謹呈

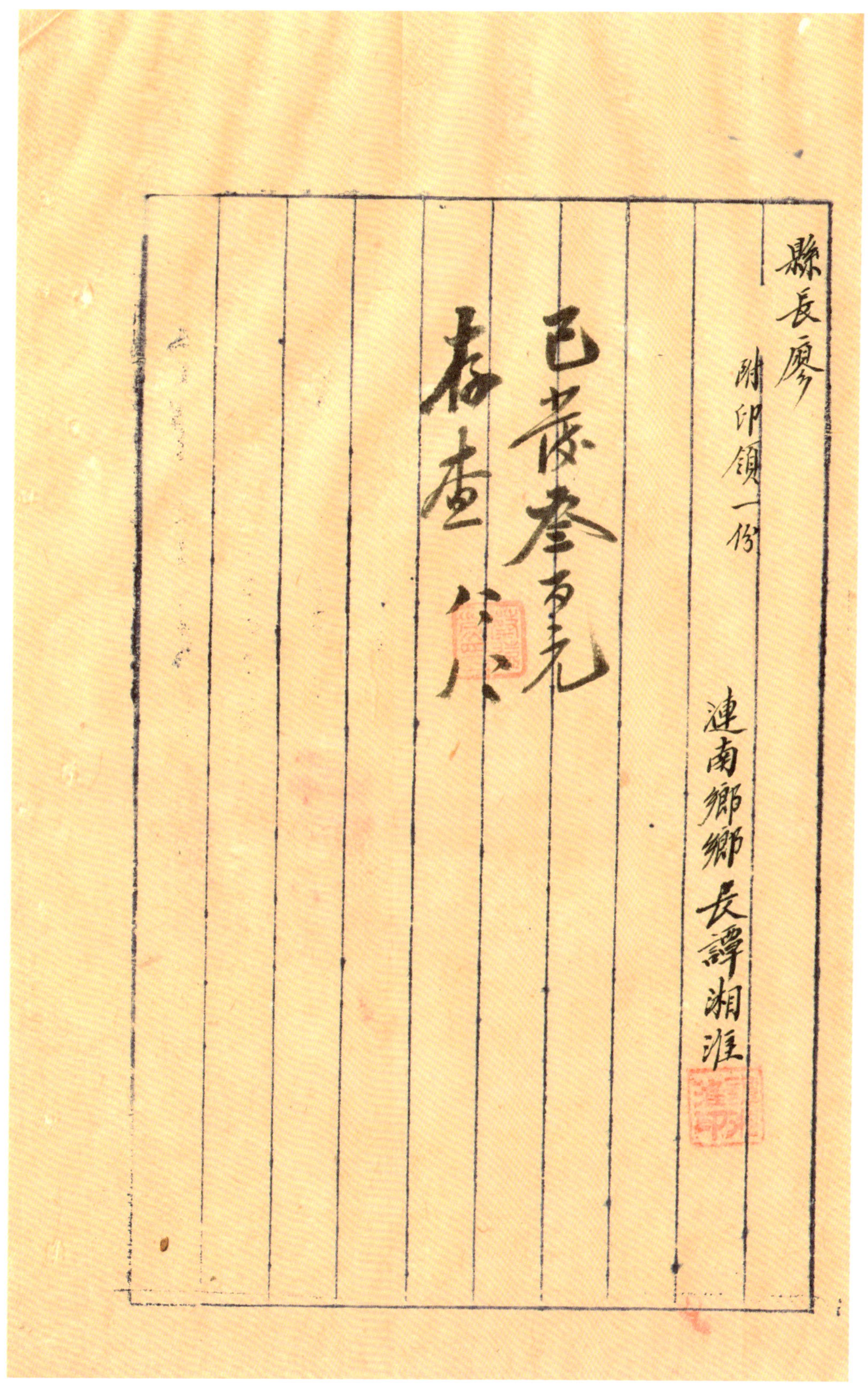
縣長廖
附印領一份
連南鄉鄉長譚湘淮
已收叁百元
存查 [illegible]

湘潭县黄龙乡公所关于呈报第三次乡务会议议决案奉令破坏长潭及潭宁路统限八月十日一律完成致县政府的呈（一九四〇年八月七日）

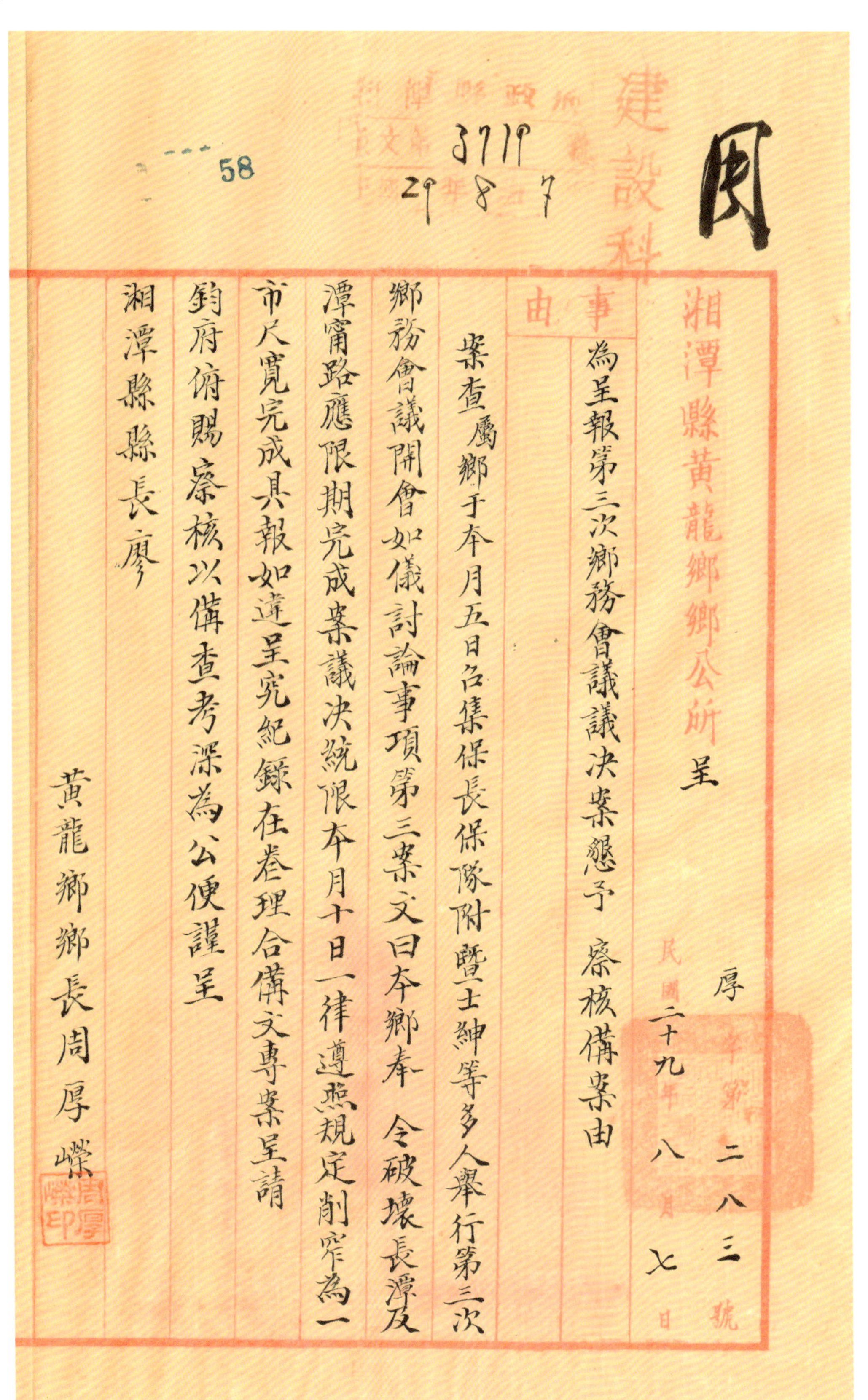

湘潭縣黃龍鄉鄉公所 呈 厚字第二八三號

民國二十九年八月七日

事由：為呈報第三次鄉務會議議決案懇予察核備案由

案查屬鄉于本月五日召集保長、保隊附暨士紳等多人舉行第三次鄉務會議，開會如儀，討論事項第三案文曰：本鄉奉令破壞長潭及潭甯路，應限期完成案。議決：統限本月十日一律遵照規定削窄為一市尺寬完成具報。如違呈究。紀錄在卷，理合備文專案呈請鈞府俯賜察核，以備查考，深為公便。謹呈

湘潭縣縣長廖

黃龍鄉鄉長周厚嶸

湘潭县县政府、姜畲乡公所关于姜畲以东之丁字路口以北经白石坳灵官庙一段驿路属地问题及发动民众赶破的一组文书（一九四〇年八月七日至十二日）

姜畲乡公所致湘潭县政府的呈（一九四〇年八月七日）

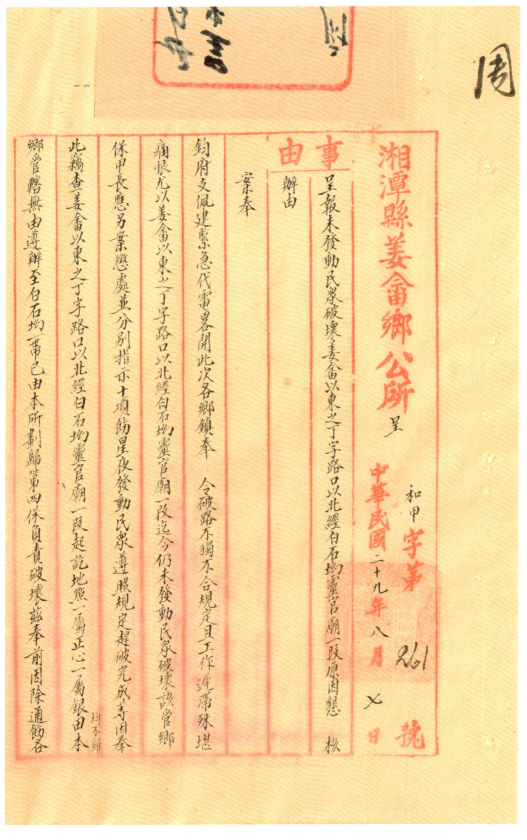

湘潭縣姜畲鄉公所呈　和甲字第261號　中華民國二十九年八月七日

事由：呈報未發動民眾破壞姜畲以東之丁字路口以北經白石坳靈官廟一段原因懇　核辦由

案奉

鈞府支佩建緊急代電略開此次各鄉鎮奉　令破路不獨不合規定且工作遲滞殊堪痛恨尤以姜畲以東之丁字路口以北經白石坳靈官廟一段迄今仍未發動民眾破壞該管鄉保甲長應另案懲處並分別指示十項飭星夜發動民眾遵照規定趕破完成等因奉此竊查姜畲以東之丁字路口以北經白石坳靈官廟一段起訖地點一屬正心一屬銀田（均不歸）本鄉管轄無由遵辦至白石坳一帶已由本所劃歸第四保負責破壞茲奉前因除通飭各

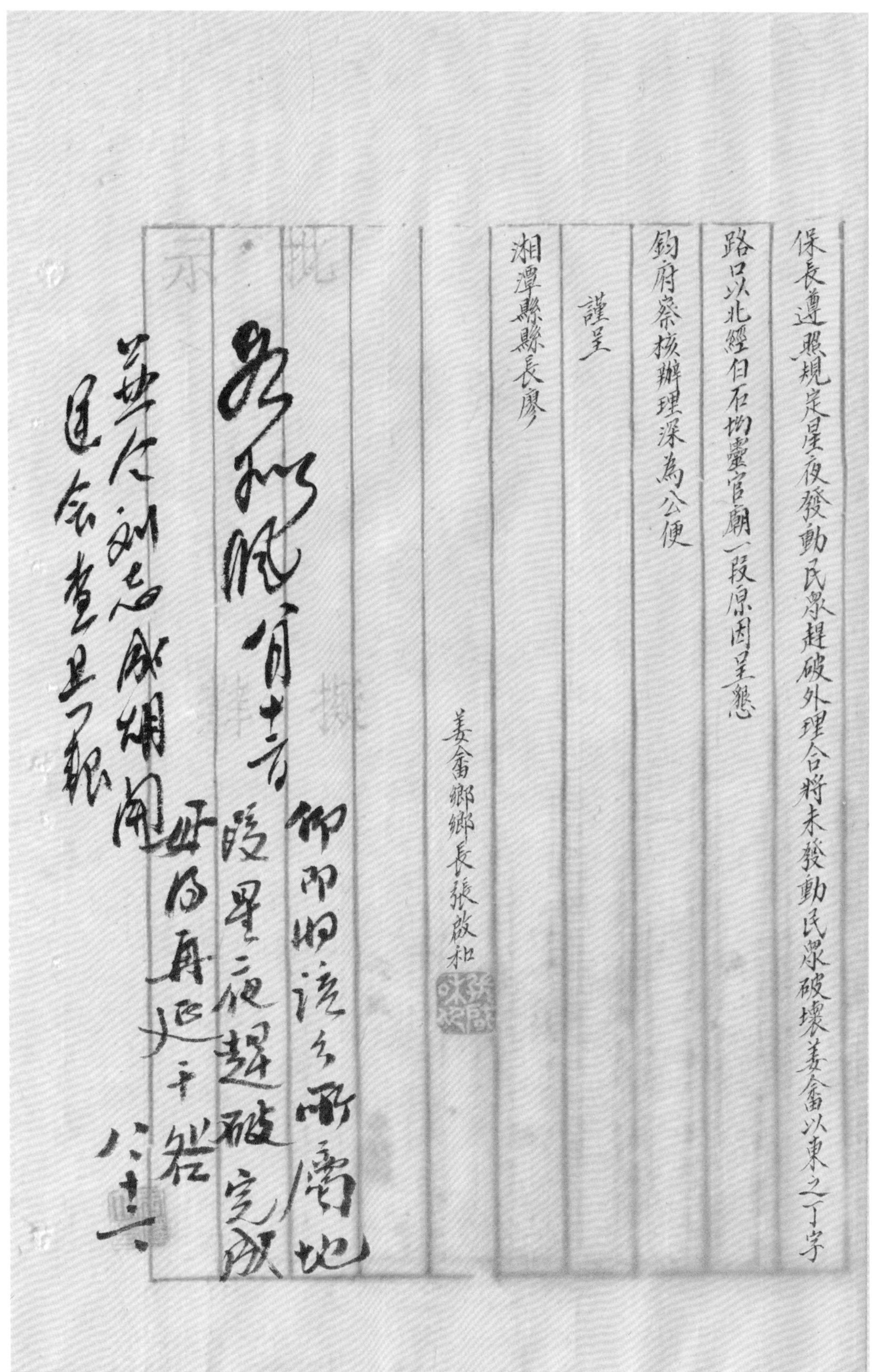

保長遵照規定星夜發動民衆趕破外理合將未發動民衆破壞姜畬以東之丁字路口以北經白石坳靈官廟一段原因呈懇

鈞府察核辦理深為公便

謹呈

湘潭縣縣長廖

姜畬鄉鄉長張啟和

批示

擬辦

飭即該鄉所屬地段星夜趕破完成毋得再延干咎

如擬 八月十三

並令劉志成胡聞逕往查具報

八.十三

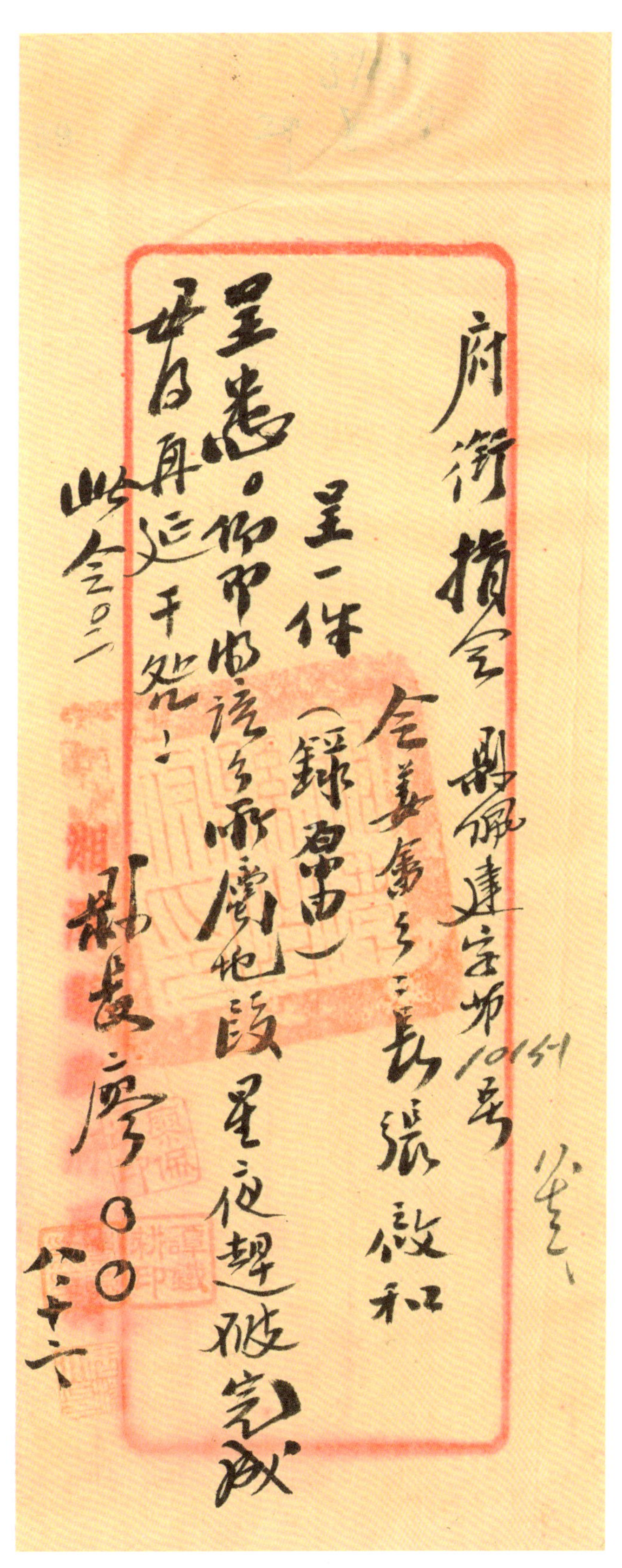

府銜指令　縣佩建字第10151號

令姜畲鄉鄉長張啟和

呈一件（錄呈由）

呈悉。仰即將該鄉所屬地段星夜趕辦完成具報，毋再延干咎！

此令。

縣長廖○○

八、十二

湘潭县政府致姜畲乡公所的指令（一九四〇年八月十二日）

湘潭县政府致破路督催员刘志成、胡开运的训令（一九四〇年八月十二日）

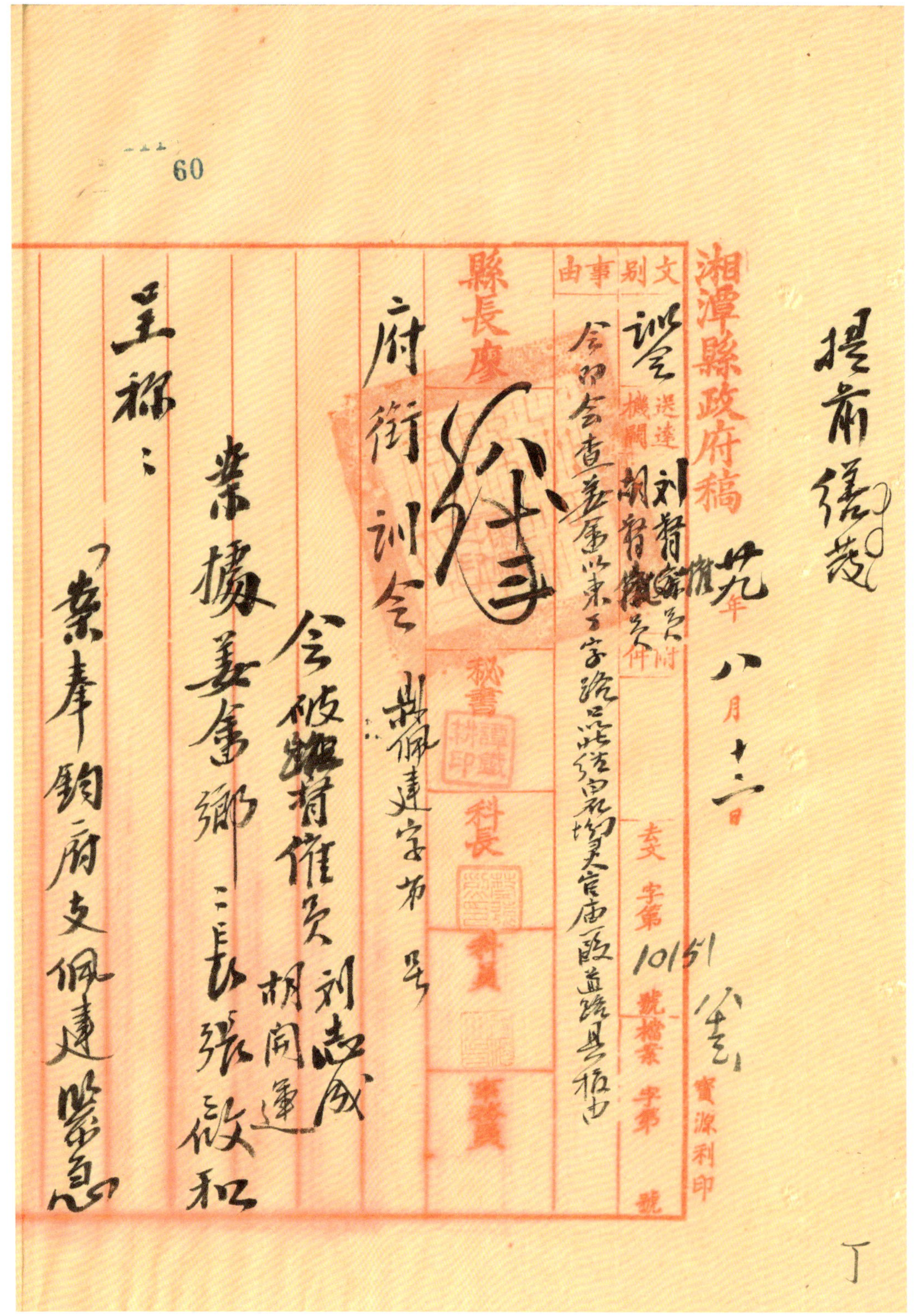
提前繕發

湘潭縣政府稿

文别：訓令

送達機關：刘督催员、胡督催员

廿九年八月十二日

去文 字第10151號

縣長廖

府銜訓令 佩建字第 號

令破路督催员刘志成、胡開運

案據姜畬鄉鄉長張啟和

呈稱：

案奉鈞府支佩建路密

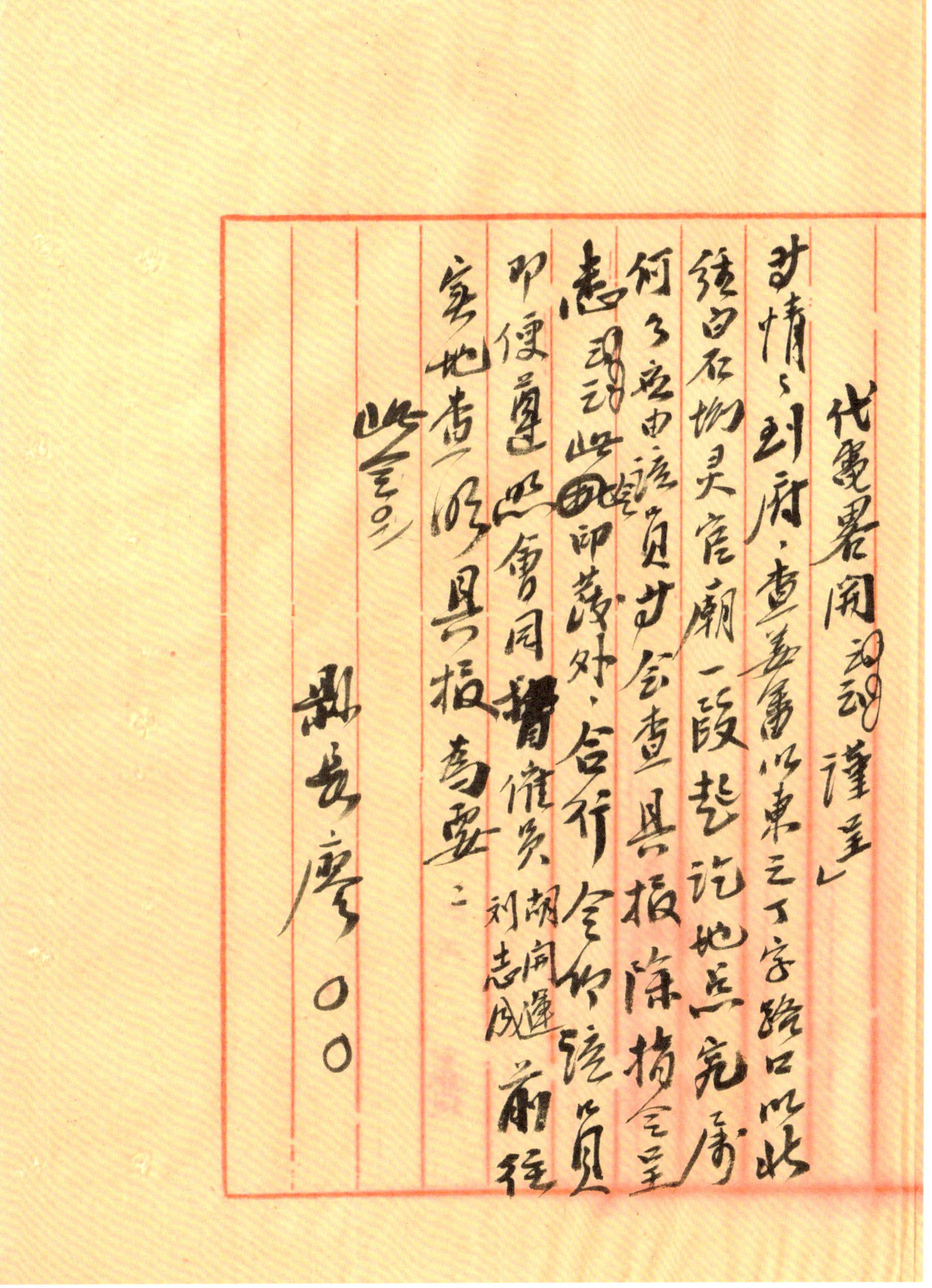

代電署閱 謹呈」

等情々到府。查姜家畬以東之丁字路口以北經白石坳吴宫廟一段，其地點究屬何鄉？應由該員等會查具報，除指令呈悉此即發外，合行令仰該員即便遵照會同督催員胡向逵、刘志成前往實地查明具報為要。

此令。

縣長廖〇〇

湘潭县姜畲乡公所关于第二保保长刘群呈报七里铺至白石坳地段不归该保破坏致县政府的呈及县政府的指令（一九四〇年八月七日、二十一日）

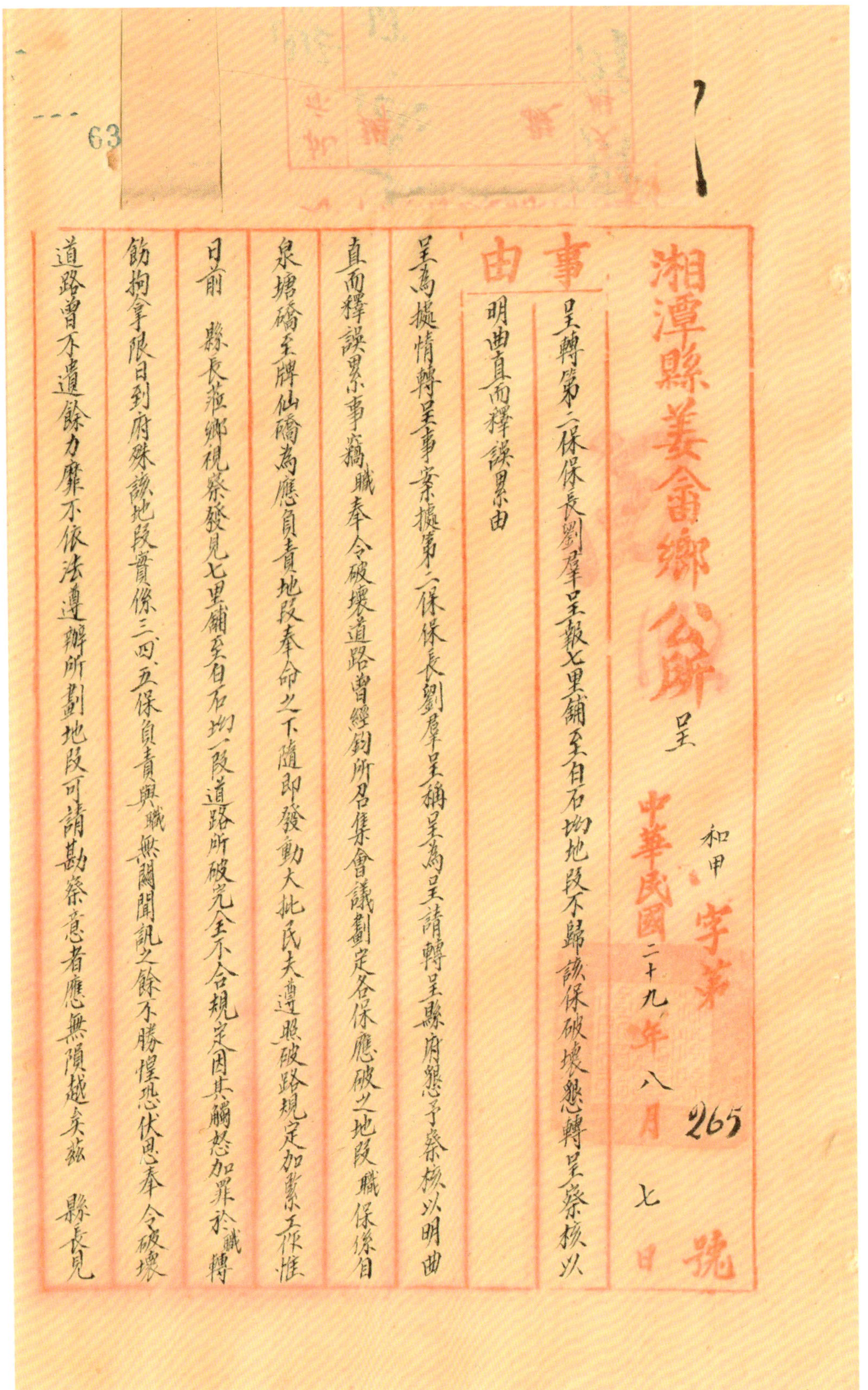

湘潭縣姜畲鄉公所 呈 和甲字第265號

中華民國二十九年八月七日

事由：呈轉第二保保長劉羣呈報七里鋪至白石坳地段不歸該保破壞懇轉呈察核以明曲直而釋誤累由

呈為據情轉呈事案據第二保保長劉羣呈稱呈為呈請轉呈縣府懇予察核以明曲直而釋誤累事竊職奉令破壞道路曾經鈞所召集會議劃定各保應破之地段職保係自泉塘橋至牌仙橋為應負責地段奉命之下隨即發動大批民夫遵照破路規定加緊工作惟日前　縣長蒞鄉視察發見七里鋪至白石坳一段道路所破完全不合規定因其觸怒加罪於職轉飭拘拿限日到府殊該地段實係三、四、五保負責與職無關聞訊之餘不勝惶恐伏思奉令破壞道路曾不遺餘力靡不依法遵辦所劃地段可請勘察意者應無隕越矣茲　縣長見

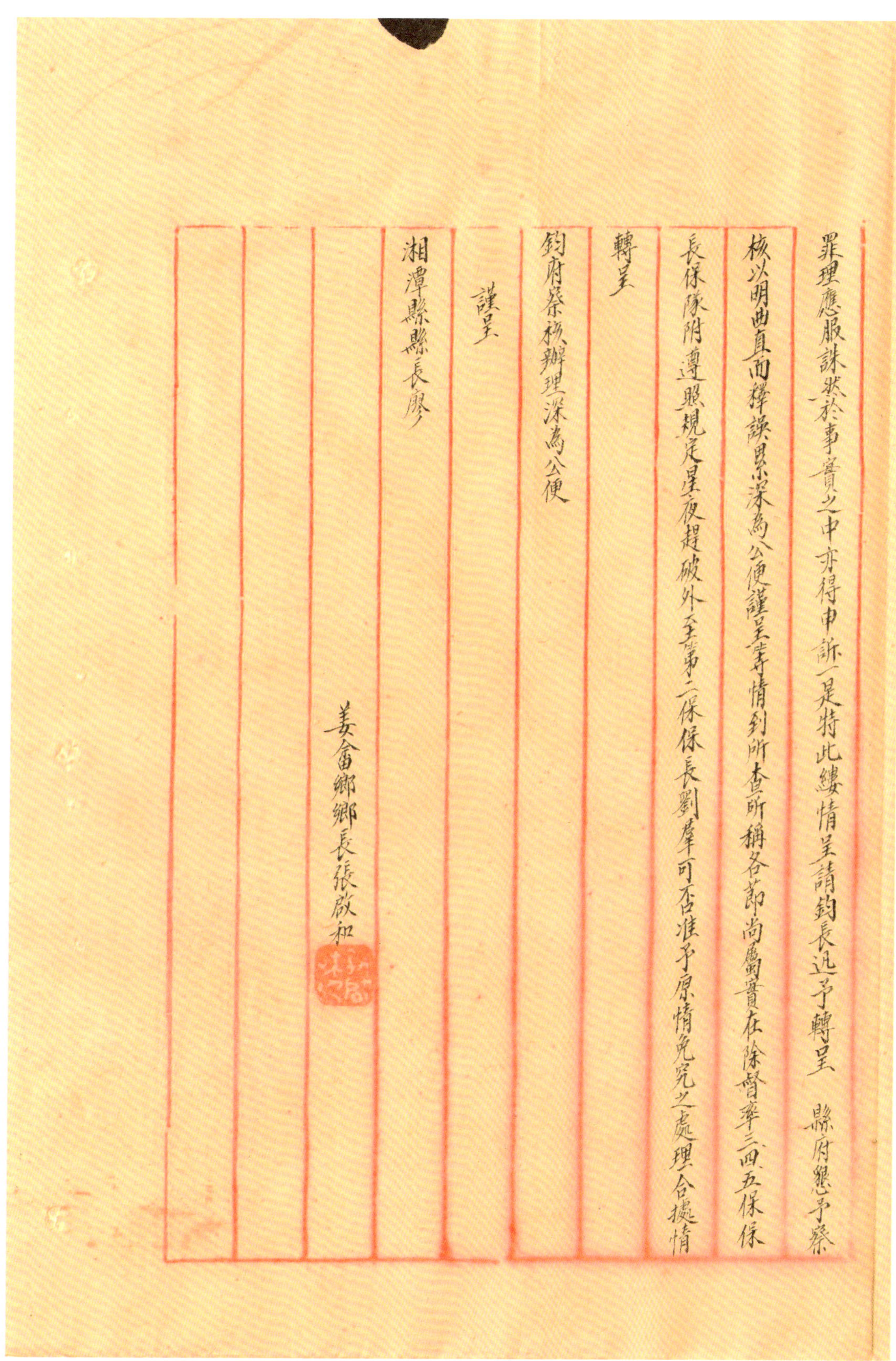

罪理應服誅然於事實之中亦得申訴一是特此縷情呈請鈞長迅予轉呈　縣府懇予察

核以明曲直而釋誤累深為公便謹呈等情到所查所稱各節尚屬實在除督率三四五保保

長保隊附遵照規定星夜趕破外至第二保保長劉羣可否准予原情免究之處理合據情

轉呈

鈞府察核辦理深為公便

謹呈

湘潭縣縣長廖

姜畬鄉鄉長張啟和

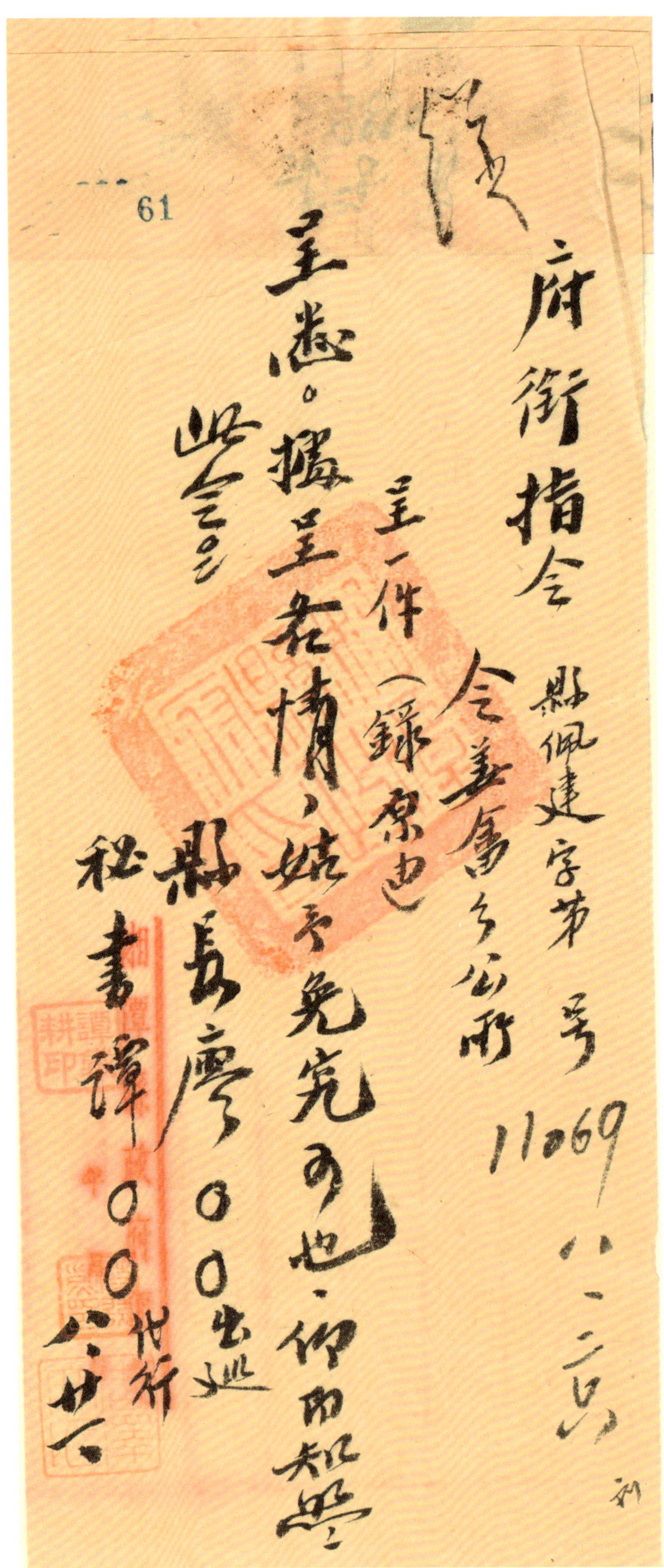

发

61

府衔指令　　县佩建字第 11069 号　八、二六

令姜畲乡公所

呈一件（录案由）

呈悉。据呈各情，姑予免究可也。仰即知照。

此令。

县长廖○○出巡

秘书谭○○代行

八、廿六

湘潭县忠信乡公所关于派忠信乡乡队附陈济华前来领取破坏潭下公路及机场伙食费致县政府的报告（一九四〇年八月八日）

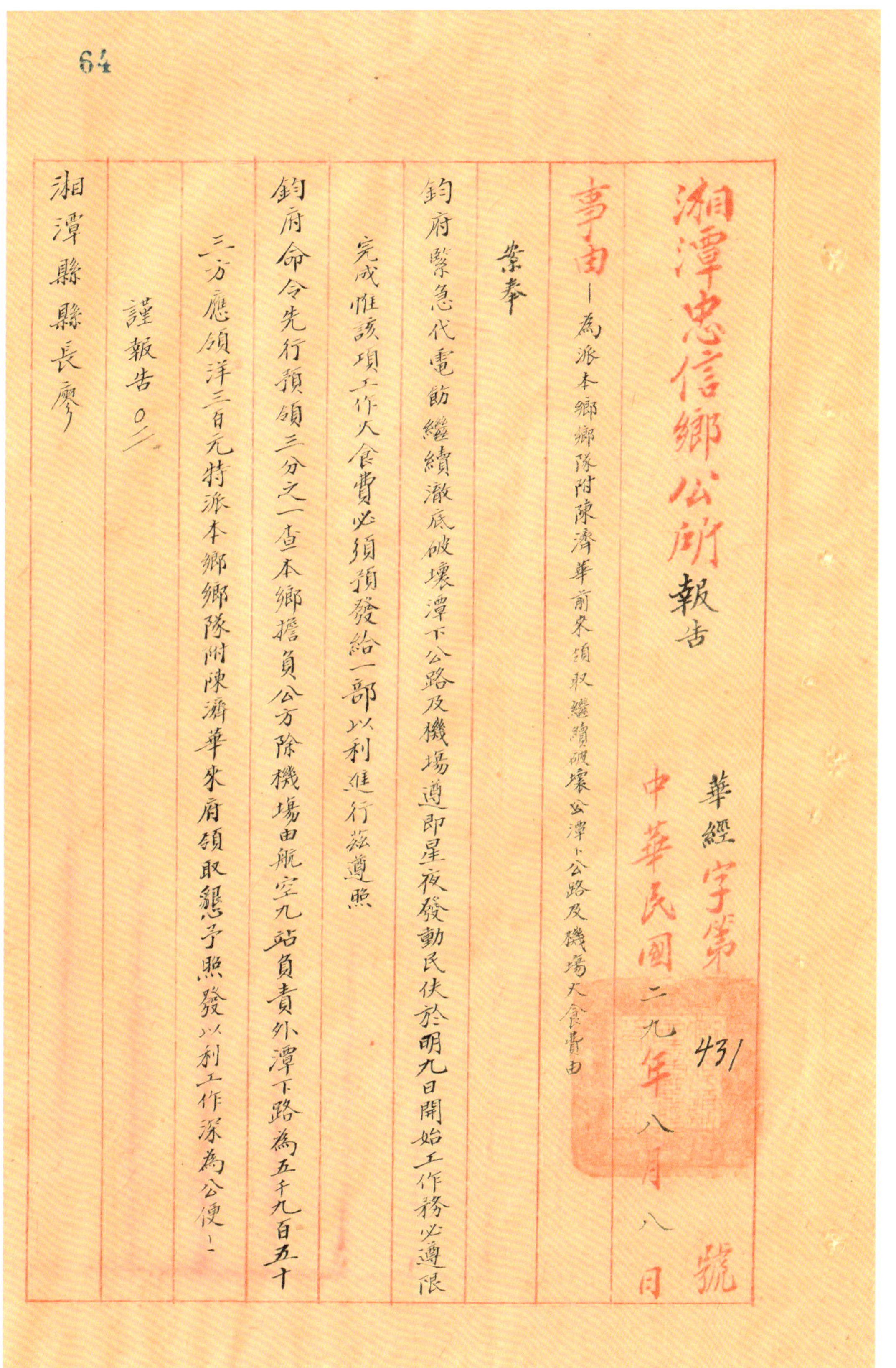
64

湘潭忠信鄉公所報告

華經字第431號

中華民國二九年八月八日

事由——為派本鄉鄉隊附陳濟華前來領取繼續破壞公潭下公路及機場火食費由

案奉

鈞府緊急代電飭繼續澈底破壞潭下公路及機場遵即星夜發動民伕於明九日開始工作務必遵限

完成惟該項工作火食費必須預發給一部以利進行茲遵照

鈞府命令先行預領三分之一查本鄉擔負公方除機場由航空九站負責外潭下路為五千九百五十

二方應領洋三百元特派本鄉鄉隊附陳濟華來府領取懇予照發以利工作深為公便

謹報告

湘潭縣縣長廖

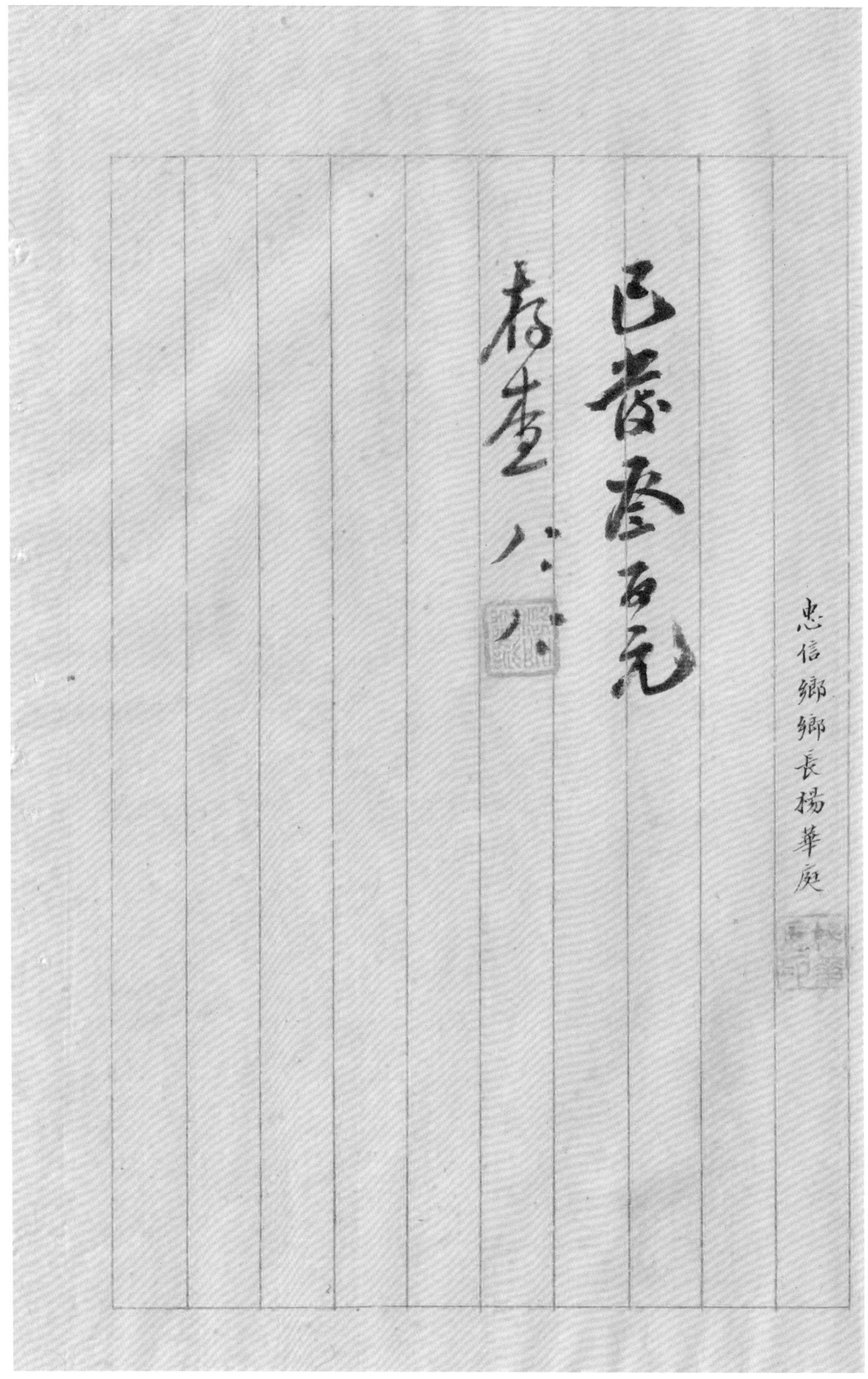

忠信鄉鄉長楊華庭

已發叁百元

存查 八、八

湘潭县政府破坏长潭公路督催员周桐初关于破坏任务完毕恳请解除督催员职责另派工作致县政府的报告及县政府的指令（一九四〇年八月九日）

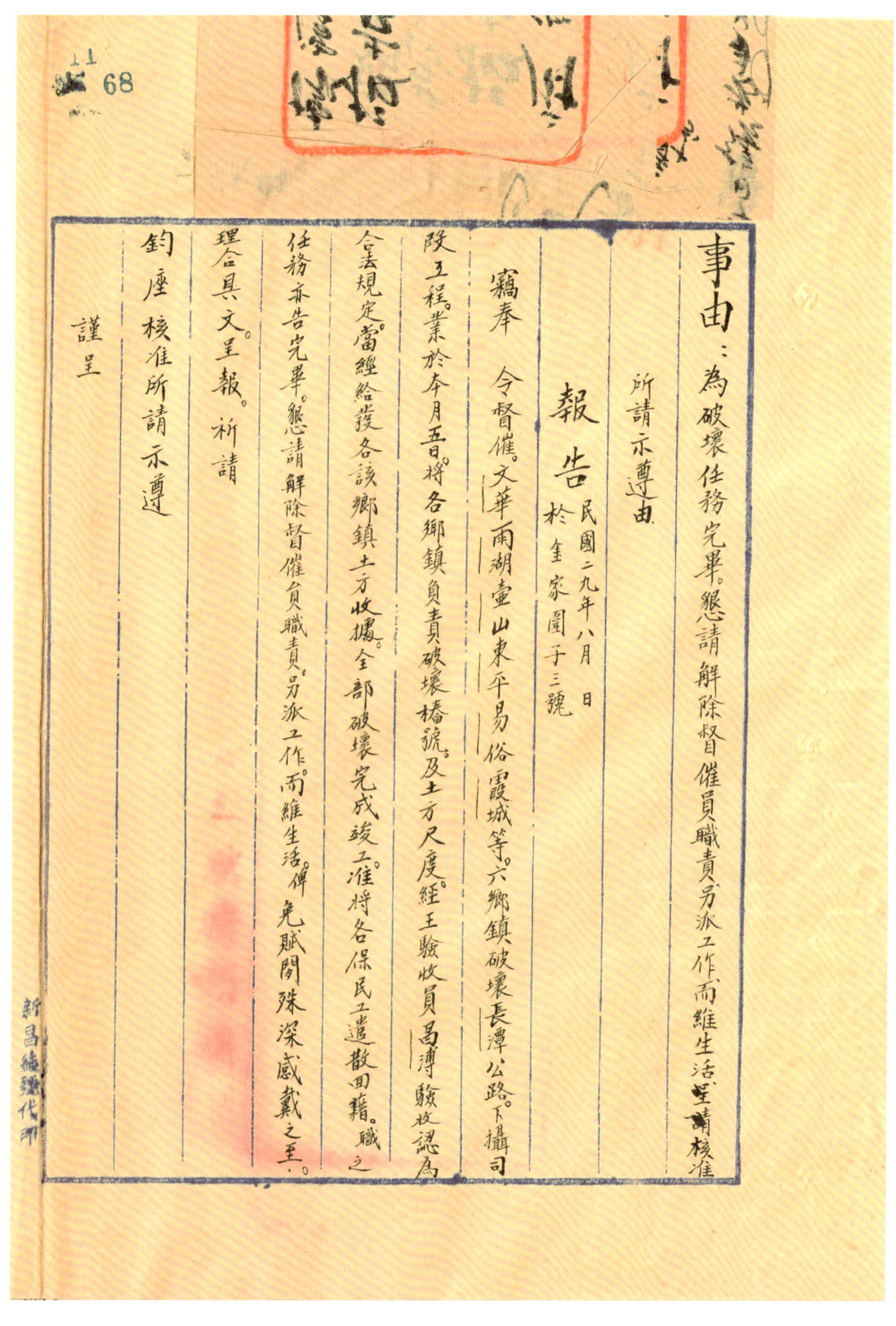

事由：為破壞任務完畢。懇請解除督催員職責另派工作而維生活，呈請核准所請示遵由

報告 民國二九年八月 日 於金家園子三號

竊奉 令督催。文華雨湖壺山東平易俗霞城等六鄉鎮破壞長潭公路。下攝司段工程。業於本月五日。將各鄉鎮負責破壞橋號。及土方尺度。經王驗收員昌溥驗收認為合法規定。當經給發各該鄉鎮土方收據。全部破壞完成竣工。准將各保民工遣散回籍。職之任務亦告完畢。懇請解除督催負職責。另派工作。而維生活。俾免賦閑。殊深感戴之至。理合具文呈報。祈請

鈞座核准所請示遵

謹呈

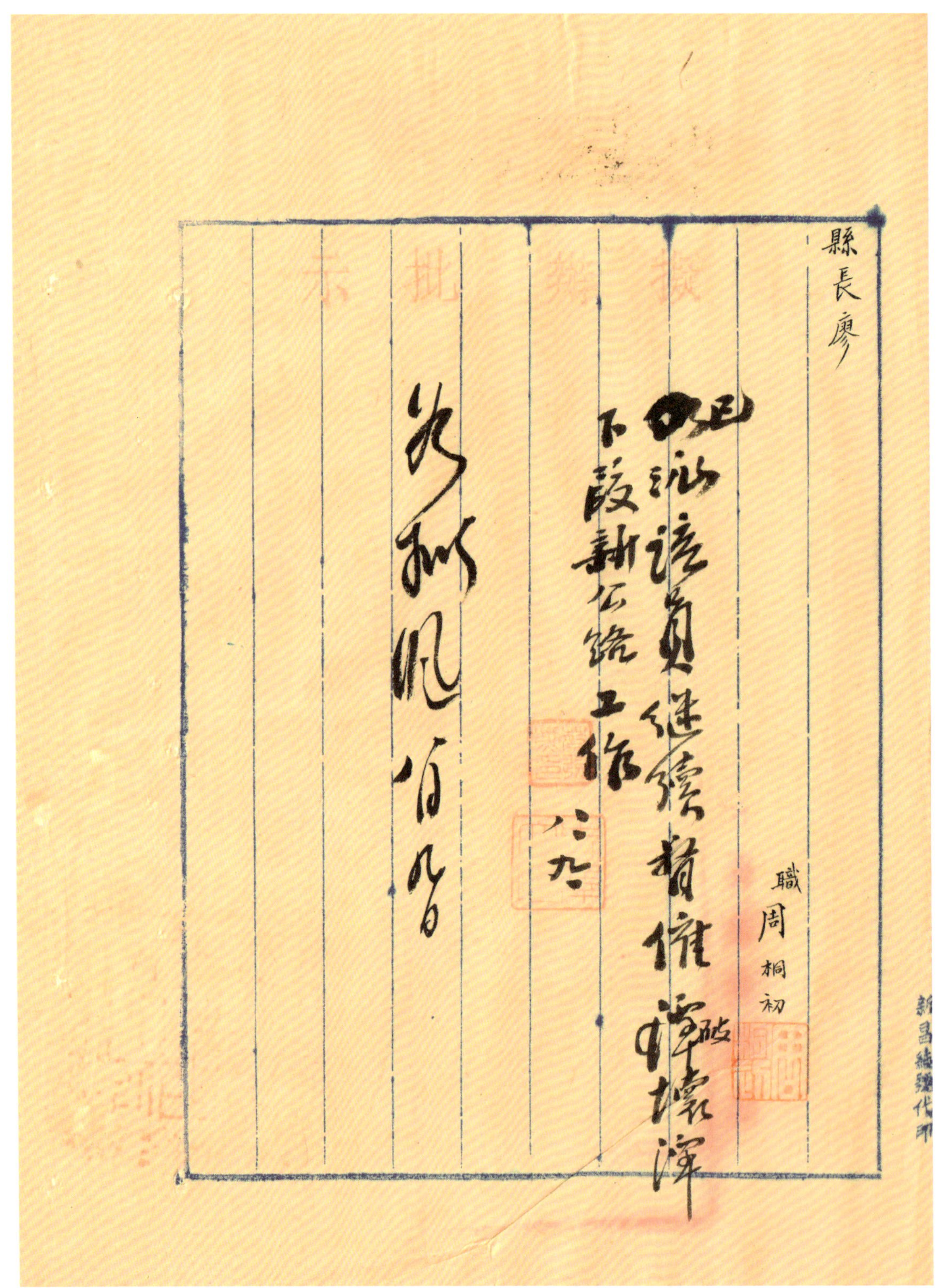

縣長廖

已飭該員繼續積極破壞湘潭
下葭新公路工作 八.九

職 周桐初

擬辦

批示

如擬 鳳 有昭

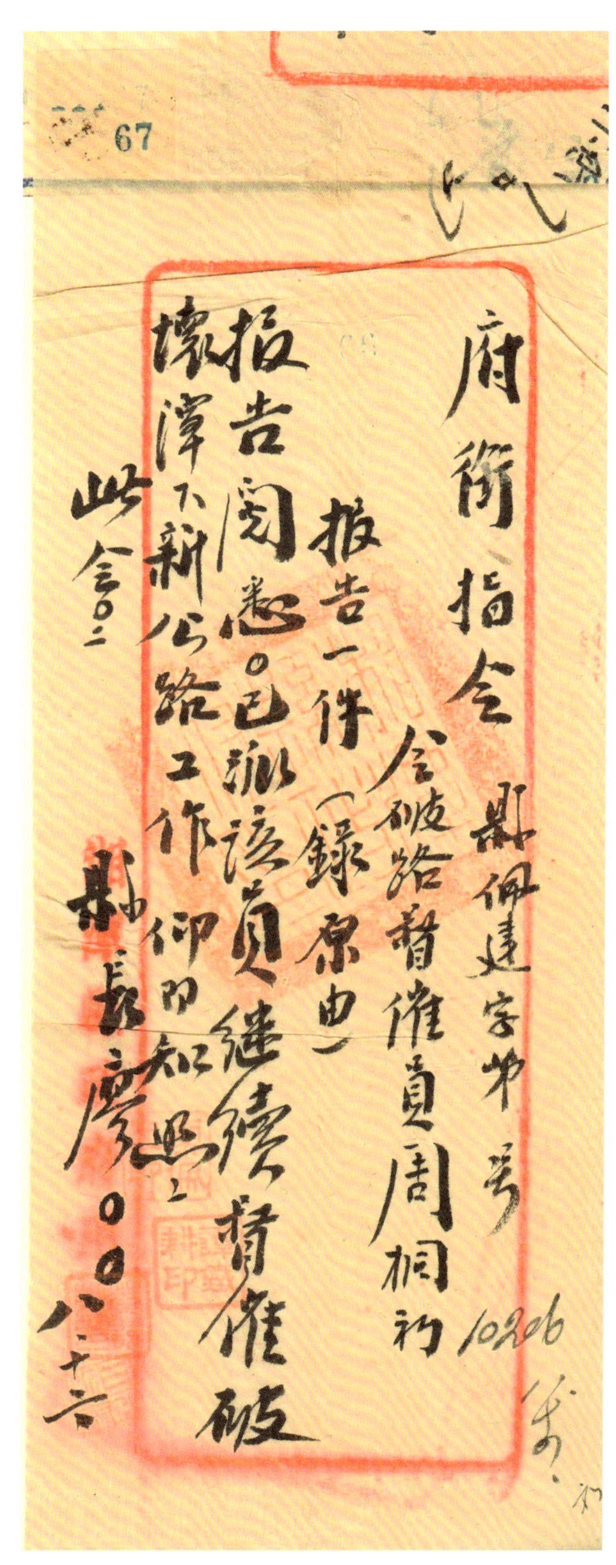

府衙指令　縣仰建字第　號

令破路督催員周桐初

報告一件（錄原由）

報告閱悉。已飭該員繼續督催破壞漳下新公路工作，仰即知照。

此令。

縣長　廖○○　八十六

10206

湘潭县正心乡公所关于呈报破路情形致县政府的报告及县政府的指令（一九四〇年八月九日、十四日）

65

建設科

3811

29 8 11

事由……為呈報破路情形懇予鑒核指令祗遵由

報告 民國二十九年八月九日 於正心鄉公所

一、竊查本所於前月二十六日奉

鈞府縣佩建字第八九六六號代電令限八月五日將境內各道路一律剷窄至一市尺完成具報等因奉此遵於前月二十六日發動大批民伕從事破路工作至本鄉所應破驛路計潭鄉潭寧兩路長四十五華里遵

鈞座所頒手令以去五丈留一丈為原則後復奉

鈞府佩建字第九五八四號代電為該路應加強破壞展期本月十日完成正擬破關又奉

鈞府八月六日緊急命令飭於九月起澈底加強破壞潭下段新公路本鄉應破土方為六一〇一公方工程浩大限期迫促故將破壞驛道之民伕全部移至該路工作但本鄉鄉域不寬人力缺乏顧此失彼徒嘆奈何關於潭下段新公路破壞監督責任職因患病不能前往業已派鄉隊附文鑫長任該地負責務期如限完成理合將破路各情形呈報

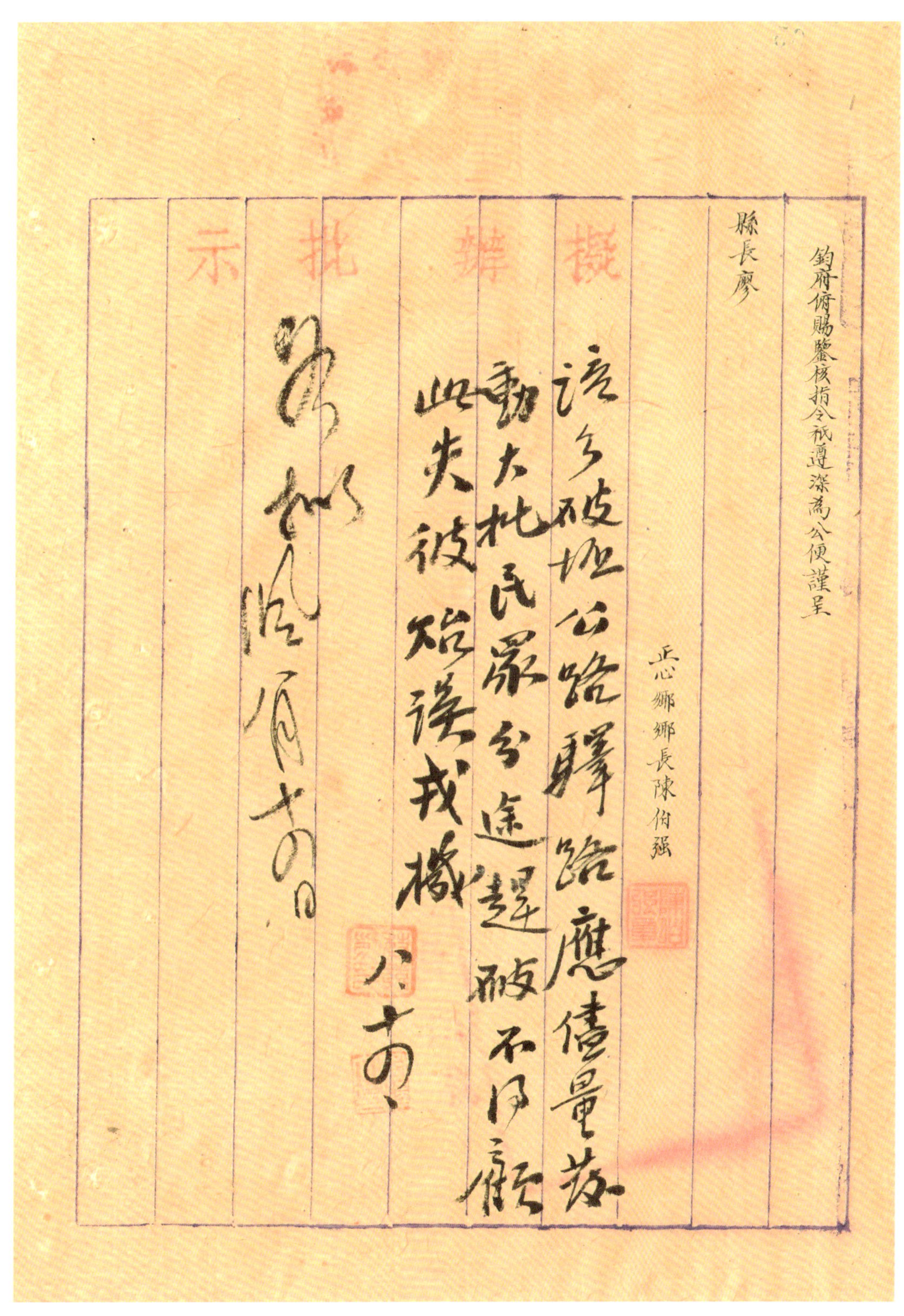

鈞府俯賜鑒核指令祇遵深爲公便謹呈

縣長廖

正心鄉鄉長陳伯强

擬辦

該鄉破壞公路驛路應儘量發動大批民眾分途趕破不得顧此失彼貽誤戎機 八、十六

批示

照擬 治 月十六日

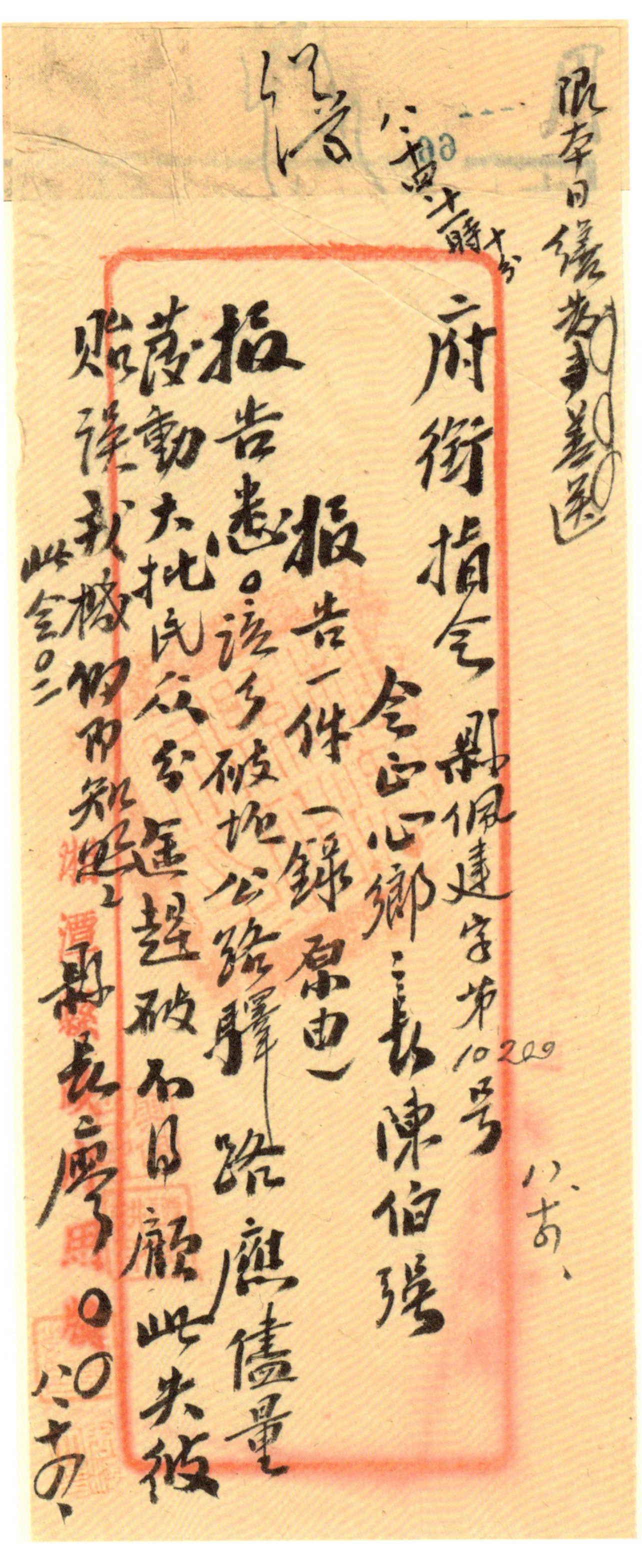

限本日繕發

縣府指令 縣佩建字第10209號

令正心鄉鄉長陳伯强

報告一件（錄原由）

報告悉。該鄉破壞公路驛路，應儘量發動大批民伕分途趕破，不得顧此失彼，貽誤戎機。仰即知照。此令。

縣長 廖〇〇

八、十五、

湘潭县昭阳乡公所关于会同湘潭县政府杨监发委员发给继续破坏长潭下公路民夫给养完竣致县政府的呈（一九四〇年八月十日）

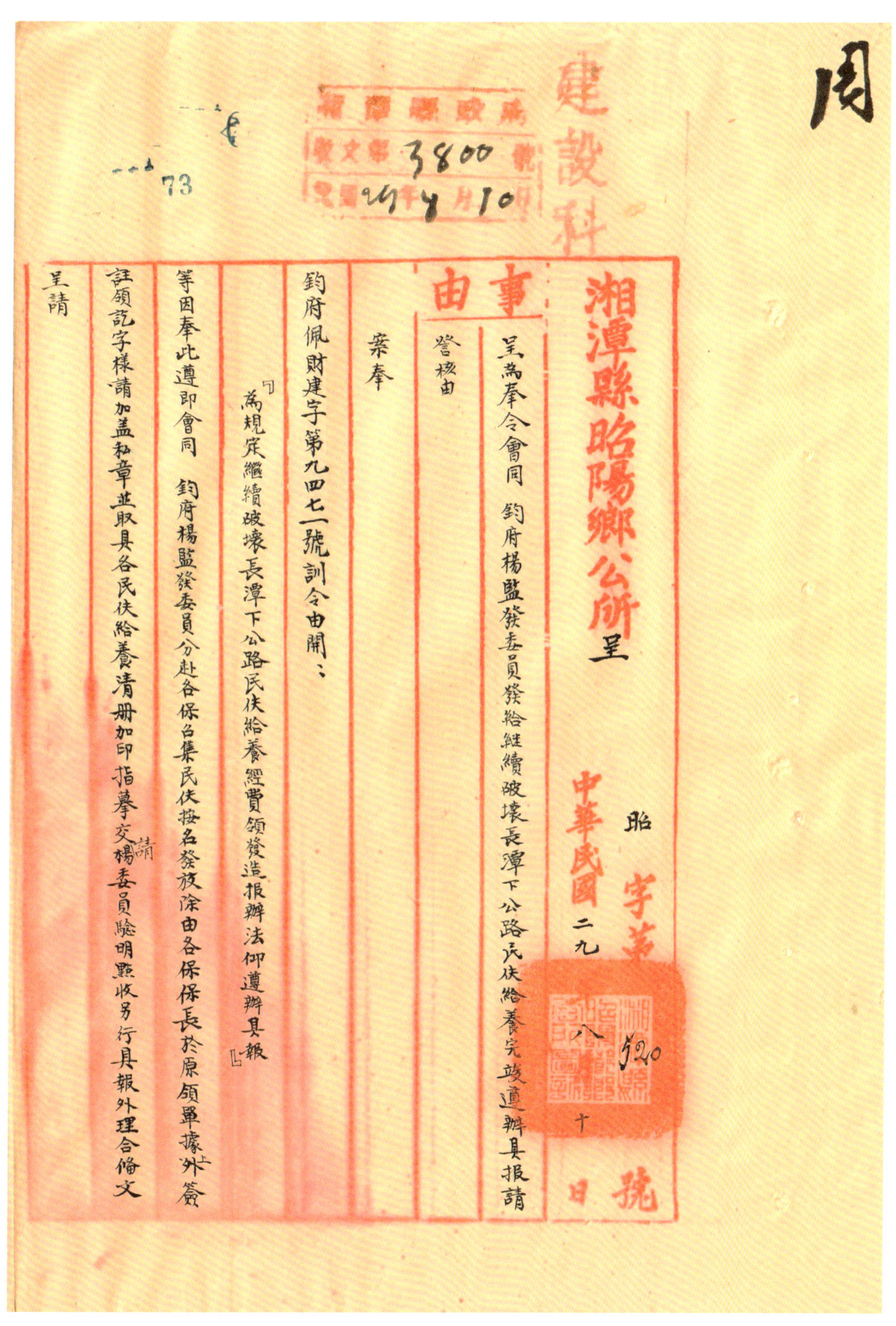

周

湘潭縣政府 收文第3800號 29年8月10日

建設科

73

湘潭縣昭陽鄉公所呈　　胎字第520號

中華民國二九年八月十日

事由：呈為奉令會同　鈞府楊監發委員發給繼續破壞長潭下公路民伕給養完竣遵辦具報請　鑒核由

案奉

鈞府佩財建字第九四七一號訓令内開：

「為規定繼續破壞長潭下公路民伕給養經費領發造報辦法仰遵辦具報」

等因奉此遵即會同　鈞府楊監發委員分赴各保召集民伕按名發放除由各保保長於原領單據外簽註領訖字樣請加蓋私章並取具各民伕給養清册加印指摹交楊委員驗明點收另行具報外理合備文

呈請

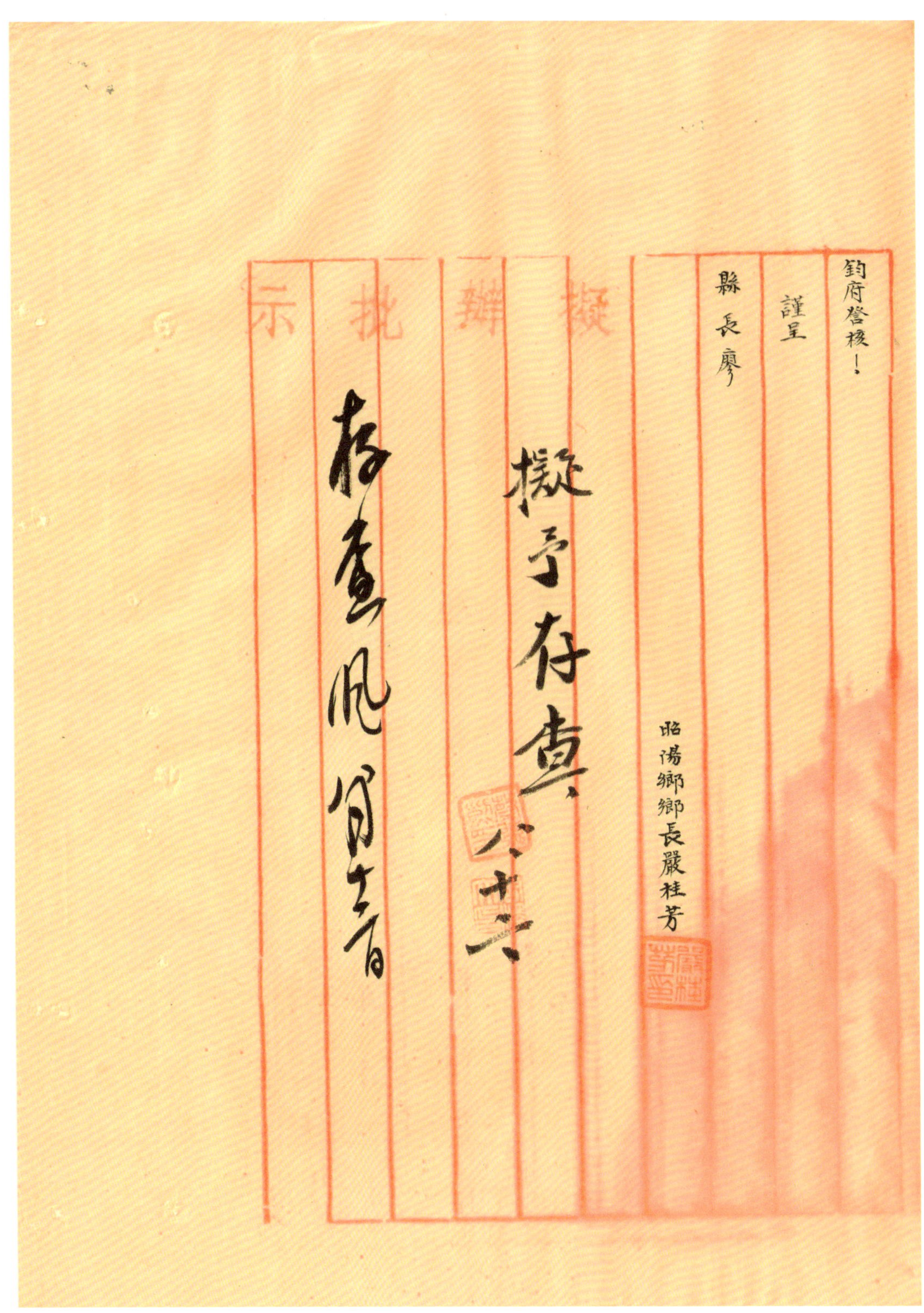
鈞府詧核！
謹呈
縣長廖
昭陽鄉鄉長嚴桂芳
擬
辦
批
示
擬予存查
八、十六
存查 風
賀 十六

湘潭县警察局姜畲警察所关于呈赍姜畲乡第二保保长刘霖生限期完成破路切结书致县政府的报告及县政府的指令（一九四〇年八月十日、二十日）

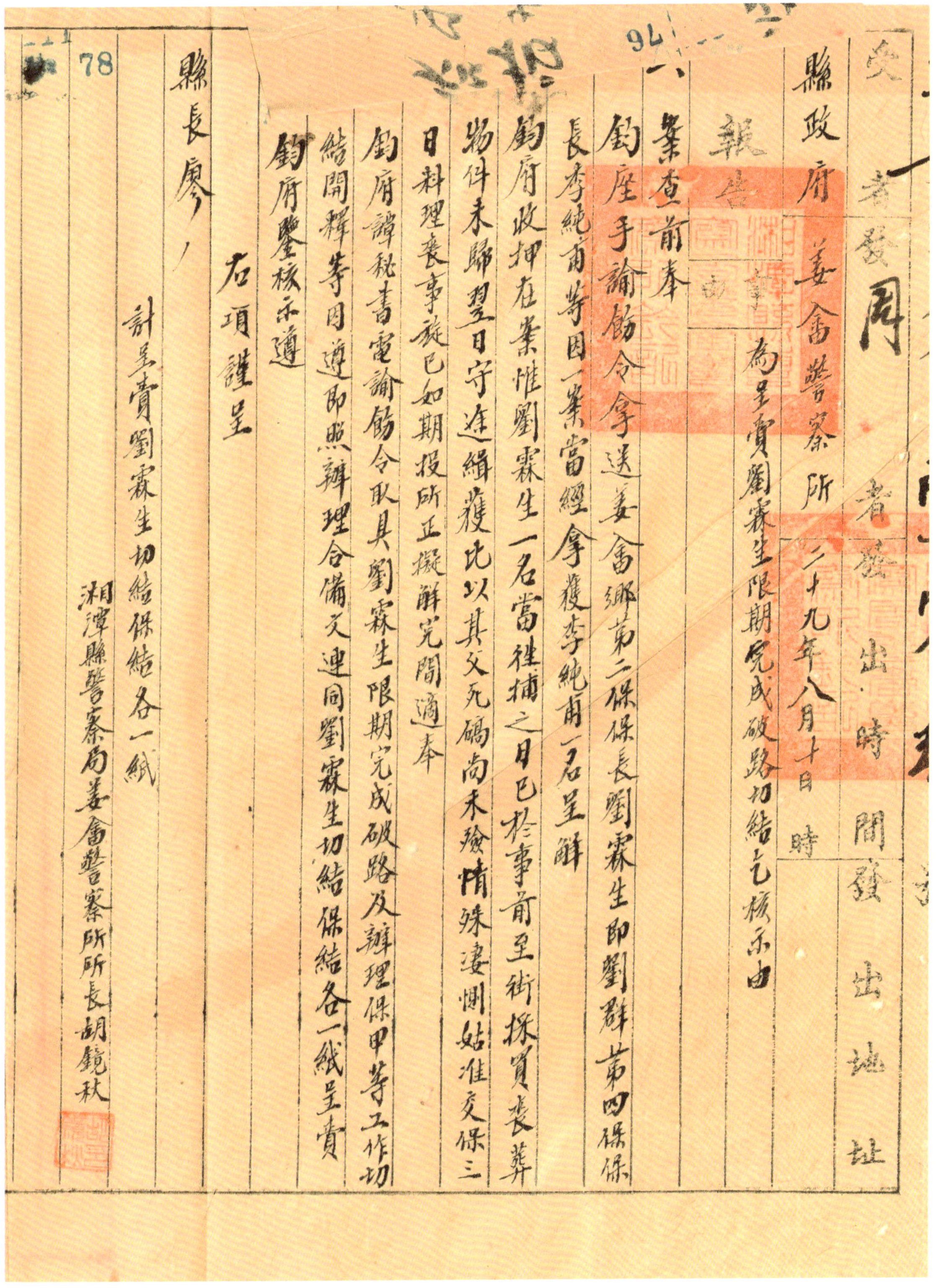

受文者 縣政府
發文者 姜畲警察所
報告
出時間 二十九年八月十日 時
為呈賫劉霖生限期完成破路切結乞核示由
案查前奉
鈞座手諭飭令拿送姜畲鄉第二保保長劉霖生即劉群第四保保
長李純甫等因一案當經拿獲李純甫一名呈解
鈞府收押在案惟劉霖生一名當往捕之日已於事前至街採買喪葬
物件未歸翌日守邏緝獲比以其父尤礪尚未殮情殊淒惻姑准交保三
日料理喪事旋已如期投所正擬解究間適奉
鈞府譚秘書電諭飭令取具劉霖生限期完成破路及辦理保甲等工作切
結開釋等因遵即照辦理合備文連同劉霖生切結保結各一紙呈賫
鈞府鑒核示遵
右項謹呈
縣長廖
計呈賫劉霖生切結保結各一紙
湘潭縣警察局姜畲警察所所長胡鏡秋

附一：曾椿寿、陈德祥为刘霖生因破路不力着警票拘究办实因其父亡故请求暂准交保料理丧事后听候惩办的保结书

具保結字人曾椿壽、陳德祥今當

縣長台前實保得劉霖生因父故未殮要求

暫准交保回家三日自八月六日起至九日止

稍事料理即行負責交案听候懲辦所

具保結是實須至保結者

具保結人 曾椿壽 陳德祥

被保人 劉霖生

中華民國二九年八月六日

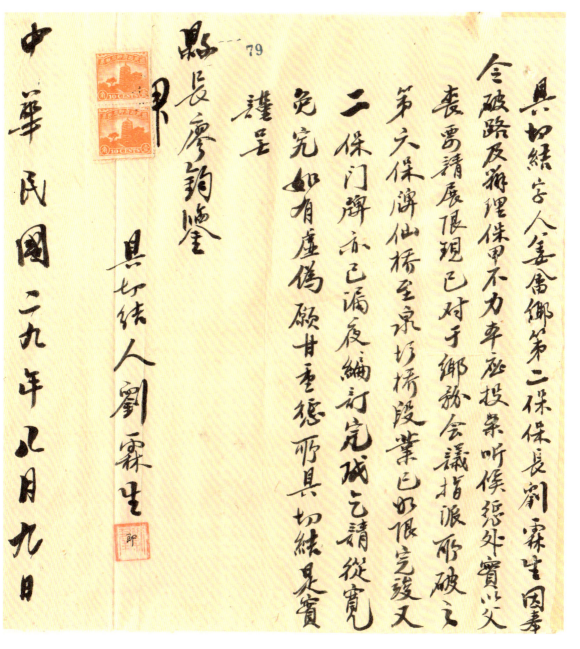

附二：刘霖生关于所破道路业已如限完竣请从宽免究的切结书

具切結字人姜㑹鄉第二保保長劉霖生因奉
令破路及辦理保甲不力本应投案听候懲处實以父
喪需請展限現已对于鄉務会議指派所破之
第六保濟仙橋至泉圹橋段業已如限完竣又
二保門牌亦已漏夜編訂完成乞請從寛
免究如有虛偽願甘重懲所具切結是實
謹呈
縣長廖鈞鑒
具切结人劉霖生
中華民國二九年八月九日

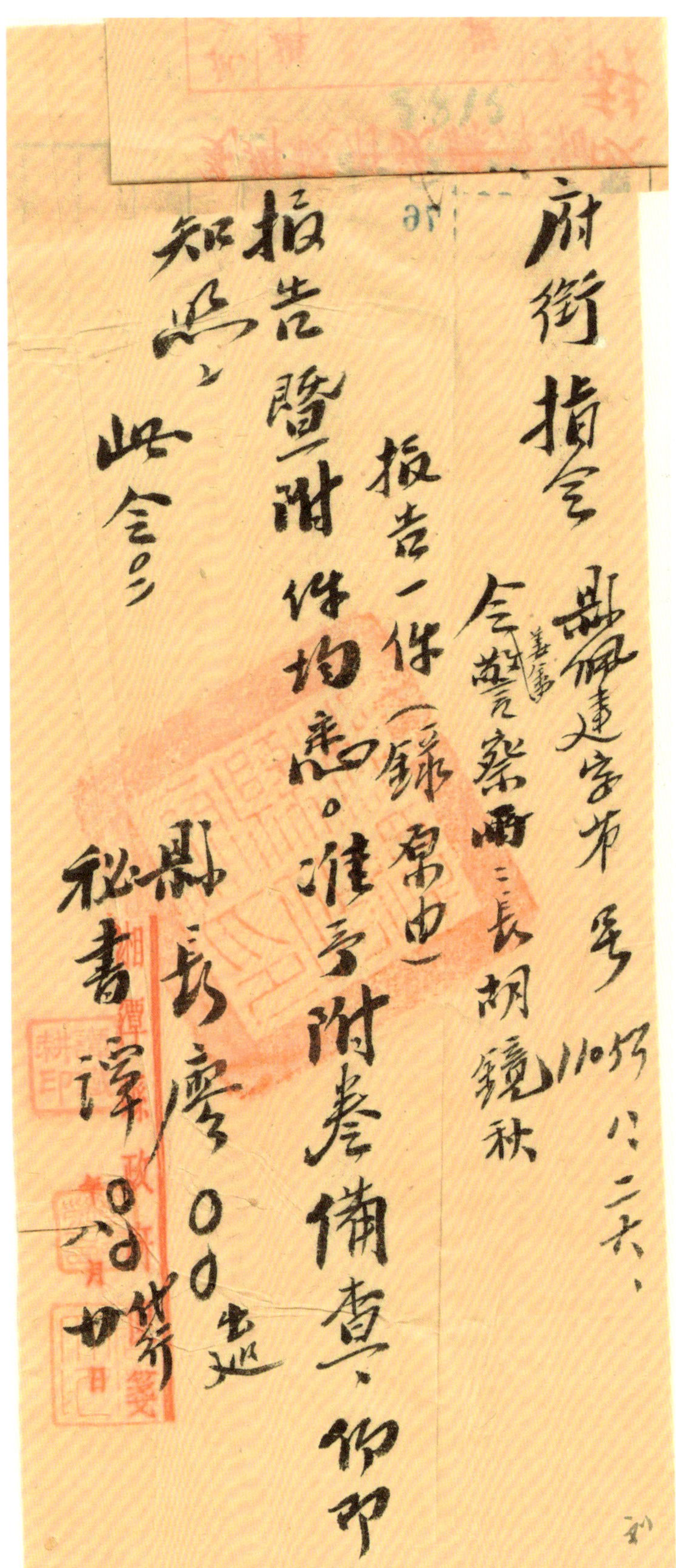

府衔指令　县佩建字第　　号

令警察所所长胡镜秋

报告一件（录案由）

报告暨附件均悉。准予附卷备查，仰即

知照。

此令。

县长　廖〇〇

秘书　谭〇〇

扶有余关于姜畲乡第四保保长李纯甫因破路不力具结请开释致湘潭县政府的保结书及准予保释的批示（一九四〇年八月十日、十二日）

具保結字人林有餘今當

縣長台前實保得姜畲鄉第四保保長李純甫

一名因破路不力業蒙

鈞府拘押提訊從輕發落准予保釋日後不得

再蹈前轍如違歸擔保是問所保是實須至保結

者

72

具保結人林有餘

舖保

中華民國二十九年八月十日

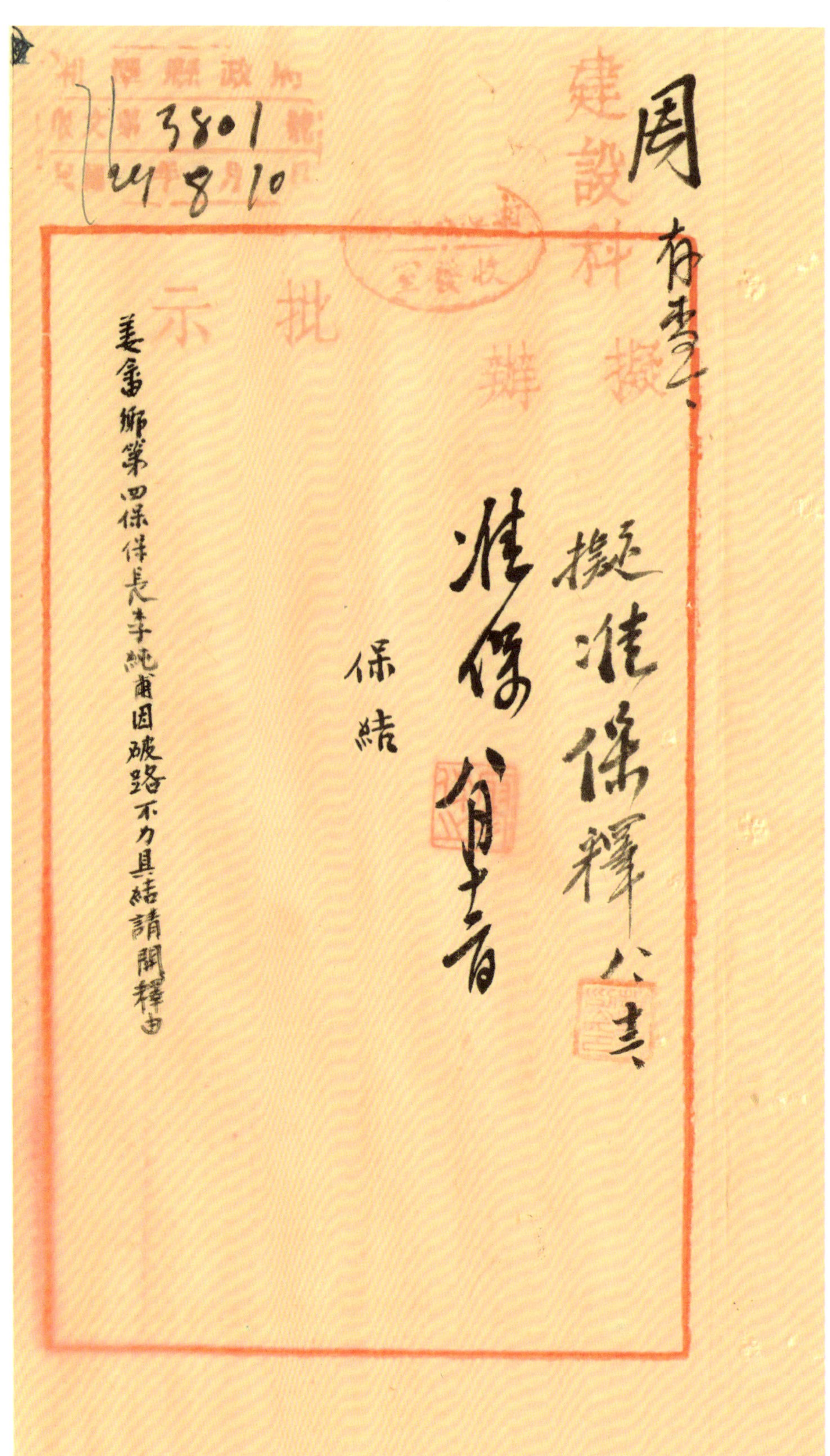

湘潭縣政府 收文第 3801 號
24 年 8 月 10 日

建設科 擬辦

擬准保釋 八、十二

周 有惠之

批示

准保 八月十二日

保結

姜畬鄉第四保保長李純甫因破路不力具結請開釋由

湘潭县政府破路督催员刘志成关于破路完竣致县政府的报告（一九四〇年八月十一日）

周

報告 民國二十九年八月十一日 於本城

為破路完竣責 府由

一 奉 鈞府本年七月二十五日令派為破路督催員負正心姜畲石潭三鄉督催之責遵於即日前往各鄉工作

二 其各鄉之工作均以適合規定完竣理合備文呈報

鈞府鑒核

右項謹呈

湘潭縣縣長廖

督催員劉志成

擬予備查 八.廿.

湘潭县白关乡公所和湘潭县政府破路督催员陈祥关于破坏驿路如期完成致县政府的呈及县政府的指令（一九四〇年八月十一日、二十一日）

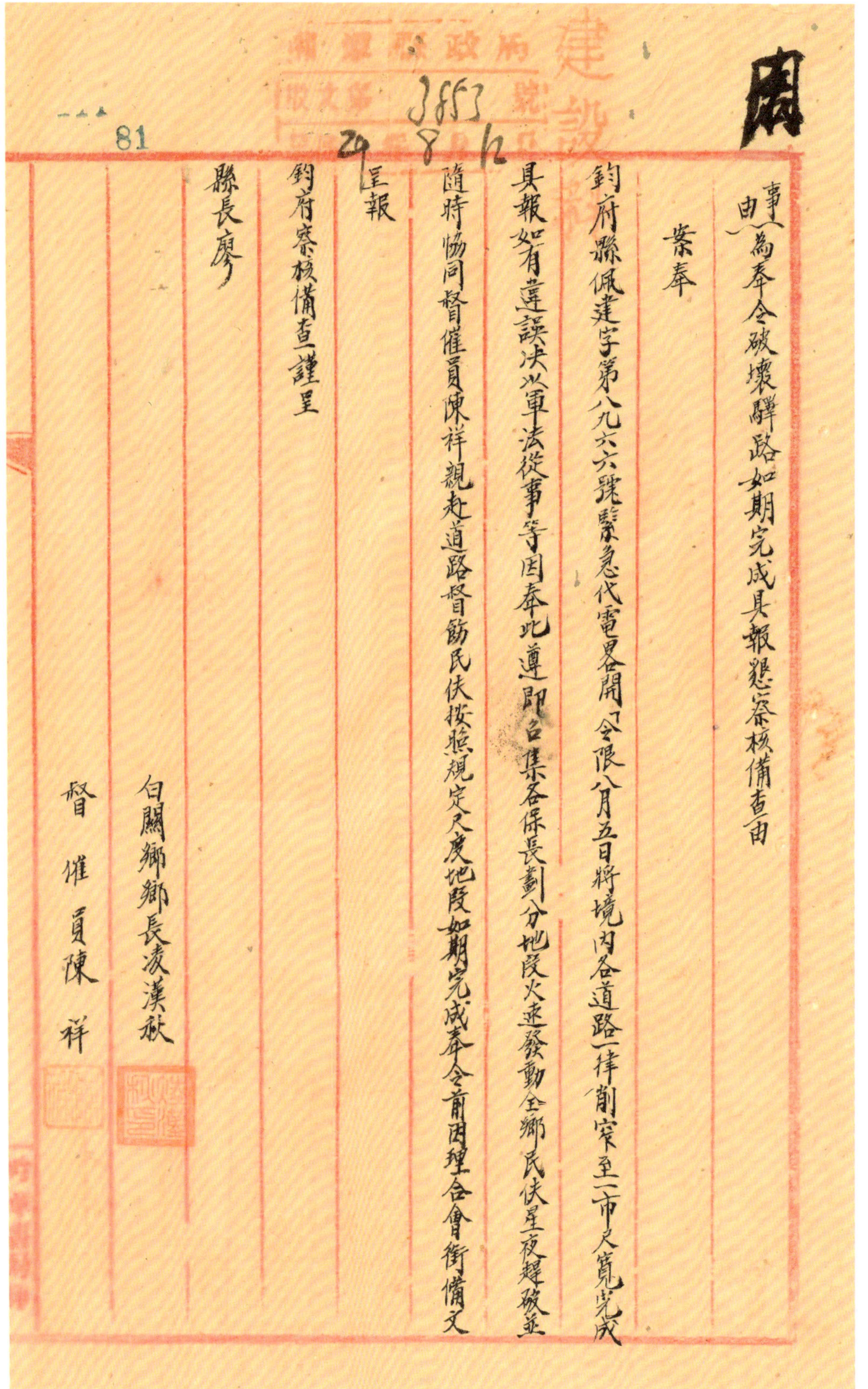

湘潭縣政府 收文第3853號 29 8 12

81

事由：為奉令破壞驛路如期完成具報懇祈察核備查由

案奉

鈞府縣佩建字第八九六六號緊急代電略開「令限八月五日將境內各道路一律削窄至一市尺寬完成具報，如有違誤決以軍法從事」等因。奉此，遵即召集各保長劃分地段，火速發動全鄉民伕星夜趕破，並隨時協同督催員陳祥親赴道路督飭民伕按照規定尺度地段如期完成。奉令前因，理合會銜備文

呈報

鈞府察核備查。謹呈

縣長廖

白關鄉鄉長凌漢猷

督催員陳祥

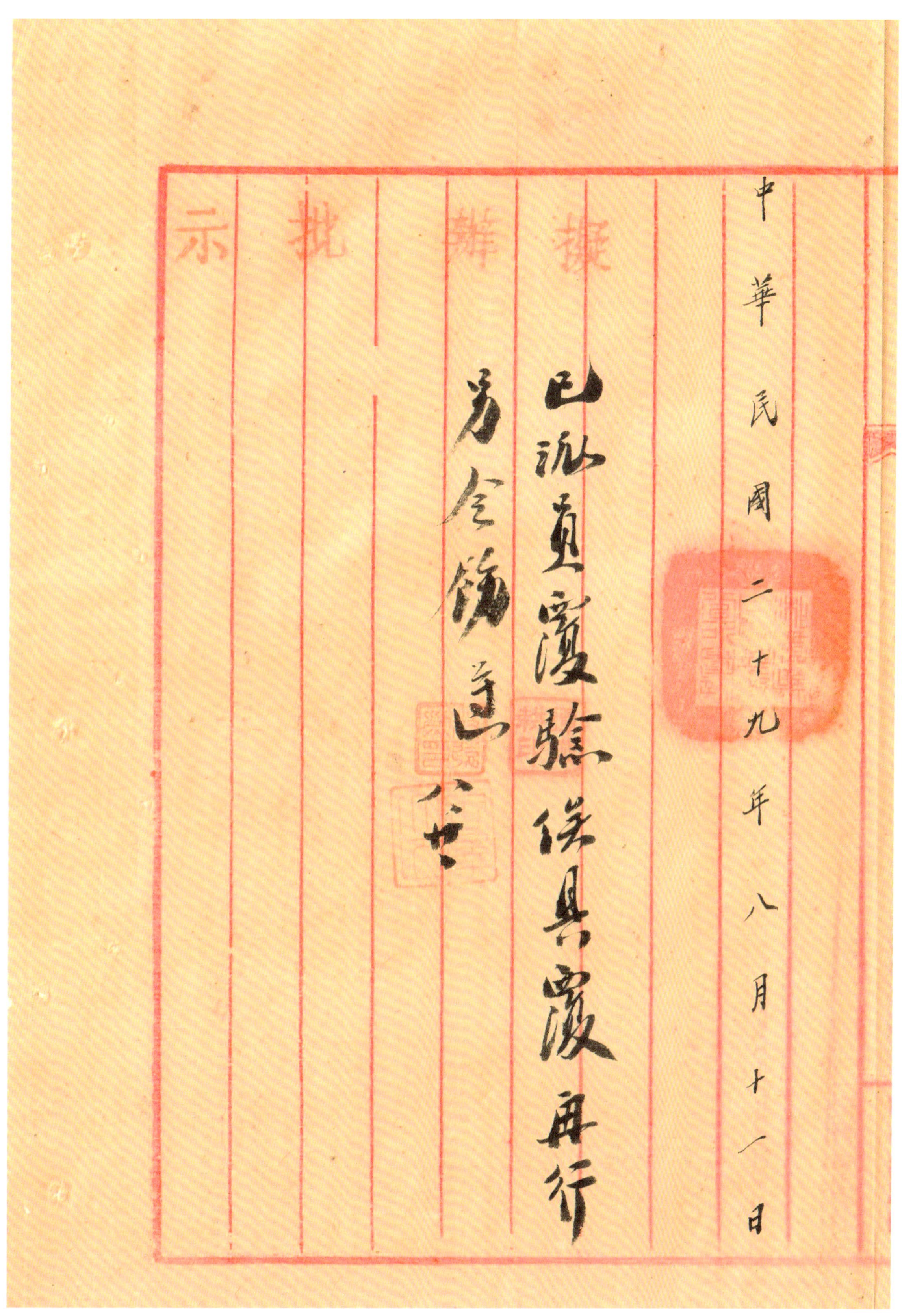

擬辦　批示

已派員實驗，俟具實驗再行

另令飭遵

八廿

中華民國二十九年八月十一日

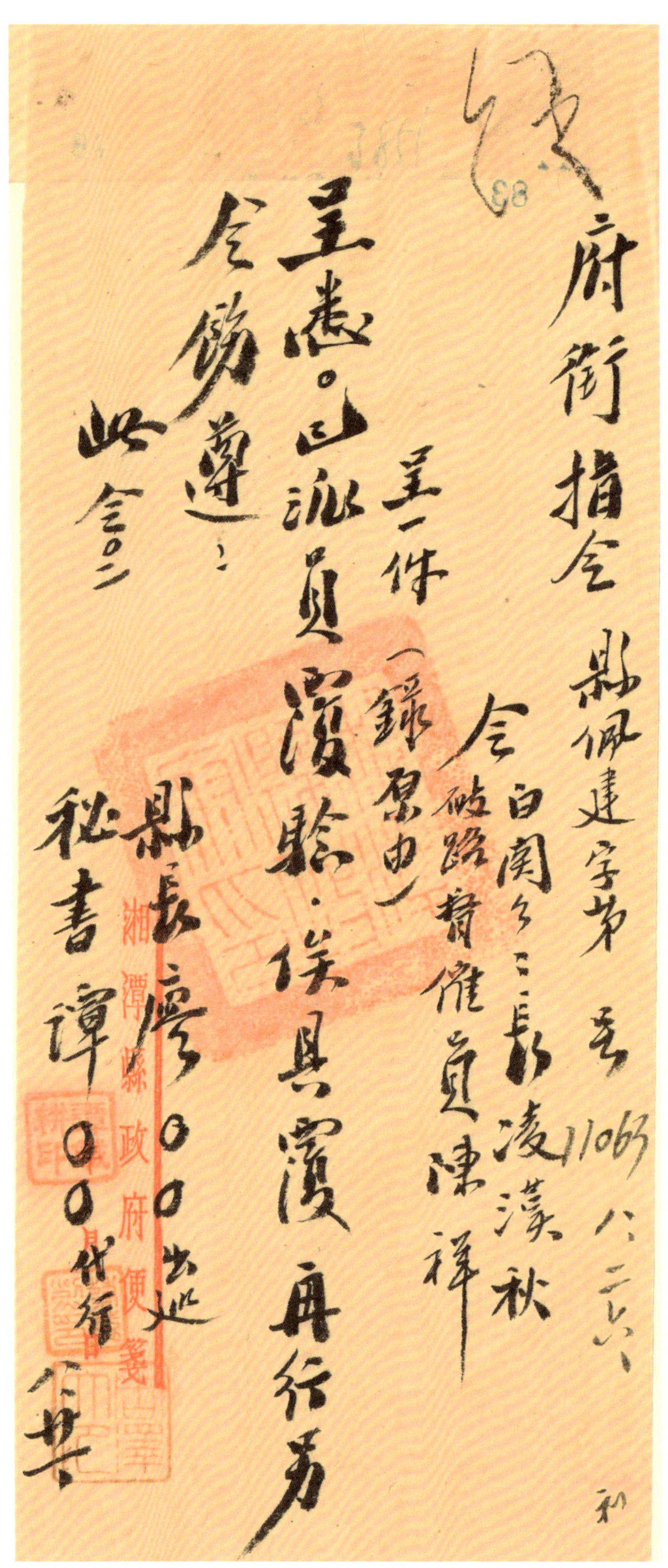

府銜指令　縣佩建字第　　號　11063　八、二六

令白関鄉鄉長凌漢秋
　破路督催員陳祥

呈一件（錄案由）

呈悉。已派員覆驗，俟具覆再行另

令飭遵。

此令。

縣長廖〇〇出巡
秘書譚〇〇代行

八、廿六

湘潭縣政府便箋

湘潭县政府破路督催员陈祥关于株洲、白关两个乡破坏道路情形致县政府的报告（一九四〇年八月十二日）

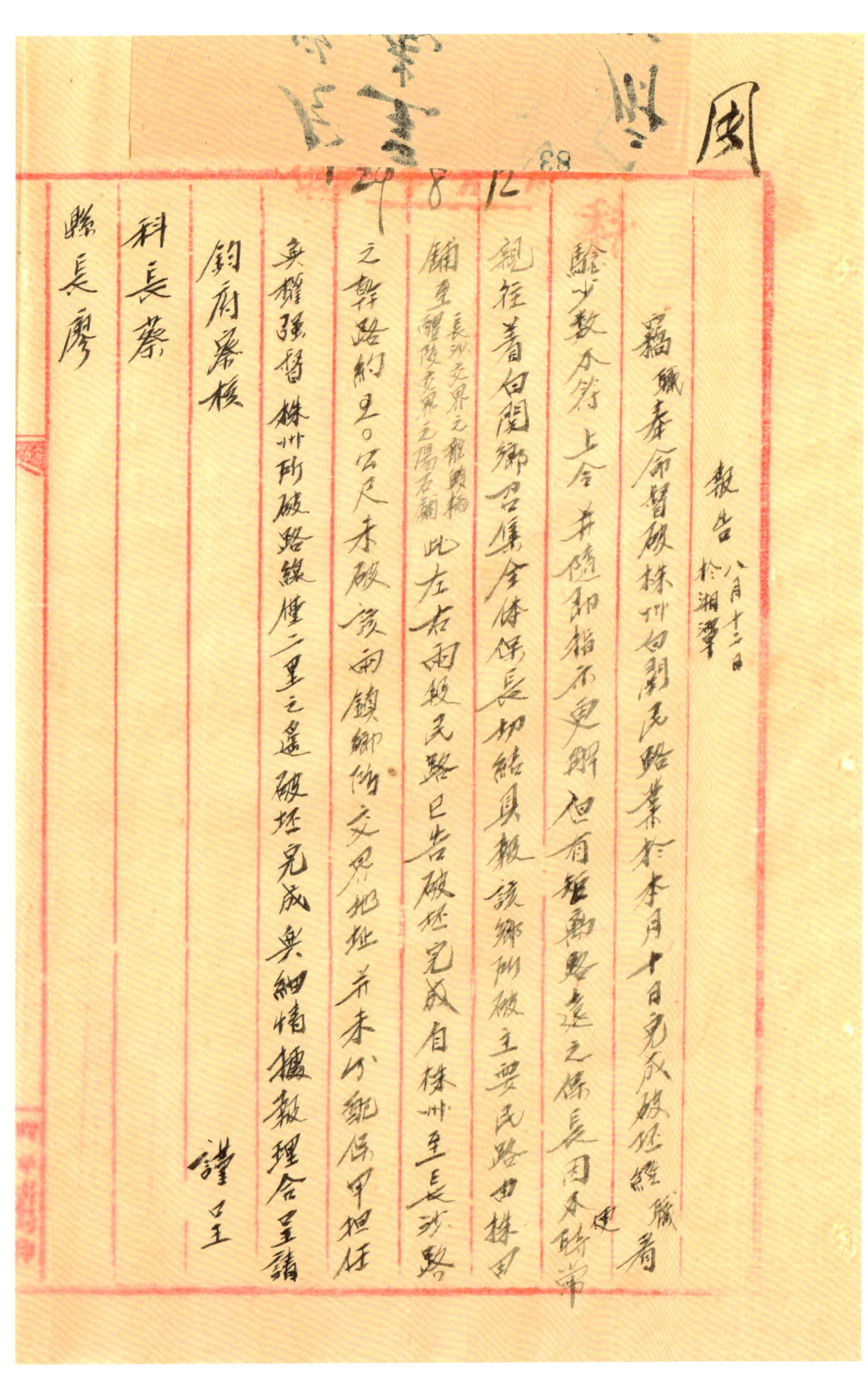

閱

29 8 12

報告 八月十二日 於湘潭

竊職奉命督破株州白關民路業於本月十日完成破壞經職着驗少數不符上令并隨即指示更解但有短斷路途之保長因不建時常親往着白關鄉召集全體保長切結具報該鄉所破主要民路由株白鋪至長沙交界之龍頭橋醴陵交界之陽石鋪此左右兩段民路已告破壞完成自株州至長沙路之幹路約五〇公尺未破該兩鎮鄉所交界地址并未分飭保甲担任與趕強督株州所破路線僅二里之遙破壞完成與細情據報理合呈請

鈞府鑒核

謹呈

科長蔡

縣長廖

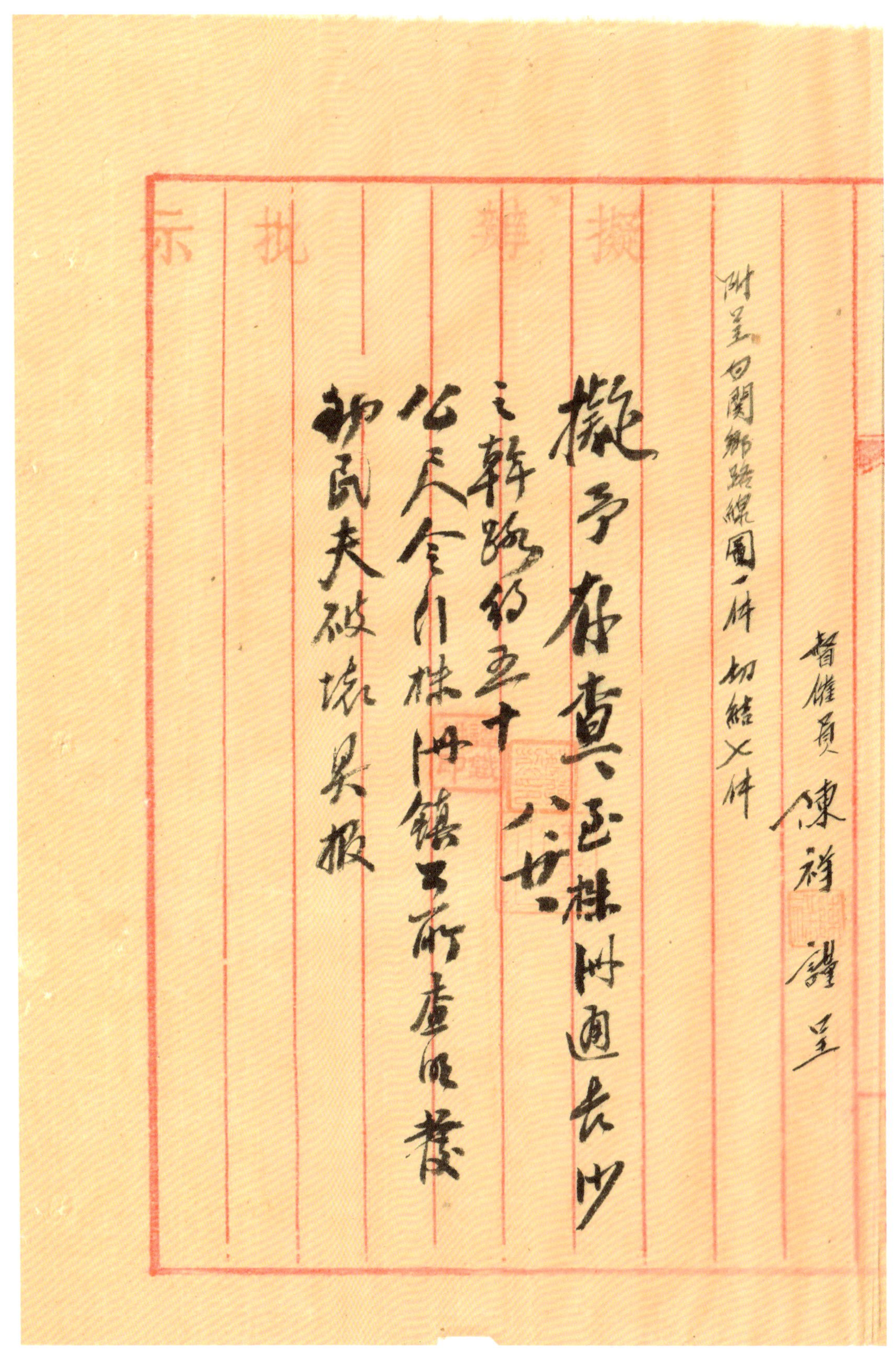
擬　辦　批　示

督征員陳祥麟呈

附呈切關鄉路線圖一件　切結乙件

擬予存查。至株洲通長沙之幹路約五十八廿公尺，全係株洲鎮公所處征發御民夫破壞具報

附一：白关乡路线图

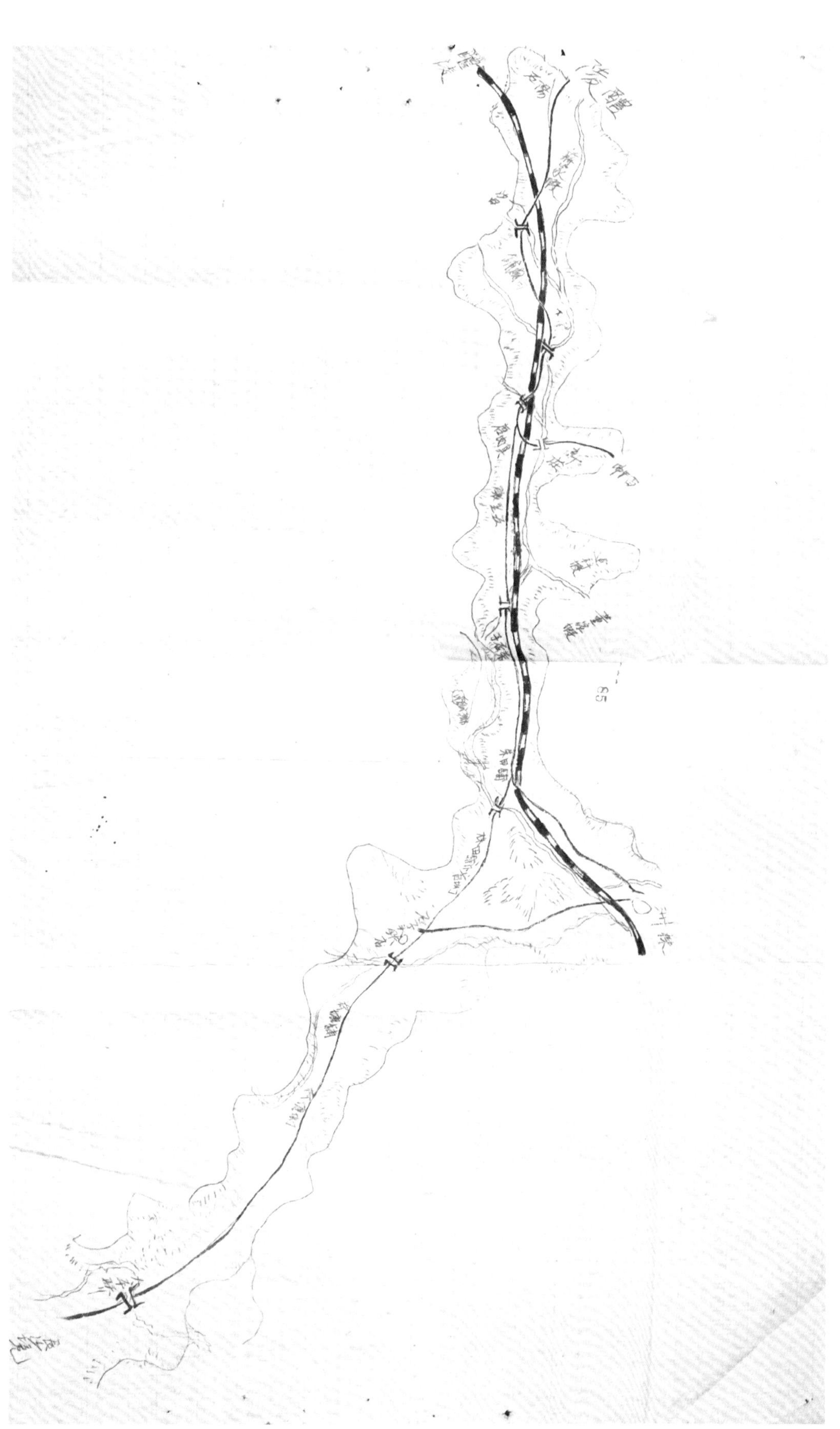

附二：白关乡各保保长保队附保证本保所担任破坏长株各民路一律限八月五日以前完成的切结书七份

具切结字人第十保保長賓再岑宋麓君今當

縣長台前實結得本保所担任破壞長株各民路一律限八月五日以前根據 上令不得超過一市尺寬兩旁堤土遠散刀負責破壞如有違誤及逾期不能完成願受軍法制裁此結是實須至切結者

具切結人白關鄉十保保長賓再岑

隊副宋麓君

民國二十九年八月三日 具

86

具切結人白衙鄉各保保長今當

委員台前實結得職保此負破路工作已遵照上

令規定破坏計劃於限期完成并無違誤倘查有未

徹遵照規定破坏願負完全責任甘受嚴厲處治須

至切結者

第三保保長楊守先

第十五保保長陳宗森

第六保保長夏脩人

第七保保隊附宋紹元

第四保保長趙文清

第八保保長黃壽廷

第九保保长文鸿斌
第一保保长刘南公
第十一保保长言逅曾
第六保保长郝力田
第十保保长黄再岑
第十七保保长易楚衡
第十六保保长袁[illegible]
第十二保保长周肇熙
第五保保长易鸣斌
第十三保保长晏春畲
第十八保保长袁炳汉

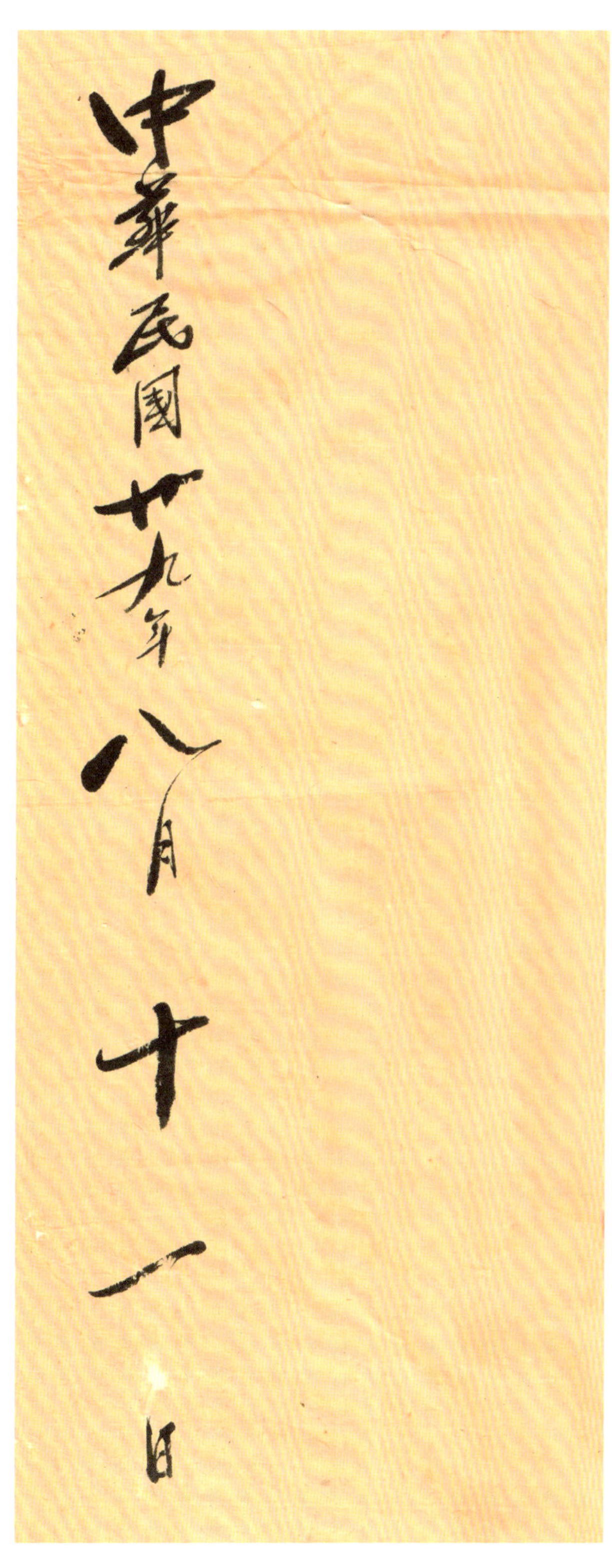
中華民國廿九年八月十一日

具切結字人袁炳漢今當

縣長台前實結得本保內應破壞路綫根

據上令實施如有違背愿受軍法制

裁所結是實須至切結者

具結人白潭鄉十六保保長袁炳漢（章）

大中華民國二十九八月二日具

具切結字人第九保長文鴻斌今當

縣長台前實結得本保所担任破壞長株

公路一段限八月五日以前根據工令

不得超過一市尺寬兩旁泥土遠撒負

責破壞如有違誤及逾期不能完成

願受軍法判裁此結是實須至切

結者

具

結人白潤鄉第九保長文鴻斌（印）

民國二十九年八月三日具

具切結人第八保保附賀博文今當

縣長台前實結得本保所担任破壞長株岳公路一律限八月五日以前根據

之令不得超過一市尺寬兩旁挖土處敝員負責破壞如有違誤及逾期不能完成願受軍法制裁此結是實須至結

者

具結人白關鄉第八保保長賀堯廷
附賀博文

民國二十九年八月三日具

具切結字人第十一保〻長言道崟 隊附楊玉初 今當

縣長台前實結得本保既担任破壞長株各民路一律限八月五日以前根據 上令不得超過一市尺寬兩旁泥土遠散負責破壞如有違誤及逾期不能完成願受軍法制裁此結是實須至切結者

具結人白沙鄉第十一保〻長言道崟 隊附楊玉初

中華民國二十九年八月三日

91

92

具切結字人第十八保十九兩甲長謝月波 易玉生

今當

縣長台前實結得朱田鋪出街約五〇公尺之塘基暫請免予破壞，臨緊急時負責徹底破壞，如有違悮，願受軍法制裁，所結是實，須至切結者。

白湖鄉具結人 謝月波 易玉生

鋪保 湘和客棧 金生利藥號

鋪保 謝仕育 賀冀榮安

易復和

中華民國廿九年八月五日

湘潭县株洲、白关督催员陈祥关于奉命督催破路完成恳请发给旅费伙食等费致县政府的报告及县政府的指令

（一九四〇年八月十二日、二十一日）

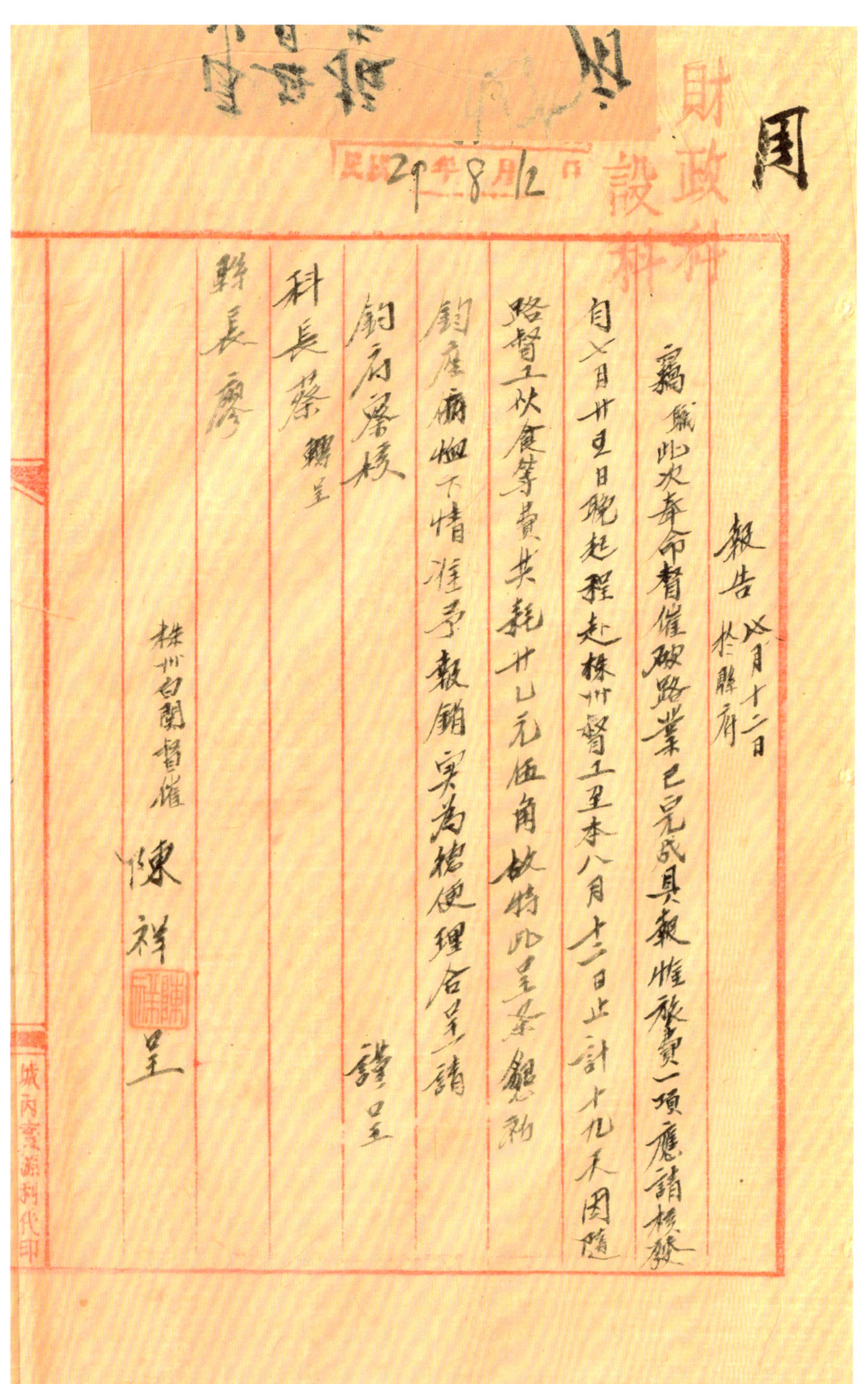

報告 八月十二日 於縣府

竊職此次奉命督催破路業已完成具報惟旅費一項應請核發自七月廿五日晚起程赴株州督工至本八月十二日止計十九天因隨路督工伙食等費共耗廿八元伍角故特此呈案懇祈

鈞座俯恤下情准予報銷實為德便理合呈請

鈞府鑒核

謹呈

科長蔡 轉呈

縣長廖

株州白關督催 陳祥 呈

府銜指令　縣佩建字第　號

令破路督催員陳祥

報告一件　報請核發旅費由

報告悉。查該員自七月廿五日起至八月十一日止，計十七天，每日以一元計，共洋十七元，除已發去洋十五元外，應補發洋貳元，仰即來府具領。此令。

縣長　廖〇〇

秘書　譚〇〇　代行

10677　八·廿二

八·廿六

湘潭縣政府便箋

湘潭县清溪乡公所关于呈报清溪乡破路工作情形致县政府的报告及县政府的指令（一九四〇年八月十二日、三十日）

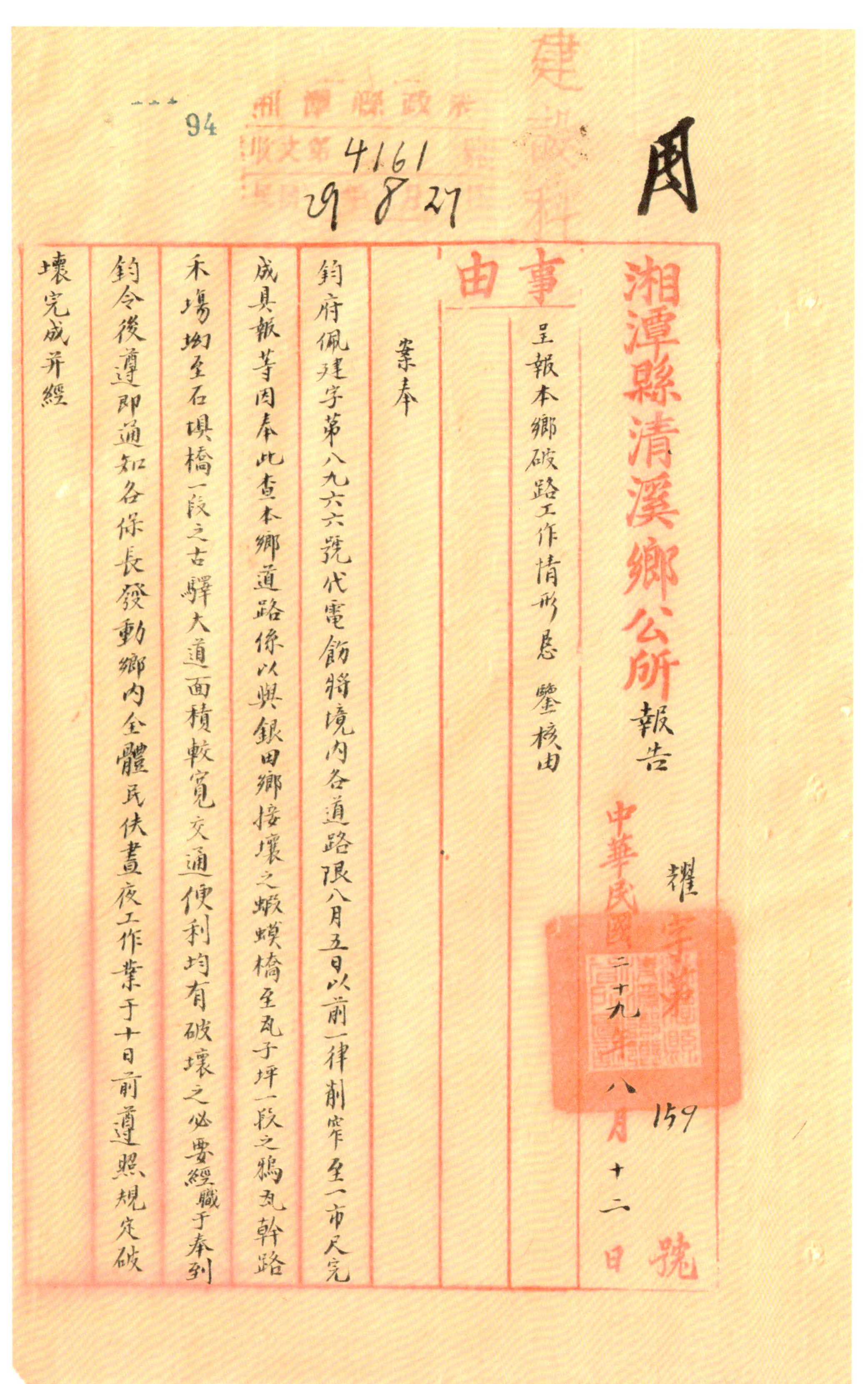

建設科 周

94

4161

29 8 27

湘潭縣清溪鄉公所報告

〔　〕字第159號

中華民國二十九年八月十二日

事由：呈報本鄉破路工作情形懇鑒核由

案奉

鈞府佩建字第八九六六號代電飭將境內各道路限八月五日以前一律削窄至一市尺完成具報等因奉此查本鄉道路係以與銀田鄉接壤之蝦蟆橋至丸子坪一段之鵝丸幹路禾場坳至石埧橋一段之古驛大道面積較寬交通便利均有破壞之必要經職于奉到

鈞令後遵即通知各保長發動鄉內全體民伕晝夜工作業于十日前遵照規定破壞完成并經

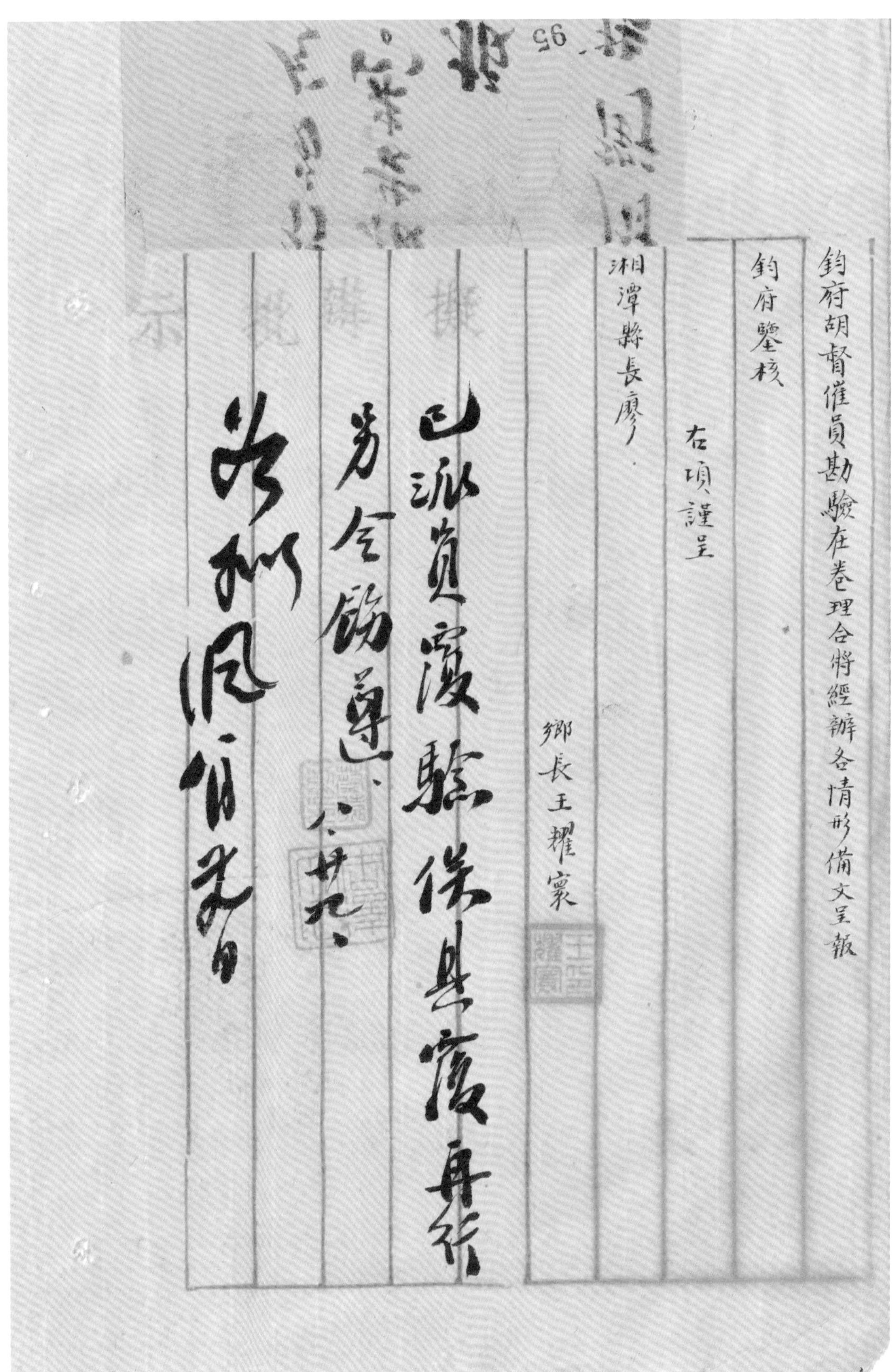
鈞府胡督催員勘驗在卷理合將經辦各情形備文呈報

鈞府鑒核

右項謹呈

湘潭縣長廖

鄉長王耀寰

已派員覆驗，俟其覆再行

另令飭遵。

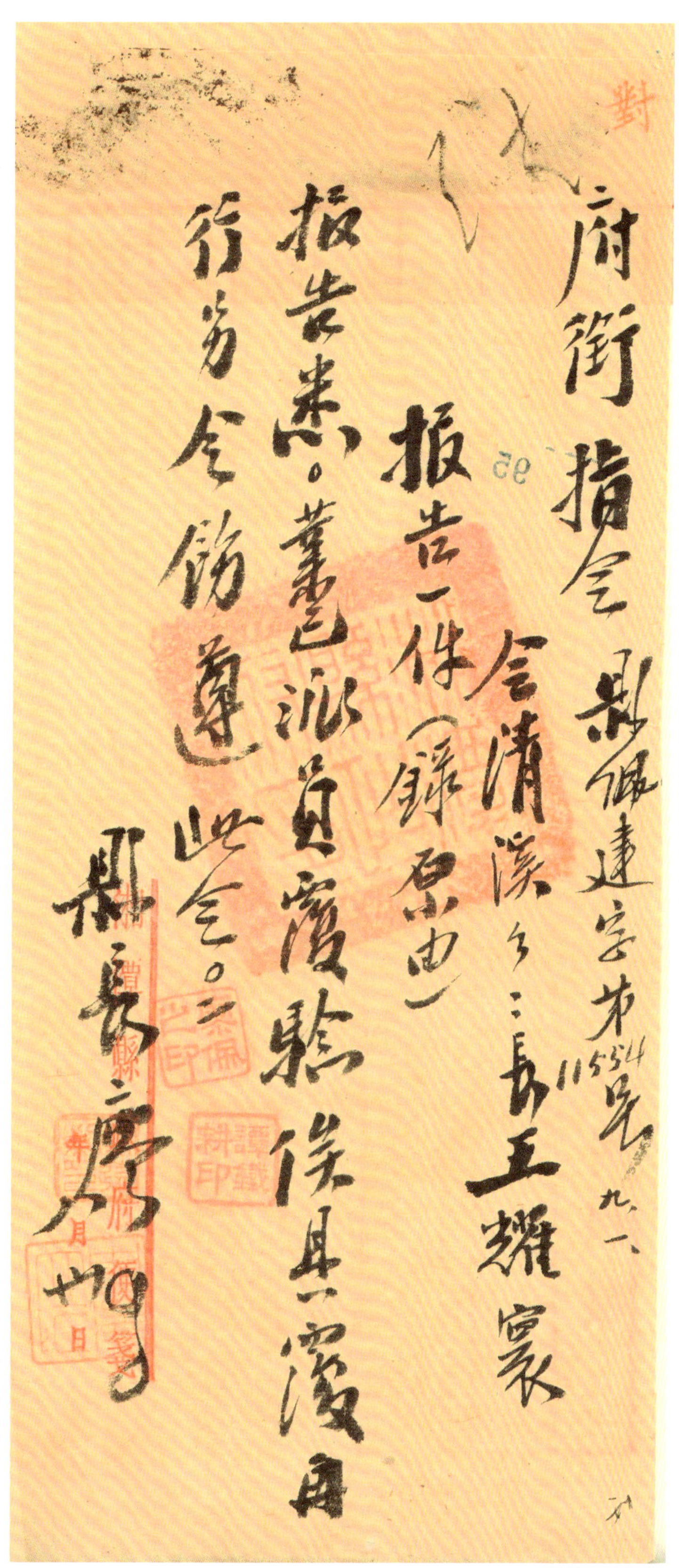

對

府銜　指令　縣保建字第11554號　九一

令清溪鄉鄉長王耀宸

報告一件（録原由）

報告悉。業已派員覆驗，候具覆再

行另令飭遵。此令。二

縣長

湘潭县政府关于奉令破坏县境主要道路业已次第完成请派员莅县勘验指导致第九战区司令长官司令部的代电

（一九四〇年八月十二日）

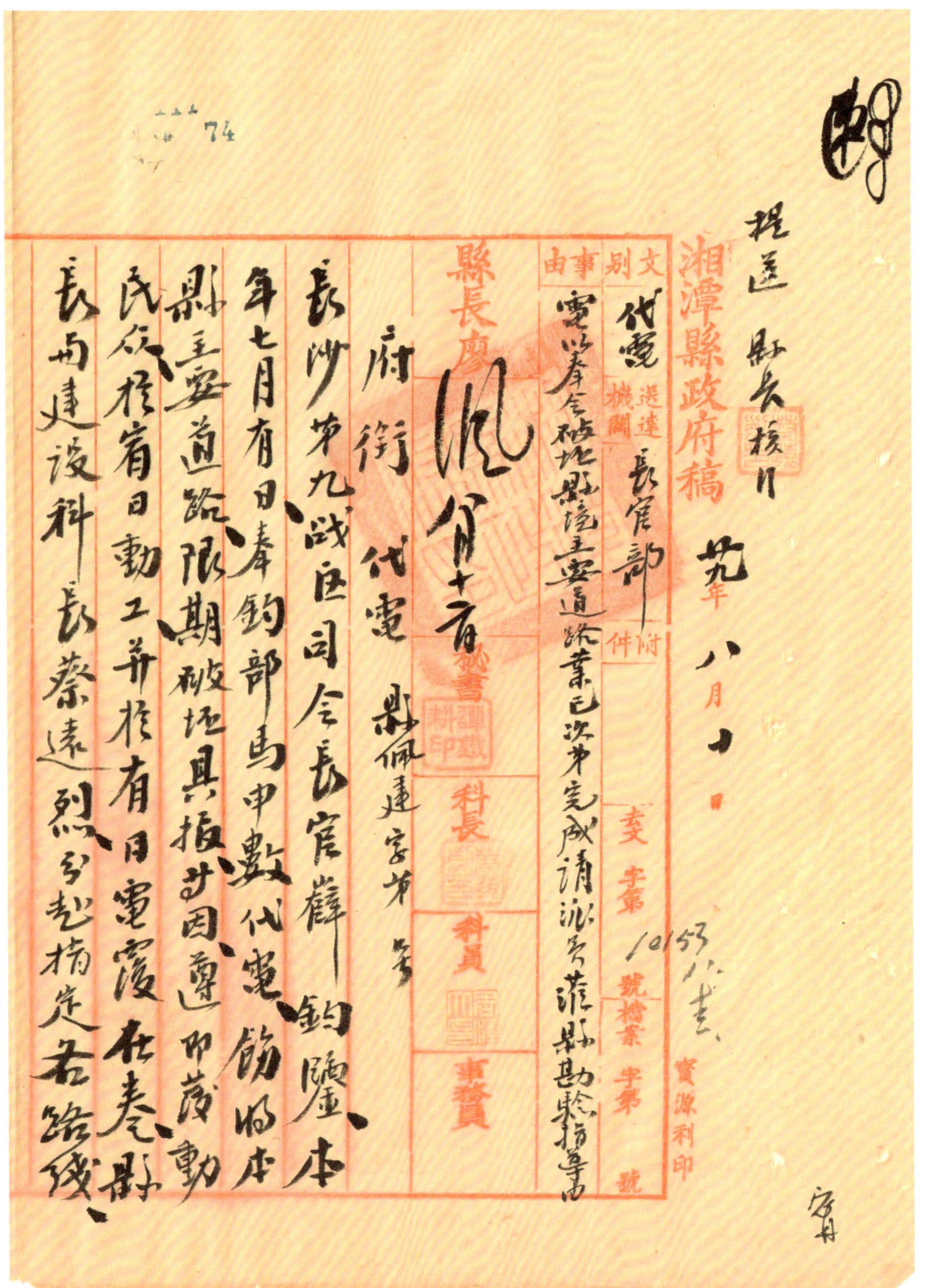
提送 縣長核行

湘潭縣政府稿

文別：代電
送達機關：長官部
事由：電以奉令破壞縣境主要道路業已次第完成請派員蒞縣勘驗指導由
附件

廿九年八月十一日
交 字第 號
檔案 10153 字第 號

縣長廖 ［簽名］ 八月十二日
秘書
科長
科員
事務員

府銜 代電 縣偏建字第 號

長沙第九戰區司令長官薛 鈞鑒：本年七月有日奉鈞部馬申數代電，飭將本縣主要道路限期破壞具報等因，遵即發動民伕，於有日動工，並於有日電復在案。茲縣長而建設科科長蔡遠烈分赴指定各路線、

飭率沿路鄉鎮保甲長，切親臨指導，遵照規
定，星夜趕破，業已次第完成，理合繪製破壞縣
境主要道路略圖，電請鈞座鑒核，迅予派員
蒞縣勘驗，指導。再查仙女鄉境內長嶺
鋪至新開一段路，幅長約十餘里，寬約七丈
餘，（任國長所劃大道）該段路線未經指定破壞，不敢動工，究應
如何辦理，俯懇示遵。湘潭縣長廖佛
之叩。戌佩建入文印
附呈破壞縣境主要道路略圖一份

附：破坏县境主要道路略图

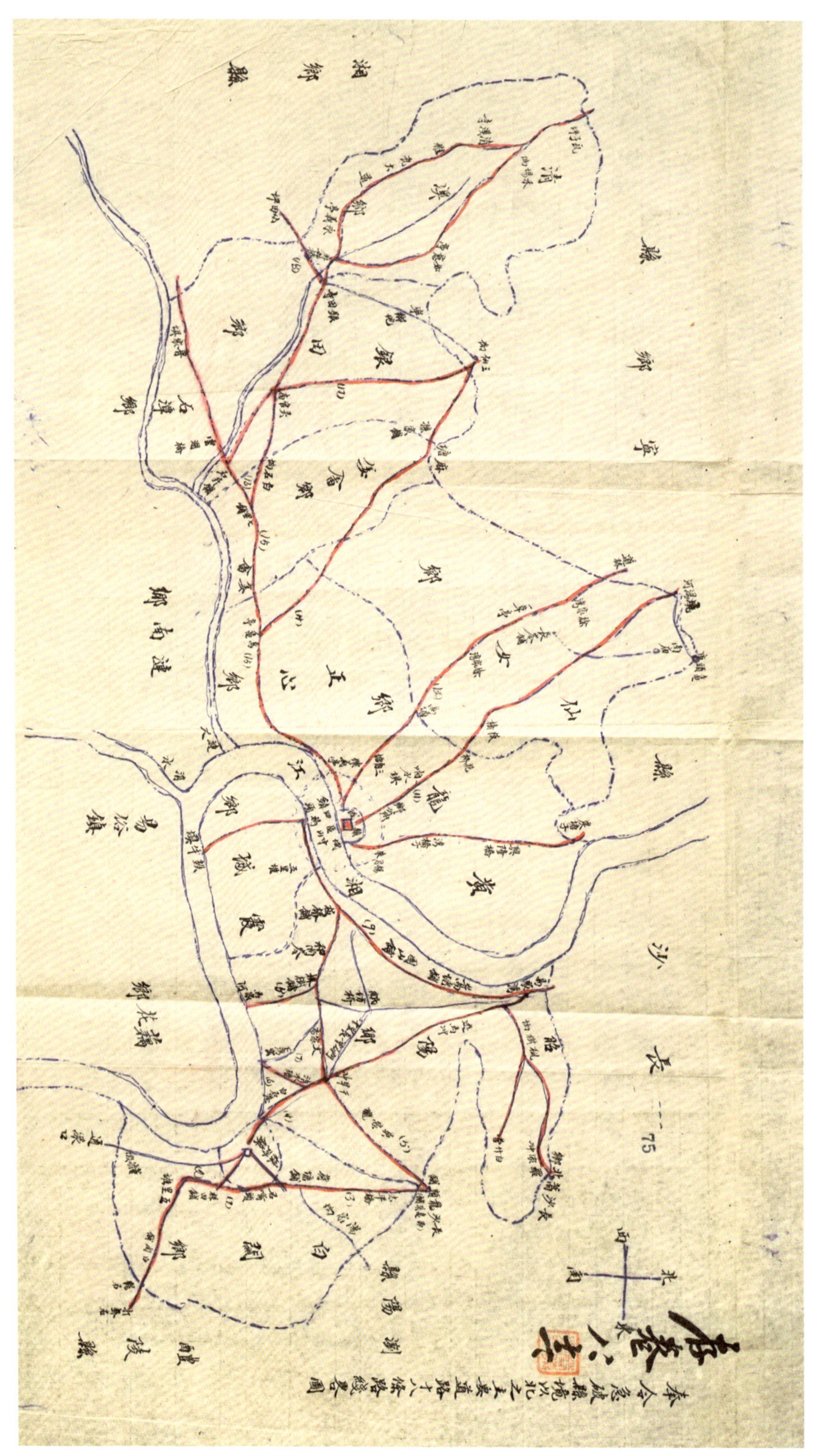

湘潭县政府破路督催员叶润泉及昭阳乡公所关于呈报督催破路情形致县政府的报告及县政府的指令（一九四〇年八月十三日、二十一日）

報告 八月十三日 呈報督催破路情形由

竊職自七月二十五日奉 令督催破壞驛路即日達到昭陽鄉公所協同鄉長星夜發動民伕遵規工作職親赴該鄉之八保十一保十二保十四保等處其餘由鄉長承許員監督完竣之責現在昭陽鄉各路線均告結束茲特縷情具報

右項謹呈

縣長廖

督催員葉潤泉

昭陽鄉鄉長嚴桂芳

湘潭縣政府用箋

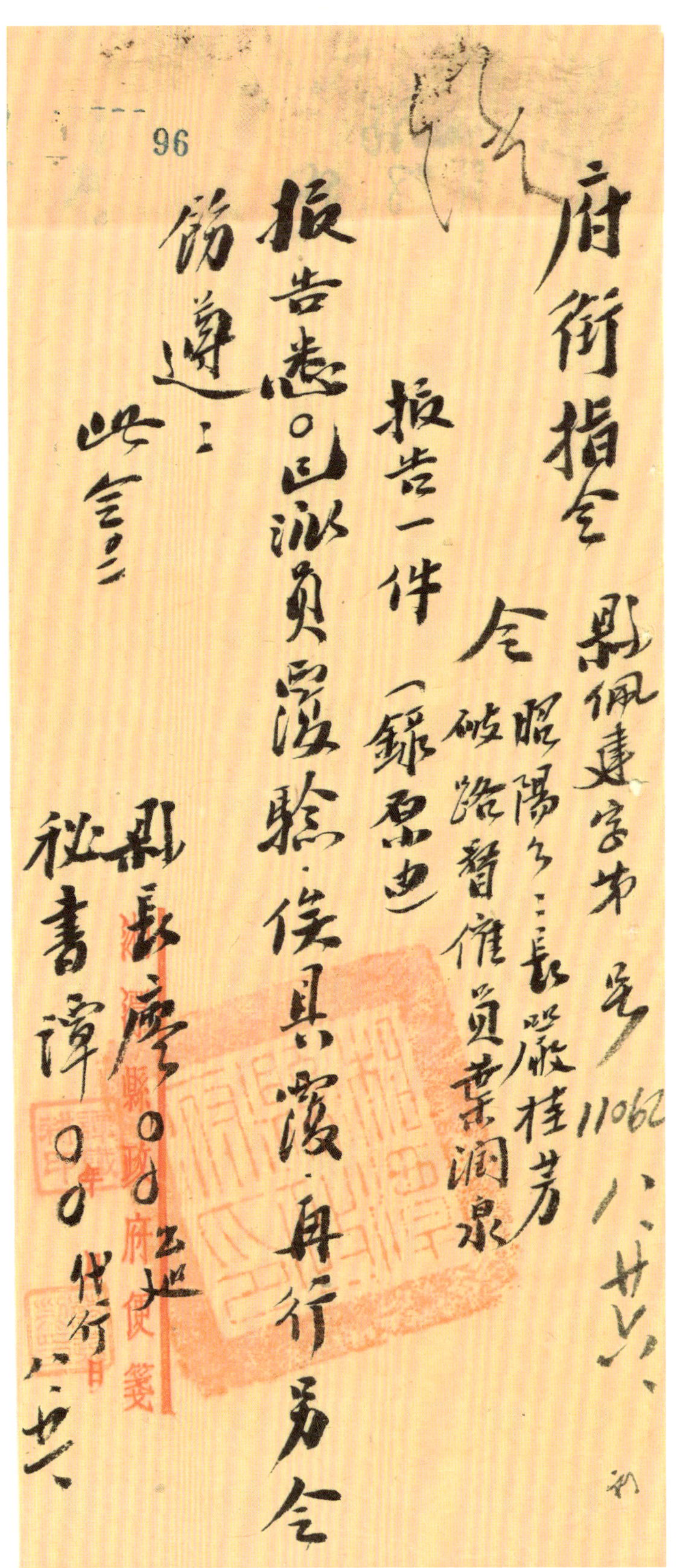

96

府銜指令　縣佩建字第　號 11062 八、廿六

令昭陽鄉鄉長嚴桂芳
破路督催員葉潤泉

報告一件（録原由）

報告悉。已派員覆驗，俟具覆再行另令

飭遵！

此令！

縣長廖○○（印）

秘書譚○○代行

八、廿六

湘潭縣政府便箋

湘潭县忠信乡公所关于奉令破坏潭下公路工作将竣恳予发给伙食致县政府的报告及县政府的指令
（一九四〇年八月十四日、二十二日）

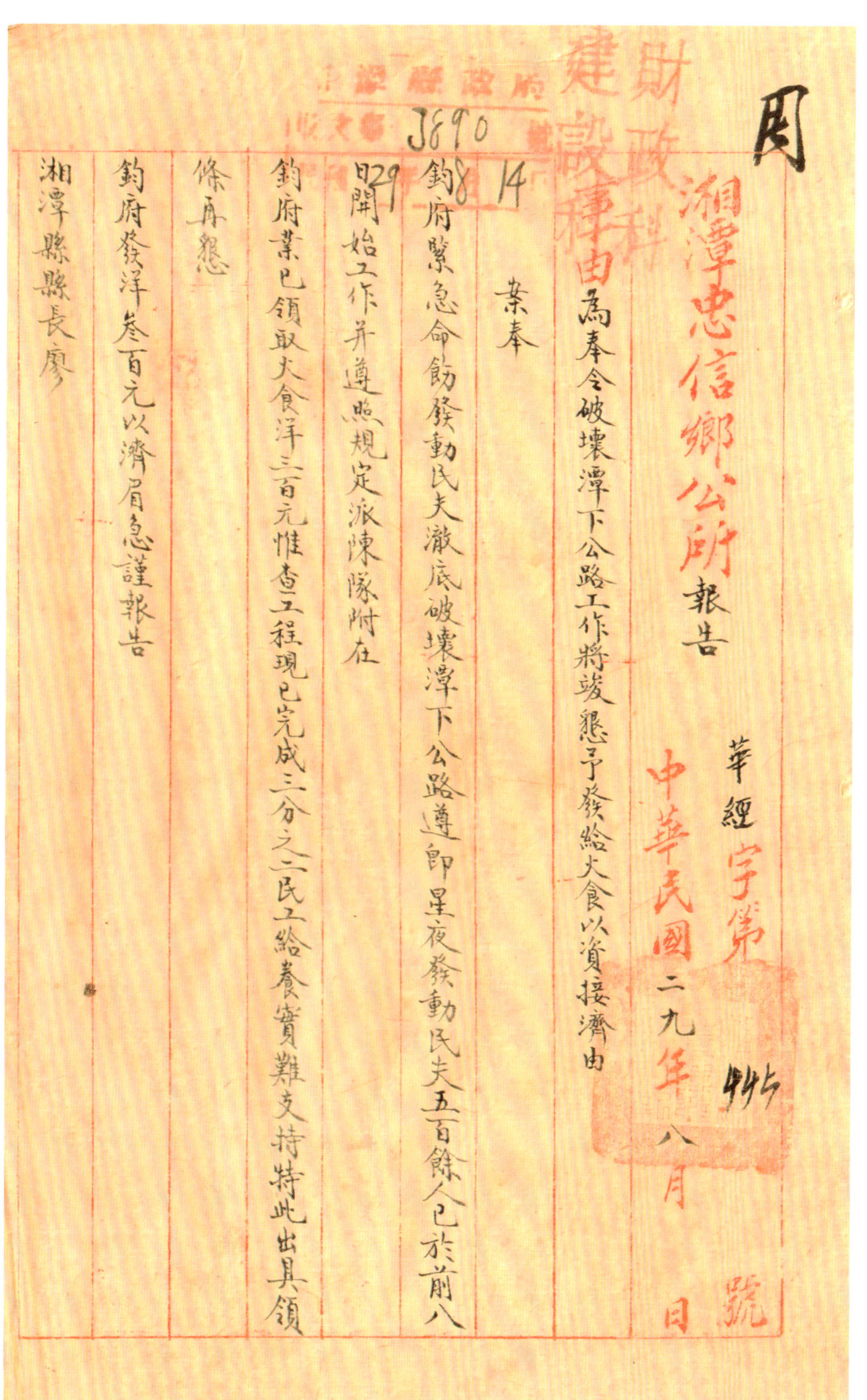

周

湘潭忠信鄉公所報告　華經字第445號

中華民國二九年八月　日

事由　為奉令破壞潭下公路工作將竣懇予發給夫食以資接濟由

案奉

鈞府緊急命飭發動民夫澈底破壞潭下公路遵即星夜發動民夫五百餘人已於前八開始工作并遵照規定派陳隊附在

鈞府業已領取夫食洋三百元惟查工程現已完成三分之二民工給養實難支持特此出具領條再懇

鈞府發洋叁百元以濟眉急謹報告

湘潭縣縣長廖

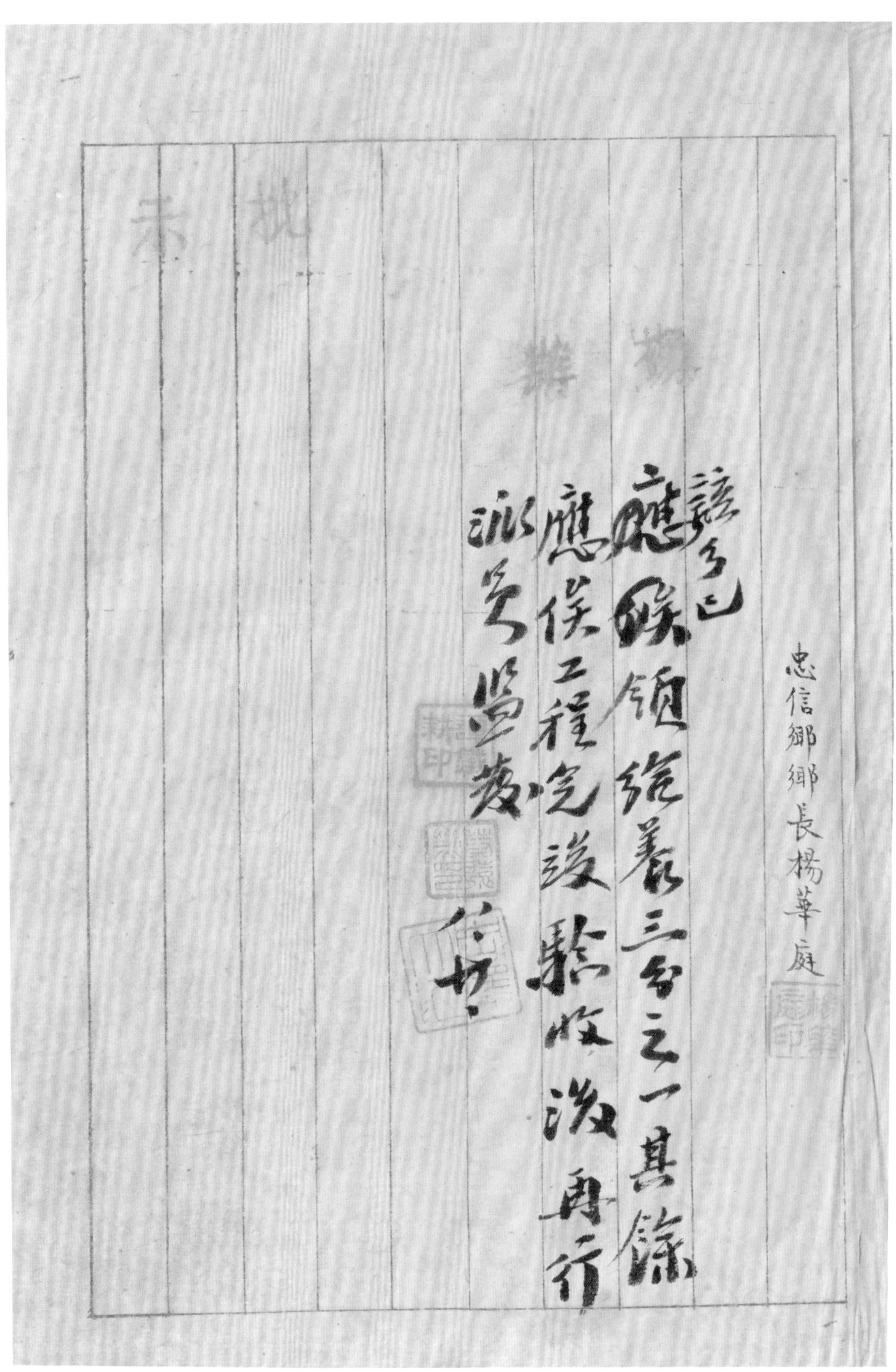

批示

忠信鄉鄉長楊華庭

該鄉已[illegible]縣領給養三分之一，其餘應俟工程完竣驗收後再行派員照發[illegible]

縣府衙指令　縣佩建字第　號　11076　八、二六

令忠信鄉鄉長楊華庭

報告一件（錄原由）

報告悉。該鄉已領給養米三分之一，其餘應

俟工程完竣驗收後再行派員監發，仰

即知照。此令。

縣長廖〇〇　八、廿二

湘潭縣政府便箋

湘潭县政府破路督催员胡开运关于银田、清溪乡公所所破道路地段于八月十三日完成致县政府的报告（一九四〇年八月十四日）

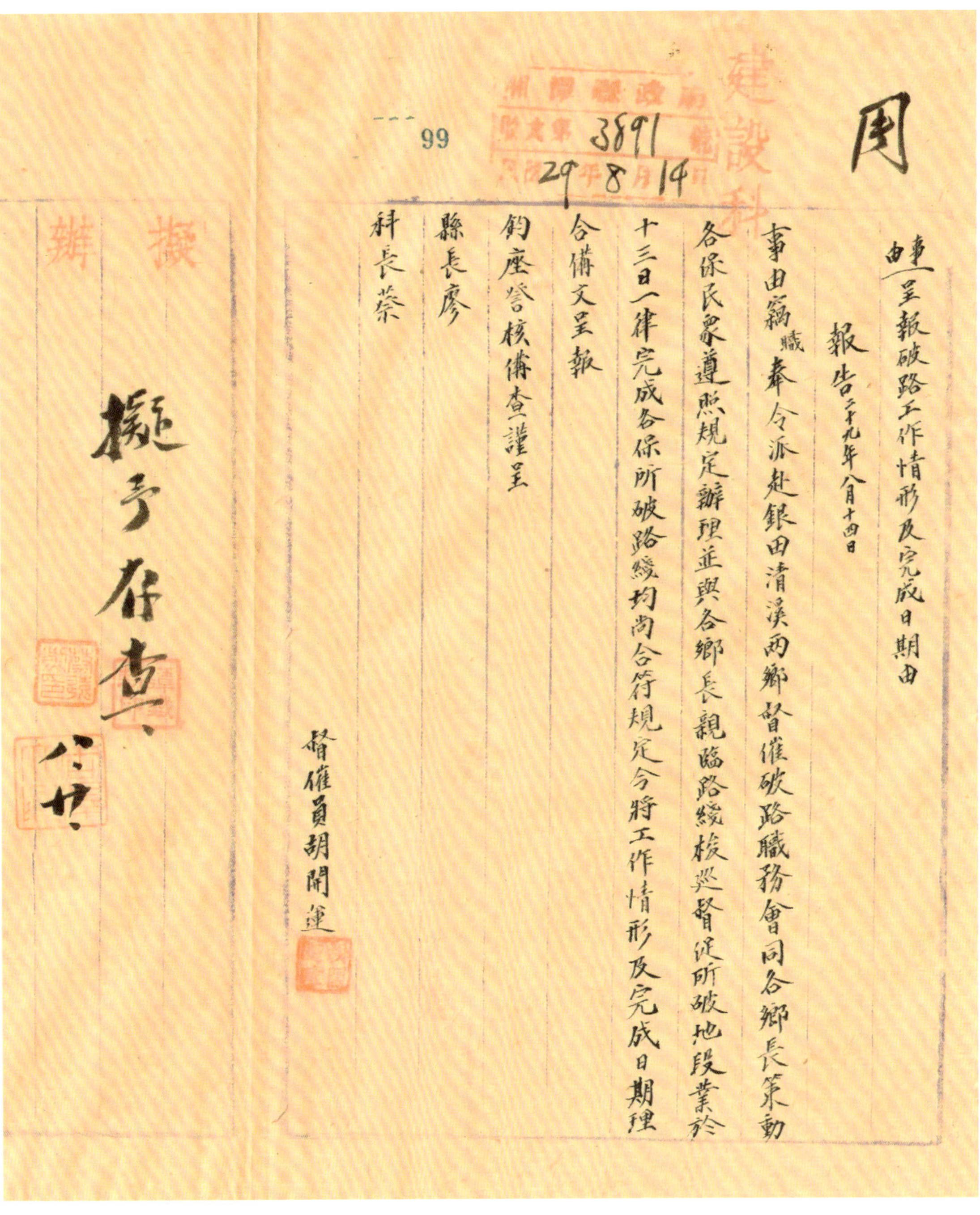

閱

建設科

湘潭縣政府收文第3891號 29年8月14日

99

事由：呈報破路工作情形及完成日期由

報告 二十九年八月十四日

事由：竊職奉令派赴銀田清溪兩鄉督催破路職務會同各鄉長策動各保民衆遵照規定辦理並與各鄉長親臨路綫梭巡督促所破地段業於十三日一律完成各保所破路綫均尚合符規定今將工作情形及完成日期理合備文呈報

鈞座詧核備查謹呈

縣長廖

科長蔡

督催員胡開運

擬辦：擬予存查 八廿

湘潭县政府破路督催员黄国安关于督催黄龙、仙女二乡乡公所破坏道路情形致县政府的报告（一九四〇年八月十四日）

閱

報告　民國二十九年八月十四日

一、職於七月二十五日奉到　鈞令派赴黃龍仙女二鄉督催破壞驛路工作剋日完成具報為要「等因；奉此」奉　令之餘遵即前往該鄉督催該鄉長立即發動所屬各保甲長督率各民衆星夜趕辦以期如限完成具報該黃龍仙女兩鄉之工作均遵鈞府先後　命令趕破業已完成

二、仙女鄉查有枝驛路大地名俗呼六一亭與一草亭平行距離約十里之遥南自正心鄉交界起北至寧鄉邊界止約二十里許此係　上令未列職日前查悉認為通寧大道必當要破遂與該鄉徐鄉長商詢確定催該徐鄉長親自赴路將該路劃作五段歸六至十保負責遵照前　令剋日星夜趕破業已通知各保保長即日發動民衆據各保長報稱奈時值中元鄉俗均須祀祖要緩二三日再行發動

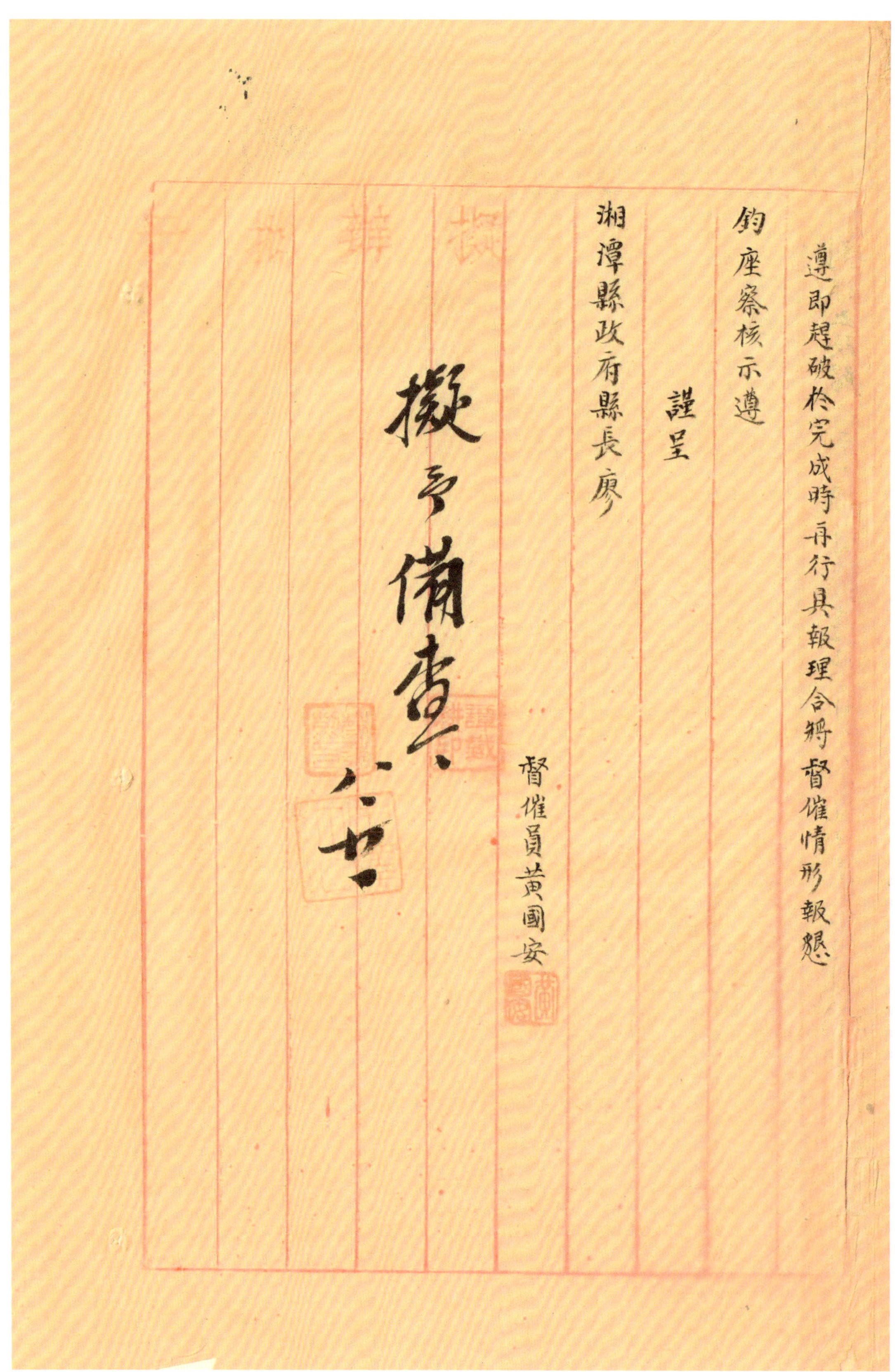

遵即赶破，俟完成时再行具报。理合将督催情形报恳

钧座察核示遵。

谨呈

湘潭县政府县长廖

督催员黄国安

拟予备查。八、廿

湘潭县政府、县破路督催委员颜泽培等关于勘验破坏道路情形及赶速破坏完竣事的一组文书（一九四〇年八月十四日至十八日）

颜泽培致湘潭县政府的报告及县政府的指令（一九四〇年八月十四日、十八日）

101 3937 29 8 16

報告 二十九年八月十四日 于姜畬鄉公所 代

事由 呈報勘驗督催工作情形由

案奉

鈞府訓令及迭次緊急代電勘驗潭瀏長潭潭寧等驛路及各鄉主要道路如破未合規定應隨時督促各鄉鎮保甲長發動全體民伕星夜趕破完成具報等因奉此勘驗各情形分别報告于次一、勘驗由五里堆至龍頭鋪昭陽鄉所屬之潭瀏驛路又由板塘鋪經團山鋪易家灣至昭山由易家灣分叉至羅家冲昭陽鄉所屬之長潭路除九十兩保尚未完成外其餘還田部份均一律削為一市尺還山部則係根就地勢擇要破壞經飭按保督催完成前已具報在案二、勘驗黄龍仙女正心三鄉所屬之潭寧長潭等驛路一、由拱極門經過花橋楊梅塘遺山至曉湯河一由黃龍巷經過馬波賀家舖太平菴塔嶺球青益草亭至鐵夫嘴之潭寧路一由熙春門經過湯悅來樟樹嶺至長沙大托舖對岸一由响水堤通長沙邊境除正心鄉所屬一少部份全未動工據称該段工程曾未奉令外其餘經戰一再按保飭隊坐催業已告竣（第三段查）三仙女鄉加破綫衣亭通正心鄉段及烧湯河經過長樂鄉龜頭市分叉至相木橋建家河長寧兩邊界段尚未完成正在趕辦（第四段）四勘驗正心鄉由縣城西南經高家巷烏龜亭至姜畬市之龍子橋工程約十分之六其中二七八九十等保未完工程效大又由瓦亭子經梁家亭至六一亭通孫泉舖段又姜畬東三字路口以北經蛇形嘴巷子口至六一亭均未破壞據該鄉長報称現因潭下公路土方太多催追尤急致資停頓已報呈　鈞府未蒙令示等語（第五段查）五姜畬鄉所屬各路麻塘至孫家舖段戰至時工程正在勇躍不過尚未完竣七里舖三仙坳石泉舖等段工程約有十分之一二戰即會商該鄉羅新任鄉長召集各保保長談話戰當曉以工作重要單法

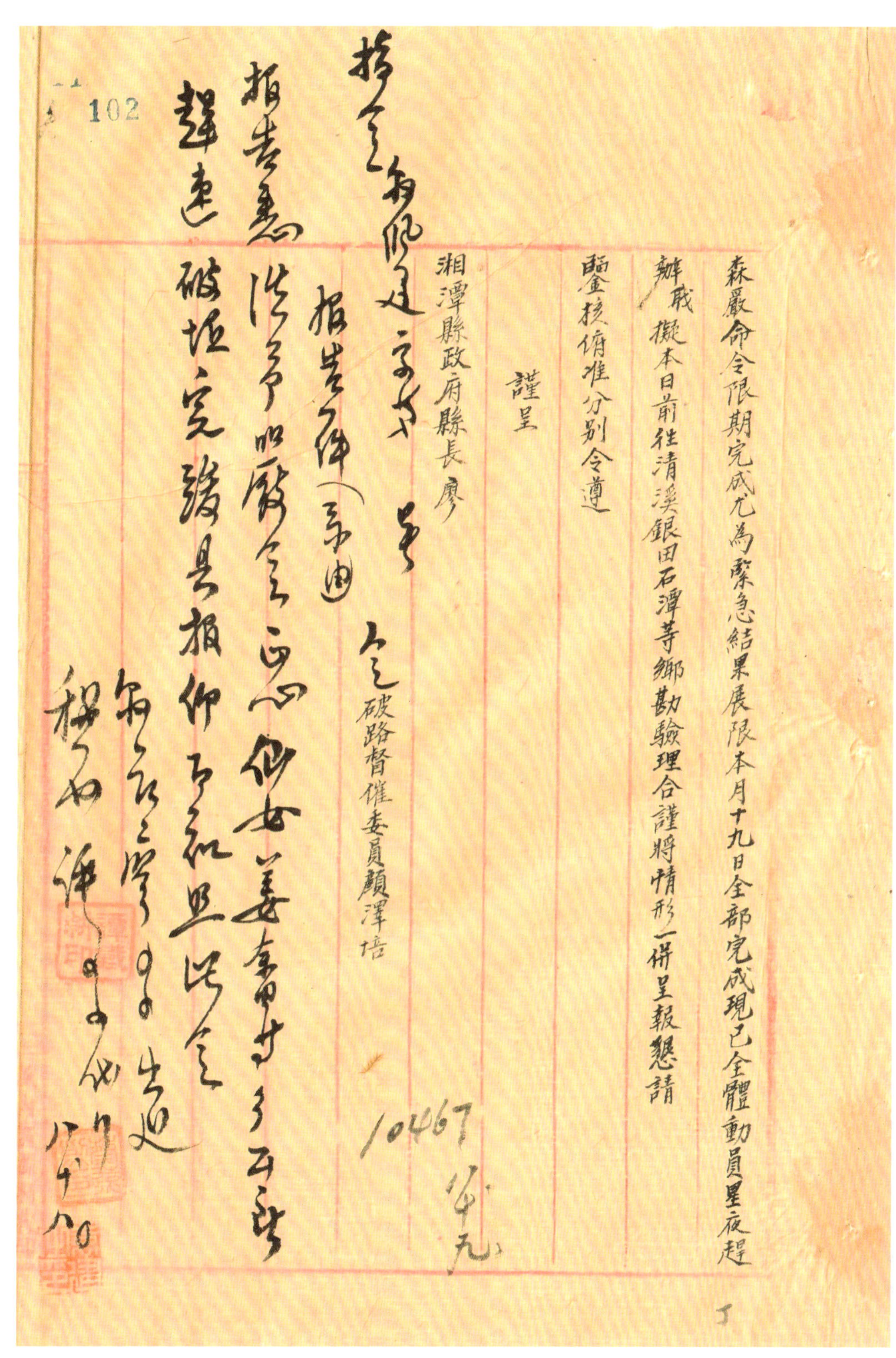

102

森嚴命令限期完成尤為緊急結果展限本月十九日全部完成現已全體動員星夜趕

辦戢擬本日前往清溪銀田石潭等鄉勘驗理合謹將情形一併呈報懇請

鑒核俯准分別令遵

謹呈

湘潭縣政府縣長廖

破路督催委員顧澤培

10467

指令 [illegible]

令破路督催委員顧澤培

報告一件（呈由）[illegible]

[illegible] 破壞完竣具報 [illegible]

湘潭县政府致正心、仙女、姜畲三乡乡公所的训令（一九四〇年八月十八日）

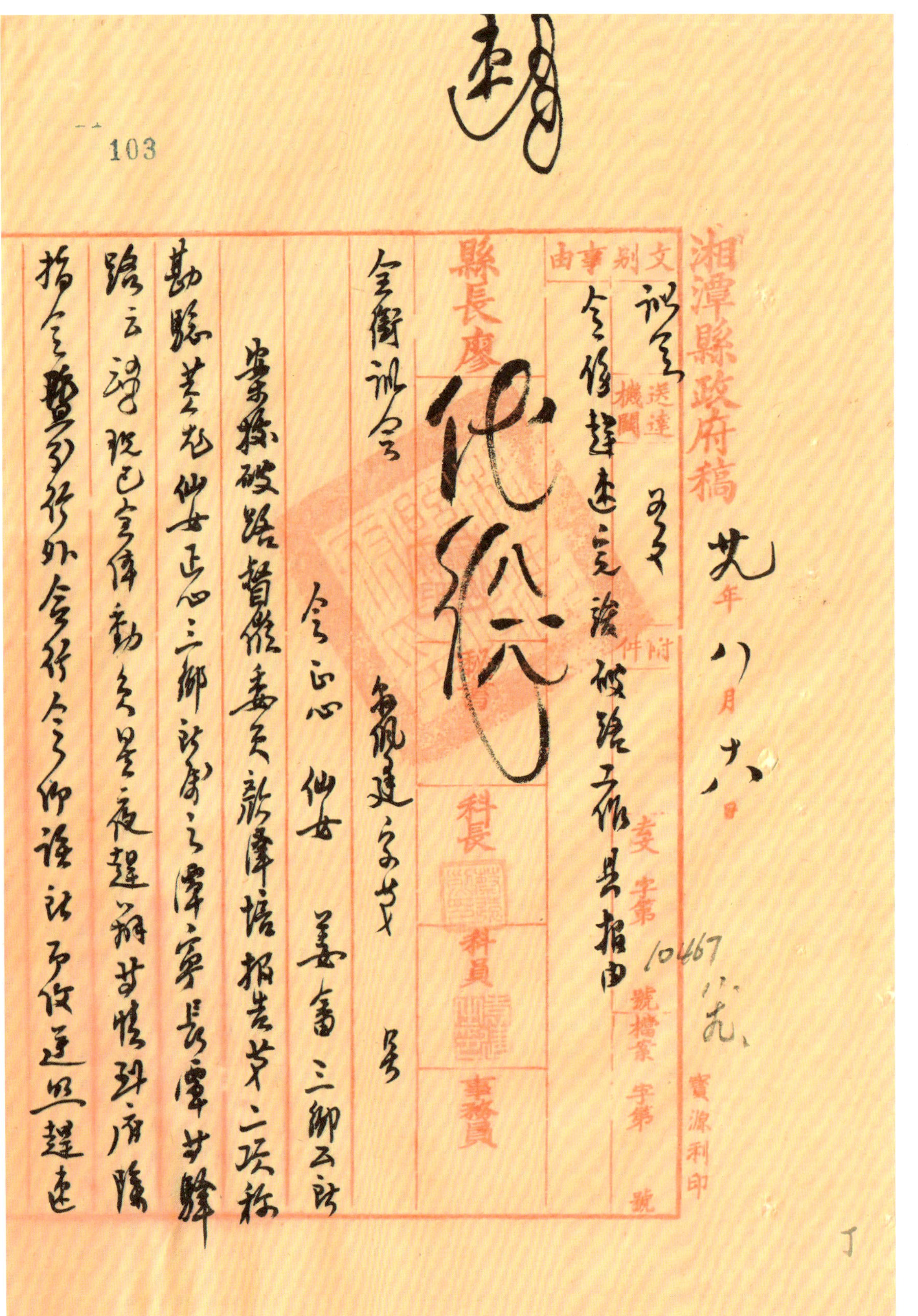

湘潭縣政府稿

文別：訓令

送達機關：

事由：令飭趕速完成破路工作具報由

附件：

廿九年八月十八日

字第　號

檔案　字第　號

縣長廖

科長

科員

事務員

全銜訓令　建字第　號

令正心、仙女、姜畲三鄉公所

案據破路督促委員彭澤培報告第二次稽勘縣屬姜畲、仙女、正心三鄉該處之潭寧、長潭兩路之破壞現已完全停動，各鄉長星夜趕辦，甚屬情疲，

指令督飭外，合行令仰該鄉長即便遵照趕速

103

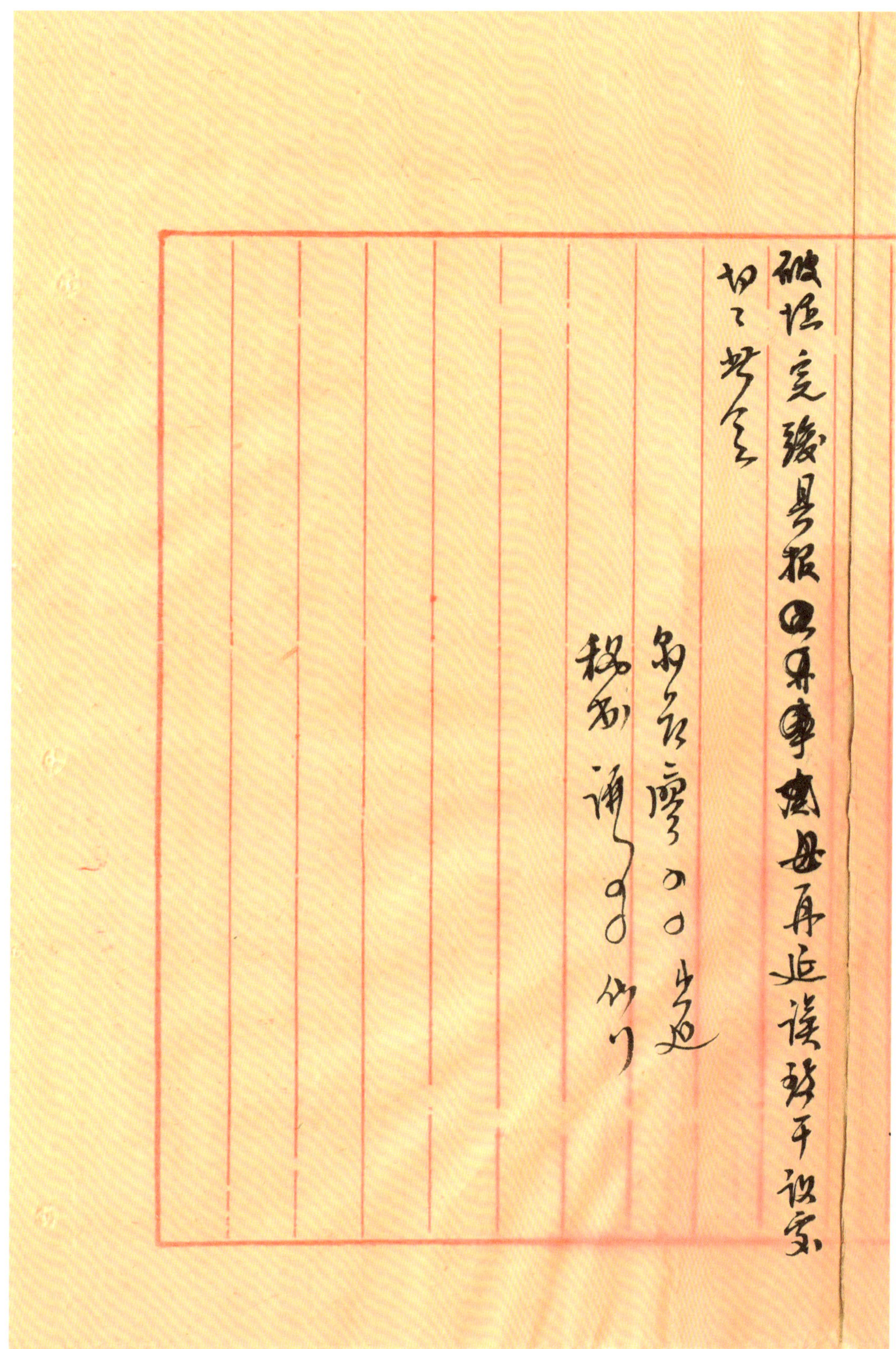
破坏交涉具报。此等事毋再延误，致干议究。

切切此令。

外交部长○○[illegible]

秘书[illegible]代行

湘潭县白关乡卸任乡长周颐关于奉令破坏长潭公路工作完竣补呈督工员兵应领伙食清册及领据恳请发给致县政府的报告及县政府的指令（一九四〇年八月十五日、二十六日）

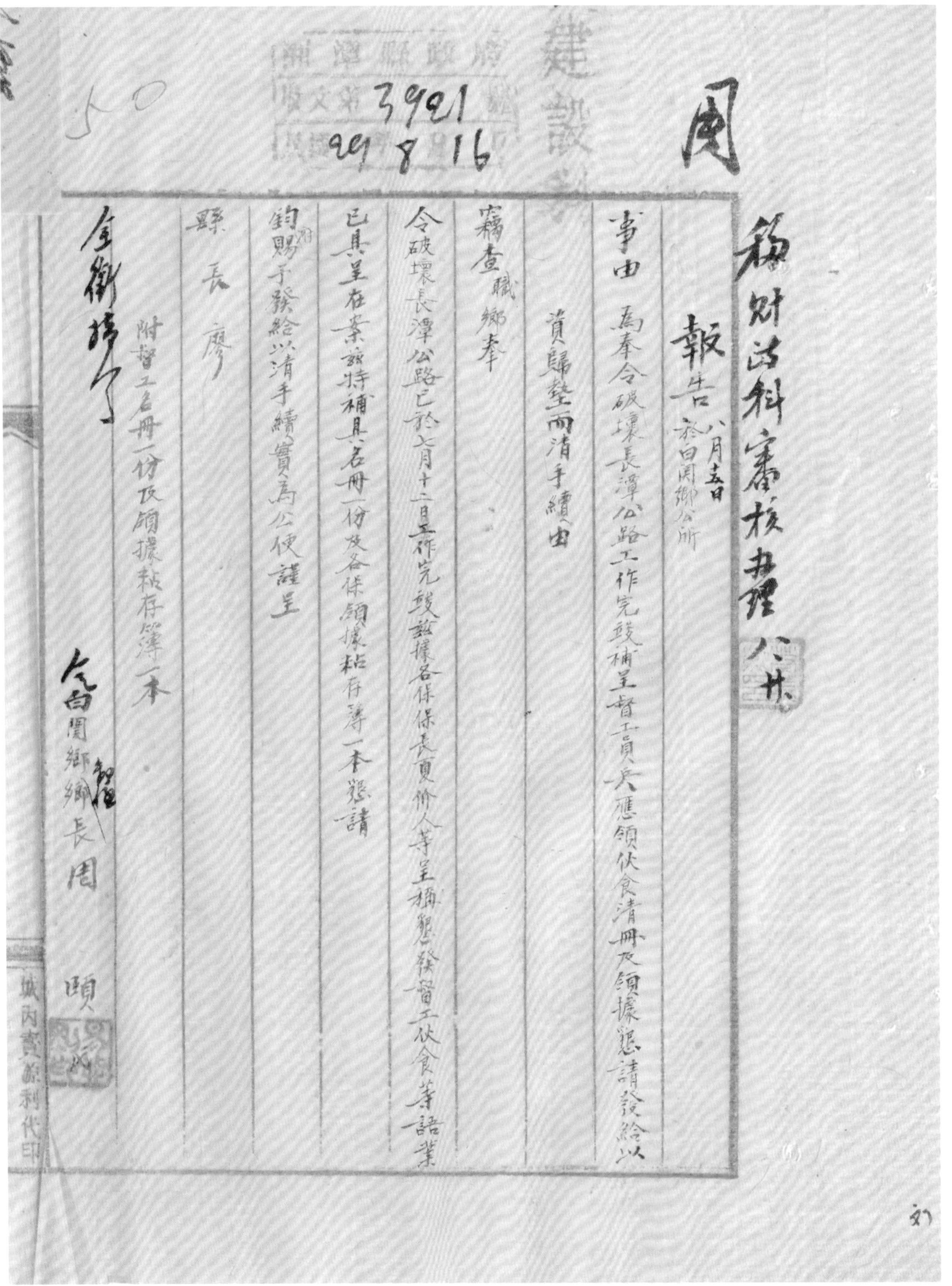

湘潭縣政府 收文第3921號 29 8 16

周

務財政科審核辦理 八卅

報告 八月十五日 於白周鄉公所

事由 為奉令破壞長潭公路工作完竣補呈督工員兵應領伙食清冊及領據懇請發給以資歸墊而清手續由

竊查職鄉奉令破壞長潭公路已於七月十二日工作完竣並據各保保長夏修人等呈稱懇發督工伙食等語業已具呈在案茲特補具名冊一份及各保領據粘存簿一本懇請鈞賜予發給以清手續實為公便謹呈

縣長廖

附督工名冊一份及領據粘存簿一本

全銜 白周鄉鄉長周頤

呈件（函原由）

呈爲兹奉到鈞示指下

1. 查鄉鎮公所另設監工員之規定所列被

監工員實國僱大食洋一六元應予剔除

2. 監工日數應於備考欄内註明起訖日期

3. 判查剔拒鄉長監工日數超過各保長監工

最多日數顯有不實應予核減

以上各項即遵照更正應予發還更正仰即遵照辦理

湘潭縣政府機

11095

六廿六

湘潭县姜畲乡公所关于呈报接办破路情形致县政府的呈及县政府的指令（一九四〇年八月十五日、二十二日）

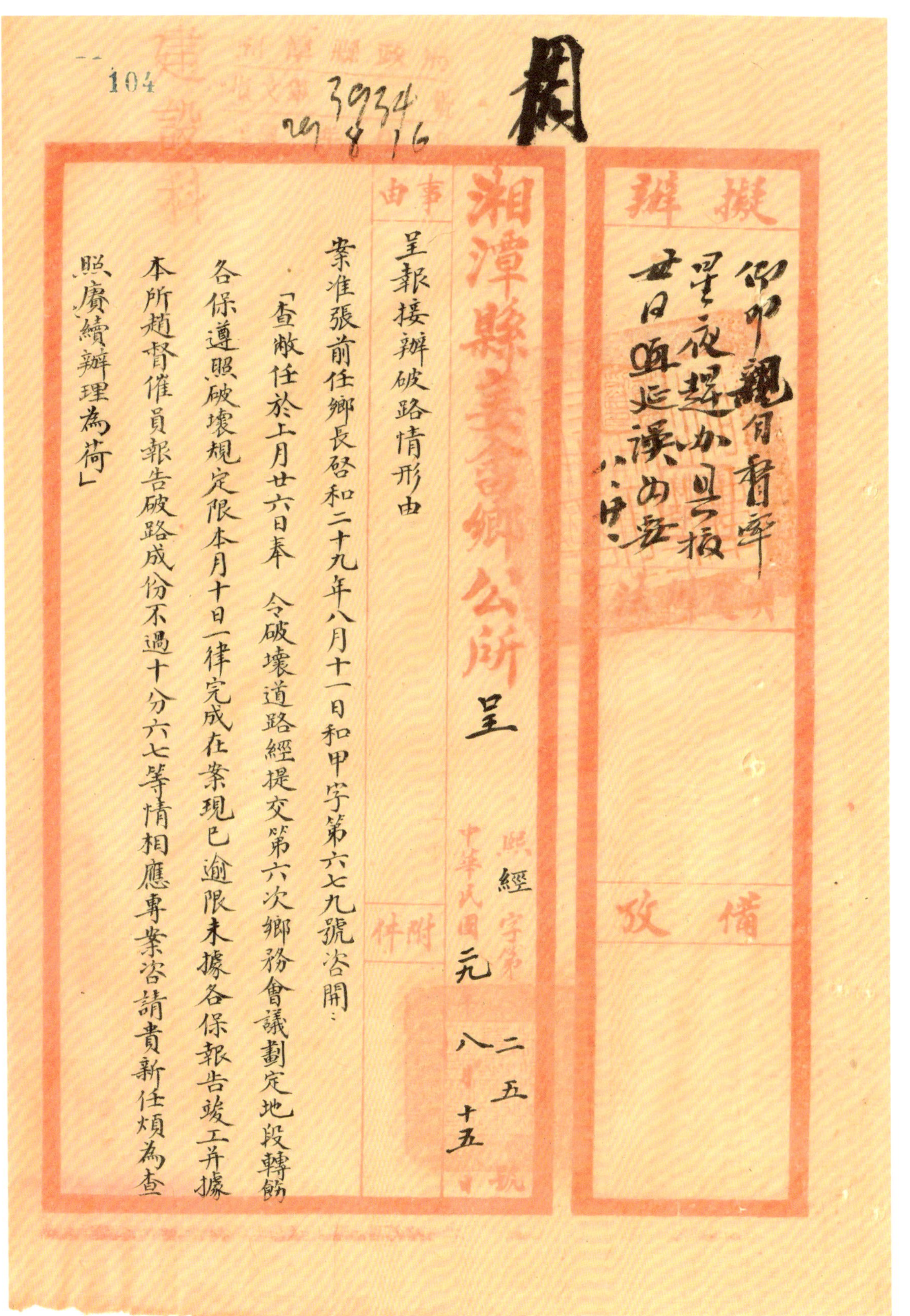

104

建設科

湘潭縣政府收文第3934號 29 8 16

閱

湘潭縣姜畬鄉公所 呈

事由：呈報接辦破路情形由

案准張前任鄉長啓和二十九年八月十一日和甲字第六七九號咨開：「查敝任於上月廿六日奉　令破壞道路經提交第六次鄉務會議劃定地段轉飭各保遵照破壞規定限本月十日一律完成在案現已逾限未據各保報告竣工并據本所趙督催員報告破路成份不過十分六七等情相應專案咨請貴新任煩為查照賡續辦理為荷」

中華民國二九年八月十五日

照經字第　號

附件

擬辦：仰即親自督率星夜趕辦具報毋得再延諉為要　八、廿二

備攷

等由附破路卷一宗計十二件准此查破路工作關係抗戰甚深且一再限期已逾而本鄉工程猶未告竣職雖到差伊始（本月十一日到差）對於是項工作亟思迅告完成故於到差次日即隨

鈞府顏委員澤培親自赴路勘驗結果勘得本鄉各路破壞工程未及十之一二且多不合規定改正工程較之破壞工程尤爲艱鉅職甚憂惶是以特於本月十四日召集各保長保隊附舉行緊急談話會責令各保星夜發動全體民工遵照規定繼續破壞限於八月十九日一律告竣不再展限并規定工作要點十端佈告沿路民工及各保甲長遵照同時除派幹員分段監催外職與顏委員亦決不分晝夜親率槍兵赴路督工所有接辦破路情形理合備文呈請

鈞府鑒核是否有當指令祇遵！

謹呈

湘潭縣縣長廖

姜畬鄉鄉長羅家熙

10760 八、二三

迅速完成

指令 縣佩建字第 號 令姜畬鄉鄉長羅家熙

呈一件錄原由

呈悉。仰即親自督率星夜趕速辦理具報毋得延誤爲要。

此令。八二

縣長廖○○ 八、廿六

湘潭县政府、县破路验收工程员王昌溥、督催员周桐初关于潭下新公路破坏情形及限期完竣事的一组文书（一九四〇年八月十六日至十七日）

王昌溥、周桐初致湘潭县政府的报告及县政府的指令（一九四〇年八月十六日）

呈報潭下新公路破壞情形由

報告 八、一六、
於公路

一、查繼續破壞潭下新公路各負責鄉鎮均於九日動工惟易俗鎮藉故延至十三日開工其中以正心鄉發動民伕最為踴躍

二、壺山鎮負責地段已破壞達百分之六十正心鄉負責地段已破壞達百分之九十五連南鄉負責地段已破壞達百分之五十五忠信鄉負責地段已破壞達百分之五十易俗鎮負責地段已破壞達百分之四十五

三、各負責鄉鎮工程不能如限完竣除函催各鄉鎮長加派民伕趕破外理合呈報

鈞座鑒核並乞再行嚴令尅日完成示遵

右三項謹呈

縣長廖

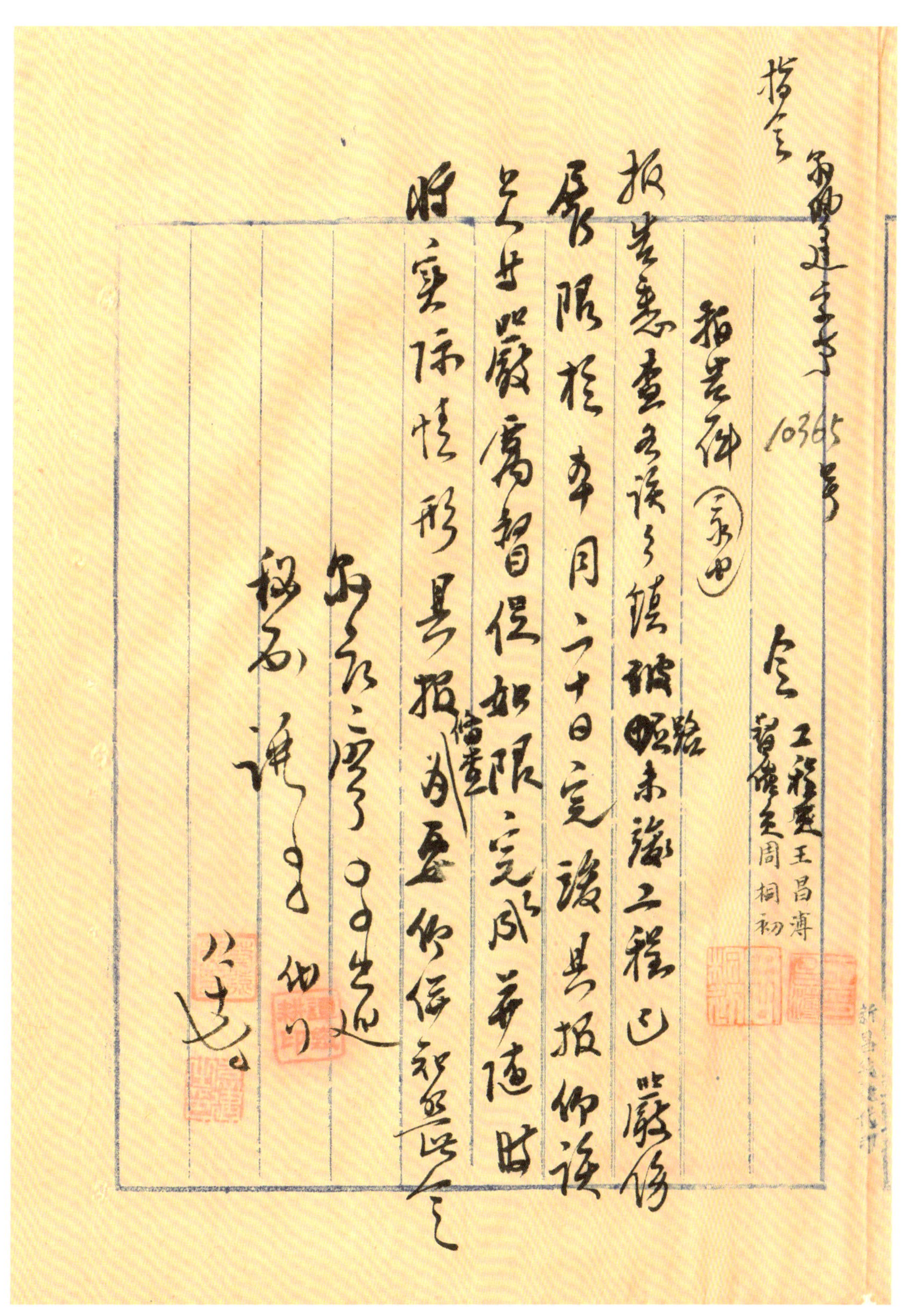
指令 甬建工字第10365號

令 工務處 王昌溥
督修員 周桐初

報告件（一、六）

報告悉。查各該各鎮破路未竣工程，迭經嚴飭展限於本月二十日完竣，據報仰該員等嚴為督促，如限完成，並隨時將實際情形具報備查為要，仰即知照。此令。

湘潭县政府致正心、仙女、姜畲三乡乡公所的训令（一九四〇年八月十七日）

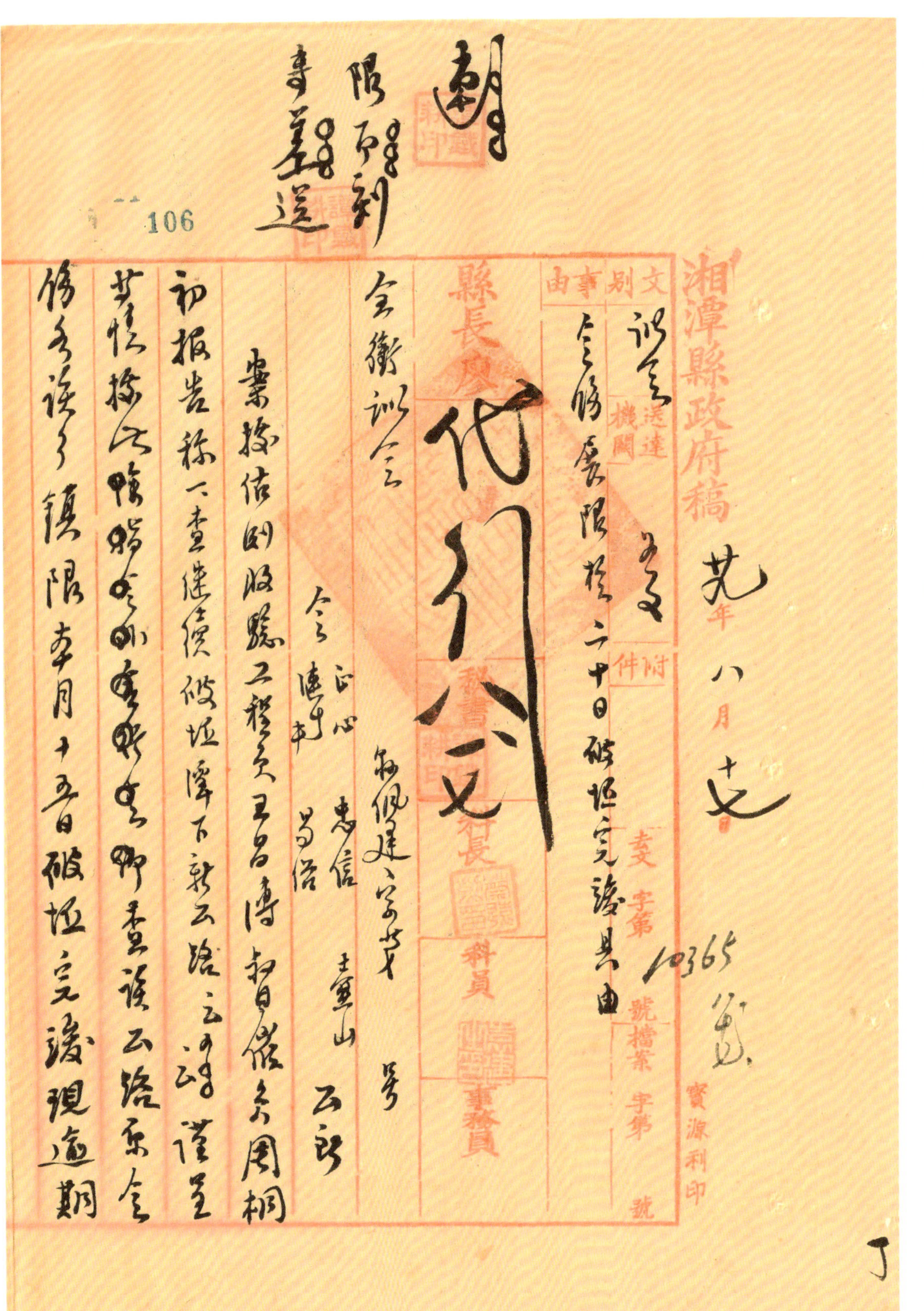

数日尚未〔達并推様〕建因殊度疲從陸續〻不合行候 仰

談判可假運無〔長〕限于本月二十日完談〻

〔事同年机毋速〕其報由再延擬致于收受 切〻 此候

頓首 二月〇〇日 出廻

稅務 謹〇〇 御り

湘潭县政府破路督催员胡开运为患重病难以前往恳请另派员前往姜畲督催破路致县政府的呈
（一九四〇年八月十六日）

107

湘潭縣政府 收文第3927號 29 8 16

建設科

事由：為陡患重病難以前往懇另派員由

案奉

鈞府佩建字第一零一五一號訓令略開令會同劉督催員志成前往查明姜畲以東丁字路口以北經白石坳一段道路具報為要等因奉此應即遵辦惟職前往銀田等鄉工作值此炎暑之天循環各處陡患瀉病甚重行走維艱深恐貽誤要公理合備文呈報

鈞座鑒核懇予另派能員前往查明以重要公而資休養至為公便謹呈

縣長廖

科長蔡

擬辦　擬准予備查　八、十九

批示

督催員胡開運

中華民國二十九年八月十六日

湘潭县政府督催员胡开运关于奉令破路工作完毕恳核发旅费致县政府的报告（一九四〇年八月十六日）

閱

報告 二十九年八月十六日

事由：一奉令破路工作完畢懇核發旅費由

竊職於七月二十六日奉令前往銀田等鄉督催破路工作，為期一十九天，於本月十三日完成，曾領旅費一十元正，每日以一元計算，尚欠發旅費洋玖元正。現以工作完畢，為此備文報告

鈞座俯核，懇予照數核發，至為公便。謹呈

縣長廖

科長蔡

督催員胡開運

湘潭縣永青鄉公所用箋

湘潭县政府、县破路督催员叶润泉关于督催霞城乡公所从速遵照规定办竣破坏驿路事的一组文书（一九四〇年八月十六日至二十三日）

叶润泉致湘潭县政府的报告（一九四〇年八月十六日）

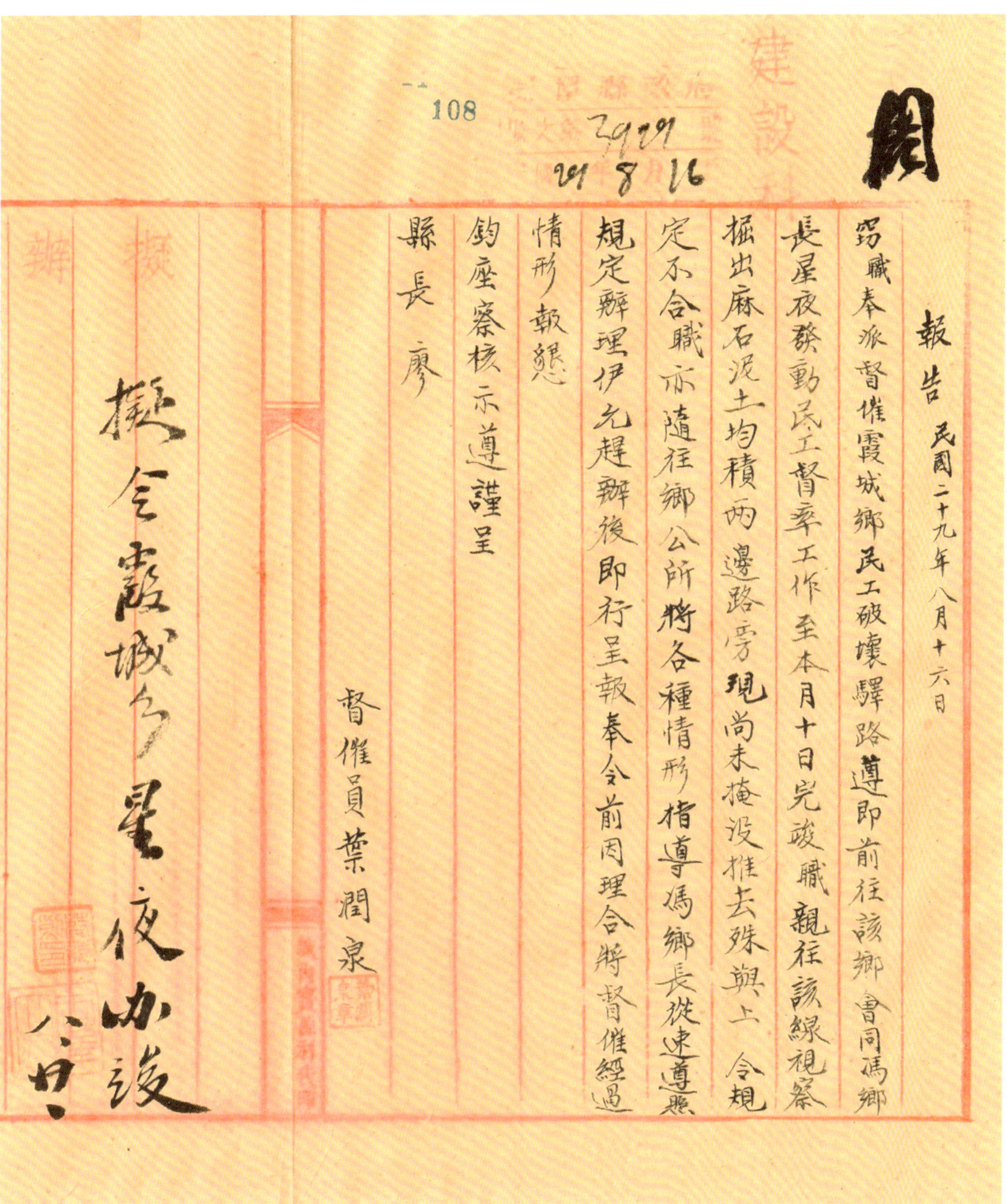

報告　民國二十九年八月十六日

竊職奉派督催霞城鄉民工破壞驛路遵即前往該鄉會同馮鄉長星夜發動民工督率工作至本月十日完竣職親往該線視察掘出麻石泥土均積兩邊路旁現尚未掩没推去殊與上令規定不合職亦隨往鄉公所將各種情形指導馮鄉長從速遵照規定辦理伊允趕辦後即行呈報奉令前因理合將督催經過情形報懇

鈞座察核示遵謹呈

縣長廖

督催員葉潤泉

擬令霞城鄉星夜办竣　八廿

湘潭县政府致霞城乡公所的训令（一九四〇年八月二十三日）

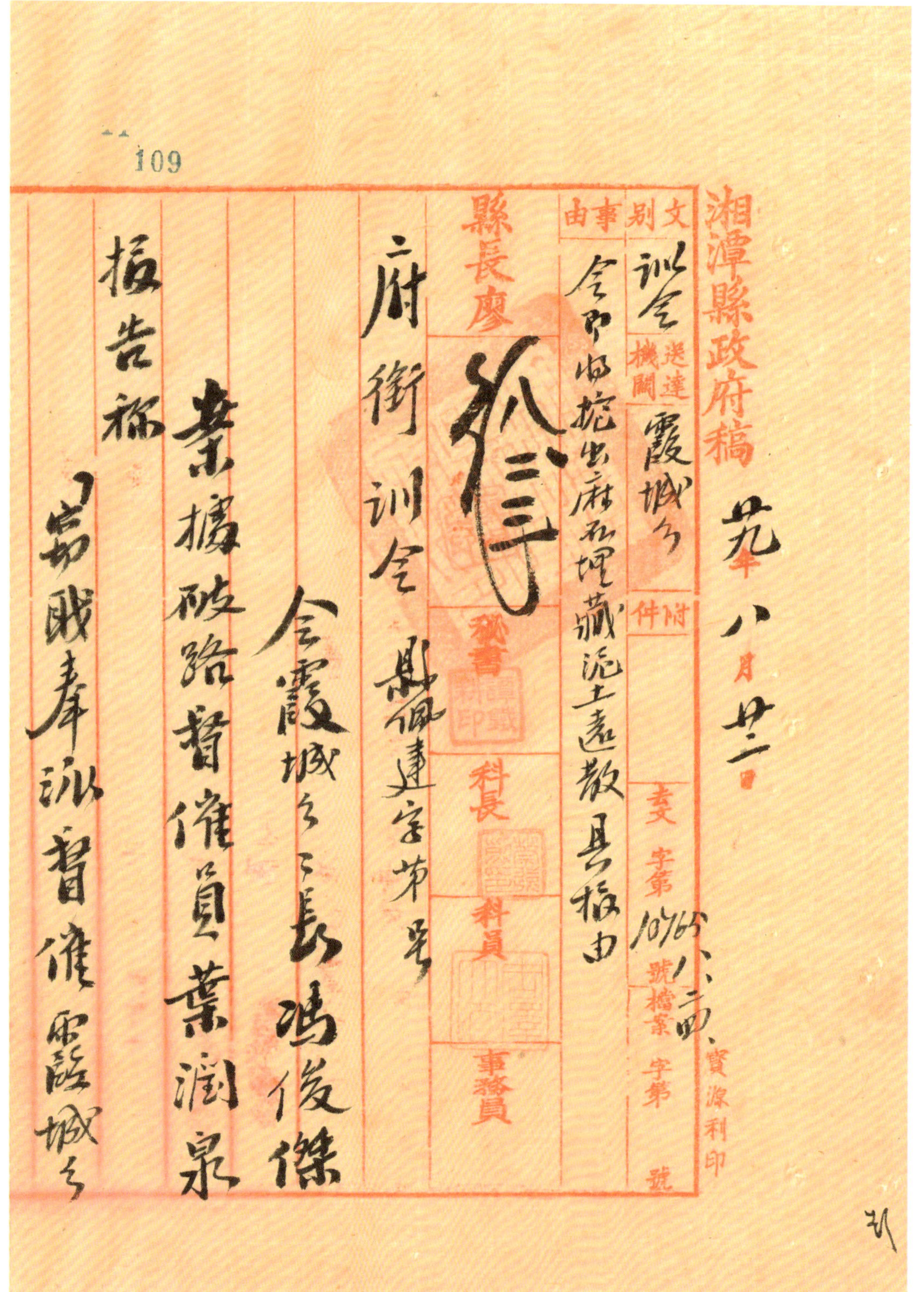

109

湘潭縣政府稿　廿九年八月廿三日

文別：訓令

送達機關：霞城乡

事由：令即将挖出麻石埋藏泥土遮蔽具报由

附件

去文　字第10765號

檔案　字第　號

八、二四、寶源利印

縣長廖

秘書　科長　科員　事務員

府衔訓令　縣偁建字第　号

令霞城乡乡長馮俊傑

案據破路督催員葉潤泉

报告称：

"窃職奉派督催霞城乡

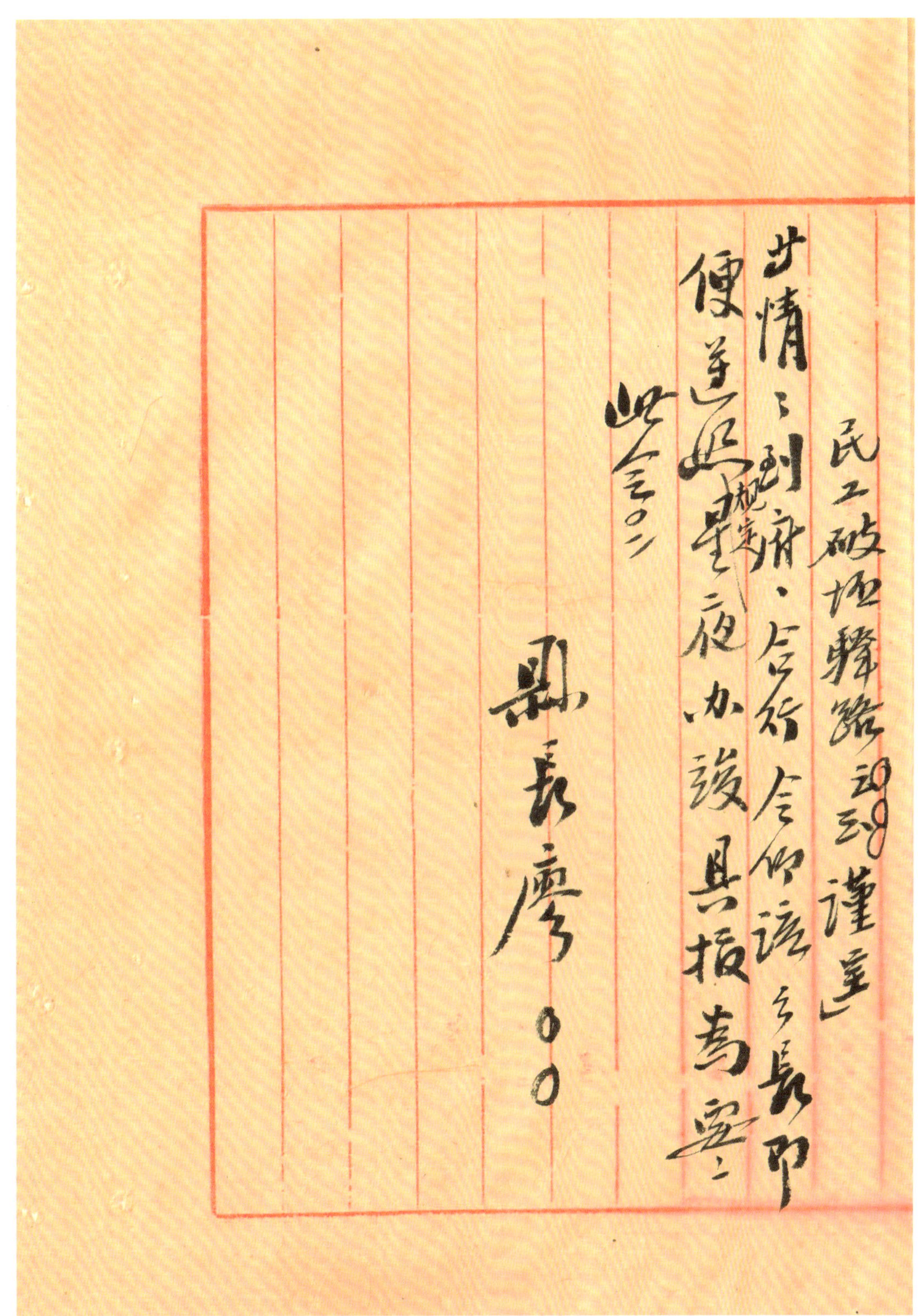
民工破壞鐵路謹呈」
出情情到府、合行令仰該該長即
便遵照擬定星夜辦護具報爲要要
此令〇〇
縣長廖〇〇

湘潭县政府关于破路经费计算之送审是否仍送由民工稽核委员会审核或送审计处审核致湖南省政府的代电（一九四〇年八月十六日）

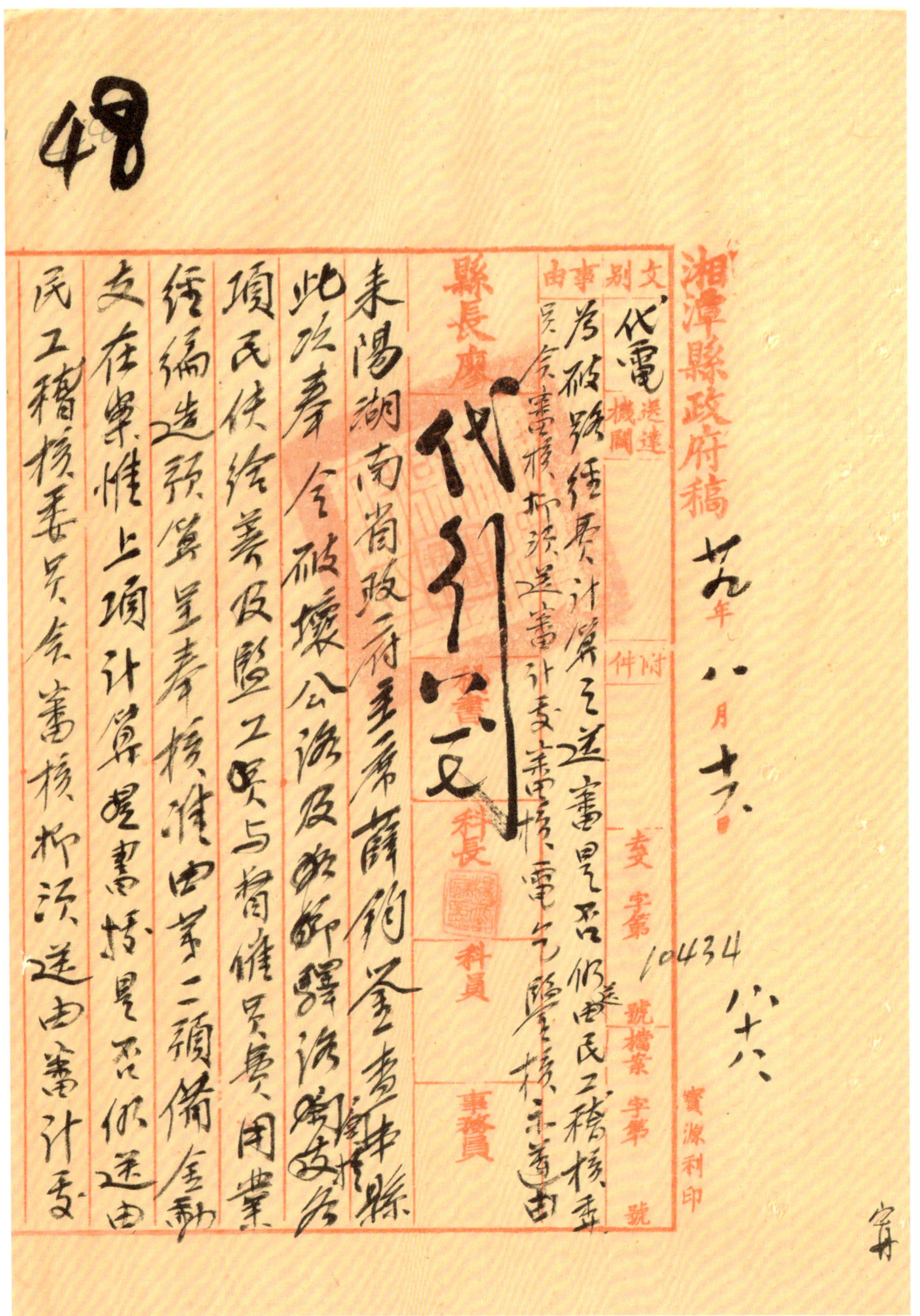

湘潭縣政府稿

文別：代電

送達機關：

事由：爲破路經費計算之送審是否仍送由民工稽核委員會審核抑須送審計處審核電乞鑒核示遵由

廿九年八月十六

來陽湖南省政府主席薛鈞鑒：查本縣此次奉令破壞公路及鄉驛路斷交各項民伕給養及監工員與督催員費用，業經編造預算呈奉核准，由第二預備金動支在案。惟上項計算書據是否仍送由民工稽核委員會審核，抑須送由審計處

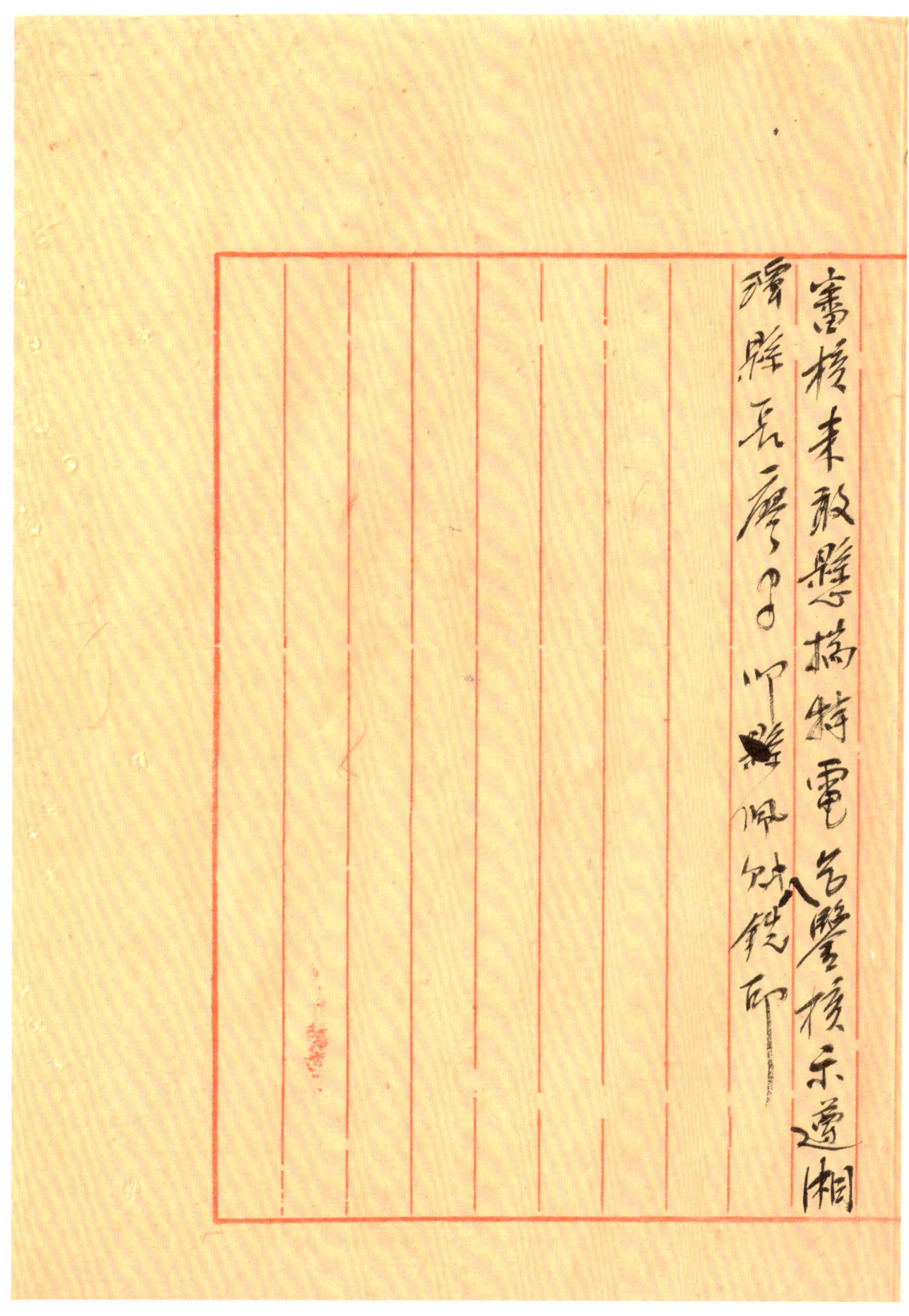

憲核未敢懸擬，特電呈鑒，核示遵。湘潭縣長廖子叩[illegible]佩附銑印

湘潭县政府关于派员勘验破坏驿路情形致昭阳、霞城、正心等乡镇公所的训令（一九四〇年八月十七日）

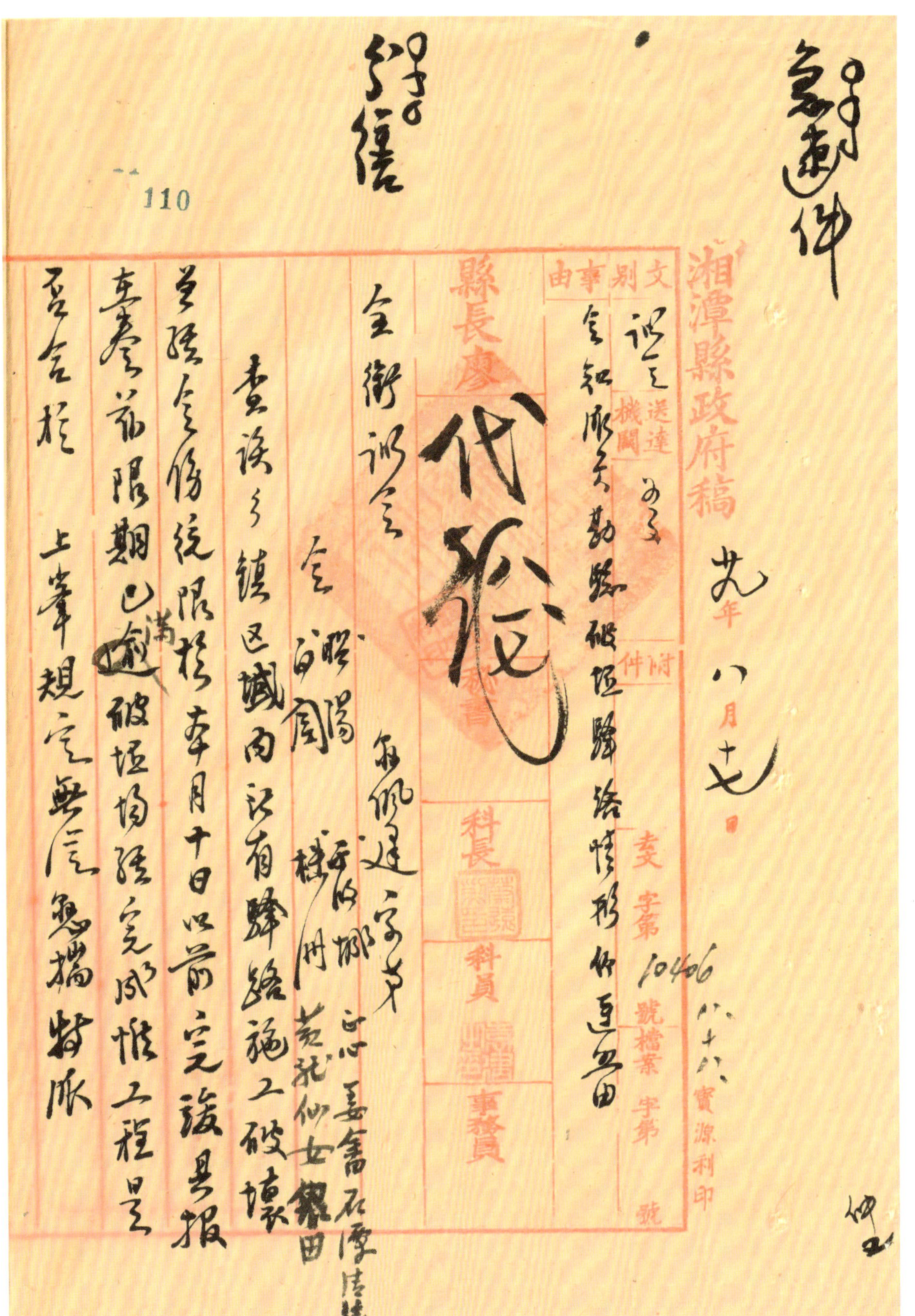

自勘驗之

前往各鄉鎮實地勘驗，隨時指示，其有未遵規定者，隨時指示，加以糾正，以憑上峯派員分勘。除分行外，合行令仰該縣長仰遵照，倘有陽奉陰違、延不遵辦者，以貽誤戎機論，定法不姑寬，切切，此令。

兼主席 ○○ 出巡

秘書 陳○○代行

湘潭县政府关于勘验昭阳、白关、霞城等乡镇驿路破坏情形随时具报致县政府破路督催委员颜泽培、谢雨田等的训令（一九四〇年八月十七日）

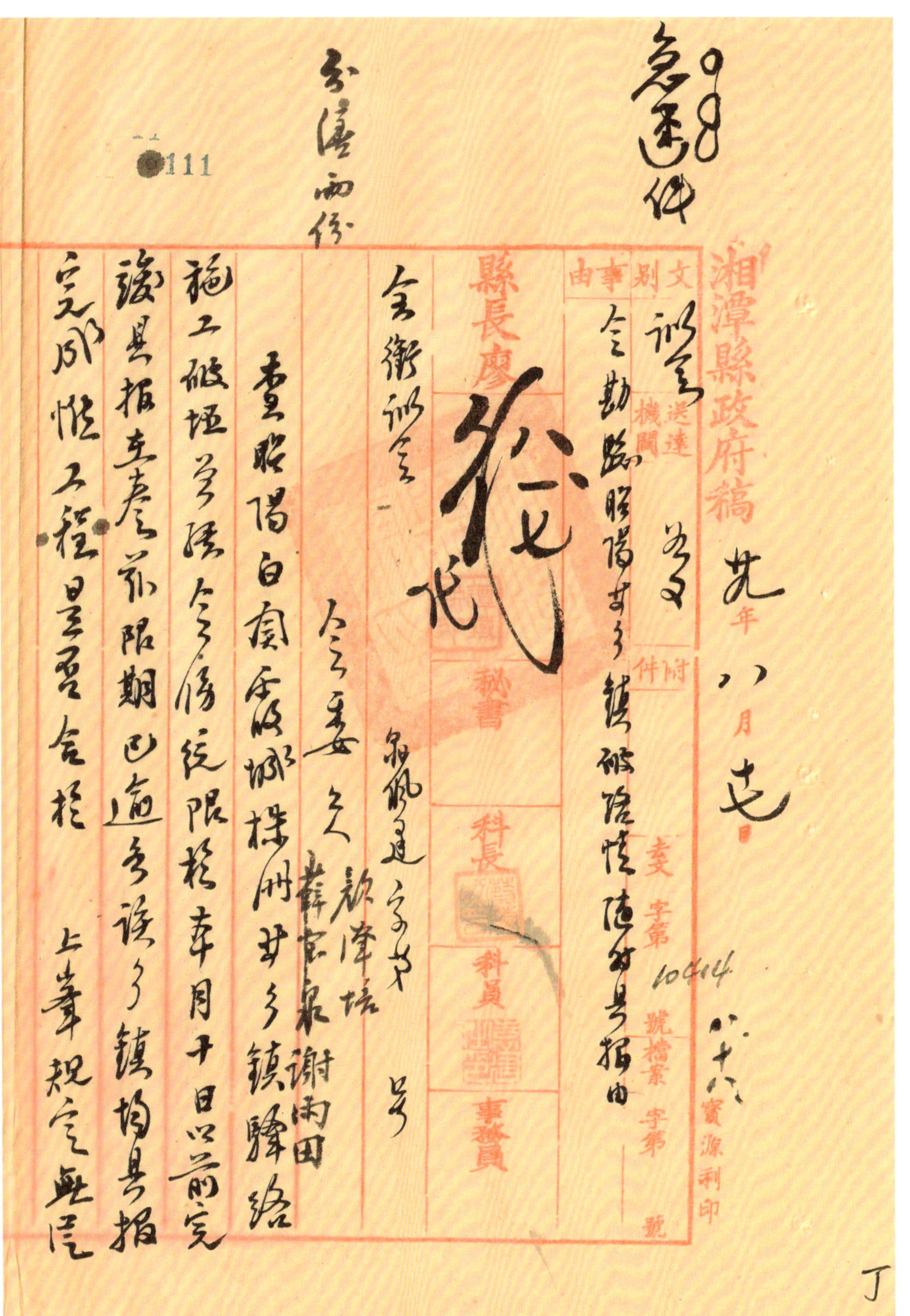

急饬陈令行外交部铁路局会行检察勘验破路应注意之点一份，令仰该县即便遵照切实勘验，并将遵照规定各节就地指示各乡保甲立刻施工纠正，以凭　上峰派员复勘。倘有阳奉阴违延不遵办者，准随时报究，决不姑宽。此令。并将办理情形详报备核。

计检发勘验破路应注意之点一份

知县　廖○○　出巡

秘书　詹○○　代行

湘潭县政府关于立即前往长潭下公路复验工程是否符合交通破坏办法致技士唐鼎峙的训令

（一九四〇年八月十九日）

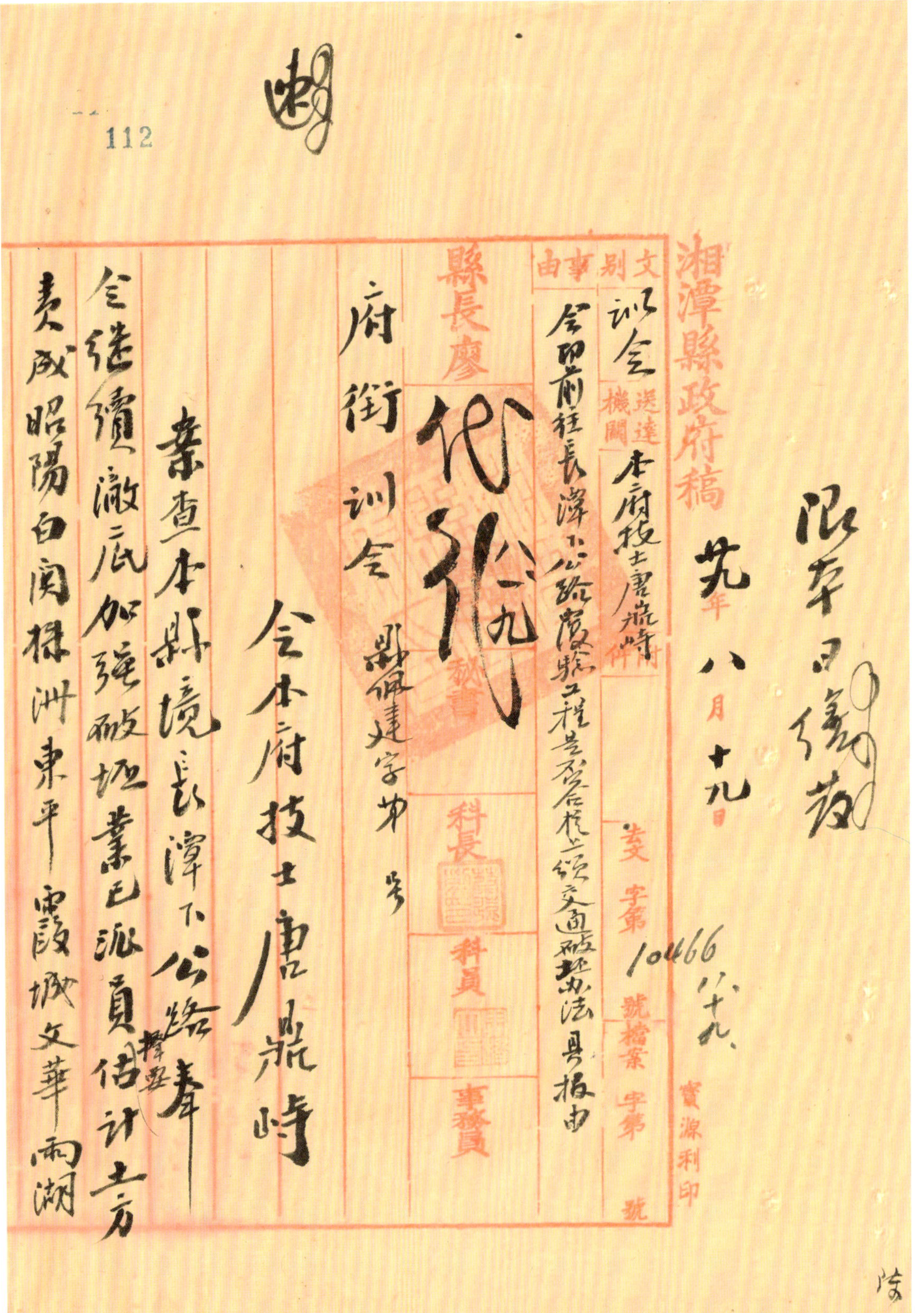

壶山易俗等乡镇发动民众遵照实施次第完成并派估计土方工程员王昌溥分别验收在案惟破坏工程是否合于上级交通破坏办法亟待覆验合行令仰该技士克日前往该路康、板、仙三乡镇地段切实勘查如有不合规定详细记载迅速具报核夺毋延为要

此令 三〇二

县长 廖〇〇

第九战区司令长官司令部、湘潭县政府关于将派员查验破路质量及仙女乡境内长岭铺至南庙段道路亦须遵照规定破坏事的一组文书（一九四〇年八月十九日至二十八日）

第九战区司令长官司令部致湘潭县政府的电报（一九四〇年八月十九日）

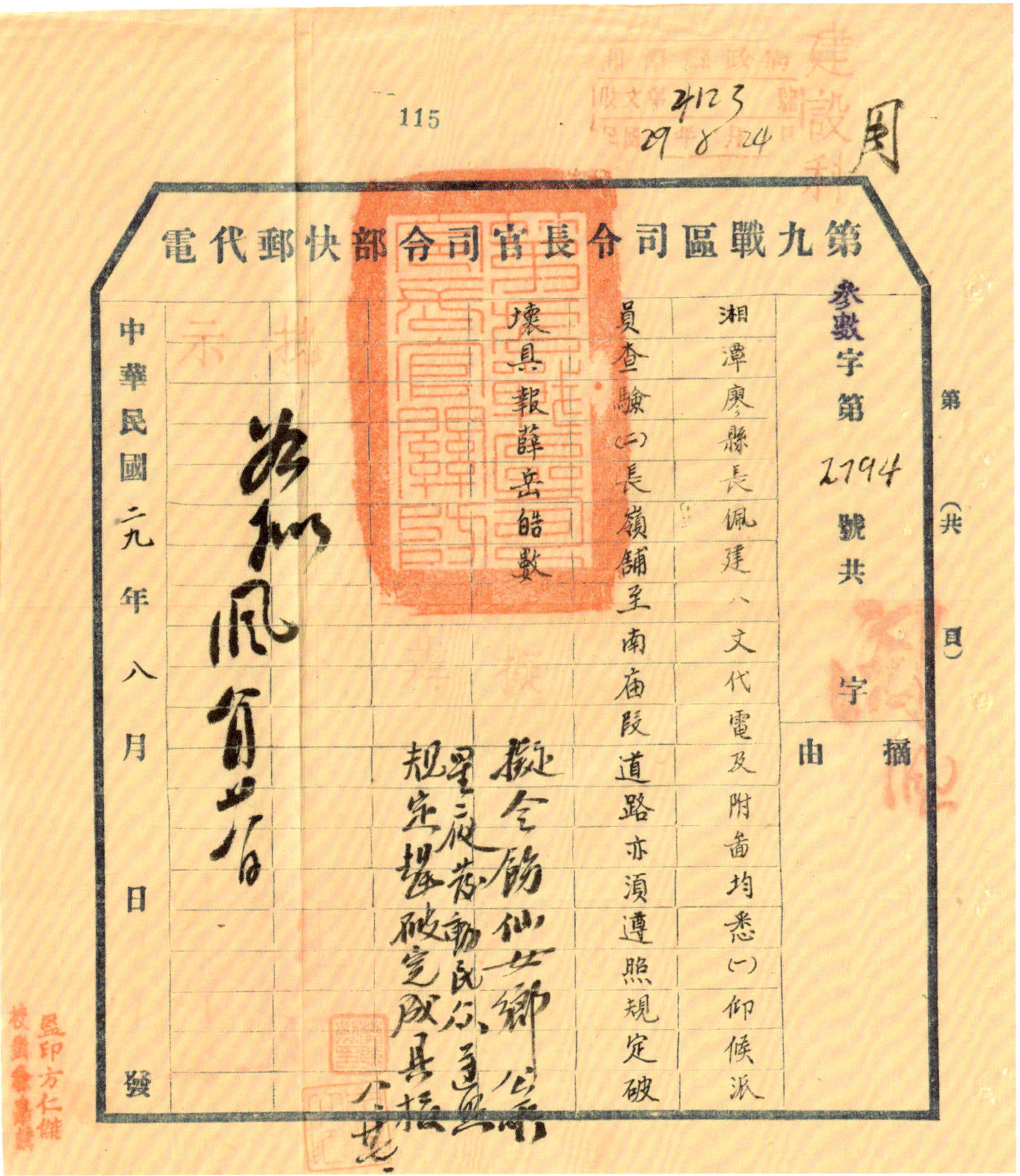
115

湘潭縣政府收文第2123號 29年8月24日

建設科

第九戰區司令長官部快郵代電

參數字第2794號

湘潭廖縣長佩建八文代電及附函均悉（一）仰候派員查驗（二）長嶺鋪至南廟段道路亦須遵照規定破壞具報薛岳皓參

中華民國二九年八月　日發

擬令飭仙女鄉公所剋日發動民眾遵照規定掘破完成具報

湘潭县政府致仙女乡公所的紧急代电（一九四〇年八月二十八日）

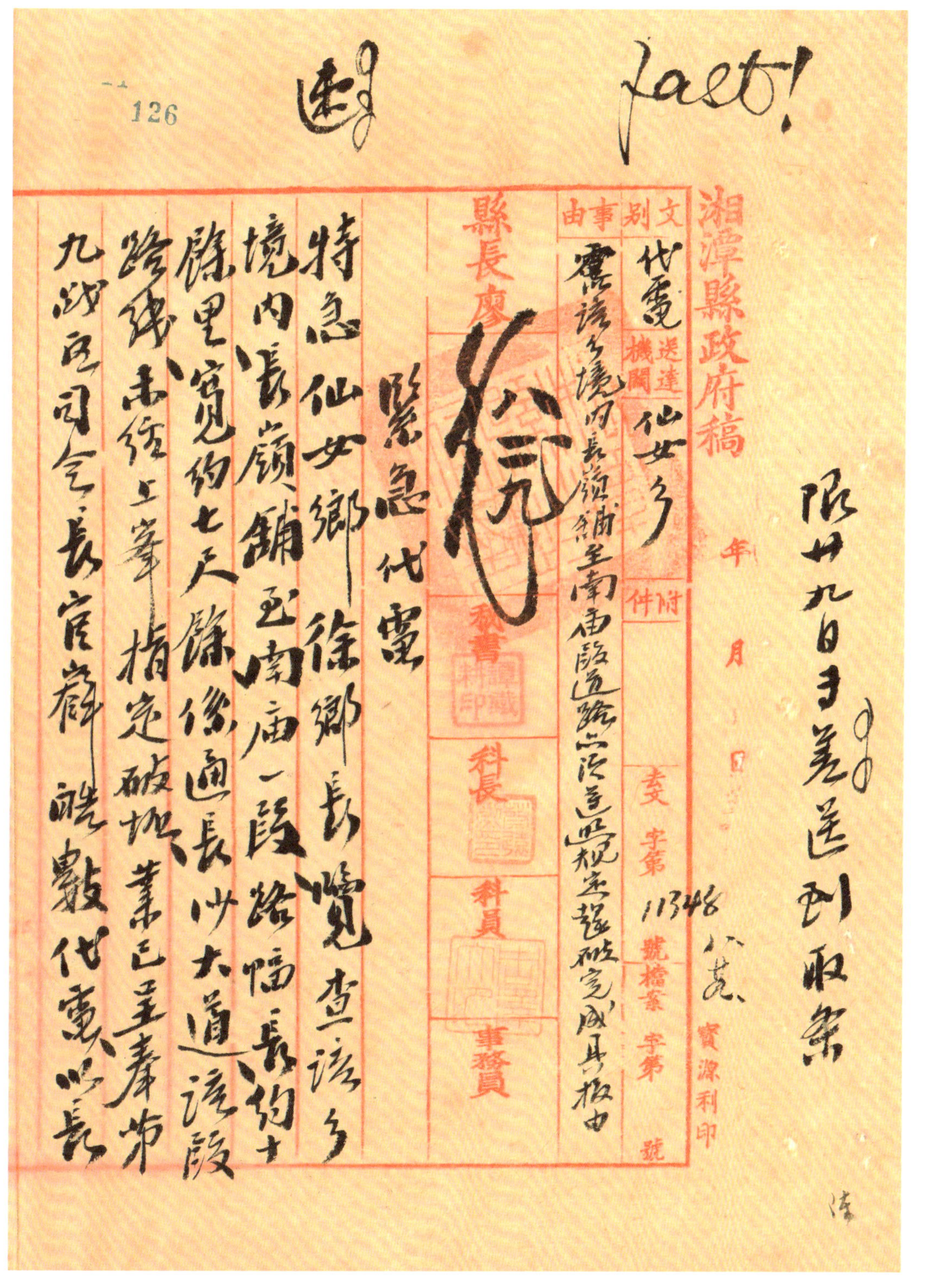
126

速

fast!

湘潭縣政府稿

文別：代電

送達機關：仙女乡

事由：電該乡境内長嶺舖至南廟一段道路應照規定趕破完成具報由

縣長廖

秘書

科長

科員

事務員

年　月　日

附件

字第　號

檔案字第　號

緊急代電

特急仙女鄉徐鄉長覽：查該乡境内長嶺舖至南廟一段路幅長約十餘里，寬約七尺餘，係通長沙大道。該段路線未經上峯指定破壞，業已呈奉第九戰區司令長官薛〔岳〕□□代電以長

限廿九日寸前送到取條

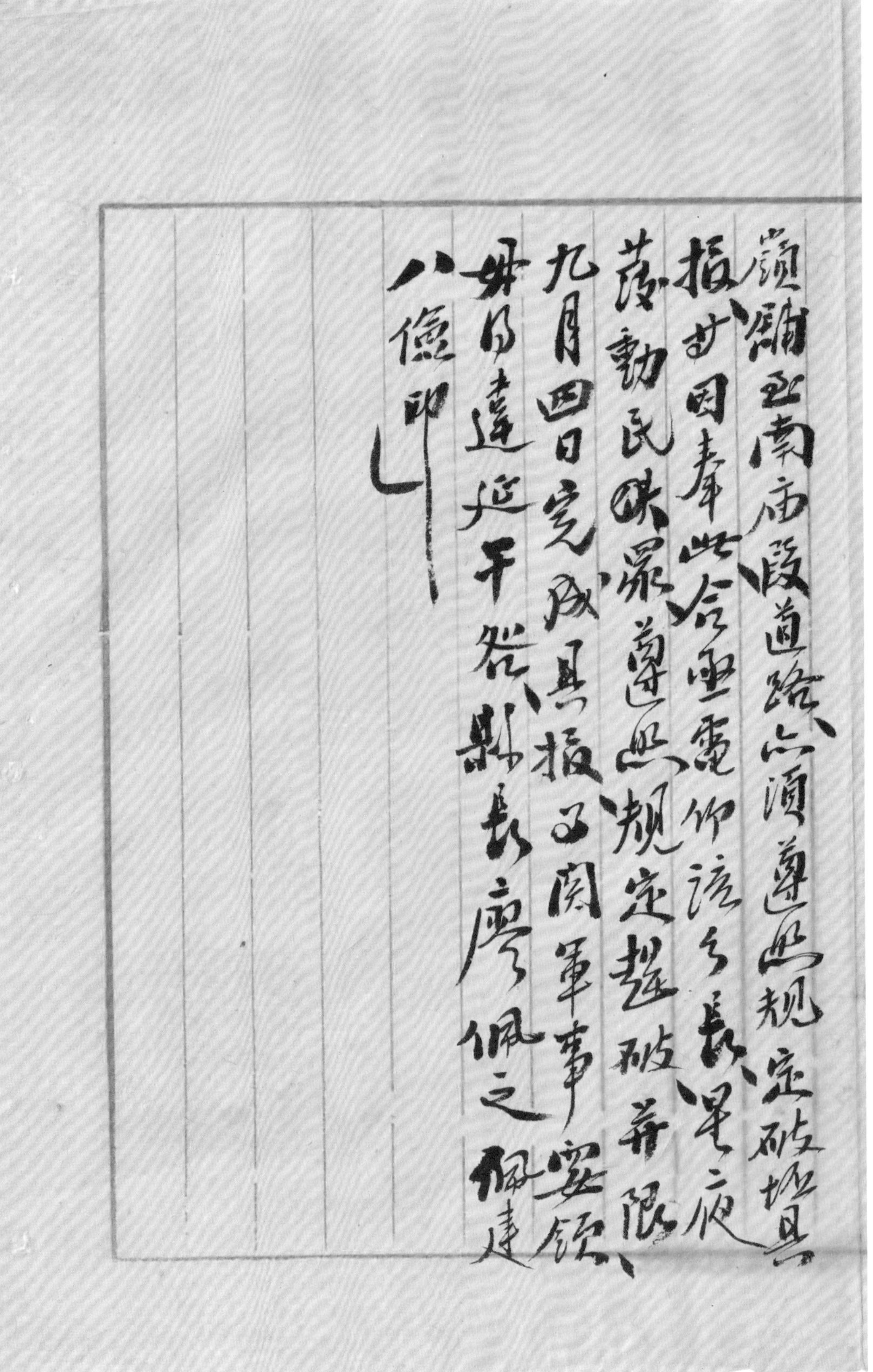
嶺鋪至南面段道路，亦須遵照規定破壞具報。并因奉此，合亟電仰該鄉長，星夜發動民眾，遵照規定，趕破并限九月四日完成具報，以關軍事要領，毋得違延干咎。縣長廖佩之、郦建八儉印

湘潭县政府关于株洲通长沙的干路约五十公尺仰即发动民众破坏具报致株洲镇公所的训令（一九四〇年八月二十一日）

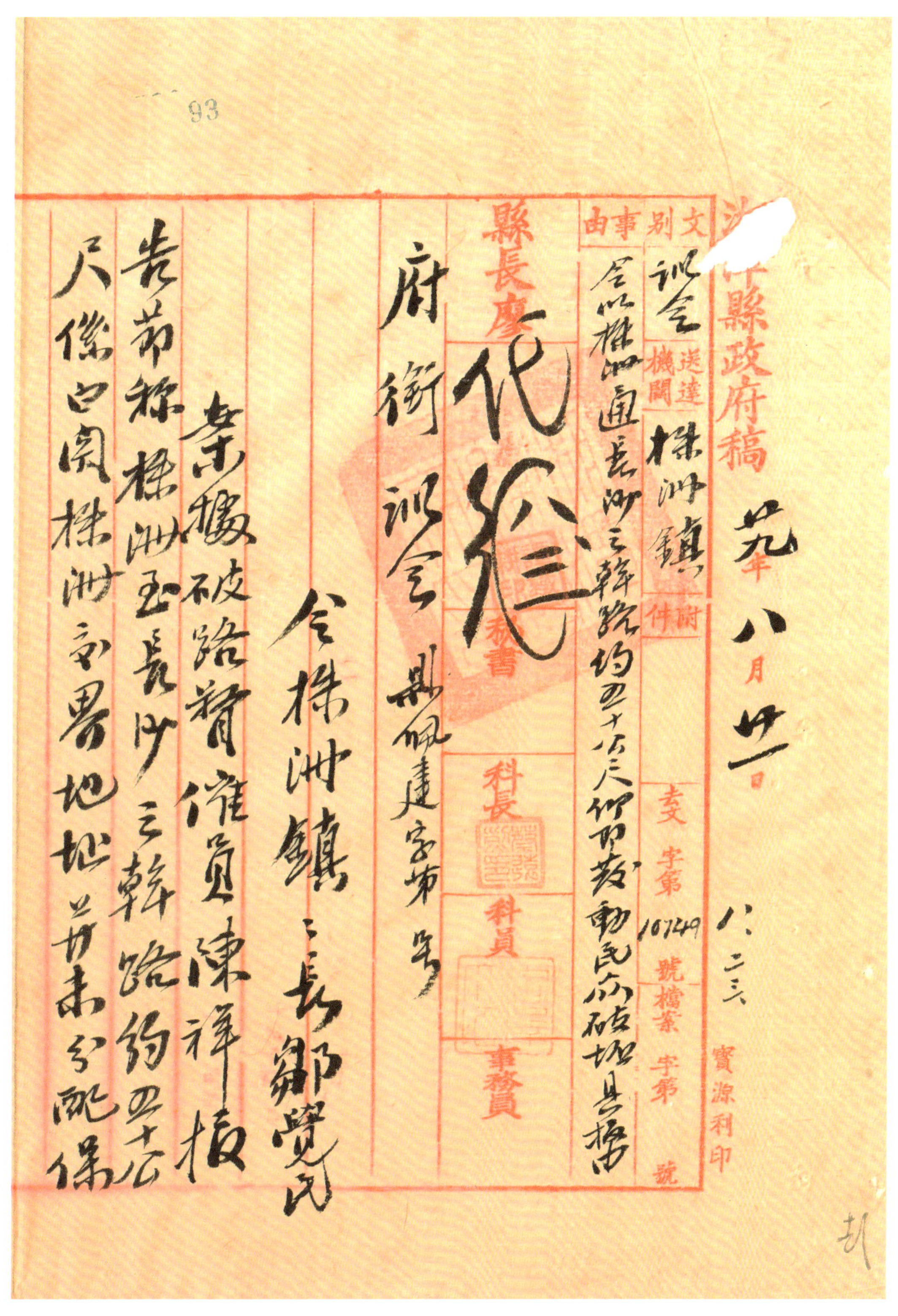
湘潭縣政府稿　廿九年八月廿一日

文别：訓令　送達機關：株洲鎮　附件

事由：令以株洲通長沙之幹路約五十公尺仰即發動民眾破壞具報由

支字第10749號　檔案字第　號

縣長廖　代行　秘書　科長　科員　事務員

八、二三

實源利印

府衘訓令　建字第　號

令株洲鎮長鄒覺民

案據破路督導員陳祥根告稱：株洲至長沙之幹路約五十公尺，僅已閱株洲之界地址尚未分配保

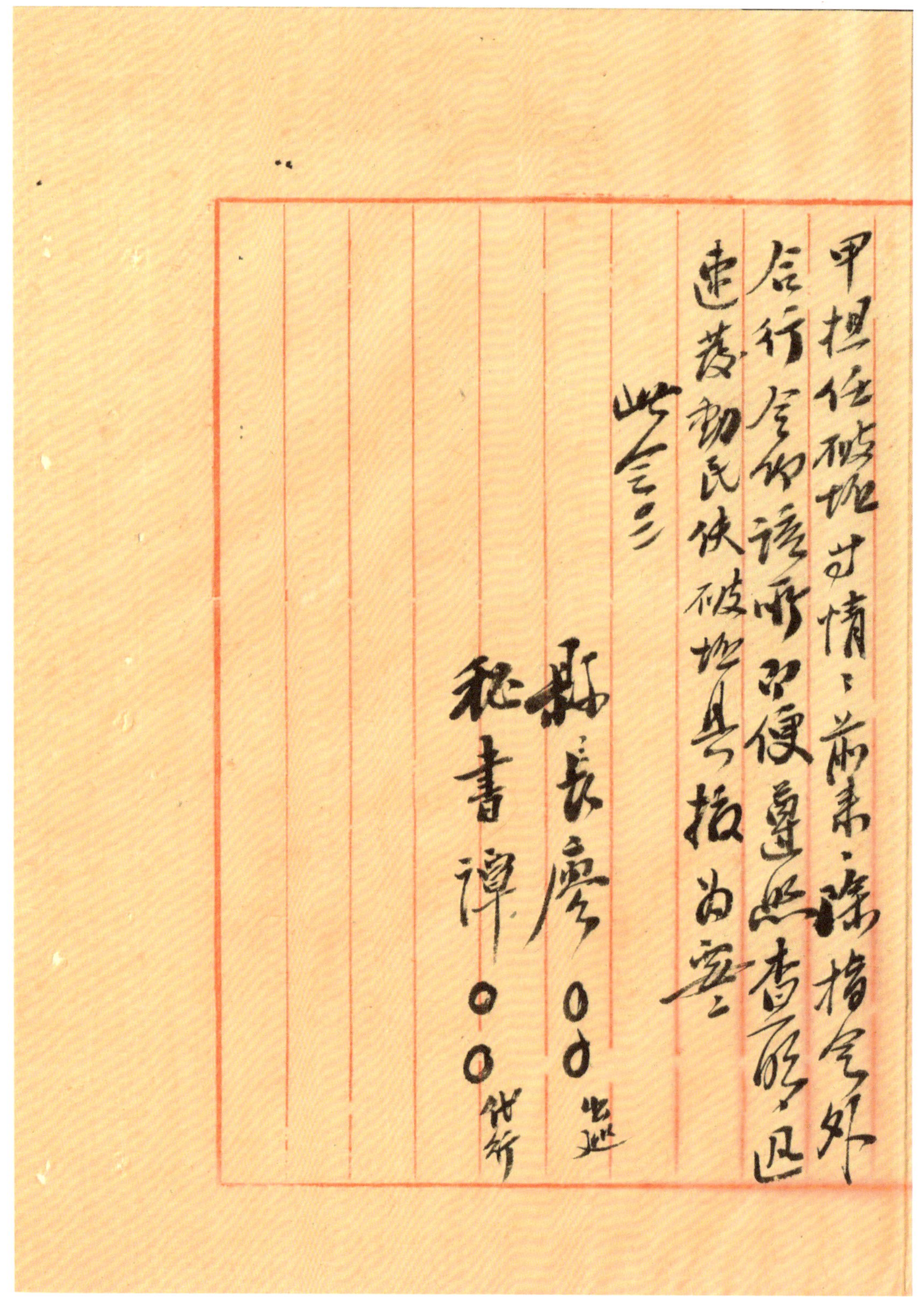

甲担任破坏事情。除前来指令外，合行令仰该所即便遵照，查照迅速发动民伕，破坏具报为要。

此令。

县长 廖〇〇 出巡

秘书 谭〇〇 代行

湘潭县黄龙乡乡公所关于呈复破路情形并恳嘉奖努力从公之保队致县政府的呈及县政府的指令
（一九四〇年八月二十一日、二十八日）

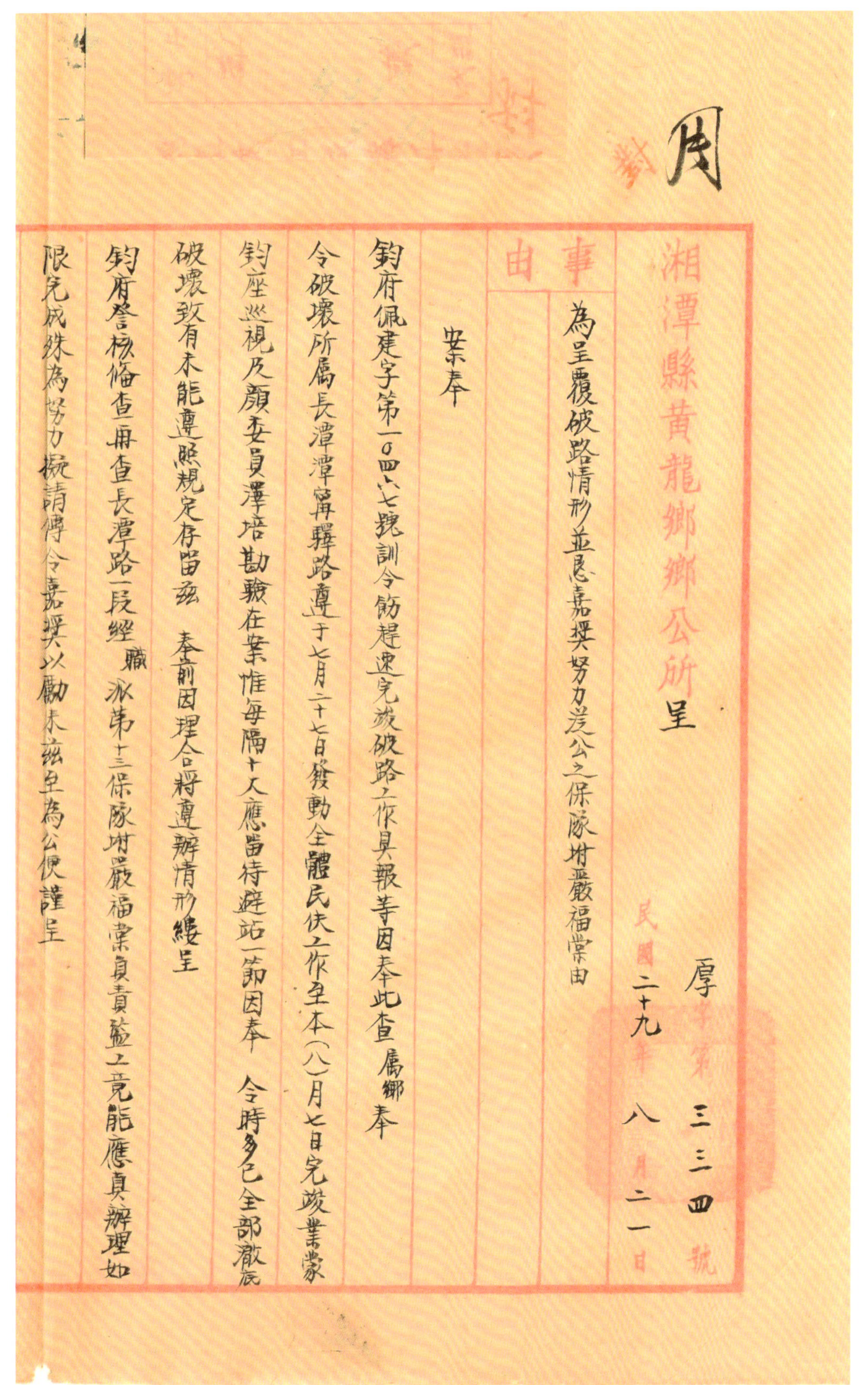

湘潭縣黃龍鄉鄉公所呈

厚字第三三四號

民國二十九年八月二十一日

事由：為呈覆破路情形並懇嘉奬努力從公之保隊坿嚴福棠由

案奉

鈞府佩建字第一〇四六七號訓令飭趕速完竣破路工作具報等因奉此查屬鄉奉

令破壞所屬長潭潭寧驛路道于七月二十七日發動全體民伕工作至本（八）月七日完竣業蒙

鈞座巡視及顏委員澤培勘驗在案惟每隔十丈應當待避站一節因奉　令時多已全部徹底

破壞致有未能遵照規定存留茲　奉前因理合將遵辦情形繕呈

鈞府察核備查再查長潭路一段經　職派第十三保隊坿嚴福棠負責監工竟能應負辦理如

限完成殊為努力擬請傳令嘉奬以勵來茲是為公便謹呈

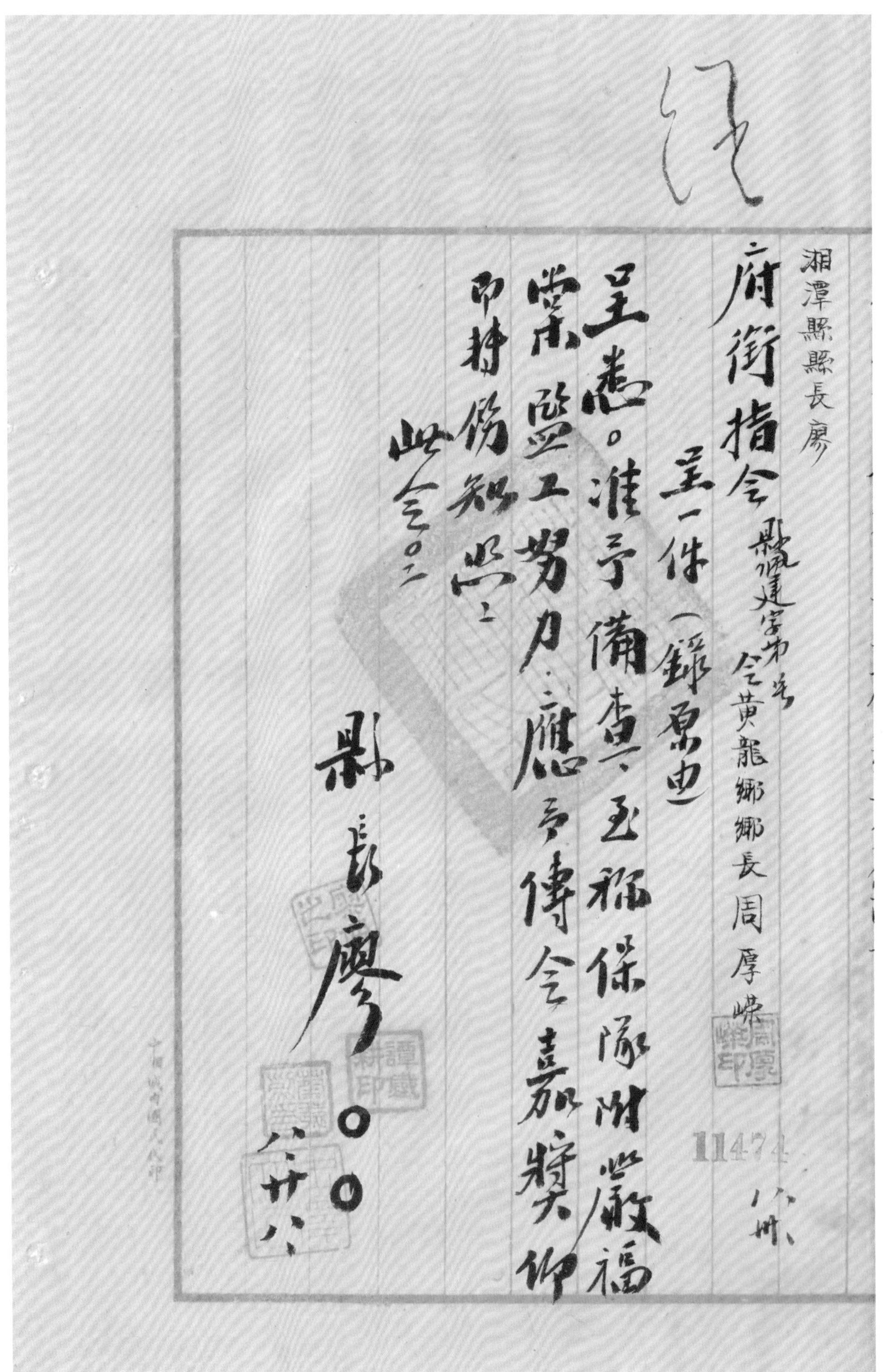

湘潭縣縣長廖

府衔指令　縣建文字第　號

令黄龍鄉鄉長周厚崃

呈一件（錄原由）

呈悉。准予備查，與玉福保隊附嚴福棠監工勞力，應予傳令嘉獎，仰即轉飭知照。

此令。

縣長　廖○○

八、廿八

湘潭县政府、技士唐鼎峙关于长潭下公路部分地段破坏不合规定令行霞城乡公所赶速征派民夫限期加强破坏的一组文书（一九四〇年八月二十四日至二十八日）

唐鼎峙致湘潭县政府的呈（一九四〇年八月二十四日）

建設科

閱

116

呈復查勘長潭下公路破壞工程由

竊奉

鈞座二十九年八月十九日佩建字第一零四六六號訓令飭勘長潭下公路破壞工程是否合於上頒交通破壞辦法亟待復驗等因奉此遵即於八月二十日由湘潭東站經易家灣至昭山下又由東站至若塘沿路勘查長潭段係波狀地破壞工程尚無不合惟東平鎮屬東站起第三段昭湯鄉屬張家塘至三覇橋段易家灣至陳家大塘段除土拋棄太近多將除土堆積斷頭上面或拋塞路傍水圳幸各段間有扼要破壞工作（圜山鋪陳家大塘之返塘三步橋三覇橋新橋之炸毀等）敵寇難以利用至潭下段霞城鄉屬荷葉塘至菊花塘經苗圃抵白家塘地勢平坦破壞工程多沿路心鋤挖縱長淺坑坑之兩傍平闊若大路此種地勢依軍事築城學宜擇扼要地段深溝高壘該段工程擬請

令行霞城鄉公所於長潭下分叉路口或路間扼要處加強破壞工作免資敵寇而符

上令所勘是否有當為此呈侯

核奪

謹呈

縣長廖

技士唐鼎峙 八月二十四日

擬辦批示

查霞城鄉所負破壞地段據覆勘間有不合規定應由該鄉負責趕速派民伕撐要加強破壞擬令飭遵如具報 八、廿七、

照擬 風首 廿八

湘潭县政府致霞城乡公所的紧急代电（一九四〇年八月二十八日）

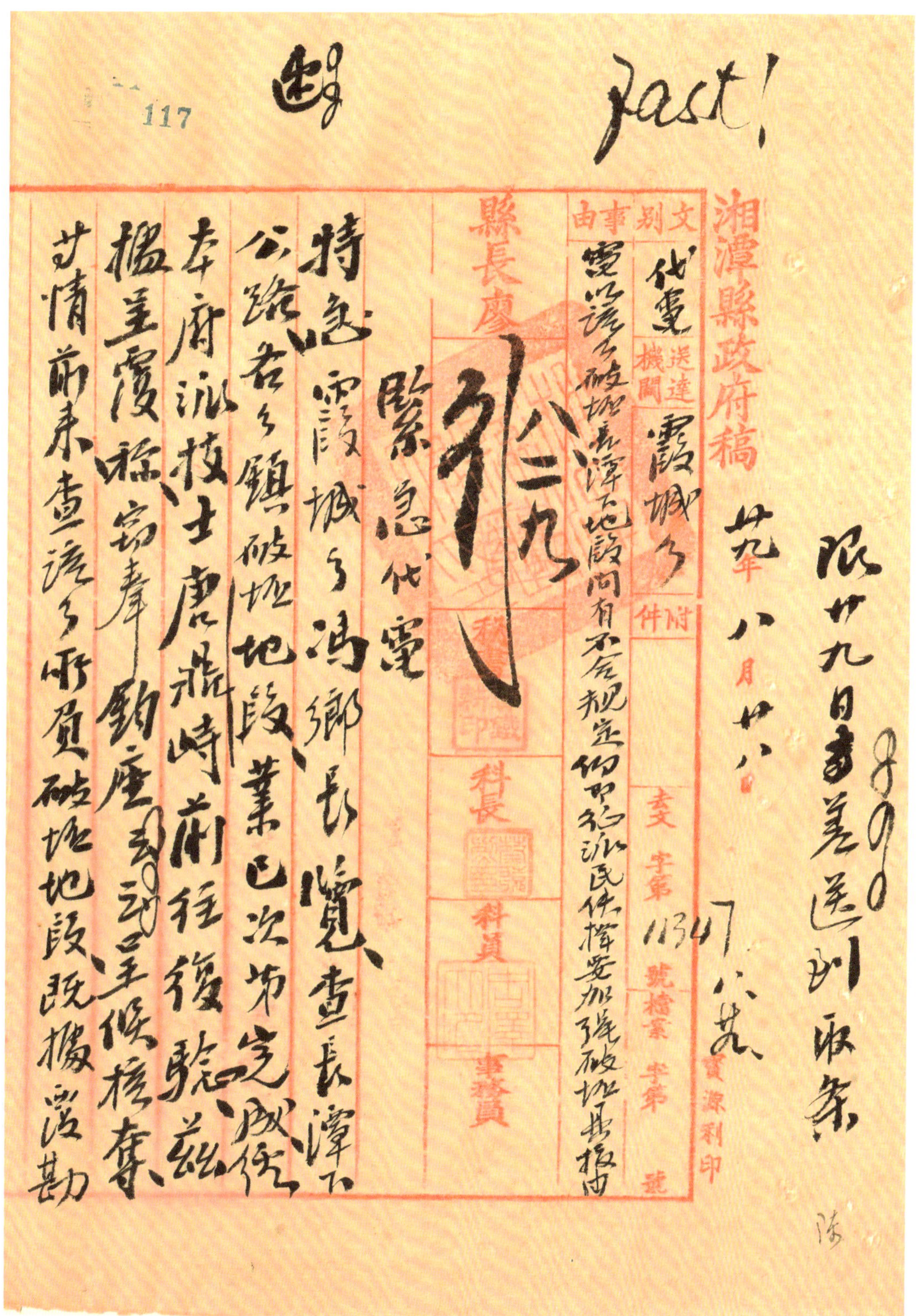

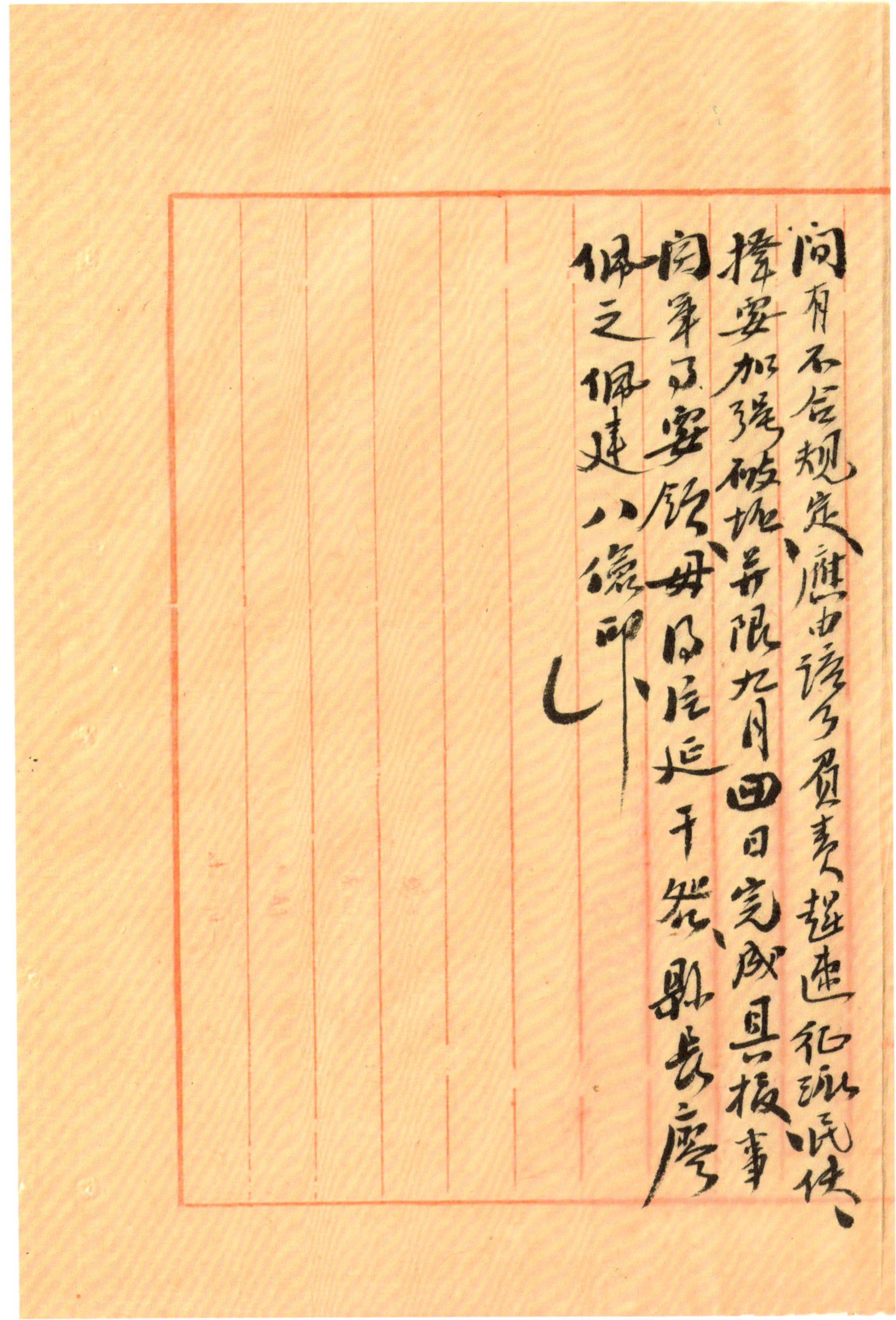
間有不合規定，應由該鄉負責迅速糾正，俟擇要加強破壞，并限九月四日完成具報，事關軍事要領，毋得任延干咎。縣長廖佩之
佩建八、億印

湘潭县昭阳乡公所及湘潭县政府破路督催委员谢雨田关于勘验昭阳乡破坏驿路情形致县政府的呈
（一九四〇年八月二十五日）

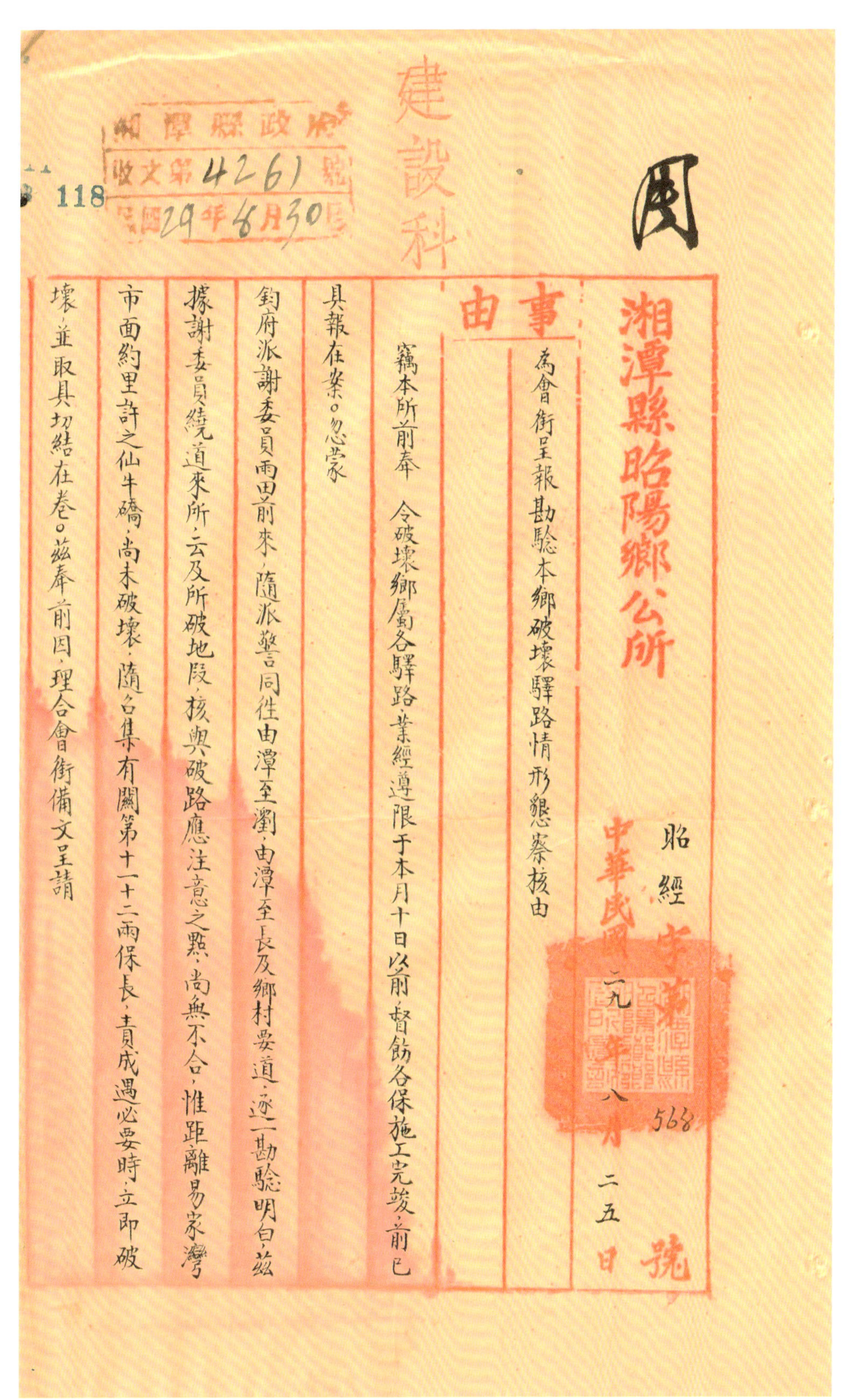

閱

建設科

湘潭縣政府
收文第4261號
民國29年8月30日

118

湘潭縣昭陽鄉公所

昭經字第　　號

中華民國二九年八月二五日

568

事由：為會銜呈報勘驗本鄉破壞驛路情形懇察核由

竊本所前奉令破壞鄉屬各驛路，業經遵限于本月十日以前督飭各保施工完竣，前已具報在案。忽蒙鈞府派謝委員雨田前來，隨派警同往由潭至瀏、由潭至長及鄉村要道，逐一勘驗明白。茲據謝委員繞道來所，云及所破地段，核與破路應注意之點，尚無不合，惟距離易家灣市面約里許之仙牛橋，尚未破壞，隨召集有關第十一十二兩保長，責成遇必要時，立即破壞，並取具切結在卷。茲奉前因，理合會銜備文呈請

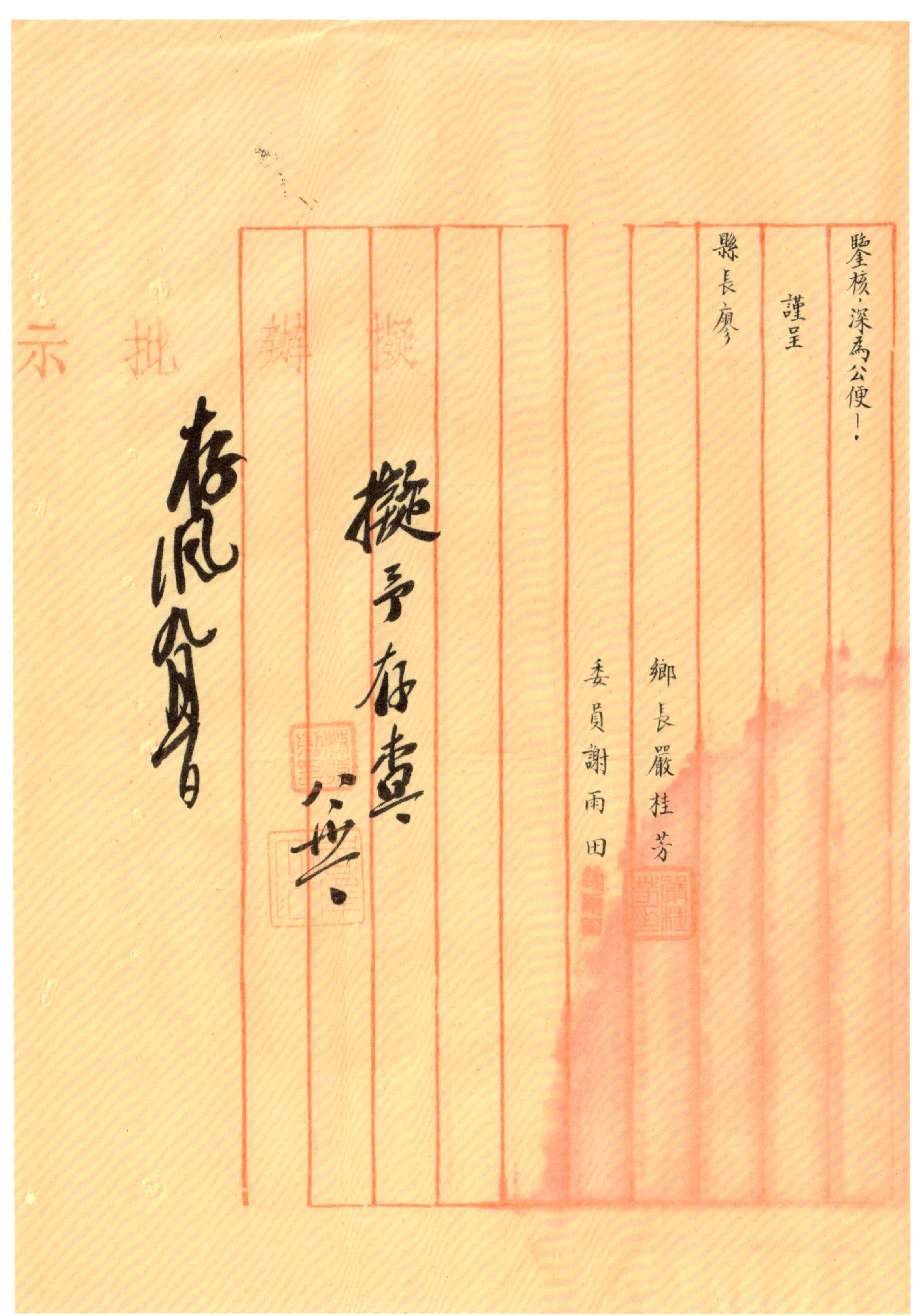
鑒核，深爲公便！
謹呈
縣長廖
鄉長嚴桂芳
委員謝雨田
擬辦
擬予存查
批示

湘潭县霞城乡公所关于破坏潭下公路民工给养费业已如数按名发讫致县政府的呈及县政府的指令（一九四〇年八月二十六日、三十一日）

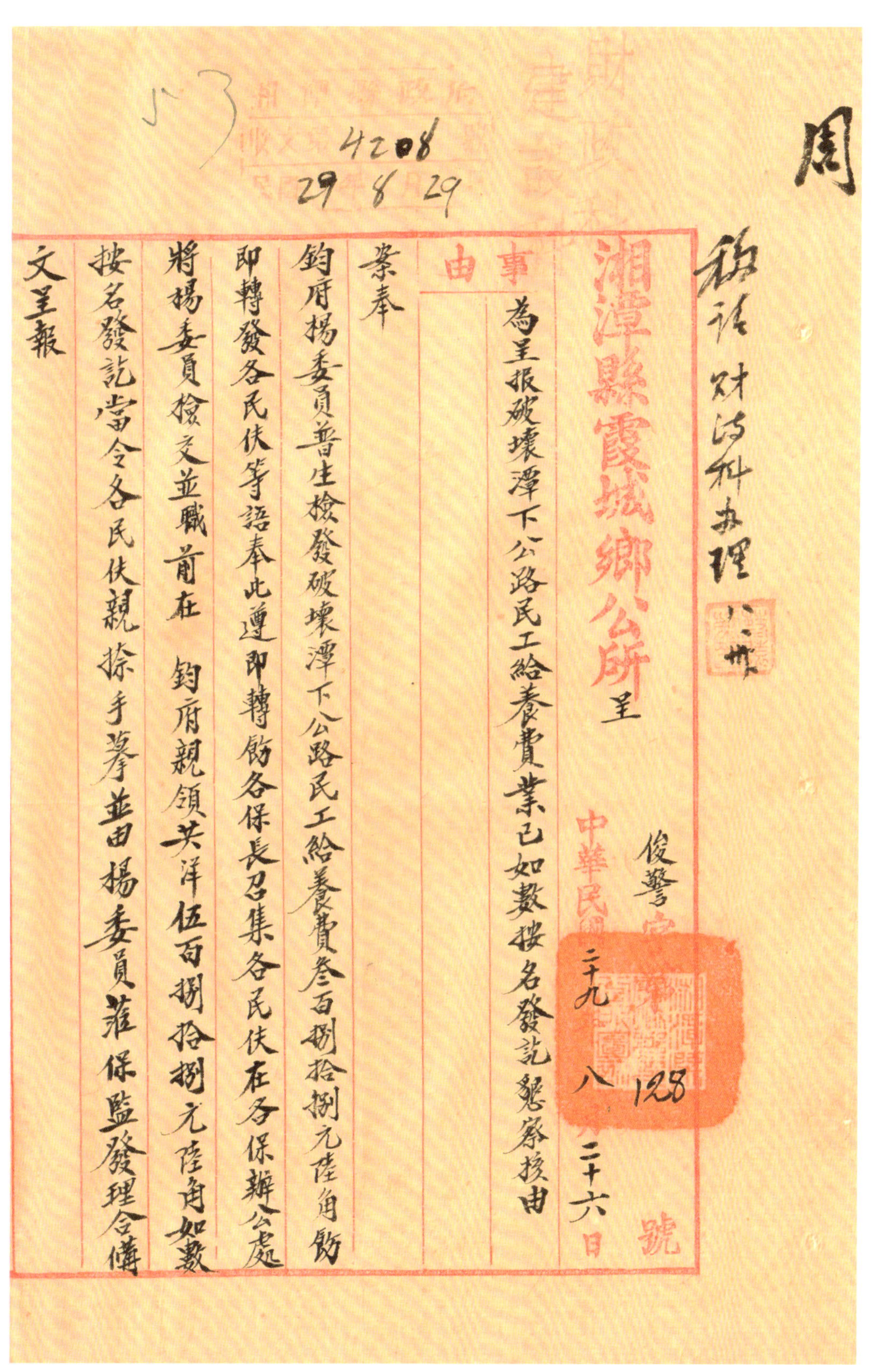

周

秘書 財政科辦理 八·卅

湘潭縣霞城鄉公所 呈 俊警字第128號

中華民國二十九年八月二十六日

事由：為呈報破壞潭下公路民工給養費業已如數按名發訖懇察核由

案奉

鈞府楊委員普生檢發破壞潭下公路民工給養費叁百捌拾捌元陸角飭即轉發各民伕等語奉此遵即轉飭各保長召集各民伕在各保辦公處將楊委員檢交並職前在　鈞府親領共洋伍百捌拾捌元陸角如數按名發訖當令各民伕親捺手摹並由楊委員蒞保監發理合備文呈報

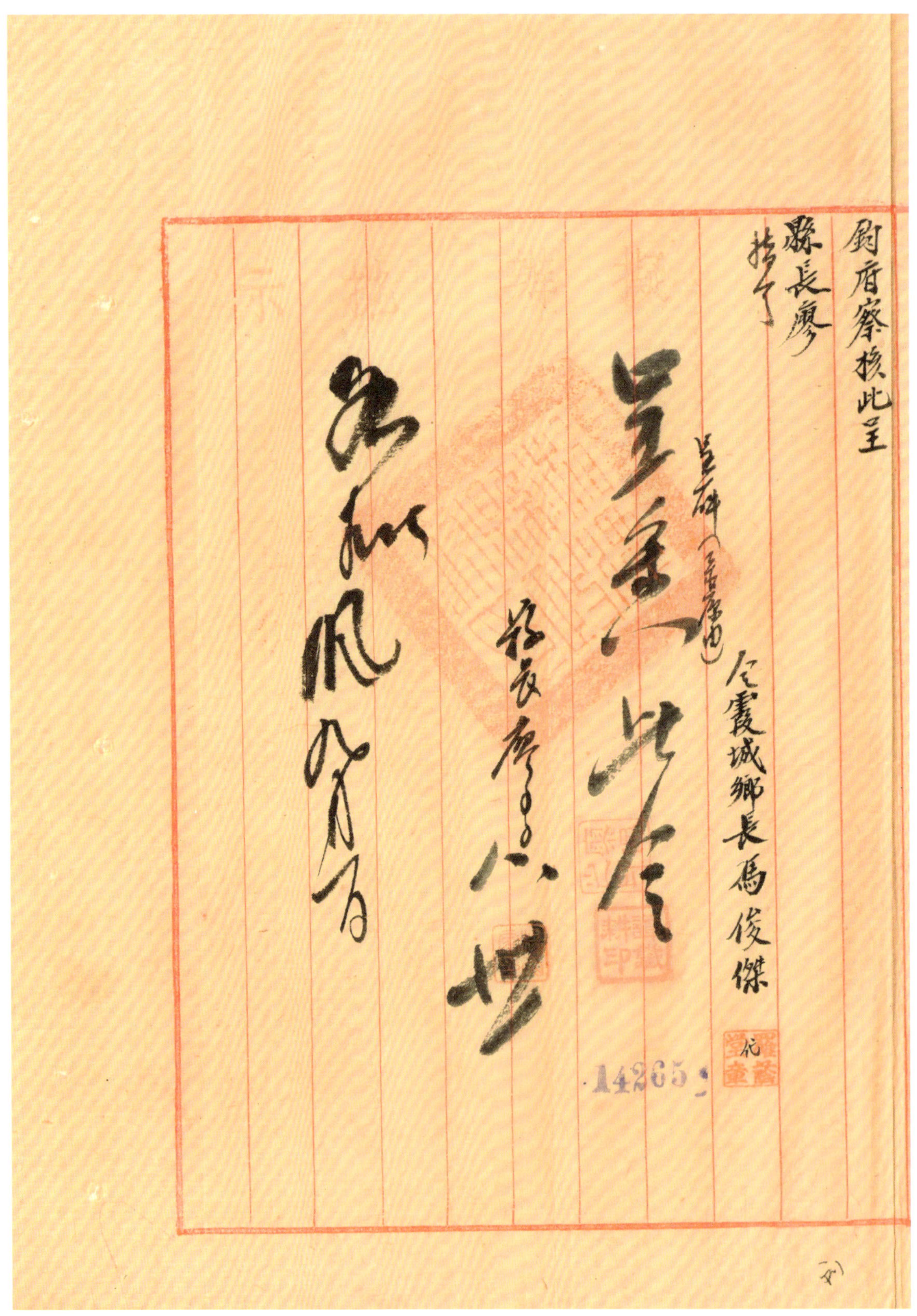
鈞府察核此呈
縣長廖
指令
仝震城鄉長馮俊傑

湘潭县政府督催员叶润泉关于补发破路旅费致县政府的报告（一九四〇年八月二十六日）

事由　呈請補發破路旅費以資彌補由

報告　八月二六日

案奉

鈞府二九年七月廿六日令派督催昭陽霞城等鄉破壞驛路限八月五日完竣具報等因奉此遵即前往督催開始工作因該兩鄉之驛路寬闊工程浩大以至如期未能完竣頃又奉令限八月十日完竣職以事關抗戰朝夕不遑共計在該兩鄉沿路已達廿五日方告完成業已呈報

鈞府在案惟職所領旅費拾伍元因工作時間延長往返

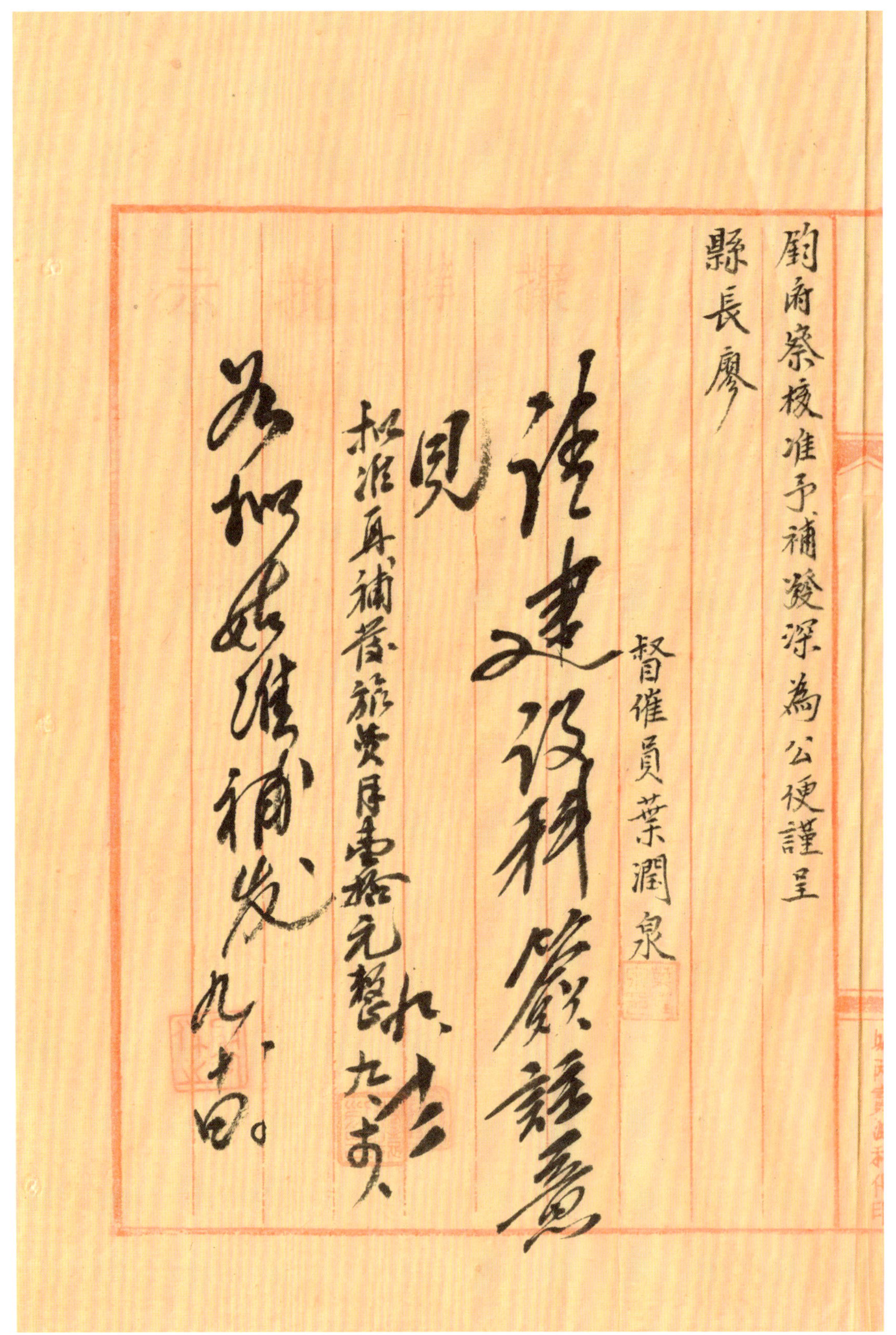

鈞府察核准予補發，深為公便。謹呈

縣長廖

督催員葉潤泉

請建設科簽擬意見

擬准再補發旅費洋壹拾元整。九、廿八

如擬准補發。九、廿日。

湘潭县石潭乡公所关于破路工作完成致县政府的报告及县政府的指令（一九四〇年八月二十七日、九月三日）

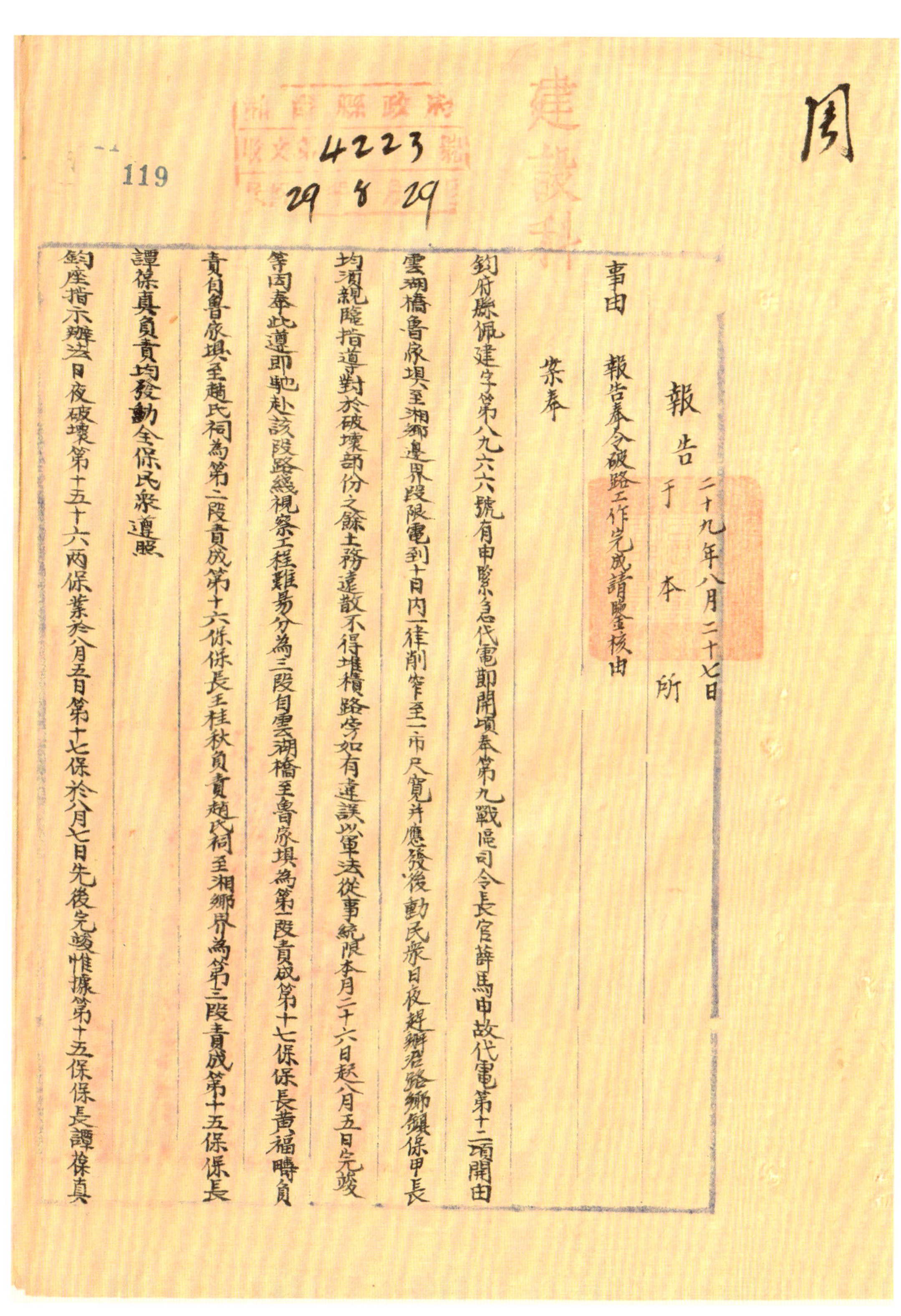

周

建設科

湘潭縣政府收文 4223 29 8 29

119

報告 二十九年八月二十七日

于本所

事由 報告奉令破路工作完成請鑒核由

案奉

鈞府縣佩建字第八九六六號有申際示急代電節開頃奉第九戰區司令長官薛馬申故代電第十二項開由雲湖橋魯家垻至湘鄉邊界段限電到十日內一律削窄至二市尺寬并應發動民衆日夜趕辦沿路鄉鎮保甲長均須親臨指導對於破壞部份之餘土務遠散不得堆積路旁如有違誤以軍法從事統限本月二十六日起八月五日完竣等因奉此遵即馳赴該段路線視察工程難易分為三段自雲湖橋至魯家垻為第一段責成第十七保保長黄福疇負責自魯家垻至趙氏祠為第二段責成第十六保保長王桂秋負責趙氏祠至湘鄉界為第三段責成第十五保保長譚葆真負責均發動全保民衆遵照

鈞座指示辦法日夜破壞第十五十六兩保業於八月五日第十七保於八月七日先後完竣惟據第十五保保長譚葆真

報稱該保所屬之馬圫圫基系與鄉相交界之驛路路身長約十丈灌溉水田千一百餘畝關係水利甚鉅請暫保存至必要時由農人王道田等負責掘毀又第十六保保長王桂秋報稱該保負責段內有塘八口塘基八条十七保長黄八福晴報稱該保長負責段內亦有塘基三条均因水利關係未曾破壞至必要時歸附近耕夫負責徹底掘毀各等情前來據此查各該保長所請各節查與

鈞座引文佩建緊急代電指示辦法第五項橋梁塘基堤基暫不破壞之規定相合似可准行所有奉令破路情形理合

報請

鈞座察核懇予派員驗收指令祇遵再此次奉令破路各該保長均能奉令惟謹如限告竣鄉隊附黄壽祺冒暑督工頗能努力可否邀請

鈞座分別傳令嘉獎以昭激勵之處出自

鴻裁施行實為公便謹呈

120

湘潭縣縣長廖

湘潭縣石潭鄉鄉長石柱臣

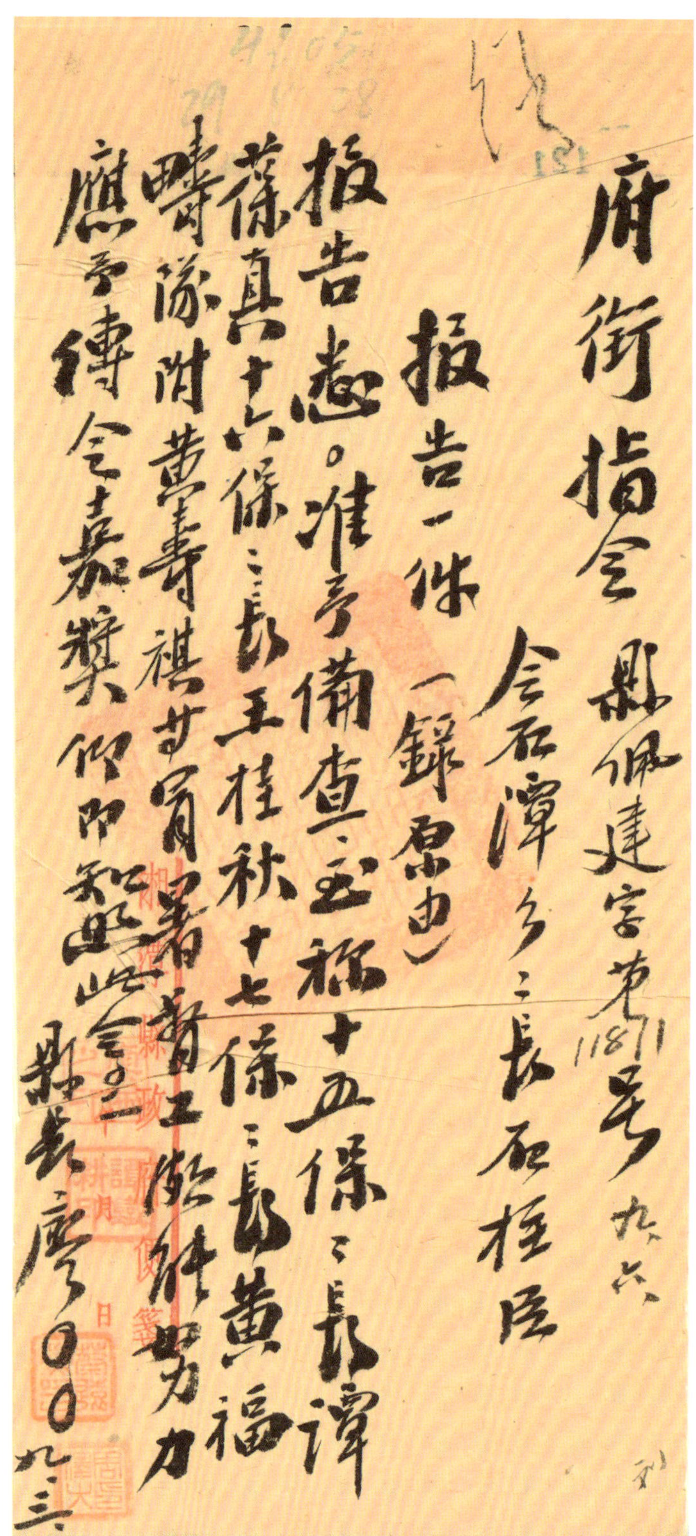

府衔指令　县佩建字第11871号　九六

令石潭乡乡长石桂臣

报告一件（录案由）

报告悉。准予备查。至称十五保保长谭藻真、十六保保长王桂秋、十七保保长黄福畴、队附黄寿祺甘冒雨暑督工，殊能努力，应予传令嘉奖，仰即知照。此令。

县长　廖〇〇　九三

湘潭县壶山镇公所关于继续破坏潭下段新公路已完竣致县政府的报告及县政府的指令
（一九四〇年八月二十八日、九月六日）

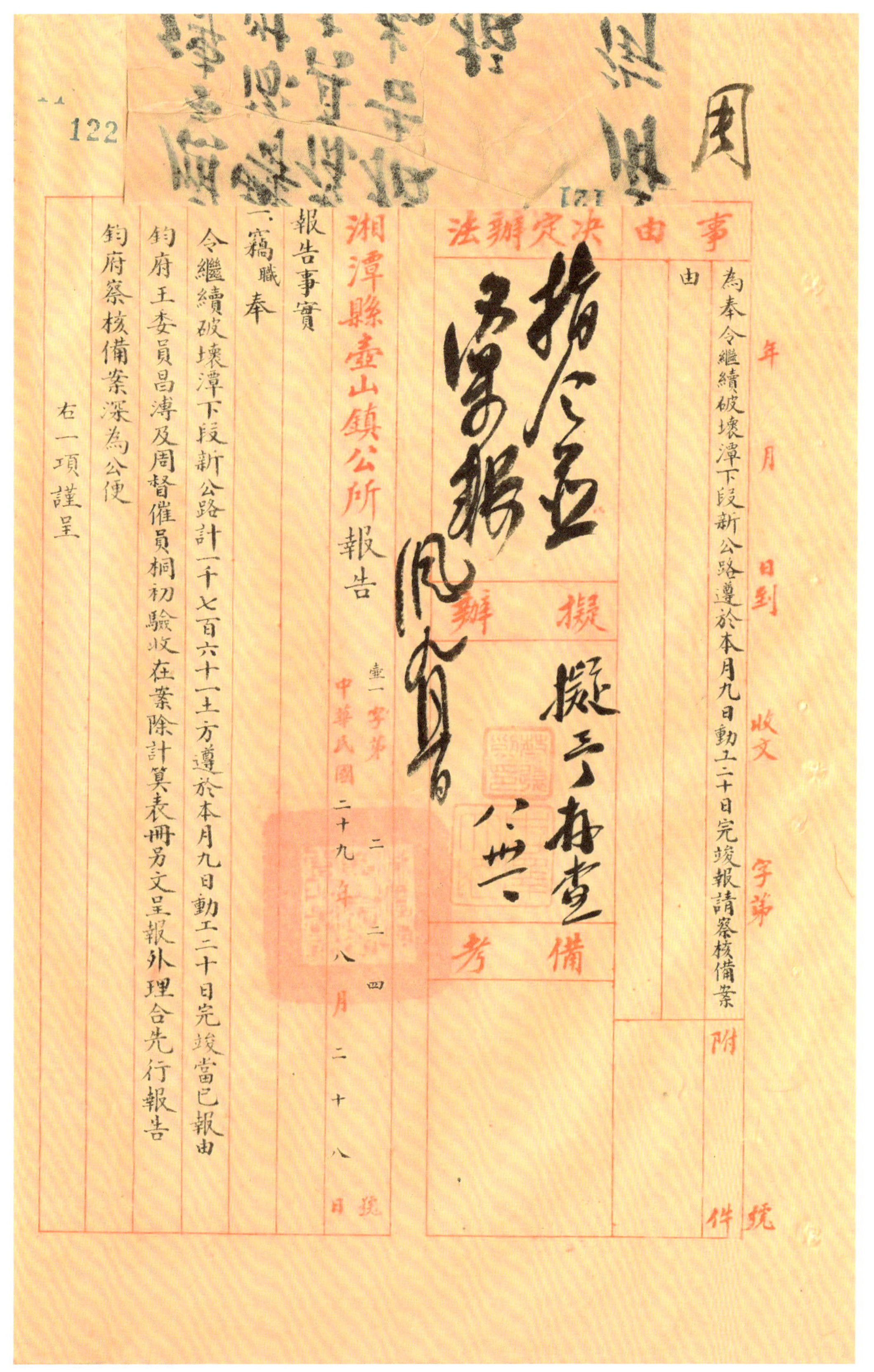
事由　為奉令繼續破壞潭下段新公路遵於本月九日動工二十日完竣報請察核備案
決定辦法　指令悉　存查
擬辦　擬予存查
湘潭縣壺山鎮公所報告　壺一字第二一四號
中華民國二十九年八月二十八日
報告事實
一、竊職奉
令繼續破壞潭下段新公路計一千七百六十一土方遵於本月九日動工二十日完竣當已報由
鈞府王委員昌溥及周督催員桐初驗收在案除計算表冊另文呈報外理合先行報告
鈞府察核備案深為公便
右一項謹呈

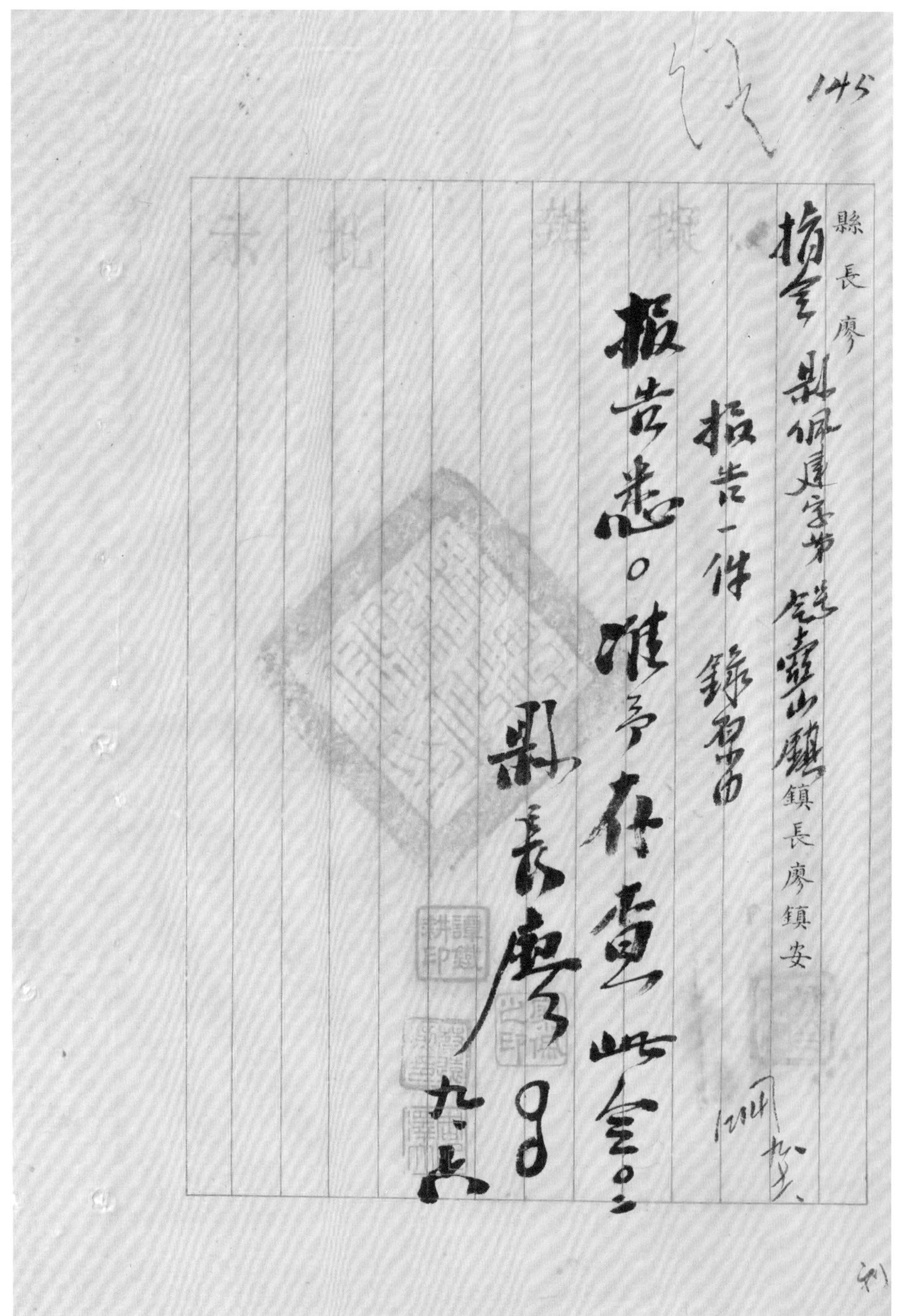

145

縣長廖

指令 縣佩建字第 號

令壹山鎮鎮長廖鎮安

報告一件錄悉

報告悉。准予存查。此令。

縣長廖

九、六

湘潭县姜畲乡公所关于破路完成绘具略图请派员验收并嘉奖工作努力人员致县政府的呈及县政府的指令
（一九四〇年八月二十八日、九月七日）

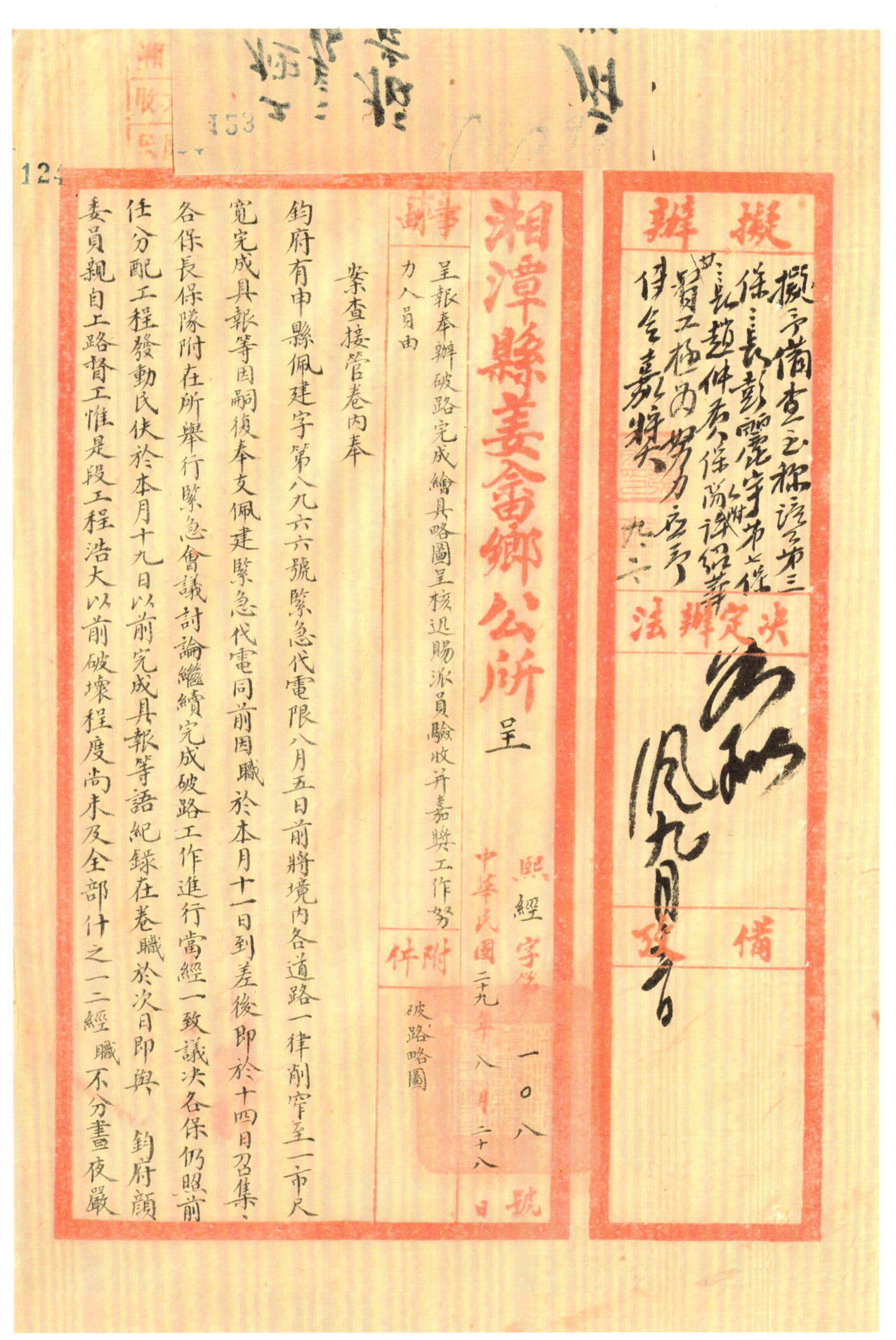
湘潭縣姜畲鄉公所 呈

事由：呈報奉辦破路完成繪具略圖呈核迅賜派員驗收并嘉獎工作努力人員由

附件：破路略圖

中華民國二十九年八月二十八日　熙經字第一〇八號

案查接管卷内奉
鈞府有申縣佩建字第八九六六號緊急代電限八月五日前將境内各道路一律削窄至一市尺寬完成具報等因嗣復奉支佩建緊急代電同前因職於本月十一日到差後即於十四日召集各保長保隊附在所舉行緊急會議討論繼續完成破路工作進行當經一致議決各保仍照前任分配工程發動民伕於本月十九日以前完成具報等語紀錄在卷職於次日即與
鈞府顏委員親自上路督工惟是段工程浩大以前破壞程度尚未及全部什之一二經職不分晝夜嚴

督進行業已如限告竣事後職又發現有由姜畬市至蔴塘大路一段前任並未列入應破道
路之內遍查案卷亦未見有應予破壞之明文但該大路係通寧鄉益陽實屬主要道路之一當
即星夜到縣請示蒙　科長蔡面諭該路應即補破等因比晚職即回所於二十日上午復召集
各保長保隊附到所開會分配工程並限本月廿三日以前遵照規定破壞完竣具報職亦親自上
路嚴督星夜趕破迄廿四日上午全部工程均已告竣查本鄉此次所破道路共長約計六十華里費時
不滿九天上賴
鈞座之威儀下得各保甲長士紳保隊附及全體民工之努力差幸戎機未誤大工告成復查此次
各保破壞工程以第三第七兩保比較最為迅速實在尤以第三保保長彭麗宇第七保保長趙仲賢
保隊附許紹華工作極為努力竟能以身作則手拙肩挑此種精神服務擬懇
鈞府傳令嘉獎以示優異藉勵來茲所有此次奉辦破路經過情形理合備文連同略圖一份呈請
鈞府察核并乞派員蒞鄉驗收俾資結束是否有當指令祗遵

謹呈

湘潭縣長廖

附呈略圖一份

姜畬鄉鄉長羅家熙

附：姜畲乡破路略图

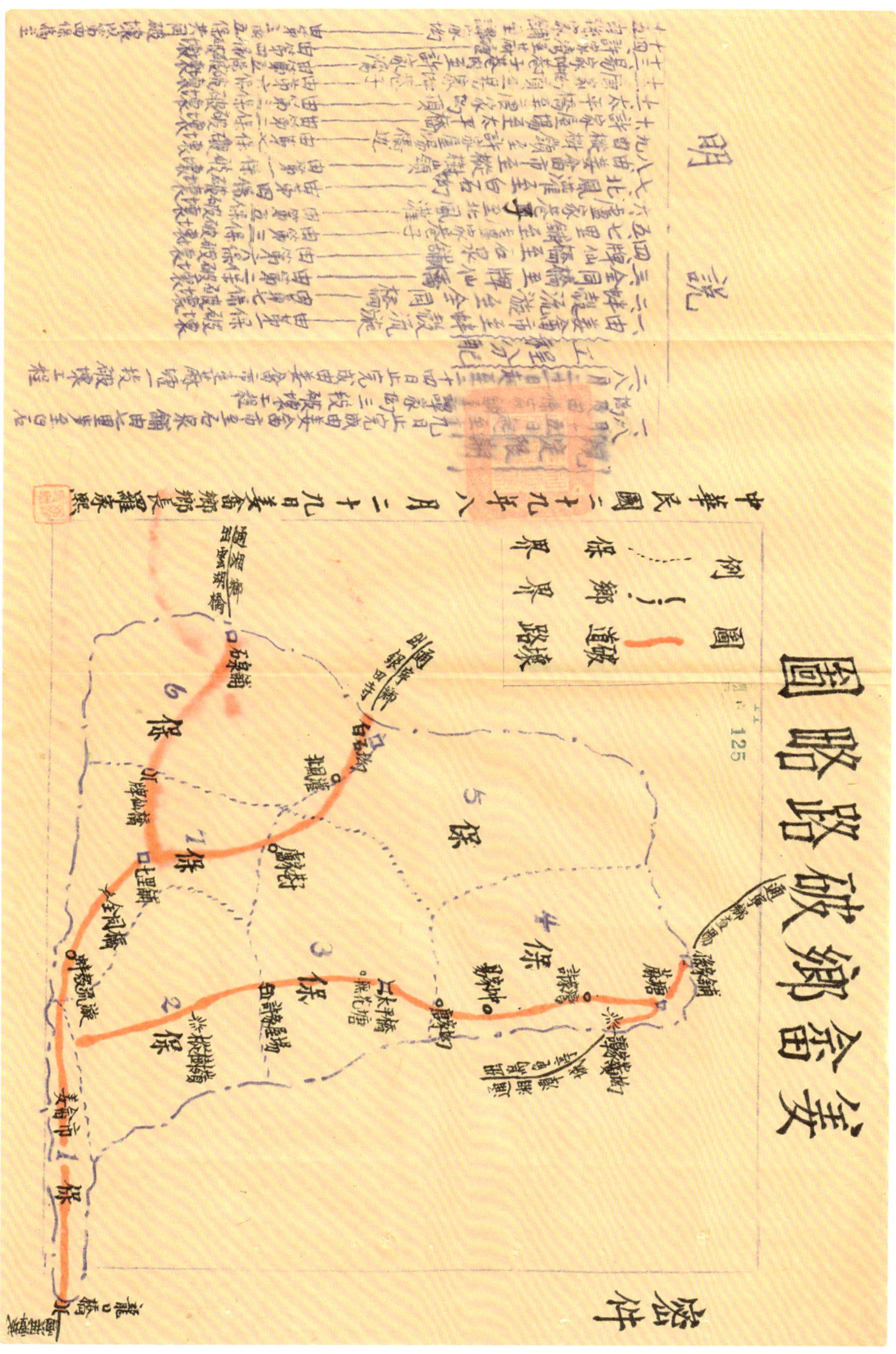

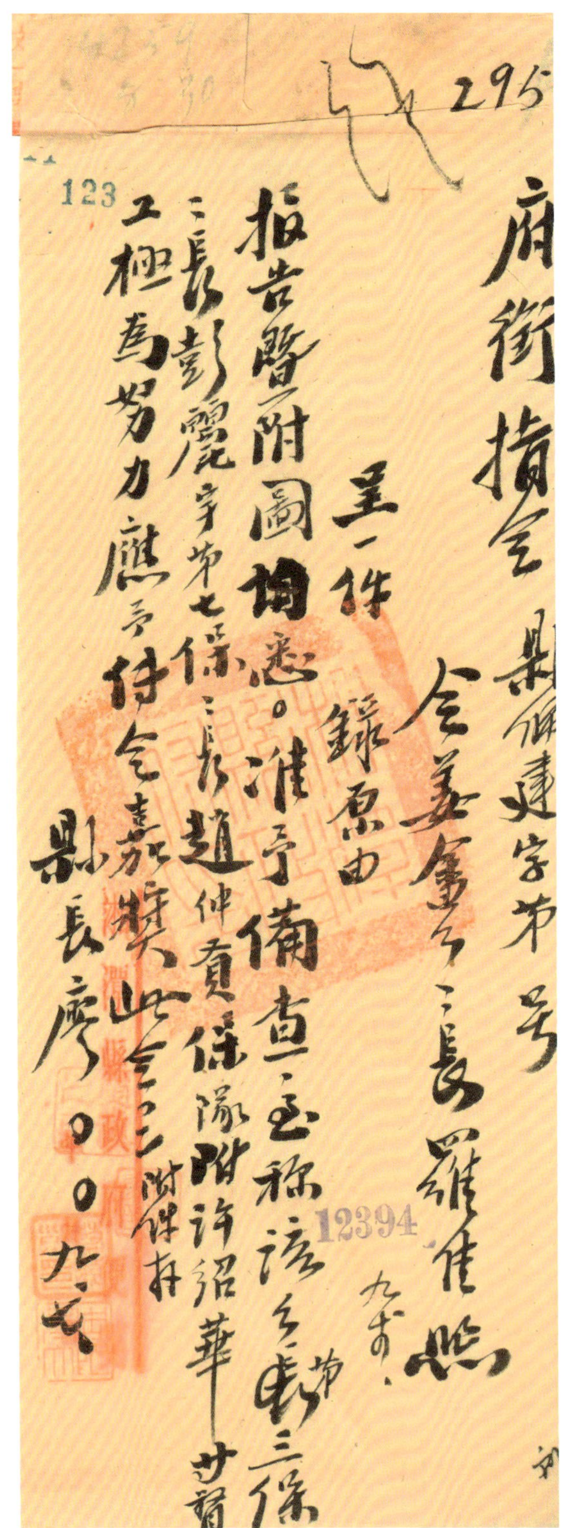

295

123

府銜指令　縣保建字第　　號

令姜畬鄉鄉長羅佳熙

呈一件，録原由

報告修路附圖請鑒，准予備查，並稱該鄉第三保保長彭麗亮、第七保保長趙仲賢、保隊附許紹華督工極為努力，應予傳令嘉獎。此令。附件存。

縣長廖○○

九、廿七

九、廿一

12394

湘潭县涟南乡公所关于奉令破坏潭下新公路用费除所领每方土一角五分外不敷甚钜恳指示筹措方法致县政府的报告及县政府的指令（一九四〇年八月二十八日、九月七日）

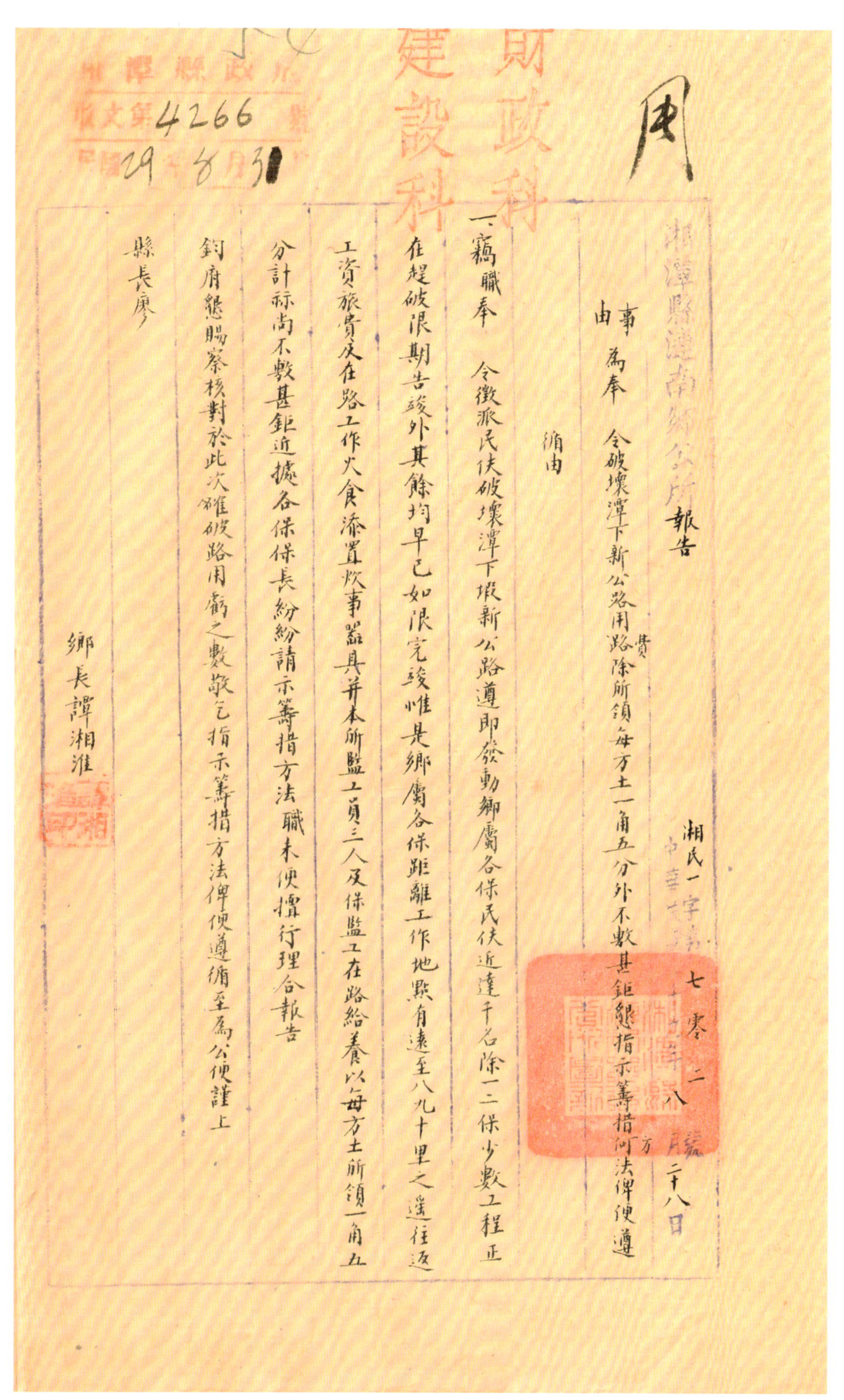

閱

湘潭縣政府收文第4266號
29年8月31日

財政科
建設科

湘潭縣漣南鄉公所報告　湘民一字第七零二八號　中華民國二十九年八月二十八日

事由　為奉令破壞潭下新公路用費除所領每方土一角五分外不敷甚鉅懇指示籌措何法俾便遵循由

竊職奉令徵派民伕破壞潭下段新公路遵即發動鄉屬各保民伕近達千名除一二保少數工程正在趕破限期告竣外其餘均早已如限完竣惟是鄉屬各保距離工作地點有遠至八九十里之遙往返工資旅費及在路工作火食添置炊事器具并本所監工員三人及保監工在路給養以每方土所領一角五分計祘尚不敷甚鉅近據各保保長紛紛請示籌措方法職未便擅行理合報告

鈞府懇賜察核對於此次雖破路用欵之數敬乞指示籌措方法俾便遵循至為公便謹上

縣長廖

鄉長譚湘淮

296

府衔指令　县佩建字第　号

令涟南乡乡长谭湘谯

报告一件（一）录原由

九、十四、到

报告悉。查此次破坏公路民伕给养，系以土方计算，由本府拨照验收实数发给，不准向地方筹措。令文早经通令有案。至乡保长每日监工津贴亦有规定，乡长每日五角，保长每日四角，惟限于赴路监工者，其余均不准开支。所请筹措各节，应不准行，仰即知照。此令。

县长　廖〇〇

九、十六

湘潭县政府便笺

12393

湘潭县霞城乡公所及县政府破路督催委员谢雨田关于勘验霞城乡破坏驿路情形致县政府的呈（一九四〇年八月二十九日）

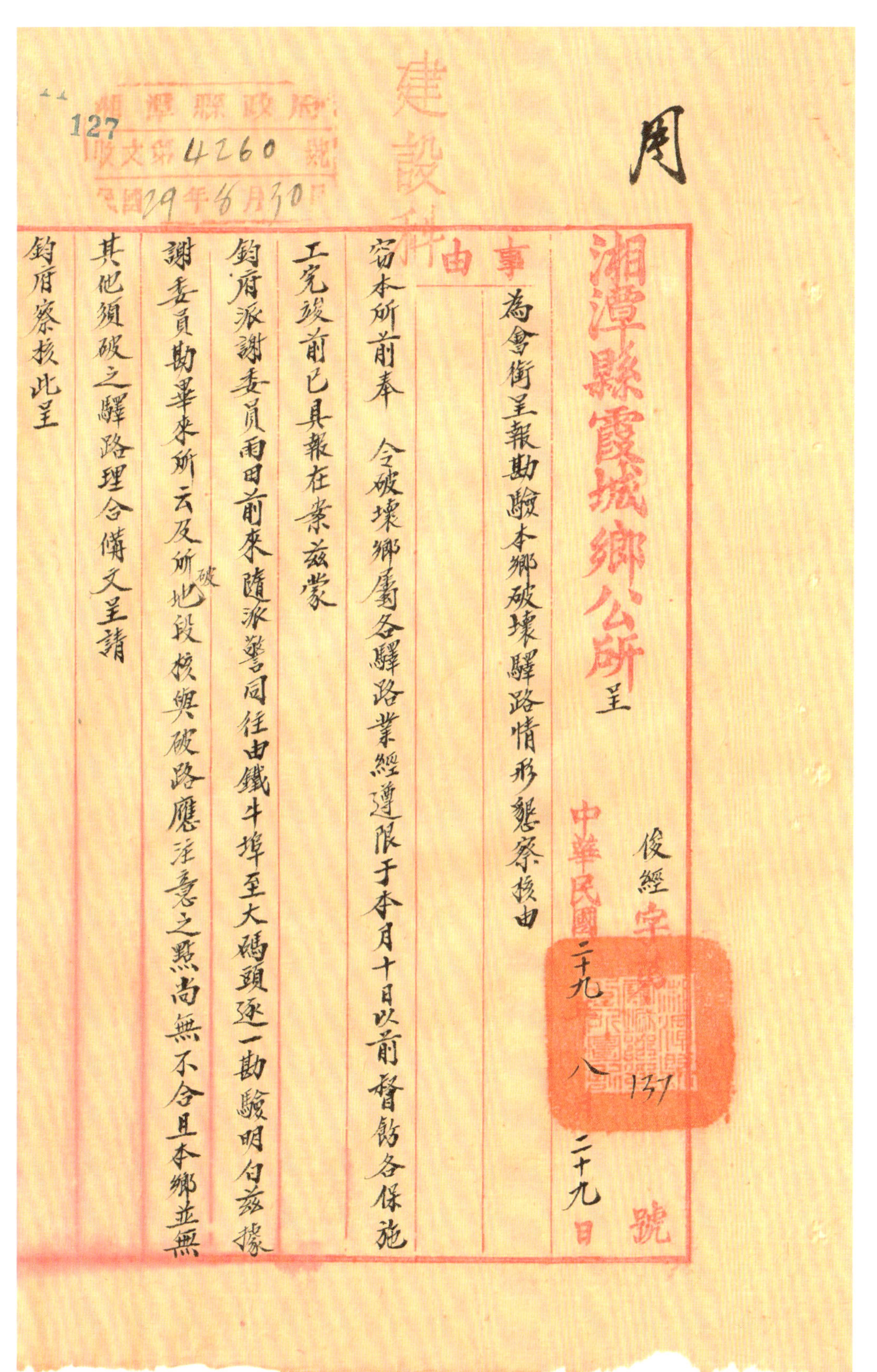

閱

湘潭縣政府收文第4260號
民國29年8月30日

建設科

湘潭縣霞城鄉公所呈　俊經字131號

中華民國二十九年八月二十九日

事由：為會銜呈報勘驗本鄉破壞驛路情形懇察核由

窃本所前奉

令破壞鄉屬各驛路業經遵限于本月十日以前督飭各保施工完竣前已具報在案茲蒙

鈞府派謝委員雨田前來隨派警同往由鐵牛埠至大碼頭逐一勘驗明白茲據

謝委員勘畢來所云及所破地段核與破路應注意之點尚無不合且本鄉並無其他須破之驛路理合備文呈請

鈞府察核此呈

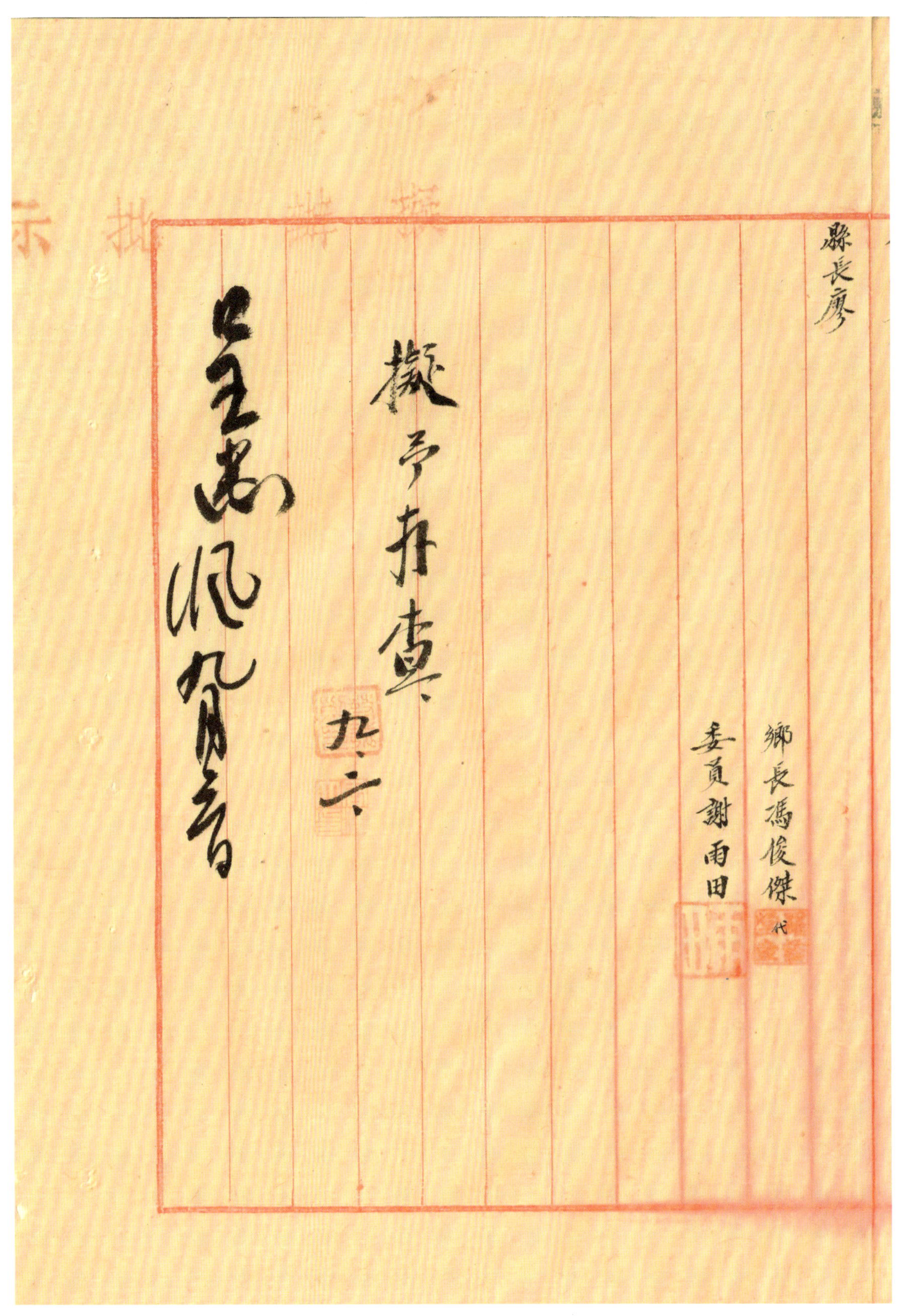

縣長廖

鄉長馮俊傑 代
委員謝雨田

擬辦

擬予存查
九.二

批示

呈悉准備查

湘潭县易俗镇公所关于破坏潭下新公路业已完竣致县政府的报告及县政府的指令

（一九四〇年八月三十日、九月七日）

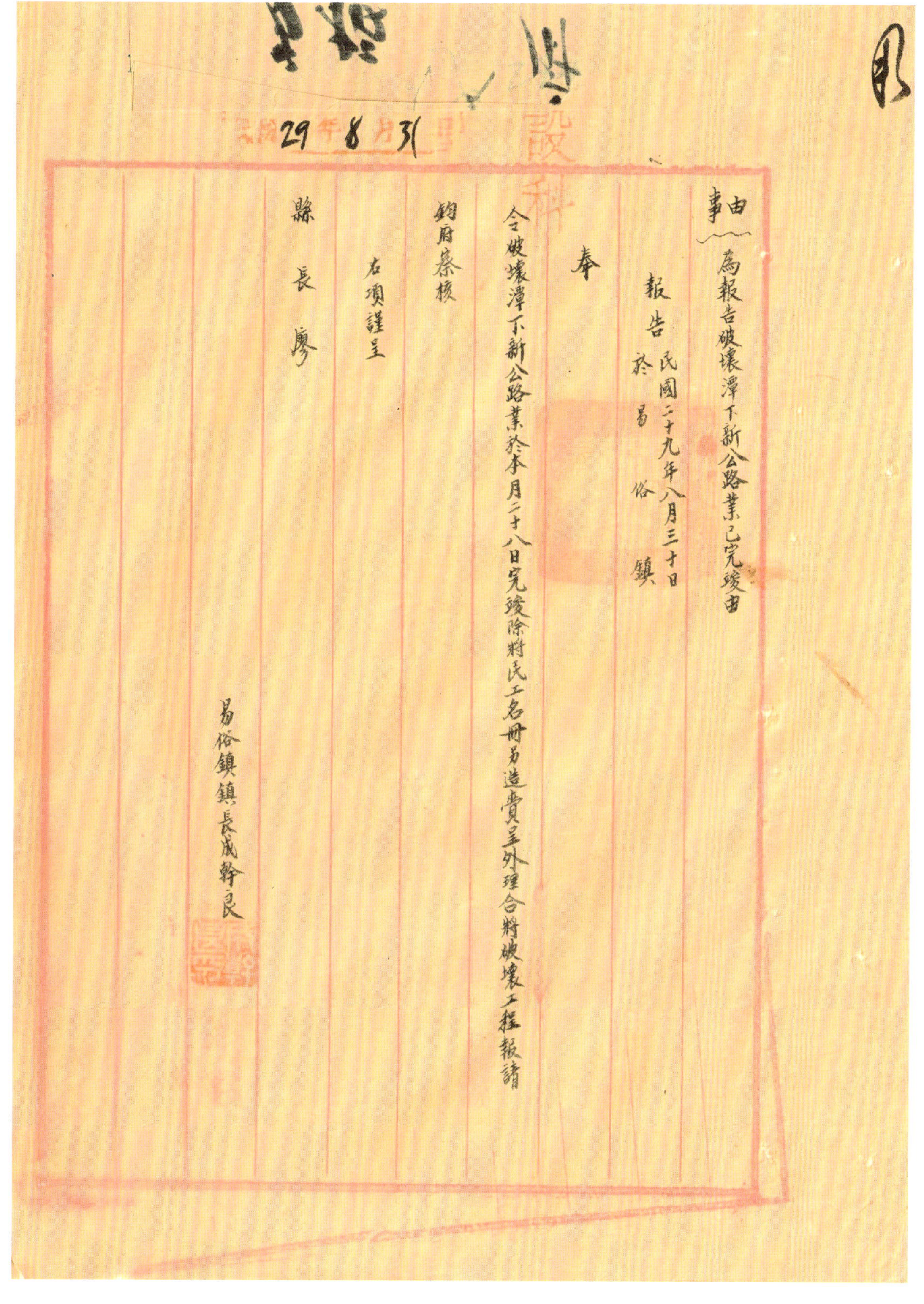

事由 為報告破壞潭下新公路業已完竣由

報告 民國二十九年八月三十日 於易俗鎮

奉

令破壞潭下新公路業於本月二十八日完竣除將民工名册另造賫呈外理合將破壞工程報請

鈞府察核

右項謹呈

縣長廖

易俗鎮鎮長成幹良

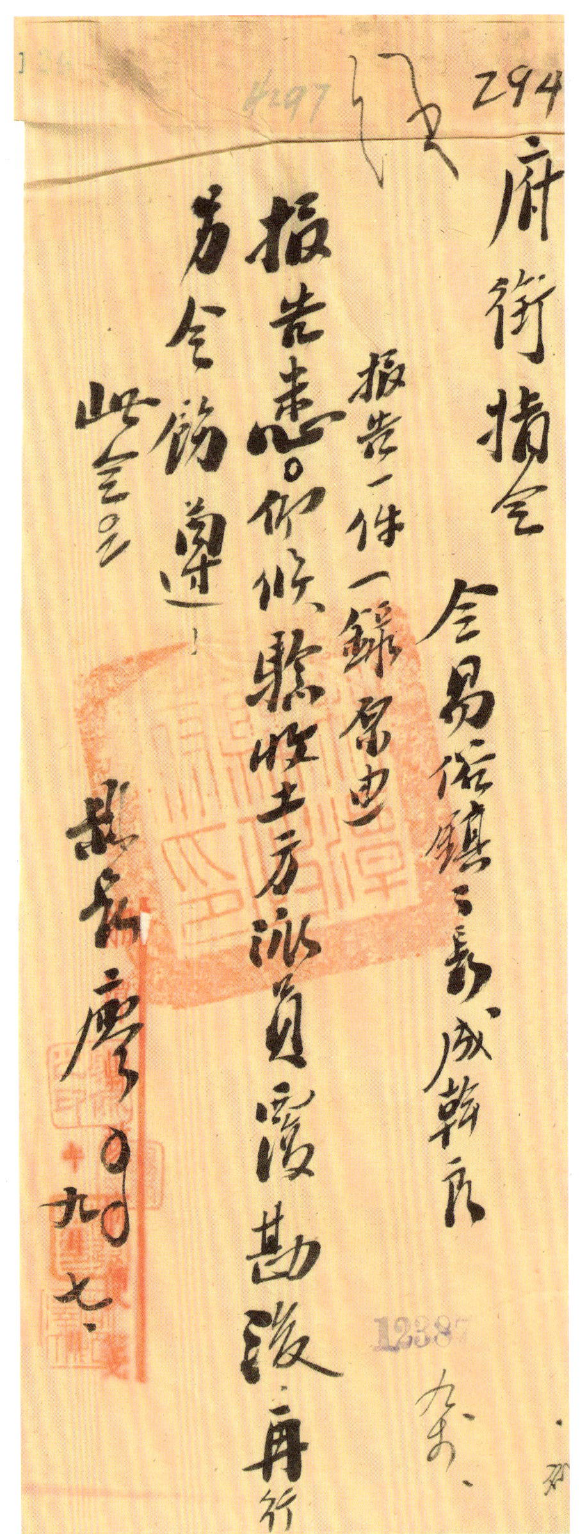

府銜摘令

令易俗鎮鎮長成乾良

報告一件,一錄原由

報告悉。仰候縣收土方派員覆勘後,再行另令飭遵!

此令。

縣長廖

九、七、

湘潭县政府、县破路督催委员颜泽培等关于勘验破坏道路情形等事的一组文书（一九四〇年八月三十日至九月六日）

颜泽培致湘潭县政府的报告（一九四〇年八月三十日）

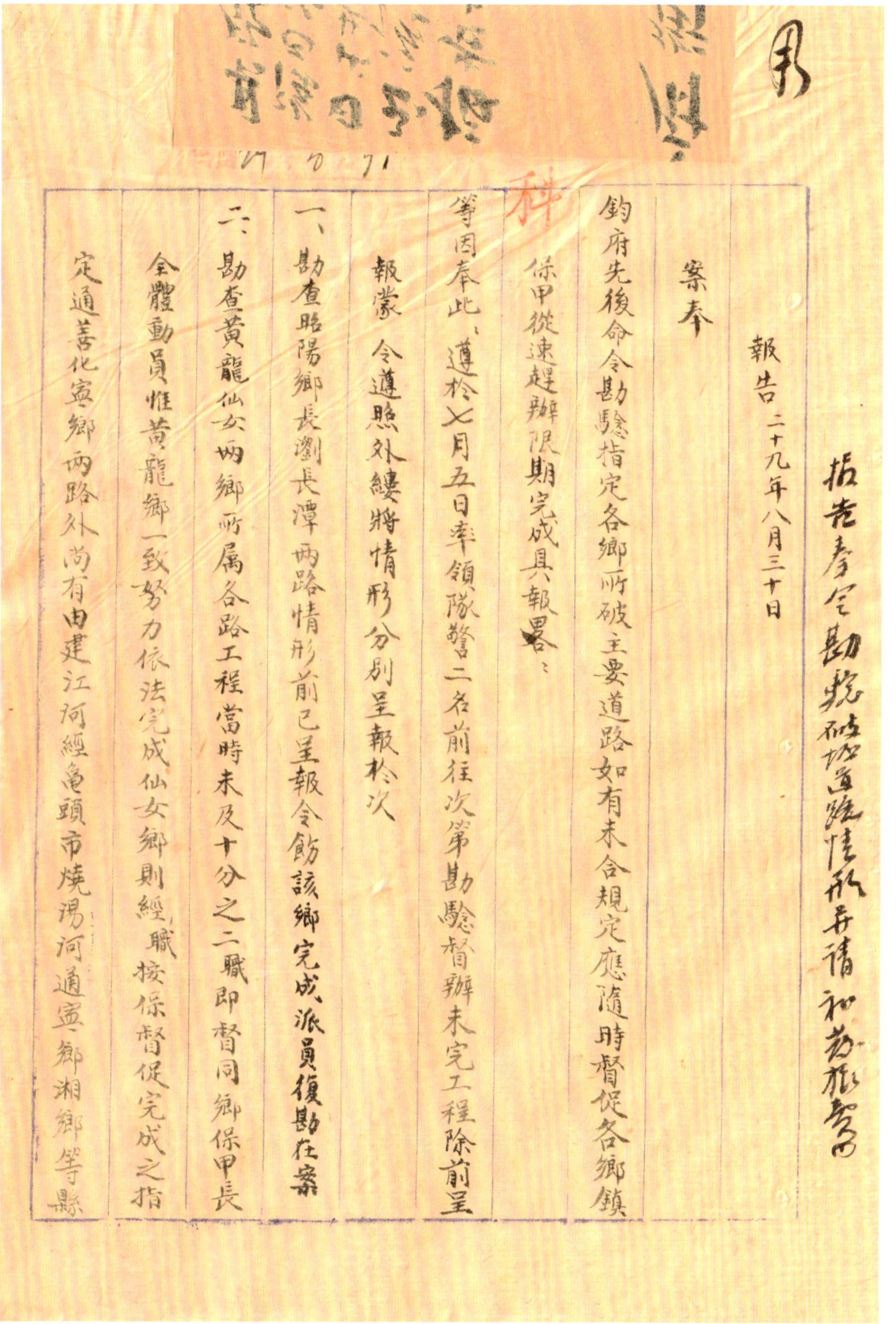

報告　二十九年八月三十日

案奉

鈞府先後命令勘驗指定各鄉所破主要道路如有未合規定應隨時督促各鄉鎮保甲從速趕辦限期完成具報等因奉此遵於七月五日率領隊警二名前往次第勘驗督辦未完工程除前呈報蒙　令遵照外縷將情形分別呈報於次

一、勘查昭陽鄉長劉長潭兩路情形前已呈報令飭該鄉完成派員復勘在案

二、勘查黃龍仙女兩鄉所屬各路工程當時未及十分之二職即督同鄉保甲長全體動員惟黃龍鄉一致努力依法完成仙女鄉則經職按保督促完成之指定通善化寧鄉兩路外尚有由建江河經龜頭市燒湯河通寧鄉湘鄉等縣

驛路一由正心鄉梁家亭經六一亭一段前已呈蒙令飭遵辦外並蒙派黄督
催員國安一再坐催後經職復勘迄今仍未發動
三、勘查正心鄉前因民伕全部努力潭下公路工程致所屬驛路均未完竣前
亦呈蒙令飭遵辦完成在案經職復勘於昨二十八日已發動數百民伕全部即可告竣
四、勘查姜畬鄉各路前因張前鄉長害病由龍子橋經七里鋪分叉至石泉鋪三仙
坳等處工程僅十分之一二由該市横街至孫家舖一段全未動工經職協同新任羅
鄉長監催數日全部依法完成所屬第七保工程尤為迅速皆因羅鄉長努力所
致懇請准予嘉獎以資鼓勵惟該鄉尚有三仙坳至南北塘一路寬約六七尺未蒙
指定
五、勘查由孫家舖至清溪鄉所屬瓦子坪經銀田鄉第八保工程未完職即督同該保

令發各鎮營
五、初五後山

保長發動民伕依法完竣再由淺湖塘至石埧口一段係銀田鄉第十六保

所屬據称未蒙指定全未動工餘係清溪鄉所屬再由梧桐坳至烝子坪

雖均已破壞少數所挖太淺其土散于田中有害禁作所屬第四七兩保劃定地段

全未動工職與王鄉長會銜飭警催促立即完竣再由石埧口至三仙坳係銀田鄉

所屬惟留路太寬待避站太長所挖太淺其土亦多未遠散懇請令飭紏正

六、除呈報勘驗各鄉工程情形外奉　令遵於七月五日出發至八月三十日止共計

五十六日每日遵　令以一元六角計标應得八十九元六角除領四十元外懇請

補發四十九元六角隊兵二名路用多由職墊每人每日以二角計标懇請補發二

十二元四角整

以上六項理合報告懇請准予結束俯候分別令示祇遵謹呈

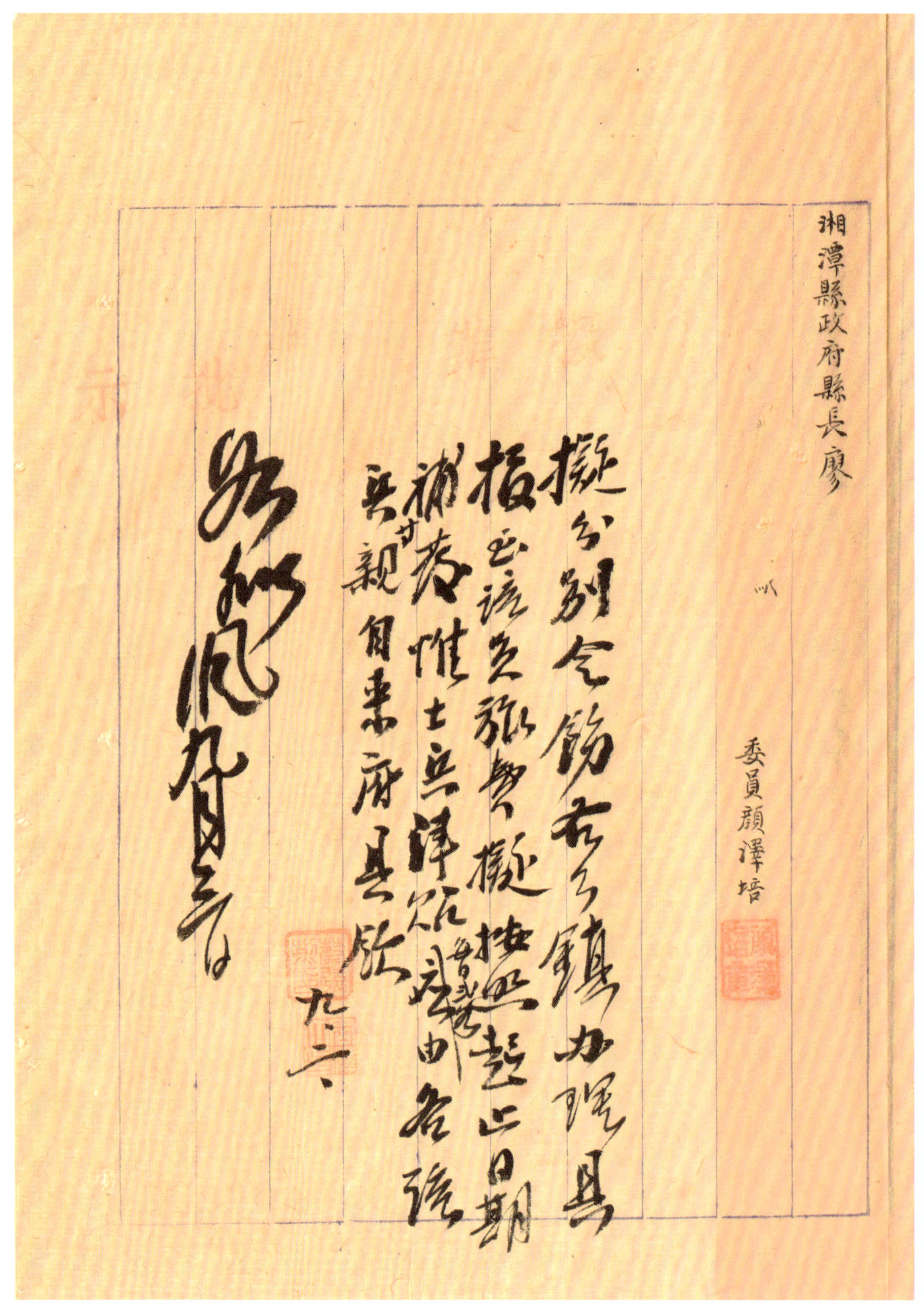
湘潭縣政府縣長廖

委員顏澤培

擬分别令飭各鄉鎮切實遵照具報

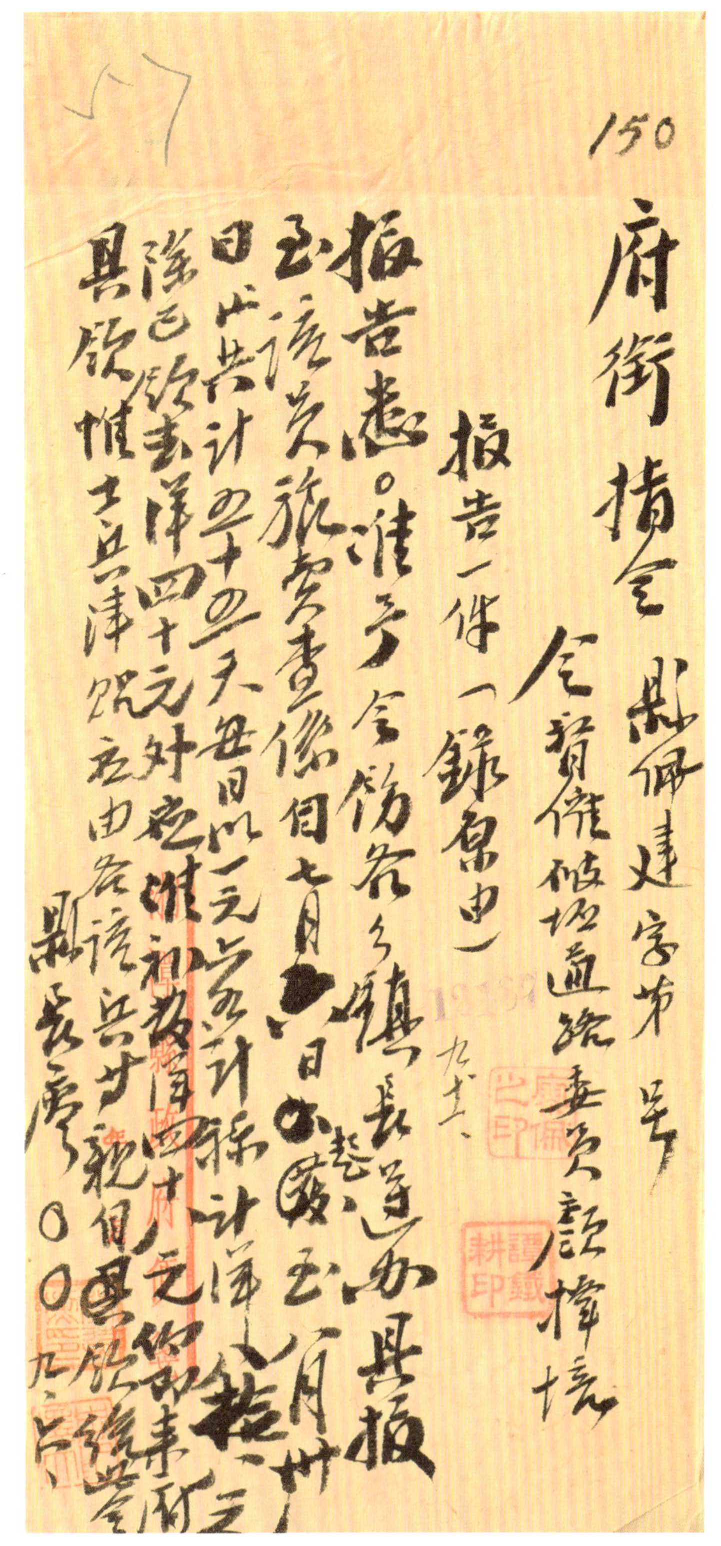

湘潭县政府致颜泽培的指令（一九四〇年九月六日）

湘潭县政府致黄龙、仙女等乡公所的训令（一九四〇年九月六日）

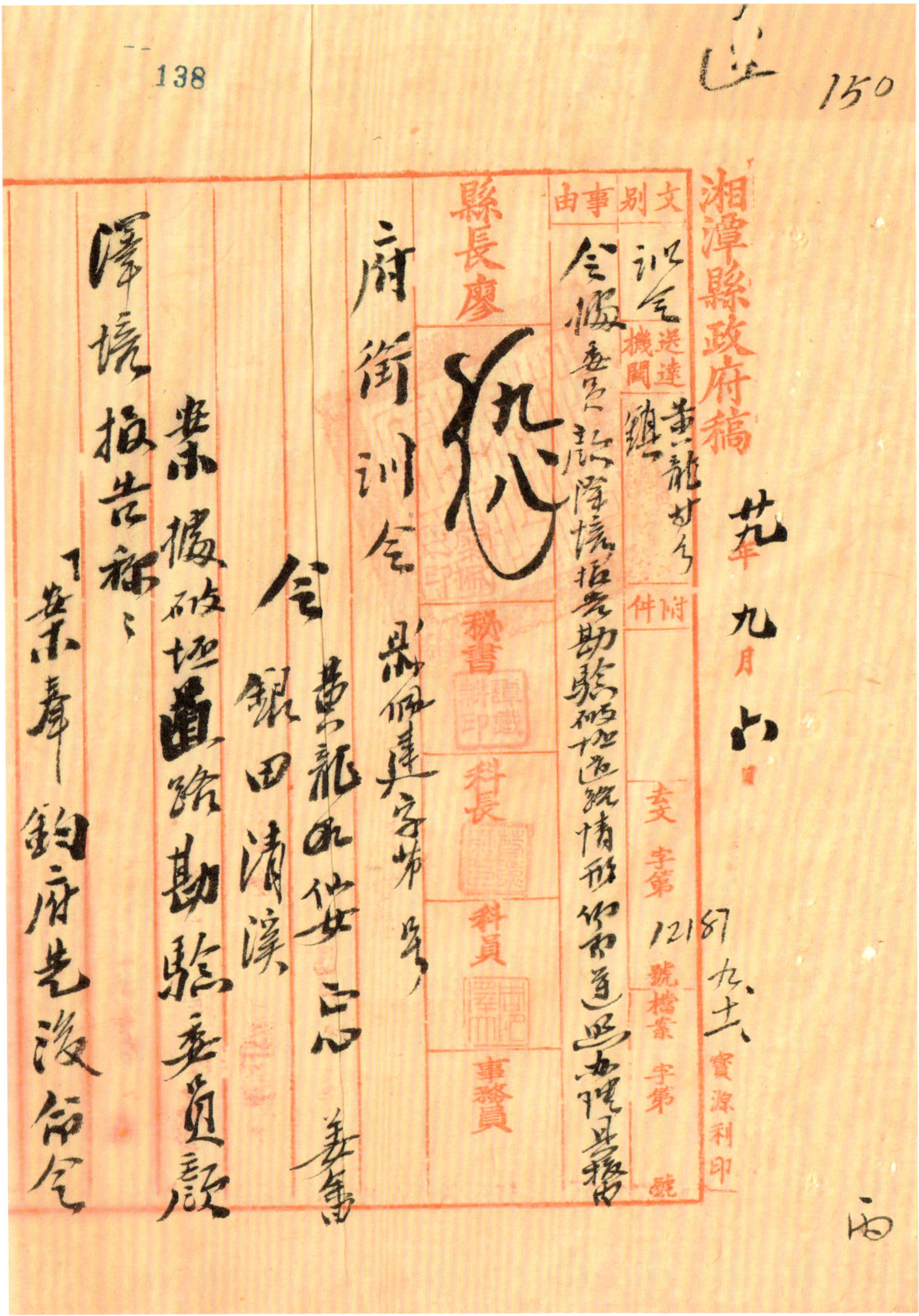
湘潭縣政府稿

文别：訓令

事由：令據委員譚境報告勘驗破壞道路情形仰即遵照具報由

送達機關：黄龍、仙女乡鎮

廿九年九月六日

附件

文 字第12187號

檔案 字第 號

九、十六

實源利印

縣長廖

秘書

科長

科員

事務員

府衙訓令　縣府建字第　號

令黄龍、仙女、銀田、清溪鄉公所

案據破壞道路勘驗委員譚境報告稱：

「案奉鈞府先後命令……」

勘驗指定ニ到リ謹呈
寸情ニ到府ノ際ヲ合外ノ合所合御道
ホ具板田要ニ
此會ニ
鄉長 康ノリ

湘潭县霞城乡公所关于呈复荷叶塘至菊花塘经苗圃抵白家塘地段非属乡所破致县政府的呈
（一九四〇年八月三十一日）

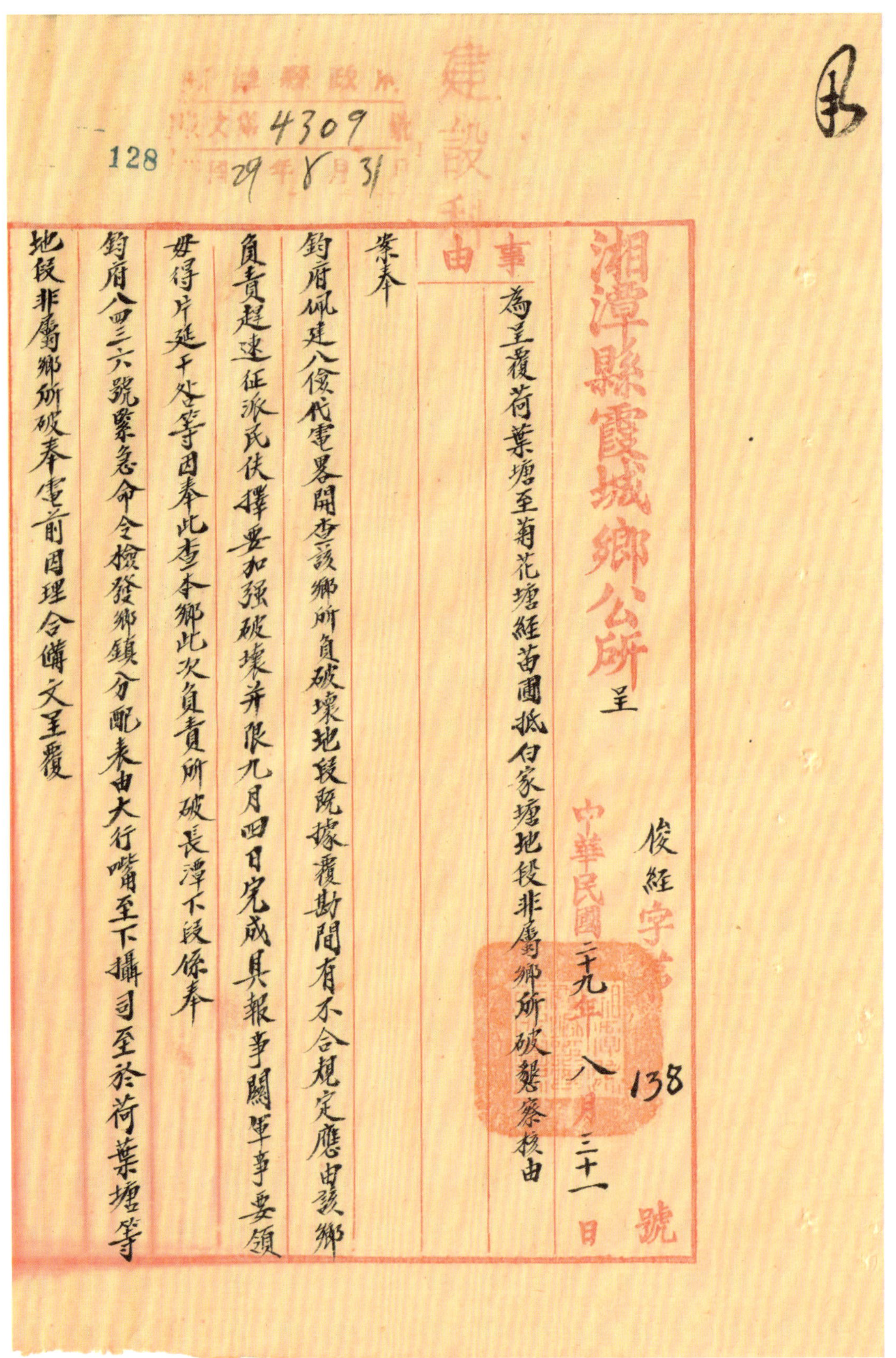
湘潭縣政府 收文第4309號 29年8月31日

128

建設科

湘潭縣霞城鄉公所 呈

俊經字第 號 138

中華民國二十九年八月三十一日

事由：為呈覆荷葉塘至菊花塘經苗圃抵白家塘地段非屬鄉所破壞祭核由

案奉
鈞府佩建八俊代電略開：查該鄉所負破壞地段既據覆勘間有不合規定，應由該鄉負責趕速征派民伕擇要加強破壞，并限九月四日完成具報，事關軍事要領，毋得片延干咎等因。奉此，查本鄉此次負責所破長潭下段，係奉
鈞府八四三六號緊急命令檢發鄉鎮分配表，由大行嘴至下攝司至於荷葉塘等地段，非屬鄉所破。奉電前因，理合備文呈覆

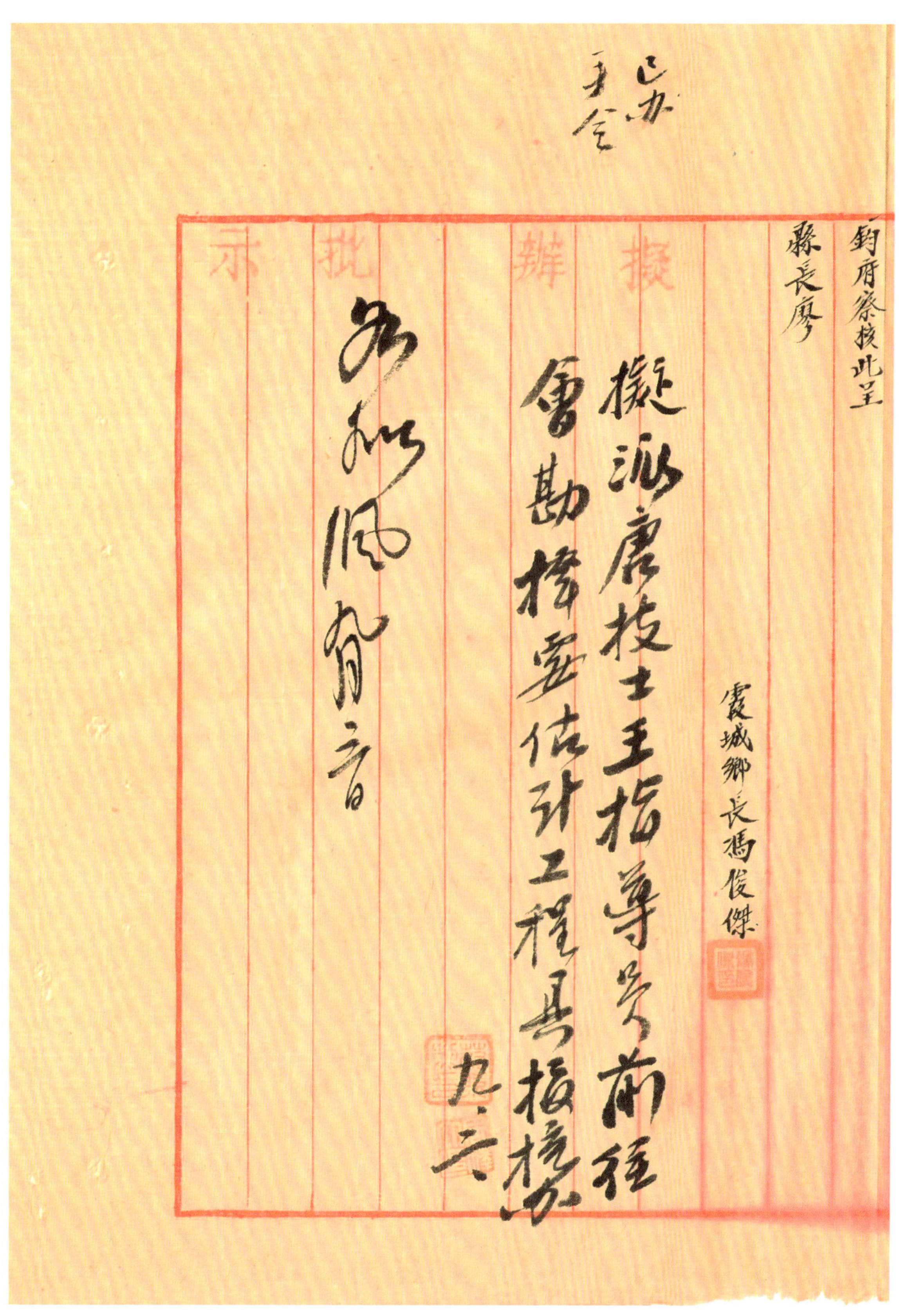

已办
王全

鈞府蔡核此呈

縣長廖

霞城鄉長馮俊傑

擬辦

擬派唐技士王指導員前往
會勘擇要估計工程具報核辦
九.六

批示

如擬
陳九青言

湘潭县株洲镇公所及湘潭县政府勘查破路委员谢雨田关于破坏及勘查驿路情形致县政府的呈及县政府的指令（一九四〇年九月一日、十一日）

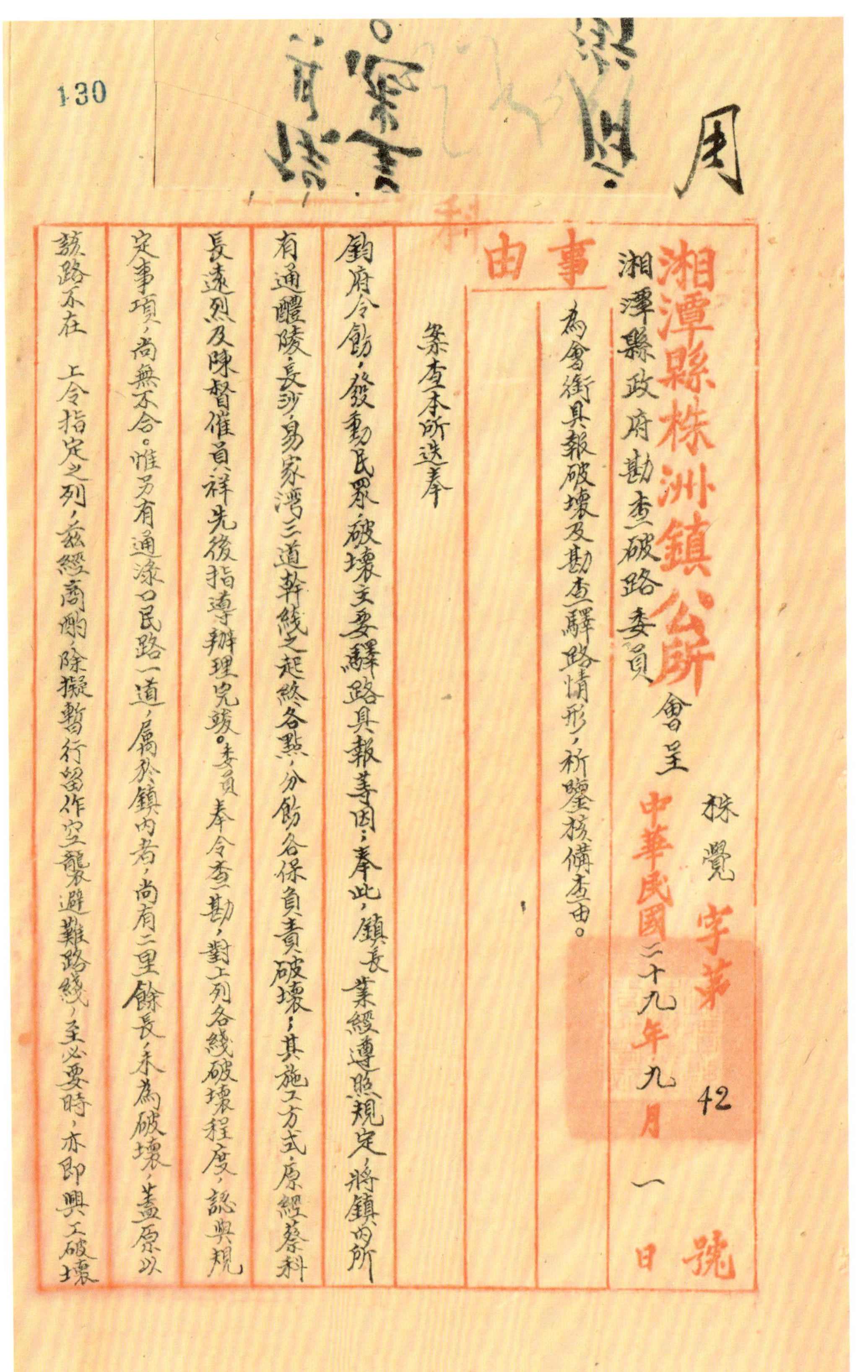

130

湘潭縣株洲鎮公所
湘潭縣政府勘查破路委員 會呈 株覺字第42號
中華民國二十九年九月一日

事由：為會銜具報破壞及勘查驛路情形，祈鑒核備查由。

案查本所送奉
鈞府令飭，發動民衆破壞主要驛路具報等因；奉此，鎮長業經遵照規定，將鎮內所有通醴陵、長沙、易家灣三道幹線之起終各點，分飭各保負責破壞；其施工方式，原經蔡科長遠烈及陳督催員祥先後指導辦理完竣。委員奉令查勘，對上列各綫破壞程度，認與規定事項，尚無不合。惟另有通滌口民路一道，屬於鎮內者，尚有二里餘長，未為破壞，蓋原以該路不在上令指定之列，茲經商酌，除擬暫行留作空襲避難路綫，至必要時，亦即興工破壞

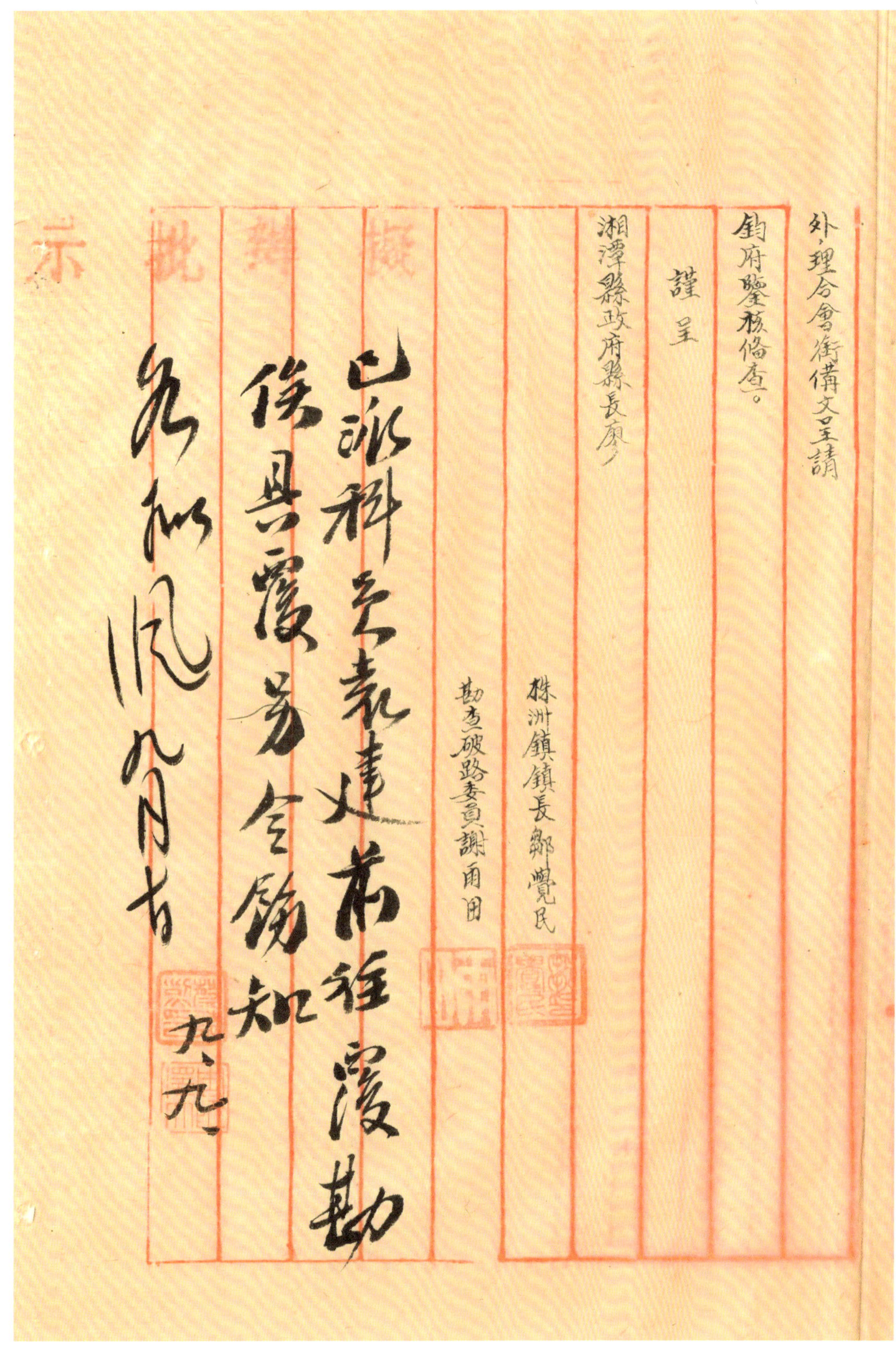

外，理合會銜備文呈請

鈞府鑒核備查。

謹呈

湘潭縣政府縣長廖

株洲鎮鎮長鄒覺民

勘查破路委員謝甬田

擬

辦

批

示

已派科長袁建藩往覆勘

後具覆，另令飭知

九月廿日

九，九，二

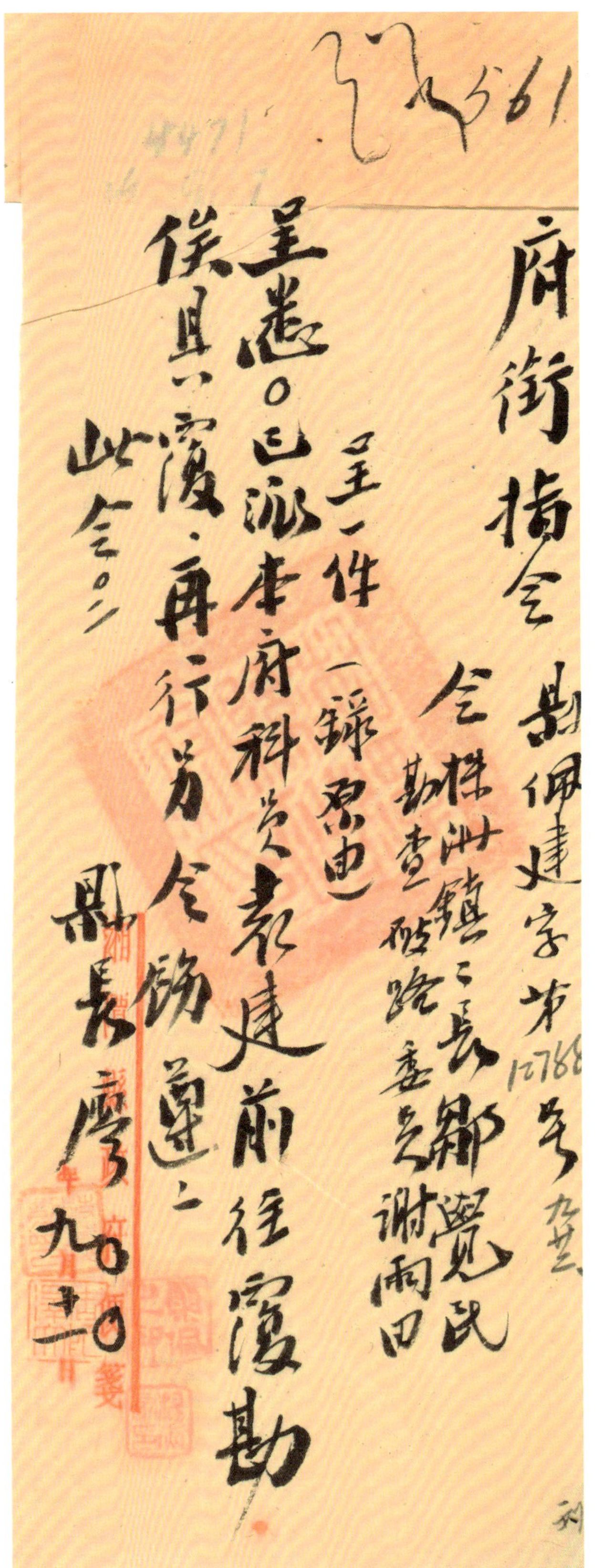

府衔指令　县佩建字第12788号　九廿三

令株洲镇镇长鄒觉民、勘查破路委员谢雨田

呈一件（录原由）

呈悉。已派本府科员袁建前往覆勘，俟具覆，再行另令饬遵。此令。

县长廖

九、廿一

湘潭县易俗镇公所成幹良关于造送破坏长潭公路下线及潭下新公路民工伙食及监工伙食表册致县政府的报告及县政府的指令（一九四〇年九月二日、六日）

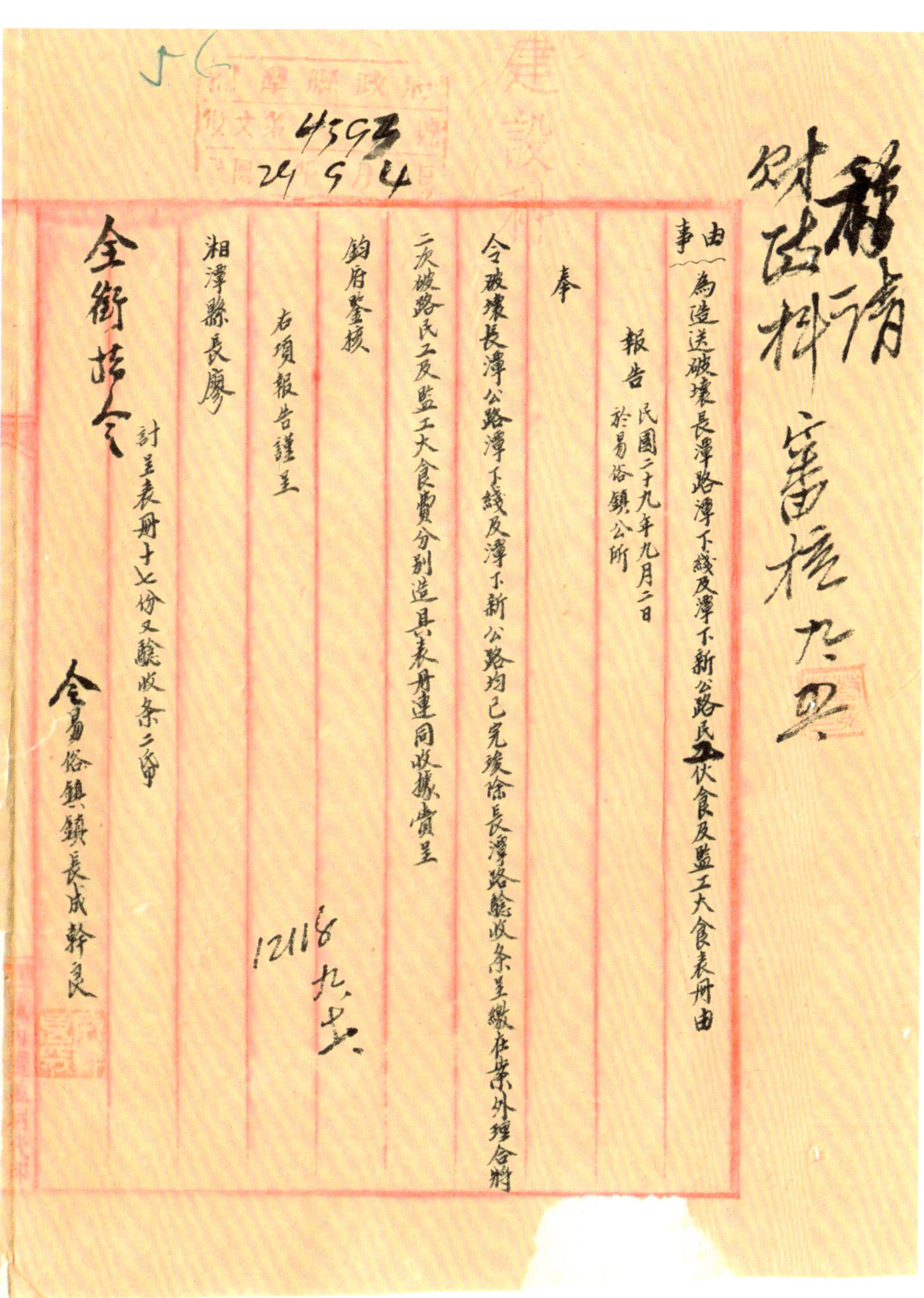

事由：為造送破壞長潭路潭下綫及潭下新公路民工伙食及監工大食表册由

報告　民國二十九年九月二日　於易俗鎮公所

奉

令破壞長潭公路潭下綫及潭下新公路均已完竣除長潭路驗收條呈繳在案外理合將二次破路民工及監工大食費分別造具表册連同收據賫呈

鈞府鑒核

右項報告謹呈

湘潭縣長廖

全銜易俗鎮鎮長成幹良

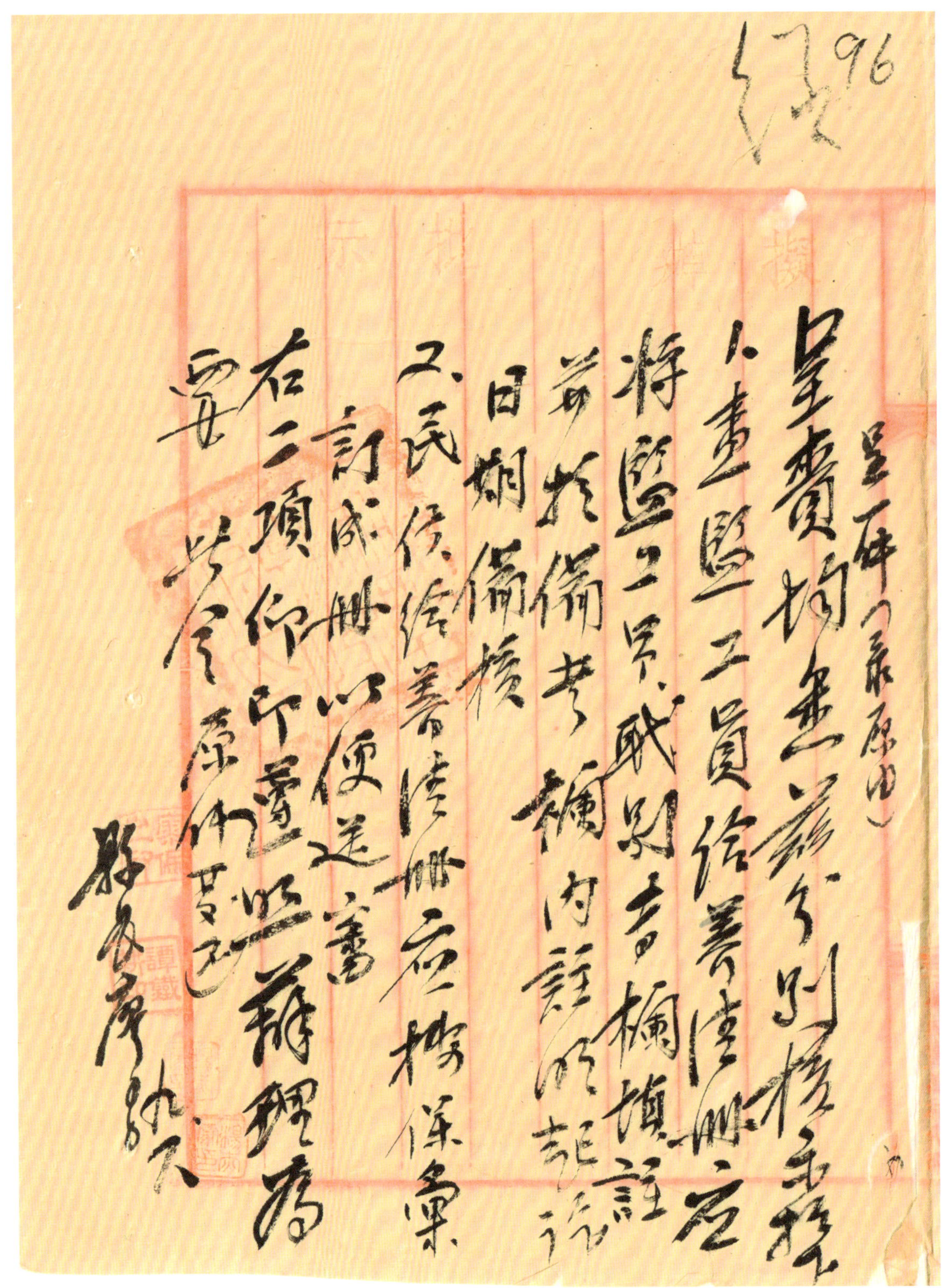

96

呈一件(原由)

呈賫均悉。茲分別核示於次：

一、查監工員給養清冊，應將監工員、職別、各欄填註，並於備考欄內註明起訖日期備核。

二、民夫給養清冊，應按保彙訂成冊，以便送審。

右二項，仰即遵照辦理為要，此令(原件存)

縣長[illegible]

湘潭县政府督催员周桐初关于恳请核准补发旅费致县政府的报告及县政府的指令（一九四〇年九月二日、十日）

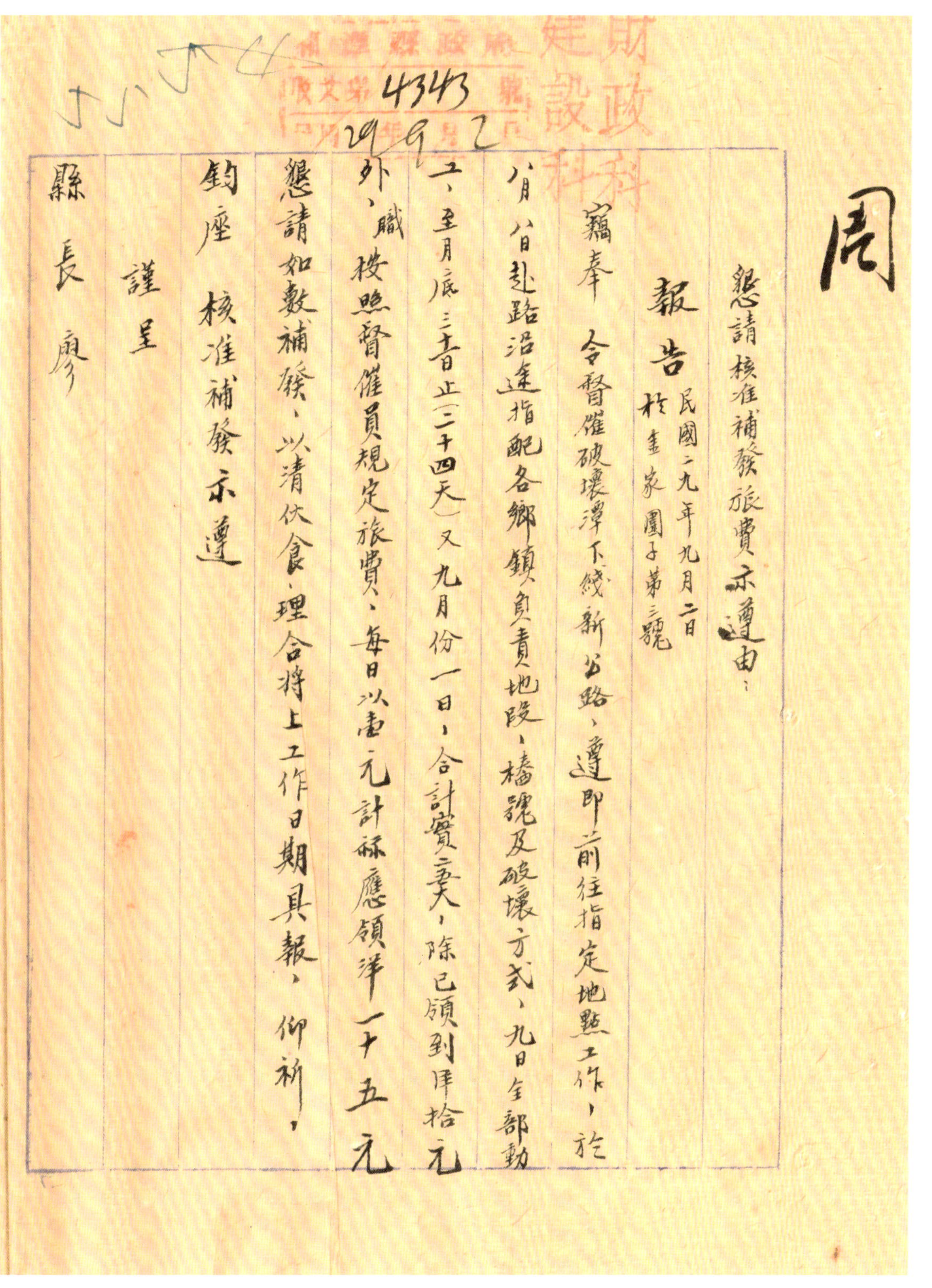

周

懇請核准補發旅費示遵由：

報告 民國二九年九月二日 於圭家園子第二號

竊奉 令督催破壞潭下綫新公路，遵即前往指定地點工作，於八月八日起踏沿途指配各鄉鎮負責地段、樁號及破壞方式，九日全部動工，至月底三十一日止（二十四天）又九月份一日，合計實二十五天，除已領到洋拾元外，職按照督催員規定旅費，每日以壹元計，綠應領洋一十五元，懇請如數補發，以清伙食。理合將上工作日期具報，仰祈

鈞座 核准補發示遵。

謹呈

縣長 廖

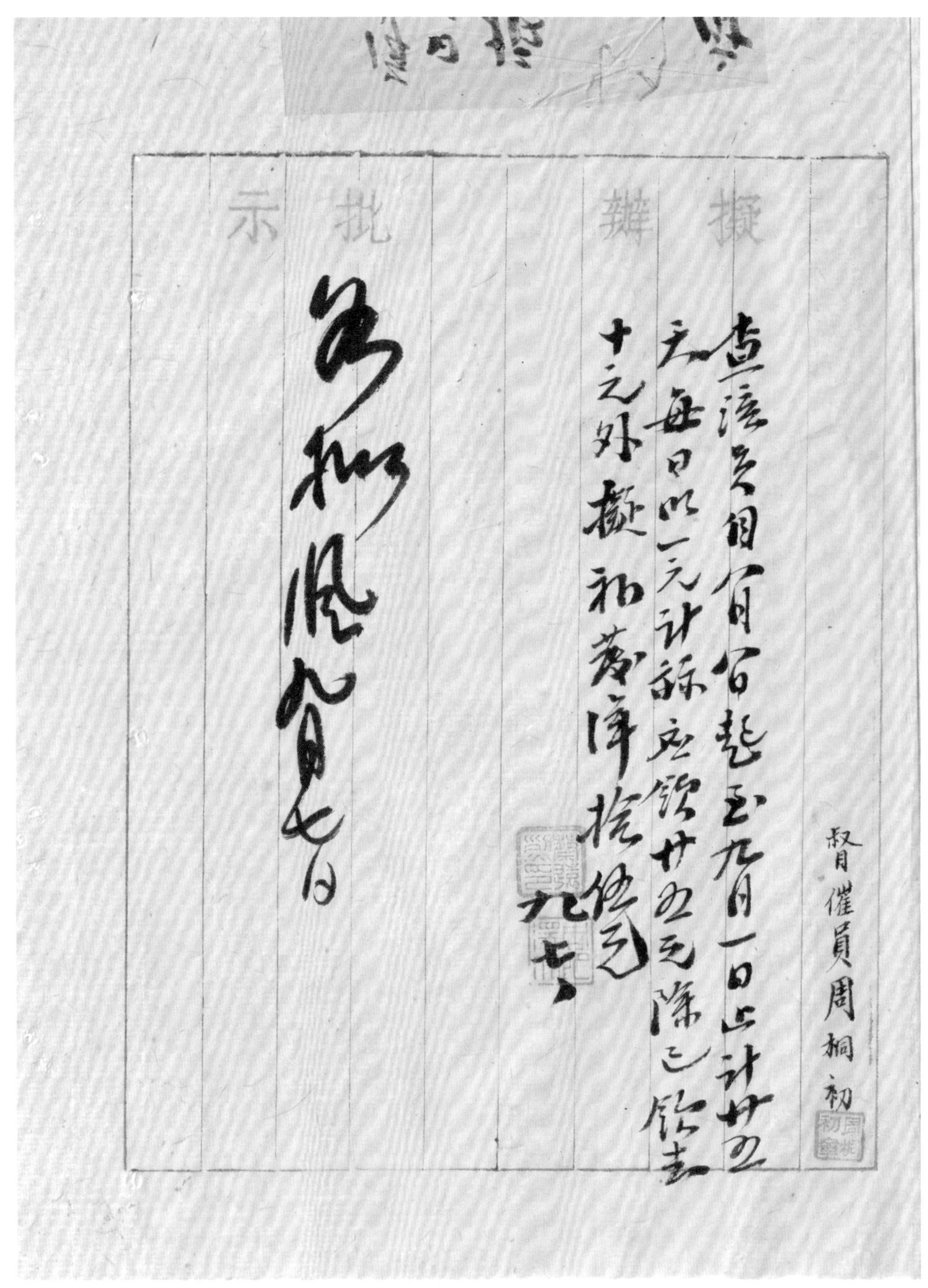

[illegible]

督催員周桐初 [illegible]

擬辦

查該員自[illegible]起至九月一日止計廿五天，每日以一元計，祿應領廿五元，除已領去十元外，擬補發洋拾伍元。 [illegible] 九、七

批示

照擬 [illegible] 九月七日

413

府銜指令　縣綱建字第　號

令破路督催員周桐初

報告一件（録原由）

報告悉。查該員自八月八日起至九月一日止，計廿五天，每日以一元計，計應領廿五元，除已領去十元外，應准補發洋壹拾伍元，仰即來府具領。此令。

縣長廖〇〇　九月十日

湘潭縣政府便箋

湘潭县政府破路督催员周桐初关于督催破坏潭下线新公路工作任务完成恳请解除职责致县政府的报告及县政府的指令（一九四〇年九月二日、十一日）

周

為督催破壞新公路工作任務完成懇請解除職責核准　令遵由

報告　九、二、

金家園子三號

竊職奉　令督催壺山、正心、連南、忠信、易俗等，五鄉鎮破壞潭下綫新公路工作，除已陸續會同王驗收員昌溥，將所分配各鄉鎮負責破壞橋琬驗收土方附各發給收條及報告外，業於本月一日全部完成。職之任務已畢，懇請解除督催員職責，是否有當？理合具報，仰祈

鈞座　核准令遵，

謹呈

縣長廖

督催員　周桐初

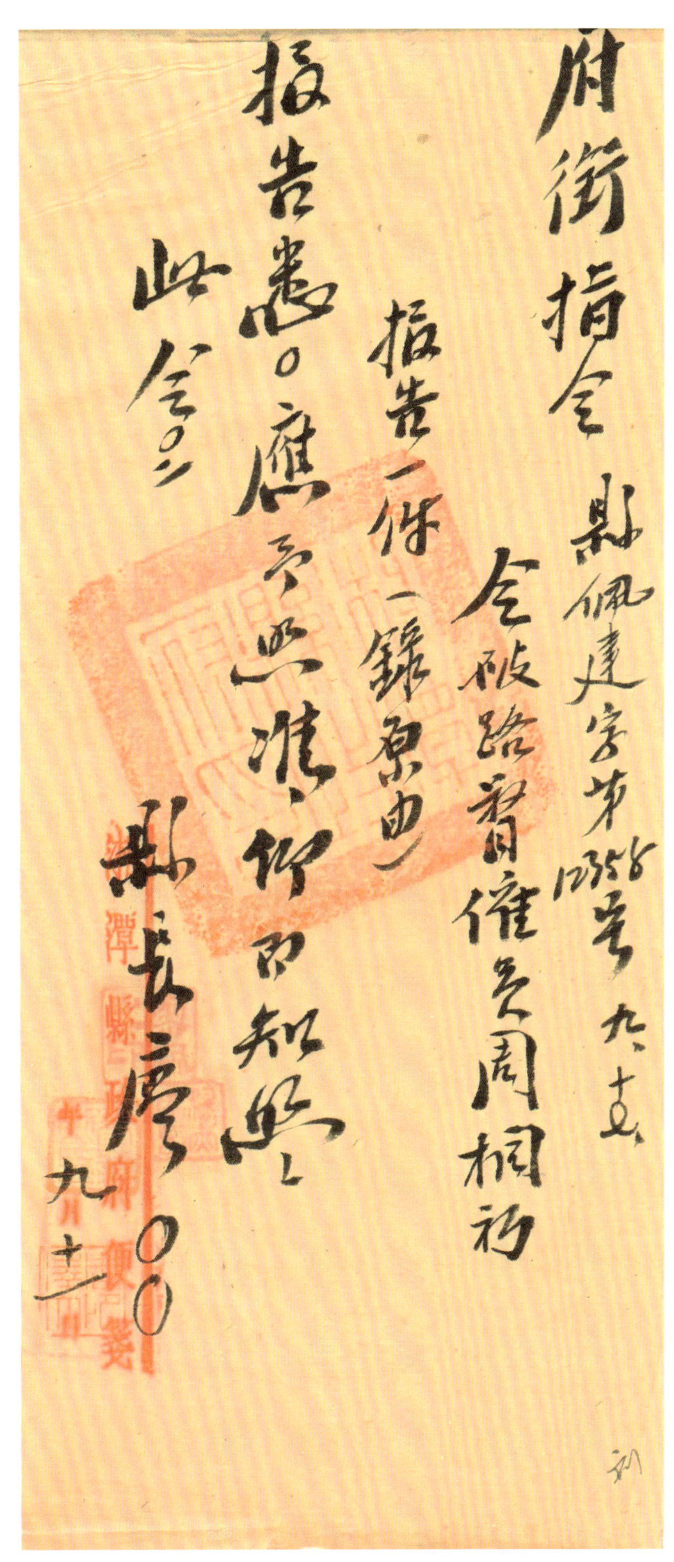

府衘指令 縣佩建字第12358號 九、十五

令破路督催員周桐祥

報告一件（鎳泉由）

報告悉。應予照准，仰即知照。此令。

縣長廖〇〇

九、十一

第九战区司令长官司令部、湘潭县政府关于湘潭县境所破坏道路不合规定之处应严行督导更正具报的一组文书（一九四〇年九月三日至五日）

第九战区司令长官司令部致湘潭县政府的电报（一九四〇年九月三日）

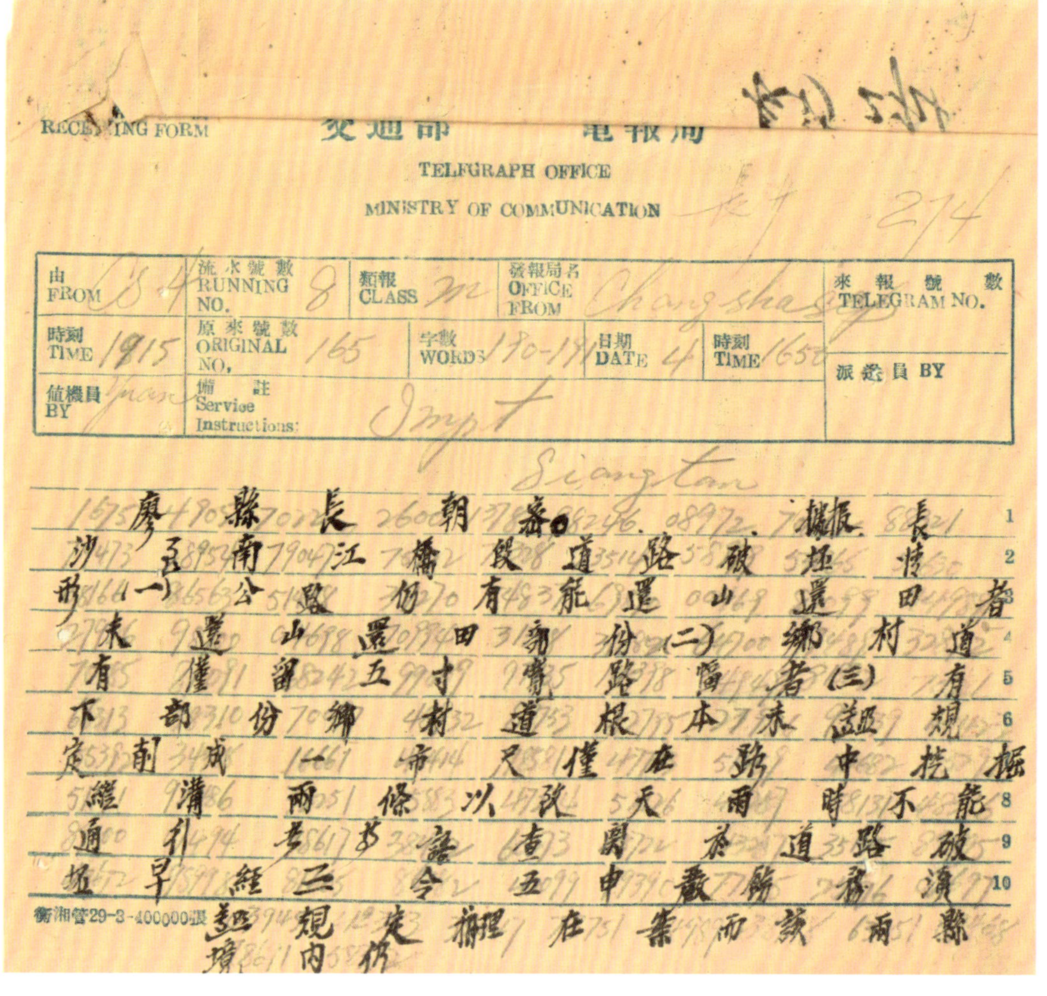

RECEIVING FORM 交通部 電報局
TELEGRAPH OFFICE
MINISTRY OF COMMUNICATION

由 FROM	流水號數 RUNNING NO. 8	類報 CLASS m	發報局名 OFFICE FROM Changsha	來報號數 TELEGRAM NO.
時刻 TIME 1915	原來號數 ORIGINAL NO. 165	字數 WORDS 190-191	日期 DATE 4 / 時刻 TIME 1650	派送員 BY
值機員 BY	備註 Service Instructions: Impt			

Siangtan

廖縣長 朝齊。據報長沙、湘潭南江橋段道路破壞情形：（一）公路仍有未能還山還田者，未還山還田部份（二）鄉村道有僅留五寸寬路面者（三）有一部份鄉村道根本未照規定制成一帶，只僅在路中挖掘縱溝兩條，以致天雨時不能通行等語。查關於道路破壞，早經三令五申嚴飭務須照規定辦理在案，而該兩縣境內仍

衡湘管29-3-400000張

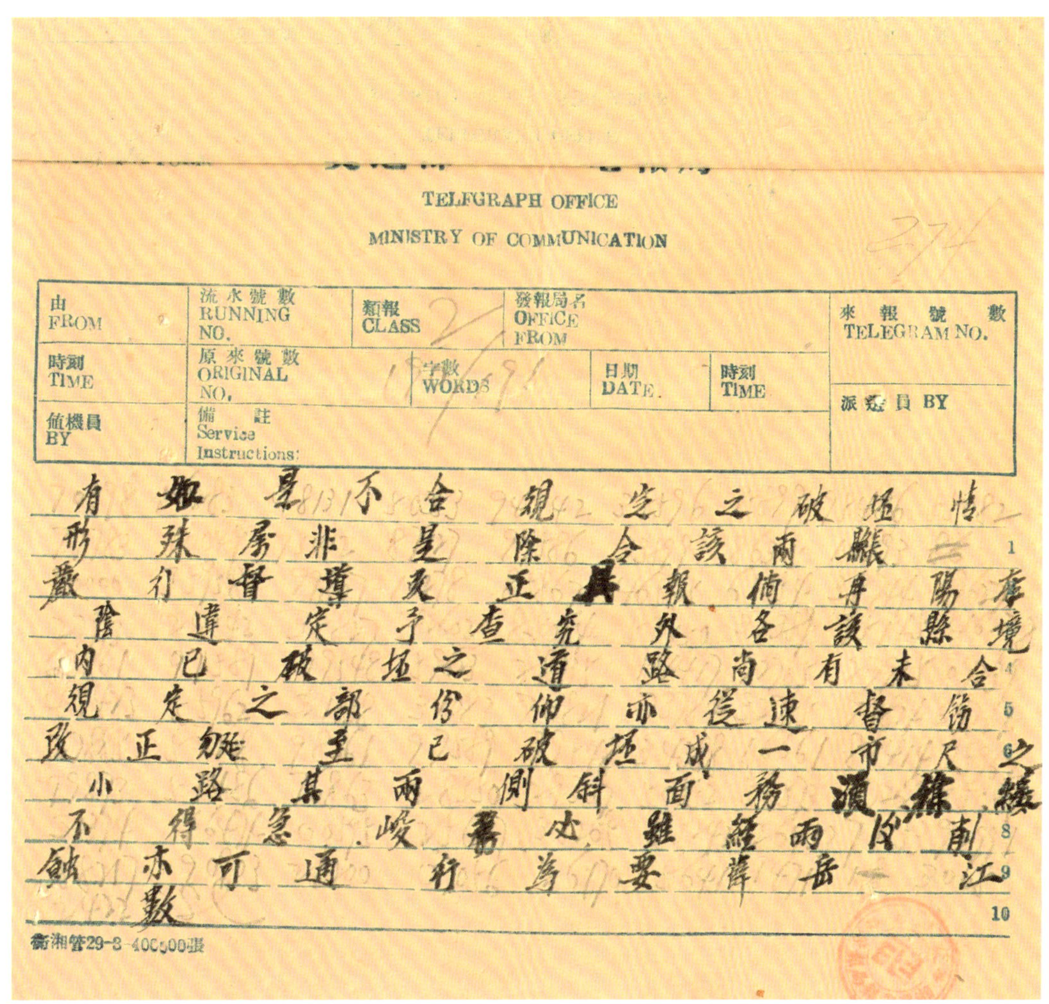

交通部　　電報局

TELEGRAPH OFFICE

MINISTRY OF COMMUNICATION

274

由 FROM	流水號數 RUNNING NO.	類報 CLASS	發報局名 OFFICE FROM	來報號數 TELEGRAM NO.
時刻 TIME	原來號數 ORIGINAL NO.	字數 WORDS 191	日期 DATE. / 時刻 TIME	派送員 BY
值機員 BY	備註 Service Instructions:			

有如是不合規定之破壞情形殊屬非是除令該兩縣嚴行督導改正具報倘再陽奉陰違定予查究外各該縣境內已破壞之道路尚有未合規定之部份仰亦從速督飭改正俾至已破壞成一市尺之小路其兩側斜面務須緩不得急峻為此雖經雨後削蝕亦可通行為要薛岳江數

衡湘管29-3-400500張

湘潭县政府致壶山、雨湖等十八个乡镇公所等的紧急代电（一九四〇年九月五日）

事由：電以將已破壞之道路不合規定之處迅即飭工具報由

緊急代電　佩建字第 11780 號

特急壺山鎮廖鎮長雨湖鎮蕭鎮長文華鎮劉鎮長正
心鄉陳鄉長德南鄉譚鄉長仙女鄉徐鄉長姜畬鄉羅鄉
長石潭鄉屈鄉長很田鄉伍鄉長清溪鄉王鄉長東平鎮劉
鎮長農城鄉馮鄉長易俗鎮羅鎮長忠信鄉楊鄉長黃桂
鄉周鄉長白關鄉凌鄉長株洲鎮鄧鎮長臨陽鄉嚴鄉長本
府表科員唐枚士均覽頃奉第九戰區司令長官薛江數電
開據報長沙至南江橋段道路破壞情形(一)公路仍可能還山還
田者未還山還田部份(二)鄉村道可僅留五寸寬路幅者(三)可下部
份鄉村道根本未遵照規定削成一市尺僅在路中挖掘縱溝兩條
以致天雨時不能通行者等語查關於道路破壞早經三令五申嚴
飭務須遵照規定辦理存案而該兩縣境內仍有如是不合規定、

之破壞情形殊屬非是除令該兩縣長嚴行督導改正具報備
再陽奉陰違定予重究外合行令仰該縣長遵照查明境內已破壞之道路尚不
合規定之部份仰即從速督導另改正勿延至已破壞成一市尺之
小路其兩側斜面務須保留不得急峻務必雖經雨後剝蝕亦可
通行為要等因着派袁科員前往視察東平霞城易俗忠信昭
陽白關株洲等七鄉鎮所負破壞長潭下攝潭下新公路及主
要道路派技士唐鼎峙前往視察壹山雨湖文華萬龍正心仙女連南
姜畲石潭良田清溪等十八鄉鎮所負破壞長潭下攝潭下新公
路及主要道路共已不合規定之部份仰即就地督另改正隨時具報
各該鄉鎮長應接受該員等指揮除分令并電覆外合亟電仰
遵照辦理爲要勿得違誤湘潭縣長廖佩之佩建九歌印

中華民國□十九年九月五日

湘潭縣政府印

湘潭县政府、监发员杨普生关于奉令监放文华镇民夫给养情形的来往文书（一九四〇年九月四日至十日）

杨普生致湘潭县政府的报告（一九四〇年九月四日）

報告 九月四日

事由：為奉令監放文華鎮民伕給養業經完竣懇予鑒核備查由

案奉

鈞府令飭監放文華鎮民伕給養實數具報等因奉此遵即前往查該鎮前次破壞長潭公路係採用包工制所有民伕給養已於工竣時由各保保長墊款付清此次該鎮長所領給養業經分別發給各保保長並由各保保長於原領單據上簽注領訖字樣加蓋名章在卷上述情形經監發員查明尚屬實在理合具文報請

鈞府鑒核備查至為公便

右項謹呈

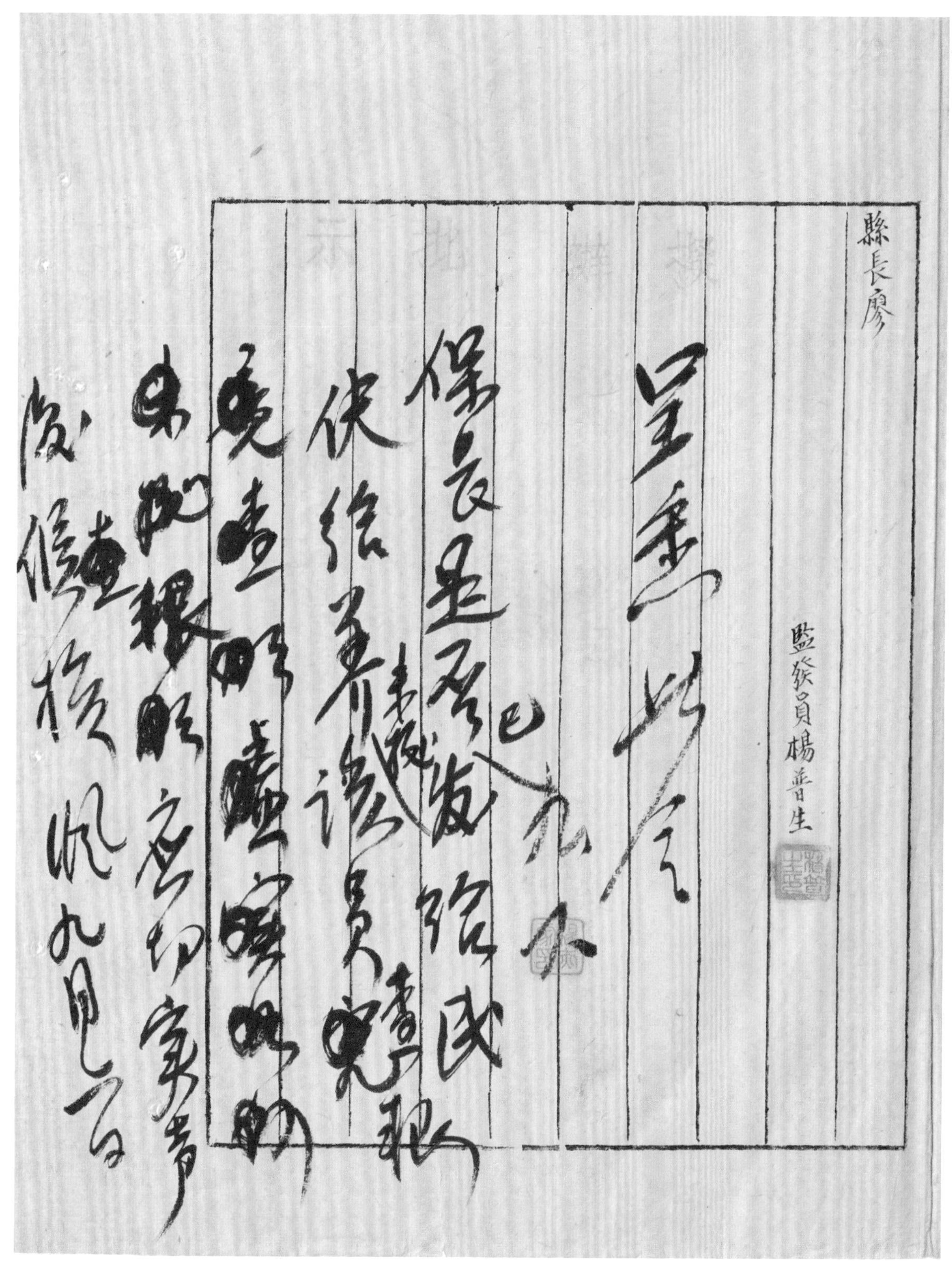
縣長廖

監發員楊普生

呈悉。此令

保長是否發給民

湘潭县政府致杨普生的指令（一九四〇年九月十日）

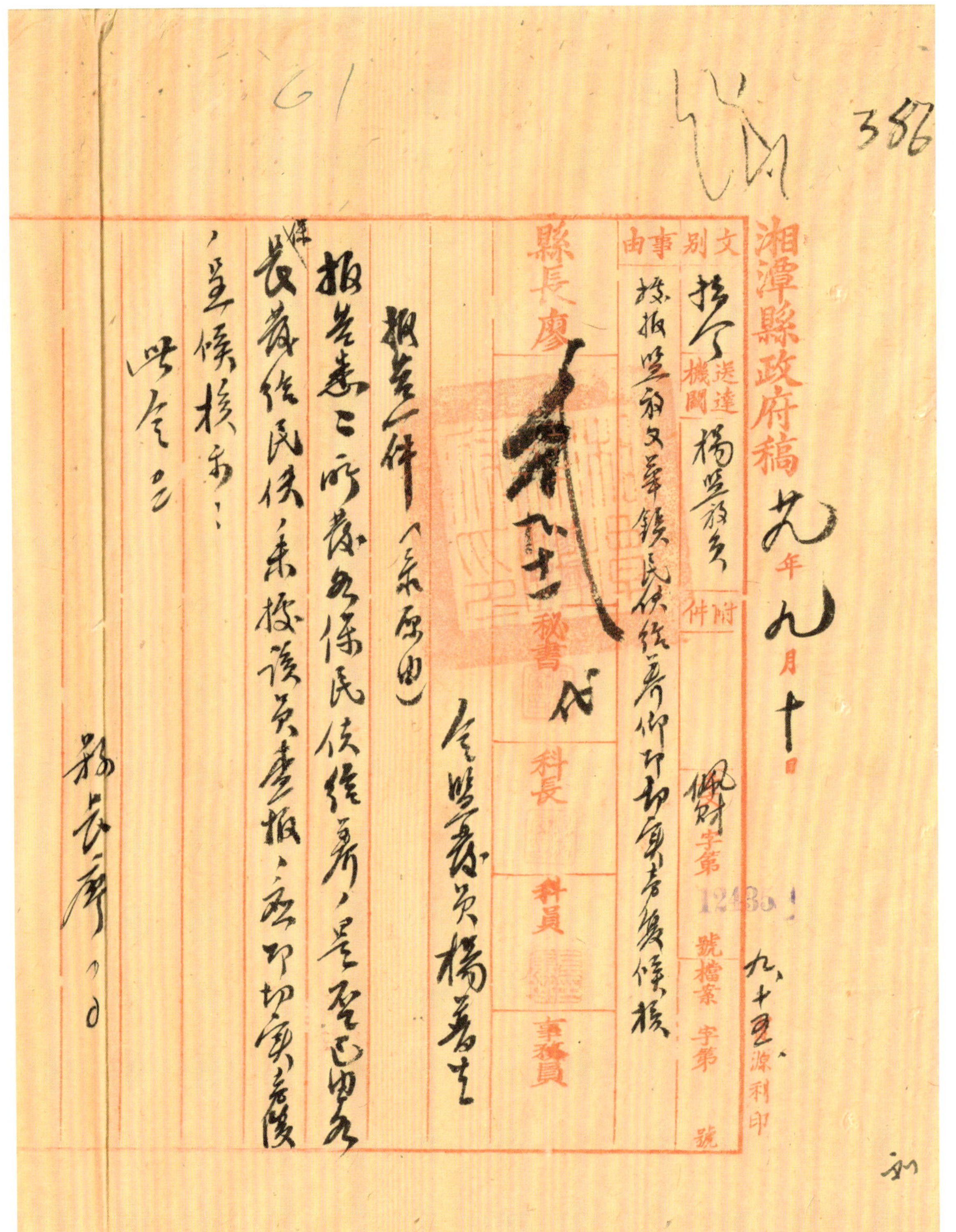

湘潭縣政府稿　廿九年九月十日

文别	指令
送達機關	楊監務員
事由	據報監務文華鎮民伕經費仰即切實查報候核

縣長廖〔簽〕　秘書代

令監務員楊普生

報告一件（系原由）

報告悉。所發各保民伕經費是否已由各保長發給民伕，仰該員查報，應即切實查發，並候核示。

此令。

縣長廖〇〇

湘潭县政府关于电请派员下县查验破坏道路工程致第九战区司令长官司令部的电报（一九四〇年九月五日）

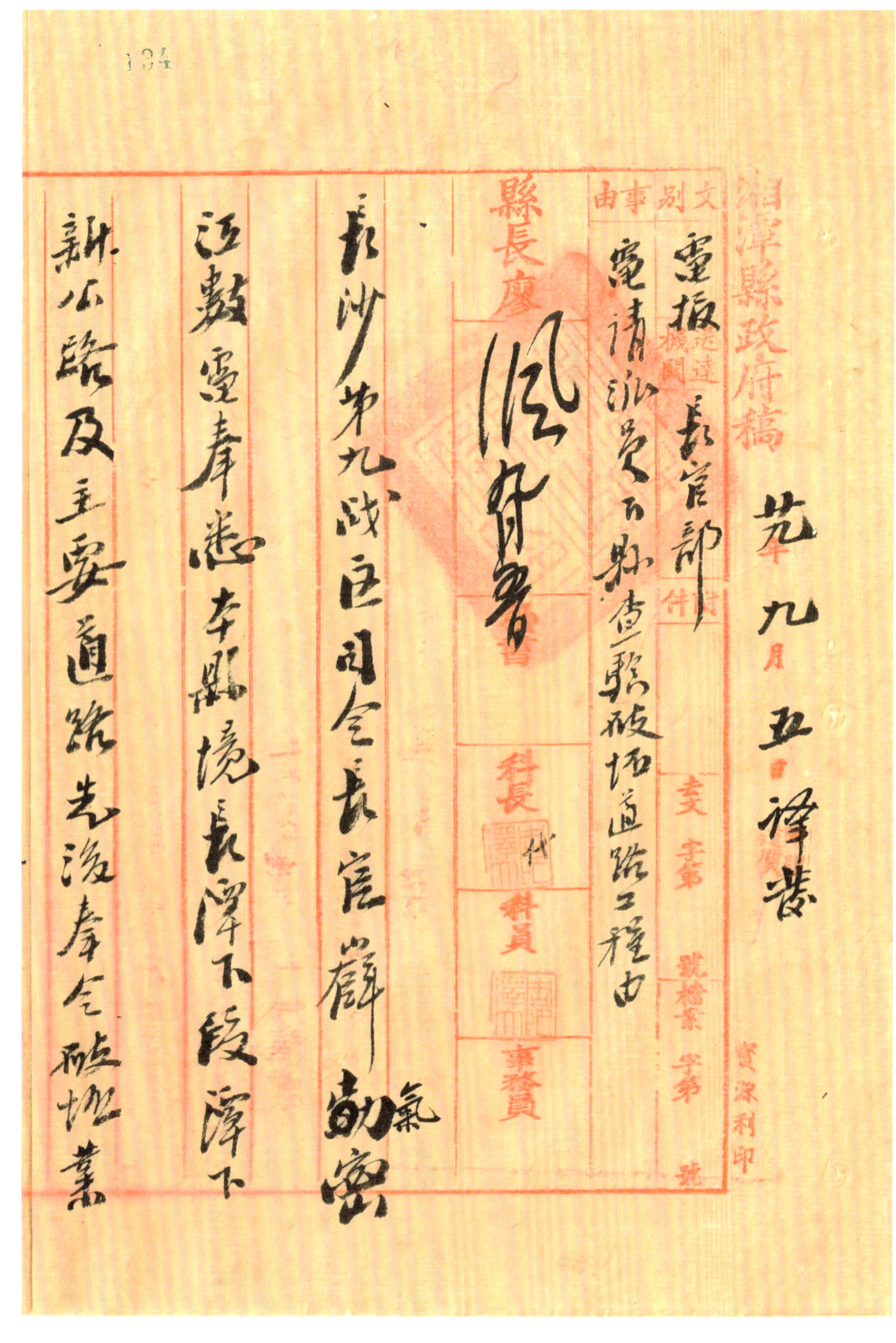
湘潭縣政府稿

文別：電
事由：電請派員下縣查驗破壞道路工程由
送達機關：長官部

廿九年九月五日譯發

縣長廖
（印）

長沙第九戰區司令長官薛鈞鑒：密。江、歎電奉悉。本縣境長潭下段、潭下新公路及主要道路先後奉令破壞業

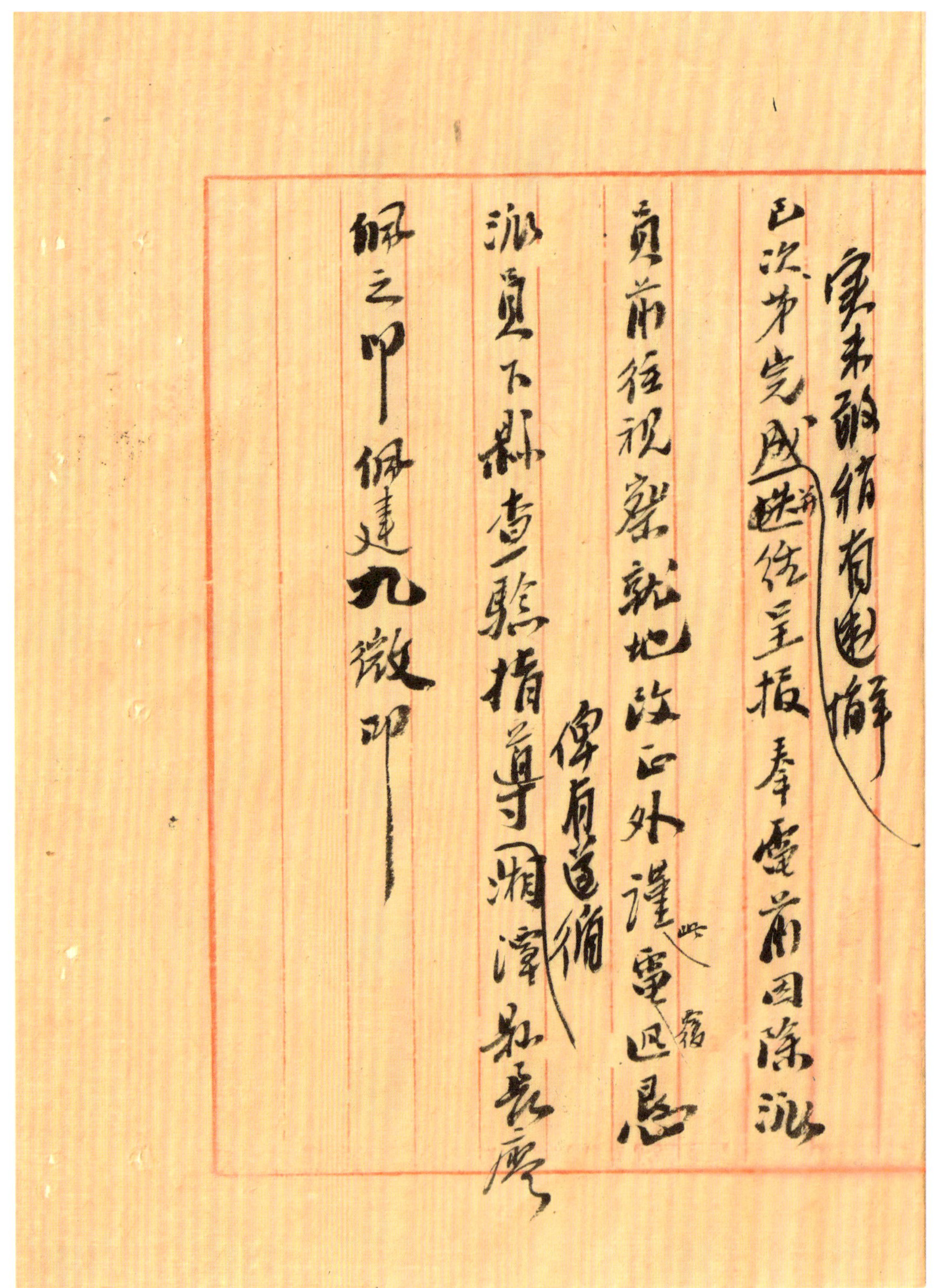
實未敢稍有遲懈

已次第完成，迭經呈報。奉電前因，除派

員前往視察，就地改正外，謹此電核，迅懇

派員下縣查驗指導，俾有遵循。湘潭縣長廖

佩之叩。佩達九微印。

湘潭县政府关于造赍监工员丁给养清册核与规定不符应予发还更造致文华镇公所的指令（一九四〇年九月五日）

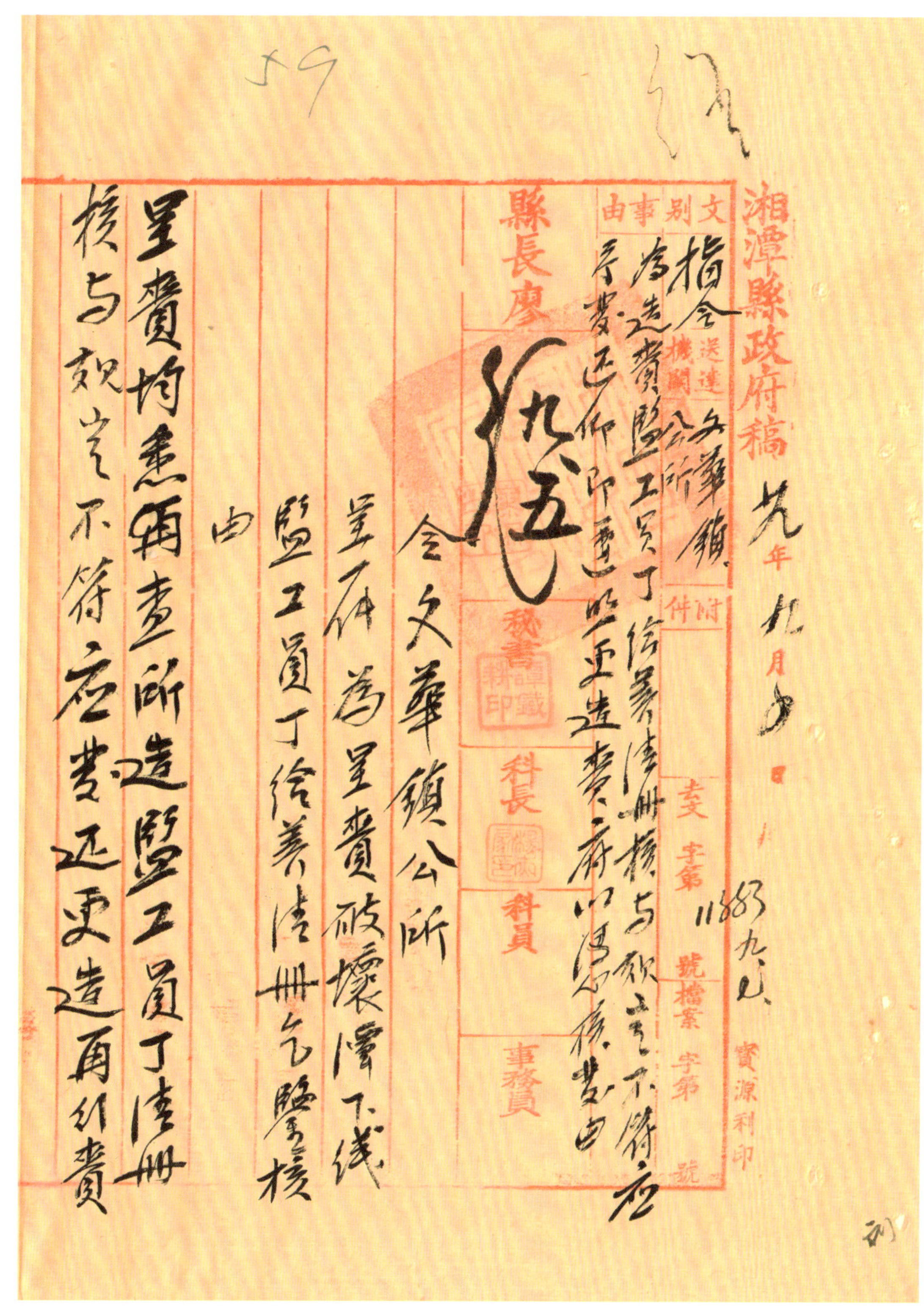

湘潭縣政府稿 廿九年九月五日

文別：指令

送達機關：文華鎮公所

事由：為造賫監工員丁給養清册核與規定不符應予發還仰即更正另造賫府以憑核奪由

縣長廖 九、五

秘書 科長 科員 事務員

字第11883號

令文華鎮公所

呈一件為呈賫破壞潭下綫監工員丁給養清册乞賜鑒核由

呈賫均悉。再查所造監工員丁清册核與規定不符，應予發還更造再行賫

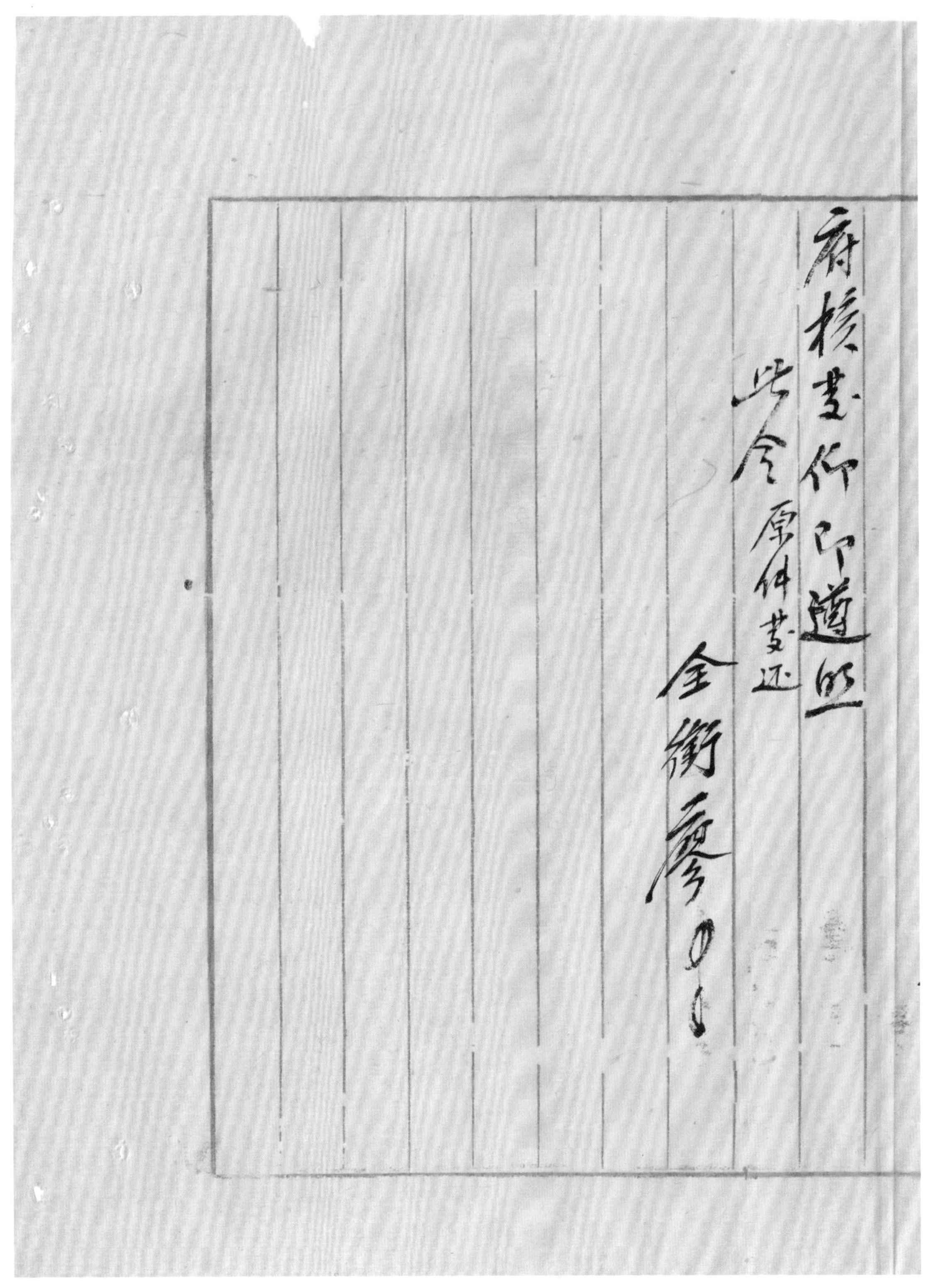
府核发仰即遵照
此令 原件发还
金衡 廖〇〇

湘潭县政府关于本县主要道路业已遵照规定一律削为一市尺致湖南省第一区行政督察专员公署的代电

（一九四〇年九月六日）

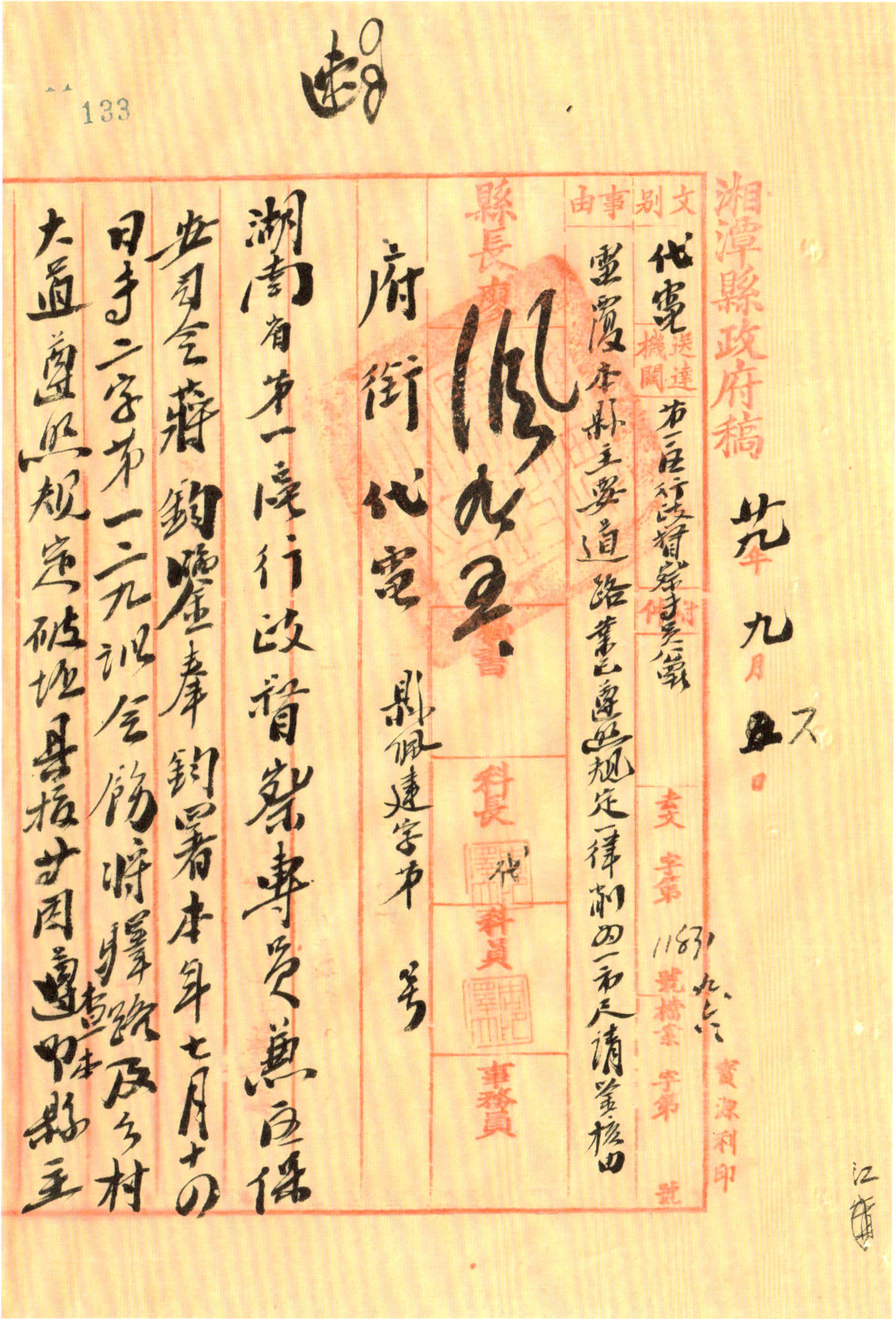

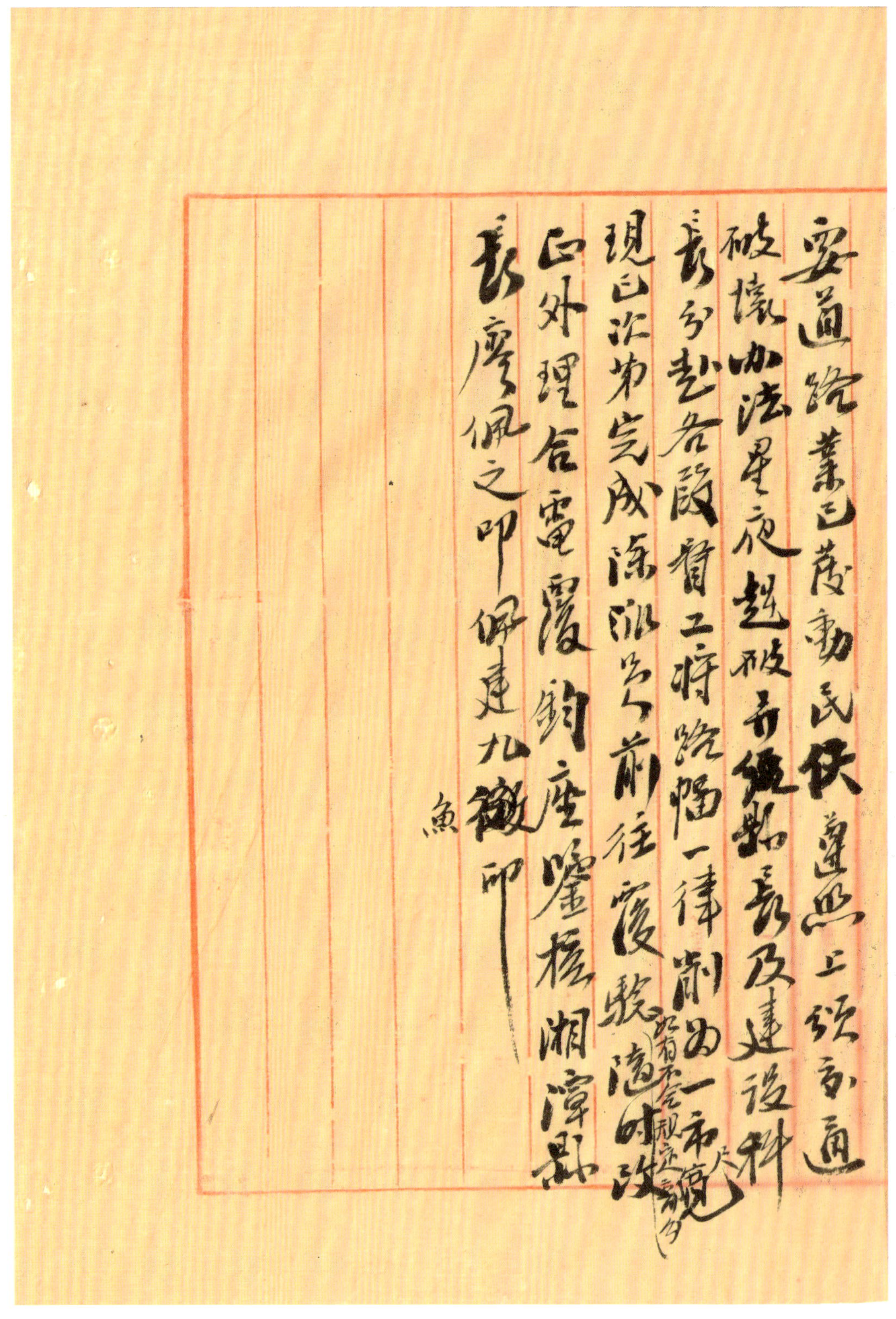

要道路業已發動民伕遵照上級命令通
破壞辦法星夜趕破并俟鈞長及建設科
長分赴各段督工將路幅一律削爲一市尺寬
現已次第完成除派員前往覆驗如有不合規定之路段隨時改
正外理合電覆鈞座鑒核湘潭縣
長廖佩之叩保建九徵印
魚

湘潭县白关乡公所和湘潭县政府查勘驿路委员谢雨田关于勘验白关乡破坏驿路情形致县政府的报告及县政府的指令（一九四〇年九月六日、十一日）

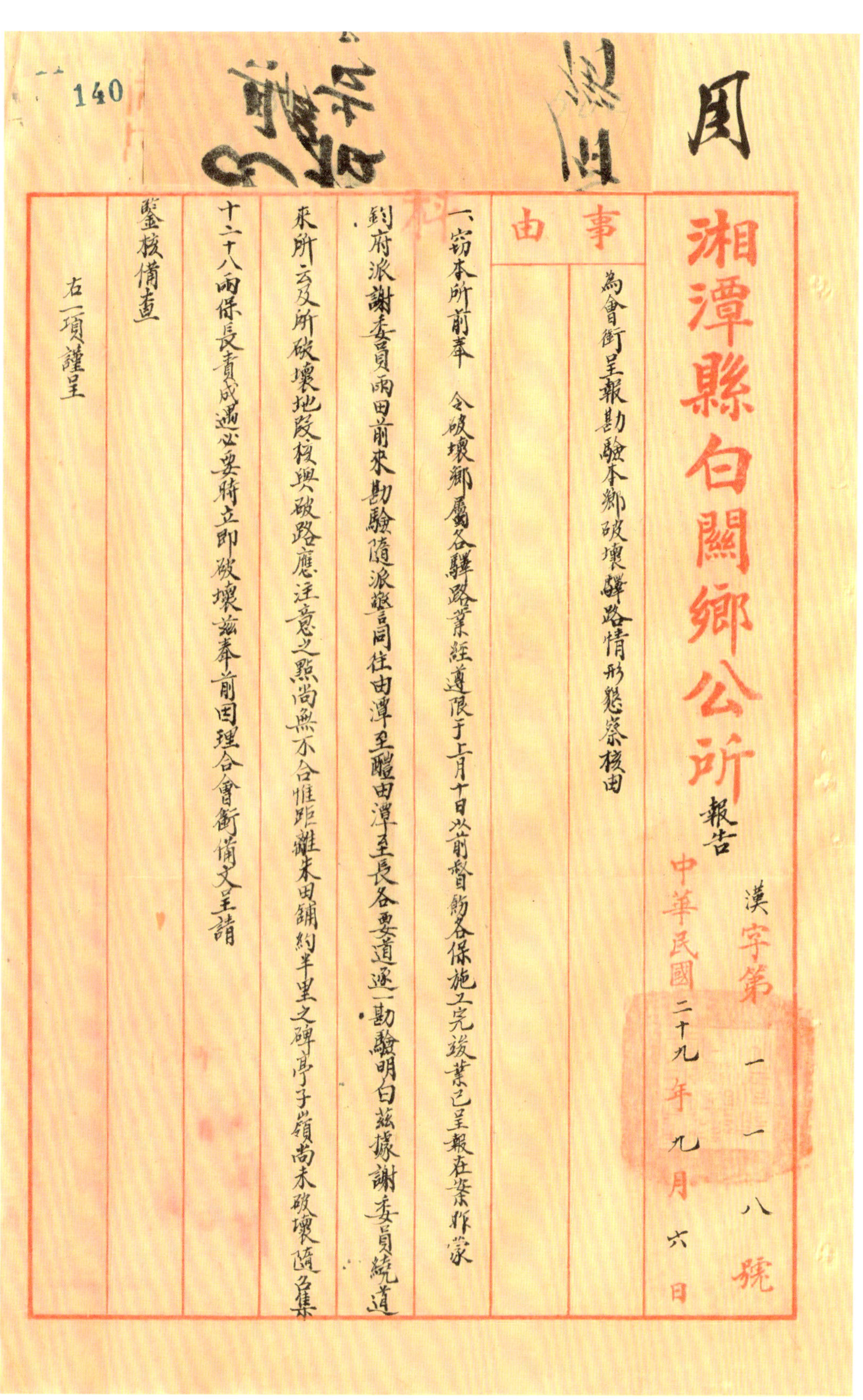

湘潭縣白關鄉公所報告

漢字第一一八號

中華民國二十九年九月六日

事由　為會銜呈報勘驗本鄉破壞驛路情形懇察核由

一、竊本所前奉　令破壞鄉屬各驛路業經遵限于上月十日以前督飭各保施工完竣業已呈報在案昨蒙　鈞府派謝委員雨田前來勘驗隨派警同往由潭至醴由潭至長各要道逐一勘驗明白茲據謝委員繞道來所云及所破壞地段核與破路應注意之點尚無不合惟距離朱田鋪約半里之碑亭子嶺尚未破壞隨召集十二十八兩保長責成遇必要時立即破壞茲奉前因理合會銜備文呈請

鑒核備查

右一項謹呈

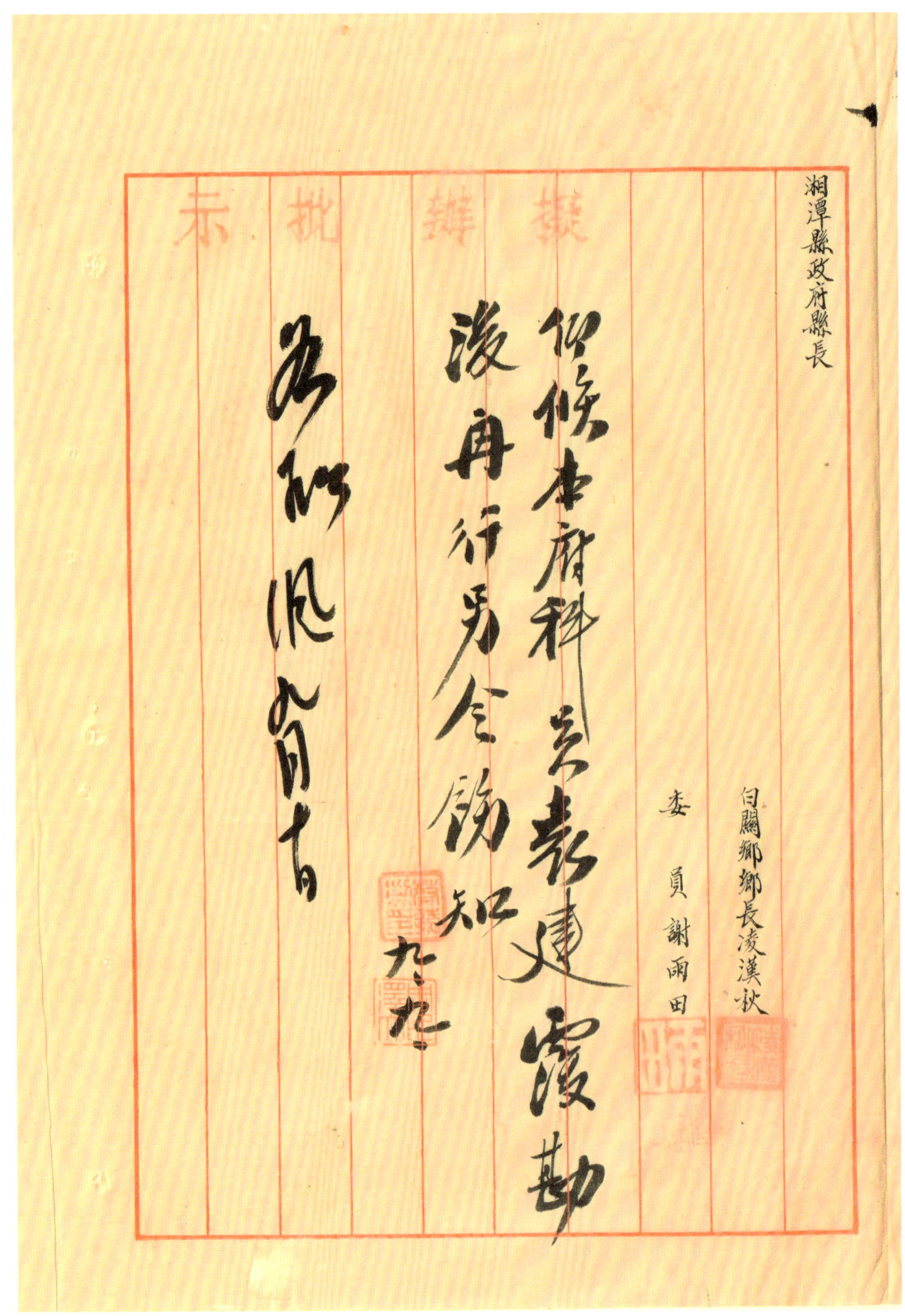

湘潭縣政府縣長

白關鄉鄉長淩漢秋

委員謝雨田

擬辦

仰候本府科員袁建霞勘後再行另令飭知

九九

批示

如擬

鳳

九月十日

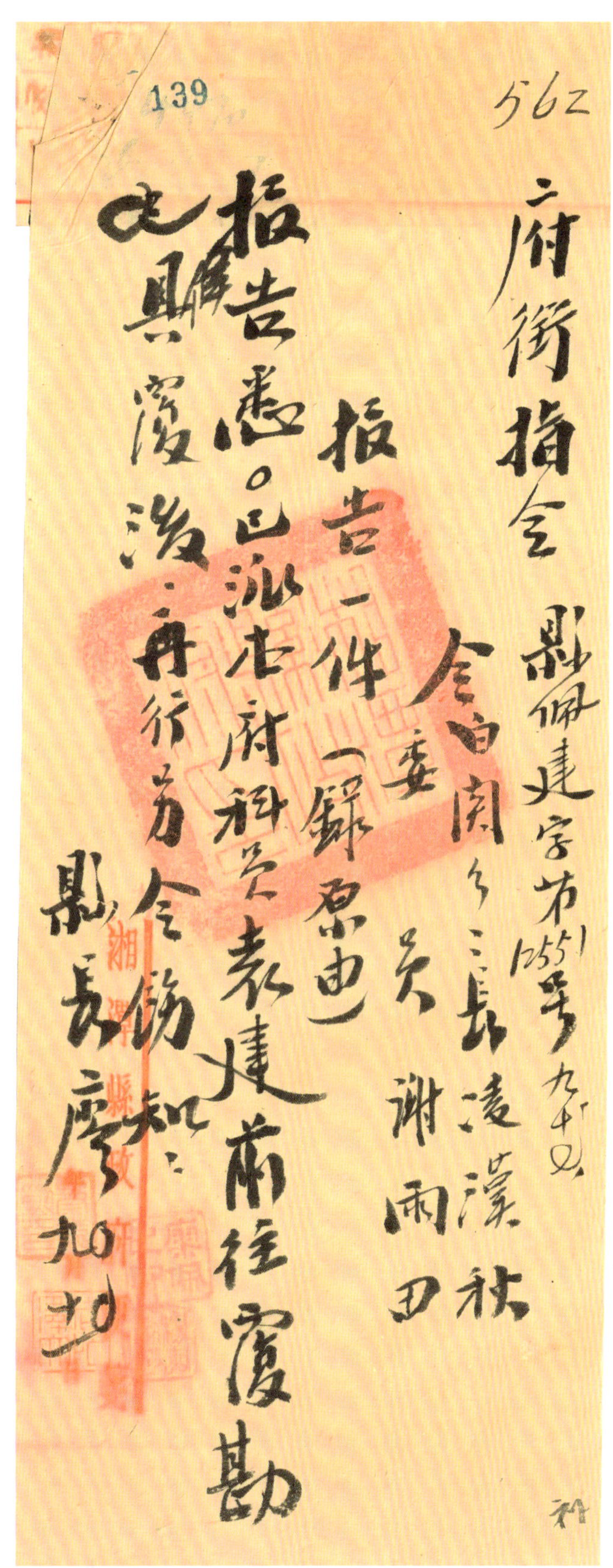

562

139

府衔指令　　縣府建字第1551號　九、十、四

令白關鄉鄉長　淦漢秋

委員　謝雨田

報告一件（録原由）

報告悉。已派本府科員袁建甫往覆勘，俟具覆後，再行另令飭知。

縣長　廖　九、十、廿

湘潭县政府查勘驿路委员谢雨田关于已查勘昭阳、白关、霞城、株洲等乡镇驿路破坏情形完毕尚合规定致县政府的呈及县政府的指令（一九四〇年九月七日、二十二日）

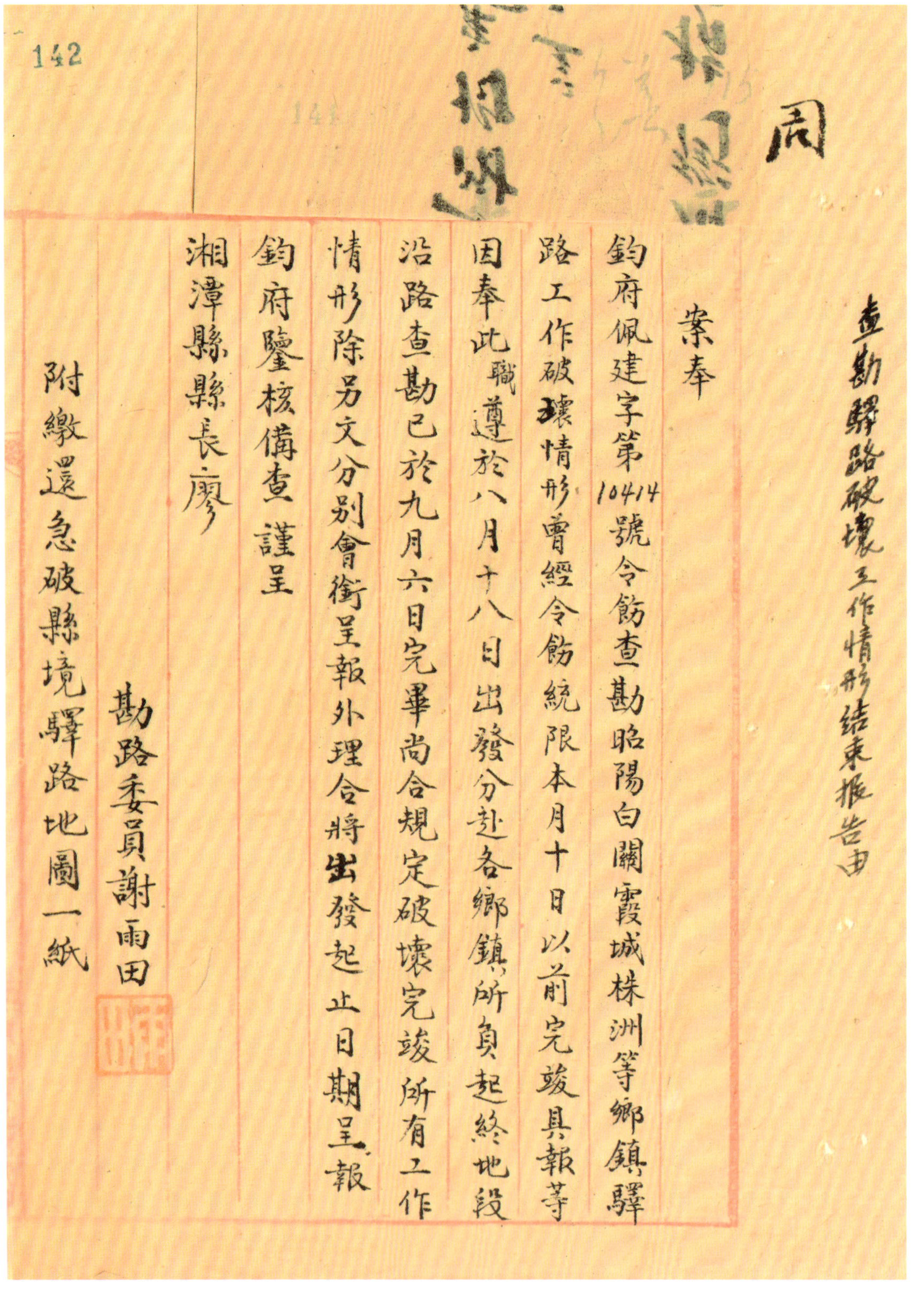

142

同

查勘驛路破壞工作情形結束報告由

案奉

鈞府佩建字第10414號令飭查勘昭陽白關霞城株洲等鄉鎮驛路工作破壞情形曾經令飭統限本月十日以前完竣具報等因奉此職遵於八月十八日出發分赴各鄉鎮所負起終地段沿路查勘已於九月六日完畢尚合規定破壞完竣所有工作情形除另文分別會銜呈報外理合將出發起止日期呈報

鈞府鑒核備查　謹呈

湘潭縣縣長廖

勘路委員謝雨田

附繳還急破縣境驛路地圖一紙

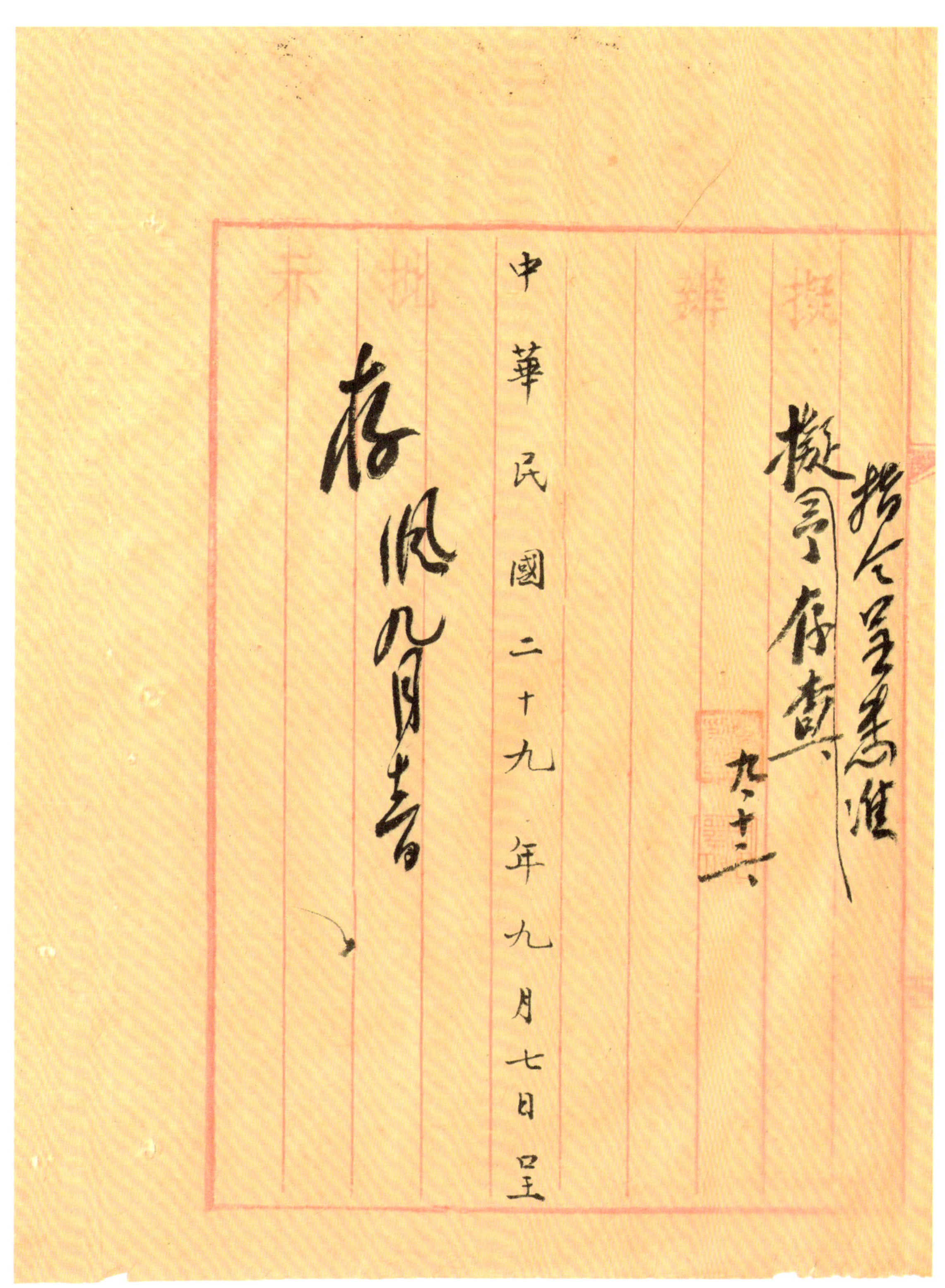
擬辦
批示
擬予存查
指令呈悉准
九、十二
存
凤九月十二

中華民國二十九年九月七日呈

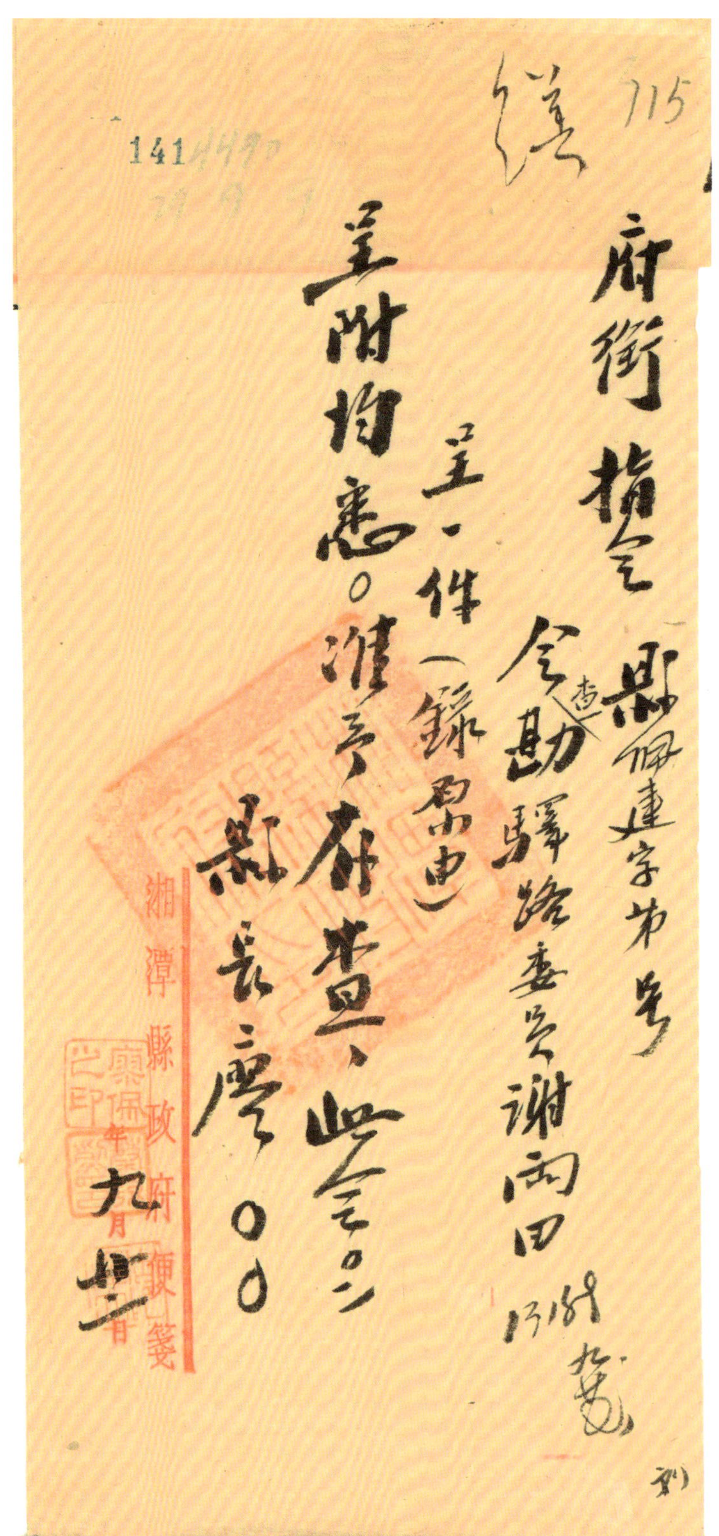

府衔　指令　县保建字第　号

令勘驿路委员谢雨田

呈一件（录案由）

呈附均悉。准予存查。此令。

县长唐○○

湘潭县政府便笺

九月廿二日

湘潭县政府继续破坏长潭公路督办邹党民关于奉令督催破坏长潭公路呈明误写起讫日期请核发旅费及垫购桩料费致县政府的报告及县政府的指令（一九四〇年九月八日、十四日）

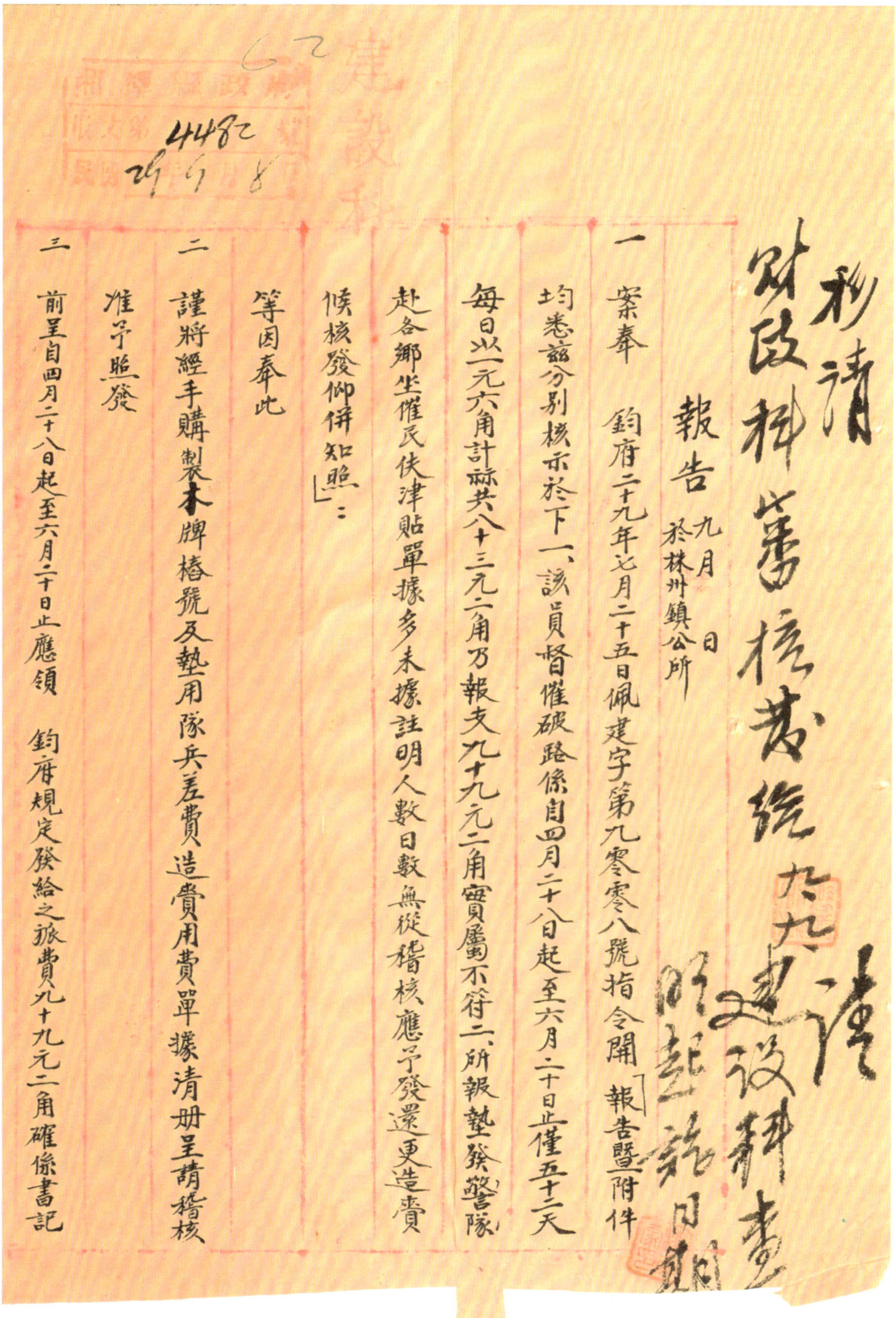
移請財政科簽核發給

請建設科查

報告 九月　日 於株州鎮公所

一、案奉 鈞府二十九年七月二十五日佩建字第九零零八號指令開「報告暨附件均悉，茲分別核示於下：一、該員督催破路係自四月二十八日起至六月二十日止，僅五十二天，每日以一元六角計祘，共八十三元二角，乃報支九十九元二角，實屬不符；二、所報墊發警隊赴各鄉坐催民伕津貼單據多未據註明人數日數，無從稽核，應予發還更造賫候核發，仰併知照」等因奉此。

二、謹將經手購製木牌樁號及墊用隊兵差費造賫用費單據清册呈請稽核，准予照發。

三、前呈自四月二十八日起至六月二十日止應領 鈞府規定發給之旅費九十九元二角確係書記

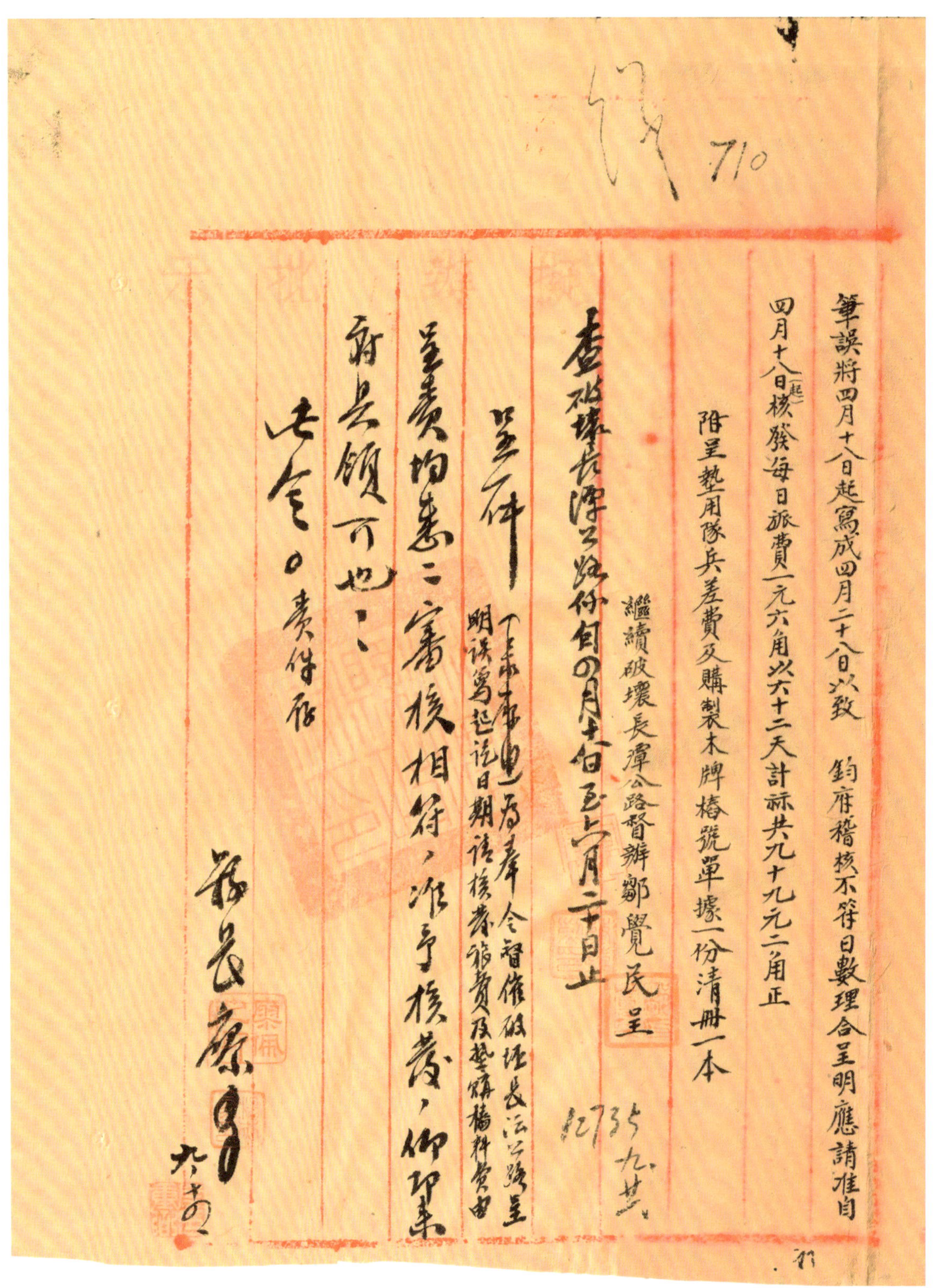

710

筆誤將四月十八日起寫成四月二十八日以致 鈞府稽核不符日數理合呈明應請准自

四月十八日（起）核發每日旅費一元六角以六十二天計祘共九十九元二角正

附呈墊用隊兵差費及購製木牌樁號單據一份清册一本

繼續破壞長潭公路督辦鄒覺民 呈

查破壞長潭公路係自四月十八日至六月二十日止

12735 九廿

呈件 [illegible]為奉令督催破壞長潭公路呈明誤寫起訖日期請核發旅費及墊購椿料費由

呈表均悉。審核相符，准予核發，仰即來

府具領可也。

此令。表件存

縣長廖[illegible]

六、十六

湘潭县政府技士唐鼎峙关于视察潭下新公路黄龙乡等乡公所破道路情况致县政府的报告及县政府的指令（一九四〇年九月九日、十七日）

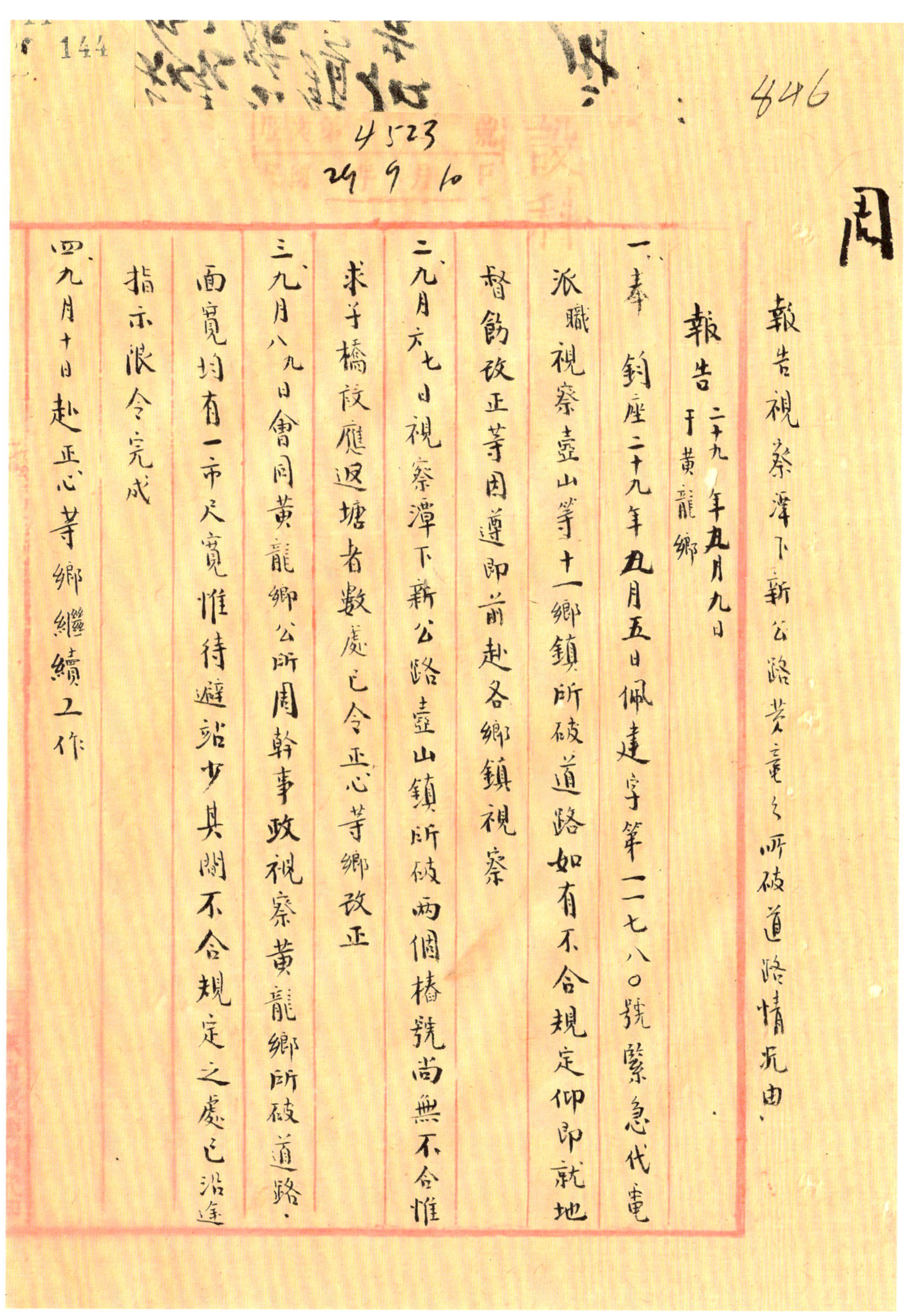
周

報告視察潭下新公路黄龍鄉所破道路情形由

報告 二十九年九月九日 于黄龍鄉

一、奉 鈞座二十九年九月五日佩建字第一一七八〇號緊急代電派職視察壺山等十一鄉鎮所破道路如有不合規定仰即就地督飭改正等因遵即前赴各鄉鎮視察

二、九月六七日視察潭下新公路壺山鎮所破兩個樁號尚無不合惟求子橋段應返塘者數處已令正心等鄉改正

三、九月八九日會同黄龍鄉公所周幹事政視察黄龍鄉所破道路，面寬均有一市尺寬惟待避站步具闊不合規定之處已沿途指示限令完成

四、九月十日赴正心等鄉繼續工作

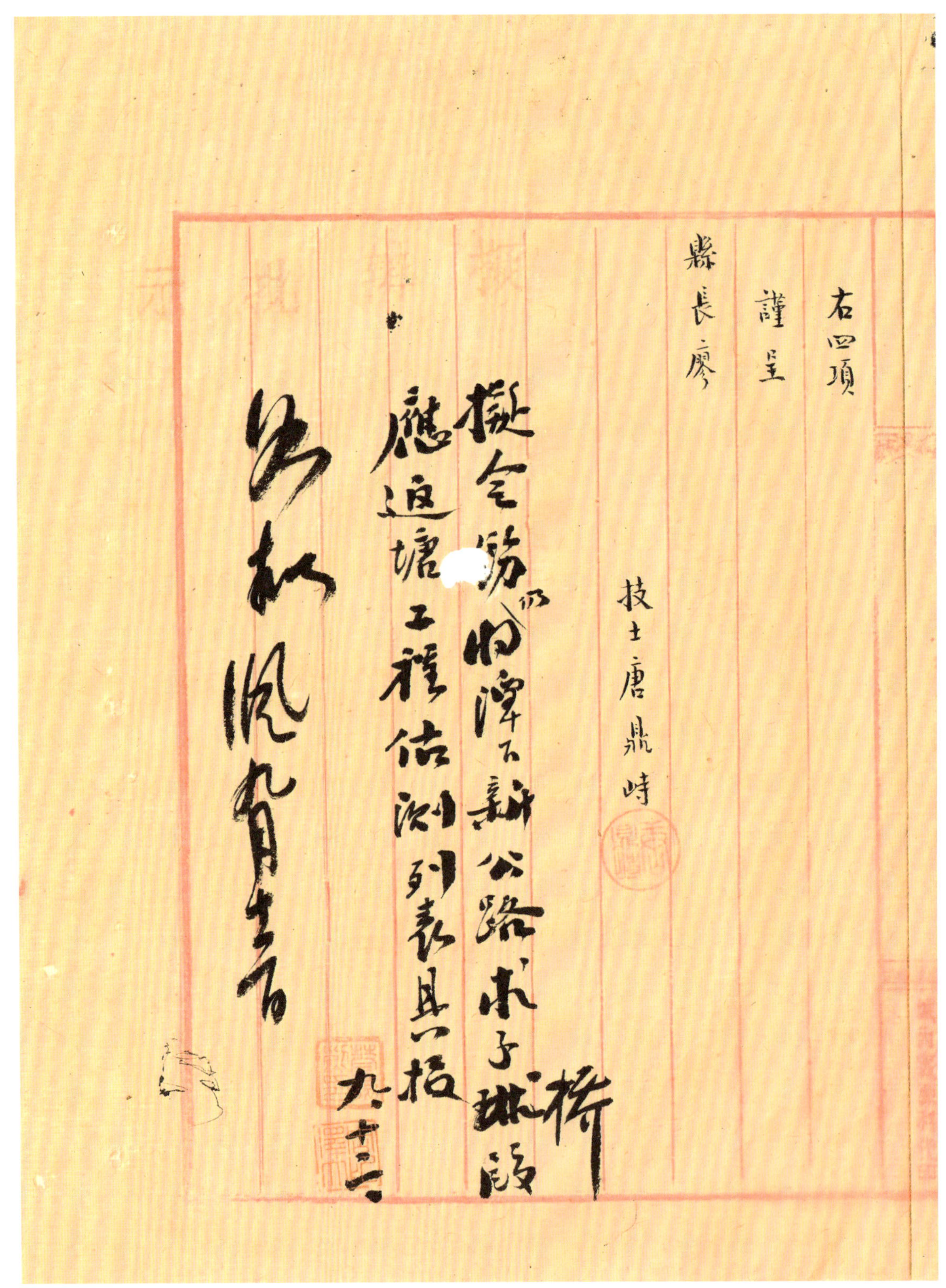
右四项
谨呈
县长廖
技士唐鼎峙
拟令饬（仍）将潭下新公路求子桥涵颐
応迅追塘工程估测列表具报
九、十二
侯权凤九月十二日

府衛指令　縣建字第　　号

令技士唐鼎峙

報告一件（錄原由）

報告閱悉。茲分別核示於下：（一）該技士所負視察各鎮主要道路，仰即切實督飭修理具報。（二）穿下新公路求子橋段應還填土工程，仰即前往估測具報，以憑核奪。該管各鎮鎮長督飭堤工協保知照。此令。

縣長

九、十二

12016

湘潭县涟南乡公所关于破坏潭下段新公路情形并造具单据领款等册恳予核发土方工资致县政府的报告及县政府的指令（一九四〇年九月十一日、十六日）

事由：為呈報奉令破壞潭下新公路情形并造具單據領款等册懇予核發土方工資由

湘財三字第 號
中華民國 九 十一日

湘潭縣漣南鄉公所報告

一、案奉

鈞府二十九年八月六日午后二時九七一六號緊急命令節開

轉令破壞潭下段新公路業已派員實地估測土方豎立樁號歸該

鄉鎮負責趕破並限本月九日動工十五日完竣收方具報等因

二、奉此職遵即漏夜發動鄉屬各保民伕先後到達遵照規定工程澈底趕

破并由本所派班長及隊兵兩名在路督催截至八月三十一日止將規定樁號及

方土工程如法破壞完竣蒙

王督催員呂溥周督催員桐封驗收在卷茲因

各保工作完畢索取土方工資亦紛至沓來理合造具鄉保長監工津貼清表

各保負責破壞土方分配及應領給養計表各保民伕給養領據各保監工

津貼領據各一份各保各甲民伕應領給養花名清册十份備文報賫

鈞府懇賜察核將破路土方六千零十六方尺以每方尺一角伍分計祘共扣洋九百零二元四角正除領三百元外尚欠洋六百零二元四角正敬乞如數核發以凭轉飭具領至為公便

右二項謹上

湘潭縣縣長廖

附賫鄉保長監工津貼計祘表一份

各保負責破壞土方分配及應領給養計祘表一份

各保民伕給養領據一份

各保各甲民伕應領給養花名清册十份

各保監工津貼領據一份

漣南鄉鄉長譚湘淮（印：譚湘淮印）

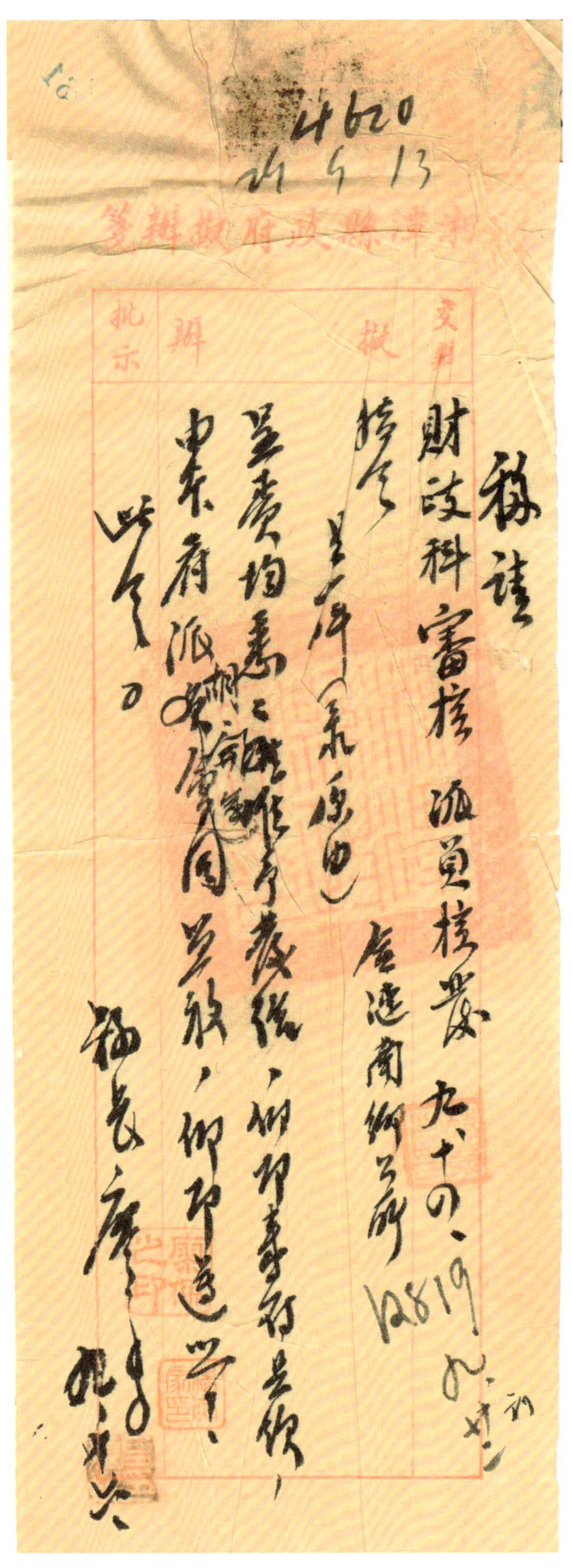

湘潭縣政府擬辦簽

湘潭县政府、科员袁建等关于昭阳、白关、株洲三乡镇驿路破坏情形及派唐鼎峙克日前往长潭公路不合规路段预估土方等事的一组文书（一九四〇年九月十二日至十七日）

袁建致湘潭县政府的报告（一九四〇年九月十二日）

報告視察昭陽白關株洲等三鄉鎮公驛路破壞情形恳鑒核由

報告　二十九年九月十二日於本府

(一)奉

鈞座佩建字第一一七八〇號緊急代電飭將視察昭陽等七鄉鎮已破壞之道路不合規定之處仰即就地督飭改正隨時具報等因奉此遵於本月七日出發視察昭陽白関株洲等三鄉鎮於本(十三)日完畢查昭陽等三鄉鎮驛路破壞合規定者僅佔十分之四其餘均有在路中破縱溝者有破方池者有將土堆於路面者有將麻石散於路傍者有山地夾衕隘要之處未掘陷阱或堆障碍物者職均一一指示限令各該鄉保遵照規定施工破壞現均已動工約

秋節以前可以完竣

(二)查長潭公路五里堆起至許家壠止係白關鄉負責破坯地段此段有小部份尚未還田由許家壠至馮家台有兩華里應還田由馮家台（係黃龍鄉破坯地段）至易家灣有小部應還田係昭陽鄉破坯地段由易家灣至九曲黃河一段頗合規定

(三)易俗霞城等四鄉鎮 職 准於本(十三)日繼續出發視察其情形隨時具報

右三項謹呈

縣長廖 鑒核

科員袁建 呈

145

843

府衔指令　县建字第　　号

令本府科员袁建

报告一件（録原由）

报告悉。兹分别核示於下：一、该员所负视察地段各主要道路，仰切实督饬该区保长一概拆毁。二、湘潭公路方面规定各段准派技士唐鼎峙前往估勘工程，再行令饬各该乡镇负责破坏为要。仰即知照。此令。（三〇七）

县长　廖[illegible]

九、十七

12615

九、一六

湘潭县政府致袁健的指令（一九四〇年九月十七日）

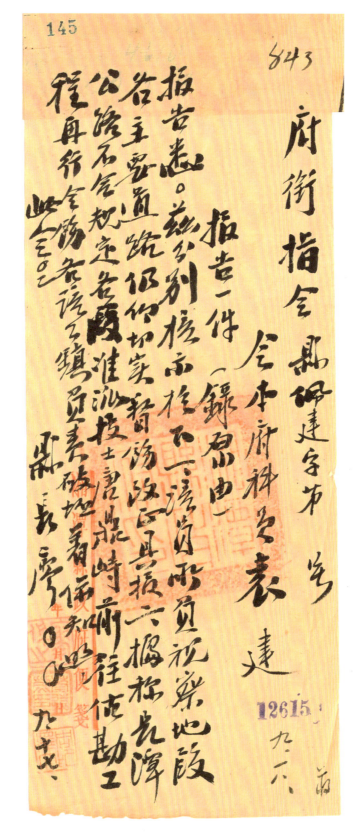

湘潭县政府致唐鼎峙的训令（一九四〇年九月十七日）

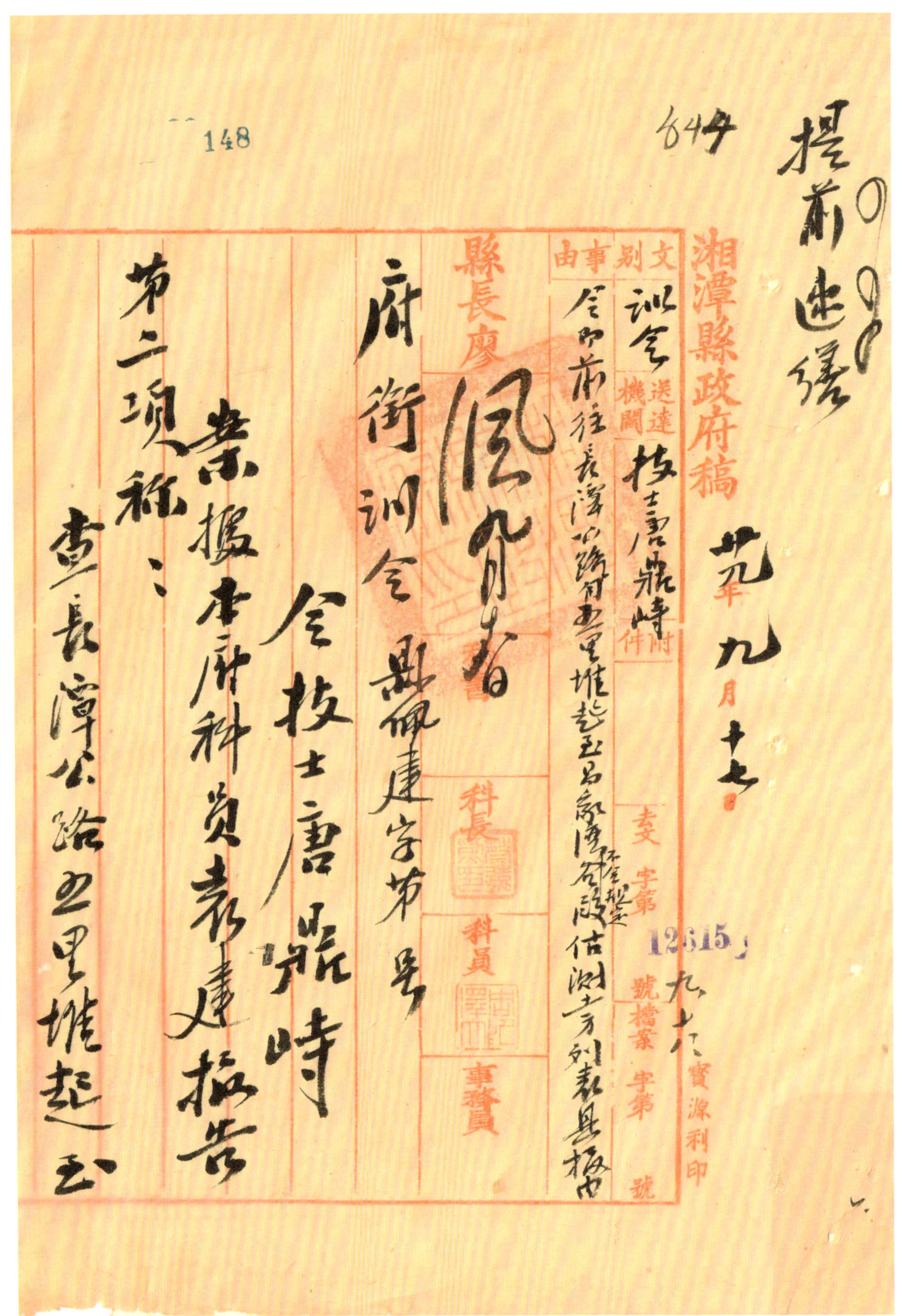

提前速缮

649

148

湘潭縣政府稿

文别：训令

事由：令仰前往長潭公路四里堆起至易家湾[illegible]信湖等方列表具報由

送達機關：技士唐鼎峙

附件

廿九年九月十七

縣長廖

科長

科員

事務員

字第12615號

九六

實源利印

府銜训令 建字第 號

令技士唐鼎峙

案據本府科員彭建[illegible]報告

第二項稱：

查長潭公路四里堆起至

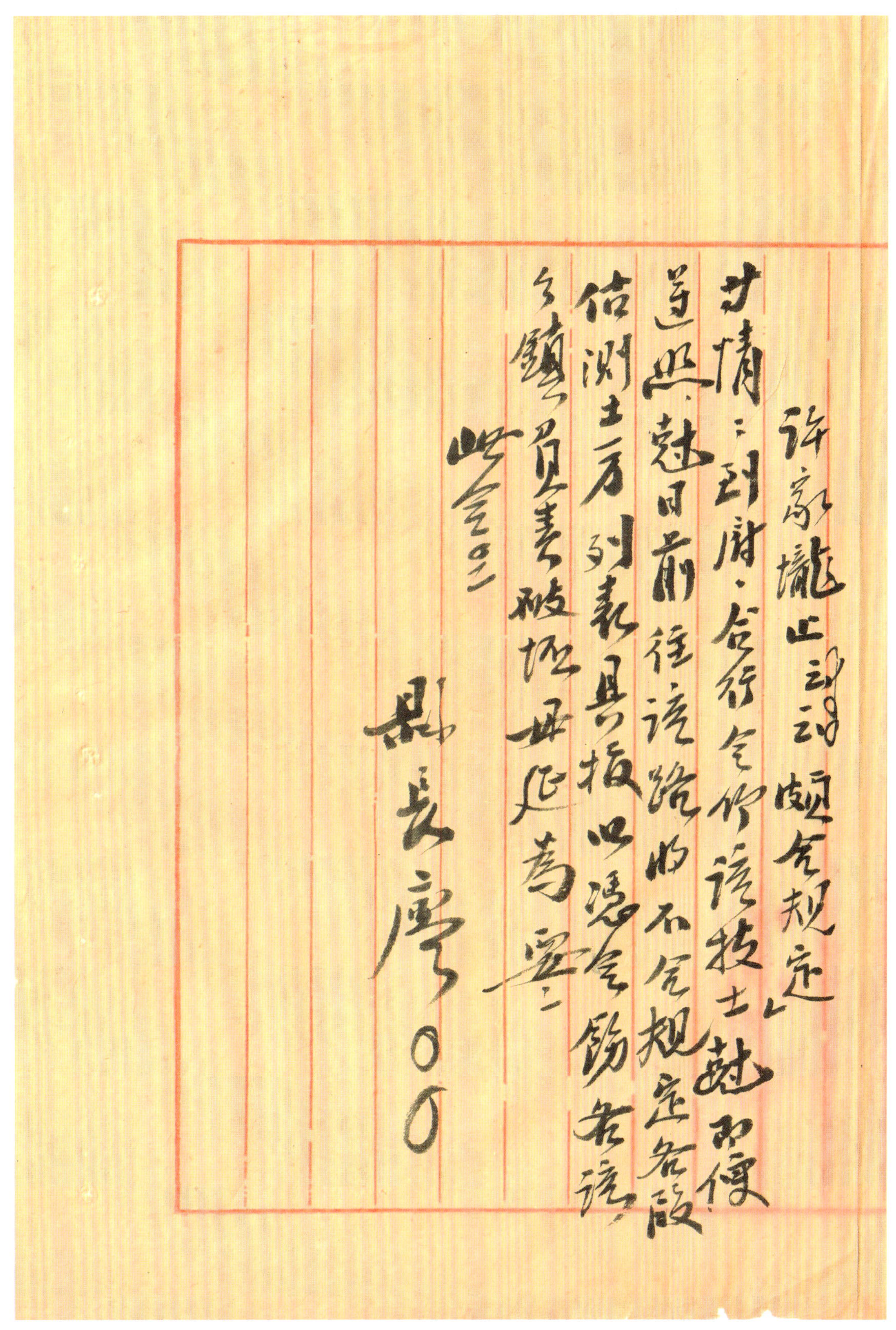

許家瓛正詞詞　頃奉規定

寸情情到府府，合行令仰該校士紳而便

遵照，剋日前往該路將不合規定各段

估測土方列表具報，以憑令飭各該

鄉鎮負責破壞，毋延為要。

此令。

縣長　廖〇〇

湘潭县政府勘验破路委员谢雨田关于勘验破路旅费不敷恳祈补发致县政府的呈及县政府的指令

（一九四〇年九月十二日、十八日）

65

4622
29 9 14

用

勘驗破路旅費不敷懇祈補發由

為呈報事案奉

鈞府令飭查勘昭陽霞城株洲白關等鄉鎮驛路之作破壞情形具報等因奉此職遵於八月十八日出發分赴各鄉鎮所負起終地段沿路查勘已於九月六日完畢合計二十天當領旅費十五元茲因沿途川資伙食船費等項昂貴不敷應用除當領旅費外尚虧欠洋六元七角懇祈補發以恤下情不勝感激之至理合將此情形呈報

鑒核備查謹呈

縣長廖

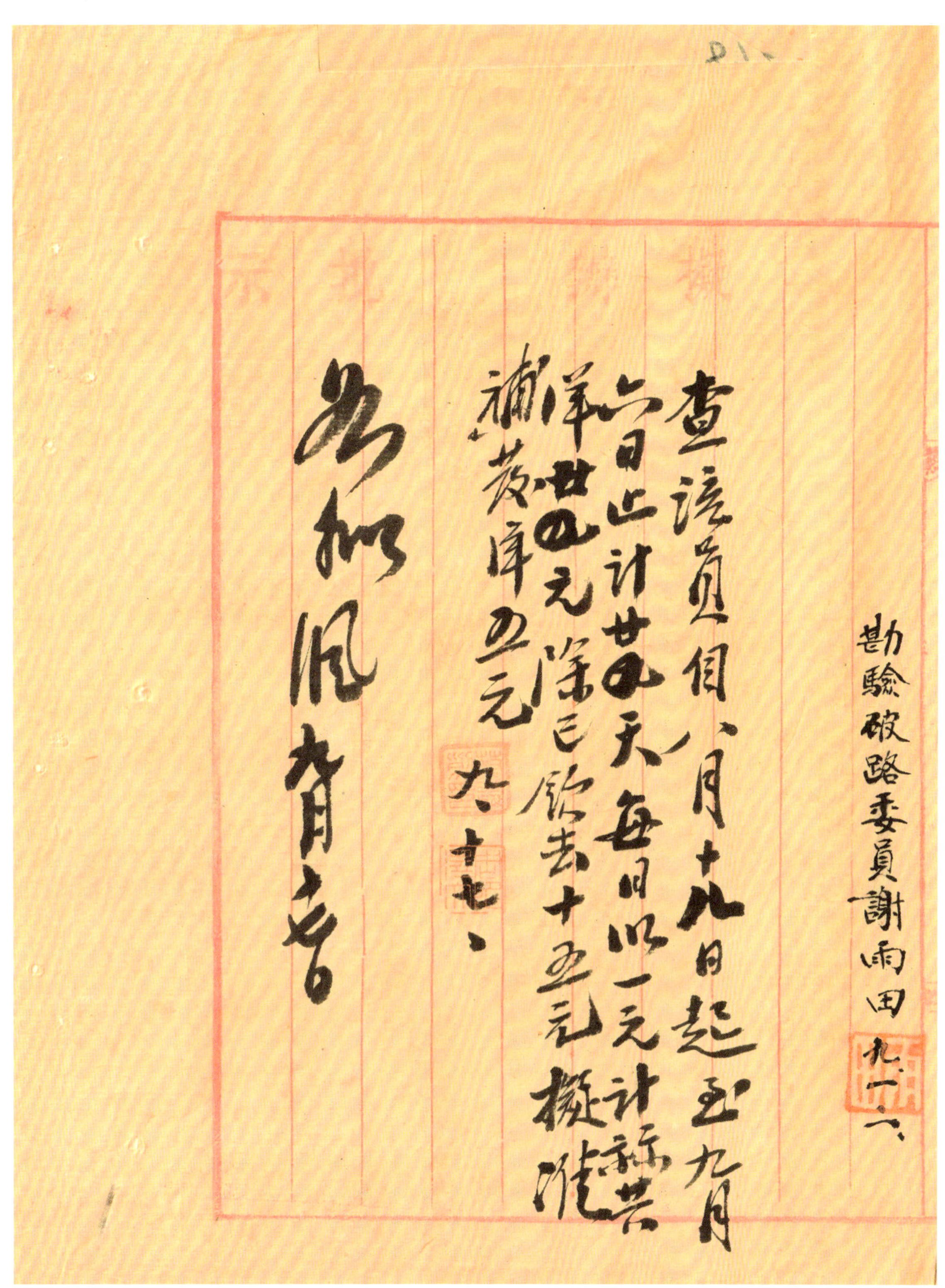

勘驗破路委員謝雨田 九一八

查該員自八月十九日起至九月
六日止計廿九天每日以一元計薪共
洋廿九元除已領去十五元擬准
補發洋十四元 九、十七、

如擬
佩
九月十七

8972

县府衔指令　县佩建字第　　号　12818

令破路勘验委员谢雨田

呈一件（录案由）

呈悉。查该员自八月十六日起至九月六日止，计二十天，每日以一元计，核共洋二十元，除已领去十五元外，准予补发洋五元，仰即来县府具领。此令。

县长廖○

九、十七

湘潭县政府关于该乡破坏长潭公路监工津贴伙食清册及单据核与规定不符原件发还更造致昭阳乡的指令（一九四〇年九月十四日）

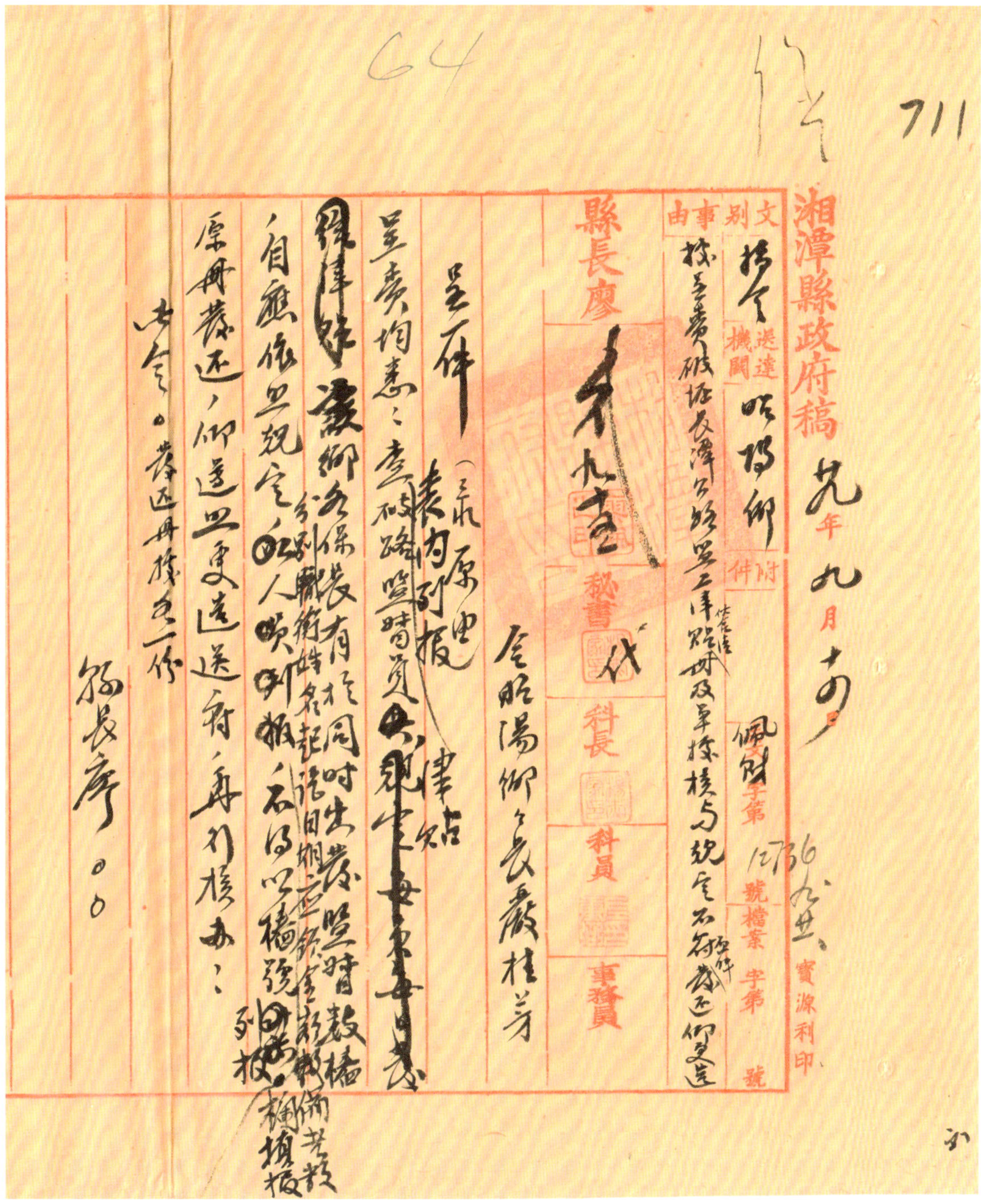
湘潭縣政府稿

文別　送達機關　附件

事由

縣長廖　秘書　科長　科員　事務員

年　月　日

字第　號　檔案　字第　號

實源利印

令昭陽鄉鄉長嚴桂芳

湘潭县政府、技士唐鼎峙等关于各乡镇破坏道路情况及预勘土方等事的一组文书（一九四〇年九月二十一日至二十九日）

唐鼎峙致湘潭县政府的报告（一九四〇年九月二十一日）

呈報視察各鄉鎮所破道路情况由

報告 九月二十一日

一、奉 令視察壺山等十一鄉鎮所破道路如有不合規定仰就地指示改正等因遵將視察壺山鎮黃龍鄉所破情况及新公路應返塘之處報告在案

二、九月十日赴正心鄉該鄉所破道路尚無不合惟許家舖段拋棄路傍涂石未藏埋十一日到姜畬鄉該鄉不合規定之處甚少十三日由漣南鄉到石潭鄉該鄉魯家垻段崩塌約半里許原因破壞過度十四日到銀田鄉該鄉路間待避站太少且石垻橋段與清溪鄉因四甲隸屬問題多不合規定十七日抵清溪鄉該鄉清溪寺至瓦子坪段路側斜峻十八日由姜畬到仙女鄉該鄉均屬合法以上各鄉鎮不合規定之部份均已沿途指示統限一星期內

改正完成

三、各鄉鎮所破道路即屬合法久經人馬車轎推軋不無變態若欲保全原狀非責重各鄉鎮長每十日或每月沿途巡檢一次遇有變換及不合規定之處隨時隨地加以改正

右三項

謹呈

縣長廖

技士唐鼎峙

湘潭县政府致唐鼎峙的指令（一九四〇年九月二十八日）

1511

府衔指令　县佩建字第　号

令技士唐鼎峙

报告一件（录略由）

报告悉。兹分别核示如下：第一项，仰即遵照也，前令前往估勘土方列表具报。第二项，准令饬心善乡在潭良田、清溪廿五乡镇如限改正具报。第三项，准通令各乡镇遵照。此令。

县长 [illegible]

九月廿八

13668

湘潭县政府致各乡镇公所的训令（一九四〇年九月二十九日）

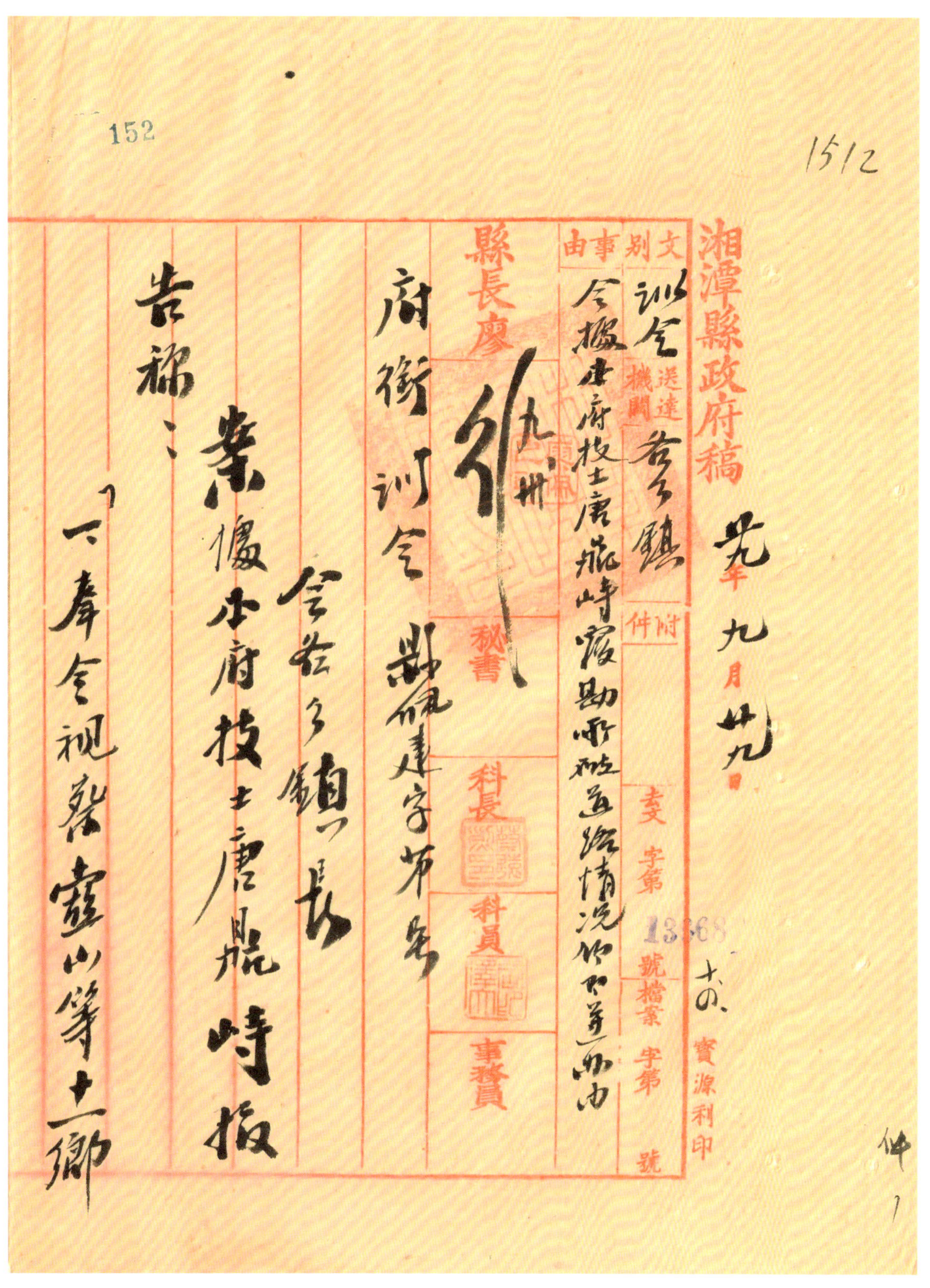

152

1512

湘潭縣政府稿

文別	訓令
送達機關	各鄉鎮
事由	令據本府技士唐鼎峙報勘所經道路情況仰即遵照由
附件	

廿九年九月廿九日

收文 字第 號

檔案 字第 13368 號

縣長廖（簽）九卅

秘書

科長

科員

事務員

實源利印

府衛訓令 戲佩建字第 號

令各鄉鎮長

案據本府技士唐鼎峙報

告稱：

「奉令視察靈山等十三鄉

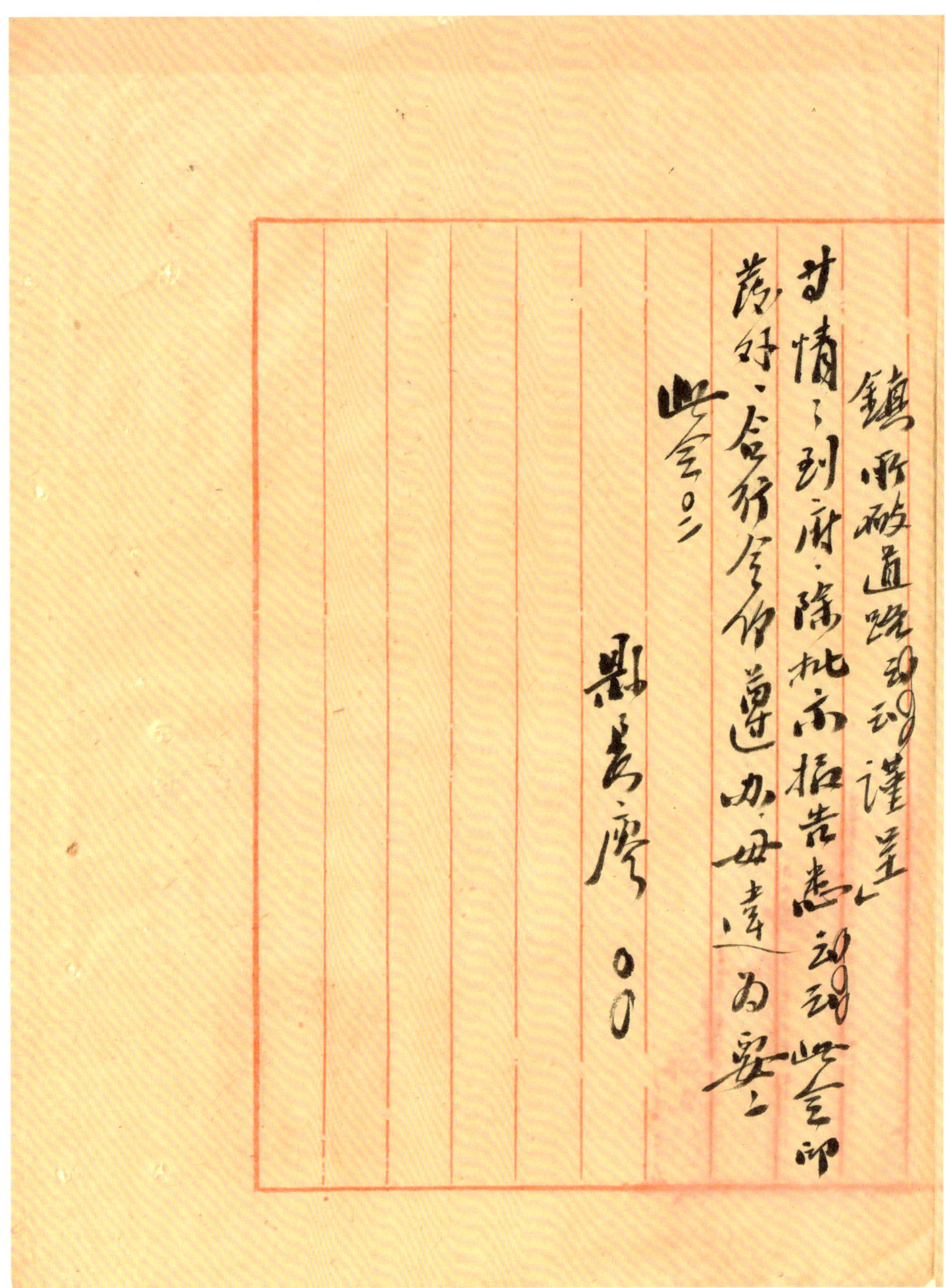

鎮所破道路到的謹呈」
等情。到府。除批示「據報告悉。存。此令」印
發外，合行令仰遵照辦理，毋違。為要。
此令。

縣長〇〇

湘潭县白关乡前任乡长周颐关于破坏长潭公路督工员兵伙食津贴清册已更正恳请发给致县政府的报告及县政府的指令（一九四〇年九月二十一日、二十三日）

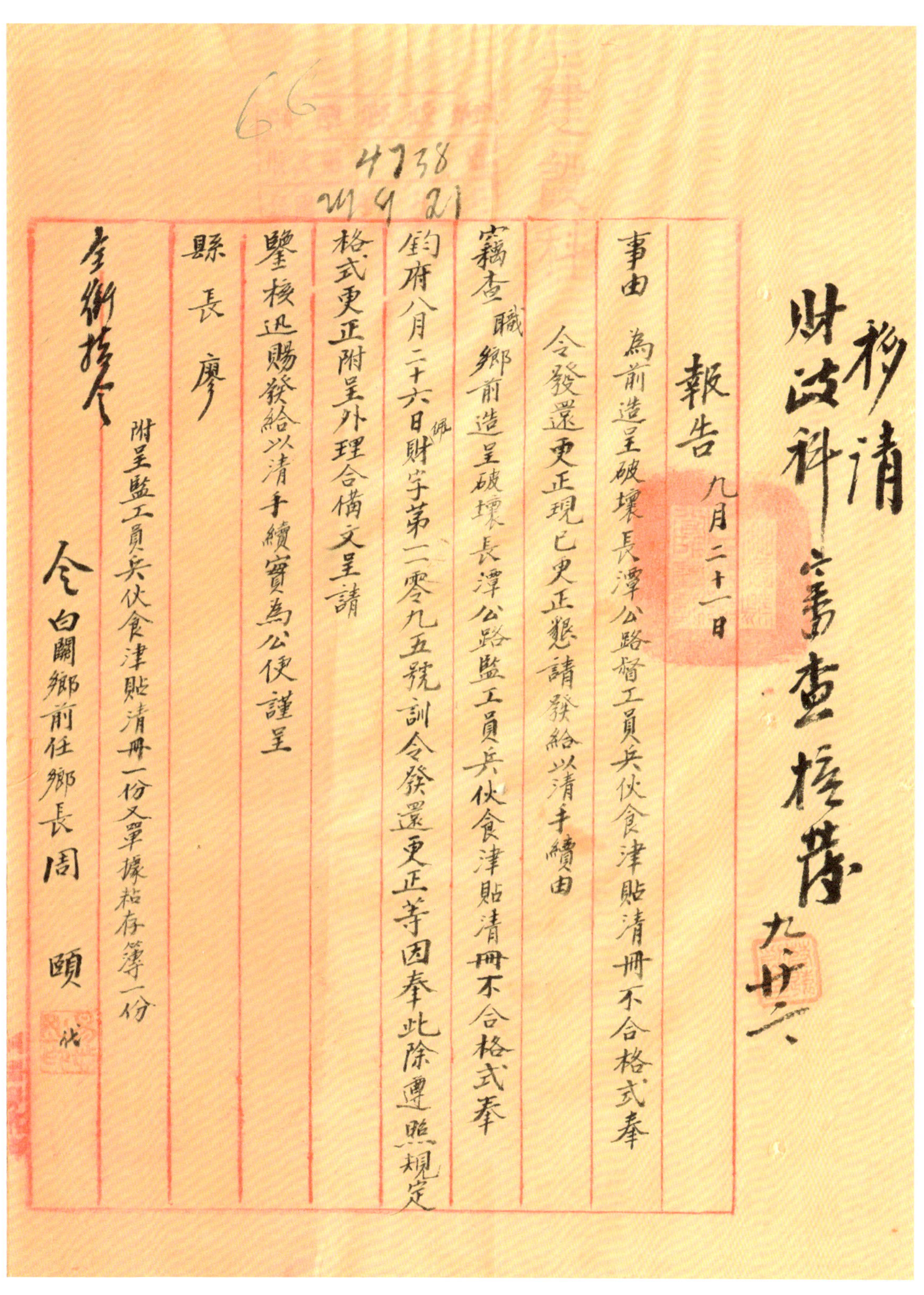

移清
財政科查核簽
九廿六

報告 九月二十一日

事由 為前造呈破壞長潭公路督工員兵伙食津貼清冊不合格式奉
令發還更正現已更正懇請發給以清手續由

竊查職鄉前造呈破壞長潭公路監工員兵伙食津貼清冊不合格式奉
鈞府八月二十六日佩財字第一〇九五號訓令發還更正等因奉此除遵照規定
格式更正附呈外理合備文呈請
鑒核迅賜發給以清手續實為公便謹呈
縣長 廖

附呈監工員兵伙食津貼清冊一份又單據粘存簿一份

全銜核令

令 白關鄉前任鄉長周 頤

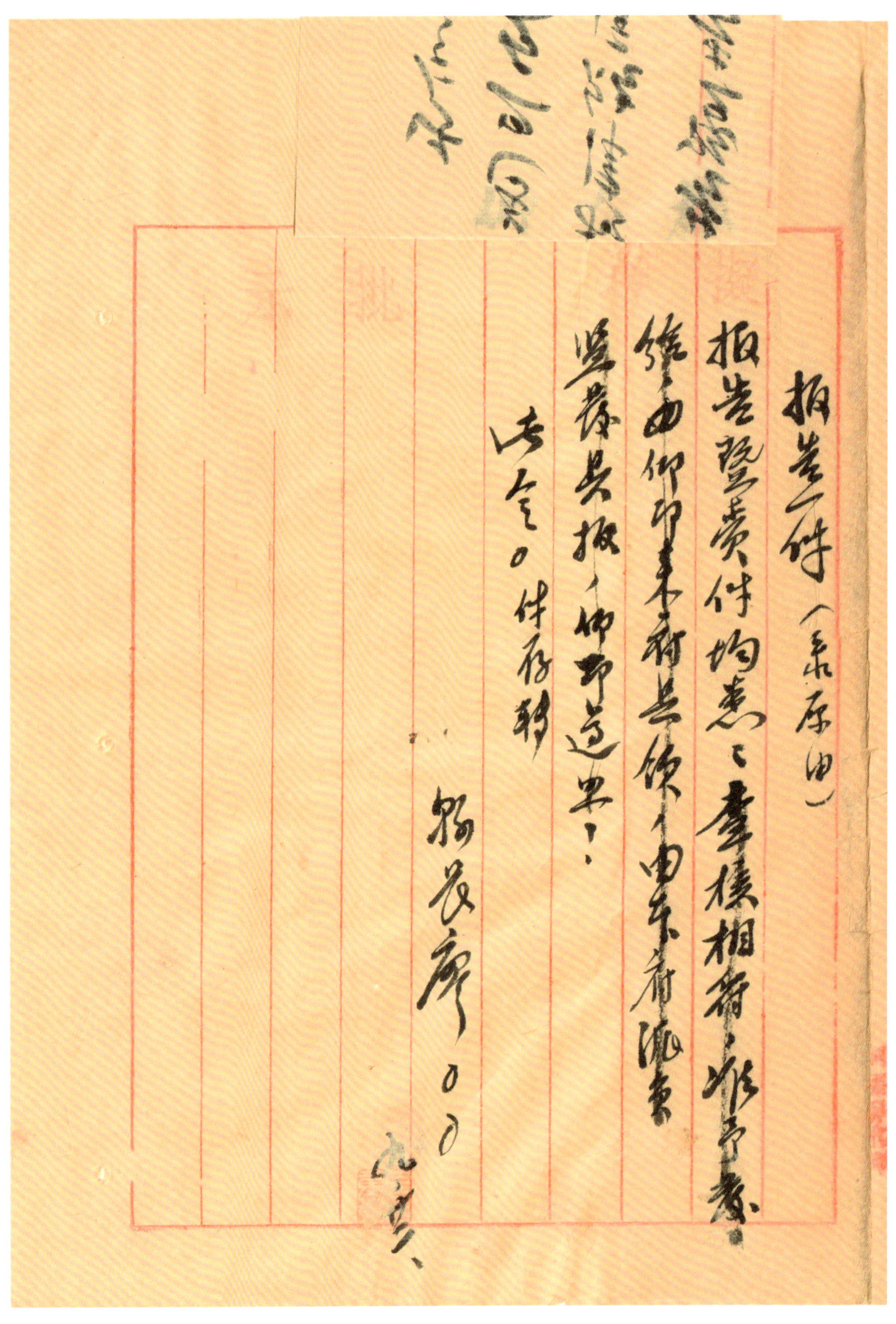

报告一件（系原由）

报告暨附件均悉。查核相符，姑予备案。除由仰即来府具领，由本府派员照发具报，仰即遵照。

此令。件存转

县长 〇〇

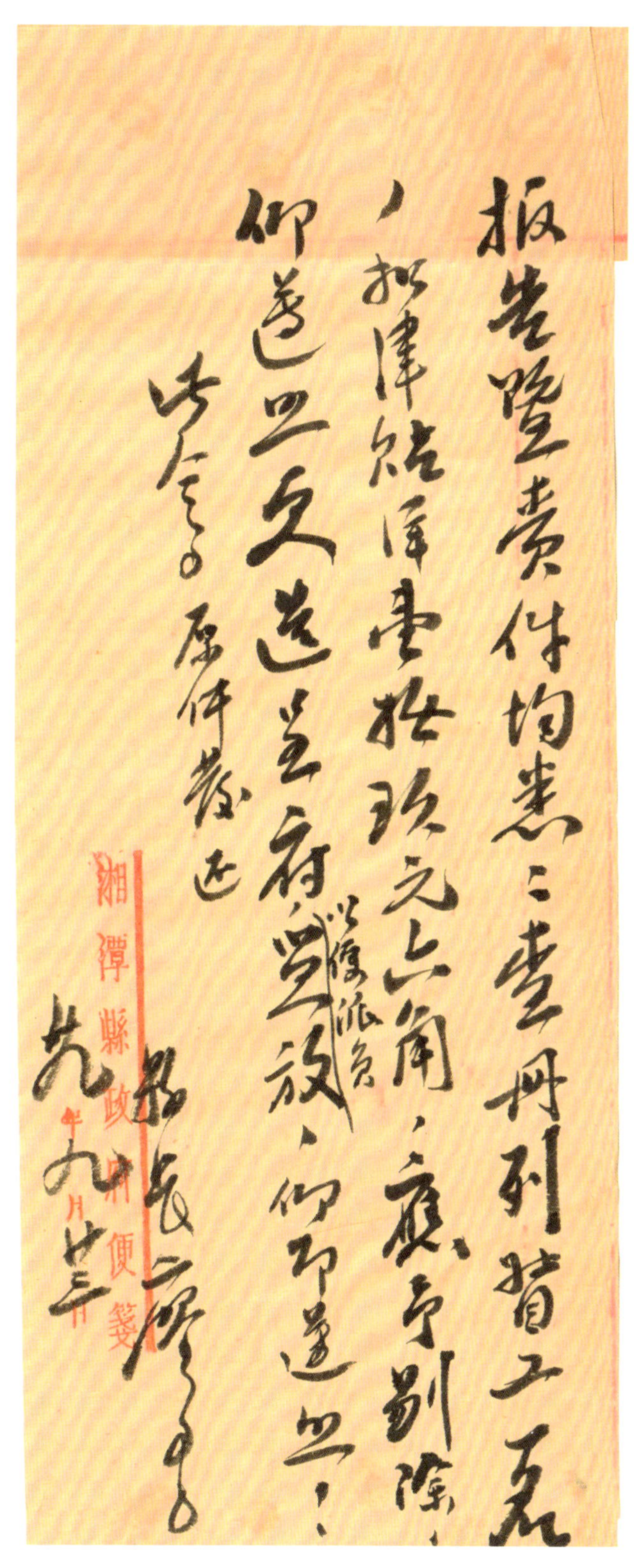

湘潭縣政府便箋

報告暨貴件均悉。表册列措工人數，律結算費按照規定之六角，應予删除，仰遵照交還該府以便派員發放，仰即遵照！

此令。原件發還。

縣長 [illegible]

九月廿三日

湘潭县政府关于检发卸任乡长周颐经手破坏长潭公路监工津贴清册及单据簿仰遵照监放致白关乡的训令（一九四〇年九月二十四日）

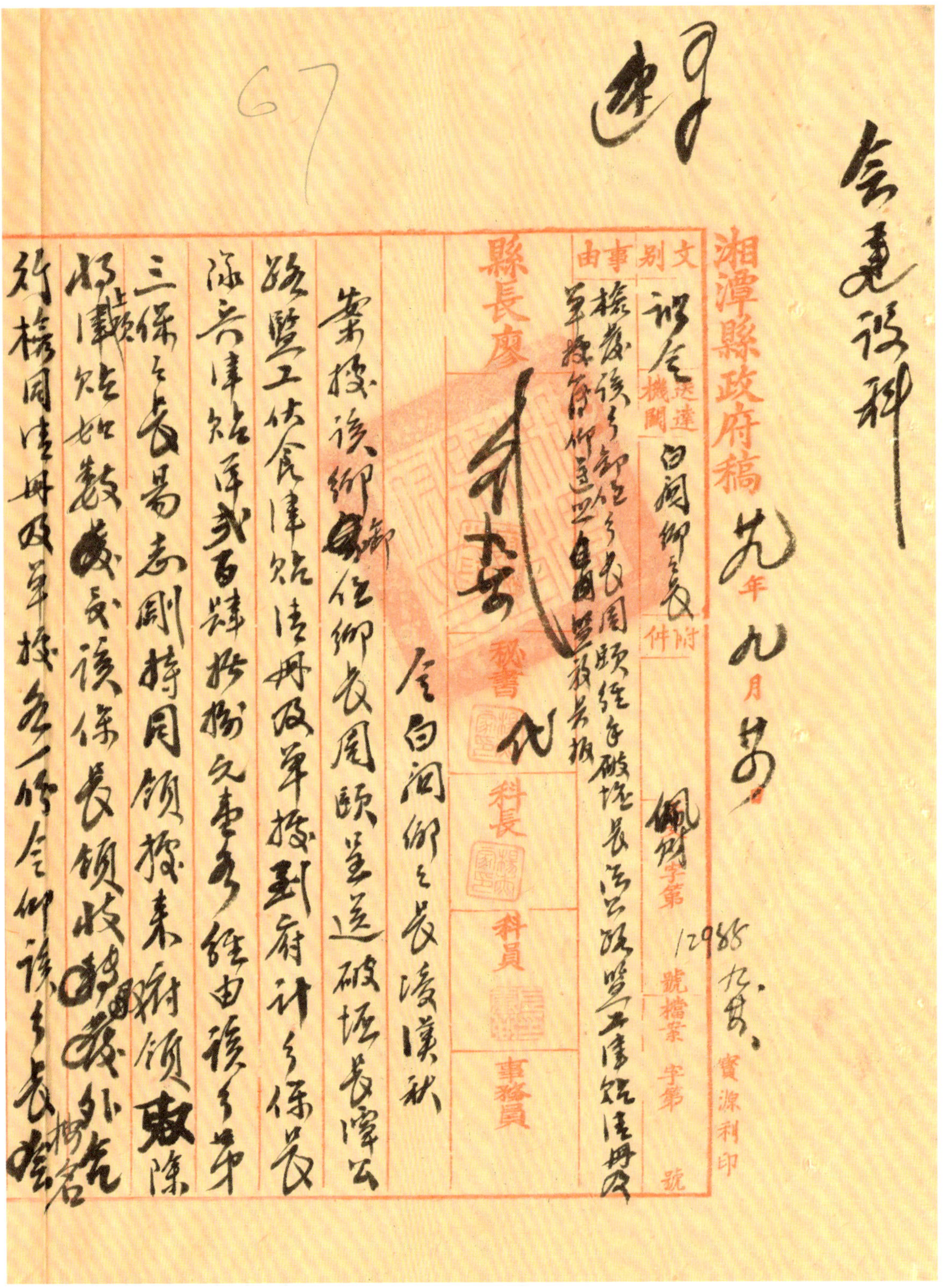

会建设科

速印

67

湘潭县政府稿 廿九年九月廿四日

文别：训令

送达机关：白关乡乡长

附件

事由：检发该乡卸任乡长周颐经手破坏长潭公路监工津贴清册及单据簿仰遵照监放具报

佩财字第　号

档案号　字第　号

12985

九廿四

宝源利印

县长廖　秘书　科长　科员　事务员

令白关乡乡长凌汉秋

案据该乡卸任乡长周颐呈送破坏长潭公路监工伕食津贴清册及单据到府，计乡保长[illegible]伕食津贴[illegible]，经由该乡第三保乡长易炎刚持同领据来府领[illegible]，除将该款如数发交该保长领收外，[illegible]行检同清册及单据各一份，令仰该乡长[illegible]

周覽發清楚具報爲要

此令

計檢發覽工律貼清冊一份草地圖一本

縣長康〇〇

湘潭县昭阳乡公所关于呈报昭阳乡驿路业已遵照规定破坏完竣致县政府的呈及县政府的指令

（一九四〇年九月二十五日、十月一日）

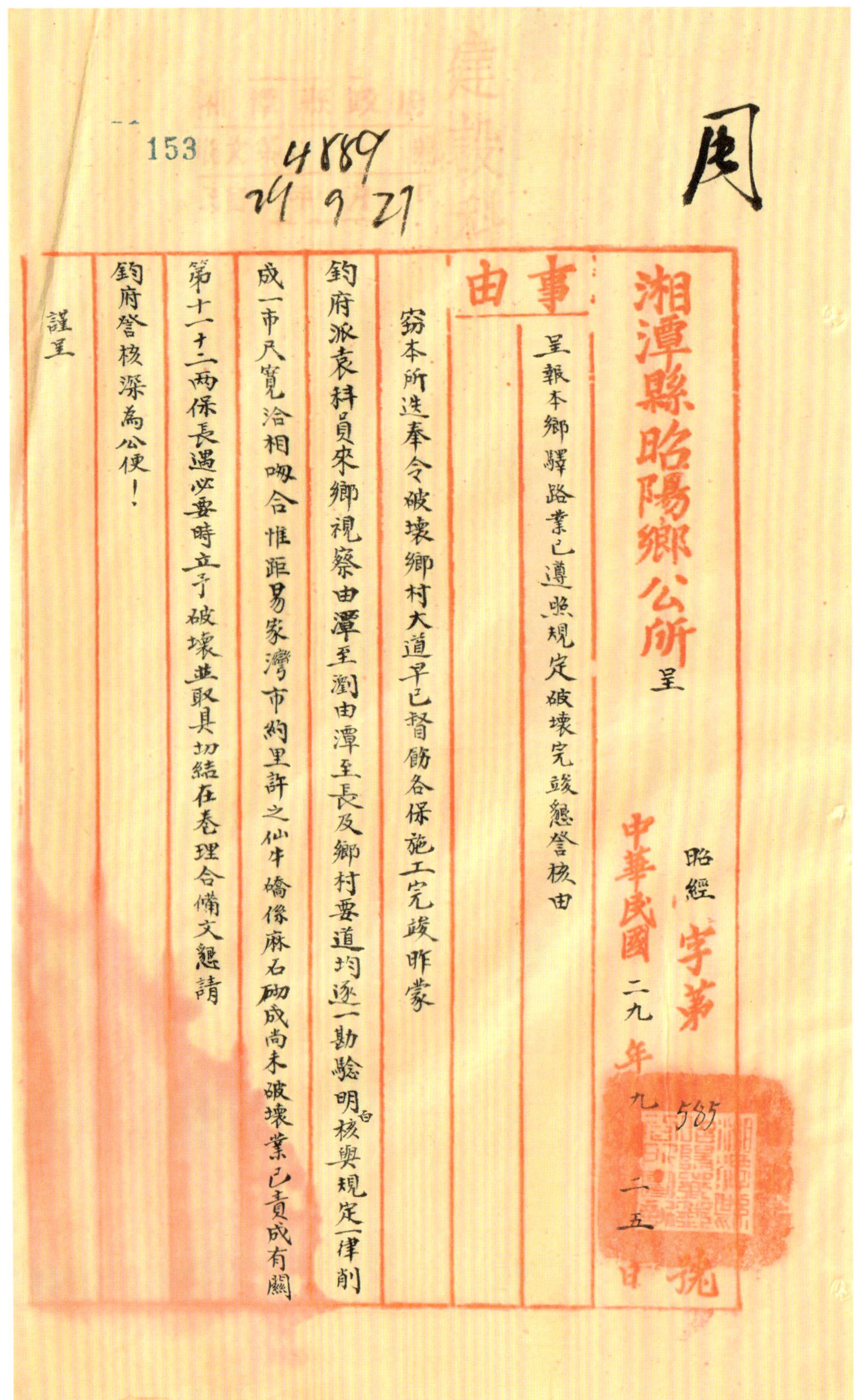

閲

153

4889

29 9 27

湘潭縣昭陽鄉公所呈　昭經字第585號

中華民國二九年九月二五日

事由：呈報本鄉驛路業已遵照規定破壞完竣懇鑒核由

竊本所迭奉令破壞鄉村大道，早已督飭各保施工完竣。昨蒙

鈞府派袁科員來鄉視察，由潭至劉、由潭至長及鄉村要道均逐一勘驗明白，核與規定一律削成一市尺寬，洽相吻合。惟距易家灣市約里許之仙牛橋，係麻石砌成，尚未破壞，業已責成有關第十一、十二兩保長遇必要時立予破壞，並取具切結在卷。理合備文懇請

鈞府鑒核，深為公便！

謹呈

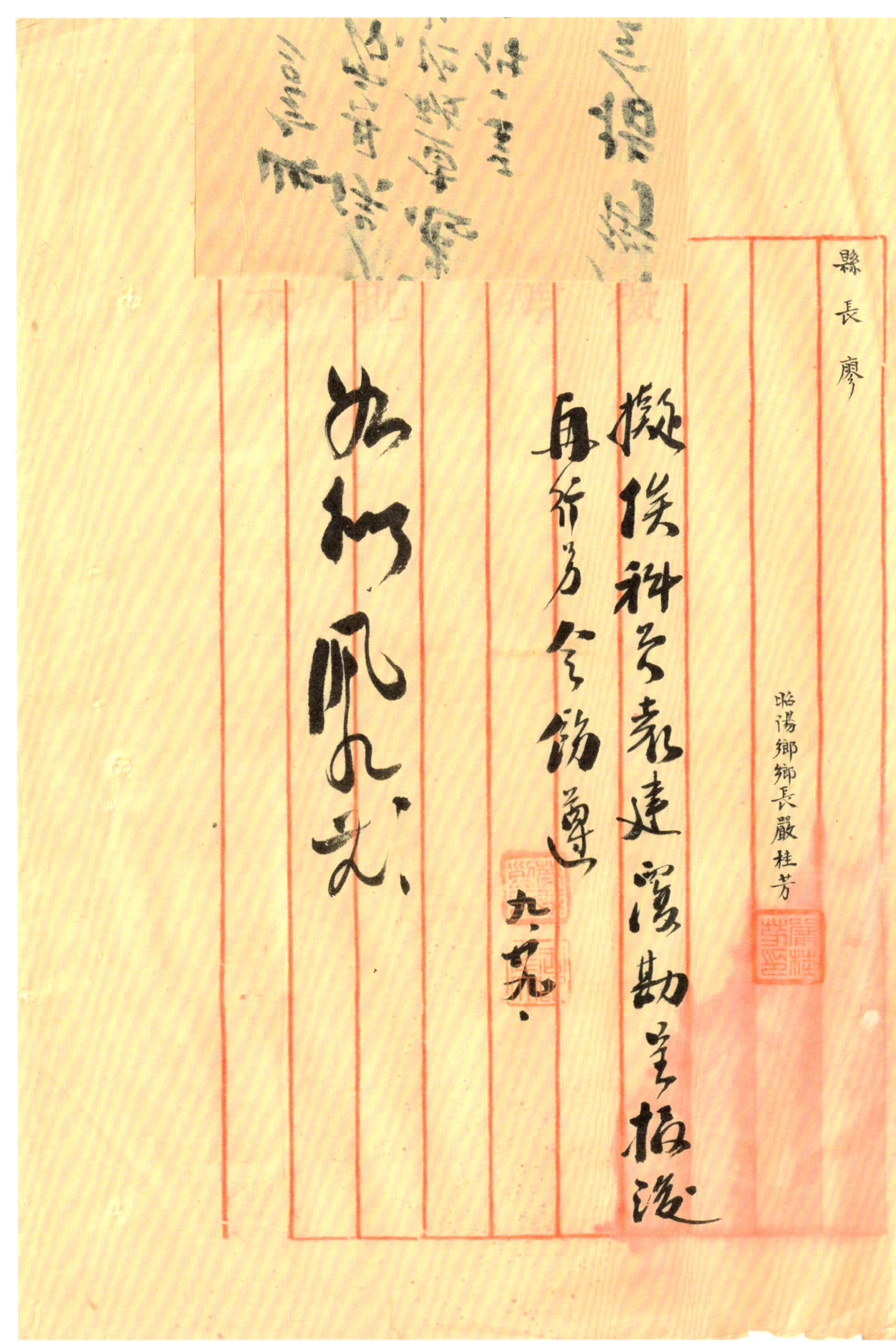

縣長廖

昭陽鄉鄉長嚴桂芳

擬從科員袁建霞勘查核復

再行另令飭遵

九、廿九

如擬

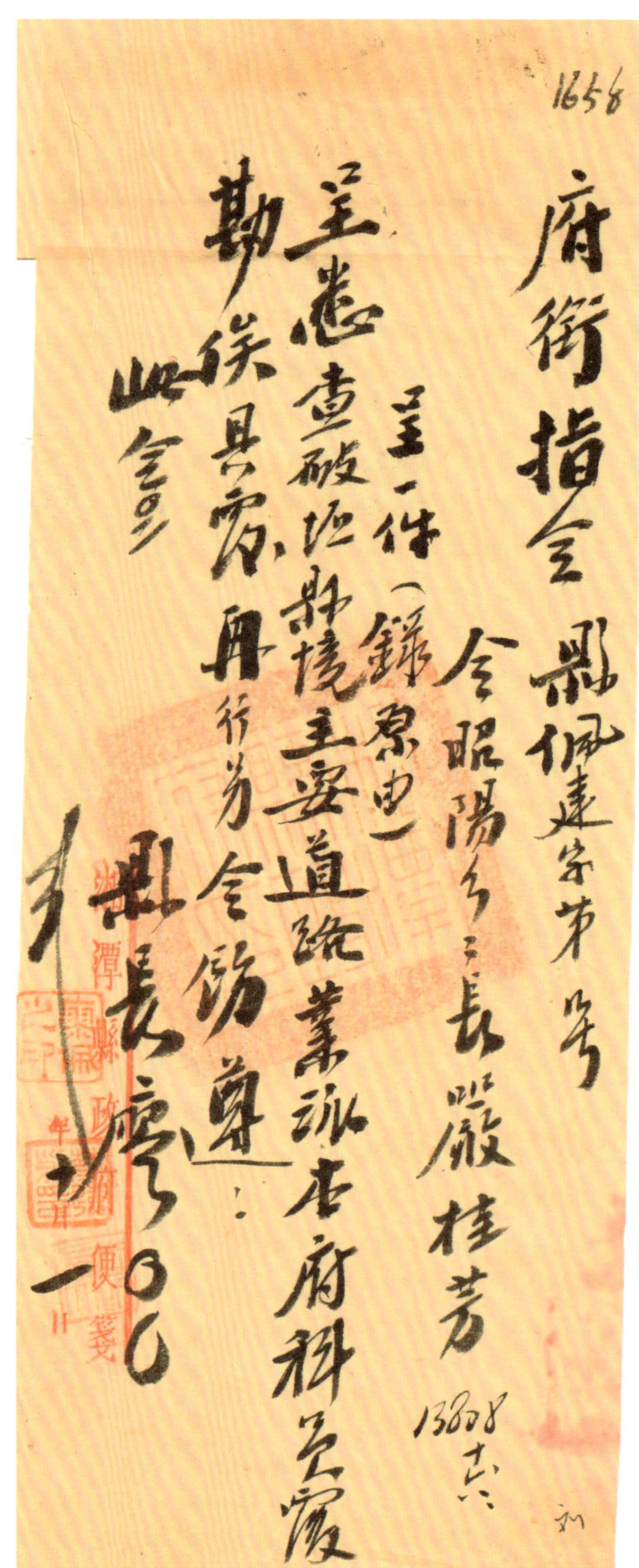

府衔指令　县佩建字第　号

令昭阳乡乡长严桂芳

呈一件（录案由）

呈悉。查破坏县境主要道路业派本府科员覆勘，俟县府再行另令饬遵。

此令。

县长 唐

湘潭县政府技士唐鼎峙关于长潭公路昭阳、黄龙、白关三乡应还田部分估测土方列表具报致县政府的报告及县政府的指令（一九四〇年九月二十六日、十月一日）

呈報估測長潭公路應還田部份土方數目請核奪由

報告 二十九年九月二十六日

一、奉

鈞座二十九年九月十八日縣佩建字第一二六一五號訓令飭估長潭公路五里堆至易家灣段應還田部份土方列表具報等因

二、茲將五堆里至易家灣段大竹灣譚家屋場團山舖河夾冲等四處應還田之部份估測完竣列表呈核共計土方二千八百五十五公方每方以一角五分扣算共洋四百二十八元二角五分理合列表呈候

核奪

右二項

謹呈

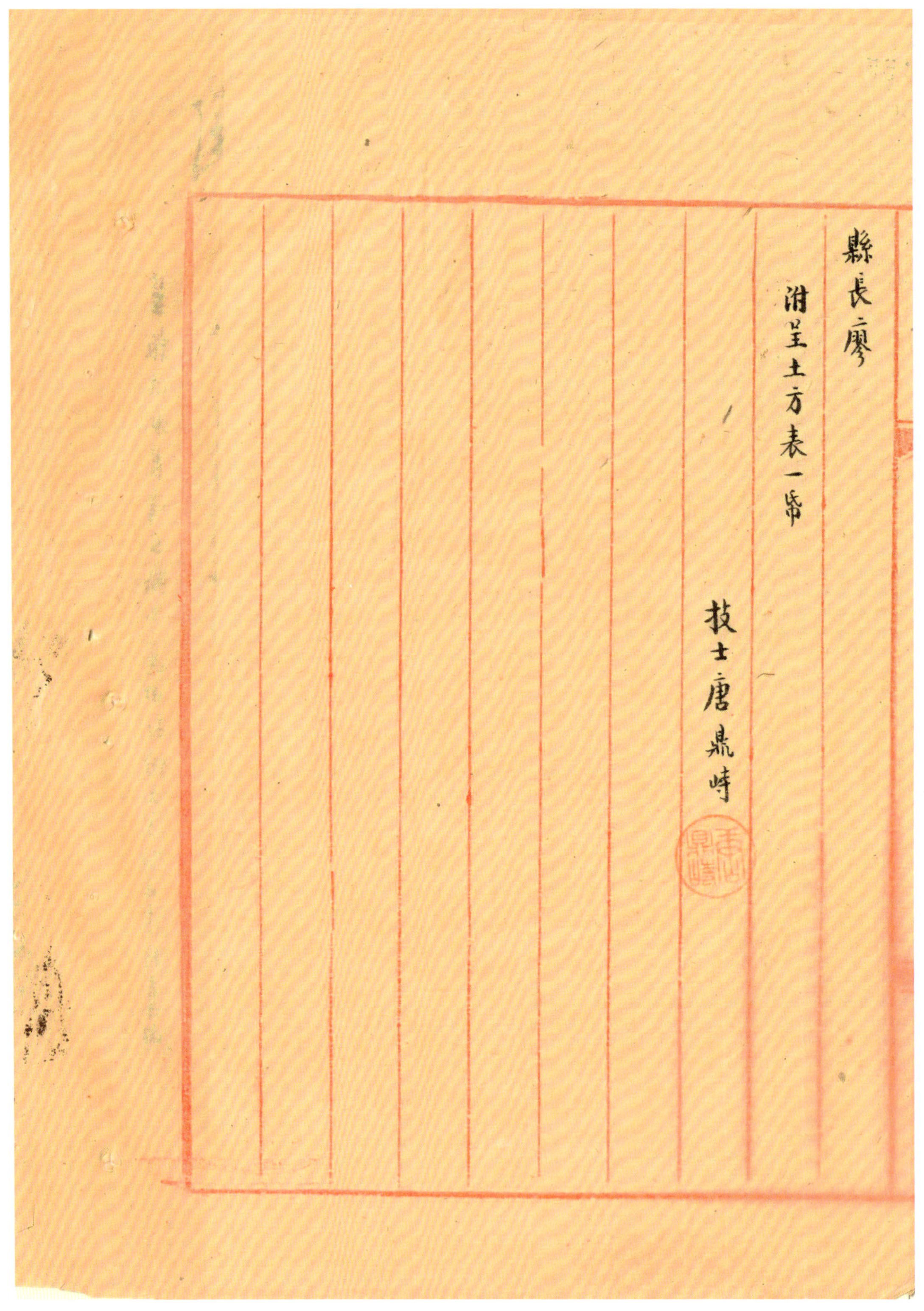
縣長廖
附呈土方表一份
技士唐鼎峙

長潭公路五里堆至易家灣改還田部份土方表

負責鄉鎮	地名	椿號	破壞方式	長度	寬度	深度	土方
昭陽鄉	大竹湾	第一號	還田	30m	11m	2.8m	九百二十四公方
黃龍鄉	譚家屋場	二號		36	10	1.2	四百三十二公方
白關鄉	團山鋪	三號		25	9	1.2	二百七十公方
		四號		22	11	1.2	二百九十一公方
	河夾冲	五號		24	11	1.8	四百七十六公方
		六號		30	1.2	1.4	四百六十二公方
合						計	二千八百五十五公方

技士唐鼎峙

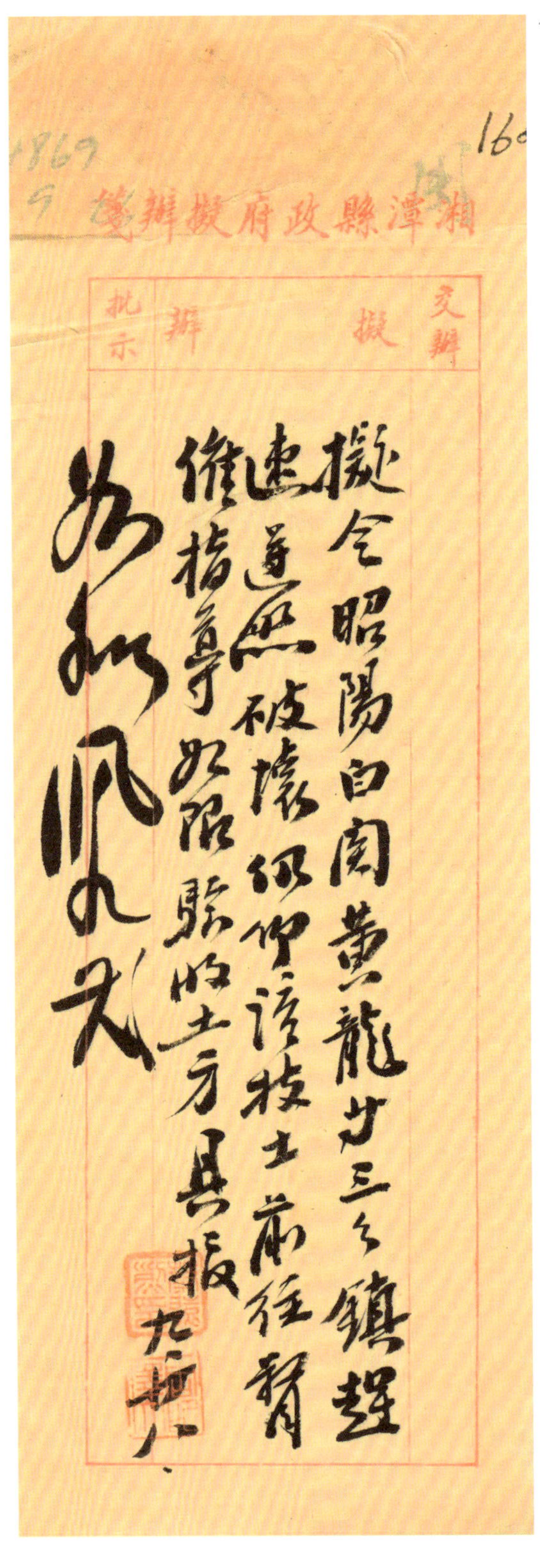
1869
5
160
湘潭縣政府擬辦箋
交辦
擬
辦
批示

擬令昭陽白闵黃龍出三鄉鎮趕速遵照破壞，仰該校士前往督催指導，如限縣政府土方具報。

如擬

九、十八

府衔指令　县府建字第　号

令技士唐振时

报告一件（录案由）

报告暨图表均悉。准予令饬照阳、白关、黄龙廿三乡镇赶速遵照破垸，并限十月三日动工，十日完成，仰该技士前往督催指导，以凭验收土方具报。此令。

县长唐〇〇

湖南省政府、湘潭县政府等关于中湘公司通南北塘之运道暂免破坏惟仍须作战时负责破坏之准备的一组文书（一九四〇年九月二十七日至十月七日）

湖南省政府致湘潭县政府的训令（一九四〇年九月二十七日）

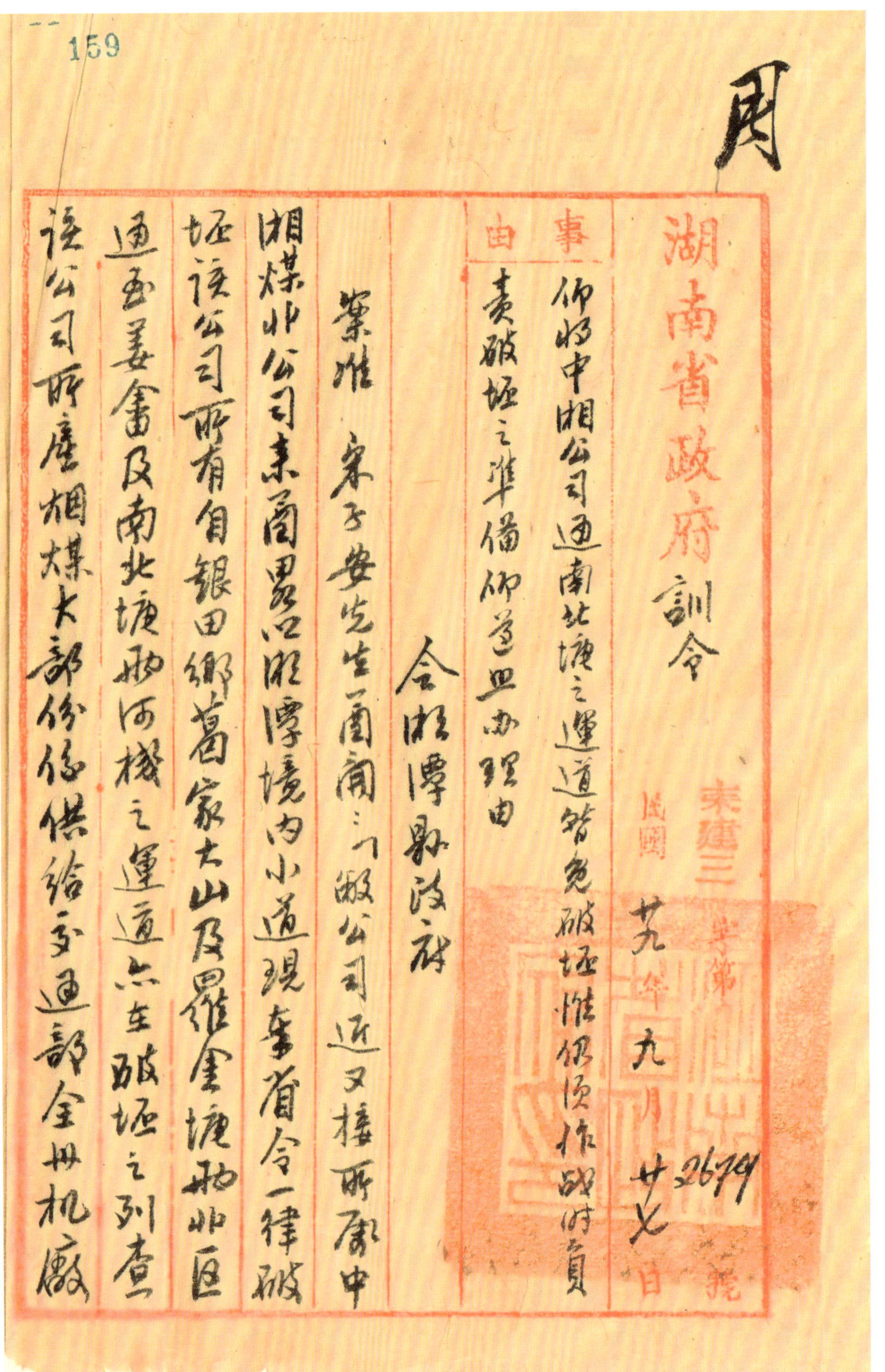
159

周

湖南省政府训令 秘建三字第 号

民国廿九年九月廿七日

2679

事由：仰将中湘公司通南北塘之运道暂免破坏惟仍须作战时负责破坏之准备仰遵照办理由

令湘潭县政府

案准 宋子安先生函开：敝公司近又接所属中湘煤业公司来函略以湘潭境内小道现奉省令一律破坏，该公司所有自银田乡葛家大山及罗维金塘两北区通至姜畲及南北塘两河机之运道亦在破坏之列，查该公司所产烟煤大部份系供给交通部全州机厂益陽煉鉛廠、湘潭電氣公司及如膏鹽公司之用，對於後方生產及國防工業設施關係頗鉅，為雙方兼顧起見，可否請求將兩機運道之一予通至南北塘機之綫、短運道暫予保留，以維煤運，俾將來有必要時再予徹底破壞」。當由到府查中湘公司所產之煤既係供給各國防工廠生產機關用煤，自應將該非通南北塘之運道一条暫予保留，以維煤運，惟仍須準備作戰時負責破壞，以免遺誤。准函前由，除函復外，合行令仰該府遵照辦理為要。此令。

主席 薛岳

校對 周印三

湘潭县政府致涟南姜畲乡公所的训令（一九四〇年十月七日）

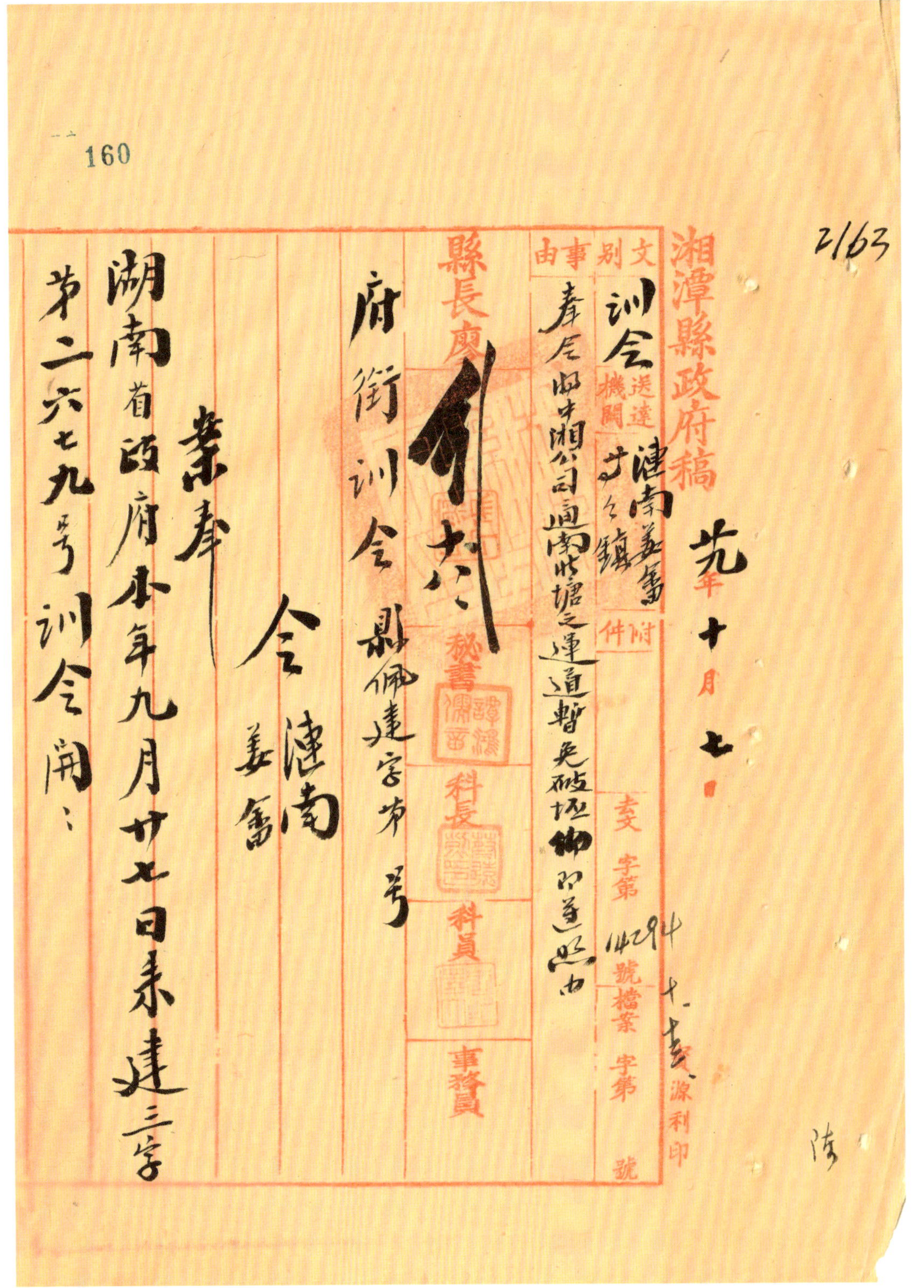
湘潭縣政府稿

文別：訓令

送達機關：漣南姜畬鄉鎮

事由：奉令以中湘公司通南沙塘之運道暫免破壞仰即遵照由

附件

縣長（簽字）十六

秘書

科長

科員

事務員

廿九年十月七日

字第14294號

檔案字第號

府銜訓令　縣佩建字第　號

令漣南姜畬

案奉

湖南省政府本年九月廿七日未建三字第二六七九號訓令開：

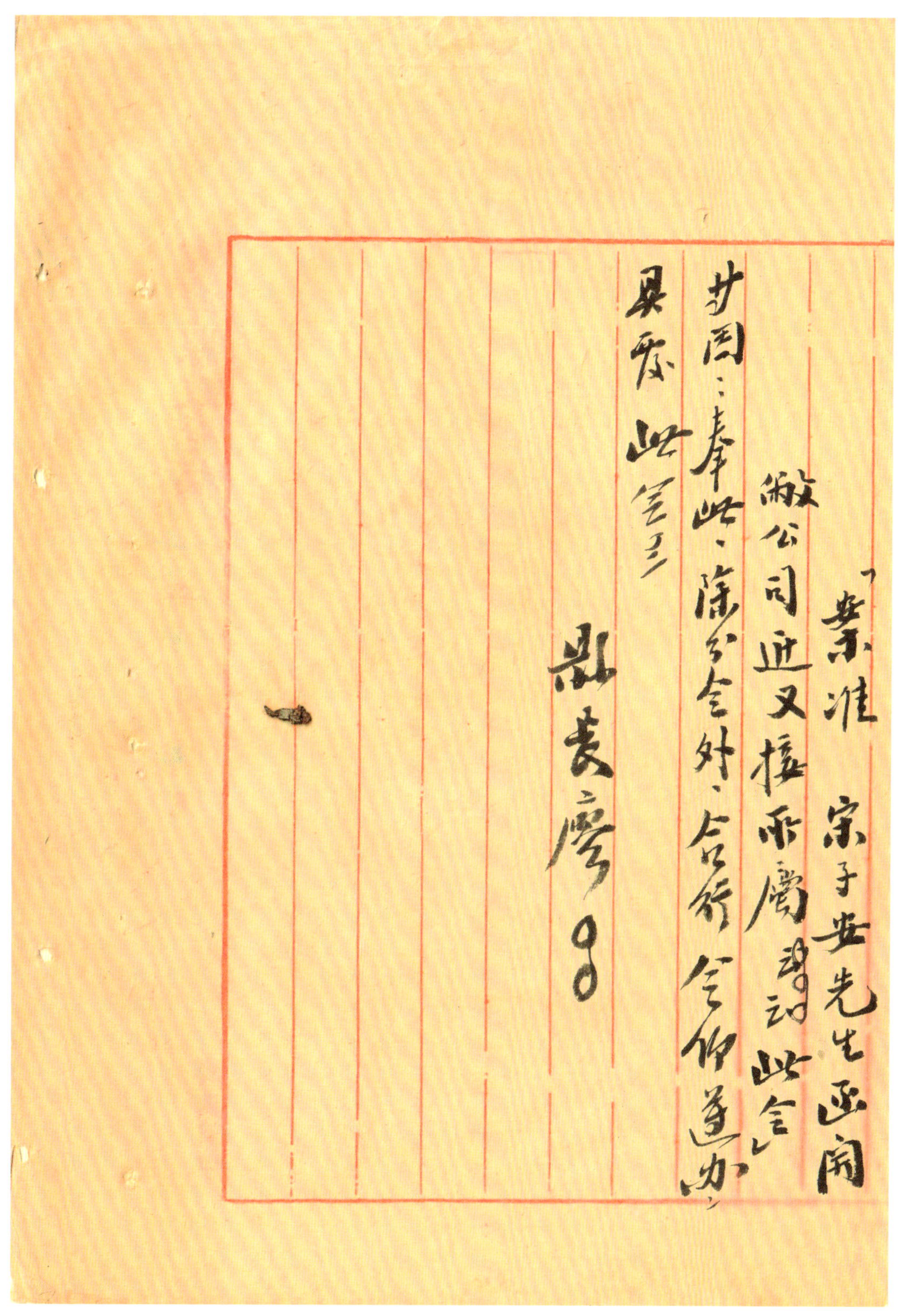

「業准 宋子安先生函開：
敝公司近又接所屬函詢，此令」
等因。奉此，除分令外，合行令仰遵辦」
具覆。此致

鼎長慶 8

湘潭县政府关于长潭公路应还田部分限期完成致湘潭县白关、昭阳、黄龙乡公所的紧急代电（一九四〇年十月一日）

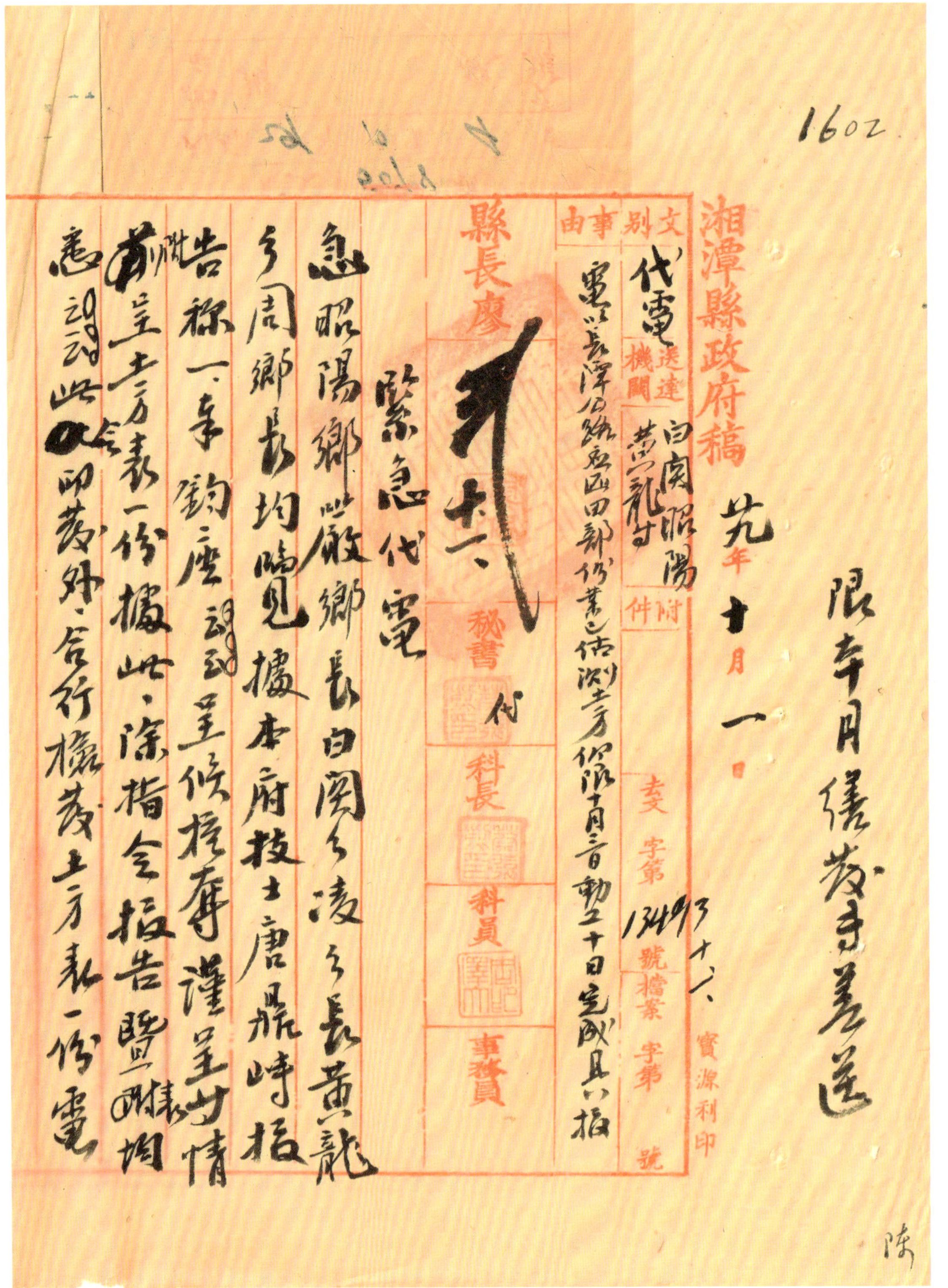

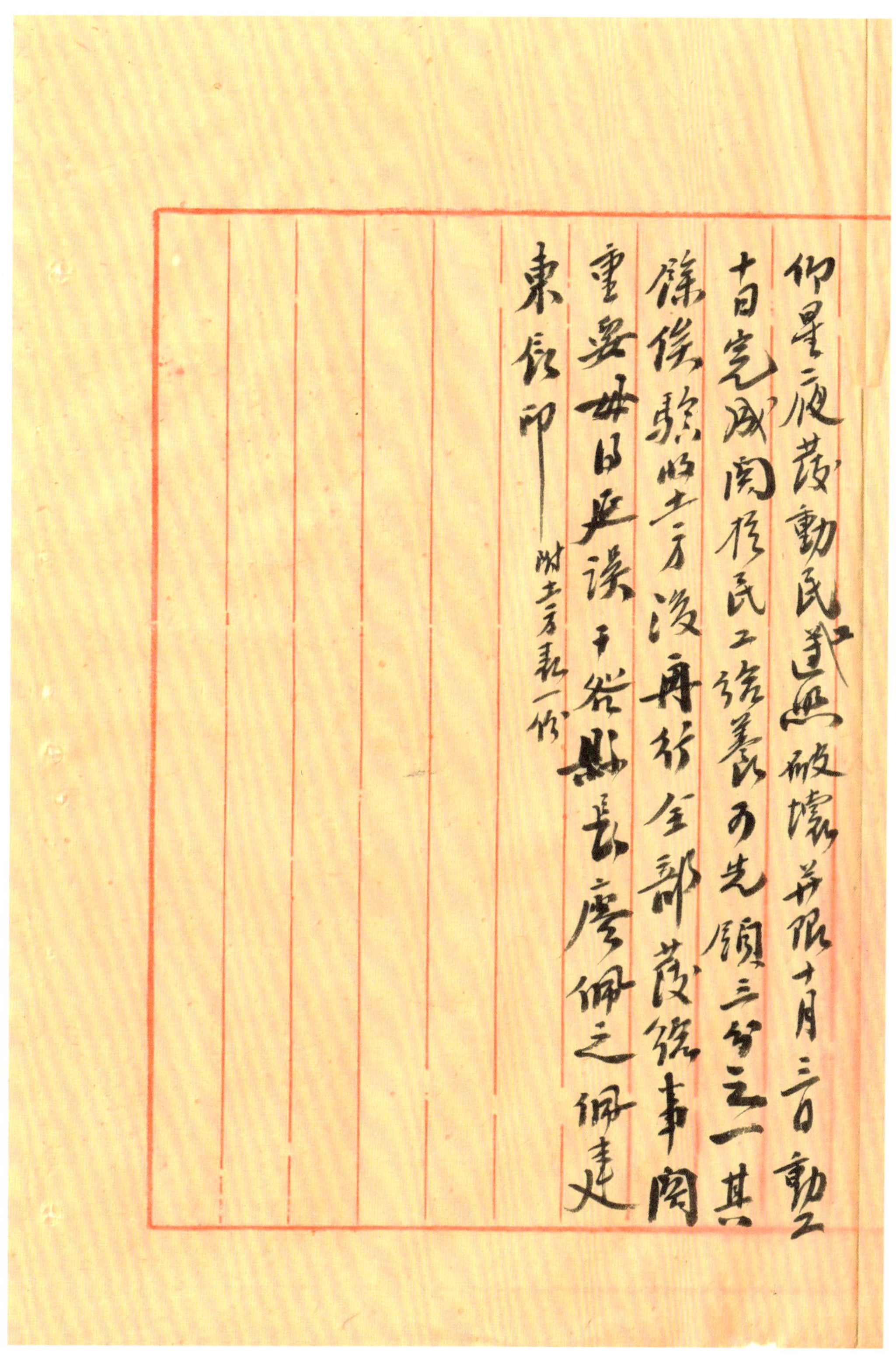
仰星夜發動民工趕速破壞，并限十月三日動工
十三日完成。關於民工給養，可先領三分之一，其
餘俟驗收土方後再行全部發給。事關
重要，毋得延誤干咎。縣長廖佩之佩逵
東辰印
附土方表一份

湘潭县政府监放委员胡开运及忠信乡乡长杨华庭关于会同监放民工给养业已完毕致县政府的报告及县政府指令（一九四〇年十月六日、八日）

報告 二十九年十月六日 於忠信鄉公所

事由｜為會同監放民工給養業已完畢報請察核備查由

案奉

鈞府令派監放忠信鄉破壞潭下新公路民工給養會同具報為要等因奉此遵於十月一日馳赴鄉公所會同賡代鄉長凱元派陳隊坿濟華前往各保按照原冊點名發放並由各保保長在原領單據上簽註領訖字樣加蓋名章以示妥貼至五日監放完畢奉令前因理合備文會同報請

鈞座察核備查至為公便

右項謹呈

縣長廖

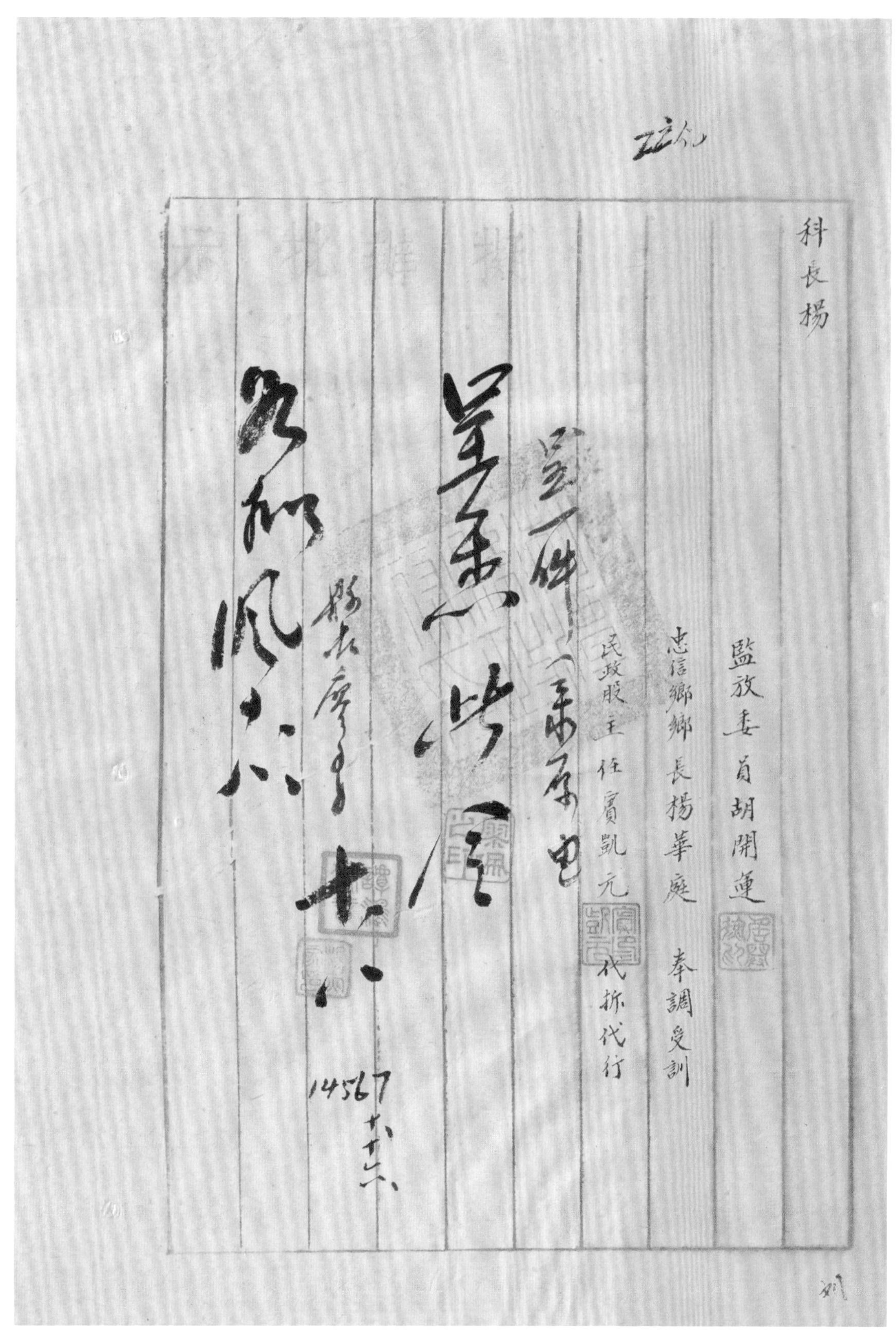

科長楊

監放委員胡開運

忠信鄉鄉長楊華庭　奉調受訓

民政股主任賓凱元　代拆代行

14567

湘潭县政府关于电请核准本府拟定监工员兵伙食旅费致湖南省政府的代电（一九四〇年十月七日）

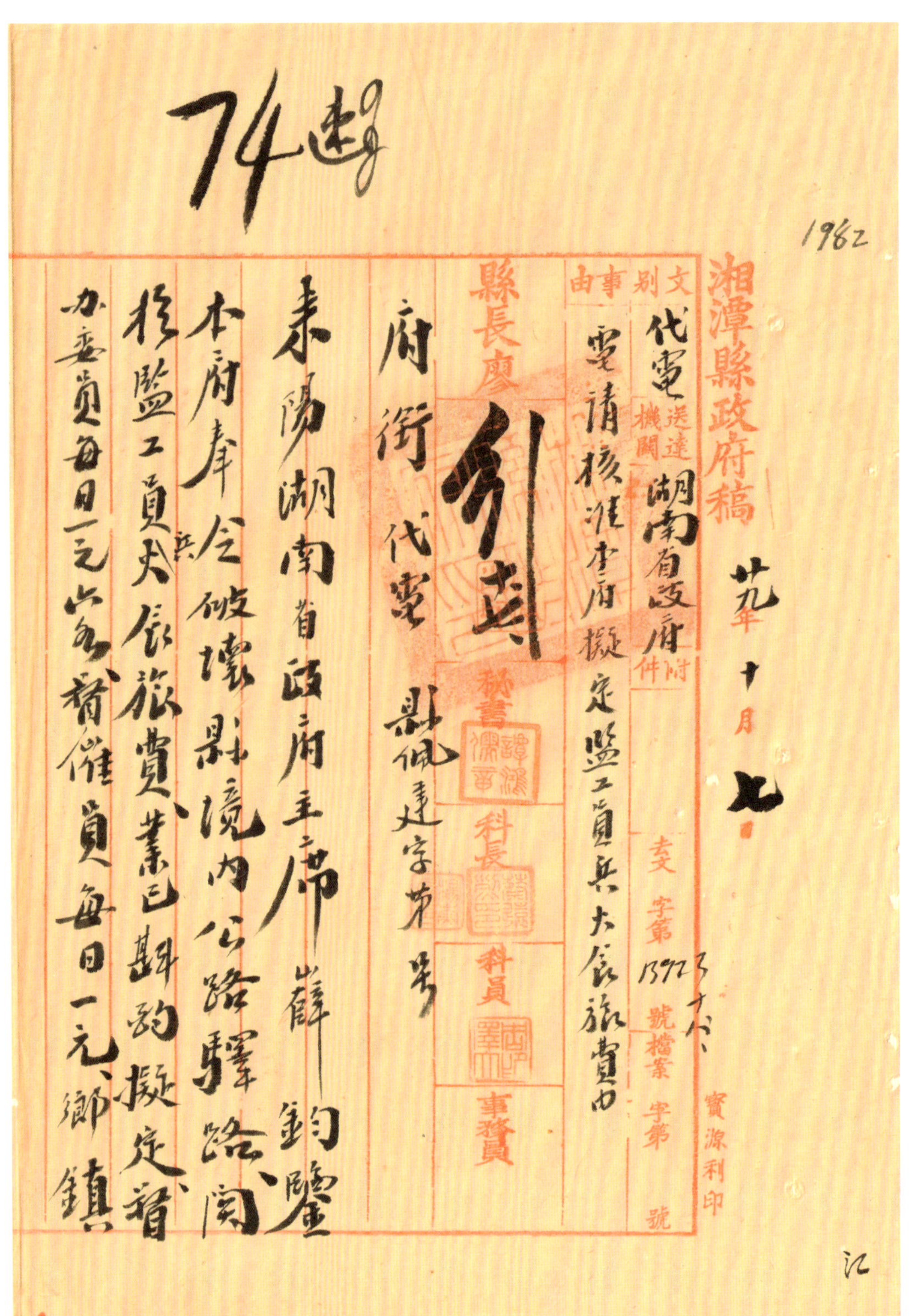

湘潭縣政府稿

文别：代電　送達機關：湖南省政府　附件

事由：電請核准本府擬定監工員兵夫食旅費由

縣長廖

廿九年十月七日

府銜代電　縣佩建字第　號

耒陽湖南省政府主席薛鈞鑒：本府奉令破壞縣境內公路驛路，關於監工員兵夫食旅費，業已斟酌擬定，辦公員每日一元六角，稽催員每日一元，鄉鎮長每日五角，係長每日四角，士兵每日二角，根據事實上之需要早[illegible]發給，并於本年七月簽佩建代電請鑒察核准由第二預備金項下支付在卷，迄今未奉指令，茲因砲校工作完竣後，（有所尊循）亟待彙報密核，懇請鈞座迅予核准，俾便造報，湘潭縣長唐佩建叩，佩建十虞佩建印

湘潭县政府民工给养监放委员胡开运及湘潭县涟南乡公所关于会同监放民工给养完毕致县政府的报告

（一九四〇年十月十四日）

湘潭縣漣南鄉公所報告

湘經三字第八六一號

中華民國二十九年十月十四日

事由　會同監放民工給養完畢報請察核備查由

報告事項

一、竊職等奉

令監放漣南鄉破壞潭下新公路民工給養會同具報為要此令等因奉此委員遵于十月七日馳赴該鄉公所當即會同周副鄉長秉端通告各保甲長飭召集各該保民伕分别按期齊集指定地點以憑具領監放

二、職於九日與郭副鄉長翁林由所出發前往各保按照原册點名監督發放除由各民伕親打指摹外並由各保保長於原領單據上簽具領訖字樣加蓋名章以示妥貼所有監督發放給養事宜至本月十三日完畢告竣奉

令前因理合會銜報告

鈞府懇賜察核備查至為公便

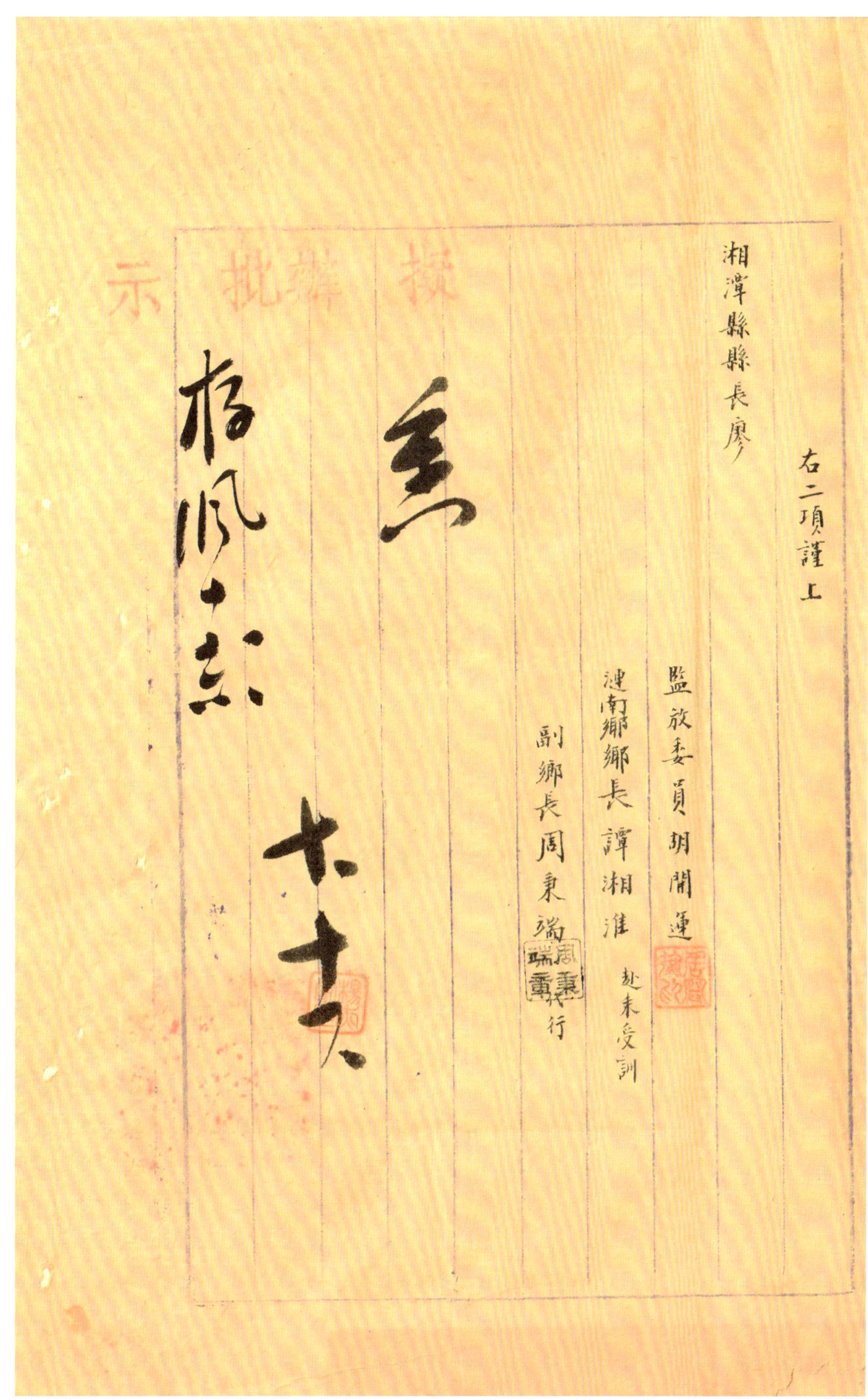

右二項謹上

湘潭縣縣長廖

監放委員胡開運

連南鄉鄉長譚湘淮　赴未受訓

副鄉長周秉端　代行

擬批示

湘潭县政府、县民工给养稽核委员会等关于正心乡继续破坏潭下新公路各项土方册据意见的一组文书（一九四〇年十一月二日至十三日）

湘潭县民工给养稽核委员会致县政府的报告（一九四〇年十一月二日）

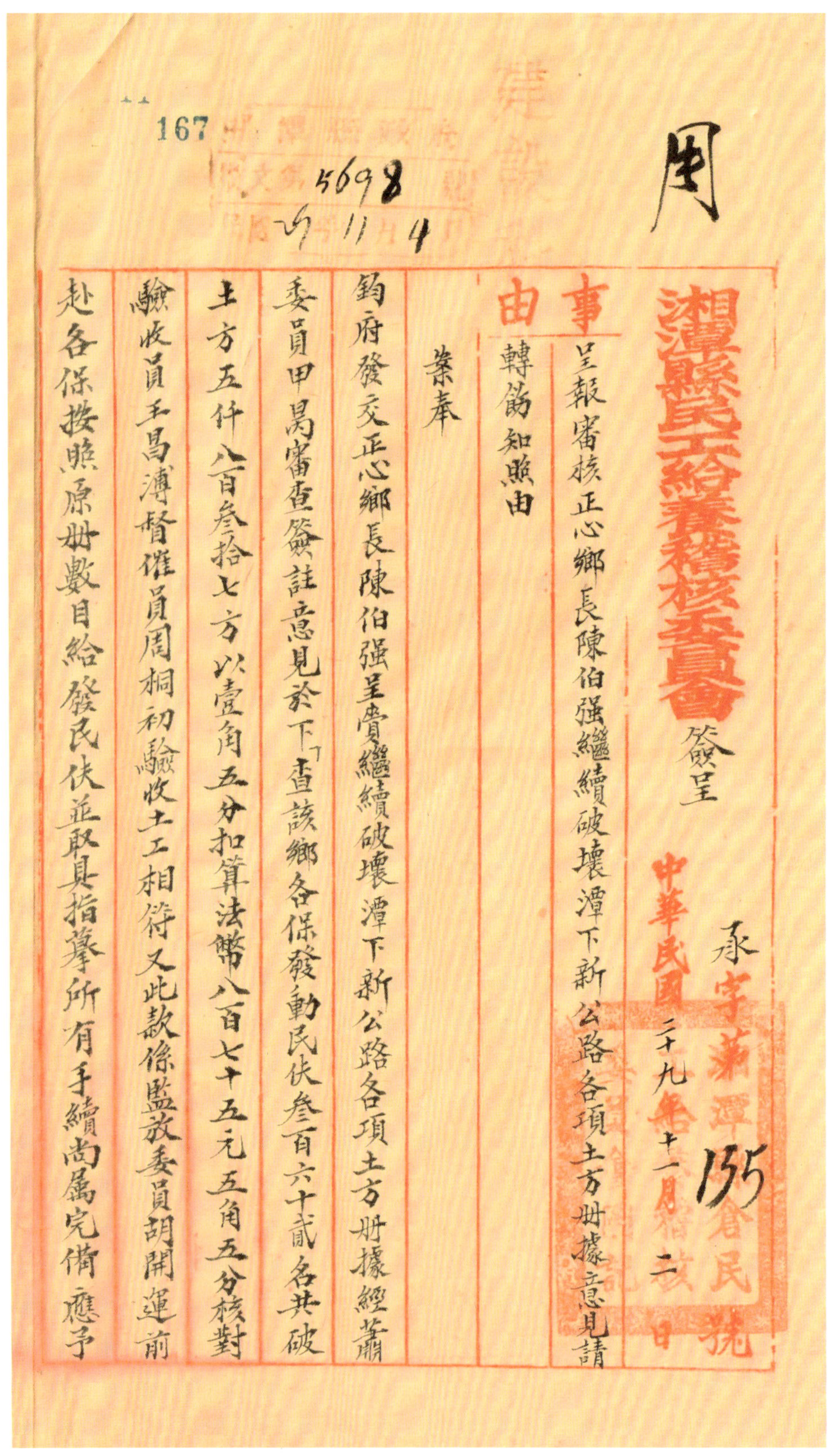

周

湘潭縣民工給養稽核委員會簽呈

中華民國二十九年十一月二日　字第155號

事由：呈報審核正心鄉長陳伯強繼續破壞潭下新公路各項土方册據意見請轉飭知照由

案奉

鈞府發交正心鄉長陳伯強呈賫繼續破壞潭下新公路各項土方册據經蕭委員甲昜審查簽註意見於下「查該鄉各保發動民伕叁百六十貳名共破土方五仟八百叁拾七方以壹角五分扣算法幣八百七十五元五角五分核對驗收員王昌溥督催員周桐初驗收土工相符又此款係監放委員胡開運前赴各保按照原册數目給發民伕並取具指摹所有手續尚屬完備應予

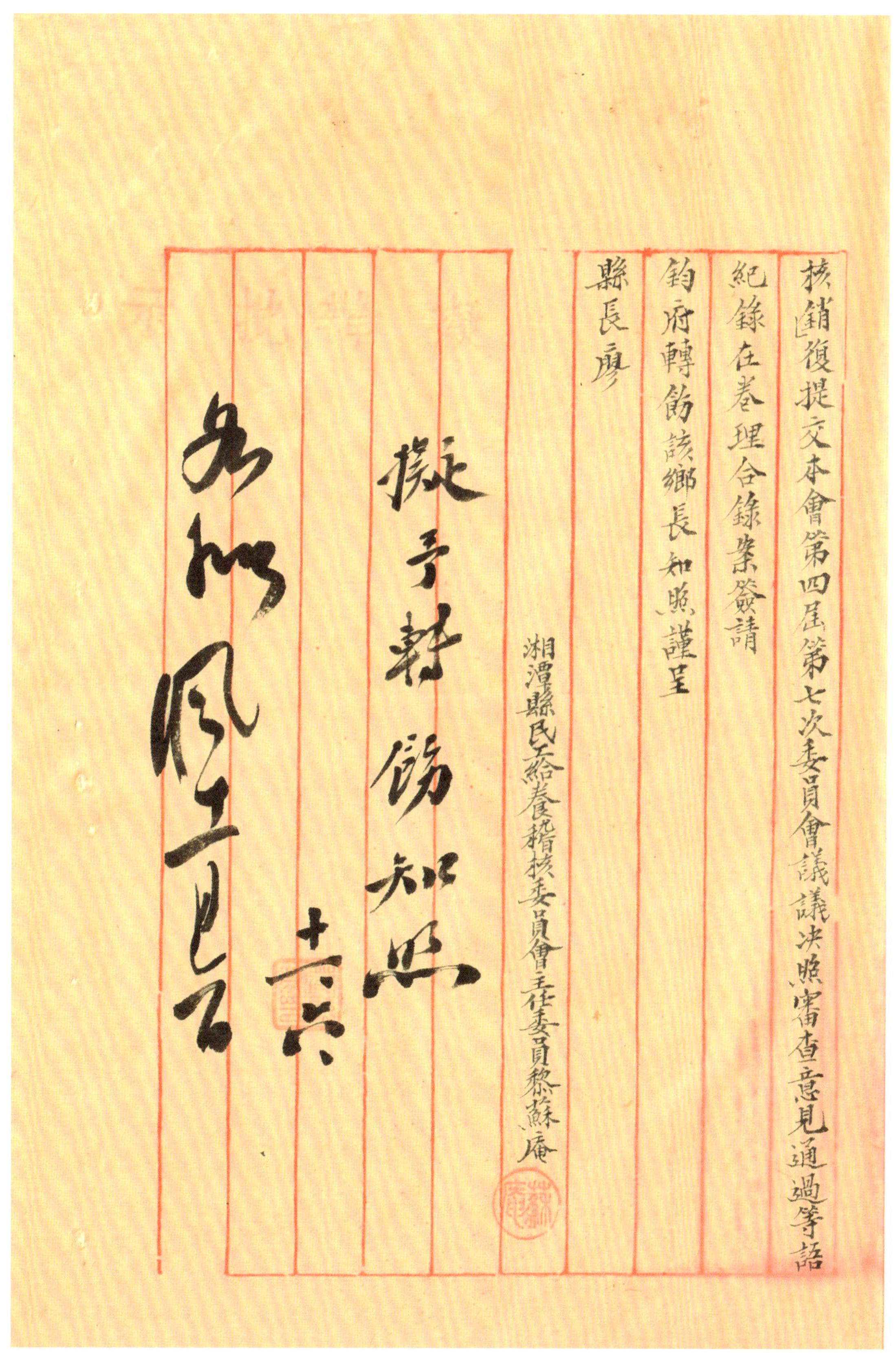

核銷復提交本會第四屆第七次委員會議議决照審查意見通過等語
紀錄在卷理合錄案簽請
鈞府轉飭該鄉長知照謹呈
縣長廖
湘潭縣民衆給養稽核委員會主任委員黎蘇庵

擬予轉飭知照
十一六

如擬
鳳
十一月七日

湘潭县政府致县民工给养稽核委员会的指令（一九四〇年十一月十三日）

0969

府衔指令　县佩建字第　号

令县民工给养稽核委员会

签呈一件（录案由）

签呈阅悉。准予[illegible]知。仰即知照。

此令。

县长廖○○

十一　十三

湘潭县政府致正心乡公所的训令（一九四〇年十一月十三日）

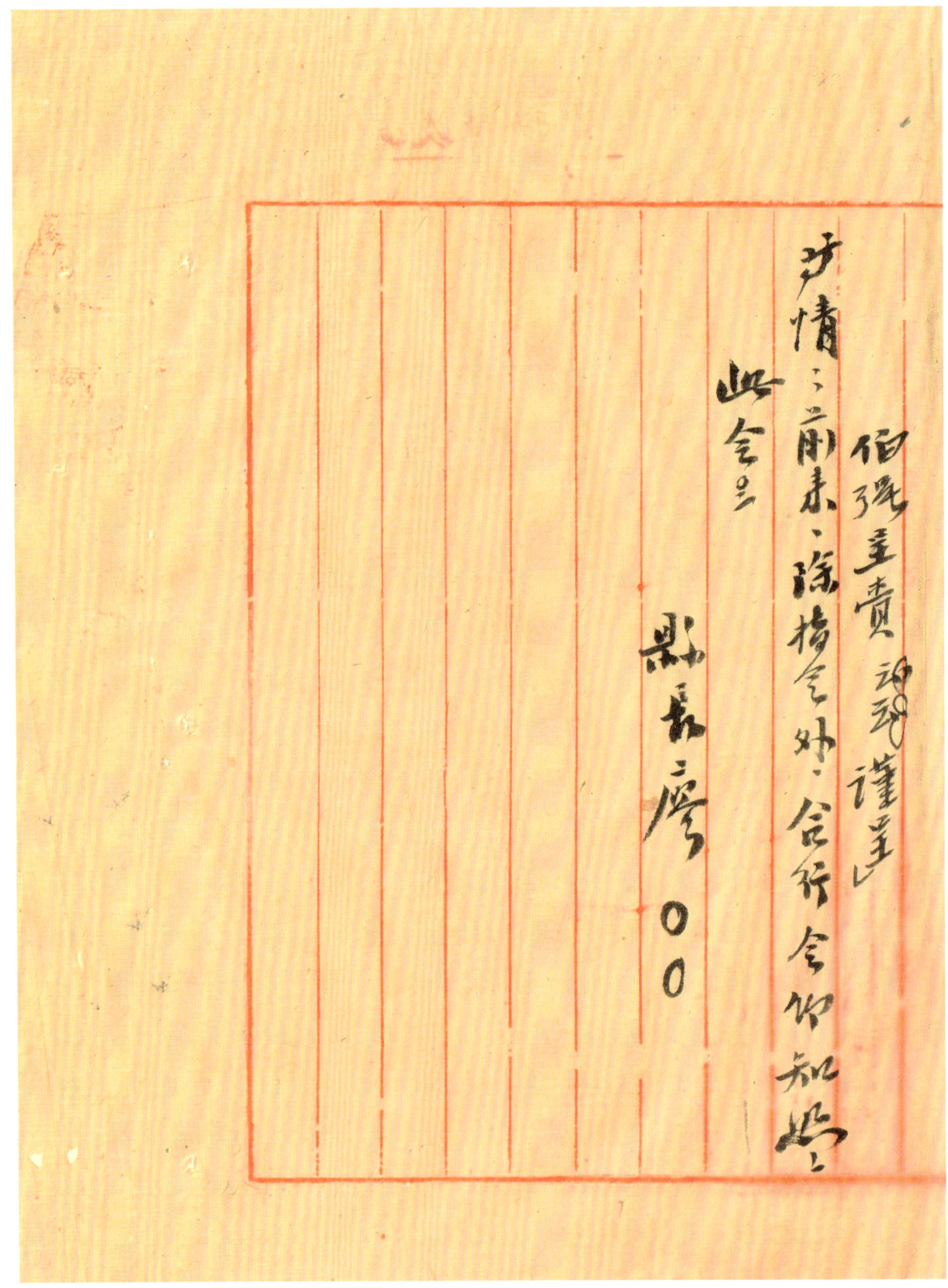
伯强主责 砷张谨呈
等情；前来，除指令外，合行令仰知照；
此令。
县长 廖○○

湘潭县政府、县民工给养稽核委员会关于昭阳乡继续破坏长潭公路土方册据审查意见的一组文书（一九四〇年十一月二日至七日）

湘潭县民工给养稽核委员会致县政府的报告（一九四〇年十一月二日）

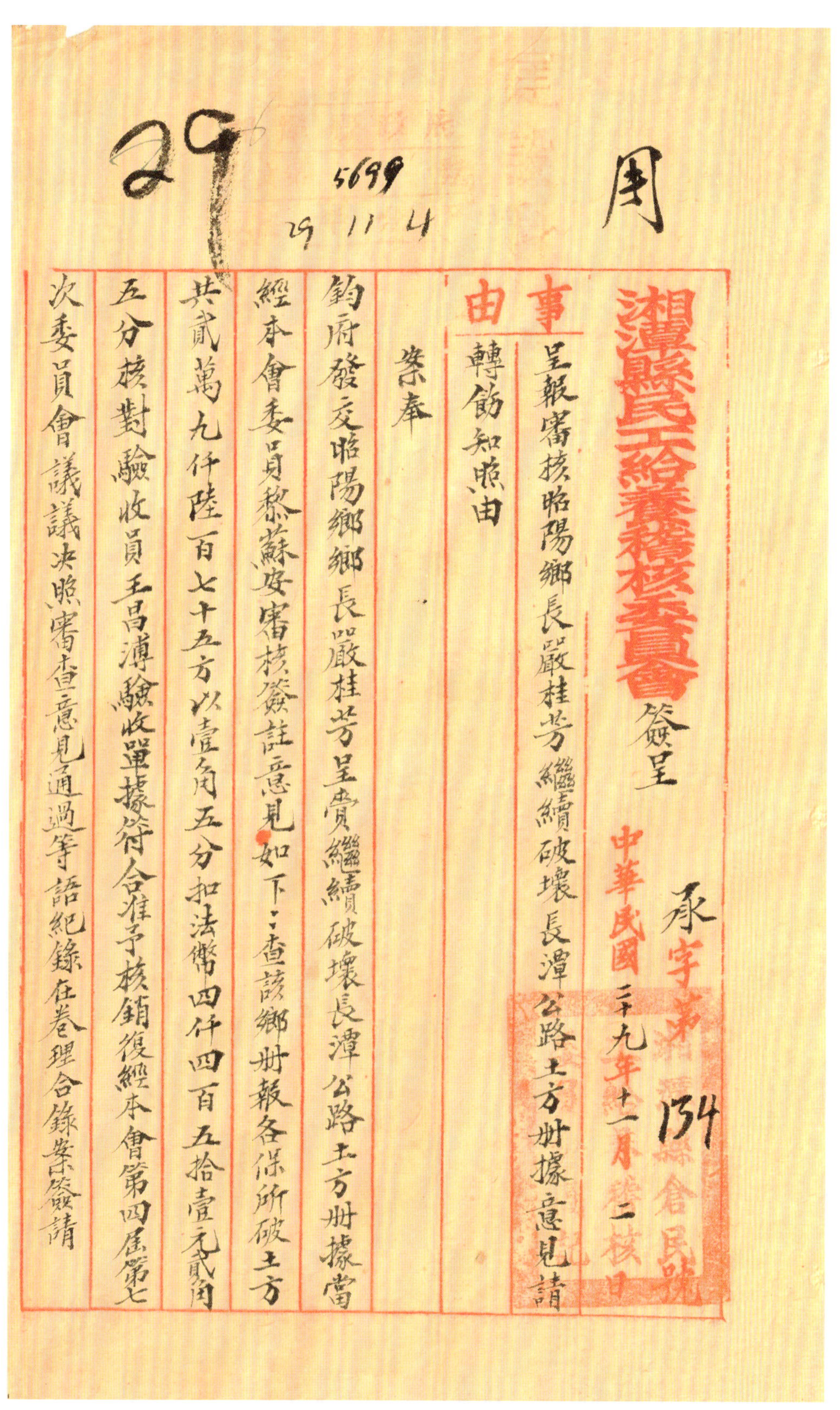

湘潭縣民工給養稽核委員會簽呈　承字第134號

中華民國二十九年十一月二日

事由：呈報審核昭陽鄉長嚴桂芳繼續破壞長潭公路土方册據意見請轉飭知照由

案奉

鈞府發交昭陽鄉鄉長嚴桂芳呈賫繼續破壞長潭公路土方册據當經本會委員黎蘇安審核簽註意見如下：查該鄉册報各保所破土方共貳萬九仟陸百七十五方以壹角五分扣法幣四仟四百五拾壹元貳角五分核對驗收員王昌溥驗收單據符合准予核銷復經本會第四屆第七次委員會議議決照審查意見通過等語紀錄在卷理合錄案簽請

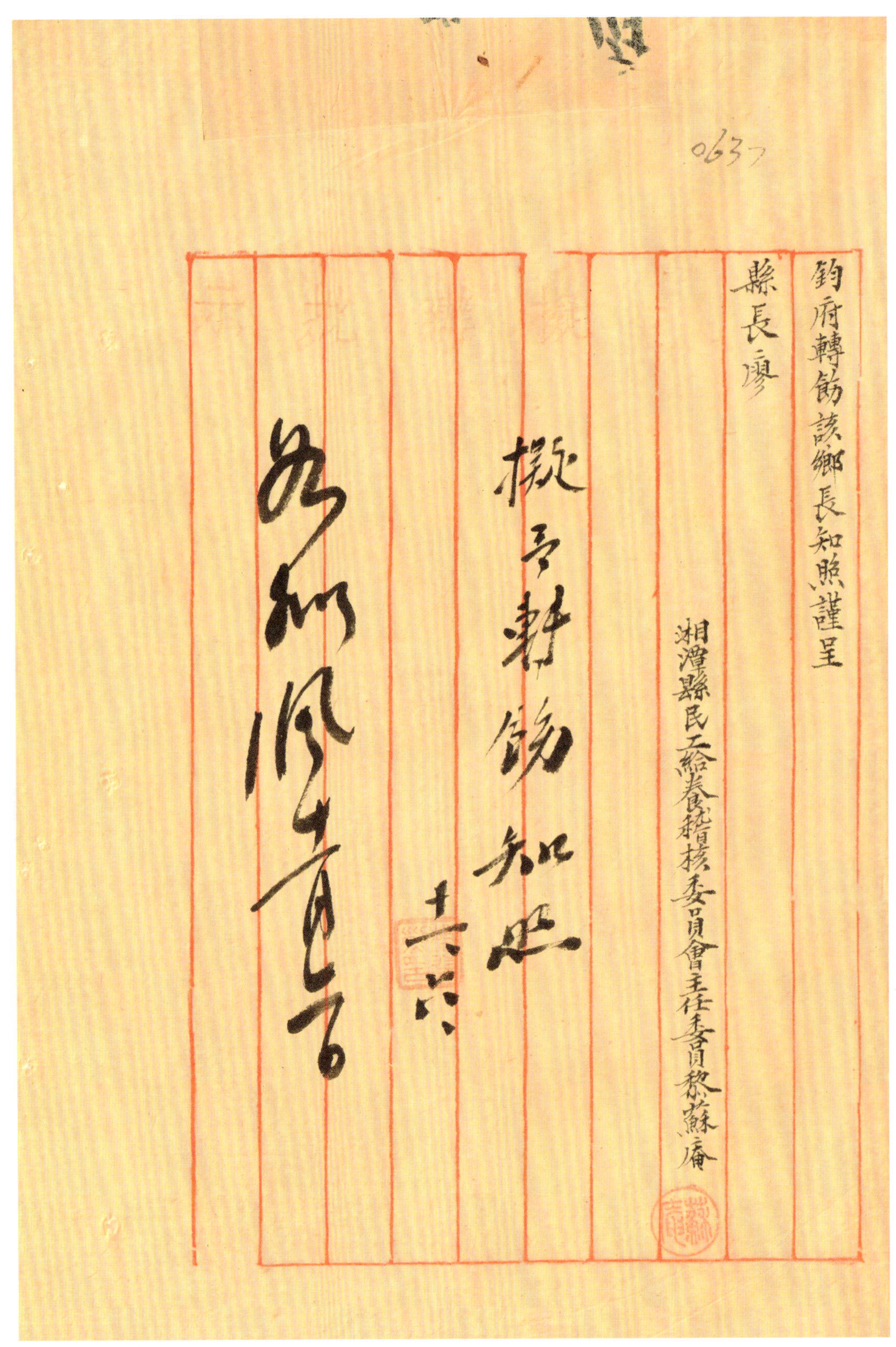

0637

鈞府轉飭該鄉長知照謹呈

縣長廖

湘潭縣民工給養稽核委員會主任委員黎蘇庵

擬予轉飭知照 十二、六

如擬 風青

湘潭县政府致县民工给养稽核委员会的指令（一九四〇年十一月七日）

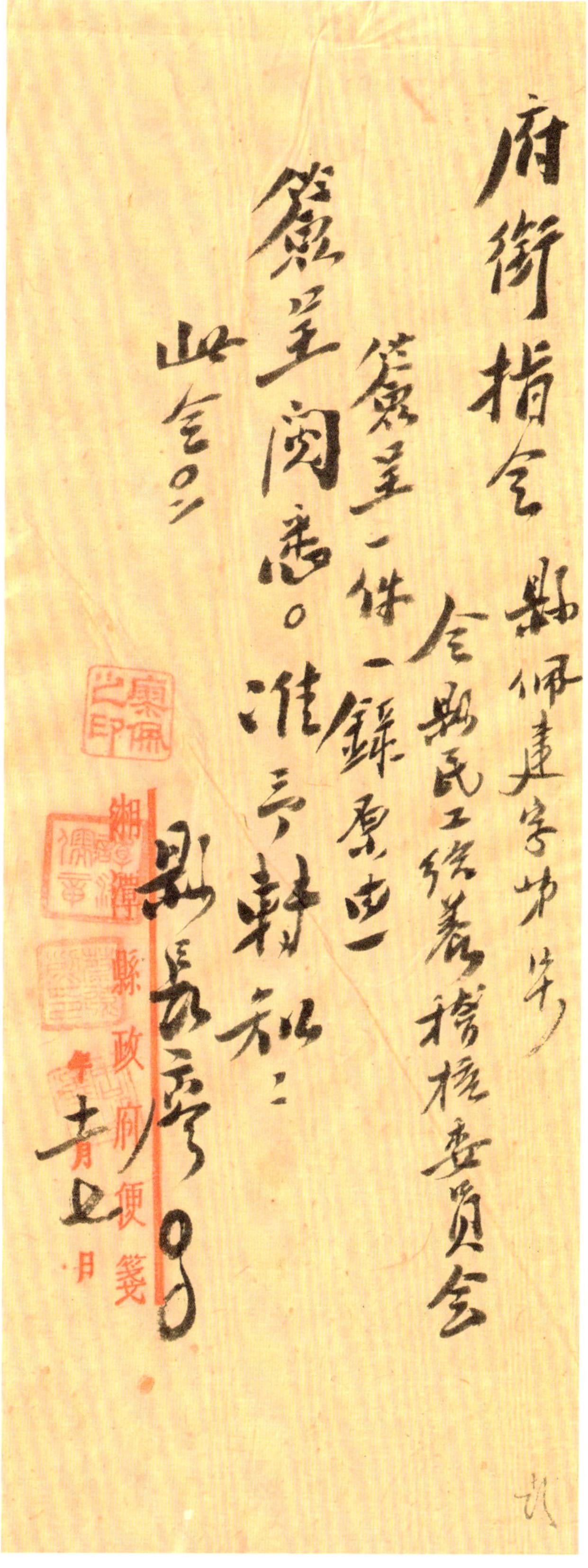

府衔指令　县佣建字第　号

令县民工给养稽核委员会

签呈一件，一录呈由

签呈阅悉。准予转知。

此令。

县长 [illegible]

湘潭县政府便笺

年十一月七日

湘潭县政府致昭阳乡公所的训令（一九四〇年十一月七日）

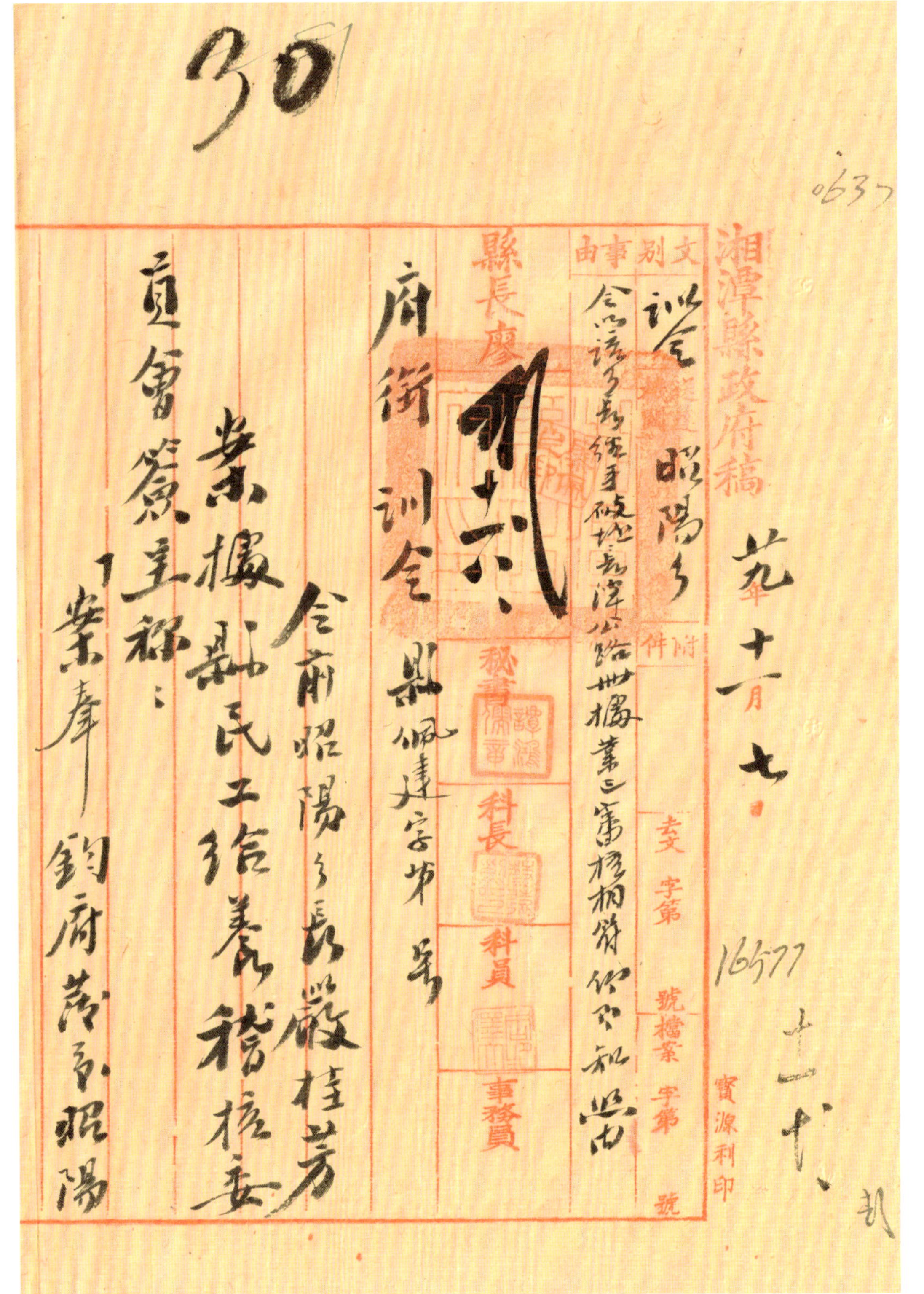
30

0637

湘潭縣政府稿

文別：訓令 昭陽鄉

事由：令該鄉長[illegible]破壞湘潭公路[illegible]

廿九年十一月七日

附件

字第 號

檔案 字第 號

16577

縣長廖

秘書

科長

科員

事務員

行

府銜訓令 縣佩達字第 號

令昭陽鄉長嚴桂芳

案據縣民工給養稽核委員會簽呈稱：「案奉鈞府蕭令昭陽

實源利印

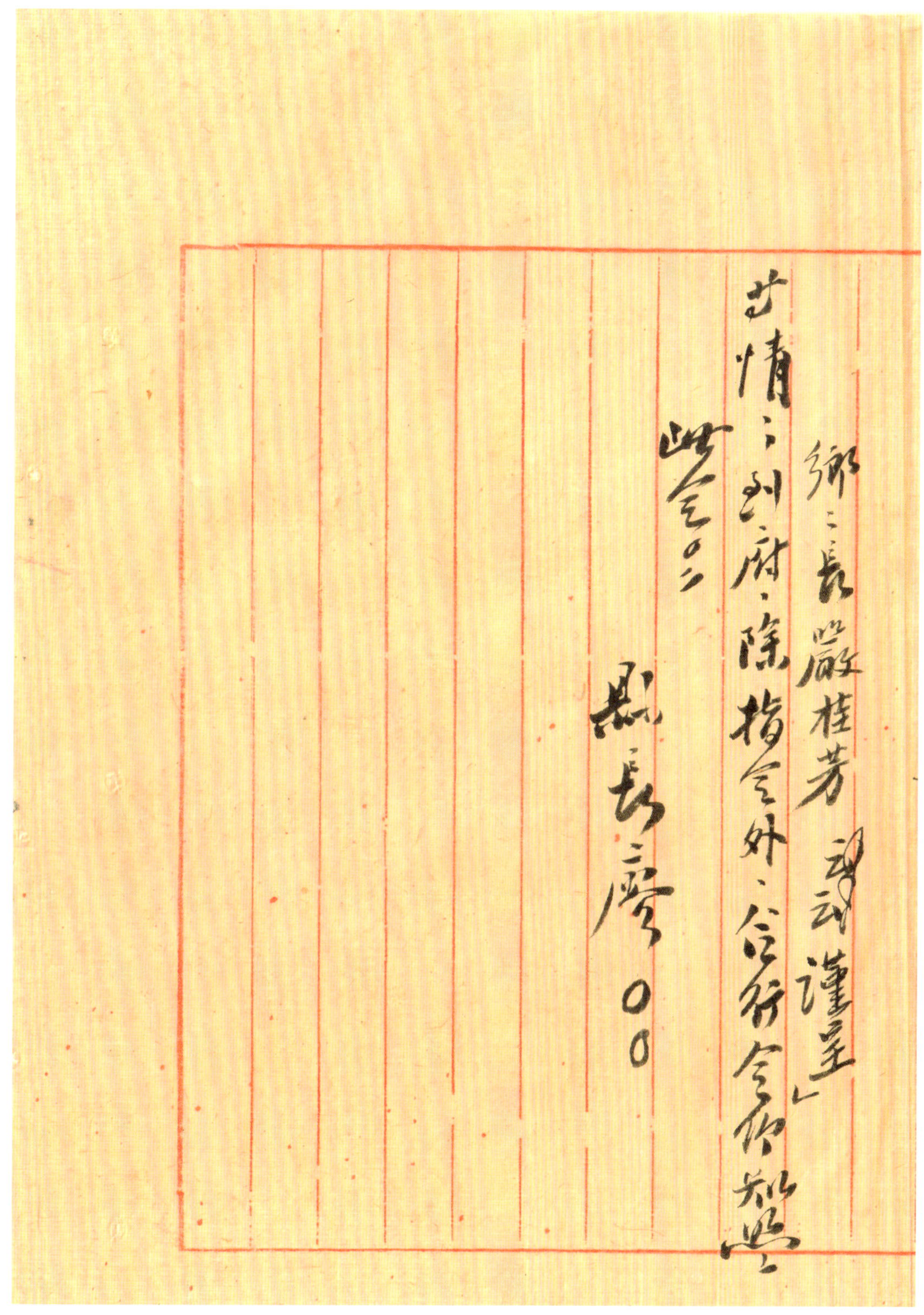

鄉長嚴桂芳 謹呈

等情到府，除指令外，合行令仰知照

此令

縣長廖〇〇

湘潭县政府、县民工给养稽核委员会关于文华乡继续破坏长潭公路潭下线土方册据审查意见的一组文书（一九四〇年十一月三日至十三日）

湘潭县民工给养稽核委员会致县政府的报告（一九四〇年十一月三日）

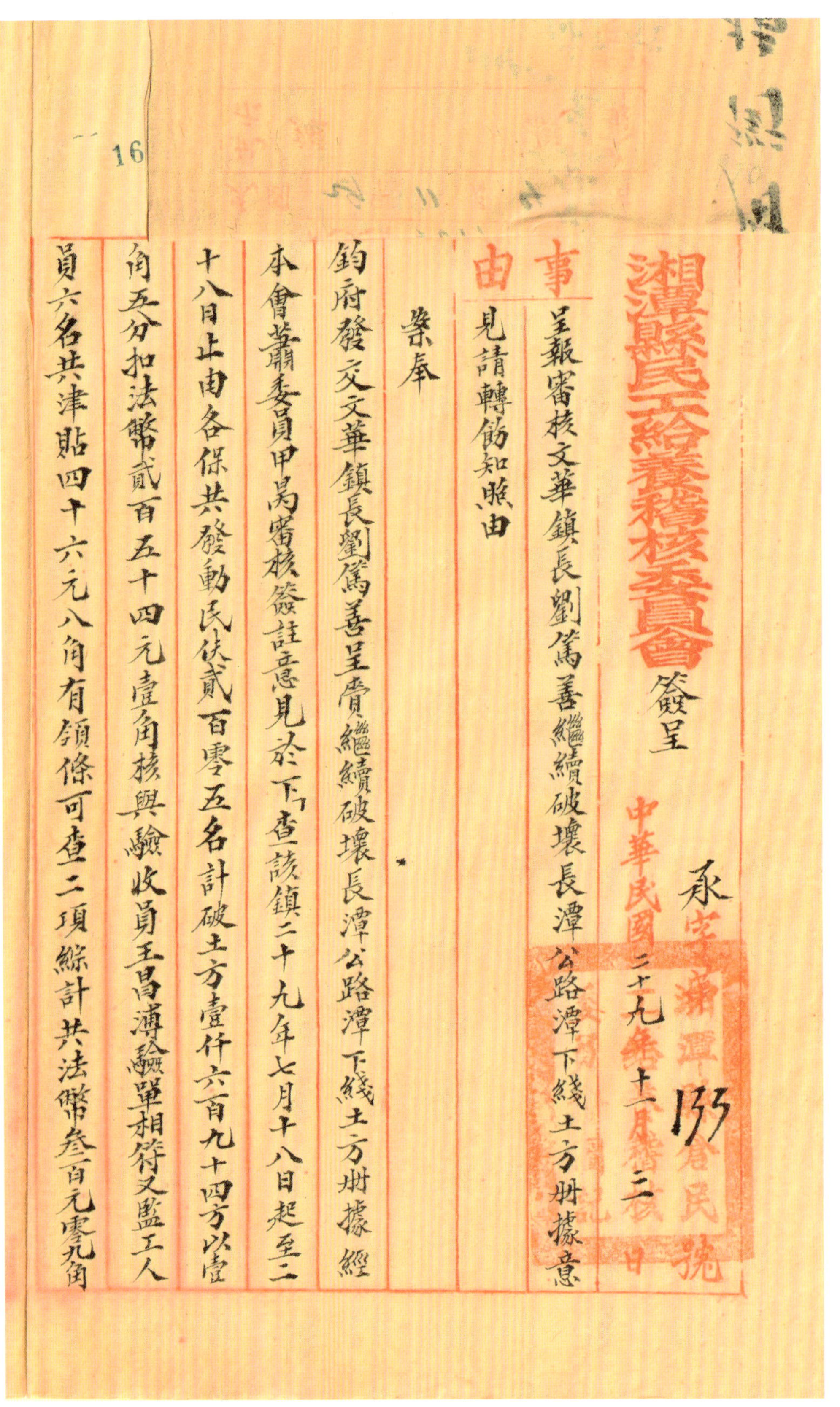

湘潭縣民工給養稽核委員會簽呈

中華民國二十九年十一月三日

事由：呈報審核文華鎮長劉篤善繼續破壞長潭公路潭下綫土方册據意見請轉飭知照由

案奉

鈞府發交文華鎮長劉篤善呈賫繼續破壞長潭公路潭下綫土方册據經本會蕭委員甲禹審核簽註意見於下：查該鎮二十九年七月十八日起至二十八日止由各保共發動民伕貳百零五名，計破土方壹仟六百九十四方，以壹角五分扣法幣貳百五十四元壹角，核與驗收員王昌溥驗單相符；又監工人員六名，共津貼四十六元八角，有領條可查。二項綜計共法幣叁百元零九角

准予一併核銷復提交本會第四屆第七次委員會議議決照審查意見通
過等語紀錄在卷理合錄案簽請
鈞府轉飭該鎮長知照謹呈
縣長廖

湘潭縣民工給養稽核委員會主任委員黎蘇庵

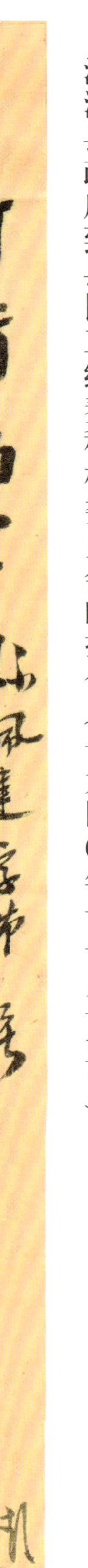

湘潭县政府致县民工给养稽核委员会的指令（一九四〇年十一月十三日）

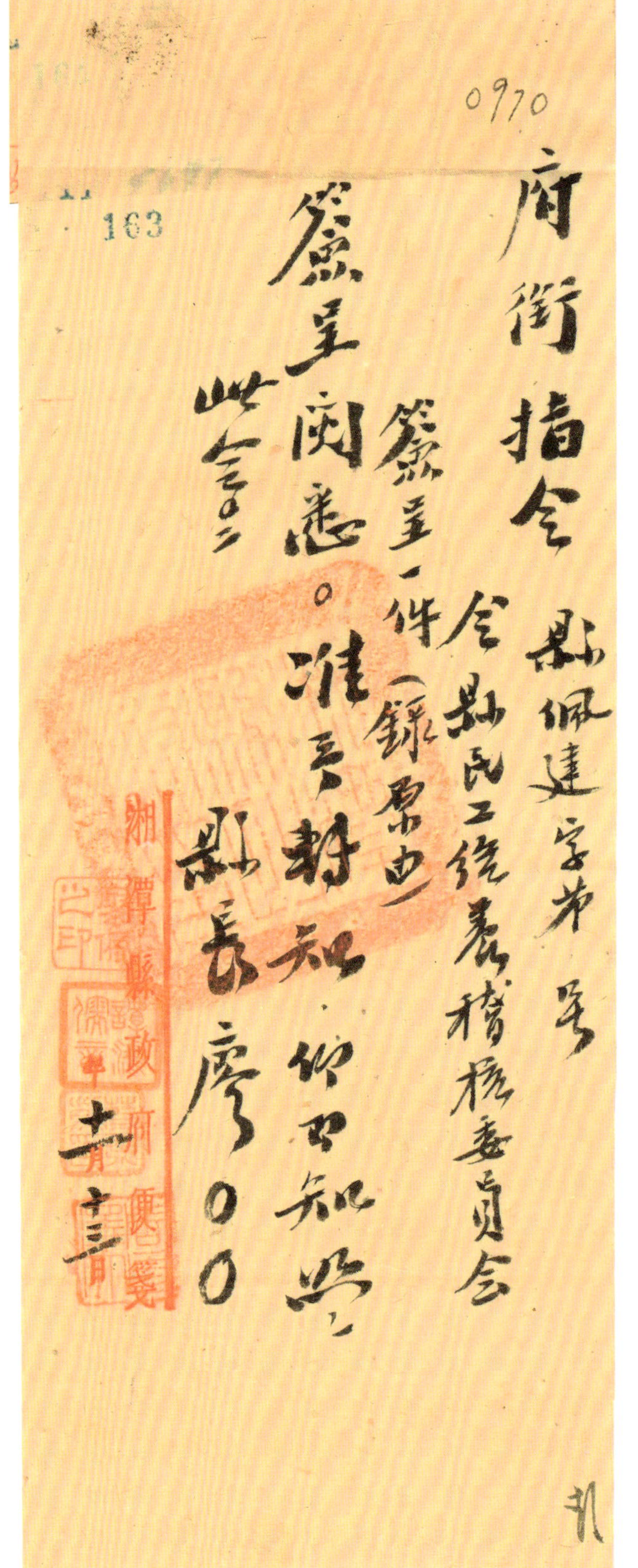

0970

163

府衔指令　县佩建字第　号

令县民工给养稽核委员会

签呈一件（录案由）

签呈阅悉。准予转知，仰即知照。此令。

县长○○

湘潭县政府便笺

十一月十三日

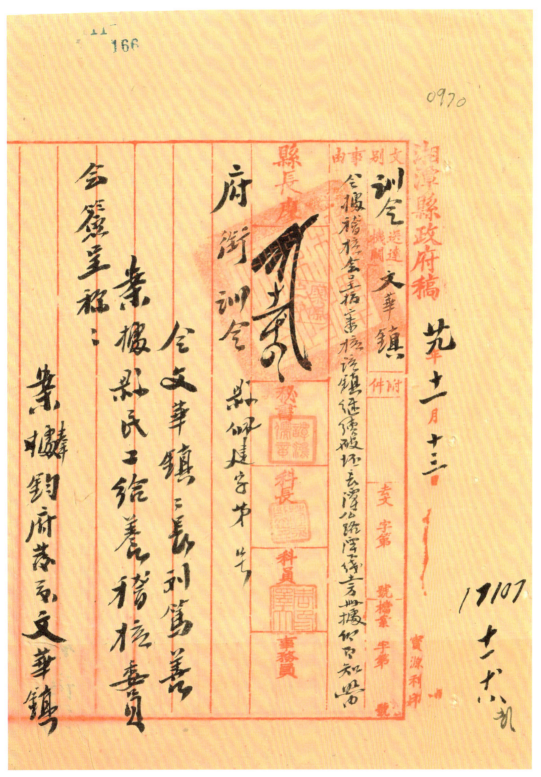

湘潭县政府致文华镇公所的训令（一九四〇年十一月十三日）

湘潭縣政府稿　廿九年十一月十三日

文別：訓令

送達機關：文華鎮

事由：令據稽核會呈稱審核該鎮徵修破壞長潭公路民工結算書無據仰即知照

縣長

府銜訓令　縣佃建字第　號

令文華鎮鎮長利篤善

案據縣民工給養稽核委員會呈稱：

案據鈞府發交文華鎮

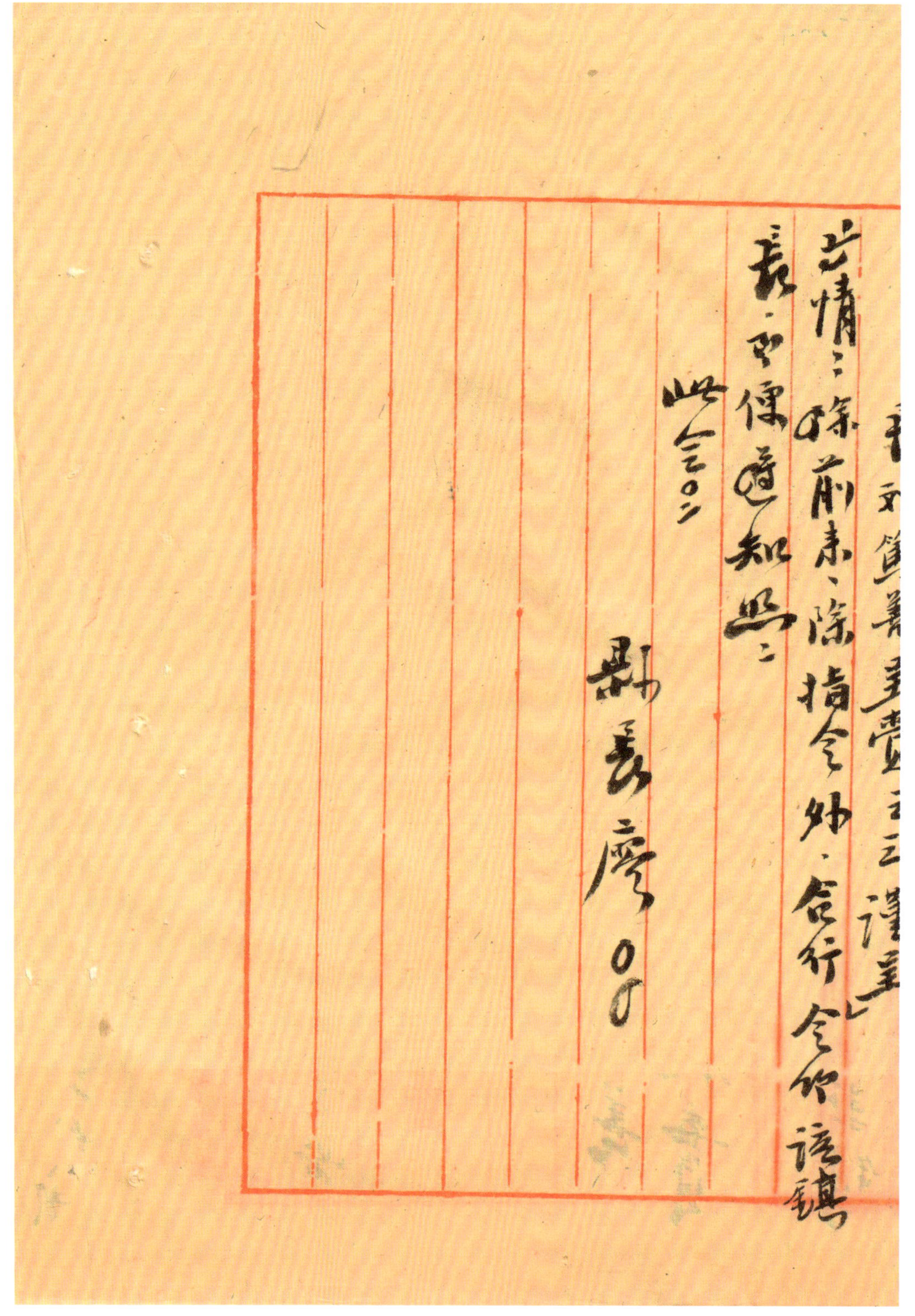
等情。據情前來，除指令外，合行令仰該鎮長即便遵照知照。

此令。

縣長 廖○○

湘潭县黄龙乡公所关于恳请派员验收土方以便具领给养致县政府的报告及县政府的指令（一九四〇年十一月四日、十二日）

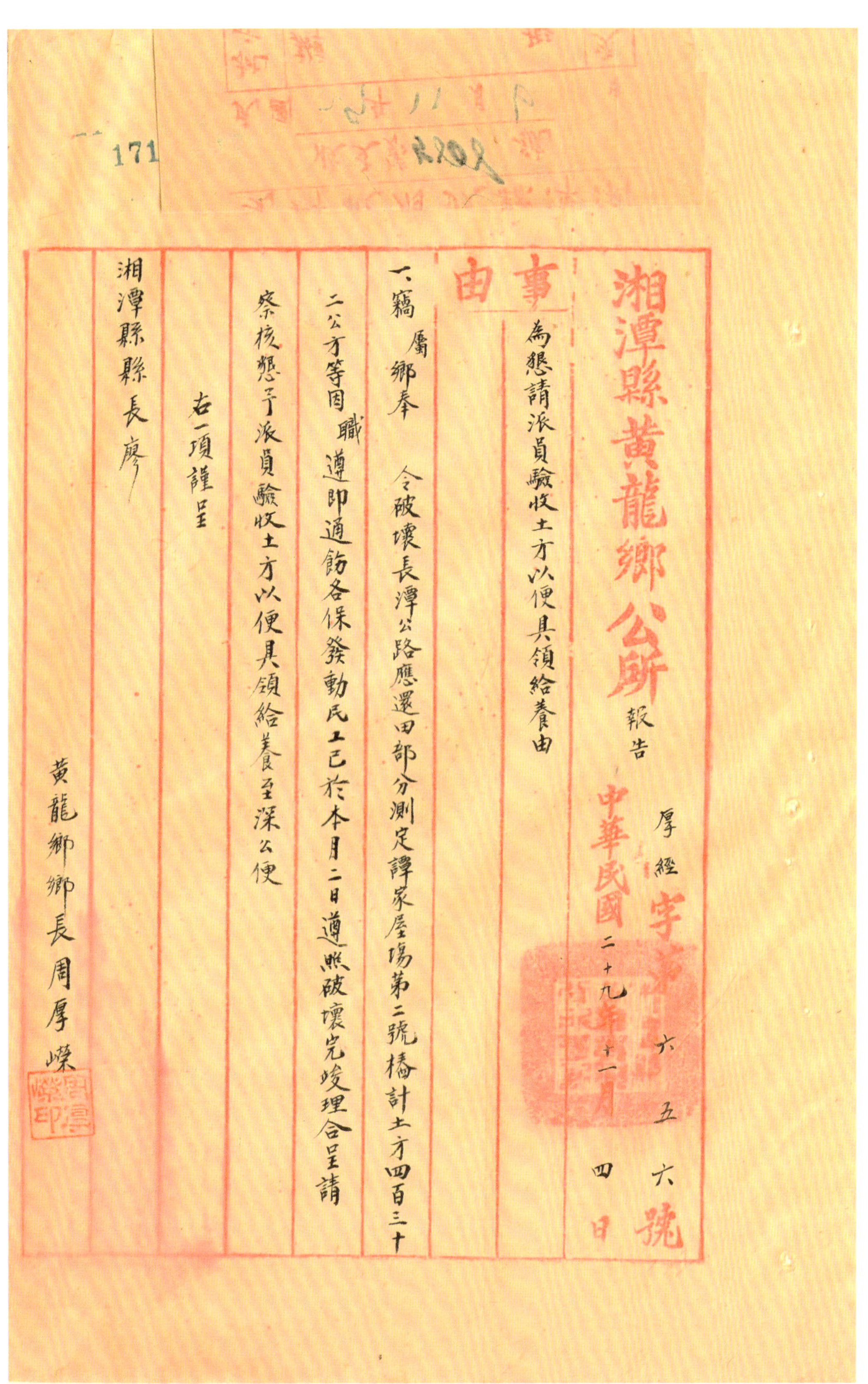

湘潭縣黃龍鄉公所報告　厚經字第六五六號

中華民國二十九年十一月四日

事由　為懇請派員驗收土方以便具領給養由

一、竊屬鄉奉　令破壞長潭公路應還田部分測定譚家屋場第二號橋計土方四百三十二公方等因　職遵即通飭各保發動民工已於本月二日遵照破壞完竣理合呈請

察核懇予派員驗收土方以便具領給養至深公便

右一項謹呈

湘潭縣縣長廖

黃龍鄉鄉長周厚嶸

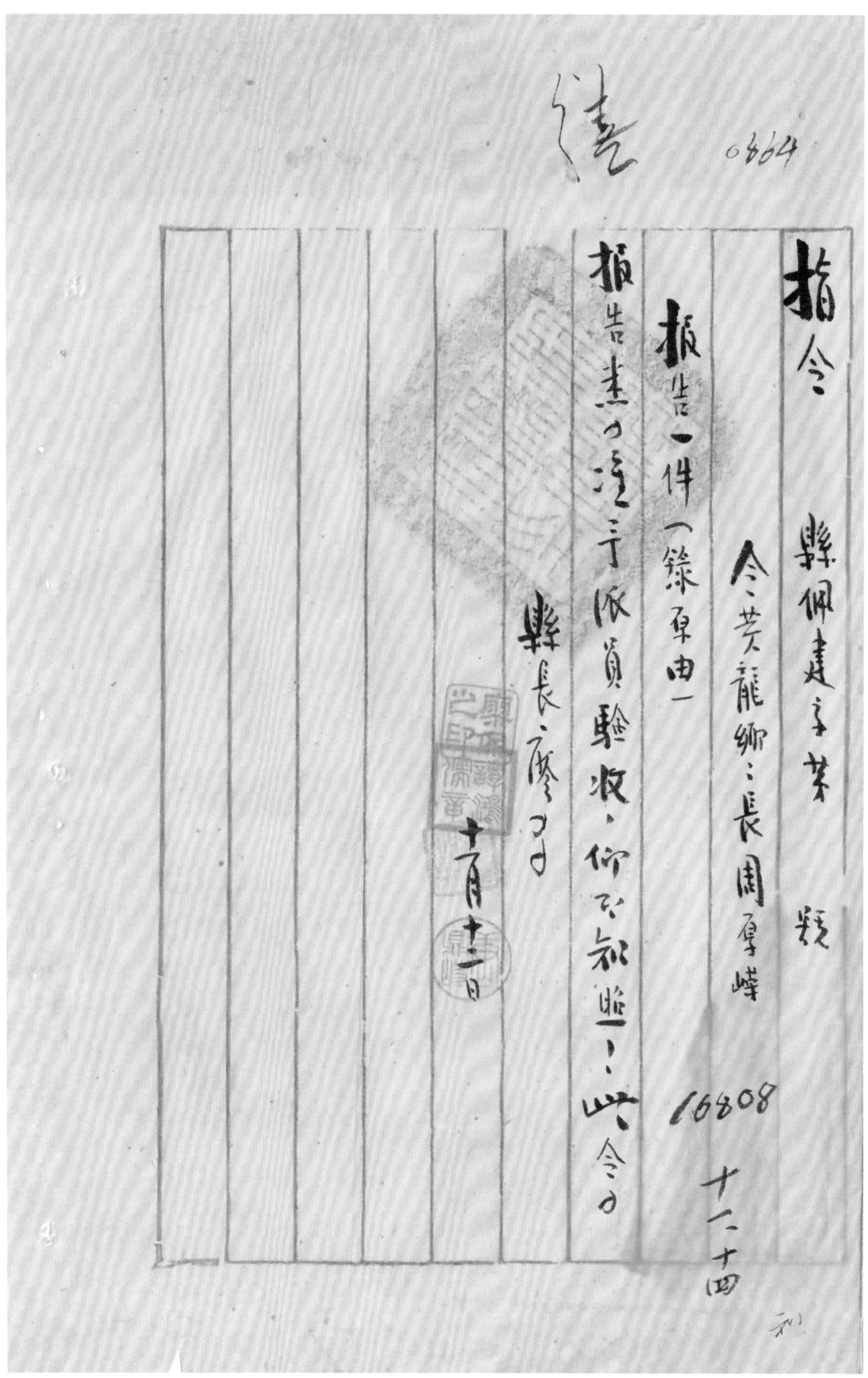
指令
縣佣建字第　號
令芙龍鄉鄉長周厚峰
報告一件（錄原由）
報告悉。乃派員驗收，仰即知照！此令。
縣長廖□
十月十三日
16808
十一、十四

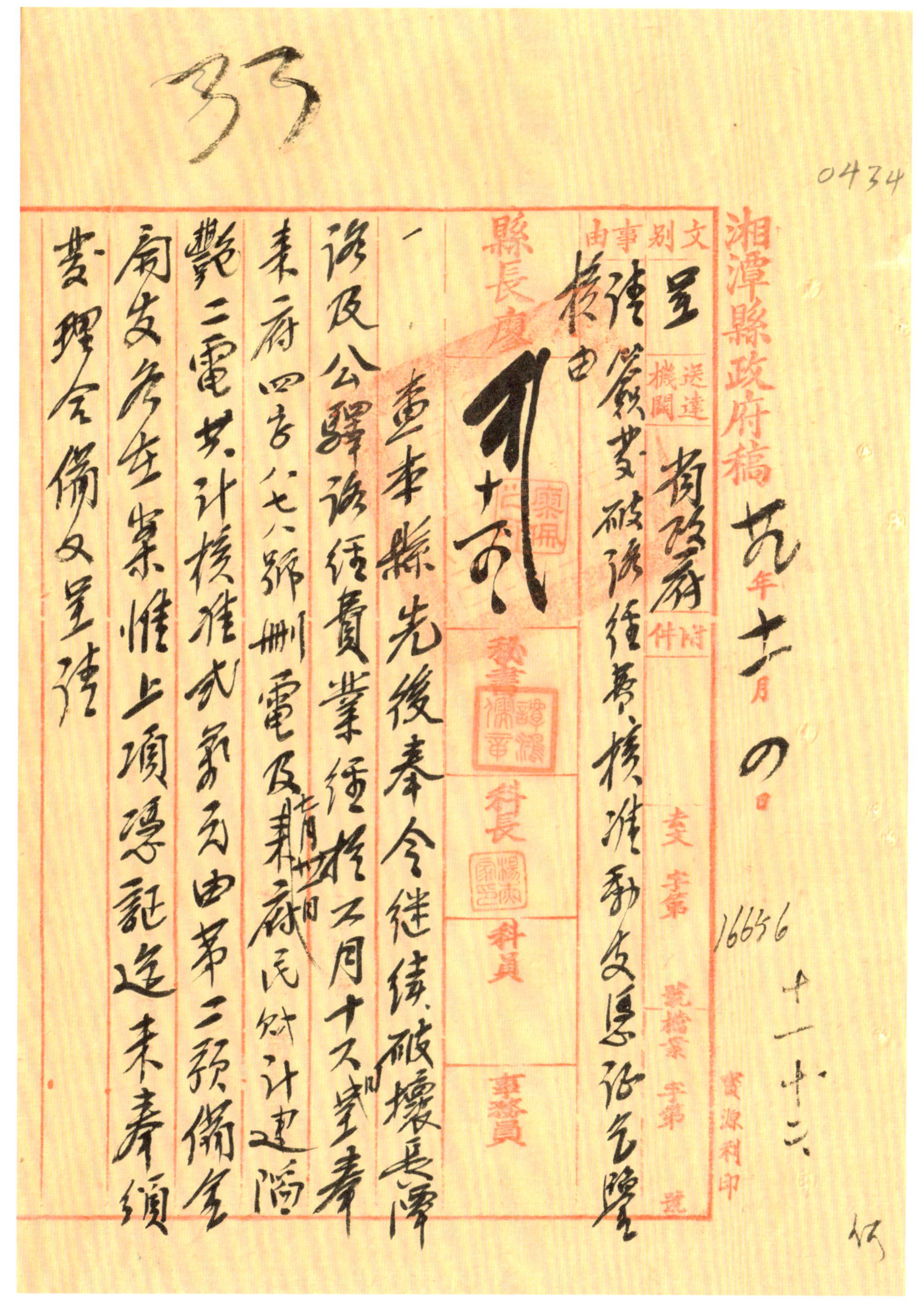

湘潭縣政府稿

文别：呈　送達機關：省政府　附件：

事由：請簽發破路經費核准動支憑證由

廿九年十一月四日　字第16656號　十一、十二

縣長　度

秘書　科長　科員　事務員

一、查本縣先後奉令繼續破壞長潭路及公驛路經費業經於六月十六日呈奉鈞府四方八七八號冊電及七月廿四日鈞府民財計建[illegible]號二電共計核准貳萬元由第二預備金開支各在案惟上項憑証迄未奉頒辦理合備文呈請

湘潭县政府关于请签发破路经费核准动支凭证致湖南省政府的呈（一九四〇年十一月四日）

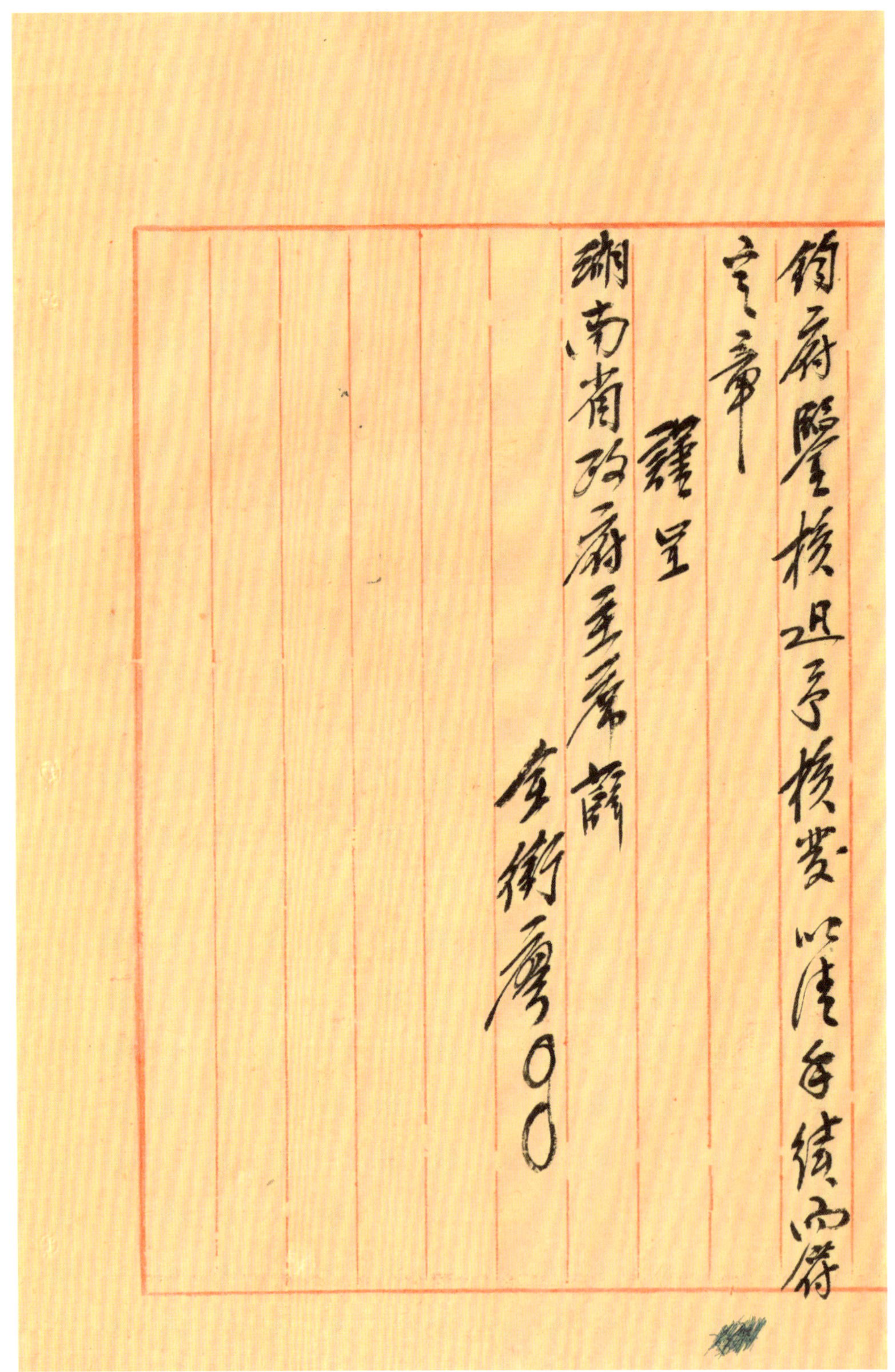
钧府鉴核迅予核发，以清手续，而府
宪章。
谨呈
湖南省政府主席薛
李衡广〇〇

湘潭县白关乡公所及湘潭县政府民工给养监放委员胡开运关于清册未齐民工给养须俟期发放致县政府的报告（一九四〇年十一月二十三日）

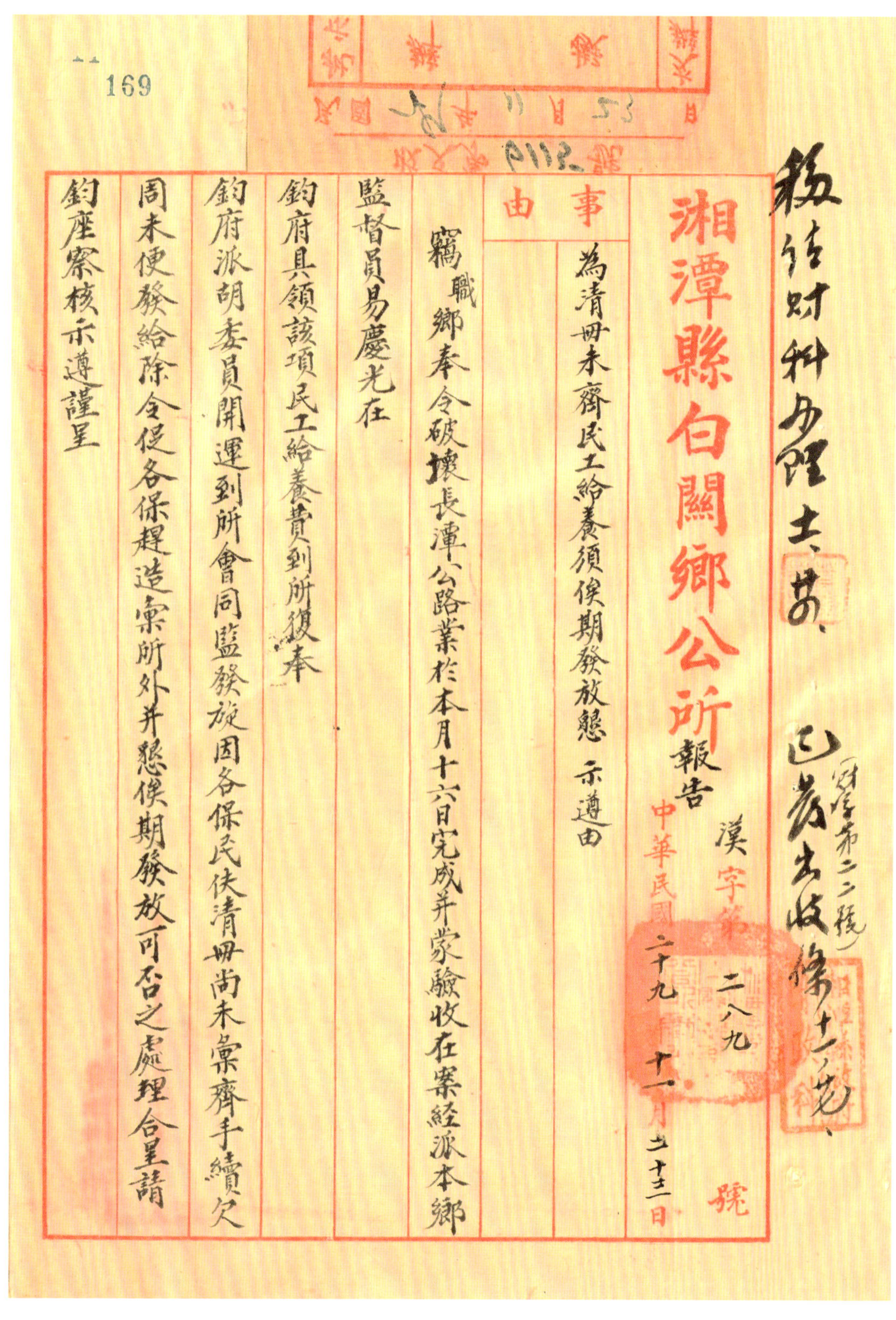

湘潭縣白關鄉公所報告　漢字第二八九號

中華民國二十九年十一月二十三日

事由：為清冊未齊民工給養須俟期發放懇示遵由

竊職鄉奉令破壞長潭公路業於本月十六日完成并蒙驗收在案經派本鄉監督員易慶光在鈞府具領該項民工給養費到所復奉鈞府派胡委員開運到所會同監發旋因各保民伕清冊尚未彙齊手續欠周未便發給除令促各保趕造彙所外并懇俟期發放可否之處理合呈請鈞座察核示遵謹呈

縣長廖

白關鄉鄉長淩漢秋

監放委員胡開運

湘潭县霞城乡公所关于请核发加破潭下线民工给养致县政府的呈及县政府的指令（一九四〇年十二月五日、二十三日）

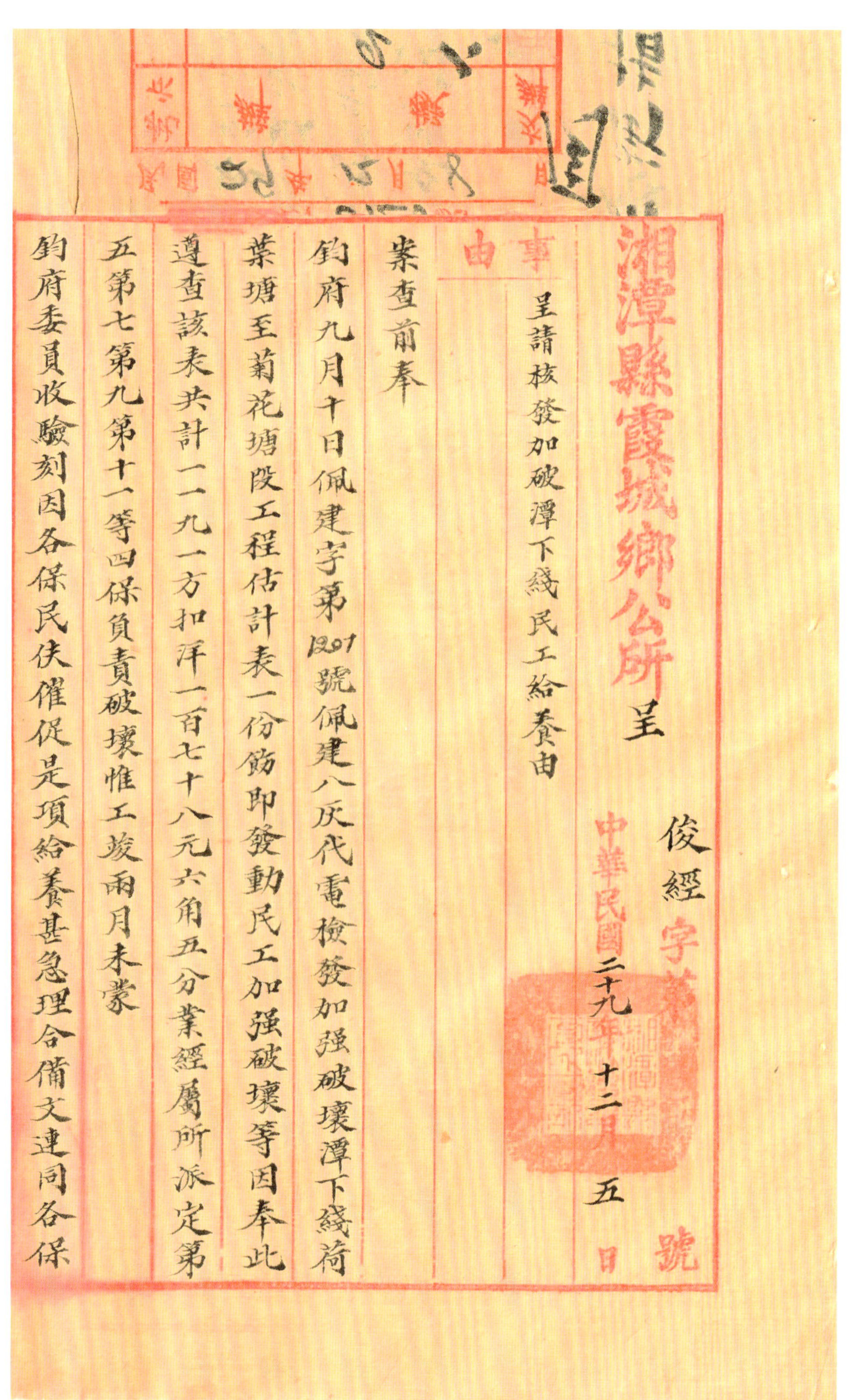
湘潭縣霞城鄉公所呈 俊經字第 號

事由 呈請核發加破潭下綫民工給養由

中華民國二十九年十二月五日

案查前奉

鈞府九月十日佩建字第1201號佩建八灰代電檢發加强破壞潭下綫荷葉塘至菊花塘段工程估計表一份飭即發動民工加强破壞等因奉此遵查該表共計一一九一方扣洋一百七十八元六角五分業經屬所派定第五第七第九第十一等四保負責破壞惟工竣兩月未蒙鈞府委員收驗刻因各保民伕催促是項給養甚急理合備文連同各保

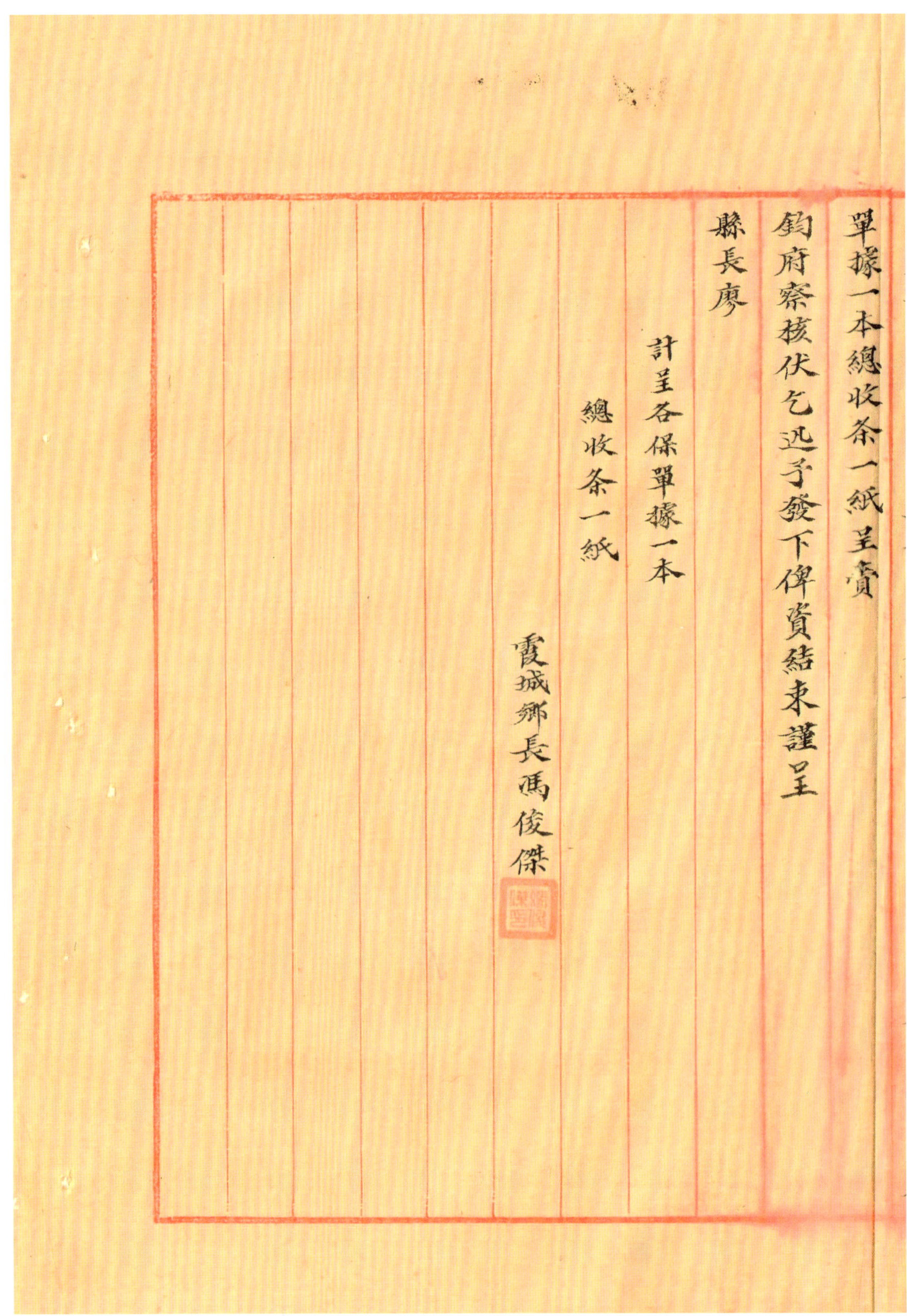
單據一本總收条一紙呈賫
鈞府察核伏乞迅予發下俾資結束謹呈
縣長廖
計呈各保單據一本
總收条一紙
霞城鄉長馮俊傑

湘潭縣

2991

府衔指令　縣佛建字第　号

令露城乡乡长冯俊杰

1940.6 十二月卅日

呈一件（錄原由）

呈暨附件均悉。兹分别核示於下：一、工程准派技士虞振峙前来驗收；二、關於結算，應補造具民工清册，并督收驗收單一併呈候派員照發，附件暫存，其餘發還。仰知照。此令。

計發還各保草據一本，總領條一紙。

縣長　廣○○
秘書　譚○○代行

周公亭

十二月廿六

湘潭县政府关于令即前往潭下线验收霞城乡破坏工程致技士唐鼎峙的训令（一九四〇年十二月二十三日）

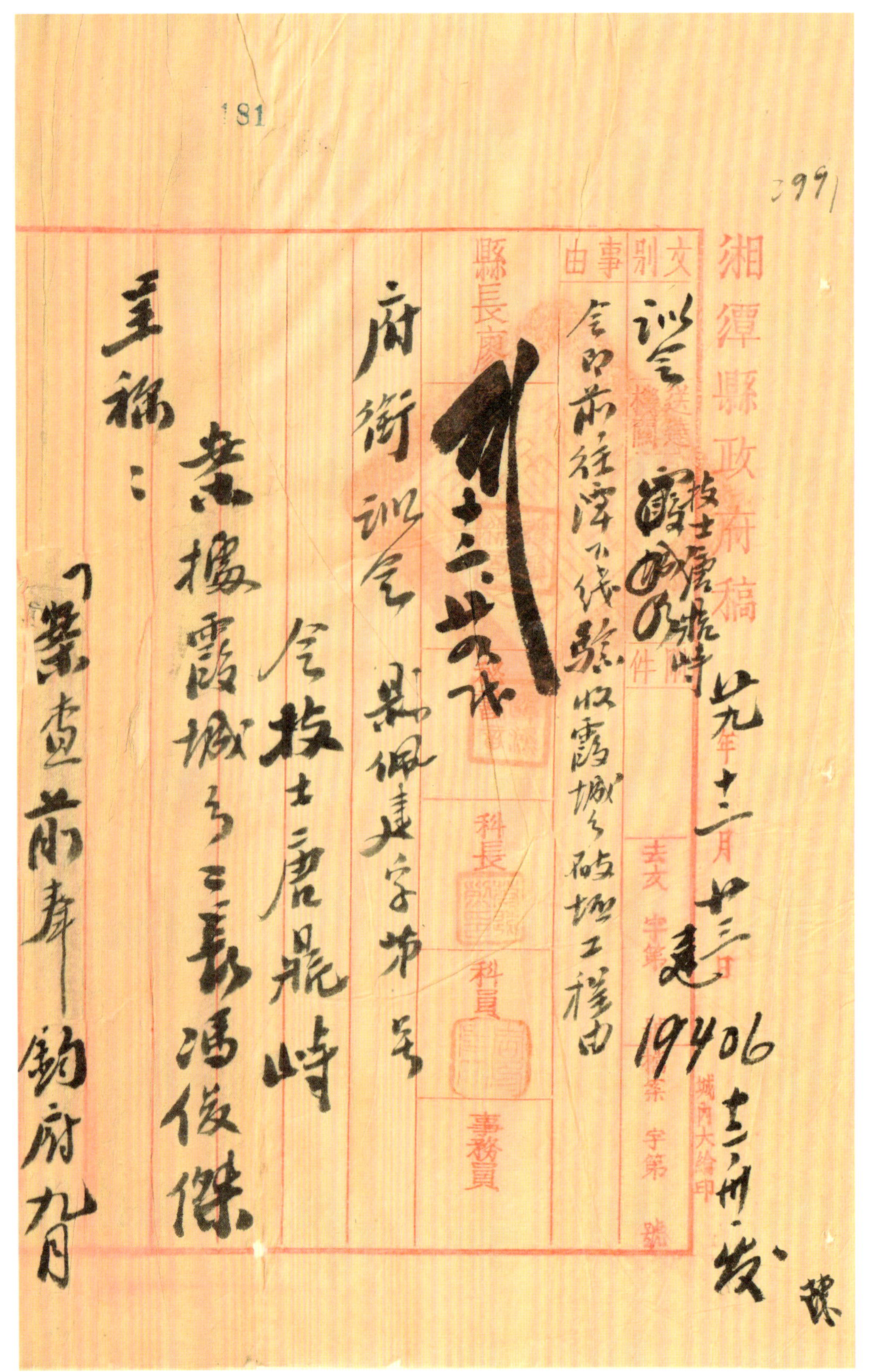

湘潭縣政府稿

文别：訓令

送達機關：技士唐鼎峙

事由：令即前往潭下線驗收霞城乡破壞工程由

縣長

府衔訓令　縣佩建字第　號

令技士唐鼎峙

案據霞城乡乡長馮俊傑呈稱：……

案查前奉鈞府九月……

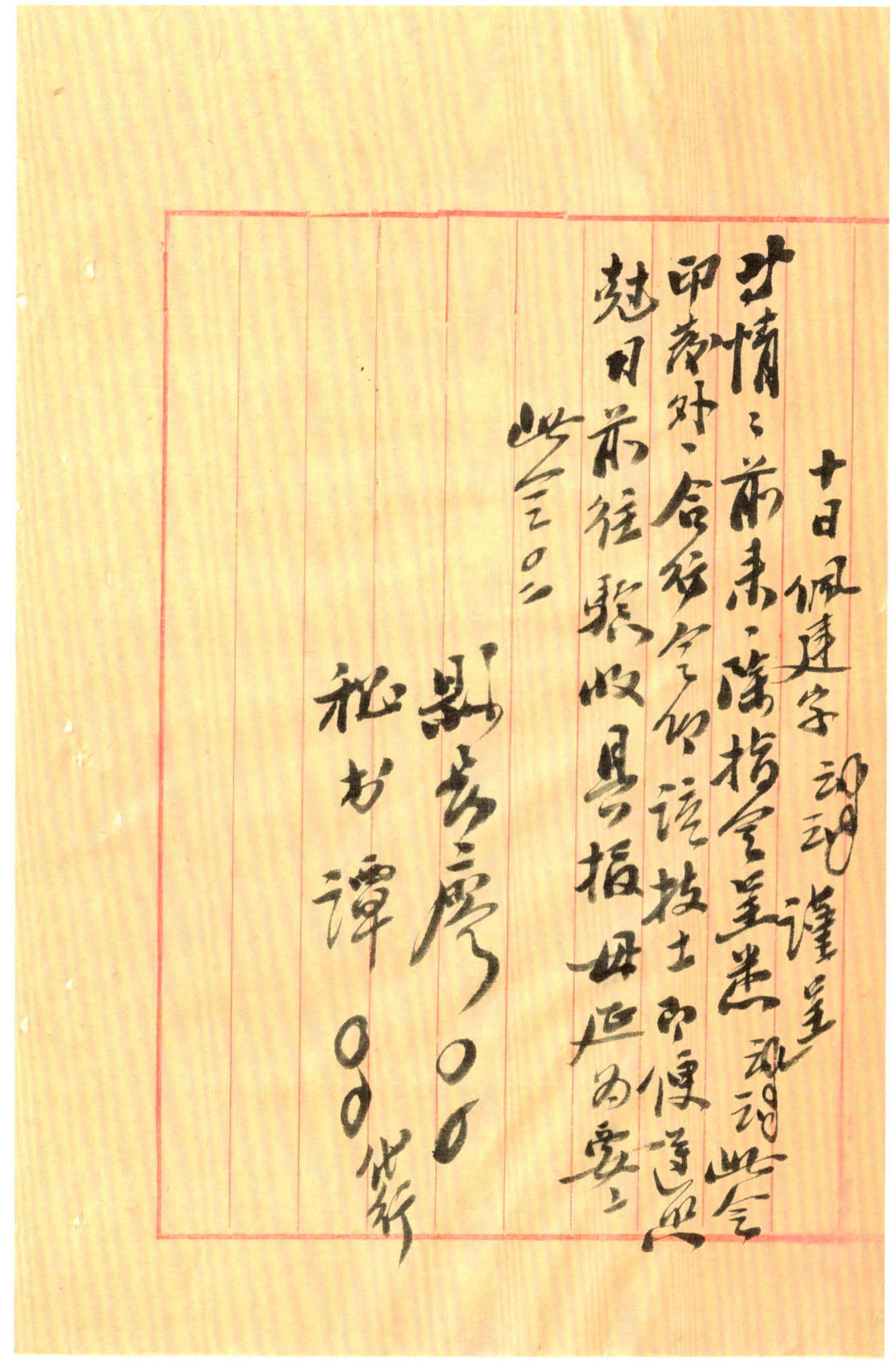

十日佩建字 勛鑒 謹呈

據情〻前來〻除指令呈悉 勛鑒 此令

印發外〻合行令仰該技士即便遵照

尅日前往驗收具報毋延爲要〻

此令〻二〇二

劉長慶○○

秘書譚○○代行

湘潭县霞城乡公所关于补造上年加强破坏潭下公路民工清册并取验收单一并呈赍恳察核派员监发给养致县政府的报告（一九四一年四月八日）

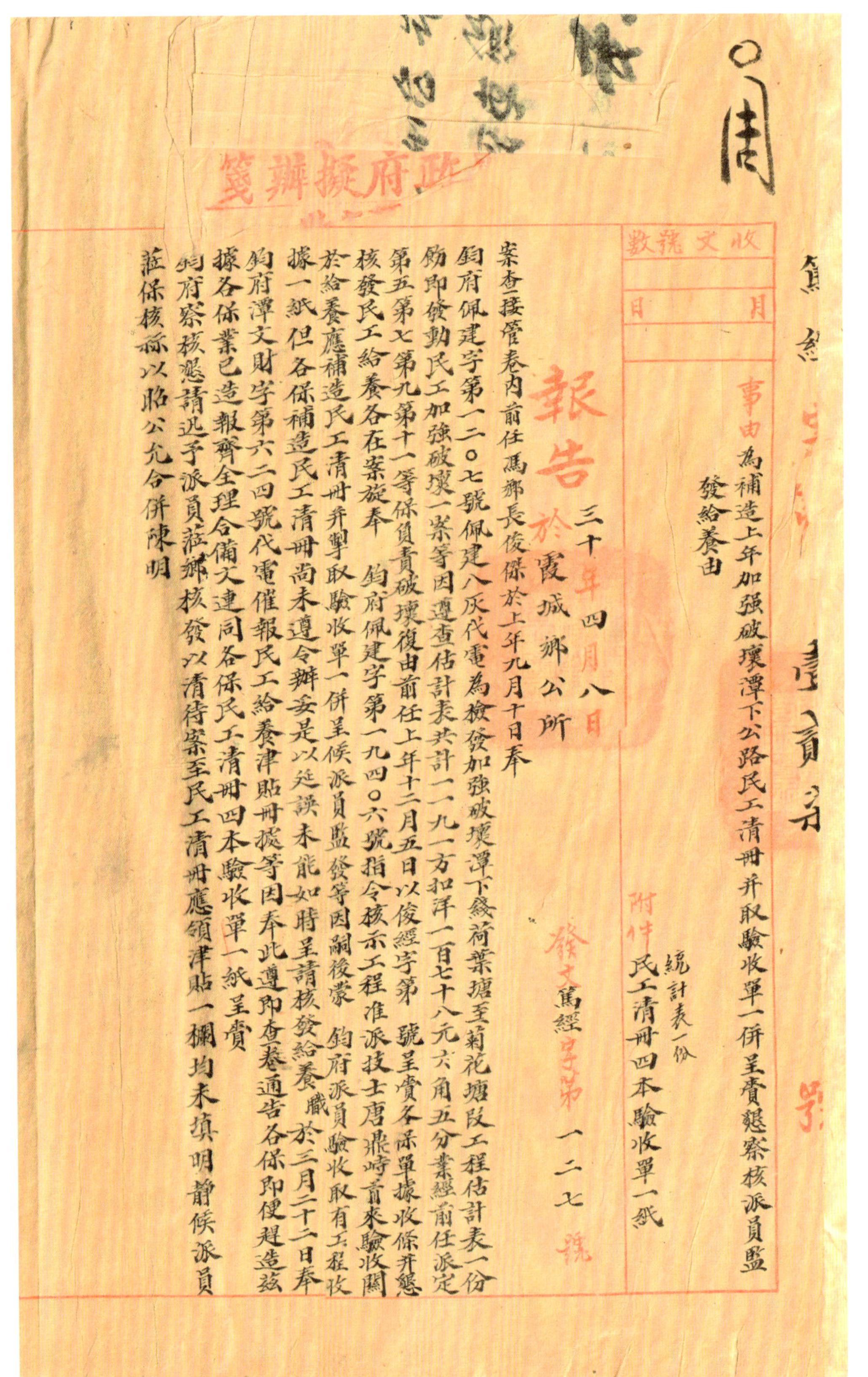

政府擬辦箋

收文號數
月　日

事由　為補造上年加强破壞潭下公路民工清冊并取驗收單一併呈賫懇察核派員監發給養由

附件　統計表一份　民工清冊四本　驗收單一紙

發文篤經字第一二七號

報告　於霞城鄉公所　三十年四月八日

案查接管卷内前任馮鄉長俊傑於上年九月十日奉
鈞府佩建字第一二〇七號佩建八灰代電為檢發加强破壞潭下蕶荷葉塘至菊花塘段工程估計表一份飭即發動民工加强破壞一案等因遵查估計表共計一一九一方扣洋一百七十八元六角五分業經前任派定第五第七第九第十一等保負責破壞復由前任上年十二月五日以俊經字第　號呈賫各保單據收條并懇核發民工給養各在案旋奉　鈞府佩建字第一九四〇六號指令核示工程准派技士唐鼎崎前來驗收關於給養應補造民工清冊并掣取驗收單一併呈候派員監發等因嗣後蒙　鈞府派員驗收取有工程收據一紙但各保補造民工清冊尚未遵令辦妥是以延誤未能如時呈請核發給養　職於三月二十二日奉
鈞府潭文財字第六二四號代電催報民工給養津貼冊據等因奉此遵即查卷通告各保即使趕造茲據各保業已造報齊全理合備文連同各保民工清冊四本驗收單一紙呈賫
鈞府察核懇請迅予派員蒞鄉核發以清待案至民工清冊應領津貼一欄均未填明静候派員蒞保核發以昭公允合併陳明

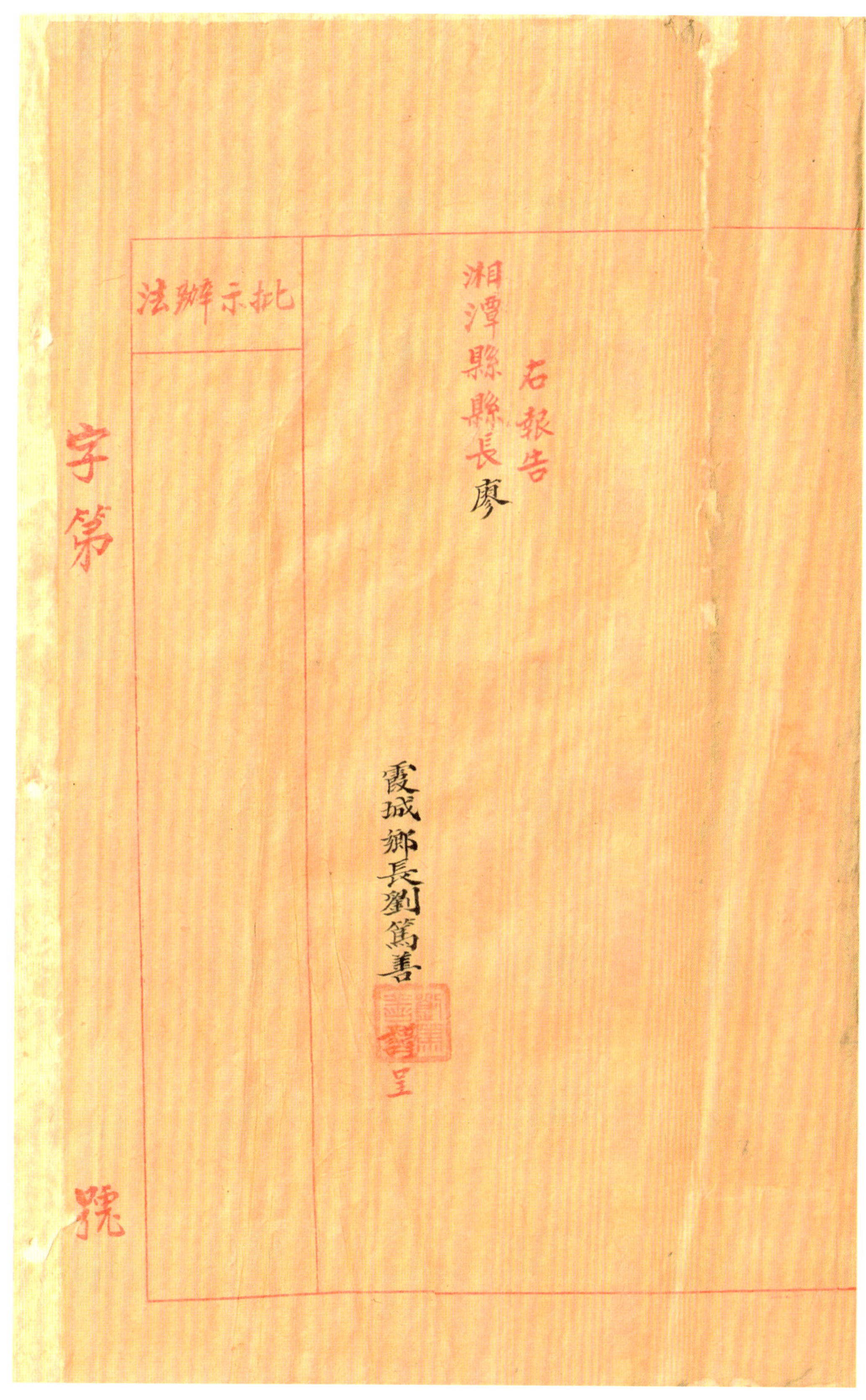
右報告
湘潭縣縣長廖
批示辦法
霞城鄉長劉篤善［印］呈
第　字　號

附一：验收霞城乡公所继续破坏潭下公路菊花塘、荷叶塘两段土方的收条

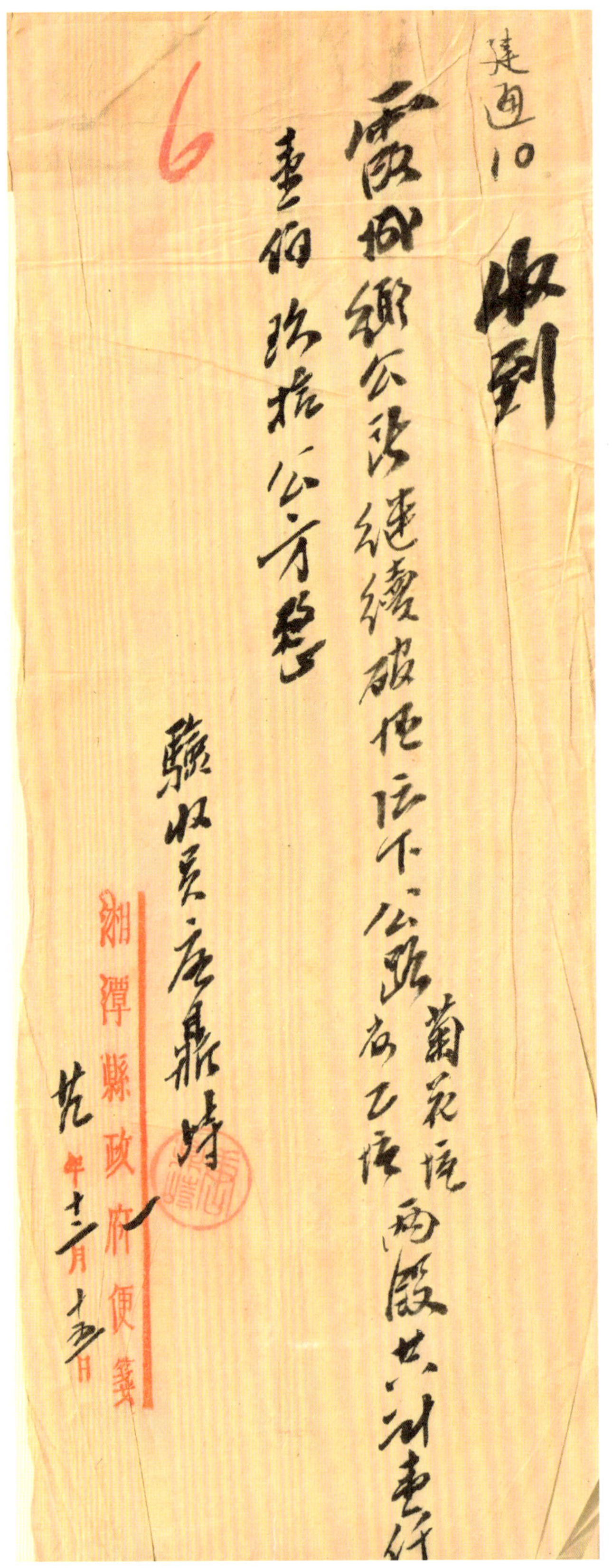

建通10

收到

霞城乡公所继续破坏潭下公路菊花塘右上塘两段共计壹仟

壹佰陆拾公方整

验收员唐鼎峙

卅三年十二月十五日

湘潭县政府便笺

附二：湘潭县霞城乡公所所派各保各甲破坏菊荷段公路统计表

湘潭縣霞城鄉公所所派各保各甲破壞菊荷段公路統計表

保別	保長姓名	某日至某日止	共計土方數目	每土方給養食數額	共計領給養食數目	蓋章	備攷
五保	沈漢清	九月十六日至十九日	二九八	一五	四四七〇	[印]	
七保	曹文進	〃	二九八	〃	四四七〇	[印]	
九保	袁啟明	〃	二九八	〃	四四七〇	[印]	
十一保	羅正恒	〃	二九七	〃	四四五五	[印]	
合計			一一九一	〃	一七八六五		

霞城鄉長　馮俊傑 [印]

附三：湘潭县霞城乡第五保破坏潭下路菊荷段民工清册

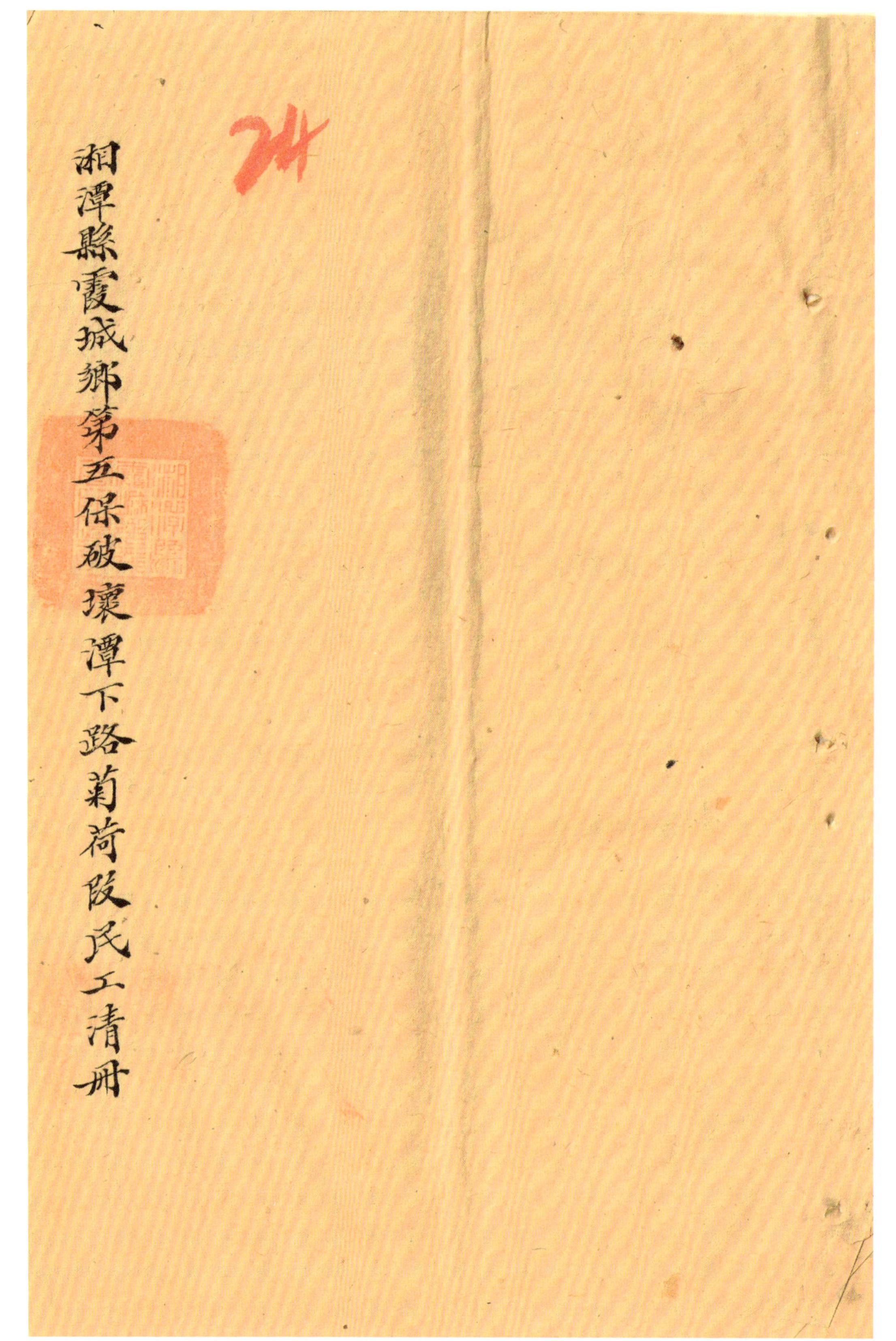

24

湘潭縣霞城鄉第五保破壞潭下路菊荷段民工清册

湘潭縣霞城鄉第五保　甲破壞潭下路荊荷塘民工清册

某保某甲	民工姓名	某月某日至某日止	土方數目	發土方應得給養數目	實領給養數目	蓋章	備攷
五保五甲	郭桂庭	九月十七日至十九日止	六	一五	九〇	押	
	陳芝祥	仝	六	一五	九〇	押	
	楚生貴	仝	六	一五	九〇		
	許先云	仝	六	一五	九〇		
	陳復興	仝	六	一五	九〇		
	劉海安	仝	六	一五	九〇		
五保六甲	陳漢廷	仝	六	一五	九〇		
	李和睦	仝	六	一五	九〇		
	傅永泰	仝	六	一五	九〇		

五保六甲	羅漢雲	九月十七日至十九日止	六		一五	九〇	押
五保七甲	李子云	仝	六		一五	九〇	
	周正甫	仝	六		一五	九〇	
	戴玉廷	仝	六		一五	九〇	
	楚正雲	仝	六		一五	九〇	
	王春江	仝	六		一五	九〇	
五保八甲	鄧復云	仝	六		一五	九〇	
	劉復順	仝	六		一五	九〇	
	鄧春山	仝	六		一五	九〇	
	楊桂秋	仝	六		一五	九〇	押
	郭子云	仝	六		一五	九〇	

湘潭縣霞城鄉第五保　甲破壞潭下路荊荷塘民工清冊

某保某甲	民工姓名	某月至某日止	土方數目	每土方應得給養數目	實領給養數目	蓋章	備攷
五保一甲	袁福安	九月十七日至十九日止	六	一五	九〇	押	
	顏良云	仝	六	一五	九〇	押	
	陳順裕	仝	六	一五	九〇		
	曾復興	仝	六	一五	九〇		
	胡漢秋	仝	六	一五	九〇	押	
五保二甲	顏有慶	仝	六	一五	九〇		
	唐振謙	仝	六	一五	九〇	押	
	唐甫廷	仝	六	一五	九〇	押	
	郭福庭	仝	六	一五	九〇	押	

五保三甲	劉新發	九月十一日至十九日止	六		一五	九〇		
	周茂德	仝	六		一五	九〇		
	周云泗	仝	六		一五	九〇		
	郭振華	仝	六		一五	九〇		
五保四甲	劉文賢	仝	六		一五	九〇		
	劉正坤	仝	六		一五	九〇		
	沈新裕	仝	六		一五	九〇		
	楊桂和	仝	六		一五	九〇		
	王桂廷	仝	六		一五	九〇		
	羅鏡生	仝	六		一五	九〇		
	劉剩桂	仝	六		一五	九〇		

湘潭縣霞城鄉第五保　甲破壞潭下路莿荷塘民工清册

某保某甲	民工姓名	某月某日至某日止	土方單位	每土方雇價給券數目	實發土方數目	蓋章	備攷
五保九甲	周洪發	九月十七日至十九日止	六	一五	九〇		
	周春輝	仝	六	一五	九〇		
	唐少懷	仝	六	一五	九〇		
	袁明道	仝	六	一五	九〇		
	周永達	仝	六	一五	九〇		
	張全德	仝	六	一五	九〇		
五保十甲	羅榮萃	仝	六	一五	九〇		
	倪桂秋	仝	六	一五	九〇		
	鄧德云	仝	六	一五	九〇		

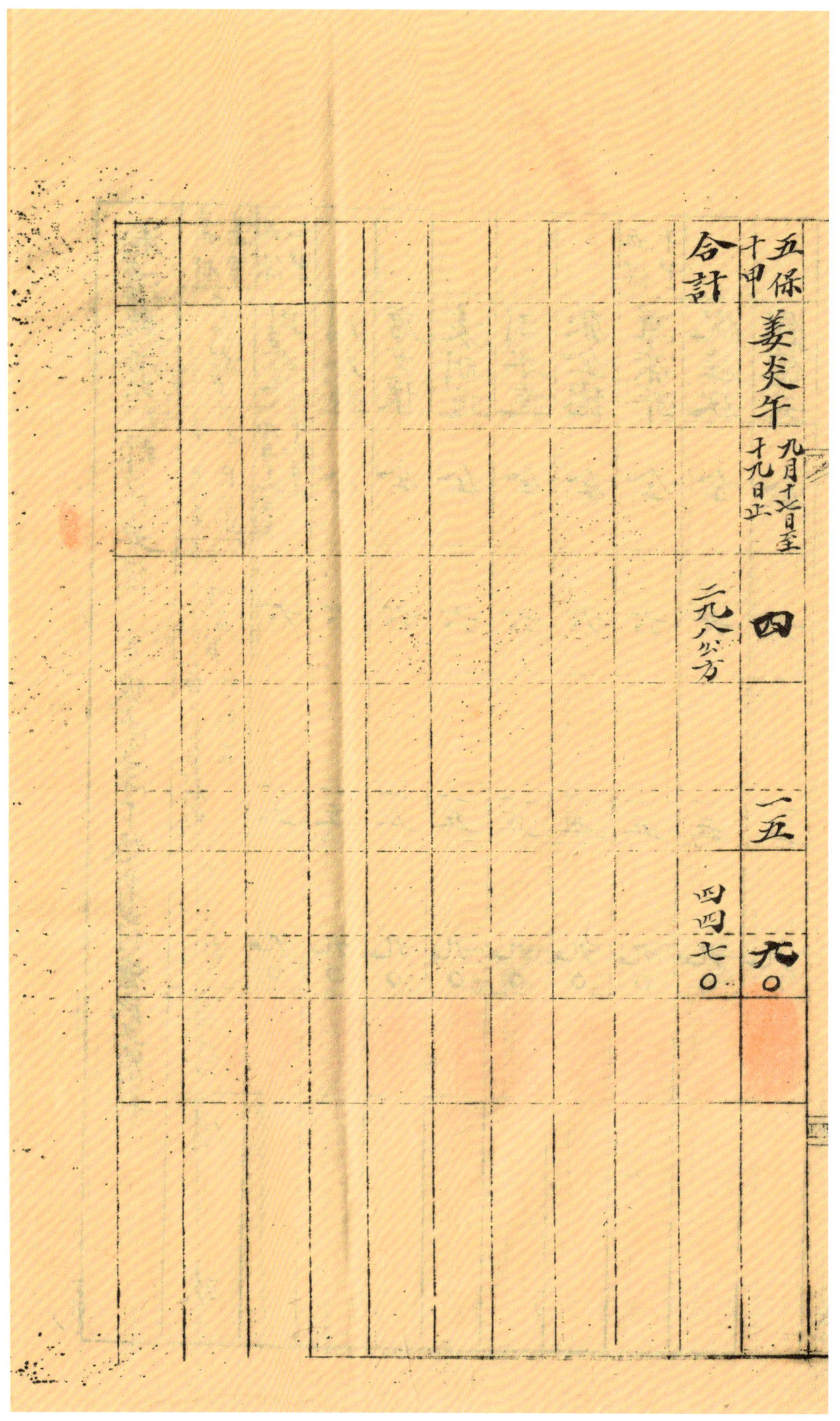

五保十甲	姜炎午	九月十七日至十九日止	四		一五		六〇	
合計			二九八公方			四四七〇		

28

一

五保保長沈漢清　押

一甲甲長盧載章　押

二甲甲長蕭漢民　押

三甲甲長吳桂林　押

四甲甲長黄賓庭　押

五甲甲長黄敬庭　押

六甲甲長李人杰　押

七甲甲長張榮卿　押

八甲甲長鄧貴和　押

九甲甲長黄保安　押

十甲甲長唐德太　押

附四：湘潭县霞城乡第七保破坏潭下路菊荷段民工清册

湘潭縣霞城鄉第七保破壞潭下路菊荷段民工清册
二九年九月

14

湘潭縣霞城鄉第七保　甲破壞濠溝下路前荷塘民工清册

某保某甲	民工姓名	某月至某日止	土方數目	每土方應得谷數目	實領谷米數目	蓋章	備攷
七保一甲	郭仁俊	九月十七日至十九日止	六	一五	九〇		
	王韻松	仝	六	一五	九〇		
	周錦云	仝	六	一五	九〇		
	李南楨	仝	六	一五	九〇		
二甲	戴云生	仝	六	一五	九〇		
	劉紹安	仝	六	一五	九〇	押	
	黄脩文	仝	六	一五	九〇		
	黄曉南	仝	六	一五	九〇		
三甲	唐哲定	仝	六	一五	九〇		

七保三甲	劉有條	九月十七日至十九日止	六		一五	九〇	押
	陳有亮	仝	六		一五	九〇	押
	鄧昆山	仝	六		一五	九〇	押
四甲	曹照福	仝	六		一五	九〇	
	陳有朋	仝	六		一五	九〇	
	李春廷	仝	六		一五	九〇	
	任雨亭	仝	六		一五	九〇	
五甲	劉玉泉	仝	六		一五	九〇	
	陳新盛	仝	六		一五	九〇	
	楚桂卿	仝	六		一五	九〇	
	黃復興	仝	六		一五	九〇	

湘潭縣霞城鄉第七保甲破壞潭下路荊荷塘民工清册

某保某甲	民工姓名	某月某日至某日止	土方數目	每土方應得給養數目	實領給養數目	蓋章	備考
七保六甲	趙正箎	九月十七日至十九日止	六	一五	九〇	押	
	趙致宗	仝	六	一五	九〇	押	
	趙子桂	仝	六	一五	九〇		
	肖蔭芳	仝	六	一五	九〇		
七甲	楊崇福	仝	六	一五	九〇		
	楊少臣	仝	六	一五	九〇	押	
	肖白林	仝	六	一五	九〇	押	
	唐儀和	仝	六	一五	九〇		
八甲	何餘慶	仝	六	一五	九〇	押	

七保八甲	郭菊生	九月十五日至十九日止	六		一五	九〇	押
	文和生	仝	六		一五	九〇	
	郭梅四	仝	六		一五	九〇	押
九甲	鄧碧興	仝	六		一五	九〇	押
	鄧碧猗	仝	六		一五	九〇	押
	郭岳華	仝	六		一五	九〇	
	何耀章	仝	六		一五	九〇	
十甲	傅運生	仝	六		一五	九〇	押
	郭述初	仝	六		一五	九〇	押
	郭桂生	仝	六		一五	九〇	押
	鍾松林	仝	六		一五	九〇	押

16

湘潭縣霞城鄉第七保　甲破壞潭下路莿荷塘民工清册

某保某甲	民工姓名	某月某日至某日止	土方數目	每土方應得給養數目	實領給養數目	蓋章	備攷
七保十一甲	彭春華	九月十一日至十九日止	六	一五	九〇	押	
	彭慶林	仝	六	一五	九〇	押	
	彭德生	仝	六	一五	九〇		
	趙清和	仝	六	一五	九〇		
十二甲	朱先第	仝	六	一五	九〇		
	朱富四	仝	六	一五	九〇		
	宋清生	仝	六	一五	九〇		
	劉梅廷	仝	六	一五	九〇	押	
	劉修儀	仝	六	一五	九〇		

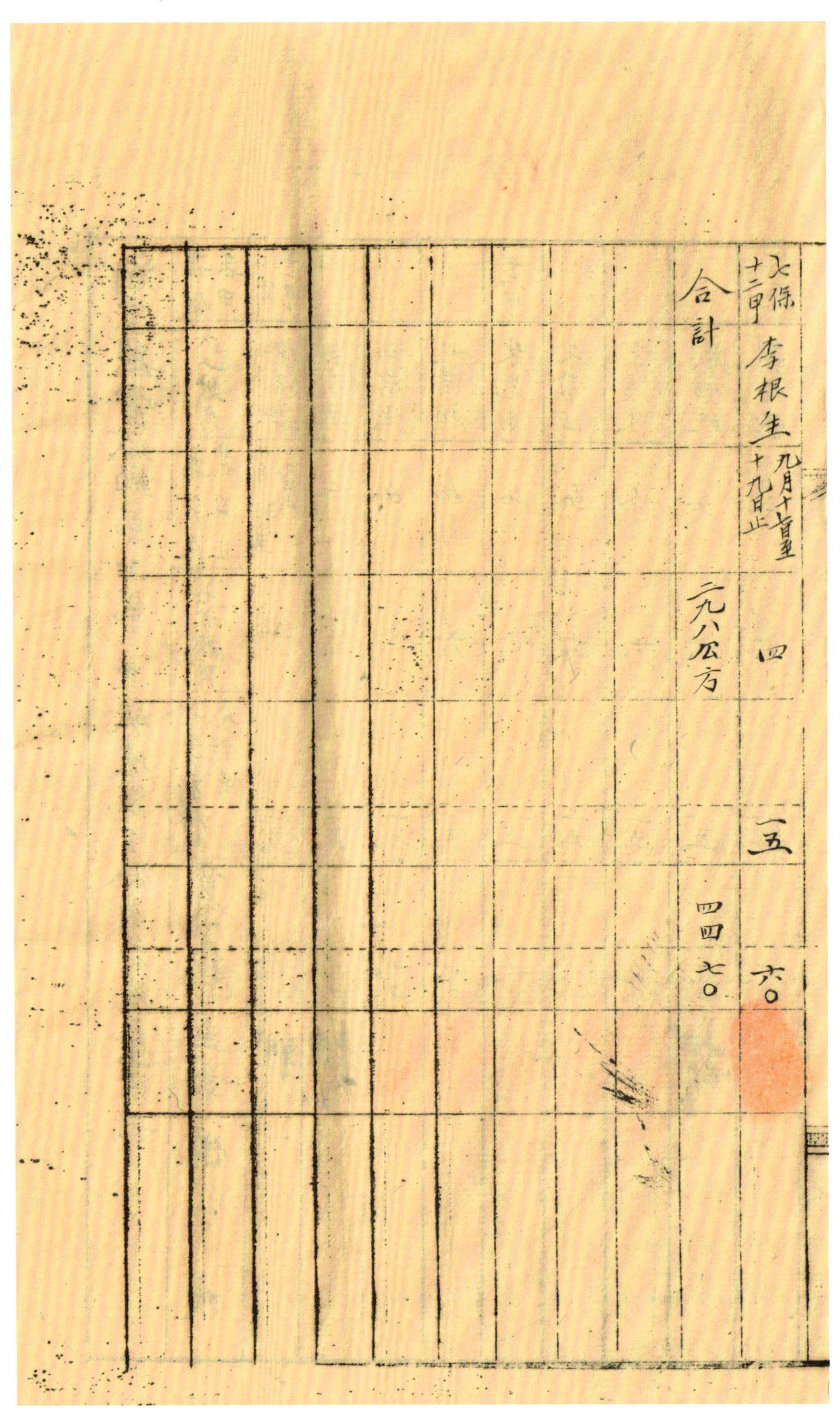

七保十二甲	李根生	九月十七日至十九日止	四	一五	六〇
合計			二九八公方		四四七〇

17

七保保長曹文進 曹文進印

一甲甲長郭源興 押

二甲甲長羅正華 押

三甲甲長王漢池 押

四甲甲長曹熙福 押

五甲甲長阮世昌 押

六甲甲長蕭蔭芳 押

七甲甲長朱壽山 押

八甲甲長楊榮福 押

九甲甲長朱先承 押

十甲甲長郭青山 押

十一甲甲長伍賢璋 押

十二甲甲長彭春華 押

附五：湘潭县霞城乡第九保破坏潭下路菊荷段民工清册

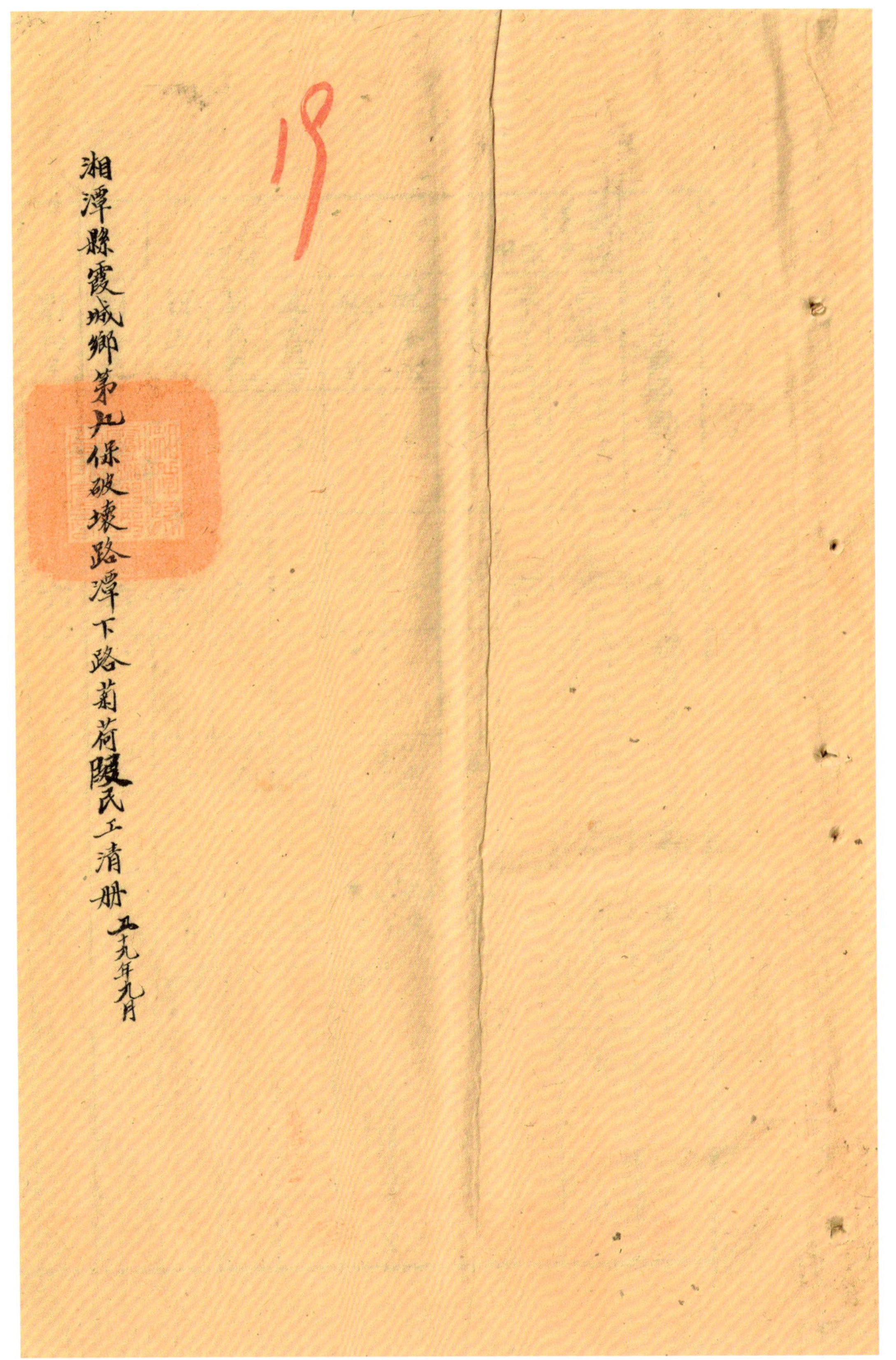
18

湘潭縣霞城鄉第九保破壞路潭下路菊荷段民工清册
三十九年九月

湘潭縣霞城鄉第九保　甲破壞潭下路荊荷塘民工清冊

某保某甲	民工姓名	某月至某日止	土方數目	每土方應得給養穀數目	實領給養穀數目	蓋章	備攷
九保一甲	譚青廷	九月十六日至十九日止	六	一五	九〇		
〃	袁源興	仝	六	一五	九〇		
〃	羅玉心	仝	六	一五	九〇		
〃	張益華	仝	六	一五	九〇	押	
〃	李春華	仝	六	一五	九〇		
九保二甲	劉俊乾	仝	六	一五	九〇		
	劉正六	仝	六	一五	九〇	押	
	劉春廷	仝	六	一五	九〇		
	劉丙凡	仝	六	一五	九〇		

九保二甲	劉源竟	九月十一日至十九日止	六		一五	九〇	
三甲	袁增貴	仝	六		一五	九〇	
	郭文定	仝	六		一五	九〇	押
	賀金生	仝	六		一五	九〇	押
	賀重支	仝	六		一五	九〇	
	袁子林	仝	六		一五	九〇	押
四甲	李春廷	仝	六		一五	九〇	
	王福春	仝	六		一五	九〇	
	羅科五	仝	六		一五	九〇	押
	周兩生	仝	六		一五	九〇	
	羅正華	仝	六		一五	九〇	押

湘潭縣霞城鄉第九保　甲破壞潭下路荊荷塘民工清冊

某保某甲	民工姓名	某月某日至某日止	土方數目	每土方應得給養數目	實領給養數目	蓋章	備攷
九保五甲	崔昌其	九月十七日至十九日止	六	一五	九〇		
	馮春廷	仝	六	一五	九〇		
	李海秋	仝	六	一五	九〇		
	羅梅生	仝	六	一五	九〇		
	馮忠厚	仝	六	一五	九〇		
六甲	唐澤民	仝	六	一五	九〇		
	王意臣	仝	六	一五	九〇		
	李少海	仝	六	一五	九〇		
	唐欽忠	仝	六	一五	九〇		

九保六甲	劉桂廷	九月十七日至十九日止	六	一五	九〇	押
七甲	李家友	仝	六	一五	九〇	押
	李家祥	仝	六	一五	九〇	押
	李家農	仝	六	一五	九〇	
	王澤春	仝	六	一五	九〇	押
	王大滿	仝	六	一五	九〇	
八甲	胡仁初	仝	六	一五	九〇	
	胡五爺	仝	六	一五	九〇	押
	胡傑斋	仝	六	一五	九〇	押
	胡恒玉	仝	六	一五	九〇	
	羅晋安	仝	六	一五	九〇	押

湘潭縣霞城鄉第九保　甲破壞潭下路荊荷塘民工清冊

某保某甲	民工姓名	某月至某日止	土方數目	每土方應折給養數目	實領給養數目	蓋章	備攷
九保九甲	文仲欽	九月十一日至十九日止	六	一五	九〇	押	
	張致和	仝	六	一五	九〇	押	
	胡仁山	仝	六	一五	九〇	押	
	鄧華山	仝	六	一五	九〇		
	鄧崇云	仝	六	一五	九〇	押	
十甲	羅正安	仝	六	一五	九〇	押	
	陳全裕	仝	六	一五	九〇	押	
	顧永福	仝	六	一五	九〇	押	
	莫冬生	仝	六	一五	九〇		

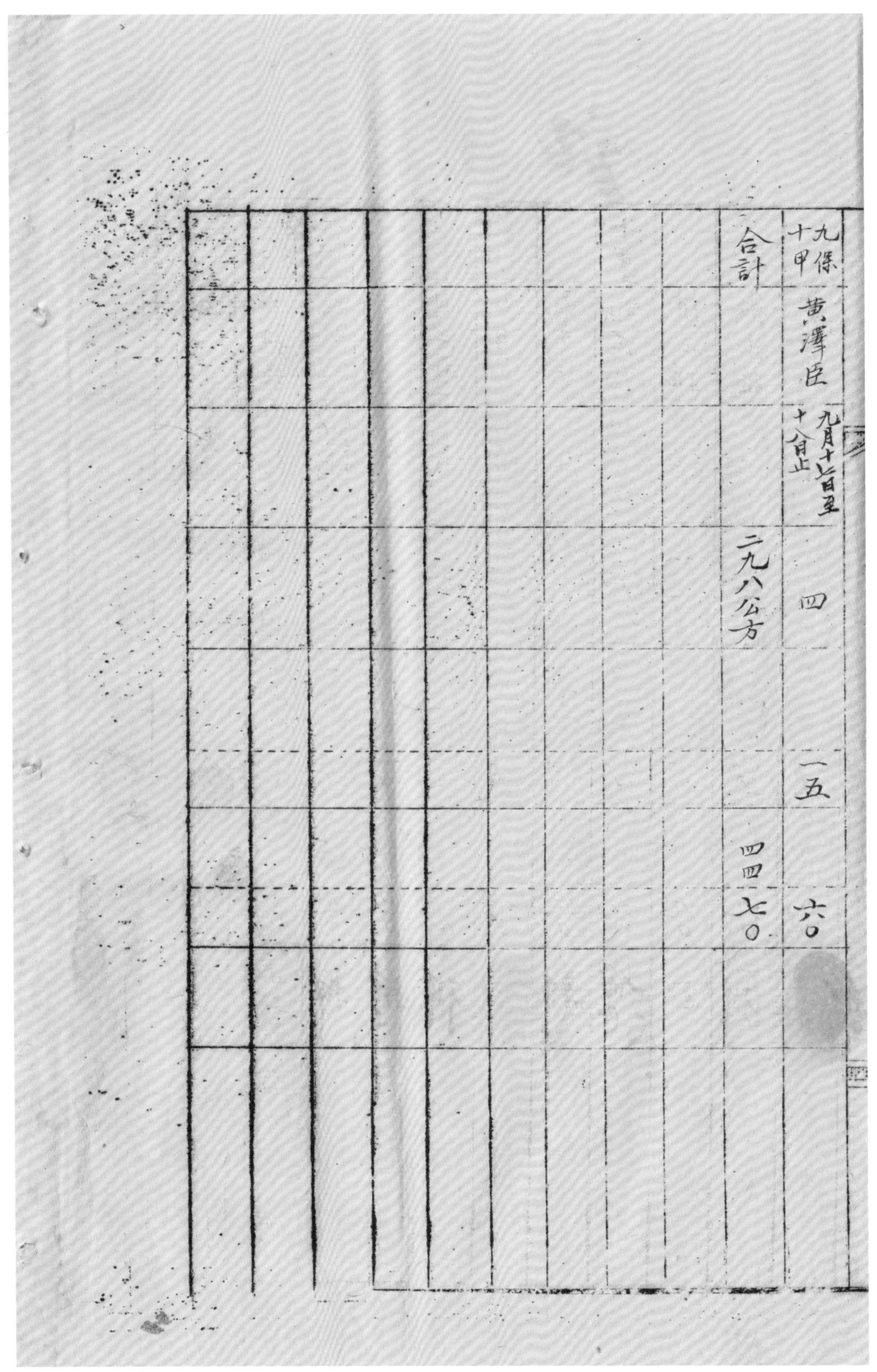

九保十甲	黄澤臣	九月十七日至十八日止	四		一五		六〇
合計			二九八公方				四四七〇

23

九保保長袁啟明　押

一甲甲長陳子詒　押

二甲甲長黃常友　押

三甲甲長袁增貴　押

四甲甲長郭潤堂

五甲甲長王福春

六甲甲長粟福泉　押

七甲甲長謝紹桼　押

八甲甲長黃篤吾　押

九甲甲長馮敦厚　押

十甲甲長黃長生　押

附六：湘潭县霞城乡第十一保破坏潭下路菊荷段民工清册

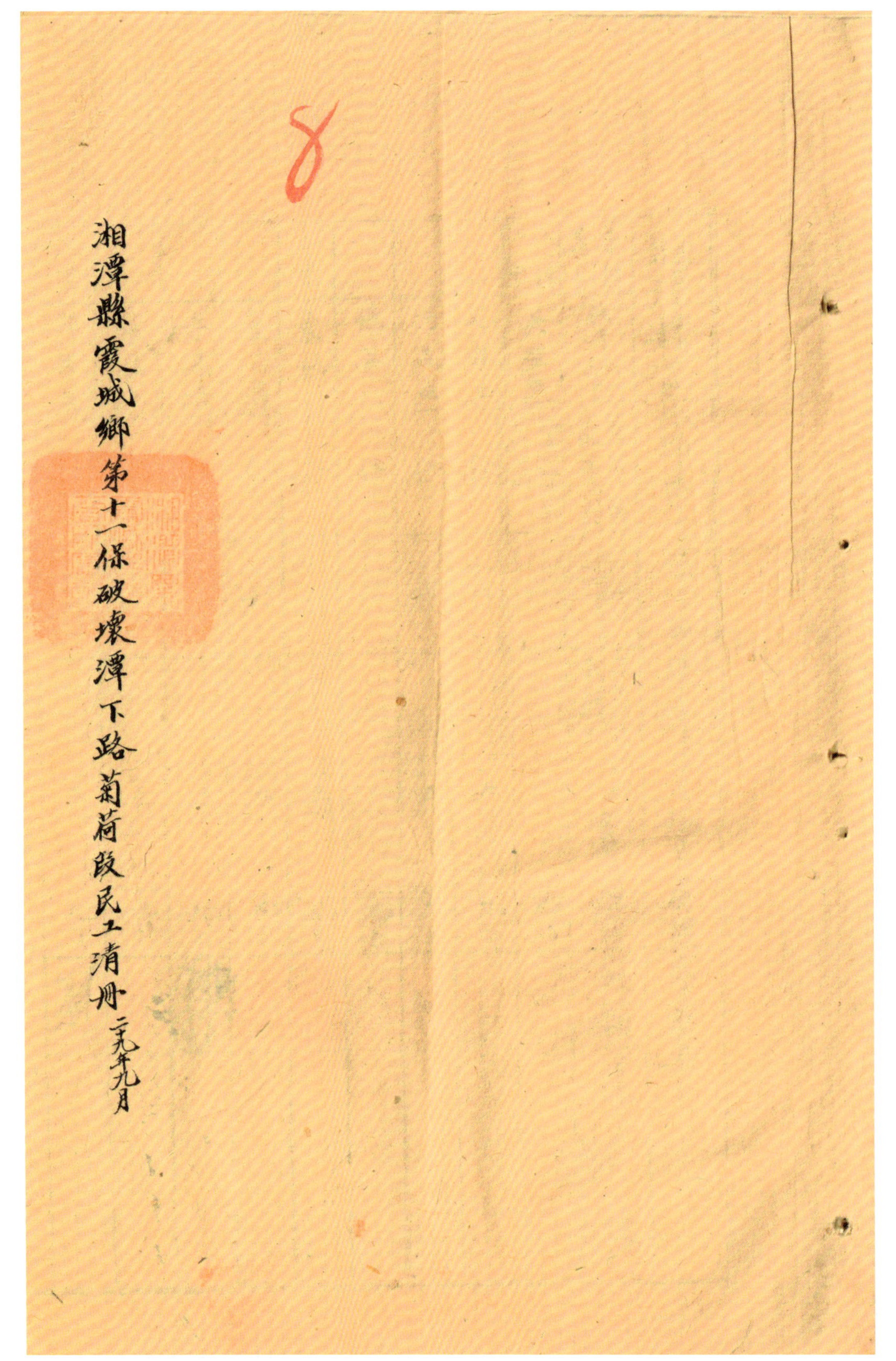
8

湘潭縣霞城鄉第十一保破壞潭下路菊荷段民工清册 二九年九月

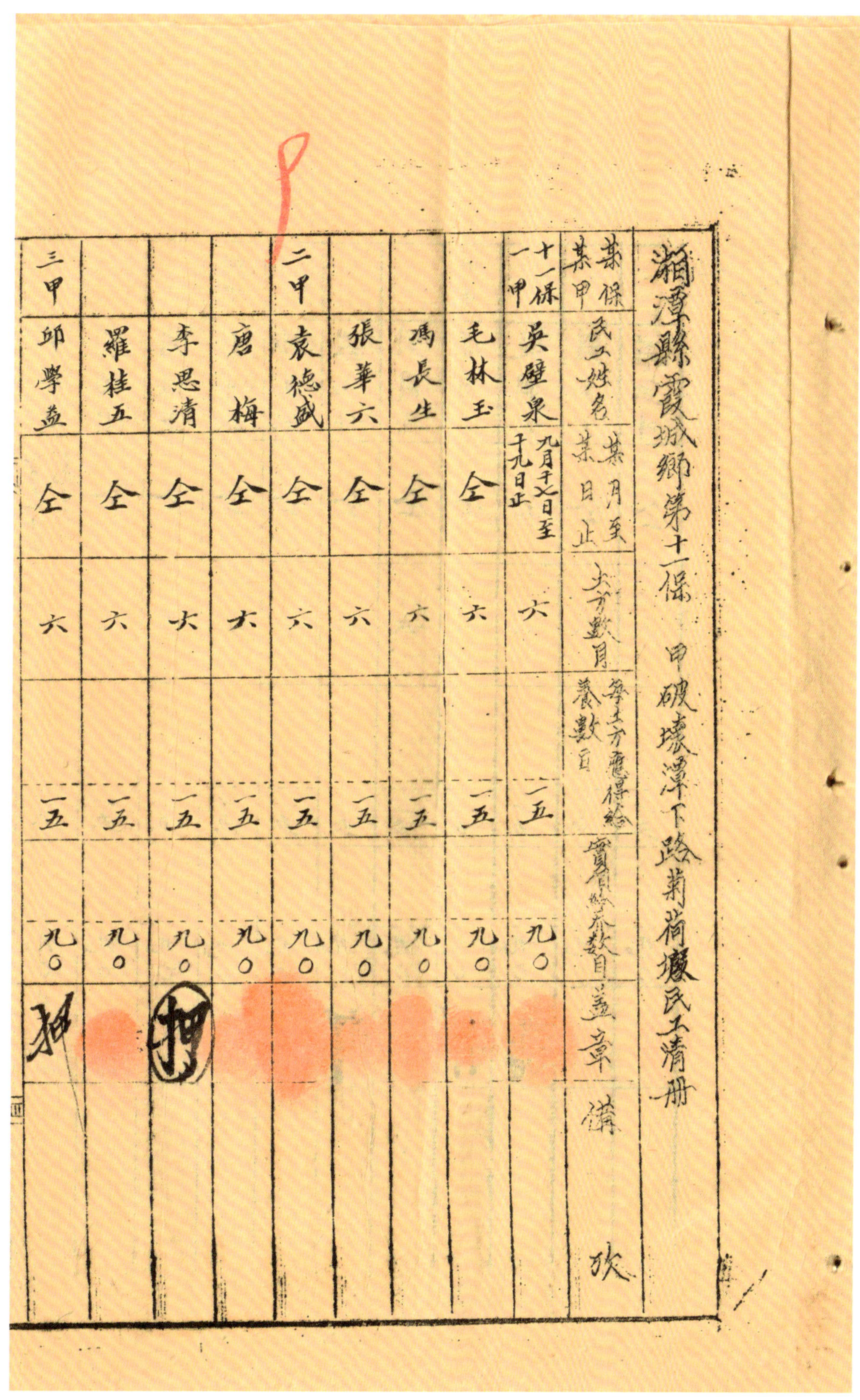

湘潭縣霞城鄉第十一保　甲破壞潭下路莉荷壩民工清册

某保某甲	民工姓名	某月某日至某日止	土方數目	每土方應得給養數目	實領給養數目	蓋章	備攷
十一保一甲	吳壁泉	九月十七日至十九日止	六	一五	九〇		
	毛林玉	仝	六	一五	九〇		
	馮長生	仝	六	一五	九〇		
	張華六	仝	六	一五	九〇		
二甲	袁德盛	仝	六	一五	九〇		
	唐梅	仝	六	一五	九〇		
	李思清	仝	六	一五	九〇	押	
	羅桂五	仝	六	一五	九〇		
三甲	邱學益	仝	六	一五	九〇	押	

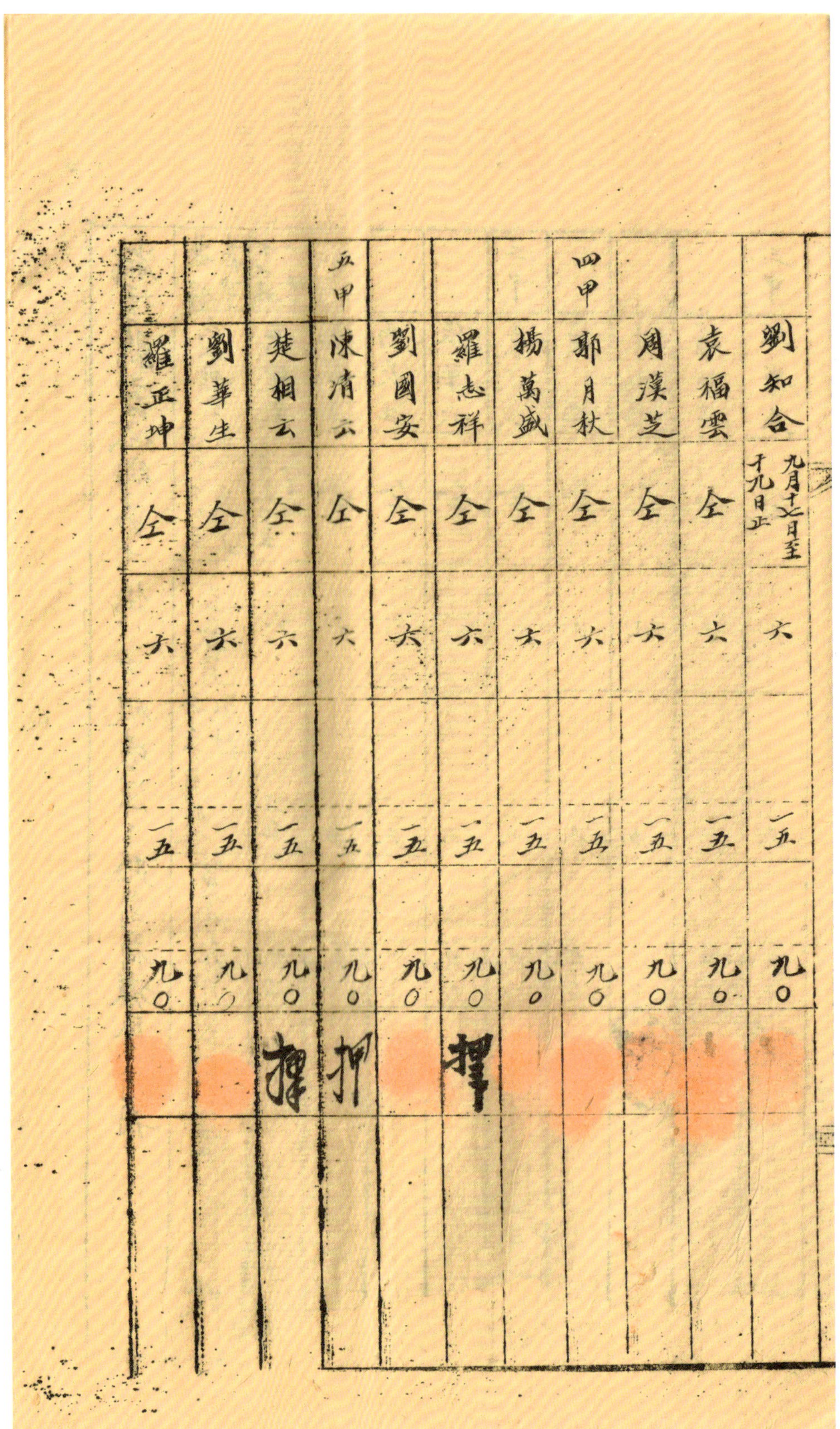

	劉知合	九月十七日至十九日止	六	一五	九〇	
	袁福雲	仝	六	一五	九〇	
	周漢芝	仝	六	一五	九〇	
四甲	鄢月秋	仝	六	一五	九〇	
	楊萬盛	仝	六	一五	九〇	
	羅志祥	仝	六	一五	九〇	押
	劉國安	仝	六	一五	九〇	
五甲	陳清云	仝	六	一五	九〇	押
	楚相云	仝	六	一五	九〇	押
	劉華生	仝	六	一五	九〇	
	羅正坤	仝	六	一五	九〇	

湘潭縣霞城鄉第十一保　甲破壞潭下路荊荷塘民工清册

某保某甲	民工姓名	某月至某日止	土方數目	每土方應得給養數目	實領給養數目	蓋章	備攷
六甲	嚴漢章	九月十〤日至十九日止	六	一五	九〇	押	
	唐吉星	仝	六	一五	九〇		
	唐長生	仝	六	一五	九〇		
	羅永昌	仝	六	一五	九〇		
七甲	周桂和	仝	六	一五	九〇		
	吳丙炎	仝	六	一五	九〇		
	陳秋生	仝	六	一五	九〇	押	
	羅正泰	仝	六	一五	九〇	押	
八甲	盧大明	仝	六	一五	九〇	押	

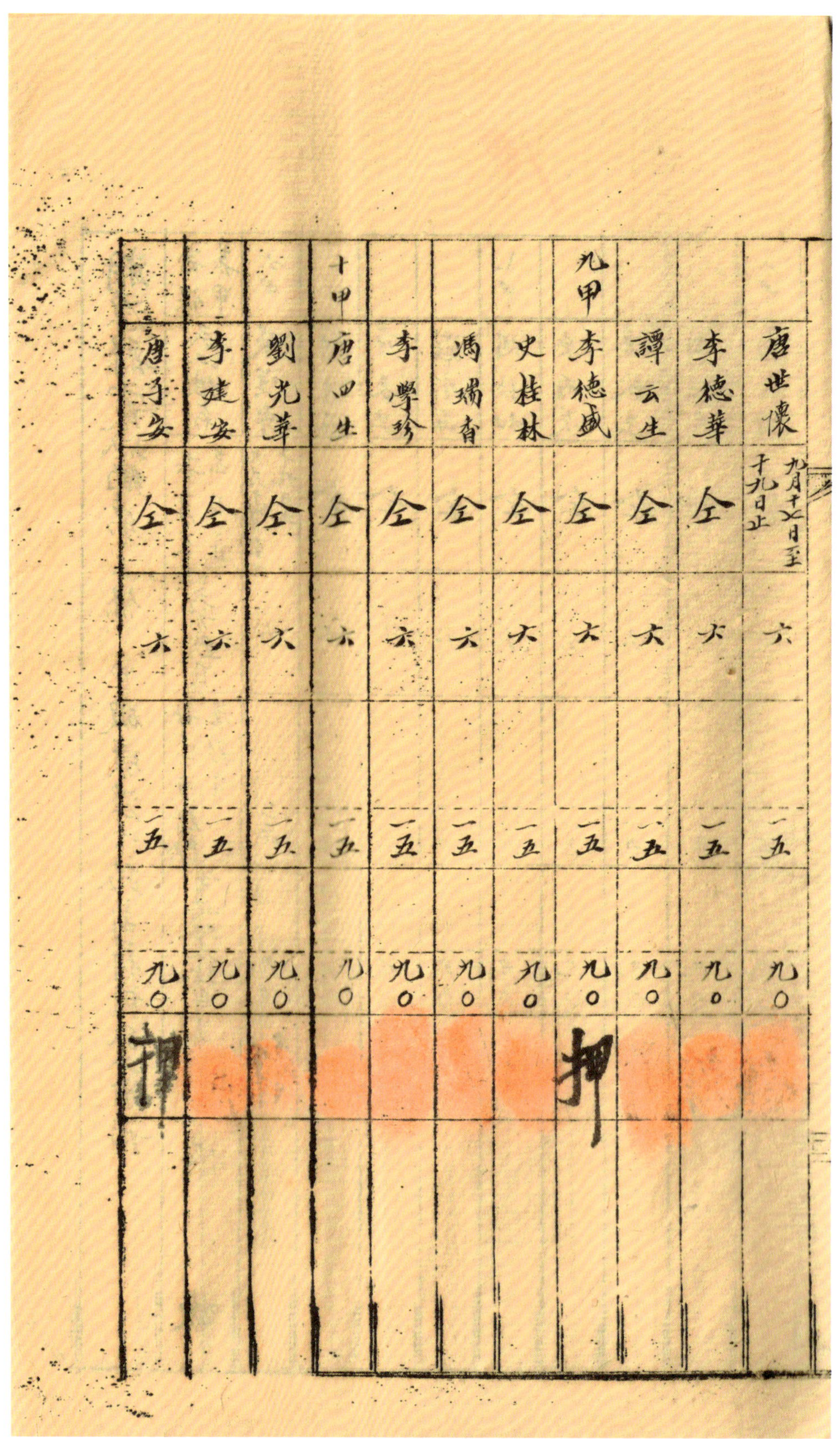

	唐世懷	九月十七日至十九日止	六	一五	九〇	
	李德華	仝	六	一五	九〇	
	譚云生	仝	六	一五	九〇	
九甲	李德盛	仝	六	一五	九〇	押
	史桂林	仝	六	一五	九〇	
	馮瑞育	仝	六	一五	九〇	
	李學珍	仝	六	一五	九〇	
十甲	唐四生	仝	六	一五	九〇	
	劉光華	仝	六	一五	九〇	
	李建安	仝	六	一五	九〇	
	唐子安	仝	六	一五	九〇	押

湘潭縣霞城鄉第十一保　甲硤渡潭下路荊荷塘民工清冊

某保某甲	民工姓名	某月某日至某日止	[illegible]	[illegible]	[illegible]	[illegible]	[illegible]	放
十一保十一甲	羅少云	九月十一日至十九日止	六		一五	九〇		
	馮長云	仝	六		一五	九〇	押	
	羅正偉	仝	六		一五	九〇		
	袁正云	仝	六		一五	九〇		
十一保十二甲	唐家益	仝	六		一五	九〇	押	
	楊正發	仝	六		一五	九〇		
	唐升梅	仝	六		一五	九〇	押	
	羅桂南	仝	六		一五	九〇		
	馮寿生	仝	六		一五	九〇		

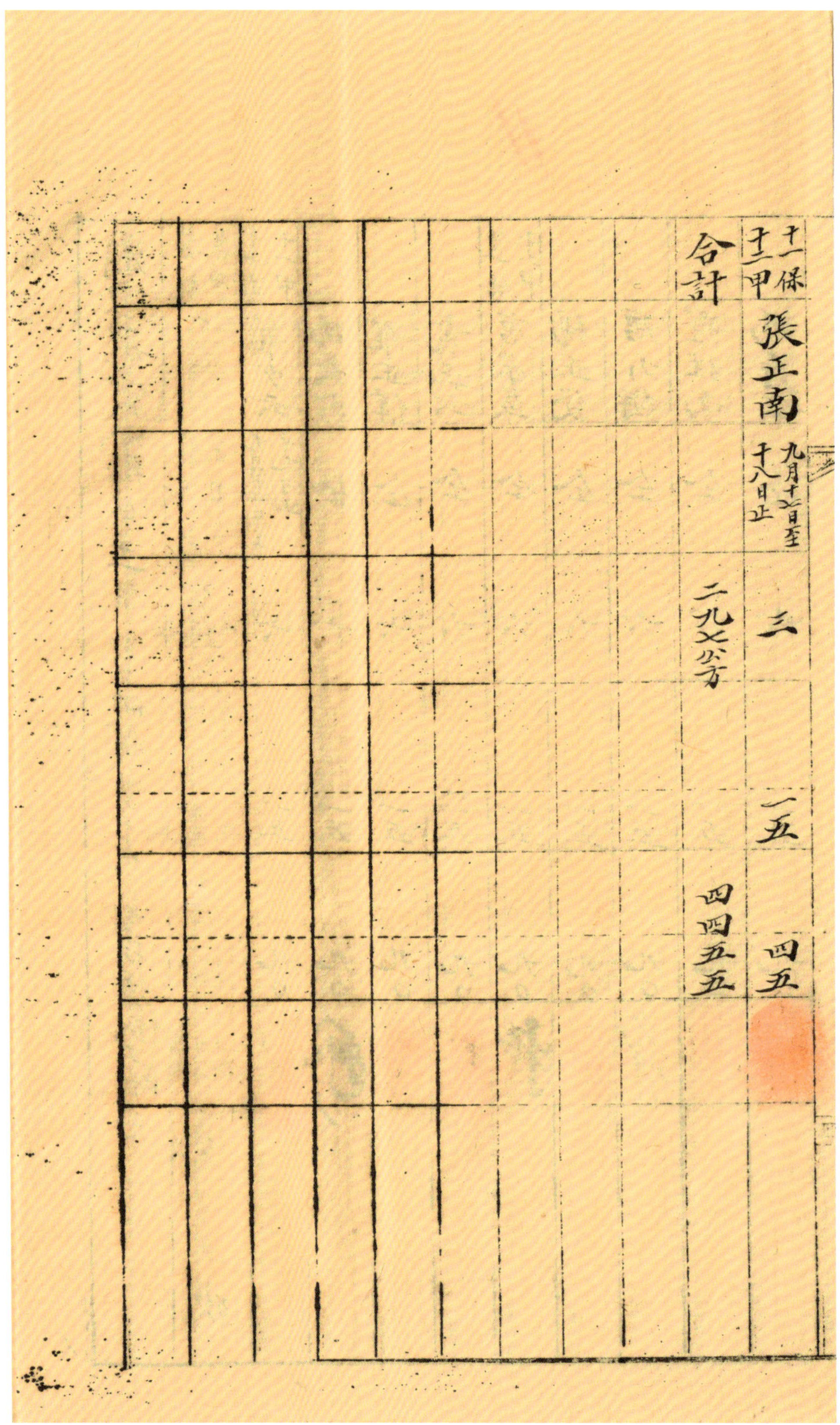

十一保十三甲	張正南	九月十七日至十八日止	三	一五	四五
合計			二九七公方		四四五五

12

十一保保長羅正恒

一甲甲長劉光華押

二甲甲長李季安押

三甲甲長唐子林

四甲甲長郭春生押

五甲甲長趙瑞生押

六甲甲長羅學秋押

七甲甲長王禮云押

八甲甲長馮樹青押

九甲甲長張有德

十甲甲長吳金華押

十一甲甲長周云清押

十二甲甲長胡少云

湘潭县龙华乡卸任乡长李文凯妻尹淑池关于恳予令饬龙华乡现任乡长转饬前经办破路工作各保长负责归还多报仓谷致县政府的呈（一九四一年八月三十日）

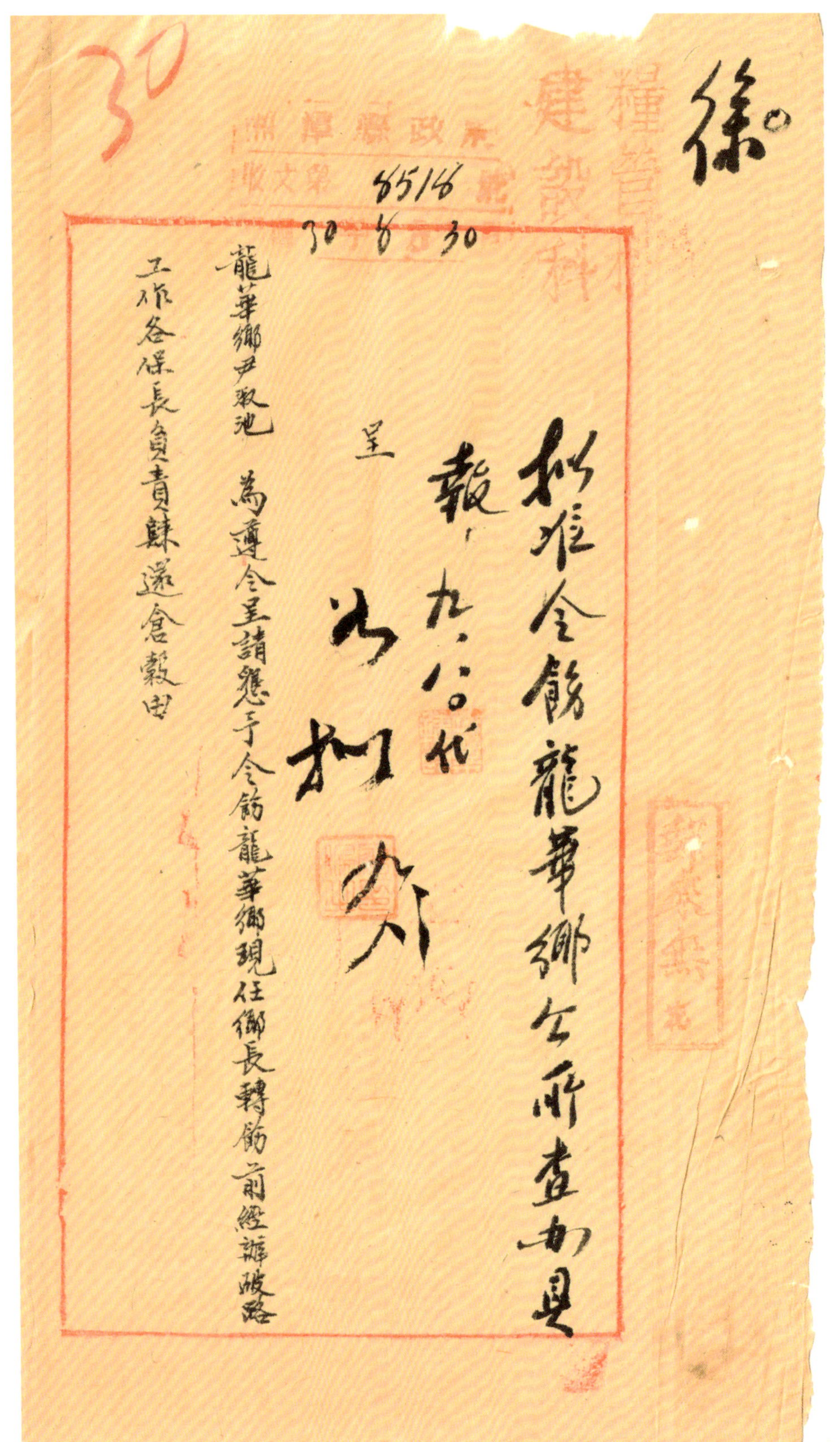

湘潭縣政府收文第8516號 30 8 30

批准令飭龍華鄉公所查明具報

九、六

呈

龍華鄉尹淑池 爲遵令呈請懇予令飭龍華鄉現任鄉長轉飭前經辦破路工作各保長負責歸還倉穀由

呈為遵令呈請懇賜察核令行現任龍華鄉長轉飭前經辦破路工作各保長

負責歸還倉穀事緣民夫李文凱於廿八年六月間繼吳世邁接長龍華鄉政當

受命之日正湘北緊張之時迭奉　上令加强破壞潭衡粵漢浙贛各公鐵路祇以事關戎

機未敢稍忽乃轉飭全鄉各保甲長發動全保民伕編組成隊輪換工作以收事功而鄉

公所職員有限故所有民工給養統係由各保長會同當地倉長遵令核實開支曾

經根據各保冊報，彙造清冊并取具經辦各保長單據，由末前鄉長呈賚

鈞府發交縣民工稽核委員會審核，祇以統計工數核與當時縣督催員點工冊工數不

符，飭詳查具覆，遵即查覆各在卷。旋奉

鈞府三十年七月三十一日潭文建字第二九〇〇號訓令略開：復經縣稽核委員會原情加倍核

銷，其餘多報之民工，應呈請 縣府令飭該鄉前經辦破路工作各保長負責將穀歸還，

以重儲政紀錄在卷并錄案賫呈

鈞府察核令飭遵行等因奉此自應遵辦惟氏夫卸職已久對外自不能行文且現時服

務武寧更覺綆短汲深而氏乃一介弱女不獨不明公事且不詳當時經辦破路工作各保長

姓名奉令之餘不勝惶悚伏思

鈞府明察千里燭照無餘凡屬治下無不竭盡綿薄同紓國難豈有以喪心病狂乘機

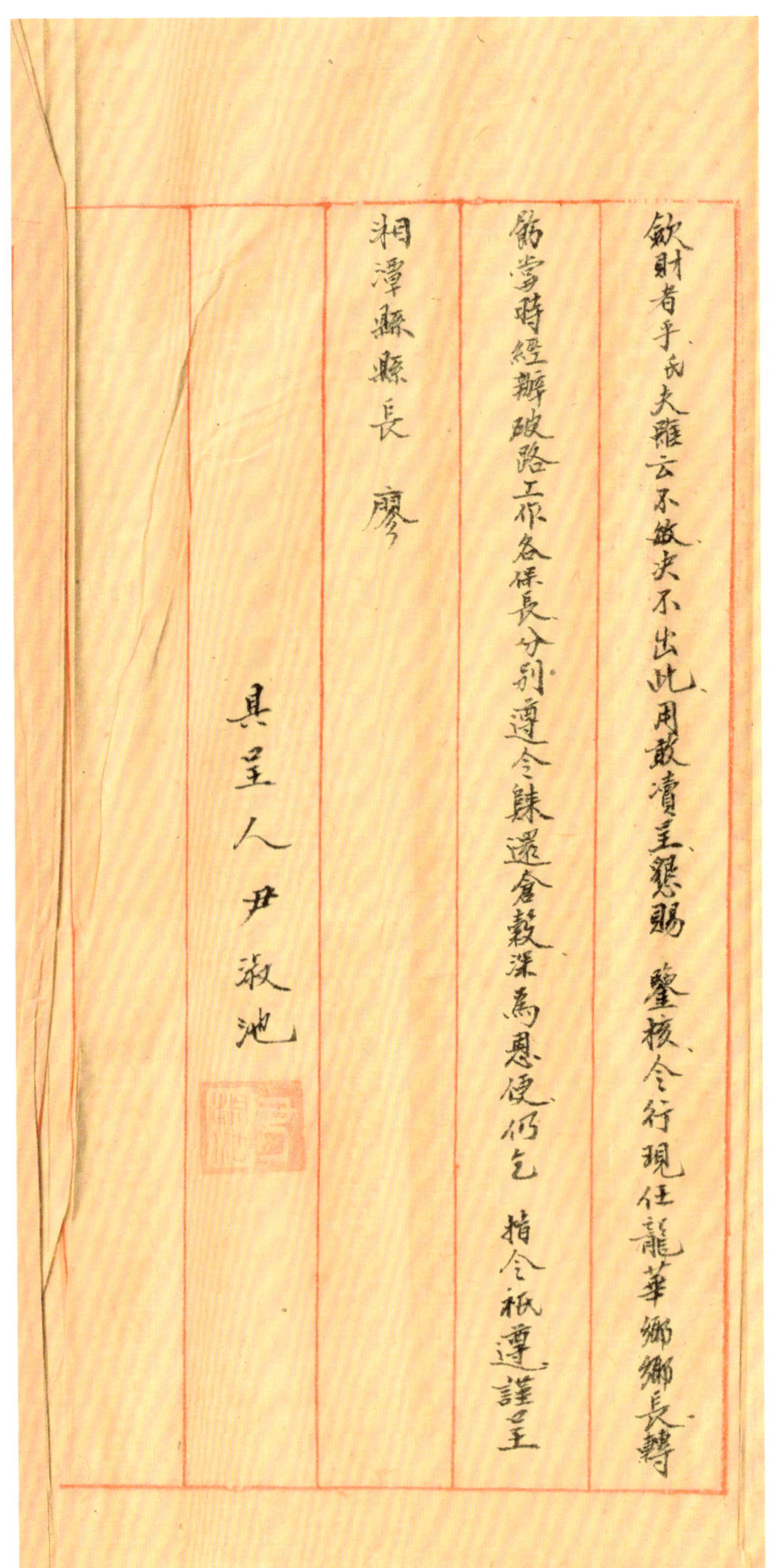
欽財者乎。氏夫雖云不敏，決不出此。用敢瀆呈，懇賜鑒核。令行現任龍華鄉鄉長轉飭當時經辦破路工作各保長分別遵令賠還倉穀，深爲恩便。仍乞指令祇遵。謹呈

湘潭縣縣長廖

具呈人尹淑池

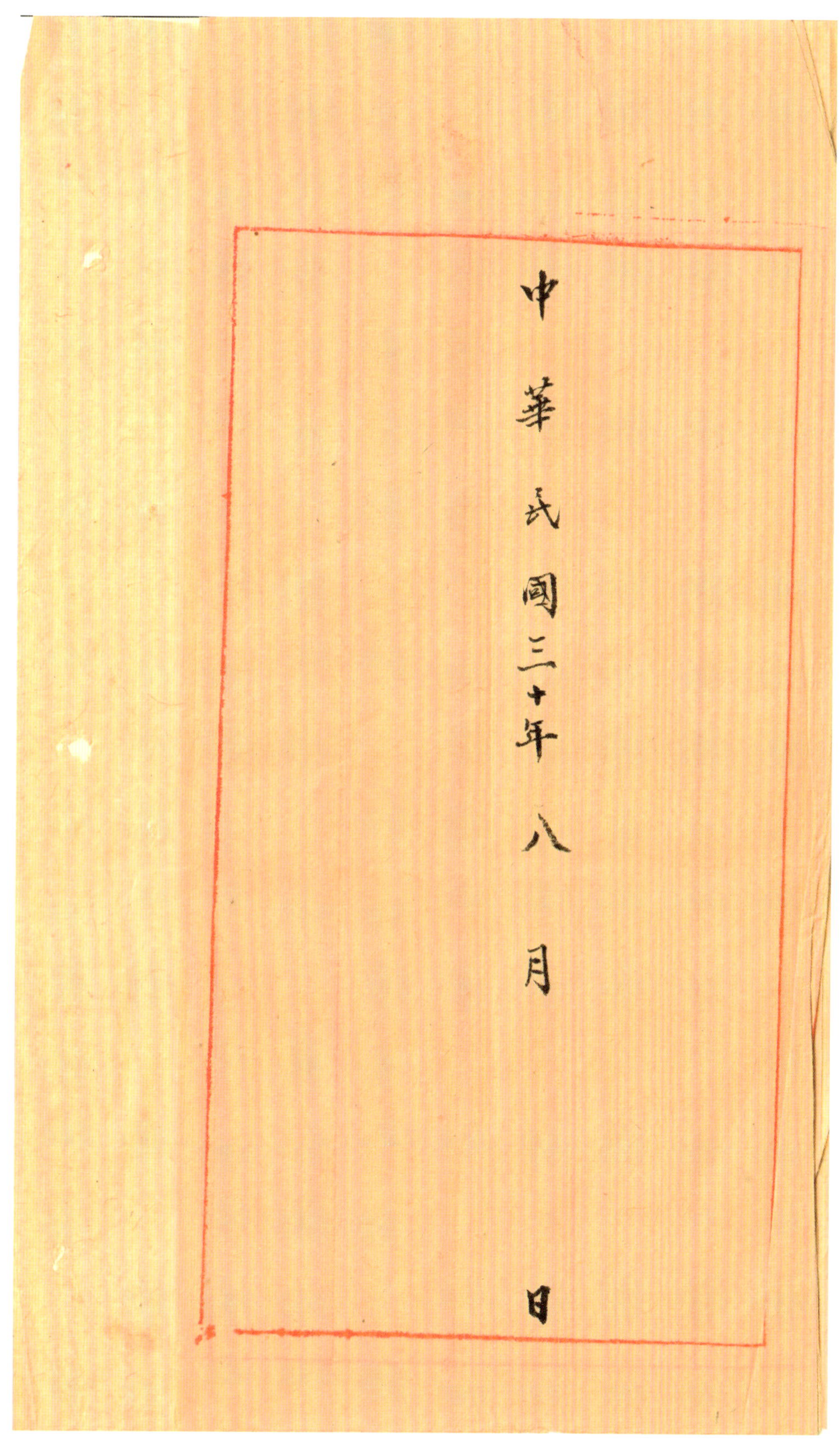
中華民國三十年八月　日

湘潭县政府关于责成前经办破路工作各保长负责归还未经核销仓谷致龙华乡公所的训令及致尹淑池的批示

（一九四一年九月十一日）

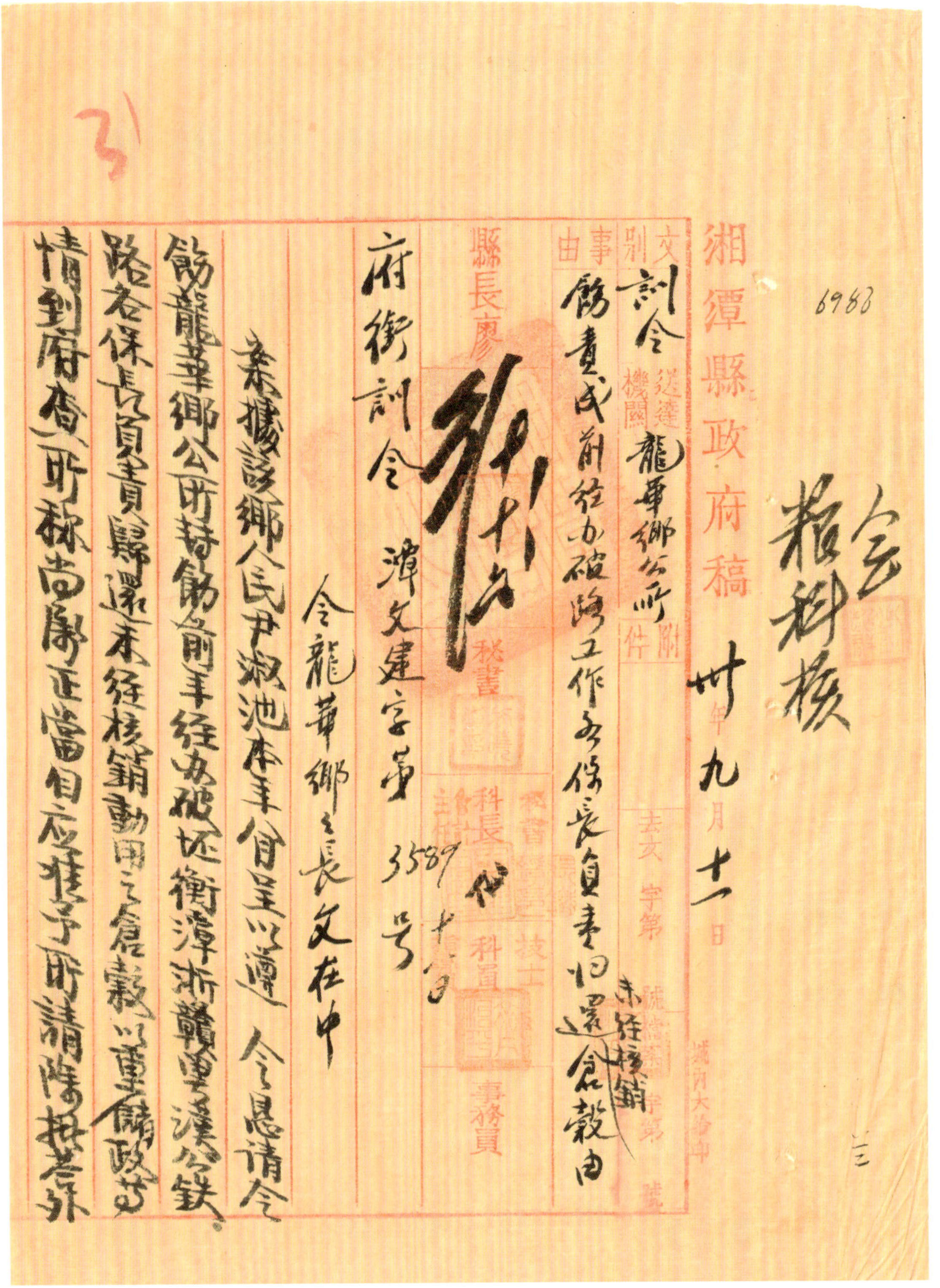

会

稽科核

湘潭縣政府稿　卅年九月十一日

文别：訓令　送達機關：龍華鄉公所　附件

事由：飭責成前經办破路工作各保長負責歸還未經核銷倉穀由

縣長廖　秘書　科長

府衛訓令　潭文建字第3589号

令龍華鄉鄉長文在中

案據該鄉人民尹淑池本年月呈以遵令懇請令飭龍華鄉公所轉飭前手經办破壞衡潭、潭溪公鉄路各保長負責歸還未經核銷動用之倉穀，以重儲政等情到府。查所稱尚屬正當，自应准予所請。除批示外

令行抄發原呈一件令仰該鄉長迅即督飭前經被
諮各保長負責歸還未經核銷動用之倉穀以重
儲政而免浮濫幸毋忽延為要
此令

抄發原呈一件

縣長 廖

府衙批示

具呈人 尹淑池

卅年八月廿四日呈一件「錄原由」

呈悉准予令飭龍華鄉公所查案妥理具報可也此批

縣長 廖

审计部湖南省审计处关于湘潭县政府一九四〇年六至九月破坏长潭新公两路经费应行查询补送事项致湘潭县政府的审核通知（一九四二年三月七日）

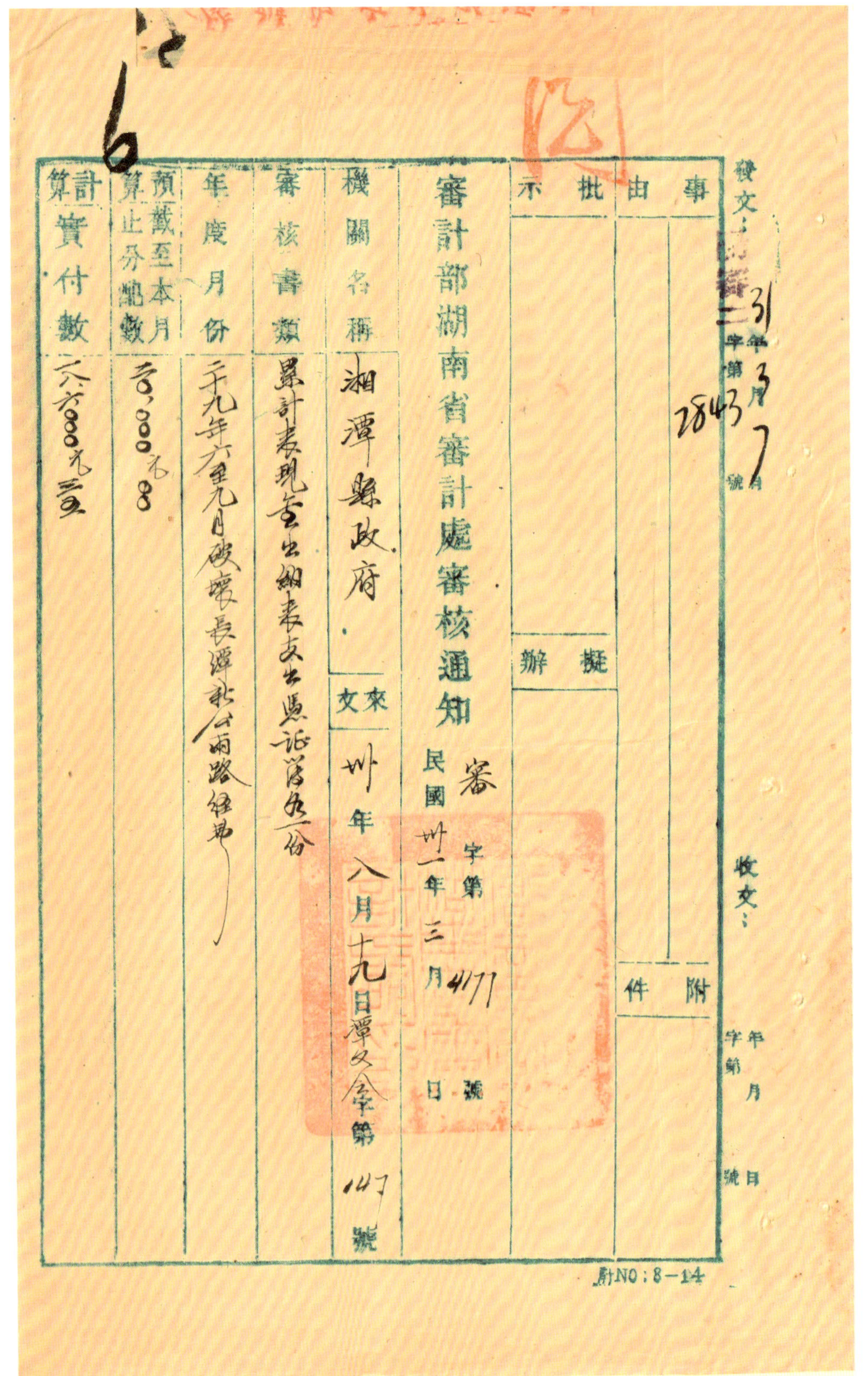

右列書類，業經依法審核，內有應行查詢 補送

等事項，開列於後：

查詢事項

一、查旅費單據第22號病人康懷林列報医藥費二九〇元康懷林究係何人？患何病？應須支領医藥費均未經註明，仰即詳為申复

補送事項

一、查破壞長潭路及新公路共列支七、二四〇元三五均僅由各鄉鎮長出具總領欵收據核有未合，仰即分別補送各鄉鎮民伕姓名清冊領受憑據以憑審核而昭翔實

上列事項應於接到通知之日起三十日內聲復並

於聲復書註明審核通知何字第 號 年 月 日 合併 遵照

處長

湘潭县政府关于一九四〇年六至九月破坏长潭新公两路经费查询补送等事项并呈赍民夫给养清册致审计部湖南省审计处的呈（一九四二年三月二十日）

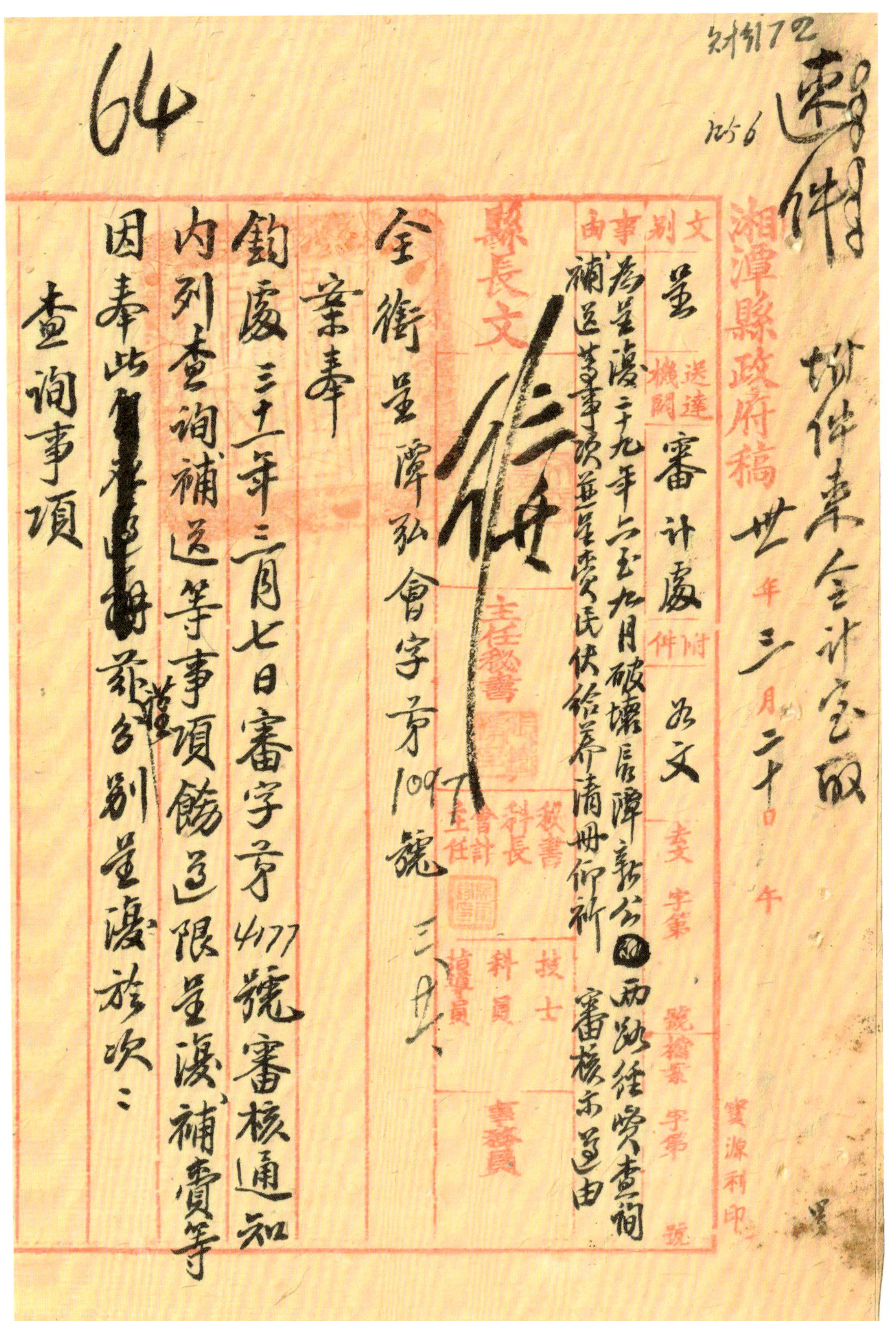

湘潭縣政府稿

文別：呈

送達機關：審計處

事由：為呈復二十九年六至九月破壞湘潭新公兩路經費查詢補送等事項並呈賚民伕給養清冊仰祈審核示遵由

全銜 呈 潭弘會字第109號

案奉

鈞處三十一年三月七日審字第4177號審核通知內列查詢補送等事項飭遵限呈復補賚等因奉此，……分別呈復於次：

查詢事項

一、查旅費單據第22號康懷林列報醫藥費二九〇元，康懷林乃破路員工，亦因破路土崩受傷，繼而以病特由旅費項下撙節二九〇元作為該員醫藥費，以示體恤。

補送事項

一、查破壞長潭新公兩路係二十九年六至九月份之事實，距今已一年有半，非但鄉鎮公所人事更易頻繁，即縣府人員亦已屢經更易，各鄉鎮民伕給養領發清冊雖經一再催追，大部份雖已繳弁，但仍有少數鄉鎮或則殘缺不全，或則數目錯誤，故均

65

湘潭縣政府稿

文別

事由

送達機關

附件

年 月 日 午

字第 號

發 字第 號

縣長 文

主任秘書

秘書 科長 會計主任

技士 科員 辦事員

事務員

實源利印

由各鄉鎮公所出具總領據造報以資劃一茲奉
鈞府令飭補送民伕給養領收清冊特彙集全
部並附表一紙以資說明時間相隔過久人事
更動過多且破路又值混亂時期一切均感困
難伏乞
鈞府原情予以核銷

奉令前因，遵（？）即理合備文，檢同二十九年六至九月份本縣破壞湘潭、新公兩縣各鄉鎮民伕給養等領收清冊，賫呈
鈞處仰祈
審核示遵。
謹呈
審計部湖南省審計處處長羅
附呈本縣二十九年六至九月份破壞湘潭、新公兩縣民伕給養等領收清冊全部
說明書一紙
湘潭縣縣長文□

后记

《湘潭县抗战动员档案汇编2破路御敌》由湘潭县档案馆编辑，编纂组组长为贺红宇，副组长为胡协邦、齐海英，成员为谭静江，主要负责人为谭静江。本书编纂过程中，得到湖南省档案馆庄劲旅主任的多次指导，在此表示衷心感谢。

湘潭县档案馆

二〇一九年十一月二十八日